Staub's Kommentar

zur

Wechselordnung.

Sechste, neubearbeitete Auflage

auf Grund der Fassung der Bekanntmachung vom 3. Juni 1908

von

Justizrat Dr. J. Stranz, Rechtsanwalt in Berlin

und

Dr. M. Stranz, Rechtsanwalt am Kammergericht.

Berlin 1909.

J. Guttentag, Verlagsbuchhandlung,

G. m. b. H.

Notiz.

Es wird empfohlen, sich bei der Zitierung des Kommentars der durchlaufenden Anmerkungen zu bedienen. Die Zitierung nach Seiten erschwert die gegenseitige Verständigung unter den Besitzern der verschiedenen Auflagen.

Um die Gleichmäßigkeit im Zitieren zu sichern, sind die im Vorwort zur fünften Auflage am Schluß hervorgehobenen Grundsätze auch für die vorliegende sechste Auflage befolgt worden.

Vorwort zur ersten Auflage.

Mit dem vorliegenden Kommentar zur Wechselordnung habe ich die gleichen Ziele verfolgt, wie mit meinem Kommentar zum Handelsgesetzbuch. Möge auch der Erfolg der gleiche sein.

Berlin, im Juni 1895.

Staub.

Aus dem Vorwort zur fünften Auflage.

Die Neuherausgabe des Staubschen Kommentars zur Wechselordnung beruht auf den gleichen Erwägungen, wie sie für die Neuherausgabe der Staubschen Kommentare zum Handelsgesetzbuch und zum Gesetz über die Gesellschaften mit beschränkter Haftung leitend waren. Auch der Kommentar zur Wechselordnung hat einen so tiefgreifenden Einfluß auf den Rechtsverkehr, die juristische Literatur und Rechtsprechung ausgeübt, daß es schwer wäre, dieses lebenskräftige Werk zu entbehren.

Die Herausgeber haben sich bestrebt, das Werk Staubs, soweit es in seinem Aufbau und seiner Ausführung sich widerstandskräftig bewährt hatte, möglichst unangetastet zu lassen. Die handschriftlichen Notizen Staubs für die neue Auflage sind von den Herausgebern benutzt. Insofern die Ansichten Staubs mit denen der Herausgeber im eigenen Kommentar in Widerspruch standen, ist eine erneute eingehende Prüfung von Meinung und Gegenmeinung vorgenommen worden. Vielfach wurde eine umgestaltende Neubearbeitung nötig. Dort, wo die Herausgeber glaubten, ihren eigenen Standpunkt gegenüber dem Staubschen festhalten zu müssen, ist doch überall die Staubsche Auffassung der vierten Auflage erwähnt. Der im Reichsjustizamt aufgestellte Vorentwurf der Protest-Novelle ist in einem besonderen Anhang abgedruckt und kritisch beleuchtet.

An der äußeren Ordnung des Kommentars ist, um die Gleichmäßigkeit im Zitieren zu sichern, möglichst wenig geändert. Trotz eindringlicher Durcharbeitung des Stoffes ist so das Gefüge des Kommentars nicht gestört worden. Wo Zusätze notwendig waren, sind sie in eingeschobenen Filial-Anmerkungen (z. B. Anm. 3a, 3b usw.) untergebracht oder am Schluß in fortlaufenden Anmerkungen angereiht.

Möge der neuen Auflage der Erfolg der früheren treu bleiben!

Berlin, im März 1907.

J. Stranz. M. Stranz.

Vorwort zur sechsten Auflage.

Der rasch vergriffenen fünften Auflage folgt die neue, der durch das Protestgesetz vom 30. Mai 1908 neue Aufgaben gestellt sind. Am 1. Oktober 1908 ist dies Gesetz in Kraft getreten. Die Allgemeine Deutsche Wechselordnung hat damit zum ersten Male tiefeingreifende, über die Erleichterung des Protestes hinausgehende Änderungen erfahren. Auch ihr Text ist revidiert; in Geltung ist nun die Fassung laut der Bekanntmachung des Reichskanzlers vom 3. Juni 1908 unter dem Titel: „Wechselordnung". Umgeformter und neuer Text wird von uns durch Sperrdruck gekennzeichnet. In einem Anhang gelangt die Protestnovelle zum Abdruck. Ihr sind angereiht die Ausführungs-Verordnungen des Reichskanzlers mit der Änderung der Postordnung, sowie auszugsweise die Dienstanweisungen mit einer Anzahl der gebräuchlichsten Protestformulare. Die praktische Brauchbarkeit des Buches erhöht sich noch dadurch, daß, zum erstenmal in dieser Auflage, der Gesetzestext der Wechselordnung in fortlaufender Artikelfolge dem Kommentar voraufgeschickt ist.

Die Kommentierung der Protestnovelle ist an den zuständigen Stellen der Wechselordnung bei den umgestalteten oder neu eingereihten Artikeln erfolgt. Bei ihnen ist aber auch der Rechtszustand vor dem 1. Oktober 1908 wegen der vielen alten Wechsel, die noch laufen und zu Prozessen Anlaß geben können, in Betracht gezogen. Der Kommentar bemüht sich, auf wissenschaftlicher Höhe zu bleiben. Die Bearbeitung beschränkt sich nicht auf eine Erläuterung dessen, was sich zum Gesetz krystallisiert hat. Geschichtlicher Werdegang und zukünftige Entwicklung werden mit in den Kreis der Erörterung gezogen. Die Zusammenhänge mit anderen Gesetzen sind nicht außer acht gelassen. Die Bestimmungen des jungen Scheckgesetzes werden überall an den entsprechenden Stellen behandelt. Die Börsennovelle ist berücksichtigt. Literatur und Rechtsprechung sind bis in die neueste Zeit verfolgt. Wie in der vorigen Auflage, haben die fremden Rechte Eingang gefunden. Machtvoll drängen die Bestrebungen um ein Weltwechselrecht heran, zu dessen Förderung auch dieses Buch beitragen mag. Vielleicht wird den Grundgedanken des deutschen Wechselrechts ein starker Sieg beschieden sein, wenn der Anruf: Wechselordnungen aller Länder vereinigt euch! zur Wirklichkeit wird.

Die Fülle neuen Stoffes, die auch die frühere Folge der Anmerkungen an manchen Stellen sprengte, hat eine umfassende Durcharbeitung des gesamten Kommentars erfordert. Möge sie Anklang finden!

Berlin, im November 1908.

J. Stranz. M. Stranz.

Inhalt.

Allgemeine Einleitung.

Einführungsgesetze.

Wechselordnung.

Anhang.

Druckfehlerverzeichnis.

S. 25 Anm. 27 Zeile 1 ist statt „§ 277" zu lesen „§ 271".
S. 75 Anm. 8 Abs. 2 Zeile 4 ist statt „Inkassomandatar" zu lesen „Inkassomandant".
S. 86 Anm. 6 Zeile 8 von oben ist statt „Protestanten" zu lesen „Protestaten".
S. 89 Einl. zu Art. 22 letzte Zeile ist statt „Art. 22" zu lesen „Art. 21".
S. 102 Anm. 10 ist in Zeile 2 von oben statt „§ 884 ZPO." zu lesen „§ 894 ZPO." und in Zeile 3 von oben statt „§ 885 ZPO." zu lesen „§ 895 ZPO.".
S. 107 Anm. 15 Zeile 8 von oben ist statt „Art. 28" zu lesen „Art. 29".
S. 120 Anm. 27 Zeile 6 von oben ist statt „Art. 25" zu lesen „Art 26 und 29".
S. 129 Anm. 1 letzte Zeile ist statt „29" zu lesen „26".
S. 144 Anm. 3 Zeile 2 von oben ist statt „Anm. 1" zu lesen „Anm. 2".
S. 154 Einl. zu Art. 54 Zeile 4 von oben ist statt „Wechselurkunde" zu lesen „Wechselurkunden".
S. 160 Anm. 2 Zeile 3 von oben ist statt „Art. 66" zu lesen „Art. 56".
S. 161 Anm. 3 Zeile 2 von oben ist statt „Art. 49 Anm. 12" zu lesen „Art. 45 Anm. 12".
S. 165 Anm. 1 Zeile 2 von oben ist statt „Art. 59" zu lesen „Art. 60".
S. 227 Anm. 22 zweiter Absatz Zeile 3 von unten ist statt „§ 897 Abs. 2" zu lesen „§ 817 Satz 2".
S. 229 Anm. 25 Zeile 7 von oben ist statt „Wechselnehmer" zu lesen „Wechselgeber".
S. 232 Anm. 31 c drittletzte und letzte Zeile ist statt „Anm. 1" bzw. „Anm. 11" zu lesen „Anm. 7 ff."
S. 233 Anm. 33 Zeile 7 von oben ist statt „die normale Zirkulation" zu lesen „bei normaler Zirkulation".
S. 235 ist fünfte Zeile von unten statt „RG. 38, 232" zu lesen „RG. 38, 251".
S. 239 Anm. 53 Zeile 3 von unten ist statt „§ 263 BGB." zu lesen „§ 267 BGB."
S. 240 Anm. 55 letzte Zeile ist statt „§ 262 BGB." zu lesen „§ 267 BGB."
S. 256 letzte Zeile ist statt „Art. 22 EG." zu lesen „Art. 27 EG."
S. 272 Anm. 13 Abs. 4 Zeile 6 von unten ist statt „§ 264 Abs. 1 Satz 3" zu lesen „§ 664 Abs. 1 Satz 3".
S. 286 Anm. 45 zweite Zeile ist statt „Protestaten" zu lesen „Protestanten".
S. 294 Anm. 6 Zeile 2 ist statt „Art. 88" zu lesen „Art. 88a".
S. 296 Anm. 15 letzte Zeile ist statt „Art. 91 Abs. 1" zu lesen „Art. 90 Abs. 1".
S. 301 Anm. 3 vorletzte Zeile ist statt „Art. 88 b" zu lesen „Art. 88a".
S. 304 Anm. 1 Erl. α ist auf Zeile 9 von oben statt „§§ 165, 168 ZPO." zu lesen „§§ 180, 183 ZPO. neuer Fassung."

Abkürzungen.[1]

Apt = Scheckgesetz, Textausgabe mit Anmerkungen von Prof. Dr. Apt, Berlin 1908.
Begr. = Begründung zur Reichstagsvorlage betr. den Entwurf eines Protestgesetzes (Drucksachen Nr. 471 der 12. Legisl.-Periode I. Session 1907/1908).
Bernstein = Dr. Wilhelm Bernstein, Allgemeine Deutsche Wechselordnung, 1896.
Bernstein Studien = Studien zur Wechselordnung, Berlin.
Borchardt = Dr. S. Borchardt, Die Allgemeine Deutsche Wechselordnung; 8. Aufl. Berlin 1882 besorgt von Dr. Oskar Borchardt.
Canstein oder Canstein I = Raban Freiherr von Canstein, Lehrbuch des Wechselrechts. Berlin 1890.
Canstein II = Derselbe, Das Wechselrecht Österreichs. Berlin 1890.
Cohn = Wechsel- und Scheckrecht von Prof. Georg Cohn (Zürich) in Holtzendorffs Enzyklopädie 6. Aufl. 1904.
Cosack = Lehrbuch des Handelsrechts vou Professor Konrad Cosack. 6. Aufl. 1903.
Cz. = Ferdinand Czelechowsky, Sammlung wechselrechtlicher Entscheidungen des K. K. Obersten Gerichtshofes. Wien 1883 und 1892.
Dernburg = Das bürgerliche Recht des Deutschen Reichs und Preußens; Bd. II Abtl. 2 ist in 3. Aufl. (1906) zitiert.
DJZ. = Deutsche Juristenzeitung, Berlin, Verlag von Otto Liebmann.
Gareis = Prof. Dr. K. Gareis, Allg. Deutsche Wechselordnung. 5. Aufl. München.
Geller = Allgemeine Wechselordnung von Dr. Leo Geller. Wien 1893.
Goldschmidt System = System des Handelsrechts von L. Goldschmidt. 4. Aufl. Stuttgart 1892.
Grünhut Hdb. = Wechselrecht von C. S. Grünhut Bd. I und II. Leipzig 1897.
Grünhut = Lehrbuch des Wechselrechts, 1900.
Hartmann = Das Deutsche Wechselrecht von W. Hartmann. Berlin 1869.
JW. = Juristische Wochenschrift.
Jaeger = Kommentar zur Konkursordnung. 1903/04. 2. Aufl.; Erste Lieferung — §§ 1—15 — der 3./4. Aufl. Berlin 1907.
Kaufmann = Handelsrechtliche Rechtsprechung usw. von Rechtsanwalt Emil Kaufmann, Hannover.
KB. = Bericht der XVI. Kommission zur Vorbereitung des Protestentwurfs (Nr. 666 der Drucksachen der 12. Legisl.-Periode I. Session 1907/1908).
KGBl. = Blätter für Rechtspflege im Bezirke des Kammergerichts. Herausgegeben von den Justizräten Perl und Wreschner. Berlin.
Krall = Kralls Sammlung von wechselrechtlichen Entscheidungen des K. K. Obersten Gerichtshofes.
Kreis = Lehrbuch des Deutschen Wechselrechts von Paul Kreis. Berlin 1884.
Lehmann = Heinrich Otto Lehmann, Lehrbuch des Deutschen Wechselrechts. Stuttgart 1886.
Links = Die Rechtsprechung des K. K. Obersten Gerichtshofes von Dr. Emil Links. Wien.
Meyer = Weltwechselrecht, Denkschrift im Auftrage der Ältesten der Kaufmannschaft von Berlin, verfaßt von Dr. Felix Meyer, Kammergerichtsrat. Berlin 1906.

[1]) Im allgemeinen ist die vom Deutschen Juristentage vorgeschlagene Zitiermethode befolgt worden; insbesondere auch hinsichtlich der Zeitschriften.

Mugdan und Falkmann = Rechtsprechung der Oberlandesgerichte, herausgegeben von den Kammergerichtsräten Mugdan und Falkmann.

Neumann = Jahrbuch des Deutschen Rechts, herausgegeben von Justizrat Dr. Hugo Neumann, Berlin.

OG. Wien = Entscheidungen des K. K. Obersten Gerichtshofes in Wien.

OTr. = Entscheidungen des Obertribunals.

Peitler = Julius Peitler, Sammlung von wechselrechtlichen Entscheidungen des Obersten Gerichtshofes in Wien.

Planck = Bürgerliches Gesetzbuch, erläutert von Prof. Dr. G. Planck usw. 3. Aufl. 1903ff.

Recht = Das Recht, Rundschau für den deutschen Juristenstand, Hannover, Helwingsche Verlagsbuchhandlung.

Rehbein = Allgemeine Deutsche Wechselordnung mit Kommentar von H. Rehbein, Reichsgerichtsrat. 7. Aufl. Berlin 1904. 8. Aufl. bearbeitet von Reichsgerichtsrat Dr. Mansfeld, Berlin 1908. (Die 8. Aufl. erschien erst während des Druckes des vorliegenden Buches.)

Renaud = Lehrbuch des Allgemeinen Deutschen Wechselrechts von Achilles Renaud. Gießen 1868.

RG. = Entscheidungen des Reichsgerichts in Zivilsachen. Herausgegeben von den Mitgliedern des Gerichtshofs, Leipzig.

RJA. = Entscheidungen in Angelegenheiten der freiw. Gerichtsbarkeit und des Grundbuchrechts, zusammengestellt im Reichsjustizamt Berlin.

ROHG. = Entscheidungen des Reichsoberhandelsgerichts. Stuttgart.

Soergel = Rechtsprechung zum BGB. usw., herausgegeben von Dr. H. Th. Soergel.

Späing = Französisches, Belgisches und Englisches Wechselrecht im Anschluß an die Allgemeine Deutsche Wechselordnung von W. Späing. Berlin 1890.

Staub HGB. = neue 8. Aufl. von Staubs Kommentar zum HGB., bearbeitet von Könige, Stranz und Pinner. Berlin 1906.

Stegemann = Stegemann, Die Rechtsprechung des Deutschen Oberhandelsgerichts.

J. u. M. Stranz = Allgemeine Deutsche Wechselordnnung, Kommentar. 9. Aufl. 2. Aufl. der Neubearbeitung (früher Borchardt-Ball). Berlin 1906.

Stranz-Gerhard = Kommentar zum Preußischen AG. z. BGB. von den Justizräten J. Stranz und S. Gerhard, Berlin 1900.

StrA. = Striethorst Archiv.

Thöl = Das Wechselrecht von H. Thöl. 4. Aufl. Leipzig 1878.

Volkmar-Löwy = Die Deutsche Wechselordnung, erläutert von L. Volkmar und S. Löwy, Berlin 1862.

Walter = Der Wechselprotest von Heinrich Walter. Berlin 1892.

Warneyer = Jahrbuch der Entscheidungen usw., herausgegeben von Dr. Otto Warneyer. Leipzig.

Weißler = Das Notariat der Preußischen Monarchie von Justizrat Weißler. 1896.

Wieland = Der Wechsel und seine zivilrechtlichen Grundlagen. 1901.

ZHR. = Zeitschrift für das gesamte Handelsrecht von Goldschmidt usw. Stuttgart.

Wechselordnung

in der Fassung der Bekanntmachung vom 3. Juni 1908.

(RGBl. 1908, Nr. 32, S. 327—348.)

Erster Abschnitt.

Von der Wechselfähigkeit.

Art. 1. Wechselfähig ist jeder, welcher sich durch Verträge verpflichten kann.

Art. 3.*) Finden sich auf einem Wechsel Unterschriften von Personen, welche eine Wechselverbindlichkeit überhaupt nicht oder nicht mit vollem Erfolg eingehen können, so hat dies auf die Verbindlichkeit der übrigen Wechselverpflichteten keinen Einfluß.

Zweiter Abschnitt.

Von gezogenen Wechseln.

I. Erfordernisse eines gezogenen Wechsels.

Art. 4. Die wesentlichen Erfordernisse eines gezogenen Wechsels sind:

1. die in den Wechsel selbst aufzunehmende Bezeichnung als Wechsel oder, wenn der Wechsel in einer fremden Sprache ausgestellt ist, ein jener Bezeichnung entsprechender Ausdruck in der fremden Sprache;
2. die Angabe der zu zahlenden Geldsumme;
3. der Name der Person oder die Firma, an welche oder an deren Order gezahlt werden soll (des Remittenten);
4. die Angabe der Zeit, zu welcher gezahlt werden soll; die Zahlungszeit kann für die gesamte Geldsumme nur eine und dieselbe sein und nur festgesetzt werden
   auf einen bestimmten Tag,
   auf Sicht (Vorzeigung, a vista usw.) oder auf eine bestimmte Zeit nach Sicht,
   auf eine bestimmte Zeit nach dem Tage der Ausstellung (nach dato),
   auf eine Messe oder einen Markt (Meß- oder Marktwechsel);
5. die Unterschrift des Ausstellers (Trassanten) mit seinem Namen oder seiner Firma;
6. die Angabe des Ortes, Monatstags und Jahres der Ausstellung;
7. der Name der Person oder die Firma, welche die Zahlung leisten soll (des Bezogenen oder Trassaten);
8. die Angabe des Ortes, wo die Zahlung geschehen soll; der bei dem Namen oder der Firma des Bezogenen angegebene Ort gilt für den Wechsel, insofern nicht ein eigener Zahlungsort angegeben ist, als Zahlungsort und zugleich als Wohnort des Bezogenen.

Art. 5. Ist die zu zahlende Geldsumme (Artikel 4 Nr. 2) in Buchstaben und in Ziffern ausgedrückt, so gilt bei Abweichungen die in Buchstaben ausgedrückte Summe.

---

*) Der Artikel 2 ist aufgehoben.

Ist die Summe mehrmals mit Buchstaben oder mehrmals mit Ziffern geschrieben, so gilt bei Abweichungen die geringere Summe.

Art. 6. Der Aussteller kann sich selbst als Remittenten (Artikel 4 Nr. 3) bezeichnen (Wechsel an eigene Order).

Desgleichen kann der Aussteller sich selbst als Bezogenen (Artikel 4 Nr. 7) bezeichnen, sofern die Zahlung an einem anderen Orte als dem der Ausstellung geschehen soll (trassiert-eigene Wechsel).

Art. 7. Aus einer Schrift, welcher eines der wesentlichen Erfordernisse eines Wechsels (Artikel 4) fehlt, entsteht keine wechselmäßige Verbindlichkeit. Auch haben die auf eine solche Schrift gesetzten Erklärungen (Indossament, Akzept, Aval) keine Wechselkraft. Das in einem Wechsel enthaltene Zinsversprechen gilt als nicht geschrieben.

II. Verpflichtungen des Ausstellers.

Art. 8. Der Aussteller eines Wechsels haftet für dessen Annahme und Zahlung wechselmäßig.

III. Indossament.

Art. 9. Der Remittent kann den Wechsel an einen anderen durch Indossament (Giro) übertragen.

Hat jedoch der Aussteller die Übertragung im Wechsel durch die Worte „nicht an Order" oder durch einen gleichbedeutenden Ausdruck untersagt, so hat das Indossament keine wechselrechtliche Wirkung.

Art. 10. Durch das Indossament gehen alle Rechte aus dem Wechsel auf den Indossatar über, insbesondere auch die Befugnis, den Wechsel weiter zu indossieren. Auch an den Aussteller, Bezogenen, Akzeptanten oder einen früheren Indossanten kann der Wechsel gültig indossiert und von denselben weiter indossiert werden.

Art. 11. Das Indossament muß auf den Wechsel, eine Kopie desselben oder ein mit dem Wechsel oder der Kopie verbundenes Blatt (Allonge) geschrieben werden.

Art. 12. Ein Indossament ist gültig, wenn der Indossant auch nur seinen Namen oder seine Firma auf die Rückseite des Wechsels oder der Kopie oder auf die Allonge schreibt (Blanko-Indossament).

Art. 13. Jeder Inhaber eines Wechsels ist befugt, die auf demselben befindlichen Blanko-Indossamente auszufüllen; er kann den Wechsel aber auch ohne diese Ausfüllung weiter indossieren.

Art. 14. Der Indossant haftet jedem späteren Inhaber des Wechsels für dessen Annahme und Zahlung wechselmäßig. Hat er aber dem Indossamente die Bemerkung „ohne Gewährleistung", „ohne Obligo" oder einen gleichbedeutenden Vorbehalt hinzugefügt, so ist er von der Verbindlichkeit aus seinem Indossamente befreit.

Art. 15. Ist in dem Indossamente die Weiterbegebung durch die Worte „nicht an Order" oder durch einen gleichbedeutenden Ausdruck verboten, so haben diejenigen, an welche der Wechsel aus der Hand des Indossatars gelangt, gegen den Indossanten keinen Regreß.

Art. 16. Wenn ein Wechsel indossiert wird, nachdem die für die Protesterhebung mangels Zahlung bestimmte Frist abgelaufen ist, so erlangt der Indossatar die Rechte aus dem etwa vorhandenen Akzepte gegen den Bezogenen und Regreßrechte gegen diejenigen, welche den Wechsel nach Ablauf dieser Frist indossiert haben.

Ist aber der Wechsel vor dem Indossamente bereits mangels Zahlung protestiert worden, so hat der Indossatar nur die Rechte seines Indossanten gegen den Akzeptanten, den Aussteller und diejenigen, welche den Wechsel bis zur Protesterhebung indossiert haben. Auch ist in einem solchen Falle der Indossant nicht wechselmäßig verpflichtet.

Art. 17. Ist dem Indossamente die Bemerkung „zur Einkassierung“, „in Prokura“ oder eine andere die Bevollmächtigung ausdrückende Formel beigefügt worden, so überträgt das Indossament das Eigentum an dem Wechsel nicht, ermächtigt aber den Indossatar zur Einziehung der Wechselforderung, Protesterhebung und Benachrichtigung des Vormanns seines Indossanten von der unterbliebenen Zahlung (Artikel 45) sowie zur Einklagung der nicht bezahlten und zur Erhebung der deponierten Wechselschuld. Ein solcher Indossatar ist auch berechtigt, diese Befugnis durch ein weiteres Prokura-Indossament einem anderen zu übertragen. Dagegen ist derselbe zur weiteren Begebung durch eigentliches Indossament selbst dann nicht befugt, wenn dem Prokura-Indossamente der Zusatz „oder Order“ hinzugefügt ist.

IV. Präsentation zur Annahme.

Art. 18. Der Inhaber eines Wechsels ist berechtigt, den Wechsel dem Bezogenen sofort zur Annahme zu präsentieren und in Ermangelung der Annahme Protest erheben zu lassen. Eine entgegenstehende Übereinkunft hat keine wechselrechtliche Wirkung. Nur bei Meß- oder Marktwechseln findet eine Ausnahme dahin statt, daß solche Wechsel erst in der an dem Meß- oder Marktorte gesetzlich bestimmten Präsentationszeit zur Annahme präsentiert und in Ermangelung derselben protestiert werden können. Der bloße Besitz des Wechsels ermächtigt zur Präsentation des Wechsels und zur Erhebung des Protestes mangels Annahme.

Art. 19. Eine Verpflichtung des Inhabers, den Wechsel zur Annahme zu präsentieren, findet nur bei Wechseln statt, welche auf eine bestimmte Zeit nach Sicht lauten. Solche Wechsel müssen bei Verlust des wechselmäßigen Anspruchs gegen die Indossanten und den Aussteller nach Maßgabe der besonderen im Wechsel enthaltenen Bestimmung und in Ermangelung derselben binnen zwei Jahren nach der Ausstellung zur Annahme präsentiert werden. Hat ein Indossant auf einem Wechsel dieser Art seinem Indossament eine besondere Präsentationsfrist hinzugefügt, so erlischt seine wechselmäßige Verpflichtung, wenn der Wechsel nicht innerhalb dieser Frist zur Annahme präsentiert worden ist.

Art. 20. Wenn die Annahme eines auf bestimmte Zeit nach Sicht gestellten Wechsels nicht zu erhalten ist oder der Bezogene die Datierung seines Akzepts verweigert, so muß der Inhaber bei Verlust des wechselmäßigen Anspruchs gegen die Indossanten und den Aussteller die rechtzeitige Präsentation des Wechsels durch einen innerhalb der Präsentationsfrist (Artikel 19) erhobenen Protest feststellen lassen.

Der Protesttag gilt in diesem Falle für den Tag der Präsentation.

Ist die Protesterhebung unterblieben, so wird gegen den Akzeptanten, welcher die Datierung seines Akzepts unterlassen hat, die Verfallzeit des Wechsels vom letzten Tage der Präsentationsfrist an gerechnet.

V. Annahme (Akzeptation).

Art. 21. Die Annahme des Wechsels muß auf dem Wechsel schriftlich geschehen.

Jede auf den Wechsel geschriebene und von dem Bezogenen unterschriebene Erklärung gilt für eine unbeschränkte Annahme, sofern nicht in derselben ausdrücklich ausgesprochen ist, daß der Bezogene entweder überhaupt nicht oder nur unter gewissen Einschränkungen annehmen wolle.

Gleichergestalt gilt es für eine unbeschränkte Annahme, wenn der Bezogene ohne weiteren Beisatz seinen Namen oder seine Firma auf die Vorderseite des Wechsels schreibt.

Die einmal erfolgte Annahme kann nicht wieder zurückgenommen werden.

Art. 22. Der Bezogene kann die Annahme auf einen Teil der im Wechsel verschriebenen Summe beschränken.

Werden dem Akzept andere Einschränkungen beigefügt, so wird der Wechsel einem solchen gleichgeachtet, dessen Annahme gänzlich verweigert worden ist, der Akzeptant haftet aber nach dem Inhalte seines Akzepts wechselmäßig.

Art. 23. Der Bezogene wird durch die Annahme wechselmäßig verpflichtet, die von ihm akzeptierte Summe zur Verfallzeit zu zahlen.

Auch dem Aussteller haftet der Bezogene aus dem Akzepte wechselmäßig.

Dagegen steht dem Bezogenen kein Wechselrecht gegen den Aussteller zu.

Art. 24. Ist in dem Wechsel ein vom Wohnorte des Bezogenen verschiedener Zahlungsort (Artikel 4 Nr. 8) angegeben (Domizilwechsel), so ist, insofern der Wechsel nicht schon ergibt, durch wen die Zahlung am Zahlungsort erfolgen soll, dies vom Bezogenen bei der Annahme auf dem Wechsel zu bemerken. Ist dies nicht geschehen, so wird angenommen, daß der Bezogene selbst die Zahlung am Zahlungsorte leisten wolle.

Der Aussteller eines Domizilwechsels kann in demselben die Präsentation zur Annahme vorschreiben. Die Nichtbeobachtung dieser Vorschrift hat den Verlust des Regresses gegen den Aussteller und die Indossanten zur Folge.

VI. Regreß auf Sicherstellung.

1. Wegen nicht erhaltener Annahme.

Art. 25. Wenn die Annahme eines Wechsels überhaupt nicht oder unter Einschränkungen oder nur auf eine geringere Summe erfolgt ist, so sind die Indossanten und der Aussteller wechselmäßig verpflichtet, gegen Aushändigung des mangels Annahme aufgenommenen Protestes genügende Sicherheit dahin zu leisten, daß die Bezahlung der im Wechsel verschriebenen Summe oder des nicht angenommenen Betrags sowie die Erstattung der durch die Nichtannahme veranlaßten Kosten am Verfalltag erfolgen werde.

Jedoch sind diese Personen auch befugt, auf ihre Kosten die schuldige Summe bei Gericht oder bei einer anderen zur Annahme von Depositen ermächtigten Behörde oder Anstalt niederzulegen.

Art. 26. Der Remittent sowie jeder Indossatar wird durch den Besitz des mangels Annahme aufgenommenen Protestes ermächtigt, von dem Aussteller und den übrigen Vormännern Sicherheit zu fordern und im Wege des Wechselprozesses darauf zu klagen.

Der Regreßnehmer ist hierbei an die Folgeordnung der Indossamente und die einmal getroffene Wahl nicht gebunden.

Der Beibringung des Wechsels und des Nachweises, daß der Regreßnehmer seinen Nachmännern selbst Sicherheit bestellt habe, bedarf es nicht.

Art. 27. Die bestellte Sicherheit haftet nicht bloß dem Regreßnehmer, sondern auch allen übrigen Nachmännern des Bestellers, insofern sie gegen ihn den Regreß auf Sicherstellung nehmen. Dieselben sind weitere Sicherheit zu verlangen nur in dem Falle berechtigt, wenn sie gegen die Art oder Größe der bestellten Sicherheit Einwendungen zu begründen vermögen.

Art. 28. Die bestellte Sicherheit muß zurückgegeben werden:

1. sobald die vollständige Annahme des Wechsels nachträglich erfolgt ist;
2. wenn gegen den Regreßpflichtigen, welcher sie bestellt hat, binnen Jahresfrist, vom Verfalltage des Wechsels an gerechnet, auf Zahlung aus dem Wechsel nicht geklagt worden ist;
3. wenn die Zahlung des Wechsels erfolgt oder die Wechselkraft desselben erloschen ist.

2. Wegen Unsicherheit des Akzeptanten.

Art. 29. Ist ein Wechsel ganz oder teilweise angenommen worden, so kann in betreff der akzeptierten Summe Sicherheit nur gefordert werden:

1. wenn über das Vermögen des Akzeptanten der Konkurs eröffnet worden ist oder der Akzeptant auch nur seine Zahlungen eingestellt hat;
2. wenn nach Ausstellung des Wechsels eine Exekution in das Vermögen des Akzeptanten fruchtlos ausgefallen ist.

Wenn in diesen Fällen die Sicherheit von dem Akzeptanten nicht geleistet und dieserhalb Protest gegen denselben erhoben wird, auch von den auf dem Wechsel etwa benannten Notadressen die Annahme nach Ausweis des Protestes nicht zu erhalten ist, so kann der Inhaber des Wechsels und jeder Indossatar gegen Auslieferung des Protestes von seinen Vormännern Sicherstellung fordern (Artikel 25 bis 28). Der bloße Besitz des Wechsels vertritt die Stelle einer Vollmacht, in den Nr. 1 und 2 genannten Fällen von dem Akzeptanten Sicherheitsbestellung zu fordern und, wenn solche nicht zu erhalten ist, Protest erheben zu lassen. Der Wechselinhaber ist berechtigt, in den Nr. 1 und 2 genannten Fällen auch von dem Akzeptanten im Wege des Wechselprozesses Sicherheitsbestellung zu fordern.

VII. Erfüllung der Wechselverbindlichkeit.

1. Zahlungstag.

Art. 30. Ist in dem Wechsel ein bestimmter Tag als Zahlungstag bezeichnet, so tritt die Verfallzeit an diesem Tage ein. Ist die Zahlungszeit auf die Mitte eines Monats gesetzt worden, so ist der Wechsel am fünfzehnten dieses Monats fällig. Ist die Zahlungszeit auf Anfang oder ist sie auf Ende eines Monats gesetzt worden, so ist darunter der erste oder letzte Tag des Monats zu verstehen.

Art. 31. Ein auf Sicht gestellter Wechsel ist bei der Vorzeigung fällig. Ein solcher Wechsel muß bei Verlust des wechselmäßigen Anspruchs gegen die Indossanten und den Aussteller nach Maßgabe der besonderen im Wechsel enthaltenen Bestimmung und in Ermangelung derselben binnen zwei Jahren nach der Ausstellung zur Zahlung präsentiert werden. Hat ein Indossant auf einem Wechsel dieser Art seinem Indossament eine besondere Präsentationsfrist hinzugefügt, so erlischt seine wechselmäßige Verpflichtung, wenn der Wechsel nicht innerhalb dieser Frist präsentiert worden ist.

Art. 32. Bei Wechseln, welche mit dem Ablauf einer bestimmten Frist nach Sicht oder nach Dato zahlbar sind, tritt die Verfallzeit ein:

1. wenn die Frist nach Tagen bestimmt ist, an dem letzten Tage der Frist; bei Berechnung der Frist wird der Tag, an welchem der nach Dato zahlbare Wechsel ausgestellt oder der nach Sicht zahlbare zur Annahme präsentiert ist, nicht mitgerechnet;
2. wenn die Frist nach Wochen, Monaten oder einem mehrere Monate umfassenden Zeitraume (Jahr, halbes Jahr, Vierteljahr) bestimmt ist, an demjenigen Tage der Zahlungswoche oder des Zahlungsmonats, der durch seine Benennung oder Zahl dem Tage der Ausstellung oder Präsentation entspricht; fehlt dieser Tag in dem Zahlungsmonate, so tritt die Verfallzeit am letzten Tage des Zahlungsmonats ein.

Der Ausdruck „halber Monat" wird einem Zeitraume von fünfzehn Tagen gleichgeachtet. Ist der Wechsel auf einen oder mehrere ganze Monate und einen halben Monat gestellt, so sind die fünfzehn Tage zuletzt zu zählen.

Art. 33. Respekttage finden nicht statt.

Art. 34. Ist in einem Lande, in welchem nach altem Stile gerechnet wird, ein im Inlande zahlbarer Wechsel nach Dato ausgestellt und dabei nicht bemerkt, daß der Wechsel nach neuem Stile datiert sei, oder ist derselbe nach beiden Stilen datiert, so wird der Verfalltag nach demjenigen Kalendertage des neuen Stiles berechnet, welcher dem nach altem Stile sich ergebenden Tage der Ausstellung entspricht.

Art. 35. Meß- oder Marktwechsel werden zu der durch die Gesetze des Meß- oder Marktorts bestimmten Zahlungszeit und in Ermangelung einer solchen Festsetzung an dem Tage vor dem gesetzlichen Schlusse der Messe oder des Marktes fällig. Dauert die Messe oder der Markt nur einen Tag, so tritt die Verfallzeit des Wechsels an diesem Tage ein.

2. Zahlung.

Art. 36. Der Inhaber eines indossierten Wechsels wird durch eine zusammenhängende, bis auf ihn hinuntergehende Reihe von Indossamenten als Eigentümer des Wechsels legitimiert. Das erste Indossament muß demnach mit dem Namen des Remittenten, jedes folgende Indossament mit dem Namen desjenigen unterzeichnet sein, welchen das unmittelbar vorhergehende Indossament als Indossatar benennt. Wenn auf ein Blanko-Indossament ein weiteres Indossament folgt, so wird angenommen, daß der Aussteller des letzteren den Wechsel durch das Blanko-Indossament erworben hat. Ausgestrichene Indossamente werden bei Prüfung der Legitimation als nicht geschrieben angesehen. Die Echtheit der Indossamente zu prüfen, ist der Zahlende nicht verpflichtet.

Art. 37. Lautet ein Wechsel auf eine Münzsorte, welche am Zahlungsorte keinen Umlauf hat, oder auf eine Rechnungswährung, so kann die Wechselsumme nach ihrem Werte zur Verfallzeit in der Landesmünze gezahlt werden, sofern nicht der Aussteller durch den Gebrauch des Wortes „effektiv“ oder eines ähnlichen Zusatzes die Zahlung in der im Wechsel benannten Münzsorte ausdrücklich bestimmt hat.

Art. 38. Der Inhaber des Wechsels darf eine ihm angebotene Teilzahlung selbst dann nicht zurückweisen, wenn die Annahme auf den ganzen Betrag der verschriebenen Summe erfolgt ist.

Art. 39. Der Wechselschuldner ist nur gegen Aushändigung des quittierten Wechsels zu zahlen verpflichtet. Hat der Wechselschuldner eine Teilzahlung geleistet, so kann er nur verlangen, daß die Zahlung auf dem Wechsel abgeschrieben und ihm Quittung erteilt werde.

Art. 40. Wird die Zahlung des Wechsels zur Verfallzeit nicht gefordert, so ist der Akzeptant nach Ablauf der für die Protesterhebung mangels Zahlung bestimmten Frist befugt, die Wechselsumme auf Gefahr und Kosten des Inhabers bei Gericht oder bei einer anderen zur Annahme von Depositen ermächtigten Behörde oder Anstalt niederzulegen. Der Vorladung des Inhabers bedarf es nicht.

VIII. Regreß mangels Zahlung.

Art. 41. Zur Ausübung des bei nicht erlangter Zahlung statthaften Regresses gegen den Aussteller und die Indossanten ist erforderlich:

1. daß der Wechsel zur Zahlung präsentiert worden ist und
2. daß sowohl diese Präsentation als die Nichterlangung der Zahlung durch einen rechtzeitig darüber aufgenommenen Protest dargetan wird.

Die Erhebung des Protestes ist am Zahlungstage zulässig, sie muß aber spätestens am zweiten Werktage nach dem Zahlungstage geschehen.

Art. 42. Die Aufforderung, keinen Protest erheben zu lassen („ohne Protest“, „ohne Kosten“ usw.) gilt als Erlaß des Protestes, nicht aber als Erlaß der Pflicht zur rechtzeitigen Präsentation. Der Wechselverpflichtete, von welchem jene Aufforderung ausgeht, muß die Beweislast übernehmen, wenn er die rechtzeitig geschehene Präsentation in Abrede stellt. Gegen die Pflicht zum Ersatze der Protestkosten schützt jene Aufforderung nicht.

Art. 43. Domizilierte Wechsel sind dem Domiziliaten oder, wenn ein solcher nicht benannt ist, dem Bezogenen selbst an demjenigen Orte, wohin der Wechsel domiziliert ist, zur Zahlung zu präsentieren und, wenn die Zahlung unterbleibt, dort zu protestieren.

Ein Wechsel, dessen Zahlung am Wohnorte des Bezogenen durch eine andere Person erfolgen soll, ist dieser Person zur Zahlung zu präsentieren und, wenn die Zahlung unterbleibt, gegen sie zu protestieren.

Art. 44. Zur Erhaltung des Wechselrechts gegen den Akzeptanten bedarf es weder der Präsentation am Zahlungstage noch der Erhebung eines Protestes.

Art. 45. Der Inhaber eines mangels Zahlung protestierten Wechsels ist verpflichtet, seinen unmittelbaren Vormann innerhalb zweier Tage nach dem Tage der Protesterhebung von der Nichtzahlung des Wechsels schriftlich zu benachrichtigen, zu welchem Ende es genügt, wenn das Benachrichtigungsschreiben innerhalb dieser Frist zur Post gegeben ist. Jeder benachrichtigte Vormann muß binnen derselben, vom Tage des empfangenen Berichts zu berechnenden Frist seinen nächsten Vormann in gleicher Weise benachrichtigen. Der Inhaber oder Indossatar, welcher die Benachrichtigung unterläßt oder dieselbe nicht an den unmittelbaren Vormann ergehen läßt, wird hierdurch den sämtlichen oder den übersprungenen Vormännern zum Ersatze des aus der unterlassenen Benachrichtigung entstandenen Schadens verpflichtet. Auch verliert derselbe gegen diese Personen den Anspruch auf Zinsen und Kosten, sodaß er nur die Wechselsumme zu fordern berechtigt ist.

Art. 46. Kommt es auf den Nachweis der dem Vormanne rechtzeitig gegebenen schriftlichen Benachrichtigung an, so genügt zu diesem Zwecke der durch ein Postattest geführte Beweis, daß ein Brief von dem Beteiligten an den Adressaten an dem angegebenen Tage abgesandt ist, sofern nicht dargetan wird, daß der angekommene Brief einen anderen Inhalt gehabt hat. Auch der Tag des Empfanges der erhaltenen schriftlichen Benachrichtigung kann durch ein Postattest nachgewiesen werden.

Art. 47. Hat ein Indossant den Wechsel ohne Hinzufügung einer Ortsbezeichnung weiter begeben, so ist der Vormann desselben von der unterbliebenen Zahlung zu benachrichtigen.

Art. 48. Jeder Wechselschuldner hat das Recht, gegen Erstattung der Wechselsumme nebst Zinsen und Kosten die Auslieferung des quittierten Wechsels und des wegen Nichtzahlung erhobenen Protestes von dem Inhaber zu fordern.

Art. 49. Der Inhaber eines mangels Zahlung protestierten Wechsels kann die Wechselklage gegen alle Wechselverpflichtete oder auch nur gegen einige oder einen derselben anstellen, ohne dadurch seinen Anspruch gegen die nicht in Anspruch genommenen Verpflichteten zu verlieren. Derselbe ist an die Reihenfolge der Indossamente nicht gebunden.

Art. 50. Die Regreßansprüche des Inhabers, welcher den Wechsel mangels Zahlung hat protestieren lassen, beschränken sich auf:

1. die nicht bezahlte Wechselsumme nebst sechs Prozent jährlicher Zinsen vom Verfalltag ab;
2. die Protestkosten und anderen Auslagen;
3. eine Provision von ein Drittel Prozent.

Die vorstehenden Beträge müssen, wenn der Regreßpflichtige an einem anderen Orte als dem Zahlungsorte wohnt, zu demjenigen Kurse gezahlt werden, welchen ein vom Zahlungsort auf den Wohnort des Regreßpflichtigen gezogener Wechsel auf Sicht hat. Besteht am Zahlungsorte kein Kurs auf jenen Wohnort, so wird der Kurs nach demjenigen Platze genommen, welcher dem Wohnorte des Regreßpflichtigen am nächsten liegt. Der Kurs ist auf Verlangen des Regreßpflichtigen durch einen unter öffentlicher Autorität ausgestellten Kurszettel oder durch das Attest eines vereideten Mäklers oder in Ermangelung derselben durch ein Attest zweier Kaufleute zu bescheinigen.

Art. 51. Der Indossant, welcher den Wechsel eingelöst oder als Rimesse erhalten hat, ist von einem früheren Indossanten oder von dem Aussteller zu fordern berechtigt:

1. die von ihm gezahlte oder durch Rimesse berichtigte Summe nebst sechs Prozent jährlicher Zinsen vom Tage der Zahlung;
2. die ihm erstandenen Kosten;
3. eine Provision von ein Drittel Prozent.

Die vorstehenden Beträge müssen, wenn der Regreßpflichtige an einem anderen Orte als der Regreßnehmer wohnt, zu demjenigen Kurse gezahlt werden, welchen ein vom Wohnorte des Regreßnehmers auf den Wohnort des Regreßpflichtigen gezogener Wechsel auf Sicht hat. Besteht im Wohnorte des Regreßnehmers kein Kurs auf den Wohnort des Regreßpflichtigen, so wird der Kurs nach demjenigen Platze genommen, welcher dem Wohnorte des Regreßpflichtigen am nächsten liegt. Wegen der Bescheinigung des Kurses kommt die Bestimmung des Artikel 50 zur Anwendung.

Art. 52. Durch die Bestimmungen der Artikel 50 und 51 Nr. 1 und 3 wird bei einem Regreß auf einen ausländischen Ort die Berechnung höherer dort zulässiger Sätze nicht ausgeschlossen.

Art. 53. Der Regreßnehmer kann über den Betrag seiner Forderung einen Rückwechsel auf den Regreßpflichtigen ziehen. Der Forderung treten in diesem Falle noch die Mäklergebühren für Negozierung des Rückwechsels sowie die etwaigen Stempelgebühren hinzu. Der Rückwechsel muß auf Sicht zahlbar und unmittelbar (a drittura) gestellt werden.

Art. 54. Der Regreßpflichtige ist nur gegen Auslieferung des Wechsels, des Protestes und einer quittierten Retourrechnung Zahlung zu leisten verbunden.

Art. 55. Jeder Indossant, der einen seiner Nachmänner befriedigt hat, kann sein eigenes und seiner Nachmänner Indossament ausstreichen.

IX. Intervention.

1. Ehrenannahme.

Art. 56. Befindet sich auf einem mangels Annahme protestierten Wechsel eine auf den Zahlungsort lautende Notadresse, so muß, ehe Sicherstellung verlangt werden kann, die Annahme von der Notadresse gefordert werden. Unter mehreren Notadressen gebührt derjenigen der Vorzug, durch deren Zahlung die meisten Verpflichteten befreit werden.

Art. 57. Die Ehrenannahme von seiten einer nicht auf dem Wechsel als Notadresse benannten Person braucht der Inhaber nicht zuzulassen.

Art. 58. Der Ehrenakzeptant muß sich den Protest mangels Annahme gegen Erstattung der Kosten aushändigen und in einem Anhange zu demselben die Ehrenannahme bemerken lassen. Er muß den Honoraten unter Übersendung des Protestes von der geschehenen Intervention benachrichtigen und diese Benachrichtigung mit dem Protest innerhalb zweier Tage nach dem Tage der Protesterhebung zur Post geben. Unterläßt er dies, so haftet er für den durch die Unterlassung entstehenden Schaden.

Art. 59. Wenn der Ehrenakzeptant unterlassen hat, in seinem Akzepte zu bemerken, zu wessen Ehren die Annahme geschieht, so wird der Aussteller als Honorat angesehen.

Art. 60. Der Ehrenakzeptant wird den sämtlichen Nachmännern des Honoraten durch die Annahme wechselmäßig verpflichtet. Diese Verpflichtung erlischt, wenn dem Ehrenakzeptanten der Wechsel nicht spätestens am dritten Werktage nach dem Zahlungstage zur Zahlung vorgelegt wird.

Art. 61. Wenn der Wechsel von einer Notadresse oder einem anderen Intervenienten zu Ehren angenommen wird, so haben der Inhaber und die Nachmänner des Honoraten keinen Regreß auf Sicherstellung. Derselbe kann aber von dem Honoraten und dessen Vormännern geltend gemacht werden.

2. Ehrenzahlung.

Art. 62. Befinden sich auf dem von dem Bezogenen nicht eingelösten Wechsel oder der Kopie Notadressen oder ein Ehrenakzept, welche auf den Zahlungsort lauten, so muß der Inhaber den Wechsel spätestens am dritten Werktage nach dem Zahlungstage den sämtlichen Notadressen und dem Ehrenakzeptanten zur Zahlung vorlegen und den Erfolg im Proteste mangels Zahlung oder in einem Anhange zu demselben bemerken lassen. Unterläßt er dies, so verliert er den Regreß gegen den Adressanten oder Honoraten und deren Nachmänner. Weist der Inhaber die von einem anderen Intervenienten angebotene Ehrenzahlung zurück, so verliert er den Regreß gegen die Nachmänner des Honoraten.

Art. 63. Dem Ehrenzahler muß der Wechsel und der Protest mangels Zahlung gegen Erstattung der Kosten ausgehändigt werden. Er tritt durch die Ehrenzahlung in die Rechte des Inhabers (Artikel 50 und 52) gegen den Honoraten, dessen Vormänner und den Akzeptanten.

Art. 64. Unter mehreren, welche sich zur Ehrenzahlung erbieten, gebührt demjenigen der Vorzug, durch dessen Zahlung die meisten Wechselverpflichteten befreit werden. Ein Intervenient, welcher zahlt, obgleich aus dem Wechsel oder Protest ersichtlich ist, daß ein anderer, dem er hiernach nachstehen müßte, den Wechsel einzulösen bereit war, hat keinen Regreß gegen diejenigen Indossanten, welche durch Leistung der von dem anderen angebotenen Zahlung befreit worden wären.

Art. 65. Der Ehrenakzeptant, welcher nicht zur Zahlungsleistung gelangt, weil der Bezogene oder ein anderer Intervenient bezahlt hat, ist berechtigt, von dem Zahlenden eine Provision von ein Drittel Prozent zu verlangen.

X. Vervielfältigung eines Wechsels.

1. Wechselduplikate.

Art. 66. Der Aussteller eines gezogenen Wechsels ist verpflichtet, dem Remittenten auf Verlangen mehrere gleichlautende Exemplare des Wechsels zu überliefern. Dieselben müssen im Kontext als Prima, Sekunda, Tertia usw. bezeichnet sein, widrigenfalls jedes Exemplar als ein für sich bestehender Wechsel (Solawechsel) erachtet wird. Auch ein Indossatar kann ein Duplikat des Wechsels verlangen. Er muß sich dieserhalb an seinen unmittelbaren Vormann wenden, welcher wieder an seinen Vormann zurückgehen muß, bis die Anforderung an den Aussteller gelangt. Jeder Indossatar kann von seinem Vormanne verlangen, daß die früheren Indossamente auf dem Duplikate wiederholt werden.

Art. 67. Ist von mehreren ausgefertigten Exemplaren das eine bezahlt, so verlieren dadurch die anderen ihre Kraft. Jedoch bleiben aus den übrigen Exemplaren verhaftet:

1. der Indossant, welcher mehrere Exemplare desselben Wechsels an verschiedene Personen indossiert hat, und alle späteren Indossanten, deren Unterschriften sich auf den bei der Zahlung nicht zurückgegebenen Exemplaren befinden, aus ihren Indossamenten;
2. der Akzeptant, welcher mehrere Exemplare desselben Wechsels akzeptiert hat, aus den Akzepten auf den bei der Zahlung nicht zurückgegebenen Exemplaren.

Art. 68. Wer eines von mehreren Exemplaren eines Wechsels zur Annahme versandt hat, muß auf den übrigen Exemplaren bemerken, bei wem das von ihm zur

Annahme versandte Exemplar anzutreffen ist. Das Unterlassen dieser Bemerkung entzieht jedoch dem Wechsel nicht die Wechselkraft. Der Verwahrer des zum Akzepte versandten Exemplars ist verpflichtet, dasselbe demjenigen auszuliefern, der sich als Indossatar (Artikel 36) oder auf andere Weise zur Empfangnahme legitimiert.

Art. 69. Der Inhaber eines Duplikats, auf welchem angegeben ist, bei wem das zum Akzepte versandte Exemplar sich befindet, kann mangels Annahme desselben den Regreß auf Sicherstellung und mangels Zahlung den Regreß auf Zahlung nicht eher nehmen, als bis er durch Protest hat feststellen lassen:

1. daß das zum Akzepte versandte Exemplar ihm vom Verwahrer nicht verabfolgt worden ist und
2. daß auch auf das Duplikat die Annahme oder die Zahlung nicht zu erlangen gewesen.

2. Wechselkopien.

Art. 70. Wechselkopien müssen eine Abschrift des Wechsels und der darauf befindlichen Indossamente und Vermerke enthalten und mit der Erklärung „bis hierher Abschrift (Kopie)" oder mit einer ähnlichen Bezeichnung versehen sein. In der Kopie ist zu bemerken, bei wem das zur Annahme versandte Original des Wechsels anzutreffen ist. Das Unterlassen dieses Vermerkes entzieht jedoch der indossierten Kopie nicht ihre wechselmäßige Kraft.

Art. 71. Jedes auf einer Kopie befindliche Original-Indossament verpflichtet den Indossanten ebenso, als wenn es auf einem Originalwechsel stünde.

Art. 72. Der Verwahrer des Originalwechsels ist verpflichtet, denselben dem Besitzer einer mit einem oder mehreren Original-Indossamenten versehenen Kopie auszuliefern, sofern sich derselbe als Indossatar oder auf andere Weise zur Empfangnahme legitimiert. Wird der Originalwechsel vom Verwahrer nicht ausgeliefert, so ist der Inhaber der Wechselkopie nur nach Aufnahme des im Artikel 69 Nr. 1 erwähnten Protestes Regreß auf Sicherstellung und nach Eintritt des in der Kopie angegebenen Verfalltags Regreß auf Zahlung gegen diejenigen Indossanten zu nehmen berechtigt, deren Original-Indossamente auf der Kopie befindlich sind.

XI. Abhanden gekommene Wechsel.

Art. 73. Der Eigentümer eines abhanden gekommenen Wechsels kann die Amortisation des Wechsels bei dem Gerichte des Zahlungsorts beantragen. Nach Einleitung des Amortisationsverfahrens kann derselbe vom Akzeptanten Zahlung fordern, wenn er bis zur Amortisation des Wechsels Sicherheit bestellt. Ohne eine solche Sicherheitsstellung ist er nur die Deposition der aus dem Akzepte schuldigen Summe bei Gericht oder bei einer anderen zur Annahme von Depositen ermächtigten Behörde oder Anstalt zu fordern berechtigt.

Art. 74. Der nach den Bestimmungen des Artikel 36 legitimierte Besitzer eines Wechsels kann nur dann zur Herausgabe desselben angehalten werden, wenn er den Wechsel in bösem Glauben erworben hat oder ihm bei der Erwerbung des Wechsels eine grobe Fahrlässigkeit zur Last fällt.

XII. Falsche Wechsel.

Art. 75. Auch wenn die Unterschrift des Ausstellers eines Wechsels falsch oder verfälscht ist, behalten dennoch das echte Akzept und die echten Indossamente die wechselmäßige Wirkung.

Art. 76. Aus einem mit einem falschen oder verfälschten Akzept oder Indossamente versehenen Wechsel bleiben sämtliche Indossanten und der Aussteller, deren Unterschriften echt sind, wechselmäßig verpflichtet.

XIII. Wechselverjährung.

Art. 77. Der wechselmäßige Anspruch gegen den Akzeptanten verjährt in drei Jahren, vom Verfalltage des Wechsels an gerechnet.

Art. 78. Die Regreßansprüche des Inhabers (Artikel 50) gegen den Aussteller und die übrigen Vormänner verjähren:

1. in drei Monaten, wenn der Wechsel in Europa, mit Ausnahme von Island und den Faröern, zahlbar war;
2. in sechs Monaten, wenn der Wechsel in den Küstenländern von Asien und Afrika längs des Mittelländischen und Schwarzen Meeres oder in den dazu gehörigen Inseln dieser Meere zahlbar war;
3. in achtzehn Monaten, wenn der Wechsel in einem anderen außereuropäischen Lande oder in Island oder den Faröern zahlbar war.

Die Verjährung beginnt gegen den Inhaber mit dem Tage des erhobenen Protestes.

Art. 79. Die Regreßansprüche des Indossanten (Artikel 51) gegen den Aussteller und die übrigen Vormänner verjähren:

1. in drei Monaten, wenn der Regreßnehmer in Europa, mit Ausnahme von Island und Faröern, wohnt;
2. in sechs Monaten, wenn der Regreßnehmer in den Küstenländern von Asien und Afrika längs des Mittelländischen und Schwarzen Meeres oder in den dazu gehörigen Inseln dieser Meere wohnt;
3. in achtzehn Monaten, wenn der Regreßnehmer in einem anderen außereuropäischen Lande oder in Island oder den Faröern wohnt.

Gegen den Indossanten läuft die Frist, wenn er, ehe eine Wechselklage gegen ihn angestellt worden, gezahlt hat, vom Tage der Zahlung, in allen übrigen Fällen aber vom Tage der ihm geschehenen Behändigung der Klage oder Ladung.

XIV. Klagerecht des Wechselgläubigers.

Art. 81*). Die wechselmäßige Verpflichtung trifft den Aussteller, Akzeptanten und Indossanten des Wechsels sowie einen jeden, welcher den Wechsel, die Wechselkopie, das Akzept oder das Indossament mitunterzeichnet hat, selbst dann, wenn er sich dabei nur als Bürge (per aval) benannt hat. Die Verpflichtung dieser Personen erstreckt sich auf alles, was der Wechselinhaber wegen Nichterfüllung der Wechselverbindlichkeit zu fordern hat. Der Wechselinhaber kann sich wegen seiner ganzen Forderung an den einzelnen halten; es steht in seiner Wahl, welchen Wechselverpflichteten er zuerst in Anspruch nehmen will.

Art. 82. Der Wechselschuldner kann sich nur solcher Einreden bedienen, welche aus dem Wechselrechte selbst hervorgehen oder ihm unmittelbar gegen den jedesmaligen Kläger zustehen.

Art. 83. Ist die wechselmäßige Verbindlichkeit des Ausstellers oder des Akzeptanten durch Verjährung oder dadurch, daß die zur Erhaltung des Wechselrechts gesetzlich vorgeschriebenen Handlungen verabsäumt sind, erloschen, so bleiben dieselben dem Inhaber des Wechsels nur soweit, als sie sich mit dessen Schaden bereichern würden, verpflichtet. Gegen die Indossanten, deren wechselmäßige Verbindlichkeit erloschen ist, findet ein solcher Anspruch nicht statt.

XV. Ausländische Gesetzgebung.

Art. 84. Die Fähigkeit eines Ausländers, wechselmäßige Verpflichtungen zu übernehmen, wird nach den Gesetzen des Staates beurteilt, welchem derselbe angehört.

---

*) Der Artikel 80 ist aufgehoben.

Jedoch wird ein nach den Gesetzen seines Vaterlandes nicht wechselfähiger Ausländer durch Übernahme von Wechselverbindlichkeiten im Inlande verpflichtet, insofern er nach den Gesetzen des Inlandes wechselfähig ist.

Art. 85. Die wesentlichen Erfordernisse eines im Ausland ausgestellten Wechsels sowie jeder anderen im Ausland ausgestellten Wechselerklärung werden nach den Gesetzen des Ortes beurteilt, an welchem die Erklärung erfolgt ist. Entsprechen jedoch die im Auslande geschehenen Wechselerklärungen den Anforderungen des inländischen Gesetzes, so kann daraus, daß sie nach ausländischen Gesetzen mangelhaft sind, kein Einwand gegen die Rechtsverbindlichkeit der später im Inland auf den Wechsel gesetzten Erklärungen entnommen werden. Ebenso haben Wechselerklärungen, wodurch sich ein Inländer einem anderen Inländer im Auslande verpflichtet, Wechselkraft, wenn sie auch nur den Anforderungen der inländischen Gesetzgebung entsprechen.

Art. 86. Über die Form der mit einem Wechsel an einem ausländischen Platze zur Ausübung oder Erhaltung des Wechselrechts vorzunehmenden Handlungen entscheidet das dort geltende Recht.

XVI. Protest.

Art. 87. Jeder Protest muß durch einen Notar oder einen Gerichtsbeamten oder einen Postbeamten aufgenommen werden. Der Zuziehung von Zeugen oder eines Protokollführers bedarf es dabei nicht.

Art. 88. In den Protest ist aufzunehmen:

1. der Name oder die Firma der Personen, für welche und gegen welche der Protest erhoben wird;
2. die Angabe, daß die Person, gegen welche protestiert wird, ohne Erfolg zur Vornahme der wechselrechtlichen Leistung aufgefordert worden oder nicht anzutreffen gewesen ist oder daß ihr Geschäftslokal oder ihre Wohnung sich nicht hat ermitteln lassen;
3. die Angabe des Ortes sowie des Kalendertags, Monats und Jahres, an welchem die Aufforderung (Nr. 2) geschehen oder ohne Erfolg versucht worden ist;
4. im Falle einer Ehrenannahme oder einer Ehrenzahlung die Erwähnung, von wem, für wen und wie sie angeboten oder geleistet wird.

Der Protest ist von dem Protestbeamten zu unterzeichnen und mit dem Amtssiegel oder dem Amtsstempel zu versehen.

Art. 88a. Der Protest mangels Zahlung ist auf den Wechsel oder auf ein mit dem Wechsel zu verbindendes Blatt zu setzen.

Der Protest soll unmittelbar hinter den letzten auf der Rückseite des Wechsels befindlichen Vermerk, in Ermangelung eines solchen unmittelbar an einen Rand der Rückseite gesetzt werden.

Wird der Protest auf ein Blatt gesetzt, das mit dem Wechsel verbunden wird, so soll die Verbindungsstelle mit dem Amtssiegel oder dem Amtsstempel versehen werden. Ist dies geschehen, so braucht der Unterschrift des Protestbeamten ein Siegel oder Stempel nicht beigefügt zu werden.

Wird der Protest unter Vorlegung mehrerer Exemplare desselben Wechsels oder unter Vorlegung des Originals und einer Kopie erhoben, so genügt die Beurkundung auf einem der Exemplare oder auf dem Originalwechsel. Auf den anderen Exemplaren oder auf der Kopie ist zu vermerken, daß sich der Protest mangels Zahlung auf dem ersten Exemplar oder auf dem Originalwechsel befindet. Auf den Vermerk finden die Vorschriften des Abs. 2 und des Abs. 3 Satz 1 entsprechende Anwendung. Der Protestbeamte hat den Vermerk zu unterzeichnen.

Art. 88b. Bezieht sich der Protest auf eine andere wechselrechtliche Leistung als die Zahlung, so ist er auf eine Abschrift des Wechsels oder der Kopie oder auf ein mit der Abschrift zu verbindendes Blatt zu setzen. Die Abschrift hat auch die auf dem Wechsel oder der Kopie befindlichen Indossamente und anderen Vermerke zu enthalten. Die Vorschriften des Artikel 88 a Abs. 2, 3 finden entsprechende Anwendung.

Art. 89. Muß eine wechselrechtliche Leistung von mehreren Personen verlangt werden, so ist über die mehrfache Aufforderung nur eine Protesturkunde erforderlich.

Art. 89 a. Die Wechselzahlung kann an den Protestbeamten erfolgen. Die Befugnis des Protestbeamten zur Annahme der Zahlung kann nicht ausgeschlossen werden.

Art. 90. Schreibfehler, Auslassungen und sonstige Mängel der Protesturkunde können bis zur Aushändigung der Urkunde an die Person, für welche der Protest erhoben ist, von dem Protestbeamten berichtigt werden. Die Berichtigung ist als solche unter Beifügung der Unterschrift kenntlich zu machen.

Von dem Protest ist eine beglaubigte Abschrift zurückzubehalten. Über den Inhalt des Wechsels oder der Kopie ist ein Vermerk aufzunehmen. Der Vermerk hat zu enthalten:

1. den Betrag des Wechsels;
2. die Zahlungszeit;
3. den Ort, den Monatstag und das Jahr der Ausstellung;
4. die Namen des Ausstellers, des Remittenten und des Bezogenen;
5. falls eine vom Bezogenen verschiedene Person angegeben ist, durch welche die Zahlung erfolgen soll, den Namen dieser Person sowie die Namen der etwaigen Notadressen und Ehrenakzeptanten.

Die Abschriften und Vermerke sind geordnet aufzubewahren.

XVII. Ort und Zeit für die Präsentation und andere im Wechselverkehre vorkommende Handlungen.

Art. 91. Die Präsentation zur Annahme oder Zahlung, die Protesterhebung, die Abforderung eines Wechselduplikats sowie alle sonstigen bei einer bestimmten Person vorzunehmenden Akte müssen in deren Geschäftslokal und in Ermangelung eines solchen in deren Wohnung vorgenommen werden. An einer anderen Stelle, z. B. an der Börse, kann dies nur mit beiderseitigem Einverständnisse geschehen.

Ist in dem Proteste vermerkt, daß sich das Geschäftslokal oder die Wohnung nicht hat ermitteln lassen, so ist der Protest nicht deshalb ungültig, weil die Ermittelung möglich war.

Die Verantwortlichkeit des Protestbeamten, der es unterläßt, geeignete Ermittelungen anzustellen, wird durch die Vorschrift des Abs. 2 nicht berührt. Ist eine Nachfrage bei der Polizeibehörde des Ortes ohne Erfolg geblieben, so ist der Protestbeamte zu weiteren Nachforschungen nicht verpflichtet.

Art. 91 a. Eine in dem Geschäftslokal oder in der Wohnung eines Beteiligten vorgenommene Handlung ist auch dann gültig, wenn an Stelle des Ortes, in welchem das Geschäftslokal oder die Wohnung liegt, ein benachbarter Ort in dem Wechsel angegeben ist. Mit beiderseitigem Einverständnisse können auch in anderen Fällen die bei einem Beteiligten vorzunehmenden Handlungen an einem Orte erfolgen, der dem im Wechsel angegebenen Orte benachbart ist.

Welche Orte im Sinne dieser Vorschriften als benachbarte anzusehen sind, bestimmt der Bundesrat; die Bestimmung ist im Reichs-Gesetzblatte bekannt zu machen.

Art. 92. Verfällt der Wechsel an einem Sonntag oder allgemeinen Feiertage, so ist der nächste Werktag der Zahlungstag. Auch die Herausgabe eines Wechselduplikats, die Erklärung über die Annahme sowie jede andere Handlung können nur an einem Werktage gefordert werden. Fällt der Zeitpunkt, in welchem die Vornahme einer der vorstehenden Handlungen spätestens gefordert werden mußte, auf einen Sonntag oder allgemeinen Feiertag, so muß diese Handlung am nächsten Werktage gefordert werden. Dieselbe Bestimmung findet auch auf die Protesterhebung Anwendung.

Die Proteste sollen nur in der Zeit von 9 Uhr Vormittags bis 6 Uhr Abends erhoben werden. Außerhalb dieser Zeit soll die Protesterhebung nur erfolgen, wenn die Person, gegen welche protestiert wird, ausdrücklich einwilligt.

Art. 93. Bestehen an einem Wechselplatz allgemeine Zahltage (Kassiertage), so braucht die Zahlung eines zwischen den Zahltagen fällig gewordenen Wechsels erst am nächsten Zahltage geleistet zu werden, sofern nicht der Wechsel auf Sicht lautet. Die im Artikel 41 für die Aufnahme des Protestes mangels Zahlung bestimmte Frist darf jedoch nicht überschritten werden.

XVIII. Mangelhafte Unterschriften.

Art. 94. Wechselerklärungen, welche statt des Namens mit Kreuzen oder anderen Zeichen vollzogen sind, haben nur dann, wenn diese Zeichen gerichtlich oder notariell beglaubigt worden, Wechselkraft.

Art. 95. Wer eine Wechselerklärung als Bevollmächtigter eines anderen unterzeichnet, ohne dazu Vollmacht zu haben, haftet persönlich in gleicher Weise, wie der angebliche Machtgeber gehaftet haben würde, wenn die Vollmacht erteilt gewesen wäre. Dasselbe gilt von Vormündern und anderen Vertretern, welche mit Überschreitung ihrer Befugnisse Wechselerklärungen ausstellen.

Dritter Abschnitt.
Von eigenen Wechseln.

Art. 96. Die wesentlichen Erfordernisse eines eigenen (trockenen) Wechsels sind:
1. die in den Wechsel selbst aufzunehmende Bezeichnung als Wechsel oder, wenn der Wechsel in einer fremden Sprache ausgestellt ist, ein jener Bezeichnung entsprechender Ausdruck in der fremden Sprache;
2. die Angabe der zu zahlenden Geldsumme;
3. der Name der Person oder die Firma, an welche oder an deren Order der Aussteller Zahlung leisten will;
4. die Bestimmung der Zeit, zu welcher gezahlt werden soll (Artikel 4 Nr. 4);
5. die Unterschrift des Ausstellers mit seinem Namen oder seiner Firma;
6. die Angabe des Ortes, Monatstags und Jahres der Ausstellung.

Art. 97. Der Ort der Ausstellung gilt für den eigenen Wechsel, insofern nicht ein besonderer Zahlungsort angegeben ist, als Zahlungsort und zugleich als Wohnort des Ausstellers.

Art. 98. Nachstehende, in diesem Gesetze für gezogene Wechsel gegebene Vorschriften gelten auch für eigene Wechsel:
1. die Artikel 5 und 7 über die Form des Wechsels;
2. die Artikel 9 bis 17 über das Indossament;
3. die Artikel 19 und 20 über die Präsentation der Wechsel auf eine Zeit nach Sicht mit der Maßgabe, daß die Präsentation dem Aussteller geschehen muß;
4. der Artikel 29 über den Sicherheitsregreß mit der Maßgabe, daß derselbe im Falle der Unsicherheit des Ausstellers stattfindet;
5. die Artikel 30 bis 40 über die Zahlung und die Befugnis zur Deposition des fälligen Wechselbetrags mit der Maßgabe, daß letztere durch den Aussteller geschehen kann;
6. die Artikel 41 und 42 sowie die Artikel 45 bis 55 über den Regreß mangels Zahlung gegen die Indossanten;

7. die Artikel 62 bis 65 über die Ehrenzahlung;
8. die Artikel 70 bis 72 über die Kopien;
9. die Artikel 73 bis 76 über abhanden gekommene und falsche Wechsel mit der Maßgabe, daß im Falle des Artikel 73 die Zahlung durch den Aussteller erfolgen muß;
10. die Artikel 78 bis 95 über die allgemeinen Grundsätze der Wechselverjährung, die Verjährung der Regreßansprüche gegen die Indossanten, das Klagerecht des Wechselgläubigers, die ausländischen Wechselgesetze, den Protest, den Ort und die Zeit für die Präsentation und andere im Wechselverkehre vorkommende Handlungen sowie über mangelhafte Unterschriften.

Art. 99. Eigene domizilierte Wechsel sind dem Domiziliaten oder, wenn ein solcher nicht benannt ist, dem Aussteller selbst an demjenigen Orte, wohin der Wechsel domiziliert ist, zur Zahlung zu präsentieren und, wenn die Zahlung unterbleibt, dort zu protestieren.

Ein eigener Wechsel, dessen Zahlung am Wohnorte des Ausstellers durch eine andere Person erfolgen soll, ist dieser Person zur Zahlung zu präsentieren und, wenn die Zahlung unterbleibt, gegen sie zu protestieren.

Bei eigenen Wechseln bedarf es zur Erhaltung des Wechselrechts gegen den Aussteller weder der Präsentation am Zahlungstage noch der Erhebung eines Protestes.

Art. 100. Der wechselmäßige Anspruch gegen den Aussteller eines eigenen Wechsels verjährt in drei Jahren, vom Verfalltage des Wechsels an gerechnet.

Allgemeine Einleitung.

I. Die Entstehungsgeschichte der Wechselordnung.

Allgemeine Einleitung.

Auf den Antrag der Generalkonferenz des 1833 gegründeten Deutschen Zollvereins vom Jahre 1846 wurde von den Zollvereinsregierungen die Bildung einer Kommission zur Ausarbeitung eines gemeinsamen Wechselrechts für die Zollvereinsstaaten beschlossen. Anm. 1.

Die preußische Regierung veröffentlichte infolgedessen einen Entwurf und lud die Regierungen sämtlicher deutschen Bundesstaaten zur Teilnahme an einer Konferenz in Leipzig ein. Diese Konferenz fand von Oktober bis November 1847 statt. Der aus diesen Beratungen hervorgegangene Entwurf wurde sodann in der Sitzung der Nationalversammlung in Frankfurt a. M. vom 24. November 1848 als Reichsgesetz angenommen und durch das Reichsgesetzblatt publiziert. Als Reichsgesetz ist dann auch die Wechselordnung alsbald in einzelnen Staaten, z. B. in Kurhessen und in Lippe-Schaumburg, publiziert worden. In beiden Ländern ist jedoch diese Publikation durch die Gerichte für unverbindlich erklärt worden, weil der Nationalversammlung die gesetzgebende Gewalt gefehlt habe. Die Wechselordnung ist sodann in den einzelnen Ländern als Landesgesetz eingeführt worden, in Preußen durch Verordnung vom 6. Januar 1849. Diese Verordnung ist indessen, weil oktroyiert, wieder aufgehoben und durch das an deren Stelle getretene Einführungsgesetz vom 15. Februar 1850 ersetzt worden (abgedruckt S. 6).

Später wurde durch Beschluß der Deutschen Bundesversammlung vom 19. Februar 1857 die zur Beratung des Allgemeinen Deutschen Handelsgesetzbuches nach Nürnberg berufene Kommission mit der Revision der Wechselordnung beauftragt. Das Ergebnis dieser Beratung, die sogenannten **Nürnberger Novellen**, ist ebenfalls in den einzelnen Bundesstaaten als Gesetz eingeführt worden; die Änderungen betrafen die Art. 2, 4 Nr. 4, Art. 7, 18, 29 Abs. 3, 30, 99.

Durch Bundesgesetz vom 5. Juni 1869 (abgedruckt S. 5) ist die Allgemeine Wechselordnung nebst Novelle zum Bundesgesetz und durch § 2 des Gesetzes vom 16. April 1871 zum Reichsgesetz erklärt worden. Die Einführung in Elsaß-Lothringen erfolgte durch Gesetz vom 19. Juni 1872 und in Helgoland durch Verordnung vom 22. März 1891.

Das Einführungsgesetz zum BGB. hat in seinem Art. 32 die Reichsgesetze ausdrücklich aufrecht erhalten und nur insoweit außer Kraft gesetzt, als sich aus dem BGB. oder aus dem EG. z. BGB. die Aufhebung ergibt. Desgleichen bestimmt das EG. z. HGB. in seinem Art. 2 Abs. 2, daß die Vorschriften der Reichsgesetze durch das HGB. nicht berührt werden. Sie gehen also dem HGB. vor. Das alles gilt insbesondere auch für die Wechselordnung. Nur der Art. 80 der WO. ist durch Art. 8 Nr. 2 EG. z. HGB. aufgehoben worden (vgl. hierüber im Erl. zu Art. 79).

Die Bestrebungen zur Reform des Wechselprotestes (Näheres vgl. Art. 87 Einl. zu 3) führten zum Gesetz, betreffend die Erleichterung des Wechselprotestes vom 30. Mai 1908 (RGBl. 08, 321 ff.). Dieses Gesetz ist eine sogenannte lex satura. Vornehmlich bringt es den Postprotest und eine Vereinfachung des Protestverfahrens. Aber es enthält auch andere Änderungen.

Allgemeine Einleitung. Zunächst werden die Domizilwechsel und die sogenannten Zahlstellenwechsel in Ansehung der Person des Protestaten und der Wirkung der unterlassenen Protesterhebung
Anm. 1. gleichgestellt.

Die Novelle erleichtert auch den Windprotest und die Protestierung von Wechseln mit ungenauen Ortsbezeichnungen. Ferner sind Vorschriften über die Befugnisse der Protestbeamten zur Annahme der Wechselzahlungen und Bestimmungen über die Proteststunden aufgenommen. Die Haftung der Postverwaltung wird geregelt und der Reichskanzler ermächtigt, den Text, wie er sich aus den Änderungen ergibt, unter der Überschrift „**Wechselordnung**" bekannt zu machen.

Der Entwurf zur Novelle nebst eingehender Begründung war am 11. November 1907 dem Reichstage vorgelegt worden (Drucksachen des Reichstages, XII. Legislaturperiode, I. Session, Nr. 471). Durch Beschluß des Reichstags vom 13. Dezember 1907 wurde er zur Vorberatung der XVI. Kommission überwiesen. Die Kommission wählte zum Vorsitzenden den Abgeordneten Dr. Brunstermann und zum Berichterstatter den Abgeordneten Dr. Wagner. Die Kommission beriet den Entwurf in zwei Lesungen. Nur zwei Änderungen nahm sie am Entwurf vor, sie betreffen den Art. 39 WO. und den § 5 der Novelle. Der Kommission ist zu danken, daß der Wechselordnung die fortlaufende Nummernfolge der alten Artikel verblieben ist. Sie erstattete schriftlichen Bericht (Drucksachen Nr. 666). Die zweite Lesung im Reichstage fand am 2. Mai, die dritte am 7. Mai 1908 statt.

Auf Grund des § 5 der Novelle ist der Text der Wechselordnung in der vom 1. Oktober 1908 an geltenden Fassung durch die Bekanntmachung des Reichskanzlers vom 3. Juni 1908 im RGBl. (08, 327—348) veröffentlicht worden.

In Österreich ist die Wechselordnung durch Patent vom 25. Januar 1850 für sämtliche Kronländer eingeführt, für die Länder der ungarischen Krone ist sie aber wieder außer Kraft gesetzt worden. In Ungarn gilt jetzt die Wechselordnung vom 5. Juni 1876, die der Deutschen Wechselordnung wesentlich nachgebildet ist. Die Nürnberger Novellen sind in Österreich ebenfalls eingeführt worden, mit der Änderung, daß das Zinsversprechen den Wechsel ungültig macht.

II. Die Quellen des Wechselrechts und ihre Rangordnung.

Anm. 2. 1. **Die vornehmste Quelle des Wechselrechts ist die Wechselordnung.** Aus Art. 32 EG. z. BGB. und Art. 2 Abs. 2 EG. z. HGB. folgt, daß die Wechselordnung in erster Linie für die wechselrechtlichen Verhältnisse maßgebend ist (vgl. oben Anm. 1). „In erster Linie", das heißt: keine andere Rechtsquelle kommt zur Anwendung, soweit sich aus den Vorschriften des Wechselrechts, sei es direkt, sei es aus ihren rechtlichen Folgen, nicht ein anderes ergibt.

Anm. 3. 2. **Subsidiär aber kommen folgende Rechtsquellen in Betracht.**

a) Ist die fragliche Wechselobligation eine Handelssache (also von einem Kaufmann oder einem Kaufmann gegenüber eingegangen), so greifen subsidiär die Regeln des neuen Handelsrechts Platz. Welches diese Regeln sind, kann hier nicht untersucht werden. Darüber vergleiche Staub HGB. neue 8. Aufl. Allg. Einl. Anm. 16 ff.

Anm. 4. b) Ist die fragliche Wechselobligation keine Handelssache, so sind die Quellen des neuen bürgerlichen Rechtes maßgebend.

Anm. 5. c) Zu den Quellen des Handelsrechts und des bürgerlichen Rechts in diesem Sinne gehören auch die Landesgesetze. Denn wenn auch die privatrechtlichen Vorschriften der Landesgesetze außer Kraft gesetzt sind (Art. 55 EG. z. BGB.) und deshalb neue privatrechtliche Vorschriften auch auf dem Gebiete des Wechselrechts nicht erlassen werden können (Art. 3 EG. z. BGB.), so kommt doch einmal in Betracht, daß öffentlichrechtliche Vorschriften erlassen werden können, und ferner, daß nach Art. 21 EG. z. HGB. vom 10. Mai 1897 die landesgesetzlichen Vorschriften zur Ausführung der Wechselordnung, soweit sie durch das Bundesgesetz vom 5. Juni 1869 aufrecht erhalten sind, unberührt geblieben sind (vgl. ROHG. 17, 55; RG. v. 20. 10. 00 im SächsA. 11, 470). Diese bleiben also auch insoweit unberührt, als sie privatrechtlichen Charakter haben, und in diesem Rahmen können auch neue Vorschriften erlassen werden (Art. 15 EG. z. HGB.). **Allgemeine Einleitung.** Anm. 5.

Daß subsidiär die zu a bis c aufgeführten Quellen des neuen Rechts auch bei den vor dem 1. Januar 1900 bestehenden Gesetzen in Anwendung kommen, kann nach Art. 4 EG. z. BGB. nicht zweifelhaft sein. Es liegt in jenen Gesetzen insoweit eine stillschweigende Verweisung auf die allgemeinen Vorschriften des Privatrechts vor, und in den Fällen solcher Verweisung treten nach Art. 4 EG. z. BGB. an die Stelle der Vorschriften des bisherigen Rechts die des neuen Rechts (vgl. Neumann, Handausgabe des BGB. zu Art. 4).

3. Ob zu den Quellen des Rechts im Sinne des zu a und b Gesagten auch das Gewohnheitsrecht gehört und in welcher Reihenfolge es als Rechtsquelle in Betracht kommt, kann hier eingehend nicht untersucht werden. Das ist im Kommentar z. HGB. (neue 8. Aufl. Allg. Einl. Anm. 23 ff.) erörtert; danach kann sich Reichsgewohnheitsrecht zur Ergänzung des geschriebenen Rechts jedenfalls bilden. Das stimmt überein mit dem, was für das Wechselrecht stets angenommen wurde. Einzelne Erscheinungen des Wechselrechts sind überhaupt nur gewohnheitsrechtliche Bildungen, so z. B. der Blankowechsel und das versteckte Inkassoindossament (vgl. zu Art. 7 und zu Art. 17). Anm. 6.

Die Frage, ob sich Gewohnheitsrecht gegen das geschriebene Gesetz bilden kann, ist derart schwierig und dabei auf dem Gebiete des Wechselrechts so unpraktisch, daß sie hier füglich umgangen werden kann (vgl. HGB. neue 8. Aufl. Allg. Einl. Anm. 30). Anm. 7.

Zusatz. Im österreichischen Recht gelten (vgl. Canstein II 79, 80): Anm. 8.

1. als Hauptquellen die Wechselordnung und die übrigen wechselrechtlichen Gesetze und Verordnungen;
2. subsidiär:
a) in Handelssachen die Quellen des Handelsrechts,
b) in bürgerlichen Rechtssachen: das allgemeine bürgerliche Recht. Das Gewohnheitsrecht bildet im österreichischen Recht keine Quelle des Wechselrechts (vgl. § 10 des österreichischen Bürgerlichen Gesetzbuchs).

III. Die Entstehung der Wechselverpflichtung.

Grünhut geht in seinem bedeutsamen Handbuche des Wechselrechts „von der Theorie des einseitigen Aktes aus, von jenem zuerst durch Einert eröffneten neuen Wege, von dem aus es gelungen sei, auf einem bis dahin vielfach dunklen Rechtsgebiete das Wort des Rätsels zu finden, worüber so viele Meister der Rechtswissenschaft lange vergeblich gesonnen haben." Der Kern der Theorie liegt in den Worten Grünhuts (I 274): Anm. 9.

„Die Wechselverpflichtung wird lediglich durch die Unterzeichnung eines in gesetzlicher Form ausgestellten Wechsels eingegangen."

Staub knüpfte an diese Theorie an, folgte ihr aber nicht ganz.

Nach seiner (übrigens erst in der vierten Auflage vertretenen) Auffassung entsteht eine Wechselverpflichtung durch drei Elemente, die zusammentreffen müssen:

1. die Abgabe einer Wechselunterschrift,
2. den gutgläubigen Erwerb einer mit einer Wechselunterschrift versehenen Urkunde,
3. die Herstellung einer vollständigen Wechselurkunde.

Die Reihenfolge, in welcher diese drei Erfordernisse zur Existenz gelangen, ist nach Staub gleichgültig; nur ihr Zusammentreffen ist wesentlich. Wegen der näheren Begründung sei hier auf die vierte Auflage Allg. Einl. §§ 9—17 verwiesen. Damit ist die Kreationstheorie auf den Schild erhoben, und zwar, wie Staub meint, „die richtig verstandene, die den Wechsel nicht mit der bloßen Niederschrift, sondern nur dadurch entstehen läßt, daß der Wechsel unterschrieben, vollständig ausgefüllt und im Rechtsverkehr gutgläubig erworben wird, gleichviel allerdings, in welcher Reihenfolge diese drei Akte sich ereignen".

Anm. 10. Wir vertreten die **Begebungstheorie**.. Hiernach entsteht eine Wechselverpflichtung nur dann, wenn der Verpflichtete den Wechsel durch einen Begebungsakt aus den Händen gegeben hat, nicht auch dann, wenn ihm die Urkunde unfreiwillig abhanden gekommen ist, selbst wenn sie später in redliche Hände gelangt (Näheres vgl. Art. 8 Anm. 2; Art. 9 Anm. 3; Art. 21 Anm. 1; J. u. M. Stranz Art. 8 Anm. 2—6).

IV. Die dinglichen Rechte am Wechsel.

Anm. 11. 1. **Das Eigentum am Wechsel.** Zur Entstehung der Wechselverpflichtung gehört (vgl. oben Anm. 9, 10) neben den anderen Erfordernissen auch gutgläubiger Erwerb des Wechsels, der Wechselurkunde selbst durch eine dritte Person. Der Wechsel muß erworben werden, wenn das Recht aus dem Wechsel erworben werden soll. Nur wer die Wechselurkunde sein eigen nennt, kann Wechselgläubiger sein. Denn der Wechsel ist Träger der Wechselobligation. Das Eigentum am Wechsel kann auf jede Art erworben werden, wie Urkunden überhaupt erworben werden können. Oft ist der Wechselgläubiger Eigentümer der Urkunde, noch ehe das Recht aus dem Wechsel entsteht; so z. B. wenn der Aussteller sein Wechselformular durch den Akzeptanten unterzeichnen läßt. Aber meist ist es anders. Zum Zwecke der Übertragung des durch den Wechsel verbrieften Rechts wird der Wechsel selbst zum Eigentum übertragen; so z. B. vom Aussteller an den Remittenten, vom Remittenten an den Indossatar, vom Akzeptanten an den, der ihn als Aussteller unterzeichnen will. Daß ohne Eigentum an der Wechselurkunde das Gläubigerrecht nicht übergehen kann, hat die Rechtsprechung wiederholt ausgesprochen (ROHG. 11, 250; RG. 3, 329). Dabei ist nicht gerade körperliche Übergabe erforderlich. Ein solches Erfordernis ist nirgends ersichtlich. Auch constitutum possessorium genügt. Man denke an den Fall, daß ein Bankier kommissionsweise einen Wechsel kauft und ihn für seinen Kommittenten in seinem Depot behält. Sollte hier der Kunde nicht Eigentümer geworden sein? (Zustimmend Lehmann S. 227.) Ebenso genügt Übertragung durch Abtretung des Herausgabeanspruchs (§ 931 BGB.) usw.

Anm. 12. 2. **Pfandrecht an Wechseln.** Daß am Wechsel ein Pfandrecht bestellt werden kann, geht aus § 1292 BGB. deutlich hervor. Es ist aber auch früher nicht bezweifelt worden.

Die Bestellung kann erfolgen durch Indossament, oder auch durch die allgemeine Verpfändungsart (mündlicher Vertrag und Übergabe des Papiers) § 1274 BGB.

Näheres über die Verpfändung des Wechsels Staub HGB. neue 8. Aufl. Anm. 14—18, 26 und 27, 73—75 zu § 368.

Auch die gesetzlichen Pfandrechte können am Wechsel entstehen. Hierüber und über die Wirkungen solcher gesetzlichen Pfandrechte am Wechsel siehe Staub HGB. neue 8. Aufl. Anm. 91 zu § 368.

Auch das Exekutionspfandrecht kann am Wechsel erworben werden (vgl. zu Art. 9).

Anm. 13. 3. **Das Zurückbehaltungsrecht.** Auch das kaufmännische Zurückbehaltungsrecht kann am Wechsel entstehen (vgl. Staub HGB. neue 8. Aufl. Anm. 15 zu § 369), jedoch nicht an Wechseln, die lediglich der Schuldner unterschrieben hat, weil diese nicht schon Wertobjekte in seiner Hand sind und deshalb nicht Sachen des Schuldners im Sinne des § 369 sind (Staub HGB. neue 8. Aufl. Anm. 18 und 43 zu § 369).

Unzutreffend ist es, wenn Bernstein (27) meint, das Reichsgericht schließe das kaufmännische Zurückbehaltungsrecht an Wechseln aus. Die von ihm zitierten Entscheidungen RG. 3, 154; 10, 40; 20, 135 beschäftigen sich mit Talons, Sparkassenbüchern und Hypothekenbriefen. Bei diesen Urkunden liegen die Verhältnisse anders, da sie sämtlich keine Wertträger sind, wie der Wechsel.

Über die Wirkung des Zurückbehaltungsrechts am Wechsel siehe Staub HGB. neue 8. Aufl. Anm. 20—22 zu § 369.

Einführungsgesetze.

I. Bundesgesetz, betreffend die Einführung der Allgemeinen Deutschen Wechselordnung, der Nürnberger Wechsel-Novellen und des Allgemeinen Deutschen Handelsgesetzbuches als Bundesgesetze.

Vom 5. Juni 1869. (BGBl. 1869 S. 379—381.)

§ 1.

Die Allgemeine Deutsche Wechselordnung (Anlage A) nebst den die Ergänzung und Erläuterung derselben betreffenden sogenannten Nürnberger Novellen (Anlage B), sowie das Allgemeine Deutsche Handelsgesetzbuch (Anlage C) werden zu Bundesgesetzen[1]) erklärt und als solche in das gesammte Bundesgebiet eingeführt, jedoch unbeschadet der Vorschriften des Bundesgesetzes .... über die Aufhebung der Schuldhaft vom 29. Mai 1868 (Bundesgesetzbl. S. 237).

§ 2.

Die bei oder nach der Einführung der Wechselordnung, der Nürnberger Novellen und des Handelsgesetzbuches in die einzelnen Bundesstaaten oder deren Landestheile im Wege der Landesgesetzgebung erlassenen Vorschriften bleiben als landesgesetzliche Vorschriften insoweit in Kraft, als sie nur eine Ergänzung und nicht eine Abänderung einer Bestimmung der Wechselordnung, der Nürnberger Novellen oder des Handelsgesetzbuches enthalten.

§ 3.

Insbesondere bleiben folgende auf die Einführung der Wechselordnung und des Handelsgesetzbuches sich beziehende landesgesetzliche Vorschriften in Kraft:

A. in Ansehung der Wechselordnung:
die Vorschriften der §§ 5 bis 7 der für die freie und Hansestadt Hamburg am 5. März 1849 in Bezug auf die Einführung der Allgemeinen Deutschen Wechselordnung publizirten Verordnung und der entsprechenden §§ 8 bis 10 der Königlich Preußischen Verordnung, betreffend die Einführung der Allgemeinen Deutschen Wechselordnung in die Herzogthümer Holstein und Schleswig, vom 13. Mai 1867;

B. in Ansehung des Handelsgesetzbuches ....

§ 6.

Dieses Gesetz tritt am 1. Januar 1870 in Kraft.

---

[1]) Reichsgesetze nach § 2 des Gesetzes betr. die Verfassung des Deutschen Reichs, vom 16. April 1871 (BGBl. S. 63). Vgl. Art. 80 der Verfassung des „Deutschen Bundes" (BGBl. 1870 S. 647, Baden und Hessen), Vertr. v. 25. Nov. 1870 (BGBl. 654, Württemberg), Ges. v. 22. April 1871 (BGBl. 87, Bayern). — Vgl. ferner Ges. v. 19. Juni 1872 (DRAnz. Nr. 155, Elsaß-Lothringen); Verordn. v. 22. März 1891 (RGBl. 21, Helgoland).

II. Das Preußische Einführungsgesetz der Allgemeinen Wechselordnung für Deutschland. Vom 15. Februar 1850. (Gesetz-Samml. 1850 S. 53.)

§ 1.

Bei der Bestimmung des § 1 der Verordnung vom 6. Januar v. J. (Gesetz-Sammlung Seite 49), nach welcher die im Reichsgesetzblatt vom 27. November 1848 publizirte Allgemeine Deutsche Wechselordnung in Preußen mit dem 1. Februar v. J. in Kraft getreten ist und dagegen mit diesem Tage die §§ 713 bis 1249 Titel 8 Theil II des Allgemeinen Landrechts, sowie die Artikel 110 bis 189 des Rheinischen Handelsgesetzbuches aufgehoben sind, behält es sein Bewenden.

§ 2.

(Der § 2 ist durch die §§ 1003 ff. der Reichszivilprozeßordnung — abgedruckt hinter Art. 73 — aufgehoben.)

§ 3.

(Der § 3 ist durch die §§ 70 und 74 des Preuß. Ausführungsgesetzes zum Deutschen Gerichtsverfassungsgesetz vom 24. April 1878 aufgehoben. Vgl. zu Art. 87 WO.)

§ 4.

(Erledigt durch das pr. Ges. vom 1. Juni 1904. Vgl. zu Art. 92 WO.)

§ 5.

(Der § 5 ist durch das Gesetz vom 29. Mai 1868 aufgehoben. Vgl. Art. 2 der Wechselordnung.)

§ 6.

(Der § 6 ist durch den § 603 der Zivilprozeßordnung aufgehoben.)

§ 7.

(Der § 7 ist durch die §§ 592 ff. der Zivilprozeßordnung aufgehoben.)

§ 8.

(Der § 8 ist durch das Gerichtsverfassungsgesetz aufgehoben).

§ 9.

(Der § 9 ist obsolet.)

Wechselordnung.[1]

(RGBl. 1908 S. 327—348.)

Erster Abschnitt.

Von der Wechselfähigkeit.

Artikel 1.

Wechselfähig ist jeder, welcher sich durch Verträge verpflichten kann. Art. 1.

Der vorliegende Artikel regelt die Lehre von der passiven Wechselfähigkeit für alle Inländer, d. h. Deutsche, mögen sie die Wechselverbindlichkeit im Inlande oder im Auslande eingehen (EG. z. BGB. Art. 7 Abs. 1; WO. Art. 84; Rehbein 1 Anm. 1). Für Wechselverpflichtungen des Ausländers im Inlande ist Art. 84 maßgebend. (Vgl. dort näheres über die Begriffe Inländer und Ausländer.) Einleitung.

I. **Begriff der Wechselfähigkeit.** Die Gesetzesworte ergeben zunächst deutlich, daß darunter die Fähigkeit im aktiven Sinne nicht verstanden wird: weder die Fähigkeit, Subjekt von Wechselrechten zu sein, noch die Fähigkeit, Wechselrechte durch eigene Handlungen zu erwerben. In dem ersteren Sinne kommt sie allen rechtsfähigen Personen zu (vgl. Anm. 2) und folgt den allgemeinen Regeln über die Fähigkeit, Rechte zu erwerben. Sie deckt sich nicht mit der Fähigkeit, durch eigene Handlungen wechselberechtigt zu werden, sondern ist weit umfangreicher als diese. Diese letztere kommt z. B. nicht zu Kindern unter sieben Jahren, Wahnsinnigen (§ 104 BGB.). Art. 1 handelt nur von der passiven Wechselfähigkeit. Nicht deutlich aber und daher sehr bestritten ist, in welchem Sinne die passive Wechselfähigkeit nach Art. 1 aufzufassen ist. Soll die Fähigkeit, Subjekt von Wechselverpflichtungen zu werden, gemeint sein? (Dernburg § 252 Anm. 2; Goldschmidt, System 4. Aufl. 268; Canstein 106.) Oder nur die Fähigkeit, durch eigene Handlungen wechselmäßig verpflichtet zu werden? (Cosack § 50 I 3; Grünhut Hdb. I 302.) Die erstere Ansicht verdient den Vorzug. Nach der letzteren würden juristische Personen wechselunfähig sein, obwohl gerade deshalb, um die Wechselfähigkeit der juristischen Personen zum Ausdruck zu bringen, das im § 1 des Preußischen Entwurfs enthaltene Wort Person in Jeder umgewandelt wurde (Hartmann 137; LP. 8). Anm. 1.

II. **Umfang der Wechselfähigkeit im allgemeinen.**[2] Es ist wechselfähig jeder, der sich durch Verträge verpflichten kann. Deshalb und weil (vgl. Anm. 1) nicht bloß die Fähigkeit, Anm. 2.

---

[1]) Über den Titel (Wechselordnung) s. Allg. Einl. Anm. 1 und Anhang I Protestgesetz § 5. Der Text ist durch die Bekanntmachung des Reichskanzlers vom 3. Juni 1908 veröffentlicht. Die Wechselordnung ist in Kraft getreten am 1. Oktober 1908 (Näheres a. a. O.). Die Änderungen gegenüber der bisherigen, bis zum 1. Oktober 1908 gültig gewesenen Fassung sind durch gesperrten Druck kenntlich gemacht.

[2]) Die Prozeßfähigkeit in bezug auf Wechselverpflichtungen deckt sich nicht mit der Wechselfähigkeit. Eigentlich sollte dies nach dem Wortlaut der Gesetze der Fall sein. Denn wie nach Art. 1 WO. wechselfähig „jeder ist, der sich durch Verträge verpflichten kann", so ist auch nach § 52 ZPO. eine Person insoweit prozeßfähig, „als sie sich durch Verträge verpflichten kann".

Art. 1. sich durch eigene Erklärung wechselmäßig zu verpflichten, sondern auch die Fähigkeit,
Anm. 2. sich durch Erklärungen anderer wechselmäßig zu verpflichten, die Wechselfähigkeit begründet, folgt daraus, **daß jede rechtsfähige Person wechselfähig ist.** Rechtsfähig aber ist jede physische Person, ferner jede juristische Person, wobei für den Wechselverkehr besonders in Betracht kommen die als juristische Personen konstruierten Handelsgesellschaften (Aktiengesellschaft, Kommanditgesellschaft auf Aktien, Gesellschaft mit beschränkter Haftung). Ja, die Wechselfähigkeit kommt darüber hinaus auch noch einzelnen anderen Rechtsgebilden zu, denen die Gesetze Verpflichtungsfähigkeit verliehen haben, obwohl sie weder physische noch juristische Personen sind, nämlich der offenen Handelsgesellschaft und der Kommanditgesellschaft. Nicht aber der bürgerlichen Gesellschaft im Sinne der §§ 705 ff. BGB., wozu auch die handelsrechtliche Gelegenheitsgesellschaft gehört (vgl. Staub HGB. 8. Aufl., Exk. zu § 342), auch nicht dem nichtrechtsfähigen Vereine, der vielmehr den Regeln der bürgerlichen Gesellschaft unterliegt und allerdings in einzelnen Beziehungen (für die Eröffnung des Konkurses § 213 KO., für die Rolle des Beklagten im Prozesse und bei der Zwangsvollstreckung §§ 50 u. 735 ZPO.), wie ein rechtsfähiger Verein, also als juristische Person behandelt wird, nicht aber für die Frage der Geschäftsfähigkeit und demzufolge für die Frage der Wechselfähigkeit (§ 54 BGB.). Doch folgt daraus nicht, daß die namens einer bürgerlichen Gesellschaft oder eines nicht rechtsfähigen Vereins von ihren berufenen Vertretern erfolgte Wechselzeichnung keine Wechselverpflichtung erzeugt. Die Wechselverpflichtung wird erzeugt, aber nur gegen die einzelnen Mitglieder der Gesellschaft oder des Vereins nach Maßgabe der Vorschriften über die Gesellschaft, beim nichtrechtsfähigen Vereine auch gegen die Zeichner (§ 54 BGB.; Art. 81 WO.; auch § 427 BGB.).

Anm. 3. Aber der vorliegende Artikel bestimmt nicht nur, daß wechselfähig derjenige ist, der die allgemeine Vertragsverpflichtungsfähigkeit besitzt. Er bestimmt ferner, daß **die Voraussetzungen** der Wechselverpflichtungsfähigkeit die gleichen sind, wie die Voraussetzungen der allgemeinen Vertragsverpflichtungsfähigkeit.

Anm. 4. Richten sich nun die Voraussetzungen der Wechselfähigkeit nach dem bürgerlichen Rechte, so ist, ehe diese Voraussetzungen im einzelnen betrachtet werden, folgendes vorauszuschicken. Voraussetzung der Wechselfähigkeit ist nicht, daß die Person mit ihrem ganzen Vermögen für ihre Verbindlichkeiten haftet; solche Beschränkung gehört in die Zwangsvollstreckung und hindert nicht die Möglichkeit der Eingehung von Wechselobligationen jeder Art; auch Art. 2 WO. steht dem nicht entgegen, da dieser nur den Gegensatz zur Personalhaft hervorheben will (Lehmann 295; vgl. Anm. 2 u. 3 zu Art. 2).

Anm. 5. Damit ist aber nicht gesagt, daß die Wechselfähigkeit ein absoluter Begriff ist, daß es nur eine volle uneingeschränkte Wechselfähigkeit gibt. Es kommt nämlich vor, daß die Verpflichtungserklärung der Person von selbst nicht ausreicht, sondern daß sie von den Personen oder unter Zustimmung der Personen abzugeben ist, deren Mitwirkung das bürgerliche Recht fordert. Man kann hier von **beschränkter Wechselfähigkeit** sprechen, was passender erscheinen dürfte, als die Bezeichnung Lehmanns (292): unvollkommene Wechselfähigkeit (vgl. unten Anm. 7 ff.).

Aber trotz des fast gleichen Wortlauts besagt die Vorschrift der ZPO. etwas anderes, als die der Wechselordnung. Denn prozeßfähig ist nur derjenige, der sich durch eigene Rechtshandlungen verpflichten kann. Wer verpflichtet werden kann, aber nicht durch eigene Handlungen, besitzt zwar Partei-, aber nicht Prozeßfähigkeit, wie z. B. die juristischen Personen, die Minderjährigen (RG. 12, 399; 32, 175; auch § 50 ZPO.). Dagegen ist wechselfähig jeder, der durch Wechselakte verpflichtet werden kann, wenn dies auch nicht durch seine eigenen Rechtsakte geschehen kann. Auch in letzterem Falle ist er wechselfähig, jedoch nicht selbständig wechselfähig, so z. B. die juristische Person, der Bevormundete (vgl. unten Anm. 5). Die Prozeßfähigkeit deckt sich daher nicht mit der Wechselfähigkeit überhaupt, sondern mit derjenigen besonderen Art der Wechselfähigkeit, die hier selbständige Wechselfähigkeit genannt wird (unten Anm. 5). Die Wechselfähigkeit deckt sich ferner mit der prozessualen Parteifähigkeit in bezug auf Wechselverpflichtungen.

Art. 1. Darüber, in welcher Form die Einwilligung des gesetzlichen Vertreters oder die
Anm. 11. nachträgliche Genehmigung abgegeben werden muß, s. unten Anm. 30.

Anm. 12. 2. **Die Großjährigen.** Sie sind unbeschränkt geschäftsfähig und darum auch unbeschränkt wechselfähig. Den Großjährigen stehen die für volljährig Erklärten gleich (§ 3 Abs. 2 BGB.).

Für Hauskinder gilt nichts Besonderes; ein Großjähriger steht niemals unter väterlicher Gewalt.

Anm. 13. 3. **Geisteskranke,** d. h. solche, die sich in einem nicht bloß vorübergehenden Zustande krankhafter Störung der Geistestätigkeit befinden, welcher die freie Willensbestimmung ausschließt, sind geschäftsunfähig; das gleiche gilt von solchen Personen, die wegen Geisteskrankheit entmündigt sind (§ 104 BGB.). Von diesen beiden Personenkategorien gilt also das oben (unter 1a) bei Minderjährigen unter sieben Jahren Gesagte. Wer aber nicht dauernd, sondern nur vorübergehend in einem die freie Willensbestimmung ausschließenden Zustand krankhafter Störung der Geistestätigkeit sich befindet (Schlaf, sinnlose Trunkenheit, Bewußtlosigkeit, Fieber, Schreck), ist nicht allgemein geschäftsunfähig; wohl aber ist die in solchem Zustande erfolgte Wechselzeichnung nichtig (§ 105 Abs. 2 BGB.).

Anm. 14. 4. **Die Verschwender** stehen, wenn sie entmündigt sind, den Minderjährigen über sieben Jahren gleich (§ 114 BGB.). Vgl. auch §§ 661 Abs. 2, 680, 683 Abs. 2 ZPO.

Anm. 15. 5. **Geistesschwache und Trunksüchtige** stehen den Minderjährigen über sieben Jahren gleich, wenn sie deswegen entmündigt sind (§ 114 BGB.).

Anm. 16. 6. **Gemeinschuldner** sind selbständig wechselfähig. Denn ihnen fehlt zwar das Recht, über ihr zur Konkursmasse gehöriges Vermögen zu verfügen, nicht aber überhaupt die Fähigkeit, sich durch Verträge zu verpflichten (§§ 1 und 6 KO.; ROHG. 4, 230; RG. 29, 74; Lehmann 322, 323; Jaeger KO. 3. Aufl. Anm. 27 zu § 6). Doch können sie natürlich durch ihre Wechselzeichnung die Masse nicht verpflichten. — Soweit die Durchführung des Konkurses das Eingehen von neuen Wechselverbindlichkeiten erfordert, liegt die Zeichnung von Wechseln im Rahmen der Befugnisse des Konkursverwalters (RG. 29, 82ff.; Jaeger KO. 3. Aufl. Anm. 28 zu § 6).

Anm. 17. 7. **Lesens- und Schreibensunkundige** sind wechselfähig. Denn davon, daß sie nicht geschäftsfähig seien, sagt das BGB. nichts (vgl. Staub HGB. neue 8. Aufl. Anm. 49 zu § 350). Über die Form ihrer Wechselerklärungen s. zu Art. 94.

8. Von **Blinden und Taubstummen** gilt das gleiche.

9. **Für militärische Personen** gelten im BGB. keine Sondervorschriften über Geschäftsfähigkeit (vgl. oben Anm. 6). Sie sind also, wenn sonstige Gründe nicht vorliegen, wechselfähig.

Anm. 18. 10. **Gesellschaften.** Diese sind wechselfähig (vgl. Anm. 2), jedoch naturgemäß nicht selbständig wechselfähig, da sie nicht selbständig geschäftsfähig sind. Wer für sie zu kontrahieren hat, bestimmen die Normen des Gesellschaftsrechts (das HGB.; das Genossenschaftsgesetz; das Berggesetz; das Gesetz betr. die Gesellschaften mit beschränkter Haftung usw.).

Anm. 19. 11. **Ehefrauen.** Die minderjährige Ehefrau steht jedem anderen Minderjährigen gleich. Heirat macht nicht mündig, bringt die Frau auch nicht unter die Vormundschaft des Mannes (§§ 1633, 1661 BGB.). Aber ebenso steht die volljährige Ehefrau jedem anderen Volljährigen gleich. Die Ehefrau ist nach dem BGB. selbständig geschäftsfähig, welches Güterrecht auch für sie gelten mag, und deshalb ist sie auch selbständig wechselfähig. Ob sie Gewerbefrau oder Handelsfrau ist, ist nach dem neuen Recht für die Frage der unbeschränkten Wechselfähigkeit unerheblich.

Anm. 20. Allein wenn jede Ehefrau auch selbständig wechselfähig ist und demgemäß der Genehmigung des Ehemannes zur Eingehung von Wechselverbindlichkeiten nicht bedarf, so ist doch die Frage, ob der Ehemann seine Genehmigung gegeben hat, aus einem anderen Grunde wichtig, nämlich nach der Richtung der Haftbarkeit des Ehegutes. Wenn die Genehmigung nicht erteilt ist, braucht er regelmäßig nicht zu gestatten, daß der Gläubiger der Frau in das eingebrachte Vermögen oder in das Gesamtgut vollstreckt. Vielmehr kann der Gläubiger in solchem Falle nur in das vorbehaltene Ver-

mögen vollstrecken (§§ 1399, 1412, 1460 BGB.). Übrigens haftet, wenn solchergestalt **Art. 1.**
die Schuld eine Gesamtgutsverbindlichkeit wird, der Mann auch persönlich dafür (§ 1459 Anm. 20.
Abs. 2 BGB.). — Näheres Staub HGB. neue 8. Aufl. Allg. Einl. Anm. 51 ff.

Daß die Genehmigung einer Wechselerklärung der Ehefrau nicht zugleich auch die Genehmigung der dem Wechselzuge zugrunde liegenden Abreden enthält, hierüber vgl. unten Anm. 30.

Für Ehen vor dem 1. Januar 1900 vgl. unten Anm. 32.

IV. **In welchem Zeitpunkte muß die Wechselfähigkeit vorhanden sein?** In dem Zeitpunkte, Anm. 21.
in welchem der Wechselzeichner die Akte tätigt, auf denen seine Bindung beruht. Es entscheidet also nach der hier vertretenen Auffassung (Allg. Einl. Anm. 10; Art. 8 Anm. 2) für die Regel **die Zeit der Begebung**. Stellt A einen Wechsel aus und gibt ihn dem Remittenten in der Absicht, sich zu verpflichten, so genügt es, wenn in diesem Zeitpunkt die Wechselfähigkeit vorhanden ist. Daß er zur Zeit der Unterzeichnung geisteskrank war, schadet dann nicht. Umgekehrt nützt es dem Remittenten nicht, wenn der Aussteller zur Zeit der Ausstellung gesund, zur Zeit der Begebung aber geisteskrank war. Wenn ein Dritter von diesem Remittenten den Wechsel redlich erwirbt, ist gleichfalls die Begebung (nicht, wie Staub 4. Aufl. § 21 infolge der von ihm vertretenen Kreationstheorie annahm, die Unterzeichnung) derjenige Akt des Wechselzeichners, der zeitlich entscheidet; es kommt auch in diesem Falle darauf an, ob der Wechselzeichner zur Zeit der Begebung gesund war. — Gibt der Akzeptant eine unausgefüllte Tratte dem Aussteller, um sich diesem gegenüber zu verpflichten, gibt dieser sie unausgefüllt weiter, und füllt der Dritte sie erst aus, so muß die Wechselfähigkeit vorhanden gewesen sein in dem Augenblicke, wo der Akzeptant die Tratte dem Aussteller gegeben hat. Auf diesem von ihm getätigten Akte (natürlich in Verbindung mit anderen, von ihm nicht getätigten Akten) beruht seine Bindung. Die Zeit der Ausfüllung des Blanketts oder das Wechseldatum sind nicht entscheidend (RG. 11, 8). — Hat der Aussteller auch giriert, so ist für die Gültigkeit der Ausstellerunterschrift die Zeit der Ausstellung, für die des Giros die Zeit des Giros maßgebend (ROHG. 3, 179).

Wer die Wechselunfähigkeit behauptet, muß beweisen, wann die Er- Anm. 22.
klärung abgegeben ist (vgl. unten Anm. 24).

In dieser Hinsicht wird vermutet, daß das Datum, das die verpflichtende Wechselerklärung trägt, das wahre Datum der Eingehung der Obligation ist. Doch ist der Gegenbeweis zulässig; eine Nachdatierung hebt daher die Wirkung der Wechselunfähigkeit zur Zeit der wirklichen Unterschrift nicht auf (RG. 11, 7; Lehmann 328). Dabei ist das Ausstellungsdatum nur maßgebend für die Zeit der Ausstellung, nicht für die Zeit der Entstehung der übrigen Wechselerklärungen, also z. B. nicht beim Wechsel auf eigene Order für das Indossament des Ausstellers (ROHG. 3, 179), nicht für die Akzeptation, von der man nicht sagen kann, es sei zu vermuten, daß sie nach der Ausstellung erfolgt sei (zur Annahme dieser Vermutung neigt RG. 11, 7).

V. **Welcher Ort ist maßgebend für die Beurteilung der Wechselfähigkeit?** Hinsichtlich der Anm. 23.
Ausländer disponiert Art. 84. Bei Inländern entscheidet das Gesetz des Staates, dem der Wechselverpflichtete angehört (Art. 7 EG. z. BGB.). Bei Gesellschaften entscheidet der Geschäftssitz. Dabei ist maßgebend die Angehörigkeit, bzw. das Domizil zu der Zeit, zu welcher derjenige Akt des Wechselverpflichteten erfolgt, auf dem seine Bindung beruht (vgl. Anm. 21).

VI. **Die Beweislast.** Anm. 24.

1. Der Kläger hat die Wechselfähigkeit nicht zu beweisen. Wer eine Wechselverpflichtung eingeht, muß sich gefallen lassen, daß er als wechselfähig betrachtet wird, bis er das Gegenteil beweist (ROHG. 17, 103; 19, 319; 20, 98; RG. 23, 297; RG. v. 29. 9. 81 in ZHR. 29, 191; Rehbein Anm. 8). Diese herrschende Ansicht wird von Grünhut Hdb. (I 313) mit dem Hinweis darauf bekämpft, daß die Wechselfähigkeit zum Klagegrund gehört. Dieser Hinweis hängt zusammen mit jener Theorie der „Voll-

Art. 1. Anm. 24. ständigkeit", die dem Kläger den Beweis aller der Tatsachen aufbürdet, von deren Existenz sein Klagerecht abhängt. Diese umfassende Beweisbürde wird aber durch eine Reihe von Beweisregeln zugunsten des Klägers geändert, seine Beweispflicht erleichtert, so z. B. durch die Regel, daß derjenige, der eine gesetzliche Regel für sich hat, den Gegenbeweis gewärtigen kann, es sei in concreto das Gegenteil vereinbart; ferner durch die Regel, nach welcher, wer eine Urkunde für sich hat, den Gegenbeweis gewärtigen kann, daß nebenher noch andere Vereinbarungen getroffen sind; ferner durch die Regel, daß derjenige, der einen Erfahrungssatz für sich hat, so z. B. den Erfahrungssatz, daß Theaterbilletts gewöhnlich bar bezahlt werden, nicht zu beweisen braucht, das gekaufte Theaterbillett sei bezahlt worden. (Siehe über alles dies Staub HGB. 6./7. Aufl. Allg. Einl. Anm. 33ff.). Eine solche, den an sich beweispflichtigen Kläger entlastende Beweisregel ist auch die, daß, wer Mängel einer Willenserklärung geltend macht, diese beweisen muß, so daß derjenige, der aus der Willenserklärung Rechte herleitet, nicht außer der Abgabe der Erklärung noch außerdem beweisen muß, sie sei ernstlich, in geistiger Klarheit, ohne Irrtum oder Zwang oder im Zustande der Volljährigkeit abgegeben worden.

Der Beklagte hat also zu beweisen, daß er nur beschränkt wechselfähig ist, z. B. daß er minderjährig ist. Selbstverständlich aber ist, daß der Beklagte dieses Beweises überhoben ist, wenn schon der Wechsel selbst die die beschränkte Wechselfähigkeit begründenden Tatsachen ergibt (ROHG. 2, 176; 4, 269).

Anm. 25. 2. Ist der Beweis der Wechselunfähigkeit erbracht, so ist damit die Wechselkraft beseitigt (vgl. unten Anm. 29).

Anm. 26. 3. Gegenüber dem Einwande der beschränkten Wechselfähigkeit hat aber der Kläger das Recht und die Pflicht, zu beweisen, daß im vorliegenden Falle die Beschränkung nicht Platz greift oder aufgehoben ist. Hat z. B. der Beklagte bewiesen, daß er minderjährig ist, so muß der Kläger die Genehmigung des Vormunds beweisen (RG. 23, 296; vgl. Anm. 27).

Anm. 27. 4. Die Führung der dem Beklagten obliegenden Beweise erfolgt ausreichend in der Weise, daß er darlegt, er habe sich in Verhältnissen befunden, die regelmäßig die Wechselfähigkeit ausschließen oder derart einschränken, daß eine wechselmäßige Obligation nicht oder nur beim Vorhandensein besonderer weiterer Voraussetzungen zustande kommt (Lehmann 327). Der Kläger hat dann replicando zu beweisen, daß ausnahmsweise die Beschränkung der Wechselfähigkeit doch nicht besteht. Hat also der Beklagte bewiesen, daß er minderjährig ist, so hat der Kläger eine etwaige Volljährigkeitserklärung zu beweisen.

Anm. 28. 5. Selbstverständlich ist, daß die Beweislast sich auf die Zeit der Wechselerklärung zu beziehen hat (ROHG. 20, 98). Näheres hierüber Anm. 21.

Anm. 29. VII. **Die Wirkung der Wechselunfähigkeit und der unselbständigen Wechselfähigkeit** ist materielle Unwirksamkeit der erklärten oder nicht rite erklärten Wechselverpflichtung (Goldschmidt, System, 4. Aufl. 271). Diese Unwirksamkeit muß nicht bloß der ursprüngliche Nehmer sondern jeder Inhaber des Wechsels, auch der gutgläubige, gegen sich gelten lassen (OG. Wien bei Peitler Nr. 202), und auch von Amts wegen ist die Wechselunfähigkeit zu berücksichtigen (vgl. Bernstein 18; ROHG. 23, 391). Auch ein seitens des Erklärenden etwa untergelaufener dolus ändert hieran nichts (vgl. § 109 Abs. 2 BGB.). Daraus mögen unter Umständen selbständige Ansprüche entstehen (vgl. z. B. § 33 I 5 ALR.; § 7 des preußischen Gesetzes vom 12. Juli 1875; § 866 des öst. BGB.; OG. Wien bei Cz. Nr. 82). Der unwirksame Wechselakt eines Wechselunfähigen kann auch nicht in anderer Weise aufrecht erhalten werden, etwa als Anweisung, Verpflichtungsschein, Schuldschein. Denn ein Wechselakt ist gewollt und dieser ist nichtig (Bernstein 19; anders Goldschmidt System 271). Es entsteht aber, wie gesagt, nur materielle Unwirksamkeit der Wechselverpflichtung. Über ähnliche Fragen vgl. Art. 83 Anm. 34. Die formelle Gültigkeit aber wird

Art. 1. Anm. 29.

durch die mangelnde oder beschränkte Wechselfähigkeit nicht beseitigt, und das bewirkt, daß die Gültigkeit der übrigen Wechselerklärungen dadurch nicht berührt wird (Art. 3; vgl. auch Art. 7 Anm. 2). Die formelle Gültigkeit des Wechsels fällt nur dann fort, wenn eine zu den wesentlichen Erfordernissen gehörende Personenbezeichnung so beschaffen ist, daß sie als Bezeichnung einer wechselfähigen Person überhaupt nicht geeignet ist (vgl. Anm. 42 zu Art. 4). Liegt dieser Fall nicht vor, so ist nur die *materielle* Gültigkeit der betreffenden Wechselverpflichtung in Frage gestellt. Auch wird in solchen Fällen nur die Gültigkeit der *Wechsel***verpflichtung** berührt; solange es sich nur um den *Erwerb von Rechten* handelt, ist die Unterschrift eines Wechselunfähigen auch materiell gültig (ROHG. 23, 357; Bolze 4 Nr. 550; OG. Wien bei Links Nr. 2368). Auch ob das Indossament eines Wechselunfähigen *rechtsübertragende* **Kraft** hat, ist eine hiervon wesentlich verschiedene Frage: die formelle Gültigkeit des Indossaments wird durch die Wechselunfähigkeit des Indossanten nicht berührt, die materielle Gültigkeit des Begebungsvertrages hängt aber von der Frage ab, ob der Indossant Veräußerungsfähigkeit hat (RG. 50, 26). Und endlich wird die materielle Unwirksamkeit oft geheilt durch nachträgliche Zustimmung (oben Anm. 8).

Über die *Rückforderung* des auf Grund eines ungültigen Wechsels Gegebenen vgl. §§ 812ff. BGB. u. RG. 32, 319.

Anm. 30.

Zusatz 1. Wo im vorstehenden eine Zustimmung erfordert ist, da gilt über ihre Erfordernisse folgendes: Sie ist (besonders bei Minderjährigen) ein materielles Erfordernis; sie *braucht daher nicht*, wie die formellen Erfordernisse, *aus der Wechselurkunde selbst hervorzugehen* (ROHG. 4, 266 u. 279; Rehbein Anm. 5; Dernburg II § 252 Anm. 5); dies auch dann nicht, wenn die Unselbständigkeit aus dem Wechsel selbst hervorgeht (Lehmann 324; ROHG. 4, 271 gegen ROHG. 2, 176). Die *Zustimmung kann vor* (Einwilligung § 183 BGB.), *bei oder nach* (Genehmigung § 184) *der mangelhaften Wechselerklärung erfolgen* (ROHG. 4, 271, 279, 282; 21, 216). In welcher *Form sie zu erteilen ist*, um gültig zu sein, richtet sich nach Zivilrecht. Nach dem BGB. aber bedürfen Einwilligung und Genehmigung keiner Form (§§ 182ff., 1825, 1828 BGB.; ebenso nach früherem preußischen und gemeinen Recht, ROHG. 25, 36; RG. in JW. 02, 26 [18]). Die *Zustimmung geht oft auch aus den Wechselerklärungen selbst hervor*: sie liegt z. B. in der Trassierung auf den unselbständig Wechselfähigen (ROHG. 10, 384), in der Akzeptierung eines von der unselbständig wechselfähigen Person ausgestellten Wechsels (ROHG. 2, 179; 3, 51; 25, 36), in der Trassierung eines Wechsels seitens des Dritten an die Order des unselbständig Wechselfähigen (Kuntze 121), in der Mitunterschrift der Wechselerklärung (Rehbein Anm. 18; Bernstein 13; anders StrA. 10, 182), in der Aushändigung des mit dem Endindossament der Ehefrau versehenen Wechsels durch den Ehemann an den Indossatar (ROHG. v. 21. 9. 77 bei Borchardt Zus. 29 c).

Die Genehmigung einer Wechselerklärung (der Ehefrau) enthält nicht zugleich auch die Genehmigung der dem Wechselzug zugrunde liegenden Abreden (RG. in JW. 02, 545 [12]).

Die *Beweislast* für die Zustimmung liegt dem ob, der Rechte aus der Wechselschrift herleitet (RG. 23, 296).

Anm. 31.

Zusatz 2. Übergangsfrage. Für Wechselverpflichtungen, die **vor** dem 1. Januar 1900 entstanden sind, gilt das alte Recht (Art. 170 EG. z. BGB.), selbstverständlich auch dann, wenn sie erst nach dem 1. Januar 1900 fällig geworden sind und erst dann der Verzug eingetreten ist (vgl. auch Staub DJZ. 5, 126).

Anm. 32.

Ist eine Wechselverpflichtung **nach** dem 1. Januar 1900 entstanden, so kommt das neue Recht zur Anwendung. Das gilt für die obligatorischen Beziehungen ohne weiteres. Für die Frage der Wechselfähigkeit aber, die immer mit der Frage der Geschäftsfähigkeit zusammenhängt, kommt in Betracht, daß nach dem 1. Januar 1900 gewisse Personen geschäftsunfähig sind, wenn man das alte Recht, und geschäftsfähig, wenn man das neue Recht zugrunde legt und umgekehrt. Für diese Frage sind die Sonderübergangsvorschriften der Art. 153ff. EG. z. BGB. maßgebend.

Art. 1. Für die **Ehefrauen aus den vor dem 1. Januar 1900 geschlossenen Ehen** ist Art. 200
Anm. 32. Abs. 1 u. 3 maßgebend. Danach bleiben für den Güterstand einer beim Inkrafttreten des BGB. bestehenden Ehe die bisherigen Gesetze maßgebend, und soweit nach diesen Gesetzen die Ehefrau infolge des Güterstandes oder der Ehe in der Geschäftsfähigkeit beschränkt ist, bleibt diese Beschränkung in Kraft, solange der bisherige Güterstand besteht. Nach Art. 218 EG. z. BGB. können aber die nach den Vorschriften der Art. 153 ff. maßgebend bleibenden Landesgesetze durch Landesgesetz nach dem 1. Januar 1900 auch geändert werden. Für Preußen hat das Ausführungsgesetz zum BGB. in den Art. 44—67 bestimmt, daß für bisherige Ehen eine Änderung des Güterstandes und eine Überleitung in die entsprechenden güterrechtlichen Systeme des BGB. eintreten, vorausgesetzt daß der Ehewohnsitz sich am 1. Januar 1900 in Preußen befand. Damit fällt in Gemäßheit des Schlußsatzes Art. 200 EG. auch die Beschränkung der Geschäftsfähigkeit bei übergeleiteten Ehen fort; dieser Grundsatz gilt für alle übergeleiteten Systeme (Stranz-Gerhard Vorbem. zu den Art. 44—67 Anm. 3, 26 ff.).

Anm. 33. **Zusatz 3. Scheckgesetz.** Im Gegensatz zum Art. 1 WO. ist im § 2 des Scheckgesetzes vom 11. März 1908 das Prinzip der Beschränkung der passiven Scheckfähigkeit ausgesprochen, freilich nur instruktionell. Als Bezogene sollen beim Scheck nur die im § 2 Nr. 1 des Scheckgesetzes angeführten öffentlichen Geldinstitute und die dort genannten Sparkassen, ferner nach Nr. 2 die in das Handelsregister eingetragenen Firmen, welche gewerbsmäßig Bankiergeschäfte betreiben, bezeichnet werden.

Die Worte „sollen nur" ergeben den instruktionellen Charakter der Vorschrift (vgl. Planck 2. Aufl. Einl. IV 4b). Die Rechtsgültigkeit des Schecks und der auf den Scheck gesetzten Erklärungen wird durch die mangelnde passive Scheckfähigkeit nicht beeinträchtigt. Dieser Mangel hat nur stempelrechtliche Folgen. Der Scheck ist nämlich dann nicht stempelfrei, wie ein normaler Scheck (vgl. Riesser: Bemerkungen zum vorläufigen Entwurf eines deutschen Scheckgesetzes S. 62).

Anm. 34. **Zusatz 4. Fremde Rechte (zu Art. 1—3).** Die allgemeine Wechselfähigkeit ist grundsätzlich fast überall anerkannt, in Frankreich (vgl. jedoch code de comm. Art. 113 hinsichtlich der Wechsel nicht handeltreibender Frauen), in England (WO. sect. 22), Rußland (neue WO. vom 27. Mai/9. Juni 1902 — Übersetzung von Keyßner und Neubecker, Stuttgart 1902 — § 2).

In Österreich sind nach einer Kaiserlichen Verordnung vom 3. Juli 1852 nicht wechselfähig: die wirklichen, sowohl aktiven als pensionierten Offiziere und die Mannschaften des streitbaren Standes. Auf Offiziere außer Dienst findet dies keine Anwendung (OG. Wien bei Cz. Nr. 580), ebensowenig auf Militärärzte (OG. Wien bei Cz. Nr. 223), auch auf Reserveoffiziere findet diese kaiserliche Verordnung keine Anwendung, mögen sie sich in oder außer aktiver Dienstleistung befinden (OG. Wien bei Cz. Nr. 229). Im übrigen gilt der gleiche Grundsatz, wie in Deutschland: wechselfähig ist, wer allgemein Vertragsverpflichtungsfähigkeit besitzt. Auch haben die passiv wechselunfähigen Militärpersonen doch aktive Wechselfähigkeit (OG. Wien bei Peitler Nr. 390). Die Ehefrauen sind in Österreich in der Wechselfähigkeit nicht beschränkt (§§ 1237, 865 des öst. BGB.).

Im übrigen vgl. Späing 6 ff., Meyer 14 ff.

Art. 2. Der jetzt laut § 5 der Protestnovelle (vgl. Anhang I) auch **formell weggefallene Artikel 2** lautete in seiner ursprünglichen Fassung:

Der Wechselschuldner haftet für die Erfüllung der übernommenen Wechselverbindlichkeit mit seiner Person und seinem Vermögen.

Jedoch ist der Wechselarrest nicht zulässig:

1. gegen Erben eines Wechselschuldners;

2. aus Wechselerklärungen, welche für Korporationen oder andere juristische Personen, für Aktiengesellschaften oder in Angelegenheiten solcher Personen, welche zu eigener Vermögensverwaltung unfähig sind, von den Vertretern derselben ausgestellt werden; Art. 2.
3. gegen Frauen, wenn sie nicht Handel oder ein anderes Gewerbe treiben.

Inwiefern aus Gründen des öffentlichen Rechts die Vollstreckung des Wechselarrestes gegen andere als die vorgenannten Personen Beschränkungen erleidet, ist in besonderen Gesetzen bestimmt.

1. Die Worte „seiner Person und", sowie die weiteren Absätze des Artikels waren schon durch das Gesetz vom 29. Mai 1868 mit der Aufhebung der Schuldhaft als Mittel der Zwangsvollstreckung ungültig geworden. Anm. 1.

2. Im Grunde genommen war hiermit der ganze Artikel inhaltslos geworden. Denn die Hervorhebung der Worte: „mit seinem Vermögen" sollte lediglich den Gegensatz zur Schuldhaft bedeuten, sie sollten zum Ausdruck bringen, daß beide Exekutionsarten statthaft waren und zwar beide nebeneinander. Nach Wegfall der Schuldhaft steht die Haftung aus einer Wechselverbindlichkeit durchaus auf der gleichen Stufe, wie die Haftung aus sonstigen obligatorischen Verpflichtungen. Anm. 2.

Im Hinblick darauf, daß der Artikel inhaltslos geworden war, ist im § 5 der Protestnovelle der Reichskanzler ermächtigt worden, ihn wegfallen zu lassen. Einige Erläuterungen, die sich ihrer allgemeinen Bedeutung wegen nicht erledigt haben, mögen hier folgen.

3. Bei Wechsel-, wie bei sonstigen Forderungen besteht gegebenenfalls die Beschränkung der Zwangsvollstreckung auf das vorbehaltene Vermögen der Ehefrau (Anm. 20 zu Art. 1), auf das Nachlaßvermögen bei der Haftung der Erben; es gelten ferner die Pfändungsbeschränkungen der ZPO.; es gelten die Voraussetzungen des dinglichen und persönlichen Arrestes nach der ZPO. Anm. 3.

4. Auch die **Verweisung auf das Pfand** (exceptio excussionis) ist bei Wechselschulden nur statthaft, wie sonst gemäß § 777 ZPO. und in der Zwangsvollstreckungsinstanz vorzubringen (vgl. RG. 25, 362). Für Preußen war in dieser Hinsicht allerdings zu bemerken, daß die im § 46, I, 20 ALR. vorgesehene Verweisung auf das Pfand durch § 3 der Verordnung vom 11. Mai 1839 und das Gesetz vom 17. Mai 1863 bei Wechselschulden ausgeschlossen war (ROHG. 2, 224; RG. in RGBl. 1892, 104; vgl. RG. 7, 90; dagegen Bernstein 22). Die Ausschließung war durch die neueren Prozeßgesetze nicht veraltet, weil sie eine materiellrechtliche Vorschrift enthielt, wie dies auch (vgl. RG. 25, 362) bei der Verweisung selbst mit Recht angenommen wurde. Durch das BGB. ist sie aber gerade deshalb als aufgehoben zu betrachten, weil sie eine privatrechtliche Vorschrift enthielt (Art. 55 EG. z. BGB.). Anm. 4.

Zusatz 1. Als Wechselschuldner im Sinne der WO. ist nur der zu betrachten, in dessen Namen die Erklärung abgegeben ist. Wer für die Wechselverpflichtung aus anderem Rechtsgrunde haftet, ist nicht Wechselschuldner (ROHG. 24, 58). So z. B. wenn der Ehemann nach preußischem Recht für die von ihm konsentierten Wechselschulden seiner Ehefrau haftete (ROHG. 19, 205; RG. in Gruch. 28, 1017); so kann jetzt der Ehemann für die Wechselschuld der Ehefrau als Gesamtschuldner mithaften, weil sie als Gesamtgutsverbindlichkeit zu betrachten ist (vgl. Anm. 20 zu Art. 1), oder wenn jemand sich, jedoch nicht auf dem Wechsel selbst, für die Wechselschuld selbstschuldnerisch verbürgt. Wohl aber ist Wechselschuldner der **Universalrechtsnachfolger** (der Erbe, die Aktiengesellschaft bei der Fusion), während die Übernahme eines Geschäfts mit Aktiven und Passiven (vgl. hierüber Staub HGB. neue 8. Aufl. Anm. 20, 29 zu § 22), keine Universalrechtsnachfolge bedeutet, auch nicht die Einbringung in eine Gesellschaft (aber vielfach wird Haftung aus dem Wechsel in diesen Fällen angenommen, vgl. J. u. M. Stranz Anm. 2). Unmittelbar aus dem Wechsel haftet und im Wechselprozesse kann belangt werden, wer auf Grund des Anm. 5.

Art. 2. § 15 HGB. haftet (Bolze 17 Nr. 5516; Staub HGB. neue 8. Aufl. Anm. 12 zu § 15). —
Anm. 5. Wechselschuldner sind auch die Mitglieder einer offenen Handelsgesellschaft, wenn ein vertretungsberechtigter Gesellschafter die Firma gezeichnet hat (§ 128 HGB.). Das Urteil gegen die offene Handelsgesellschaft ist gegen den einzelnen Gesellschafter nicht vollstreckbar (HGB. § 124 Abs. 2, § 129 Abs. 4; ZPO. § 736; RG. 3, 57; 5, 55; 17, 367).

Anm. 6. **Zusatz 2.** Durch die Wechselzeichnung wird zunächst nur die wechselmäßige Haftung aus dem Wechsel begründet. Eine danebenhergehende zivilrechtliche Verpflichtung kann nicht aus dem Wechsel geltend gemacht werden. Sie bedarf eines besonderen Nachweises durch Darlegung der sie begründenden Tatsachen (RG. in JW. 04, 497[28]).

Anm. 7. **Zusatz 3. Für Österreich** gilt der ehemalige Artikel 2 mit der Maßgabe, daß auch hier die Schuldhaft aufgehoben worden ist, und zwar durch Gesetz vom 4. Mai 1868.

Artikel 3.*)

Art. 3. Finden sich auf einem Wechsel Unterschriften von Personen, welche eine Wechselverbindlichkeit überhaupt nicht oder nicht mit vollem Erfolg eingehen können, so hat dies auf die Verbindlichkeit der übrigen Wechselverpflichteten keinen Einfluß.

Anm. 1. 1. Die hier gegebene Vorschrift ist bereits in Anm. 29 zu Art. 1 berührt. Sie ist eine Folge des Satzes, daß die Wechselunfähigkeit einer Person nur die materielle Ungültigkeit ihrer Erklärung zur Folge hat. Die Erklärung behält ihre formelle Gültigkeit. Nur dann verliert sie auch diese, wenn sie als Unterschrift einer wechselfähigen d. h. rechtsfähigen Person überhaupt nicht geeignet ist. — Der Satz: „oder nicht mit vollem Erfolge eingehen können", hängt mit der früheren Ausschließung der Schuldhaft gegen bestimmte Personen zusammen und hat seine Bedeutung verloren (vgl. Art. 2 Anm. 1). Es wäre angebracht gewesen, auch die Weglassung dieser Worte im neuen Gesetzestext anzuordnen. Augenscheinlich ist dies übersehen worden.

Anm. 2. 2. Demgemäß übt die Wechselunfähigkeit des einzelnen auf den Wechsel selbst und auf die Verbindlichkeit der Fähigen keinen Einfluß aus, sie entkräftet nur die betreffende einzelne Wechselerklärung in materieller Hinsicht (ROHG. 4, 267; 23, 357); sie wirkt nur partiell. Die Wechselunfähigkeit des Trassanten ist ohne Einfluß auf die Gültigkeit des Akzeptes, auf die Verbindlichkeiten der Indossanten, des Avalisten; die Gültigkeit des Aval ist unabhängig von der Wechselfähigkeit des Mitunterschriebenen.

Anm. 3. 3. Daraus ergibt sich ferner, daß die zur Sicherung des Regresses aus den Wechselerklärungen der Fähigen zur Verhütung des Präjudizes notwendigen Maßnahmen auch gegen den Unfähigen zu ergreifen sind.

Zweiter Abschnitt.

Von gezogenen Wechseln.

I. Erfordernisse eines gezogenen Wechsels.

Artikel 4.

Art. 4. Die wesentlichen Erfordernisse eines gezogenen Wechsels sind:

1. die in den Wechsel selbst aufzunehmende Bezeichnung als Wechsel oder, wenn der Wechsel in einer fremden Sprache ausgestellt ist, ein jener Bezeichnung entsprechender Ausdruck in der fremden Sprache;
2. die Angabe der zu zahlenden Geldsumme;

---

*) Der Artikel 2 ist aufgehoben.

3. der Name der Person oder die Firma, an welche oder an deren Order gezahlt werden soll (des Remittenten); Art. 4 Nr. 1.

4. die Angabe der Zeit, zu welcher gezahlt werden soll; die Zahlungszeit kann für die gesamte Geldsumme nur eine und dieselbe sein und nur festgesetzt werden

   auf einen bestimmten Tag,
   auf Sicht (Vorzeigung, a vista usw.) oder auf eine bestimmte Zeit nach Sicht,
   auf eine bestimmte Zeit nach dem Tage der Ausstellung (nach dato),
   auf eine Messe oder einen Markt (Meß- oder Marktwechsel);

5. die Unterschrift des Ausstellers (Trassanten) mit seinem Namen oder seiner Firma;

6. die Angabe des Ortes, Monatstags und Jahres der Ausstellung;

7. der Name der Person oder die Firma, welche die Zahlung leisten soll (des Bezogenen oder Trassaten);

8. die Angabe des Ortes, wo die Zahlung geschehen soll; der bei dem Namen oder der Firma des Bezogenen angegebene Ort gilt für den Wechsel, insofern nicht ein eigener Zahlungsort angegeben ist, als Zahlungsort und zugleich als Wohnort des Bezogenen.

I. **Die im Gesetze aufgezählten notwendigen Erfordernisse eines gezogenen Wechsels** (Gegensatz: **eigener** Wechsel, Art. 96 ff.). Es handelt sich im Art. 4 um **Form-Erfordernisse**. Der Mangel auch nur in bezug auf eine einzige der in Art. 4 gegebenen Formvorschriften macht den Wechsel total ungültig (vgl. Art. 7), während der Mangel des in Art. 1 behandelten materiellen Erfordernisses der Wechselfähigkeit partiell wirkt (vgl. Anm. 29 zu Art. 1 und Art. 3).

Nr. 1. **Das erste Erfordernis ist die in den Wechsel selbst aufzunehmende Bezeichnung als Wechsel oder beim Wechsel in fremder Sprache ein entsprechender Ausdruck in dieser fremden Sprache.** Das Erfordernis gilt, wie die übrigen, nur für im Inland ausgestellte Wechsel, gleichviel in welcher Sprache sie ausgestellt sind (Art. 85; vgl. unten Anm. 70). Anm. 1.

a) Bei dem in deutscher Sprache abgefaßten Wechsel ist die Bezeichnung als Wechsel notwendig. Nicht gerade die Bezeichnung „Wechsel", sondern die Bezeichnung „als Wechsel"; es genügen daher gleichwertige Ausdrücke. Als solche gelten: Sola-Wechsel, Prima-Wechsel, Wechselbrief, Wechselurkunde, Wechselversprechen, Wechselverschreibung (Volkmar u. Löwy 28; Grünhut Hdb. I 337; vgl. ROHG. 18, 208). Als solche gelten dagegen nicht: Papier, Brief, Prima, Mandat, Tratte (wegen der letzteren Bezeichnung Lehmann 340; Rehbein Anm. 2; Grünhut Hdb. I 337; anders Bernstein 30); es genügt ferner nicht das Versprechen der Zahlung nach Wechselrecht oder nach Wechselstrenge (ROHG. 2, 147; Grünhut Hdb. I 337). Zweifelhaft ist die Gültigkeit der Bezeichnung „Wechselanweisung"; sie wird vom ROHG. 18, 207 verworfen, aber von Lehmann 339, Grünhut Hdb. I 337, Thoel § 33 Anm. 4 und Bernstein 30 zugelassen. Letztere Ansicht erachtete Staub (4. Aufl.) als zutreffend, da trotz der Verknüpfung der beiden Begriffe Wechsel und Anweisung, die dem ROHG. ausreiche, um die Bezeichnung für unzulässig zu erklären, doch ein Zweifel darüber, ob eine Wechselverpflichtung begründet werden soll, nicht bestände.

b) Bei dem in fremder Sprache abgefaßten Wechsel ist der entsprechende Ausdruck in der fremden Sprache notwendig. Für das Französische gilt als entsprechender Ausdruck lettre de change, auch mandat acceptable (OLG. Köln in ZHR. 38, 561); dagegen nicht mandat non acceptable (ROHG. 6, 125), auch nicht mandat (Grünhut Hdb. I 338 Anm. 7); für das Englische bill of exchange; für das Italienische Anm. 2.

Art. 4 Nr. 1—3. lettera di cambio oder cambiale; für das Holländische Wisselbrief. Das Wort „Wechsel" ist bei dem in fremder Sprache abgefaßten Wechsel nicht genügend: es muß eine Bezeichnung in dieser fremden Sprache sein.

Anm. 2. Für Wechsel, die in fremder Sprache ausgestellt sind, ist die Protesterhebung durch Postbeamte ausgeschlossen, gemäß der auf Grund des Protestgesetzes § 3 ergangenen Anordnung des Reichskanzlers (vgl. Art. 88a Anm. 11 zu α und Anhang II).

Anm. 3. c) Die Bezeichnung muß im Wechsel selbst stehen. Über die Bedeutung dieser Worte s. unten Anm. 53.

Anm. 4. **Nr. 2. Die Angabe der zu zahlenden Geldsumme.**

a) **Eine Geldsumme** muß angegeben sein.

α) Warenwechsel sind deshalb ungültig, ungültig daher auch Wechsel auf Wertpapiere (Lehmann § 91; OAG. Dresden und OG. Wien bei Borchardt Zus. 69); ungültig Wechsel auf Banknoten, Staatspapiere, Pfandbriefe, Aktien; gültig Wechsel auf Papiergeld (Grünhut Hdb. I 339); ungültig ein Wechsel auf Zahlung in bestimmt angegebenen Tratten (irrig daher OAG. Dresden bei Borchardt Zus. 68) oder Wechseln.

Anm. 5. β) Zur Wechselsumme gehört auch die Bezeichnung einer Münzart. Die Angabe einer bloßen Zahl wäre ungültig. Zulässig aber ist die Wahl einer jeden Münzart. Es ist keineswegs Angabe deutscher Reichsmünze erforderlich. Auch eine ausländische (RG. 23, 111, Rubel-Polnisch), oder Franks, Gulden, Kronen, auch eine nicht Kurs habende, eine nicht mehr in Gebrauch befindliche Münzart ist zulässig (Art. 37; Lehmann 343; Grünhut Hdb. I 339; OG. Wien bei Borchardt Zus. 66). Vgl. auch ROHG. bei Borchardt Zus. 457.

Anm. 6. γ) Die Geldsumme, um die es sich handelt, muß aus dem Wechsel selbst erkennbar sein. Sie darf nicht auf den Kurswert einer bestimmten Summe fremden Geldes am Verfalltage gestellt werden (z. B. „Zahlen Sie die Summe, welche dem Kurswert von 1000 Franks in Gold am Zahltage entspricht!"). — Lehmann 345, Grünhut Hdb. I 343. — Gegen dieses Erfordernis verstößt nicht die Zulassung eines Zusatzes, wonach dem Zahlungspflichtigen freigestellt wird, die fremde Geldsumme in Landeswährung zu zahlen („Zahlen Sie 1000 Franks oder deren Wert!", ROHG. 1, 279; oder „1000 Gulden oder Münze nach Kurs!", ROHG. 2, 118; oder „ö. W."). Vgl. auch ROHG. bei Borchardt Zus. 457.

Anm. 7. b) **Eine** Geldsumme muß genannt sein. Alternative Bezeichnungen nach dieser Richtung machen den Wechsel ungültig, sofern nicht diese Alternative eine nur scheinbare ist (vgl. Anm. 6).

Anm. 8. c) **Die Stelle, wo die Angabe der Geldsumme sich befinden muß,** ist unerheblich, solange dem Erfordernisse der zweifelsfreien Deutlichkeit genügt ist (ROHG. 10, 25; 20, 160; RG. 2, 101 — die in der rechten oberen Ecke des Wechsels stehende vollständige Summenangabe genügt, wenn auch die Zahl im Wechseltexte fehlt; — Canstein 143; Bernstein 31; Rehbein Anm. 5; Grünhut Hdb. I 340; anders Lehmann 342, der die Angabe der Geldsumme in dem Wechselkontext verlangt).

Anm. 9. d) **Ob die Geldsumme in Buchstaben oder Zahlen ausgedrückt wird, ist gleichgültig** (vgl. Art. 5).

Anm. 10. **Nr. 3. Die Angabe des Remittenten,** d. h. der Person, an die, oder an deren Order gezahlt werden soll. Inhaberwechsel sind ungültig (ROHG. 1, 97).

a) Die Redewendung, in der diese Angabe erfolgt, ist nicht vorgeschrieben. Sie braucht lediglich dem Erfordernis der Deutlichkeit zu entsprechen: d. h. sie muß deutlich erkennen lassen, daß es sich um die Angabe der Person handelt, an die oder an deren Order gezahlt werden soll. Ob die Bezeichnung im Wechselkontext enthalten sein muß, darüber unten Anm. 53. Die Aufnahme in den Wechselkontext ist jedenfalls sehr üblich, Gebräuchlich ist hierbei die Redewendung: An die Order des Herrn N. N. Dieselbe ist ungenau, sie will sagen: An Herrn N. N. oder an dessen Order (OTr. bei Borchardt Zus. 446). Gültig ist aber auch die Wendung: An Herrn N. N., ohne Hinzufügung „oder an dessen Order". Das folgt aus den Gesetzesworten („die Person, an welche gezahlt werden soll"); der Wechsel ist präsumtives Orderpapier, er erhält die Indossabilität nicht erst durch eine Orderklausel. Gültig ist deshalb auch die Bezeichnung „An mich selbst" oder „an die Order von mir selbst", weil der Aussteller sich selbst als Remittenten bezeichnen kann (Art. 6) und diese reflexive Bezugnahme in sprachlicher Hinsicht der Deutlichkeit keinen Eintrag tut, auch dann nicht, wenn aus Versehen „von mir selbst" statt „von uns selbst" oder umgekehrt gesagt ist (ROHG. 8, 88; 17, 231). Art. 4 Nr. 3 Anm. 10.

Ungültig ist aber der Wechsel, der zwei Ausstellerunterschriften enthält, während im Text die Wendung gebraucht ist: „Zahlen Sie mir." Die Person des Remittenten ist damit ins Ungewisse gerückt. Es kann sein, daß ausschließlich der erste Aussteller gemeint ist oder ausschließlich der zweite. Es kann auch sein, daß gemeint war: die Zahlung solle wahlweise entweder an den einen oder an den anderen geleistet werden. Schließlich kommt noch die Möglichkeit in Betracht, daß beide Aussteller zusammen als Zahlungsempfänger bezeichnet werden sollten, sei es in der Weise, daß sie als Gesamtgläubiger im Sinne des § 428 BGB., sei es so, daß sie als gemeinschaftliche Gläubiger im Sinne des § 432 aufzufassen sein würden. Diese vom Reichsgericht mit Recht hervorgehobenen Ungewißheiten machen den Wechsel ungültig (RG. 66, 7).

Sehr gebräuchlich ist die Bezeichnung „an eigene Order", mit der gleichbedeutend ist die sprachlich unrichtige, aber sehr gebräuchliche und deshalb deutliche Redewendung: An Order eigene (OG. Wien bei Cz. Nr. 601). — Die Wendung „an eigene" ist ausreichend, da das Wort „Order" hinzugedacht wird (vgl. Kaufmann Bd. 5, 305; abweichend KG. 7. März 1907 in ROLG. 14, 408). Ungültig ist dagegen die Wendung „an Order" oder „von . . . selbst" oder „von selbst" weil hier die Deutlichkeit fehlt (OTr. und ROHG. bei Borchardt Zus. 81 und 82). Gültig sind ferner nicht die Redewendungen „von Ihnen selbst" oder: „an Ihre eigene Order", weil Trassat und Remittent verschiedene Personen sein müssen (RG. 19, 95; dagegen Lehmann 350). Gültig ist ferner die Klausel: An Herrn N. oder Inhaber. Der Wechsel kann zwar nicht Inhaberpapier sein, und eine Klausel, die bezweckte, ihm die Inhaberqualität zu verleihen, würde ihn ungültig machen. Aber es ist schon in den Beratungen anerkannt worden, daß die gedachte Klausel diesen Zweck nicht hat, daß sie nichts anderes bedeutet, wie die Klausel „An Order des Herrn N." (Lehmann 350). Dagegen würde die Bezeichnung „An den Inhaber", au porteur den Wechsel ungültig machen (ROHG. 1, 97).

b) Zur Bezeichnung des Remittenten ist erforderlich und ausreichend eine Bezeichnung, die der bürgerliche oder der Handelsname einer aktiv wechselfähigen Person sein kann. Dieser Grundsatz ist wohl zu beachten. Seine Tragweite wird oft verkannt. Es sind nämlich zwei Fragen voneinander wohl zu unterscheiden: Die eine Frage ist, welchen Anforderungen muß eine Remittentenbezeichnung genügen, damit dieses Gültigkeitserfordernis des Wechsels erfüllt werde? Auf diese Frage gibt der ebengedachte Grundsatz die Antwort: es ist erforderlich, aber auch ausreichend, daß die Bezeichnung der bürgerliche Name oder die Firma eines Rechtssubjektes sein **kann**. Entspricht die Bezeichnung diesen Voraussetzungen, so ist dem vorliegenden Erfordernis genügt und es kommt dann nicht darauf an, ob die als Remittent bezeichnete Person auch wirklich existiert, oder ob das Rechtssubjekt, das damit bezeichnet werden sollte, auch wirklich diesen Namen oder diese Firma führt; oder endlich, wenn sie ihn führt, ob sie ihn mit Recht oder nur per nefas, unzulässigerweise, im Widerspruch mit den Gesetzen führt. Alles das ist für das hier in Frage stehende Gültigkeitserfordernis und also für die Frage der Gültigkeit des Wechsels ohne Einfluß (vgl. ORHG. 23, 52; RG. v. 16. 12. 79 in ZHR. 29, 195; RG. 14, 17 und 41, 21; Grünhut Hdb. I 346; Lehmann 346). Anm. 11.

Jene anderen Punkte, ob der Name oder die Firma wirklich existiert, ob das Rechtssubjekt, das mit der Bezeichnung gemeint war, diesen Namen oder diese Firma

Art. 4 Nr. 3. Anm. 11. wirklich führt, oder ob, wenn sie ihn führt, sie ihn zulässigerweise führt: alle diese Punkte sind von Einfluß für eine andere, von jener Frage nach dem Gültigkeitserfordernisse verschiedene, mit ihr nicht zu verwechselnde Grundfrage, nämlich für die Frage: Ob aus dem mit der vorliegenden Remittentenbezeichnung versehenen Wechsel das so bezeichnete Rechtssubjekt **Rechte herleiten kann.** Beide Fragen werden im folgenden sorgfältig auseinander gehalten.

α) Das erste Erfordernis, die Remittentenbezeichnung als Gültigkeitserfordernis des Wechsels, wird leicht erfüllt und nur selten wird gegen dieses Erfordernis verstoßen werden. Da es immer dann erfüllt ist, wenn die Bezeichnung nur möglich ist für den bürgerlichen Namen oder die Firma eines Rechtssubjektes, ist das Erfordernis nur dann verletzt, wenn die Bezeichnung hierfür unmöglich ist. Beispiel: Es genügt der bloße Zuname, es genügt aber nicht der Vorname, und ein Wechsel, der als Remittentenbezeichnung offensichtlich nur einen bloßen Vornamen enthält, wäre ungültig, wobei aber wiederum zu berücksichtigen ist, daß Vornamensbezeichnungen auch Beinamensbezeichnungen sein können; deshalb ist die Remittentenbezeichnung Karl, Rudolf, Samuel, Hermann, Franz usw. gültig. Titel und Stand sind nicht erforderlich. Da auch der Vorname fehlen kann, so kann die Bezeichnung ganz ungenau sein, z. B. „Cohn". Die Benennung des gesetzlichen Vertreters ist nicht notwendig. Es ist also zulässig die Bezeichnung „Deutsche Bank", oder Karl Schulze, auch wenn dieser erst fünf Jahre alt ist. Doch ist es zulässig, die gesetzlichen Vertreter zu benennen; nur muß dann deutlich erkennbar sein, daß der Vertretene berechtigt sein soll, z. B. an Herrn A als Direktor der Dresdener Bank, an Herren C und D als Vormünder des Karl Schulze.

Es genügt nicht die Remittentenbezeichnung an „meine Ehefrau", an „meinen Sohn Karl", an den Herrn Reichsbankdirektor in Gleiwitz, an den Herrn Präsidenten der Handelskammer zu Breslau, an die Herren les directeurs du Club de la noblesse (ROHG. 20, 85), obgleich bei allen diesen Bezeichnungen die Identität nicht zweifelhaft ist; dies aber reicht nicht aus, vielmehr muß eine als Namen oder Firma mögliche Bezeichnung gewählt sein. Als Firma sind die meisten Bezeichnungen möglich; aus dem Grunde, daß die gewählte Remittentenbezeichnung als Firma nicht möglich sei, wird wohl kaum ein Wechsel für ungültig erachtet werden. So ist z. B. der Wechsel gültig, wenn die Remittentenbezeichnung eine offene Handelsgesellschaft treffen soll und die Firma eine Sachfirma ist und keinen Personennamen enthält, weil auch eine solche Firma möglich ist; denn vor dem Inkrafttreten des alten HGB. war dies möglich und es ist ja nicht ausgeschlossen, daß die offene Handelsgesellschaft aus jener Zeit herrührt (RG. 41, 21: „Messinggewerkschaft"; in Berlin rührt aus jener Zeit die Firma der offenen Handelsgesellschaft: „Berliner Trinkhallen-Gesellschaft" her). Die Bezeichnung „an die Generalenterprise der Hessischen Rudolfseisenbahn" macht den Wechsel nicht ungültig, weil sie zwar in concreto ein Konsortium, eine Gelegenheitsgesellschaft treffen sollte, weil sie aber andererseits möglich war als Firma einer Aktiengesellschaft. Die Bezeichnung des Remittenten als Vormundschaftsverwaltung, als Nachlaßmasse (Bernstein 62) ist ungültig, weil dies keine mögliche Namens- oder Firmenbezeichnung ist. —

β) Von dem anderen Gesichtspunkte aus, ob die betreffende Remittentenbezeichnung geeignet ist, für den betreffenden Remittenten, für den der Wechsel Rechte begründen soll, Rechte zu begründen, ist es dagegen wichtig, ob der Betreffende den Namen oder die Firma führt und ob er ihn mit Recht führt. Führt er ihn nicht, oder führt er ihn nicht mit Recht, so kann er aus der betreffenden Remittentenbezeichnung Rechte nicht herleiten, weil es nicht sein Name oder seine Firma ist, nämlich nicht sein berechtigter Name oder seine berechtigte Firma. Es muß also der Name oder die Firma, und zwar der berechtigte Name oder die berechtigte Firma des betreffenden Remittenten sein, wenn er Rechte aus dem

Wechsel herleiten will. Von diesem Gesichtspunkte aus kann jemand, dessen Künstlername auf dem Wechsel steht, Rechte aus dem Wechsel nicht herleiten, weil dies nicht sein berechtigter Name ist. Wer ferner die Firma nicht führen darf, die in der Bezeichnung gewählt ist, darf aus dem betreffenden Wechsel keine Rechte herleiten. Ist jemand nicht Kaufmann, führt er aber gleichwohl eine Firma, so ist der auf seine Firma lautende Wechsel zwar an sich gültig (vgl. oben zu *a*), aber er kann aus diesem Wechsel keine Rechte herleiten, weil es nicht seine berechtigte Firma ist (RG. 14, 17). Ist der Remittent zwar Kaufmann, führt er aber die betreffende Firma aus sonstigen Gründen mit Unrecht, so kann er aus dem, auf diese Firma lautenden Wechsel keine Rechte als Remittent herleiten (RG. 41, 22). Die sonst im Rechtssystem geltende freiere Auffassung, daß nur überhaupt feststehen braucht, wer durch den betreffenden Rechtsakt berechtigt werden solle, gilt hier nicht. Hier wird nur berechtigt, wer diesen Namen oder diese Firma führt, und zwar mit Recht führt. Art. 4 Nr. 3. Anm. 11.

Ist der Remittentenvermerk die Kollektivbezeichnung einer bürgerlichen Gesellschaft, so kann der Wechsel zwar gültig sein, wenn die Bezeichnung als Name oder als Firma einer firmenberechtigten Person möglich ist; aber die betreffende bürgerliche Gesellschaft wird aus diesem Wechsel nicht berechtigt, weil diese weder einen gemeinschaftlichen Namen, noch eine gemeinschaftliche Firma mit Recht führen kann. Wie aber steht es mit einem nicht rechtsfähigen Verein? Das Gesetz erachtet den Namen eines nicht rechtsfähigen Vereins nicht als rechtmäßige Bezeichnung einer solchen Vereinigung. Das Gesetz will nicht, daß der nicht rechtsfähige Verein seinen Namen gebraucht, um im Rechtsverkehr aufzutreten. Wenn dies dennoch geschieht, so geschieht es per nefas, und gerade darum trifft die Handelnden der Nachteil persönlicher Haftung. Das ist der Grundgedanke des § 54 BGB. und aus diesem Grundgedanken ergibt sich, daß der Name eines nicht rechtsfähigen Vereins keine zulässige Bezeichnung für einen Remittenten ist. Der Wechsel ist, wenn die Bezeichnung als Firma einer firmenberechtigten Person möglich ist, allerdings gültig. Aber der nicht rechtsfähige Verein oder seine Mitglieder werden aus einem solchen Wechsel nicht berechtigt. Mögen auch sonstige Rechtsakte, die unter dieser Bezeichnung geschlossen werden, nicht ungültig sein, hier walten andere Grundsätze ob. (Wenn es sich um Wechsel**verpflichtungen** handelt, gilt überall Gleiches. Hier darf auch die singuläre Vorschrift des § 54 BGB. nicht irre machen. Danach haften zwar die Handelnden für die kontrahierte Wechselverpflichtung, aber sie haften trotz der Ungültigkeit der Wechselverpflichtung).

Überall ist hier zu **erwähnen**, daß, wenn nur im allgemeinen die Bezeichnung identisch ist mit dem Namen oder der Firma der Person, die berechtigt werden soll, **geringe Abweichungen** nicht schaden. **Irrtümliche** Bezeichnung des Remittenten ist also unschädlich, nur muß dann die Identität zwischen dem genannten und gemeinten Remittenten nachgewiesen werden. (ROHG. 15, 283; 18, 418; 23, 52).

γ) Da endlich über das, was als geeignete Bezeichnung des Remittenten anzusehen ist, Ähnliches gilt, wie beim Trassaten und Trassanten, sind noch die Ausführungen Anm. 33, 34 und 42 zu vergleichen.

c) **Ist die Angabe mehrerer Remittenten zulässig?** Dagegen Renaud, § 18; dafür Lehmann 349 und in JheringsJ. 34, 408; Grünhut Hdb. I 350; Bernstein 33. Wir erachten diese letztere Ansicht ebenfalls für richtig, und zwar mit Lehmann und gegen Bernstein sowohl die kumulative (an X. **und** Y.), als auch die disjunktive (an X. **oder** Y.) Bezeichnung; durch erstere wird eine gemeinsame Berechtigung, durch letztere eine Solidarberechtigung (Gesamtgläubigerrecht, wonach jeder Gläubiger die ganze, vom Schuldner nur einmal zu bewirkende Leistung fordern kann) hergestellt. Das OG. Wien hält die Angabe mehrerer Remittenten ebenfalls für zulässig, legt ihr aber Partialberechtigung bei (OG. Wien bei Links Nr. 2889), was keinesfalls zutreffend ist. Anm. 12.

Art. 4 Nr. 4. Alles das gilt auch nach dem BGB. Zwar ist nach § 420 BGB., wenn mehrere Gläubiger eine teilbare Leistung zu fordern haben, im Zweifel jeder Gläubiger einen gleichen Anteil zu fordern berechtigt. Allein eine solche Rechtsgestaltung widerspricht
Anm. 12. dem Wesen des Wechsels. Der Fall, und zwar sowohl bei der kumulativen als auch bei der disjunktiven Bezeichnung mehrerer Remittenten, ist also gerade so zu behandeln, wie wenn mehrere eine unteilbare Leistung zu fordern haben. Es greift § 432 BGB. entsprechend Platz. Es gilt also die gemeinsame Berechtigung. Die Gesamt(Solidar-)gläubigerschaft des § 428 BGB. besteht nur dann, wenn das Gesetz sie ausdrücklich vorschreibt oder auch wenn sie ausdrücklich vereinbart ist. Grünhut (Hdb. I 350) scheint anzunehmen, daß die gesamtgläubigerische (solidarische) Berechtigung niemals Platz greift; jedoch ist für diese Annahme kein Grund. — Indossieren können hiernach die mehreren kumulativ bezeichneten Remittenten nur kollektiv, außer wenn jeder Solidargläubiger sein soll; in letzterem Fall kann jeder indossieren. Von mehreren disjunktiv bezeichneten Remittenten kann jeder allein indossieren.

Anm. 13. **Nr. 4. Die Angabe des Verfalltags.** Ein Wechsel ohne diese Angabe ist nichtig: der Satz: quod sine die debetur statim debetur, gilt im Wechselrecht nicht.

Anm. 14. A. **Der Begriff des Verfalltags.** Das Gesetz gebraucht den Ausdruck Verfalltag an dieser Stelle nicht. Es spricht hier von Zahlungszeit und meint damit die im Wechsel angegebene Zeit der Zahlung. Aber anderweit spricht es von Zahlungstag in einem andern Sinne, indem es darunter nicht den im Wechsel angegebenen Zahlungstag, sondern denjenigen späteren Tag versteht, an dem infolge eines dazwischentretenden Feiertages die Zahlungspflicht erst zur Entstehung kommt (Art. 92). Wieder an anderer Stelle spricht das Gesetz von Verfalltag und meint damit den Zahlungstag in ersterem Sinne (Art. 77). Die Wissenschaft kann eine feste Terminologie nicht entbehren. Sie bezeichnet mit dem Verfalltage den im Wechsel angegebenen Tag der Zahlung, wie er als Erfordernis für die Gültigkeit des Wechsels im vorliegenden Artikel aufgestellt ist, und mit dem Zahlungstage den Tag, an dem in Wahrheit die Zahlungspflicht zur Entstehung kommt (Goldschmidt System, 4. Aufl. S. 280). Selbstverständlich fällt regelmäßig der Verfalltag mit dem Zahlungstage zusammen. Aber ausnahmsweise ist dies nicht der Fall, indem durch Feiertage oder durch Prolongation (Näheres über Prolongation s. Anm. 31 zu Art. 82) Verschiebungen der Zahlungspflicht über den Verfalltag hinaus eintreten. In solchen Fällen sind Zahlungstag und Verfalltag verschieden.

Der vorliegende Artikel handelt nun vom Verfalltage, obwohl er von der „Zahlungszeit" spricht.

Anm. 15. B. **Die Erfordernisse der Verfalltagangabe.** Das Gesetz zählt sie auf. Wechsel, die diesen Erfordernissen nicht genügen, sind nichtig. Daneben aber gelten noch die allgemeinen Erfordernisse, die sich aus dem Wesen der Sache, dem vom Gesetzgeber offensichtlich angestrebten Erfordernisse der Bestimmtheit und Deutlichkeit, ergeben. Die letzteren sollen zuerst behandelt werden, alsdann folgen die gesetzlich hervorgehobenen Erfordernisse.

1. **Die allgemeinen Erfordernisse der Verfalltagangabe.**

Anm. 16. a) Der Verfalltag darf nicht unmöglich sein. Sonst ist der Wechsel nichtig, auch wenn die Angabe auf einem Irrtum beruht. Vgl. Grünhut Hdb. I § 43. Beispiele: Der Wechsel ist ausgestellt am 1. November 1879 und soll zahlbar sein am 15. März desselben Jahres (ROHG. 1, 55); auch wenn die Stempelmarke den Irrtum aufklärt, bleibt der Wechsel ungültig (OLG. Nürnberg in BayerZ. 2, 386). Oder: Der Wechsel ist zahlbar gemacht auf den 31. November 1894 oder auf den 29. Februar eines Nichtschaltjahres (OTr. bei Borchardt Zus. 88).

Anm. 17. b) Die Angabe muß bestimmt und deutlich sein.

α) Diesem Erfordernisse kann genügt sein, auch wenn die Jahreszahl nicht angegeben ist. Der Mangel der Jahreszahl ist kein absoluter Nichtigkeitsgrund (Grünhut Hdb. I § 43), vielmehr gilt dann die beim Ausstellungstage angegebene Jahreszahl, wenn der Verfalltag in dem Jahre der Ausstellung noch liegen kann,

z. B. ein am 1. März 1894 ausgestellter Wechsel per 24. November ist am 24. November 1894 fällig (ROHG. 6, 120; 11, 170; 16, 289; Bolze 2 Nr. 802; OG. Wien bei Cz. Nr. 228; 254; 307). Es darf also nicht zweifelhaft sein, daß dieses Jahr gemeint ist; es entsteht aber ein solcher Zweifel und infolgedessen Ungültigkeit des Wechsels, wenn der Vermerk lautet: Am 1. November J. zahlen Sie, weil nunmehr die zwiefache Annahme möglich ist, daß dieses Jahr oder das künftige Jahr gemeint ist (ROHG. 24, 122). Ähnliches gilt von einem Wechsel, der am 7. November 1893 ausgestellt und am 7. Februar fällig ist; ob hiermit wirklich das nächste Jahr gemeint ist, ist zweifelhaft und deshalb die Bezeichnung ungültig (anders OG. Wien bei Cz. Nr. 466). Art. 4 Nr. 4. Anm. 17.

β) Das Datum kann auch in gebräuchlichen Umschreibungen angegeben werden, ohne daß den Erfordernissen der Bestimmtheit und Deutlichkeit zuwidergehandelt wäre. Gültig ist z. B. die Bezeichnung cr. = currentis anni (ROHG. 1, 187); oder l. J.; oder dieses oder huius oder d. M. = dieses Monats; gültig auch die Bezeichnung 6. 6. 1894, oder die Abkürzung 04 statt 1904. Vgl. Borchardt Zus. 91 a—e. Anm. 18.

γ) Dagegen kann die Verfallzeit nicht von einem Ereignisse abhängig gemacht werden, dessen Eintritt ungewiß ist (dies incertus an). Das würde dem Erfordernisse der Bestimmtheit der Zeitangabe widersprechen. Der Wechsel kann also nicht fällig gemacht werden „zur Zeit der Großjährigkeit des Ausstellers", oder „am Tage meiner Hochzeit" (vgl. Grünhut Hdb. I § 42). Auch darf der Wechsel nicht abhängig gemacht werden von einer Begebenheit, deren Eintritt zeitlich unbestimmt ist (dies incertus quando, z. B. einen Monat nach dem Tode des Ausstellers). Im preußischen Recht waren solche Wechsel gestattet (§ 774 II 8 ALR.). — Ungültig ist ferner ein Wechsel, der auf Kündigung gestellt ist (30 Tage nach Kündigung). Anm. 19.

δ) Die Verfallzeit kann auch nicht durch Usancen ergänzt werden. Ausgeschlossen ist hiernach der Usowechsel, d. h. der Wechsel, bei dem infolge der Klausel „Uso" als Zahlungsfrist die am Orte der Zahlung übliche Frist nach Ausstellung oder nach Sicht maßgebend sein sollte. Zu bemerken ist hierbei übrigens, daß diese Wechsel nur für das Gebiet der Deutschen Wechselordnung abgeschafft sind. Von anderen Momenten hängt es ab, ob ein im Auslande ausgestellter Usowechsel gültig ist. Ist er nach dem ausländischen Recht gültig, so ist er auch in Deutschland gültig (Art. 85). Freilich gehört hierzu naturgemäß, daß am Zahlungsort eine Usance der gedachten Art besteht. Indessen ist es willkürlich, wenn Lehmann (372), um die Gültigkeit der ausländischen Usowechsel möglichst zu retten, annimmt, daß die diesbezüglichen partikularrechtlichen Bestimmungen auch nach Einführung der Wechselordnung, selbst wenn sie ausdrücklich aufgehoben sind, als Gewohnheitsrecht weiter gelten. Eine Lücke im Gesetze ist hierbei nicht anzuerkennen, vielmehr ergibt der Stand der Gesetzgebung, daß solche ausländische Usowechsel, die zahlbar sind an einem Orte, an dem eine solche Usance über die Verfallzeit nicht besteht, ungültig sind. Anm. 20.

c) Der Verfalltag muß im Wechselkontext selbst angegeben sein (Bernstein 42). (Staub — 4. Aufl. — hielt die Stelle der Verfalltagangabe für gleichgültig, wenn sie sich nur zweifelsohne als Verfalltagangabe darstellt, zumal er überhaupt das Erfordernis des Wechselkontextes leugnete). Bloße Randbemerkungen sind nicht ausreichend (ROHG. 25, 237; ebenso Staub, weil sie Zweifel übrig lassen), ebensowenig ein Zusatz durch den Bezogenen (Art. 22). Anm. 20a.

2. **Die vom Gesetze hervorgehobenen Erfordernisse.** Anm. 21.

a) Zunächst wird allgemein bestimmt, daß die Zahlungszeit für die ganze Geldsumme nur eine und dieselbe sein darf. Hiermit sollen die Ratenwechsel ausgeschlossen werden. Ungültig ist daher eine Zeitangabe: Am 1. Juli zahlen Sie 100 Mk. und am 1. Oktober zahlen Sie 200 Mk.; ungültig ist ferner die Zeitangabe:

Art. 4 Nr. 4. Vom 1. Januar 1894 ab zahlen Sie gegen diesen Wechsel monatlich 100 Mk. Ein Wechsel wird aber dadurch nicht zum Ratenwechsel, daß dem Schuldner nachträglich
Anm. 1. gestattet wird, die Schuld in Raten abzutragen (OG. Wien bei Cz. Nr. 248), auch wenn dies im Wechsel vermerkt wird (Bernstein 33 Note 1; in letzterer Hinsicht anders Grünhut Hdb. I Anm. 52).

Anm. 2. b) Zur Auswahl stellt das Gesetz fünf Möglichkeiten:

α) Der Wechsel wird auf einen bestimmten Tag gestellt — **Tagwechsel.** Ein Tag muß es sein, nicht ein längerer Zeitraum (z. B. nicht gültig: in der ersten Januarwoche), und nicht ein kürzerer, etwa ein Tagesabschnitt (am Vormittag des 6. Januar) oder eine Stunde (am 1. Februar 12 Uhr) — Dernburg § 256 Anm. 1; Grünhut Hdb. I § 43. — Ein bestimmter Tag muß es sein. Also dürfen nicht mehrere Tage alternativ genannt sein, wie z. B. der 5. oder 6. Mai, woran auch der Umstand nichts ändert, daß die eine Alternative in concreto ungültig ist (ROHG. 2, 365). Die Bestimmtheit ist allerdings nicht so zu verstehen, daß das Datum aus dem Wechsel selbst unmittelbar hervorgehen muß. Es genügt daher die Bezeichnung zu Johanni oder zu Michaelis, da dies fest bestimmte Tage sind (der 24. Juni und der 29. September), oder am Sedantage 1895. Dagegen nicht die Bezeichnung zu Ostern, zu Pfingsten, zu Weihnachten, weil jedes dieser Feste mehrere Tage dauert (OAG. Dresden und OG. Wolfenbüttel bei Gruch. 18, 224); auch nicht die Bezeichnung am Martinstage, weil Martini am 11. und 12. November stattfindet (OG. Prag und AG. Nürnberg bei Borchardt Zus. 97d). Unrichtig ist es, wenn Lehmann (354) den Zweifel auf Grund allgemeiner Auslegungsregeln dahin lösen will, daß der spätere Tag maßgebend ist (vgl. gegen die Anwendbarkeit allgemeiner Auslegungsregeln auf die Wechselerklärung unten Anm. 69). Es genügt wiederum die Bezeichnung: Freitag nach Ostern, oder am 3. Osterfeiertage des Jahres 1895 oder „drei Tage nach Weihnachten“ usw., weil hier vom Ende des Festes an zu rechnen ist. Dagegen sind Fristwechsel ungültig; es genügt also nicht die Bezeichnung „bis zum 5. Mai 1895“ (ROHG. 11, 170; RG. v. 10. 4. 80 in ZHR. 29, 202; KG. v. 11. 7. 95 in KGBl. 98, 30; anders OG. Wien bei Cz. Nr. 254, 539, 541), wohl aber die Bezeichnung „zum 1. Januar 1895“, weil sie soviel bedeutet, wie „am“ (OTr. bei Borchardt Zus. 94; Grünhut Hdb. I § 49). Gültig ist, wie Art. 30 und 32 ergeben, die Bezeichnung Ende oder ultimo des Monats, Anfang des Monats, Mitte oder medio des Monats; gültig auch Ende des Jahres (OTr. 38, 250).

Anm. 3. β) Der Wechsel wird auf Sicht gestellt — **Sichtwechsel.** Das bedeutet, daß der Wechsel jederzeit verfallen sein soll, sobald er vorgezeigt wird. Um das deutlich auszudrücken, dazu genügen Ausdrücke, wie: bei Sicht, nach Sicht, auf Sicht, gegen Sicht, auf Vorzeigung, auf Wiedersicht, a vista, auch dato nach Sicht (ROHG. 6, 240). Ungültig sind die Bezeichnungen: jederzeit, auf jedesmaliges Verlangen, oder nach Belieben, a piacere, weil die vom Gesetz betonte Vorzeigung des Wechsels in diesen Formeln nicht zum Ausdruck kommt (Rehbein Anm. 17. Anders Staub 4. Aufl., Lehmann 358, Bernstein 36; in Österreich stehen im Texte hinter den Worten a vista die Worte a piacere, so daß dort diese Bezeichnung infolge gesetzlicher Anordnung zulässig ist). Ungültig ist ein Wechsel: zahlbar nach Kündigung (ROHG. 2, 361; Lehmann 358; a. M. Grünhut Hdb. I § 46); ebenso ein Wechsel, der auf Sicht gestellt ist, andererseits aber doch den Vermerk trägt „ohne vorherige Präsentation“, da dieser letztere Vermerk es zweifelhaft läßt, was an Stelle der Präsentation den Sichtwechsel fällig machen soll (RG. 20, 182). Über Sichtwechsel s. weiteres Art. 31.

Anm. 4. γ) Der Wechsel kann auf bestimmte Zeit nach Sicht gestellt werden — **Nachsichtwechsel.** Die gebräuchliche Formel ist: 8 Tage nach Sicht. Ein auf bestimmte Zeit nach Sicht und spätestens auf einen bestimmten Tag lautender Wechsel ist ungültig (8 Tage nach Sicht und spätestens am 5. Februar 1894) — ROHG. 23, 109 —, falls nicht etwa hiermit eine Präsentationsfrist bestimmt sein soll (ROHG. ebenda; RG. 20, 183: Nach Sicht innerhalb 5 Jahren zahlen Sie; vgl. auch RG. 20, 101 u. 104). Über Nachsichtwechsel s. weiteres Art. 19, 20, 21. **Art. 4 Nr. 4 u. 5.**

δ) Der Wechsel wird auf eine bestimmte Zeit nach dem Tage der Ausstellung gestellt — **Datowechsel.** Formeln: Von heut in 3 Wochen; 8 Tage nach dato; 3 Monate de dato; 14 Tage dato (ROHG. 5, 245; OG. Wien bei Cz. Nr. 173); morgen; heut über 14 Tage; nach 3 Monaten oder in 3 Monaten, oder in 14 Tagen, wobei vom Tage der Ausstellung gerechnet wird (ROHG. 2, 148; 19, 329; Bernstein 36; Grünhut Hdb. I § 44; vgl. Art. 32; anders OG. Wien bei Cz. Nr. 154). Ungültig ist dagegen die Bezeichnung „binnen 3 Monaten", „im Laufe einer Woche" (OG. Wien bei Cz. Nr. 147). Weitere Beispiele bei Borchardt Zusatz 100—104. Berechnet werden die Fristen nach Art. 32. Anm. 25.

ε) Der Wechsel wird auf eine Messe oder einen Markt gestellt — **Meß- oder Marktwechsel.** Die Angabe der Meßzeit ist nur zulässig bei gleichzeitiger Benennung des Meßorts als Zahlungsort (Lehmann 370; Bernstein 37). Auch darf der Meß- oder Marktwechsel nur auf die Messe oder den Markt schlechthin, nicht auf eine bestimmte Zeit innerhalb derselben lauten (Lehmann 370; Bernstein 37; OTr. Berlin, OTr. Stuttgart, OG. Wien bei Borchardt Zus. 106). Ein solcher Wechsel wäre auch kein Tagwechsel, denn die Messe kann ja auch verlegt werden; der Tagwechsel muß aber einen bestimmten, unabänderlichen Tag benennen (Lehmann 371; in dieser Hinsicht gegen die soeben zitierte Judikatur bei Borchardt Zus. 106). Wann ein Meß- oder Marktwechsel fällig wird, darüber s. Art. 35. Anm. 26.

3. Für die **materielle Bedeutung des Verfalltages** kommt nicht der § 277 Abs. 2 BGB., demzufolge im Zweifel die Zeitbestimmung zugunsten des Schuldners wirkt, in Betracht (a. M. Staub 4. Aufl.). Vielmehr wirkt der Verfalltag des Wechsels zugunsten beider Teile. Der Gläubiger kann nicht vorher die Zahlung verlangen, der Schuldner sie nicht vorher bewirken (vgl. Art. 38 Anm. 2). Denn die Wechselobligation als solche leidet keine Auslegung auf Grund von Momenten, die außerhalb des Wechsels liegen. Nur für das persönliche Verhältnis zweier Wechselinteressenten als exceptio in personam gemäß Art. 82 WO. können derartige persönliche Momente in Betracht kommen und auf diesem Gebiete jene Auslegungsregeln Anwendung finden. Anm. 27.

4. **Prolongation.** Die Stundung erfolgt im Wechselverkehr meist in der Weise, daß ein neuer Wechsel hingegeben wird: Prolongationswechsel. Er ändert das alte Schuldverhältnis nicht, es müßte denn sein, daß der animus novandi deutlich kundgegeben wird (RG. 9, 65). Der Wechselschuldner behält daher gegenüber dem Prolongationswechsel die Einreden aus dem, dem ursprünglichen Wechsel zugrunde liegenden Rechtsgeschäft (RG. in JW. 03, 187[47]). Der Wechselnehmer darf den Prolongationswechsel nicht in einem andern Sinn und mit einer anderen Bestimmung, als er gegeben ist, geltend machen (RG. 41, 23). — Über das Verbot von Zinseszinsen vermittelst Prolongationswechsel vgl. RG. in JW. 03, 433[8]. Anm. 27a.

Auch durch einen Prolongationsvermerk auf dem alten Wechsel kann die Prolongation erfolgen: prolongierter Wechsel. Der Verfalltag des Wechsels wird dadurch nicht geändert (a. M. Bernstein 37), nur die Zahlungszeit (hierüber oben Anm. 14). Wo der Verfalltag entscheidet, z. B. für die Protestfrist, die Verjährung, ist eine solche Prolongation, natürlich auch die mündlich vereinbarte, ohne Bedeutung. (Über die Einrede der Prolongation vgl. Art. 82 Anm. 31 a—c, über Zahlung nach erfolgter Prolongation Art. 39 Anm. 6).

Nr. 5. Die Unterschrift des Ausstellers mit seinem Namen oder seiner Firma. Anm. 28

a) **Die Unterschrift** ist erfordert. Darin liegt zweierlei:

α) Eine **Unterschrift** muß es sein. Es genügt hier nicht wie bei den vorhergehenden Erfordernissen irgendwelche Angabe. Es ist hier nicht gleichgültig, an welcher Stelle des Wechsels der Name des Ausstellers steht, die Niederschrift muß sich als Unter-

Art. 4 Nr. 5. schrift darstellen (Grünhut Hdb. I § 54). Der Name muß daher, da dies nach den Anschauungen des Verkehrs zur Unterschrift gehört, auf der Vorderseite am Ende der
Anm. 28. Urkunde stehen (ROHG. 9, 422; 19, 89; 25, 238; vgl. auch RG. 12, 120 u. 121), sie darf nicht quer durch den Wechsel gehen (ROHG. 9, 422), und nicht auf der Rückseite stehen (ROHG. 19, 89). Übereinstimmend OG. Wien bei Cz. Nr. 112, 149, 152, 169, 331; Dernburg § 258 Anm. 9, Lehmann 373; Bernstein 42; dagegen Thöl § 33 Anm. 19. Dieser erachtet es für genügend, wenn der Wechsel an irgendwelcher Stelle den Namen des Trassanten deutlich enthält. Ihm würde z. B. die Redewendung: Ich Leonhard Schulze beauftrage Sie hiermit usw. genügen. Allein mit Recht bemerkt Lehmann hiergegen, daß darin eine Verkennung der spezifischen Bedeutung der Unterschrift liegt. Auch die Gesetze enthalten einen solchen Eingang (Wir Wilhelm usw.) und müssen doch außerdem noch die Unterschrift des Monarchen enthalten, als Zeichen, daß er sich zu dem Inhalte der Urkunde bekennt, und daß die in ihr enthaltene Willenserklärung als die seinige angesehen werden soll. Andrerseits ist nicht etwa erforderlich, daß sich auch zeitlich die Sache so abspielen muß, daß erst der übrige Wechselinhalt vorhanden sein und der Aussteller alsdann seinen Namen darunterschreiben muß. Vielmehr genügt es, daß räumlich und formell die Sache sich als Unterschrift darstellt. (Vgl. unten Anm. 54 Nr. 4). Genügen würde es nicht, wenn der Vertreter unterschreibt und der Vertretene im Kontexte benannt wird (z. B. im Namen des Wilhelm Schulze weise ich Sie an, gegen diesen Wechsel usw.). Anders äußert sich zwar ROHG. 20, 91, jedoch nicht in ganz bestimmter Weise. Aber diese gegenteilige Äußerung ist nicht zutreffend. Denn das Erfordernis der „Unterschrift des Ausstellers mit seinem Namen oder seiner Firma" kann nur dann erfüllt sein, wenn die Unterschrift den Namen oder die Firma des Ausstellers enthält. Nur dann erfüllt es auch seinen Zweck: dem Verkehr sofort ersichtlich zu machen, wer als Aussteller haftet. Dadurch soll allerdings nicht ausgeschlossen sein, daß ein Vertreter diese Unterschrift leistet. Hierüber s. zu Art. 95.

Anm. 29. β) Eine Unterschrift muß es sein. Während die vorhergehenden Erfordernisse nur bedeuten, daß der Wechsel die betreffenden Angaben enthalten müsse, gleichviel, wie sie auf den Wechsel gesetzt wurden, ob durch Druck, durch Stempel oder durch wessen Niederschrift auch immer, muß die hier erforderliche Angabe von dem, der die Wechselerklärung abgibt, geschrieben werden. Druck oder Stempel genügen hier nicht (ROHG. 14, 319), letzterer auch dann nicht, wenn er sich als Faksimile darstellt. Leserlichkeit ist nicht erforderlich (OTr. bei Borchardt Zus. 113; vgl. § 52 a. E.). Nur müssen es natürlich Buchstaben sein. Wer bloße Handzeichen leistet, muß sie beglaubigen lassen (ROHG. 22, 406, Art. 94).

Was in dem Falle gilt, wenn ein Bevollmächtigter für den Aussteller unterschreibt, darüber s. zu Art. 95. Was für Personen gilt, die nicht schreiben können, und ihnen gleichzuachtende (Blinde, Taubstumme), darüber s. Art. 94.

Anm. 30. γ) Der Unterschrift dürfen nicht Zusätze hinzugefügt werden, aus denen hervorgeht, daß es sich überhaupt nicht um eine Ausstellerunterschrift handelt. Der Zusatz „als Bürge", „als Zeuge" macht die Aussteller-Erklärung und damit den Wechsel ungültig (RG. 10, 1; OG. Wien bei Peitler Nr. 378). Der Zusatz „als Selbstschuldner" ist unschädlich (RG. 30, 25), ebenso „Angenommen" (RG. 46, 48; OG. Wien bei Krall Nr. 199), ebenso: „Gut für 1400 Mark" (StrA. 47, 345). Über den Zusatz „ohne Obligo" vgl. unten Anm. 67.

Anm. 31. b) **Der Aussteller** muß unterschreiben. Jedoch nicht notwendig persönlich. Über die Unterzeichnung durch Stellvertreter vgl. Art. 95 Anm. 8. — Mehrere Aussteller können auf dem Wechsel figurieren (Volze 7 Nr. 423; Lehmann in Iherings Jahrbüchern 34, 408; vgl. ROHG. 2, 349; 19, 311, Beispiel eines Wechsels mit vier Ausstellern; RG. in JW. 02, 135[48]). Die Durchstreichung eines von mehreren Ausstellern läßt den Wechsel und die Wechselverpflichtung der übrigen Aussteller unberührt (ROHG. 18, 367).

c) **Seinen Namen oder seine Firma** muß die Unterschrift enthalten. Ist bei der Bezeichnung des Remittenten erforderlich und ausreichend eine Bezeichnung, die der bürgerliche oder Handelsname einer aktiv wechselfähigen Person sein kann, so ist hier erforderlich und ausreichend, daß die Unterschrift eine Bezeichnung enthält, die der bürgerliche oder der Handelsname einer passiv wechselfähigen Person sein kann, was indessen einen materiellen Unterschied nicht bedeutet, da jede rechtsfähige Person aktiv und passiv wechselfähig ist (vgl. Anm. 2 zu Art. 1). Art. 4 Nr. 5 u. 6. Anm. 32.

Es ist aber auch hier nur erforderlich, daß die Unterschrift eine Bezeichnung enthält, welche die Bezeichnung einer passiv wechselfähigen Person sein **kann**. Ob die Unterschrift in Wirklichkeit eine Fälschung enthält, sei es, daß die bezeichnete Person die Unterschrift weder selbst, noch ein Dritter sie geleistet hat, oder daß eine solche Person nicht existiert, ist für die Gültigkeit des Wechsels gleichgültig (vgl. oben Anm. 11). Die Wechselunterschrift „Simonsche Erben" ist deshalb gültig, weil sie Bezeichnung einer Firma sein kann, und weil es gleichgültig ist, ob sie tatsächlich geführt wird (ROHG. 23, 51). Ein von Julius Soldin als Vormund der „Bukoferschen Minorennen" gezogener Wechsel ist dagegen ungültig (Bolze 2 Nr. 800). Verschieden davon ist auch hier die Frage, ob im Einzelfalle die Person, die aus dem Wechsel belangt wird, diejenige ist, welche aus dem Ausstellungsvermerk haften sollte. Zur Klage gegen den Aussteller im Falle, daß der Ausstellungsvermerk „Simonsche Erben" heißt, gehört, daß dies wirklich eine Firma ist und daß sie von dem Firmenführer mit Recht geführt wird (vgl. oben Anm. 11). Anm. 33.

Was als geeignete Bezeichnung anzusehen ist, darüber vgl. im einzelnen oben Anm. 11, wo dieselbe Frage für die Bezeichnung des Remittenten erörtert ist. Hervorzuheben ist: es genügt der Familienname, der direkt aus der Unterschrift hervorgehen muß (ROHG. 11, 213: die beim Akzeptvermerk: „Selig Fuchs & Sohn Benno" gegen Benno Fuchs angestrengte Klage wurde abgewiesen; OG. Wien bei Cz. Nr. 571), es genügt nicht der Vorname (anders Lehmann 374). Bei Firmen ist auch hier erforderlich, daß sie den Erfordernissen des HGB. entsprechen; gleichgültig ist auch hier, ob die Firma eingetragen ist. Bei juristischen Personen ist auch hier ihre verkehrsübliche Bezeichnung erforderlich. Überall muß es sich um eine passiv wechselfähige Person handeln, d. h. um ein Rechtsgebilde, das fähig ist, Träger von Wechselverpflichtungen zu sein, wozu nicht bloß physische und juristische Personen, sondern auch offene Handelsgesellschaften und Kommanditgesellschaften, gehören. (Über alles dieses vgl. Näheres oben Anm. 11 u. Anm. 42.) Anm. 34.

Titel und Stand brauchen auch hier nicht hinzugefügt zu werden. Ebensowenig ist Ortsangabe erforderlich. Die bloße Bezeichnung „Schulze" genügt hiernach.

Unrichtigkeit der Unterschrift. Unerhebliche Abweichungen vom wahren Namen oder von der wahren Firma schaden auch hier nicht (vgl. oben Anm. 11). Bei einer aus einer Sach- und einer Personenbezeichnung zusammengesetzten Firma einer offenen Handelsgesellschaft ist der Wechsel nicht ungültig, wenn die Sachbezeichnung gestempelt, die Personenbezeichnung geschrieben ist (RG. 47, 165; s. a. Art. 95 Anm. 8d).

d) Die **Durchstreichung** der Ausstellerunterschrift tilgt die Existenz des Wechsels, selbst wenn sie durch Zufall, aus Versehen oder widerrechtlich erfolgt ist (ROHG. 19, 271; vgl. Art. 76 Anm. 8ff.). Die Durchstreichung einer Ausstellerunterschrift hebt die Gültigkeit einer anderen unversehrt gebliebenen nicht auf (ROHG. 18, 367). Anm. 34a.

Nr. 6. Die Angabe des Datums. Es zerfällt in die Ortsangabe und die Zeitangabe. Anm. 35.

a) Der Ort des Datums.

α) Auch dieses Erfordernis ist nur formell aufzufassen; es braucht lediglich eine Angabe zu sein, die einen möglichen Ort enthält. Ob der Ausstellungsvermerk wirklich an diesem Orte geschrieben ist, ist gleichgültig (ROHG. 6, 125; RG. 32, 117). Gegebenenfalls kann der Gegenbeweis geführt werden, daß der Wechsel in Wirklichkeit an einem anderen Orte ausgestellt ist (RG. 32, 117), aber ohne daß der Wechsel

Art. 4 Nr. 6. durch diesen Gegenbeweis ungültig würde (unten Anm. 38). Dagegen wäre der Wechsel ungültig, wenn der Ort nicht existierte. Denn an einem solchen Orte kann
Anm. 35. die Unterschrift unmöglich geleistet sein. Etwas anderes will wohl auch Lehmann (377) nicht sagen.

Anm. 36. β) Auch diese Angabe braucht nicht genau zu sein. Paßt die Angabe auf mehrere Orte gleichen Namens, so ist keinesfalls ein Unterscheidungsmerkmal notwendig, auch wenn es gebräuchlich ist. Es genügt z. B. die Bezeichnung Frankfurt (ROHG. 9, 192).

Anm. 37. γ) Immerhin muß es die Bezeichnung eines Orts, d. h. einer wirklich bestehenden politischen Gemeinde sein. Die Bezeichnung Leipzigerstraße, Markusplatz, NW. (für Berlin) wäre ungenügend, weil aus dem Wechsel nicht erhellt, welcher Gemeindebezirk gemeint ist (ROHG. 9, 261). Zulässig ist Berlin-Rixdorf, da klar ist, daß gemeint ist: der Ort Rixdorf bei Berlin, der postalisch Berlin-Rixdorf genannt wird. Der Gemeindebezirk braucht auch nicht notwendig mit Namen genannt zu werden, wenn er sich aus der Bezeichnung mit Deutlichkeit ergibt. Da eine wirklich bestehende politische Gemeinde zur Ortsbezeichnung notwendig ist, erscheint die Ortsangabe „Auf der Spitze des Montblanc" ungültig (anders Staub 4. Aufl.).

Anm. 38. b) **Die Zeit des Datums.**

α) Auch dieses Erfordernis ist nur formell aufzufassen; es braucht lediglich eine mögliche Zeitangabe zu sein. Ob der Ausstellungsvermerk wirklich an diesem Tage getätigt ist, erscheint ohne Belang (ROHG. 12, 316), und es kann, wo es darauf ankommt, der Gegenbeweis geführt werden, daß der Wechsel zu einer andern Zeit ausgestellt wurde (vgl. RG. 32, 117; 33, 44), aber ohne daß der Wechsel durch diesen Gegenbeweis ungültig würde. Grünhut (Hdb. I § 53) will diesen Gegenbeweis nur dem gutgläubigen Erwerber gegenüber für die Gültigkeitsfrage für unerheblich erklären, während er gegenüber dem die Unrichtigkeit kennenden Erwerber die Führung des Gegenbeweises für unzulässig erklärt. Sehr mit Unrecht und gegen die herrschende Meinung. Der Satz, auf den sich Grünhut hierbei stützt, daß rechtlichen Schutz nur id quod actum est genießt, kommt im Rahmen des Art. 82 dem bösgläubigen Erwerber gegenüber vollauf zur Geltung, während andererseits nach eben diesem Art. 82 ein wirklicher Gültigkeitsmangel vor dem guten Glauben des Erwerbers nicht Halt macht (vgl. zu Art. 82, ferner §§ 784, 796 BGB.; 364 Abs. 2 HGB.). Dagegen wäre der Wechsel ungültig, wenn er auf den 29. Februar eines Nichtschaltjahres lautete. Denn an einem solchen Tage kann die Unterschrift unmöglich geleistet sein.

Anm. 39. β) Die Angabe muß insofern genau sein, als sie einen bestimmten Monatstag und ein bestimmtes Jahr enthalten muß. Johanni 1894, Neujahr 1895 genügen (dagegen Staub 4. Aufl.), aber nicht Frühjahrsmesse 1895 (LP. 15; OG. Innsbruck und OAG. Dresden bei Borchardt Zus. 129; Lehmann 377; Grünhut Hdb. I § 53). Dagegen ist die durchaus gebräuchliche Bezeichnung eines Monats mit einer Ziffer nicht ausgeschlossen z. B. 6. 6. 1893 (OTr. bei Borchardt Zus. 130; vgl. Anm. 18). Ebenso schadet es nicht, wenn die selbstverständliche Jahrhundertzahl weggelassen ist (Berlin den 11. 6. 96 oder Breslau den 4. 5. 01; HAG. Würzburg bei Gruch. 18, 291; Grünhut Hdb. I § 53).

Anm. 40. c) **Darf der Wechsel mehrere Daten (d. h. mehrere Orte oder Zeiten der Ausstellung) enthalten?** Die obersten Gerichte verneinen dies (ROHG. 21, 179; RG. 11, 165; ebenso Rehbein Anm. 31; Grünhut Hdb. I § 53). Der Widerspruch Lehmanns (377) hiergegen ist nicht gerechtfertigt. Freilich ist auch nicht durchschlagend, daß das Gesetz den Singular gebraucht, denn dieser ist auch beim Aussteller (Nr. 5) gebraucht und führt richtiger Ansicht nach doch nicht zur Verneinung der Zulässigkeit mehrerer Aussteller. Allein entscheidend erscheint uns, daß die Wechselziehung sich formell als das Produkt eines einheitlichen Auftrages darstellen muß (vgl. RG. 46, 137). Diesen einheitlichen Akt können zwar mehrere Aussteller tätigen, aber nur gemeinsam, also nicht an verschiedenen Orten oder Zeiten. Erteilen mehrere den Auftrag an verschiedenen Orten oder Zeiten, so sind es begrifflich mehrere Aufträge. Daher ist auch Bernsteins Ansicht (45) nicht richtig, daß das doppelte Datum dann zulässig sei, wenn mehrere Aussteller vorhanden seien. Lehmann hat übrigens seinen Widerspruch gegen die herrschende Meinung aufgegeben (JheringsJ. 34, 406). **Art. 4 Nr. 6 u. 7.** Anm. 40.

d) **Die Stellung des Datums in der Wechselurkunde** ist nicht vorgeschrieben. Daß die Rechtssitte darüber entscheide, wie Bernstein (45) will, ist nicht richtig. Es ist vielmehr gleichgültig, ob das Datum über dem Wechselkontext steht — dahin geht die Rechtssitte — oder neben der Unterschrift des Ausstellers (RG. 11, 167) oder an einer sonstigen Stelle, wenn diese nur keinen Zweifel übrig läßt, daß es sich um eine Datierung handelt (vgl. Grünhut Hdb. I § 53). Anm. 40a.

e) **Die Orts- und Zeitangabe hat nur formale Wirkung.** Sie erfüllt ein wesentliches Erfordernis des Wechsels. Sie ist aber nicht für sonstige und insbesondere für materielle Fragen maßgebend. Das Ortsdatum gilt bei der Tratte z. B. nicht als Wohnsitz des Ausstellers, auch nicht präsumtiv (ROHG. 3, 7; RG. 25, 59; Bolze 11 Nr. 267; für den eigenen Wechsel vgl. Art. 97). Für die Frage der Wechselfähigkeit ist der wirkliche Ort und die wirkliche Zeit der Wechselerklärung entscheidend (Anm. 21 zu Art. 1). Anm. 40b.

Fehlt die Datierung der Ausstellung oder fehlt auch nur ein Teil der Datierung, z. B. die Jahreszahl derselben, so ist der Wechsel ungültig, auch wenn aus anderen Umständen, z. B. aus dem Datum der Stempelmarke oder aus etwaigem Firmenstempelaufdrucke, auf das Jahr der Ausstellung geschlossen werden kann (OLG. Hamburg im Recht 03, 83).

Nr. 7. Name oder Firma der Person, welche die Zahlung leisten soll (Bezogener, Trassat, Adresse). Anm. 41.

a) Die Redewendung, in der diese Angabe erfolgt, ist die der Adresse, geschrieben links unterhalb des Textes. Doch ist diese Form an dieser Stelle nur gebräuchlich, nicht notwendig (Grünhut Hdb. I § 55; OTr. bei Gruch. 18, 293). Gültig wären auch folgende Redewendungen: Gegen diesen Wechsel zahlt Herr Gustav Bauer 100 Mark, oder: Herr Gustav Bauer wird beauftragt, gegen diesen Wechsel 100 Mark zu zahlen. Aber die Adresse muß auf der Vorderseite stehen, nicht mehr (wie ursprünglich) auf der Rückseite.

b) Namen oder Firma der zahlungspflichtigen Person muß die Bezeichnung enthalten. Es ist dieses Erfordernis gleichlautend mit den Erfordernissen der Angabe des Remittenten und des Trassanten (Nr. 3 u. 5 des vorliegenden Artikels). Daher ist auch hier erforderlich und ausreichend eine Bezeichnung, die der bürgerliche oder Handelsname einer passiv wechselfähigen Person sein kann (Bolze 1 Nr. 828; vgl. oben Anm. 11, 32 u. 33). Ist sie als solche Bezeichnung möglich, so kommt es nicht darauf an, ob die als Trassat bezeichnete Person auch wirklich existiert; die sog. Kellerwechsel, die fingierte Personen als Trassaten bezeichnen, sind daher gültig (ROHG. 18, 143; RG. v. 1. 12. 82 in ZHR. 29, 206) und werden rechtlich wie gefälschte Wechsel behandelt (Anm. 1 zu Art. 76). Gleichgültig ist, ob eine solche Firma besteht oder eingetragen ist, ob der Name oder die Firma der Person, die bezeichnet werden sollte, auch richtig bezeichnet ist. Das ist für die Gültigkeit des Wechsels und der übrigen Wechselerklärungen ohne Einfluß (vgl. oben Anm. 11 u. 32). Über die Bezeichnung „Herr F. Köhler", wo eine Frau gemeint ist oder eine offene Handelsgesellschaft, s. Anm. 6 zu Art. 21. Anm. 42.

Was nun als geeignete Bezeichnung anzusehen ist, darüber gilt hier das gleiche, wie beim Remittenten und Trassanten. Vgl. daher Anm. 11, 33 u. 34. — Es genügt als Adresse z. B. nicht die Bezeichnung an die „Tiroler Kohlengesellschaft Koessen in Groß-Lichterfelde bei Berlin", da diese Angabe weder einen persönlichen Namen, noch eine Firma enthält, die als Bezeichnung einer firmenberechtigten Person möglich ist (RG. 63, 380).

Art. 4 Nr. 7 u. 8. Die Frage, ob die Person, die mit dem Trassierungsvermerk bezeichnet werden sollte, auch wirklich aus dem Wechsel Rechte erworben hat und verpflichtet wurde (Anm. 11bβ), kann beim Trassierungsvermerk in dieser Form nicht aufgeworfen
Anm. 42. werden, weil aus dem bloßen Trassierungsvermerk der Bezogene weder berechtigt noch verpflichtet wird. Er haftet nicht als Trassat, sondern wenn er akzeptiert hat. Für die Frage nun, ob die Person, die den Wechsel akzeptiert hat, wechselmäßig verpflichtet wurde, ist jene Frage allerdings wichtig. Vgl. hierüber bei Art. 21.

Anm. 43. c) Es können auch **mehrere Personen** als Trassaten bezeichnet werden. Diese sehr bestrittene Frage ist von Staub in den ersten Auflagen im gegenteiligen Sinne beantwortet worden, ebenso von RG. 43, 86; aber schon die Ausführungen Pappenheims in ZHR. 44, 108, sowie die Urteile des OLG. Dresden im SächsA. 7, 550 und des KG. in KGBl. 99, 67 hatten ihn von der Unrichtigkeit seiner Ansicht überzeugt. Auch das RG. hat in seiner Plenarentscheidung vom 31. Mai 1900 (Bd. 46, 132) sich für die Zulässigkeit ausgesprochen. Es darf dabei natürlich kein Verstoß gegen die übrigen Wechselerfordernisse unterlaufen. Es dürfen z. B. nicht mehrere Zahlungsorte vorliegen (ebenso Grünhut Hdb. I § 55).

Die Rechtsfolge der Trassierung auf mehrere Personen ist, daß der Gläubiger sich an alle Trassaten wegen Zahlung wenden muß, ehe er Regreß nehmen kann; daß er dagegen Regreß mangels Annahme schon dann nehmen kann, wenn auch nur einer der Bezogenen nicht akzeptiert (RG. 46, 140).

Ein Sichtwechsel auf zwei Trassaten ist grundsätzlich gültig (anders Staub 4. Aufl., der aber seine Ansicht in den Vorarbeiten zu dieser Auflage aufgegeben hat). Es bedeutet ein solcher Wechsel nur, daß er an einem Tage präsentiert werden muß. Wird er an verschiedenen Tagen präsentiert, so wird er dadurch ungültig, weil dadurch zwei Fälligkeitstage gegeben sind. — Wird er während der Frist des Art. 31 keinem der beiden Akzeptanten präsentiert, so ist er diesen gegenüber gültig, denn nunmehr ist für beide ein gemeinsamer Verfalltag eingetreten (Anm. 5 zu Art. 31).

Die alternative oder sukzessive Angabe mehrerer Trassaten macht den Wechsel ungültig (Grünhut Hdb. I § 55; RG. 46, 139), ebenso die Trassierung derart, daß mehrere Trassaten nach Anteilen haften sollen (RG. 46, 141).

Anm. 44. d) Der Trassat muß vom Aussteller regelmäßig verschieden sein, aber nicht notwendig (Art. 6 Abs. 2: trassiert — eigener Wechsel). Grundsätzlich ist es auch nicht unzulässig, wenn der Aussteller in Vollmacht des Bezogenen akzeptiert (RG. 24, 87). — Der Trassat muß vom Remittenten verschieden sein (RG. 19, 93; dagegen Lehmann in IheringsJ. 34, 408).

Anm. 45. e) Der Wohnort des Bezogenen braucht nicht bezeichnet zu werden. Ist er jedoch bezeichnet, so hat dies eine besondere Bedeutung (vgl. Nr. 8).

Anm. 46. **Nr. 8. Die Angabe des Zahlungsorts.**

a) **Regelmäßig ist die ausdrückliche Angabe eines Zahlungsorts erforderlich.**

α) Die Redewendung und die Stelle dieser Angabe sind nicht vorgeschrieben. Es ist daher hierfür jede Redewendung und jede Stelle die richtige, welche die erforderliche Deutlichkeit nicht vermissen läßt (ROHG. 22, 405). Gebräuchlich ist die Redewendung „Zahlbar in Potsdam bei Emil Meyer & Co.", links unterhalb der Adresse des Bezogenen. Doch ist auch zulässig die Wendung: Gegen diesen Wechsel zahlen Sie in Berlin usw. Zulässig ist auch die Angabe: bei der Kieler Reichsbankstelle, oder: bei der hiesigen Spar- und Leihkasse (Lehmann 379). Dagegen ungültig die Wendung: Gegen diesen Wechsel zahlen Sie an Adolf Aufrecht in Hamburg, weil dies, wie das ROHG. (5, 380) mit Recht annimmt, eine Bezeichnung des Wohnorts des Remittenten enthält. Lehmann (381) meint demgegenüber, daß jene Wendung zweifelhaft ließe, ob dies oder ob ein Zahlungsort gemeint sei. Indessen würde auch dieser Zweifel ausreichen, um die Bezeichnung ungültig zu machen, und es erscheint unzulässig, zur Lösung des Zweifels auf die Meinung des Ausstellers oder auf den

Satz zurückzugehen, daß im Zweifel die für den Rechtsbestand des Wechsels günstigere Auffassung maßgebend sei (vgl. über diese Auslegungsfrage prinzipiell unten Anm. 69). Die Bezeichnung „zahlbar beim Aussteller" ist dann gültig, wenn der Wohnort des Ausstellers aus dem Wechsel erhellt, sonst ungültig (OG. Wien bei Cz. Nr. 427). Das Ortsdatum des Ausstellungsvermerks ist dabei jedoch nicht etwa als wechselmäßiger Wohnort des Ausstellers zu betrachten (vgl. oben Anm. 40b). Die Bezeichnung „hier" genügt (z. B. Albert Müller hier, Potsdamerstraße 51); dies bedeutet denselben Ort, der in seinem Ausstellungsdatum angegeben ist. Art. 4 Nr. 8. Anm. 46.

β) Die Ortsangabe muß die richtige Bezeichnung für eine existierende Ortschaft sein. Daß der Ort hier Ortschaft (Handelsplatz, Stadt, Dorf) bedeutet, darüber s. RG. 32, 113. Existiert die Ortschaft nicht, so ist der Wechsel ungültig. Ist aber statt des offenbar gewollten ein gar nicht existierender Ort als Zahlungsort bezeichnet, so ist ersterer als Zahlungsort anzusehen und der Wechsel gültig (RG. 60, 428). Existiert die Ortschaft aber, so braucht sie nicht genau bezeichnet zu sein: bei mehreren Ortschaften gleichen Namens braucht z. B. ein Unterscheidungsmerkmal nicht hinzugefügt zu werden, so daß z. B. die Bezeichnung Frankfurt genügt; es gilt dann als Zahlungsort der Ort, an dem die Präsentation tatsächlich erfolgt. In eine Untersuchung der Frage, ob der Aussteller auch wirklich diesen Ort gemeint hat, kann nicht eingetreten werden (ROHG. 9, 192; anders Bernstein 47), nicht einmal in eine Untersuchung der Frage, ob der Gläubiger arglistig an einem anderen Orte präsentiert hat, als an dem, den der Aussteller gemeint hat. In diesem letzteren Punkte ist zwar das ROHG. (a. a. O. S. 197) anderer Ansicht, indessen ist Thöl (203) doch zuzustimmen, daß es auf die objektive Gültigkeit des betreffenden wechselrechtlichen Aktes (Protestes usw.) ohne Einfluß bleiben muß, ob der betreffende Präsentant arglistig gehandelt hat. Nur das muß allerdings hinzugefügt werden, daß aus solchem Verhalten des Gläubigers ein persönlicher Einwand auf Grund des Art. 82 hergeleitet werden kann (Grünhut Hdb. I § 57 Anm. 7). Anm. 47.

Eine Ortschaft, d. h. eine politische Gemeinde (vgl. oben Anm. 37) muß es sein (ROHG. 18, 148; 21, 358). Die Bezeichnung Leipzigerstraße, Markusplatz, Markthalle D wäre ungenügend (ROHG. 9, 261; abweichend Bernstein 47). Doch braucht der Gemeindebezirk nicht notwendig mit Namen genannt zu werden, wenn er sich aus der Bezeichnung mit Deutlichkeit ergibt; gültig ist z. B. die Ortsangabe: bei der hiesigen Spar- und Leihbank.

Inwiefern Abweichungen von der amtlich maßgebenden Ortsbezeichnung als erheblich zu betrachten sind, kann nur von Fall zu Fall entschieden werden.

Nach der von Staub in der 4. Aufl. vertretenen Auffassung ist der Ausdruck „zahlbar allerorten", „zahlbar hier und allerorten", oder „überall, wo zu treffen" — nicht genügend, um dem Erfordernis des bestimmten Zahlungsorts zu genügen; ja, er bewirke sogar, daß dieses Erfordernis nicht vorliege, denn es fehle dann eben ein bestimmter Zahlungsort. Nach der herrschenden Auffassung ist aber ein Wechsel (auch ein eigener) nur dann ungültig, wenn sich in ihm als Zahlungsort nur eine jener Klauseln befindet. Ist aber eine jener Klauseln einem ausgedrückten oder gesetzlichen (Art. 4 Ziff. 8, Art. 97) bestimmten Zahlungsorte hinzugefügt, so wird dadurch der Wechsel nicht ungültig: das ROHG. legt diesen Zusatz dahin aus, daß er dem im übrigen festgesetzten Zahlungsort das Erfordernis der Bestimmtheit nicht nimmt, und nur eine prozessuale Bedeutung hat, nämlich dahin, daß der Schuldner sich überall, wo er angetroffen wird, verklagen lassen will (ROHG. 4, 261 u. 387; KG. vom 17. 12. 1900 bei Mugdan u. Falkmann 2, 106; Grünhut Hdb. I § 57 Anm. 7 und Lehrbuch § 26; F. u. M. Stranz Anm. 46; Rehbein Anm. 36; anders wohl auch nicht OG. Wien bei Cz. Nr. 20).

γ) Enthält nun aber der Wechsel eine gültige Orts-, d. h. Ortschaftsbezeichnung, so ist damit für den Wechselverkehr die Ortschaft gemeint, **die amtlich,** Anm. 48.

Art. 4 Nr. 8. **d. h. von den politischen Behörden, so bezeichnet ist, wie dies im Wechsel geschieht.** Ganz einflußlos muß es z. B. bleiben, daß einige zu den politischen Gemeinden Anm. 48. Schöneberg und Charlottenburg gehörende Straßen wegen ihres räumlichen Zusammenhanges mit Berlin postalisch und wohl auch von der Bevölkerung von Berlin und Umgegend so bezeichnet werden, als wenn sie zu Berlin gehörten. Ein nach Inhalt des Wechsels in Berlin, Kurfürstenstraße 104, zahlbarer Wechsel ist daher in Berlin zahlbar, obwohl das obengenannte Hausgrundstück zu Charlottenburg gehört. Gewiß hat der Aussteller, indem er den Wechsel auf Berlin, Kurfürstenstraße 104, zog, das in Charlottenburg belegene Haus Kurfürstenstraße 104 gemeint. Aber fraglich ist schon, ob er die Ortschaft Charlottenburg gemeint hat. Denn die Annahme ist nicht zwingend, daß gerade er gewußt hat, diese Straße oder dieser Straßenteil gehöre zu Charlottenburg. Aber es erscheint auch unstatthaft, in eine Prüfung der Willensmeinung des Ausstellers einzutreten. Ja, auch das ist nicht entscheidend, daß nach Berliner Verkehrssitte jene Straßen mit Berlin bezeichnet werden, obwohl sie zu Charlottenburg und Schöneberg gehören. Bei der Auslegung des Wechsels entscheiden eben weder die Willensmeinung des Ausstellers, noch lokale Anschauungen. Der Wechsel muß aus sich selbst unter Zuhilfenahme dessen, was allgemeine Verkehrsanschauung ist, ausgelegt werden (vgl. unten Anm. 69). Man hat sich bei der Auslegung auf den Standpunkt eines den konkreten Verhältnissen fernstehenden Dritten zu stellen. Ein amerikanisches Bankhaus, das jenen Wechsel erwirbt, muß von der Voraussetzung ausgehen dürfen, daß der Wechsel in Berlin, der Hauptstadt des Deutschen Reichs, dem Sitze der Reichsbank, zahlbar ist. Die gegenteilige Meinung — die Entscheidung des Reichsgerichts (32, 110) spricht nicht direkt Gegenteiliges aus (vgl. über sie den folgenden Absatz) — kann nicht gebilligt werden. Sie führt auch zu unhaltbaren Folgen. Enthielte z. B. jener Wechsel die Notadresse: fällig bei S. Bleichröder in Berlin, so dürfte in Konsequenz der gegenteiligen Meinung der Protest bei dieser Notadresse unterbleiben, weil die Notadresse nicht in Charlottenburg, also nicht am Zahlungsort läge (Art. 62). Oder: soll der auf Nollendorfstraße 20 in Berlin (das betreffende Haus liegt in Schöneberg bei Berlin) gezogene und bei der Dresdner Bank in Berlin zahlbare Wechsel ein echter Domizilwechsel (Art. 24) sein, indem Berlin bald als Schöneberg, bald als Berlin gelten soll? Das wäre eine für den großen Wechselverkehr unhaltbare Annahme. (Übereinstimmend das KG. und das LG. I Berlin in KGBl. 92, 5 u. 03, 95; Bernstein 48; J. u. M. Stranz Art. 4 Anm. 47).

Die Protestnovelle hat an der Vorschrift des Art. 4 Nr. 8 nichts geändert. Nach wie vor hat der Wechsel nur einen Zahlungsort im Sinne der Zahlungsortschaft. Nur erklärt der neueingestellte Art. 91a eine in dem Geschäftslokal oder in der Wohnung eines Beteiligten vorgenommene Handlung auch dann für gültig, wenn anstatt des Ortes (Ortschaft), wo das Geschäftslokal oder die Wohnung liegt, ein (vom Bundesrat bestimmter) benachbarter Ort in dem Wechsel angegeben ist, z. B. an Stelle von Schöneberg Nollendorfstr. 20, im Wechsel Berlin Nollendorfstr. 20 genannt ist. Hier konnte nach der bisher herrschenden Meinung der Protest nicht in dem wirklichen Geschäftslokal zu Schöneberg aufgenommen werden. Das RG. war allerdings dieser Meinung entgegengetreten (32, 110; vgl. auch 60, 430). Dem RG. folgt die Novelle. Sie schreibt ferner in Satz 2 Abs. 1 des Art. 91a vor, es könnten mit beiderseitigem Einverständnis auch in anderen Fällen die bei einem Beteiligten vorzunehmenden Handlungen an einem Orte erfolgen, der dem im Wechsel angegebenen Orte benachbart ist. Aber es ist mit Art. 91a dem Bundesrat nicht die Befugnis erteilt, benachbarte Orte im Sinne der WO. **schlechthin** für einen Ort zu erklären (so auch zutreffend Begründung S. 15). Vielmehr ist nur die Gültigkeit wechselrechtlicher Handlungen für vom Bundesrat als benachbart erklärte Orte unter gewissen Voraussetzungen ausgesprochen. Daher ist z. B. distantia loci im alten Sinne beim trassiert-eigenen Wechsel nach wie vor erforderlich, und es hat dies Erfordernis auch für benachbarte Orte keine Modifikation durch das Protestgesetz erfahren (Art. 6 Anm. 2 a. E.). — Näheres siehe in den Erläuterungen zu Art. 91a Anm. 12. **Art. 4 Nr. 8.** Anm. 8.

δ) Mit den Ausführungen in Anm. 47 u. 48 steht es im Einklang, daß im Falle einer Teilung eines Ortes, d. h. einer politischen Ortschaft, in mehrere Gerichtsbezirke (z. B. Berlins seit der am 1. 6. 06 in Kraft getretenen Gerichtsorganisation) für die Wechselklagen als Gerichtsstand des Erfüllungsorts jedes Gericht als zuständig in Betracht kommt, zu welchem dieser Ort oder ein Teil dieses Orts gehört. Bei dem „Zahlungsort" in Art. 4 Ziff. 8 ist an die Ortschaft, die ganze Ortschaft zu denken. Ebenso ist nach § 29 der ZPO. das Gericht des „Orts", d. h. derjenigen politischen Gemeinde, „wo die streitige Verpflichtung zu erfüllen ist", das zuständige, das heißt also, wenn die Gemeinde mehrere Gerichte hat, kommt jedes seiner Gerichte als Gericht des Erfüllungsorts in Betracht. Diese Ansicht ist eingehend und zutreffend begründet von S. H. Gutfeld („Die örtliche Zuständigkeit der Berliner Gerichte nach der neuen Berliner Gerichtsorganisation", Berlin 1906, S. 15ff., 35ff.; vgl. aber KGBl. 08, 15) und wird u. a. geteilt von Heinitz (DJZ. 99, 193), Munk (ebenda 211) und den Abgeordneten Krause u. Träger (stenogr. Berichte des preuß. Abgeordnetenhauses 1899 Bd. III S. 1956 u. Bd. IV S. 2941). Im Gegensatz hierzu sind Lazarus (DJZ. 99, 212), Stölzel (BuschZ. 32, 52ff.), Jastrow (BuschZ. 34, 433ff.) und Arthur Nußbaum („Die neue Berliner Gerichtsorganisation", Berlin 1906, S. 15ff.), wenn sie auch untereinander in Einzelfragen abweichen, der Ansicht, daß sich beim Erfüllungsort die Zuständigkeit nach dem genau zu ermittelnden Punkte innerhalb der Ortschaft richtet, an welchem zu erfüllen ist. Der gleichen Ansicht sind das Kammergericht (KGBl. 07, 71; dagegen Hagelberg a. a. O. S. 73) und das Reichsgericht (Urt. v. 9. 12. 07 in KGBl. 08, 13ff.). Das Reichsgericht kommt unter eingehender Begründung zum Schluß, es sei der allgemeine Gerichtsstand des Beklagten sowohl wie der Gerichtsstand des Erfüllungsorts für die von ihm geschuldete Leistung bei demjenigen der drei Landgerichtsbezirke in Berlin begründet, in dessen Bezirk er seinen Wohnsitz, seine ständige Niederlassung hat und (§ 269 BGB.) zur Zeit der Entstehung des Schuldverhältnisses hatte. Die Entscheidungen des KG. und RG. werden zweifellos die Praxis beherrschen. Anm. 48a.

b) **In einem bestimmten Falle ist die Angabe des Zahlungsorts nicht erforderlich,** nämlich wenn schon beim Namen des Bezogenen ein Ort angegeben ist; dieser gilt dann als Zahlungsort und zugleich als Wohnungsort des Bezogenen. An und für sich ist es nicht erforderlich, daß beim Namen des Adressaten ein Ort angegeben ist (vgl. oben Anm. 45). Enthält aber die Adresse diese Angabe, so gilt sie,[1]) wenn ein anderer Zahlungsort nicht angegeben ist, als Zahlungsort und zugleich auch für den wechselmäßigen Wohnort des Bezogenen, auch wenn er in Wahrheit dort nicht ist (ROHG. 11, 187) oder nicht mehr ist (ROHG. 14, 118). Für die Angabe dieses Orts gilt im übrigen das gleiche, wie für die Angaben des Zahlungsorts (vgl. daher oben Anm. 46, 47, 48). Hinzuzufügen ist, daß die Wörtchen „in" oder „zu" für die Bezeichnung des Wohnorts nicht erforderlich sind (ROHG. 9, 421). Anm. 49.

c) **Nennt die Tratte weder einen Zahlungsort, noch einen Wohnort des Trassaten,** so ist sie nichtig, und es gilt dann nicht etwa der Ausstellungsort als Zahlungsort. Anm. 50.

d) **Mehrere Zahlungsorte anzugeben, ist unzulässig.** Das macht den Wechsel ungültig (ROHG. 7, 191; 21, 180; RG. 25, 56; Bernstein 47; Lehmann in JheringsJ. 34, 403ff.; nicht berührt durch die Protestnovelle; vgl. oben Anm. 48 Abs. 2). Ungültig ist z. B. ein Wechsel, der die Adresse enthält: An Herrn Max Krause in Berlin, Leipziger- Anm. 51.

---

[1]) Aber nur für die zur Realisierung des Wechsels vorzunehmenden Handlungen, nicht notwendig auch für die Wechselfähigkeit (ROHG. 23, 388).

Art. 4 Nr. 8. straße 105, verzogen nach Friedrichsberg. Oder: Herrn Friedrich Müller in Memel zurzeit in Breslau (OLG. Frankfurt 1902 im Recht 561); oder: Herrn Adolf Meyer
Anm. 51. in Berlin, Augsburgerstraße 7, jetzt Wilmersdorf, Berlinerstraße 60 (RG. v. 2. 5. 1903 bei Holdheim 12, 217). Auch die Angabe eines alternativen Zahlungsorts macht den Wechsel ungültig (Grünhut Hdb. I § 57).

Anm. 52. II. **Ein weiteres, selbstverständliches Erfordernis der Tratte ist, daß der Wechsel in zweifelsfreier Weise den Zahlungsauftrag enthält.** Ist der Sinn zweifelhaft, so ist der Wechsel ungültig (ROHG. 19, 16; 24, 274; vgl. auch unten Anm. 69 bei der Auslegung des Wechsels). Widersprüche machen daher, soweit sie nicht in der Wechselordnung selbst ihre Erledigung finden, den Wechsel ungültig (ROHG. 19, 16). Auch der Zweifel, ob ein gezogener oder eigener Wechsel gemeint ist, macht den Wechsel ungültig „gegen diesen Wechsel zahle ich, zahlen Sie" (ROHG. 19, 16; auch nicht gültig ist ein Wechsel, der statt der Worte „zahlen Sie" die Worte enthält: „zahle ich"; anders OG. Wien bei Cz. Nr. 224, 280; 299). Auch das äußerliche Erfordernis der **Leserlichkeit** gehört dazu: die Wechselerklärung muß leserlich, wenn auch nicht gerade leicht leserlich sein (vgl. noch Anm. 15 zu Art. 76).

Anm. 53. III. Der Zahlungsauftrag, ebenso wie die Bezeichnung als Wechsel müssen **im Kontext, im Zusammenhange des Wechselsatzes** ausgesprochen sein. Dies die mit Recht herrschende Meinung (Lehmann 332, 385; Dernburg § 255 Anm. 16; Rehbein Anm. 1; Canstein 159; Bernstein 30; J. u. M. Stranz Anm. 50; vgl. auch Grünhut Hdb. I § 58). Dagegen Staub (4. Aufl.), weil er die Notwendigkeit eines Kontextes überhaupt leugnete. Aber zu Unrecht. Aus dem Begriffe des Wechsels, dessen Inhalt die Erfordernisse einer verpflichtenden Willenserklärung haben muß, folgt das Erfordernis eines Kontextes. Daß ein Kontext notwendig ist, geht auch aus einzelnen Bestimmungen der WO. hervor (vgl. Art. 66: „dieselben müssen im Kontexte als Prima usw. bezeichnet sein"; der Ausdruck: „in den Wechsel selbst aufzunehmende Bezeichnung" in Art. 4 Nr. 1 und Art. 96 Nr. 1). Orthographische Ungenauigkeiten und stilistische Unrichtigkeiten sind belanglos, wenn sie die Deutlichkeit nicht beeinträchtigen (z. B. Zahle Sie statt Zahlen Sie, Wekfel statt Wechsel — ROHG. 8, 88; 17, 230; 24, 275 —); vgl. unten Anm. 69. Über Korrekturen und Rasuren siehe zu Art. 76.

Anm. 54. IV. **Es gehört nicht zu den Erfordernissen des Wechsels:**

1. daß überhaupt ein Schuldverhältnis zugrunde liegt,
2. daß ein bestimmter Stoff verwendet wird und mit bestimmtem Stoffe, etwa mit Tinte, geschrieben wird. In der Regel werden Teile des Wechselinhalts durch mechanische Vervielfältigung: Stich, Druck usw. hergestellt. Die verpflichtenden Unterschriften müssen allerdings geschrieben sein. Ein mit Bleistift beschriebener Papierschnitzel kann auch ein gültiges Wechselversprechen darstellen. Bleistiftzusätze auf einem vollständigen, mit dauerhaften Schriftzeichen hergestellten Wechsel (z. B. der Bleistiftzusatz: „Lankwitz" hinter der mit Tinte geschriebenen Adresse: „Herrn L. A. in Gr.-Lichterfelde") bezwecken einer Vermutung nach keine Abänderung des Wechselinhalts, sind vielmehr im Zweifel unverbindliche Notizen (RG. in JW. 05, 404[33]).
3. daß eine bestimmte Sprache gebraucht wird (Nr. 1) oder daß der Unterschreibende die Sprache versteht, in welcher der Wechsel abgefaßt ist. Dem ursprünglichen Nehmer kann hieraus möglicherweise ein Einwand entgegengesetzt werden (Art. 82). Ob es eine lebende Sprache ist, ist (anders als in § 43 HGB.) gleichgültig, wenn es sich nur um Lettern eines abgeschlossenen Schriftsystems handelt, welchem Erfordernisse auch die hebräischen Schriftzeichen entsprechen (OTr. bei Borchardt Zusatz 913; dagegen für Österreich OG. Wien bei Cz. Nr. 140 u. 197 auf Grund der Dekrete vom 20. Dezember 1842 und 19. Februar 1846, die durch das Staatsgrundgesetz vom 21. Dezember 1867 mit Recht nicht als aufgehoben betrachtet werden; ebenso für Österreich Canstein 186; Bernstein 29 Note 3). Auch in stenographischen Schriftzeichen ist ein Wechsel gültig (Bernstein 29; dagegen Staub 4. Aufl.).

Die verschiedenen Wechselerklärungen können in verschiedenen Sprachen abgefaßt sein (Kreis 54). **Art. 4.** Anm. 54.

4. daß die einzelnen Wechselerklärungen in der Reihenfolge zustande kommen, die ihnen der vollendete Wechsel und die Logik anweist. Das Akzept ist gültig, auch wenn der Wechsel zur Zeit der Akzeptierung noch keinen Ausstellungsvermerk hatte (ROHG. 9, 263), das Giro gültig, auch wenn die Vorderseite noch nicht beschrieben war (ROHG. 14, 382). Es besteht nur das Erfordernis der räumlichen oder formellen, nicht der zeitlichen Reihenfolge. Tatsächlich kommen die Wechselerklärungen überaus häufig in anderer Reihenfolge zustande, als der Wechsel dies darstellt. Dieser Erscheinung gegenüber kann von einer Vermutung nicht gesprochen werden, daß die Wechselerklärungen in bestimmter Zeitfolge entstehen (Dernburg § 255 a. E.; anders Grünhut Hdb. I 314).

5. daß der Wechsel akzeptiert ist. Es mag sonderbar gefunden werden, daß dies überhaupt hervorgehoben wird, da Art. 4 die Selbstverständlichkeit dieser Bemerkung ergibt. Die Hervorhebung rechtfertigt sich aber dadurch, daß der akzeptierte Wechsel im geschäftlichen Verkehr derart die Regel bildet, daß sich hin und wieder in dem Kopfe eines Juristen der Irrtum festsetzt, als gehörte das Akzept zu den wesentlichen Erfordernissen eines Wechsels. Man begegnet nicht selten diesem Irrtume.

V. **Zulässige Zusätze.** Der vorliegende Artikel zählt die Erfordernisse eines Wechsels nicht etwa in dem Sinne auf, als ob der Wechsel nur diese Erfordernisse enthalten dürfte. Es sind weitere Zusätze wohl gestattet, teils ausdrücklich vom Gesetze, teils ohne ausdrückliche Gestattung, weil sie gegen das Wesen des Wechsels nicht verstoßen (ROHG. 6, 365). Verstoßen sie gegen das Wesen des Wechsels, so sind sie allerdings unstatthaft (vgl. unten Anm. 67). Anm. 55.

Die zulässigen Klauseln sind:

1. solche, welche die Wechselverpflichtung berühren: a) die Rekta-Klausel (Art. 9), b) die Notadresse (Art. 56, 62), c) der Domizil-Vermerk (Art. 24), d) die Hinzufügung einer Zahlstelle (unechter Domizilvermerk), e) die Protesterlaß-Klausel (Art. 42), f) die Präsentationsklausel (nur bei der Tratte möglich, d. h. eine Bemerkung, durch welche die Präsentation des Wechsels zum Akzept vorgeschrieben wird, Lehmann 400), g) für die Duplikate (nur zulässig bei Tratten) ist, um ihnen die Eigenschaft als solche zu verleihen, die Bezeichnung als Prima-, Sekunda-, Tertia-Wechsel nötig (Art. 66), h) der Zusatz: „aller Orten" (Lehmann 401; oben Anm. 47), wie überhaupt — das ergibt sich hieraus — jede andere Bestimmung, durch welche die gerichtliche Zuständigkeit vereinbart wird (RG. v. 17. 12. 00 bei Mugdan-Falkmann 2, 106); eine solche Bestimmung ist deswegen gültig, weil sie gegen das Wesen des Wechsels nicht verstößt, auch keine weitergehende Verpflichtung enthält, sondern nur die naturalia abändert. Allerdings ist dies für den Wechselinhaber, der die Vereinbarung selbst nicht getroffen hat, nur nach Maßgabe ihres erkennbaren Inhalts bindend (RG. v. 13. 12. 02 bei Holdheim 12, 125). Der Zusatz über den Ausschluß der Verjährung ist vom ROHG. (6, 365) für gültig erachtet worden, er ist nach heutigem Rechte ungültig (§ 225 BGB.).

2. solche, die den Inhalt der Wechselverpflichtung nicht berühren: Anm. 56.

a) die Avisklausel, d. h. eine Bemerkung darüber, ob der Trassat nur in dem Falle zahlen soll, daß er seitens des Trassanten noch außer dem Wechsel nähere Mitteilungen — den sogenannten Avisbrief — erhält. Diese Klausel ist für die Verpflichtung des Ausstellers gegenüber dem Remittenten und den übrigen Wechselgläubigern ohne jede Bedeutung. Die herkömmliche Formel lautet: laut Bericht, ohne Bericht. Sie ist, wie Bernstein (51) richtig bemerkt, im heutigen Verkehr zur inhaltslosen Form erstarrt.

b) die Valutaklausel, d. h. eine Bemerkung über die Art, wie der Aussteller einen Gegenwert seitens des Wechselnehmers empfangen oder zu empfangen hat. Formeln sind: Wert erhalten, Wert bar erhalten, Wert in Wechseln, Wert in Rechnung, Wert in Erwartung, Wert verstanden, Wert in mir selbst. Sie ist wechselrechtlich völlig be- Anm. 57.

rt. 4. deutungslos, sie könnte vielleicht als Beweismittel im Prozesse in Betracht kommen,
nm. 57. dürfte aber auch dazu ungeeignet erscheinen, weil die Erfahrung lehrt, daß sie — infolge der früheren Normen über die Valutaangaben — vielfach der Wahrheit nicht entsprechend geschrieben wurde und noch geschrieben wird (Lehmann 443). Dahin gehört auch die Bezeichnung Depotwechsel, Kautionswechsel, die vollkommen zulässig ist (P. Nr. 311; vgl. Anm. 7 zu Art. 9).

nm. 58. c) die nur bei Tratten vorkommende Deckungsklausel, eine Bemerkung darüber, in welcher Weise der Trassat für die Bezahlung des Wechsels Ersatz, Deckung erhalten soll. Gewöhnlich soll dies durch den Trassanten geschehen. Die Formel lautet alsdann: und stellen es auf meine Rechnung, oder ähnlich. Es kommt aber auch vor, daß ein anderer als der Aussteller die Deckung gewähren soll. Eine für Rechnung eines Dritten gezogene Tratte heißt Kommissionstratte; Formel: und stellen es auf Rechnung des Herrn N. N., oder ähnlich.

nm. 59. d) die Verpfändungsklausel, durch die dem Wechselgläubiger ein Pfandrecht bestellt wird. Sie ist wechselrechtlich ohne Bedeutung, hat lediglich Bedeutung nach Zivilrecht, macht aber den Wechsel nicht ungültig (OTr. und Urteile anderer Gerichte bei Borchardt Zus. 932; Lehmann 402). Aber es gilt auch die Klausel nicht als nicht geschrieben (anders Grünhut Hdb. I § 71; StrA. 25, 310). Ob die Klausel zur Verpfändung ausreicht, richtet sich nach bürgerlichem Recht.

nm. 60. e) die Bezeichnung eines Wechsels als Solawechsel, um anzudeuten, daß nicht mehrere Exemplare des Wechsels ausgefertigt sind, ist ohne alle rechtliche Bedeutung.

nm. 61. f) die Darlegung des zugrunde liegenden Verpflichtungsverhältnisses schadet nicht (Lehmann 404), wofern nur die Abstraktheit der Zahlungsverpflichtung dadurch nicht in Frage gestellt, d. h. die Zahlungsverpflichtung von der zugrunde liegenden causa nicht abhängig gemacht ist (vgl. hierüber unten Anm. 68).

nm. 62. g) Bemerkungen darüber, wer Stempel und Kosten trägt (ROHG. 6, 365).

nm. 62a. h) Notizen, die mit der Wechselerklärung in gar keinem Zusammenhange stehen, z. B. Grüße und Nachrichten beliebigen Inhalts, sind ebenfalls zulässig, aber heutzutage nicht üblich. In früheren Zeiten waren sie üblich (Lehmann §§ 7 u. 13).

nm. 63. VI. **Unzulässige Zusätze.** Man ist bei der Beratung des Gesetzes zwar von der Ansicht ausgegangen, daß alle Klauseln, die nicht ausdrücklich gestattet sind, unzulässig seien (LP. 62 u. 244). Allein diese Ansicht hat im Gesetze einen Ausdruck nicht gefunden, und es können daher nur die Klauseln für unstatthaft erachtet werden, die verboten sind oder gegen die Natur des Wechsels als einer auf Zahlung einer fest bestimmten Geldsumme gerichteten abstrakten formellen Obligation verstoßen (Lehmann 387; zustimmend OLG. Kassel ROLG. 13, 81; vgl. oben Anm. 55). Infolgedessen sind die in den Anm. 55—62 aufgeführten Klauseln gültig, die im folgenden aufgezählten aber ungültig. Die unzulässigen Klauseln zerfallen in folgende drei Klassen:

nm. 64. 1. Unzulässige Klauseln, die als nicht geschrieben gelten:

a) Versprechen, die neben dem Versprechen der Wechselsumme im Wechselkontext enthalten sind. Daß ein solches Versprechen nichtig ist, die Wechselkraft aber unberührt läßt, ist ausdrücklich vorgeschrieben hinsichtlich des Zinsversprechens (Art. 7), ist aber analog anzunehmen bei jedem sonstigen Nebenversprechen z. B. Konventionalstrafgedinge (Lehmann 388; ROHG. 6, 364; Beyer in ZHR. 34, 25, Grünhut Hdb. I § 71, während Bernstein [50] der Konventionalstrafklausel zivilrechtliche Bedeutung retten will). Für Österreich siehe Anm. 18 zu Art. 7.

nm. 65. b) Wechselklauseln, welche die Präsentation des Wechsels zur Annahme bei anderen als Nachsichtwechseln oder domizilierten Wechseln vorschreiben. Denn bei anderen Wechseln findet eine solche Verpflichtung schlechthin nicht statt (Art. 19, 24 Abs. 2).

nm. 66. c) Wechselklauseln, die bestimmen, daß der Wechsel nicht sofort zur Annahme präsentiert und in Ermangelung derselben protestiert werden dürfe (Art. 18).

2. Unzuläſſige Klauſeln, welche die **einzelne** Wechſelerklärung nichtig machen: **Art. 4.**

Ein ſolcher Zuſatz, durch den nach der Anſicht des RG. (37, 145) nur die Verpflichtung des Ausſtellers ausgeſchloſſen wird, iſt: „ohne Obligo, ohne Gewähr." Der Anſicht des RG. hat Staub in der 4. Auflage (gegen die früheren Auflagen) zugeſtimmt. Wir folgen der Meinung Grünhuts (Hdb. I § 71), wonach der Wechſel dadurch ungültig gemacht wird (J. u. M. Stranz Art. 8 Anm. 7). Anm. 67.

3. Unzuläſſige Zuſätze, die dem Weſen des Wechſels widerſprechen und deshalb den **ganzen Wechſel** ungültig machen: Anm. 68.

Als ſolche ſind anzuſehen: Zuſätze, die das Wechſelverſprechen in Zuſammenhang bringen mit dem zugrunde liegenden Rechtsverhältniſſe: z. B. Zahlen Sie an Herrn X. ein Darlehn von 1000 M.; oder 1000 M. zu einer Reiſe nach Konſtantinopel; oder 300 M. als Mietzins; oder 500 M. als Einzahlung auf die Aktie Nr. 508 der Magdeburger Lebensverſicherungsgeſellſchaft (vgl. OH. Wien bei Cz. Nr. 536); oder laut Vertrag (ROHG. 21, 169). Zu dieſen Zuſätzen gehört auch die Hinzufügung einer Bedingung. Denn es gehört zum Weſen des Wechſels, daß das Wechſelverſprechen ſelbſt die Bedingungen der Zahlungspflicht erſchöpfend enthält, die gegenteilige Annahme würde dem Wechſel ſeine Zirkulationsfähigkeit rauben (vgl. RG. 9, 115; Grünhut Hdb. I, 473; Bernſtein 50; anders Lehmann 391). Dagegen macht der Zuſatz „als Kaution für die Erfüllung unſerer Verpflichtungen aus dem Vertrage vom 9. Dezember 1895" den Wechſel nach der Anſicht des Reichsgerichts (Bolze 19 Nr. 383) nicht ungültig; eine allerdings ſehr bedenkliche Anſicht. Dagegen iſt es unbedenklich, die allgemeinen Bezeichnungen Depotwechſel, Kautionswechſel, Garantiewechſel für unſchädlich zu erklären (vgl. ROHG. 13, 412).

Der Vermerk „Nur zur Verrechnung", der in Gemäßheit des § 14 Abſ. 1 Scheckgeſetzes beim Scheck das Verbot der Barzahlung und die Verpflichtung des Bezogenen, den Scheck nur durch Verrechnung einzulöſen, herbeiführt, iſt beim Wechſel ausgeſchloſſen. Anm. 68a.

Zuſatz 1. Auslegung des Wechſels. Einzelne Auslegungsregeln gibt das Geſetz ſelbſt (Art. 5, 11, 12, 21, 32). Soweit dies nicht der Fall iſt, muß davon ausgegangen werden, daß der Wechſel ein formaler Wertträger und ein univerſelles Zahlungsmittel iſt, deſſen Lauf an eine Ortsgrenze nicht gebunden iſt. Er darf daher nur aus ſich ſelbſt und aus allgemeinen Anſchauungen des Verkehrs ausgelegt werden, nicht nach partikularen Verkehrsanſchauungen oder nach partikularem Sprachgebrauch (RG. v. 10. 4. 80 in ZHR. 29, 204) und nicht aus den beſonderen Umſtänden des Falles (vgl. RG. v. 11. 7. 95 in KGBl. 98, 30). Vgl. z. B. die Entſcheidung des RG. 15, 113, wo diejenige Auslegung für maßgebend erklärt iſt, die ſich vom Standpunkte „eines den konkreten Verhältniſſen ganz fernſtehenden Dritten bloß auf Grund der Wechſelurkunde ſelbſt" ergibt. Es iſt alſo nicht der wahre Wille der Parteien zu erforſchen, alſo gerade umgekehrt wie nach § 133 BGB. zu verfahren. Bleibt die Erklärung unter Zuhilfenahme jener Auslegungsmittel zweifelhaft, ſo iſt der Wechſel ungültig (ROHG. 21, 169; Dernburg § 255; Bernſtein 52). Die §§ 157 und 242 BGB. (Treu und Glauben mit Rückſicht auf die Verkehrsſitte) greifen auch hier Platz, aber nur ſoweit ſich die Verkehrsſitte auf die Auslegung der objektiv vorliegenden Wechſelerklärung bezieht, nicht auch, ſoweit ſich die Verkehrsſitte auf die internen Rechtsbeziehungen zwiſchen den Parteien bezieht. In letzterer Hinſicht können ſie aber wichtig werden bei den exceptiones in personam aus Art. 82. Anm. 69.

Kann der Wechſel aus ſich ſelbſt heraus gedeutet werden, ſo iſt er gültig, auch wenn er Ungenauigkeiten enthält, z. B. „zahle ich" bei einer ſonſt unverkennbaren Tratte (ROHG. 8, 88; 17, 231; OG. Wien bei Cz. Nr. 484). Randbemerkungen und Überſchriftsvermerke haben dabei nicht die Kraft, unzweideutige Beſtimmungen der Wechſelerklärungen außer Wirkung zu ſetzen (Bernſtein 52), können aber auch nicht zur Auslegung der an ſich undeutlichen Erklärungen verwendet werden.

Aus dieſen Geſichtspunkten iſt gültig, weil allgemein gebräuchlich und deshalb allgemein deutlich, die Bezeichnung M. ſtatt Mark; ungültig, weil nicht allgemein üblich,

Art. 4. die Bezeichnung „o. Vertr." (ohne Vertretung) oder „S. O." (sine obligatione) als Aus-
Anm. 69. schluß der Haftung des Indossanten. Aber auch „o. K." als Zeichen des Protesterlasses wäre dann ungültig, wenn die Bezeichnung bloß im kaufmännischen Verkehr üblich wäre, denn der Wechsel ist nicht mehr ein Privilegium des Handelsstandes (vgl. ROHG. 17, 264); sie ist aber gültig, weil sie nicht bloß im kaufmännischen Verkehr, sondern im ganzen Wechselverkehr üblich ist.

Anm. 70. **Zusatz 2.** Ist eine Urkunde, die nicht alle wesentlichen Erfordernisse des Wechsels enthält, die aber Wechsel sein sollte, als kaufmännischer Verpflichtungsschein aufrecht zu erhalten? Das RG. (I. Sen. 48, 230) bejaht dies (ebenso das frühere preuß. OTr. bei Borchardt Zusatz 939; vgl. auch Rehbein Art. 96 Anm. 2). Wir verneinen diese Frage (vgl. auch J. u. M. Stranz Art. 83 Anm. 17). Derselbe erste Zivilsenat hatte früher (8, 41) zutreffend dargelegt: „Die (oben zitierte) Entscheidung des OTr. unterliegt in bezug auf die Annahme, daß eine bei der Errichtung als Wechsel gewollte Urkunde bei dem Mangel von Wechsel-Essentialien als sonstige abstrakte Skriptur-Obligation verwertbar sei, selbständigen erheblichen Bedenken." Das ROHG. war der hier vertretenen Ansicht (ROHG. 21, 180 und die Gründe der Entsch. 9, 354). Ausnahmsweise ist wohl die Absicht möglich, einer Urkunde die Wirkungen zweier verschiedener Rechtsgeschäfte beilegen zu **wollen**, also einen Wechsel zugleich als einfachen Verpflichtungsschein zu wollen (§ 140 BGB.). In solchen Fällen ist eine als Wechsel ungültige Urkunde als Schuldurkunde anderer Art aufrecht zu erhalten; zu einer solchen Annahme reichte der Tatbestand in RG. 48, 230 nicht aus. Vgl. über ähnliche Fragen Art. 83 Anm. 34, Art. 1 Anm. 29.

Es kann aber ein derartiger Wechsel als Beweismittel und unter besonderen Umständen als Ersatz der Schriftform des ursprünglichen Vertrages angesehen werden (ROHG. 9, 353).

Anm. 71. **Zusatz 3. Scheckgesetz.** Im Gegensatz zu den wesentlichen Erfordernissen eines Wechsels gehört zu denen des Schecks nach § 1 des Scheckgesetzes nicht der Name des Zahlungsempfängers. Inhaberwechsel sind ungültig, Inhaberschecks dagegen gültig. (§ 4 Scheckgesetzes.)

Ferner ist für den Scheck die Angabe der Zahlungszeit nicht nötig, denn jeder Scheck ist bei Sicht zahlbar, die Angabe einer anderen Zahlungszeit macht den Scheck nach § 7 Scheckgesetzes nichtig (vgl. Apt, Scheckgesetz Anm. 1—4 zu § 1 u. Anm. 1 zu § 4 Scheckgesetzes).

Als Zahlungsort gilt beim Scheck der bei dem Namen oder der Firma des Bezogenen angegebene Ort. Die Angabe eines andern Zahlungsorts gilt als nicht geschrieben. Danach ist der domizilierte Scheck nicht nichtig. Vielmehr verbleibt dem Inhaber der Regreß. Ist bei dem Namen oder der Firma des Bezogenen ein Ort nicht angegeben, so gilt der Ausstellungsort als Zahlungsort (vgl. Georg Cohn in ZHR. 61, 38).

Anm. 72. **Zusatz 4. Fremde Rechte.** Nach französischem Rechte muß der Wechsel enthalten: das Datum, die zu zahlende Summe, den Namen desjenigen, der zahlen soll, die Zeit und den Ort, wann und wo die Zahlung erfolgen soll, die geleistete Valuta; außerdem muß er von einem Orte auf den andern gezogen und auf die Order eines Dritten oder des Ausstellers gestellt sein; dagegen ist die Bezeichnung Wechsel nicht notwendig (Späing 17). — In Belgien besteht das Erfordernis der Ortsverschiedenheit und des Valutenbekenntnisses nicht. Erforderlich sind: das Datum, die zu zahlende Summe, der Name desjenigen, der zahlen soll, die Zeit und der Ort der Zahlung, der Name des Remittenten, nicht auch die Wechselklausel (Späing 22). — In England ist der Wechsel eine unbedingte, schriftliche, unterschriebene Aufforderung des Trassanten an den Trassaten, auf Sicht oder zu einer bestimmten Zeit eine Geldsumme an eine bestimmte Person oder deren Order oder an den Inhaber (au porteur) zu zahlen. Nicht ist Erfordernis die Zahlungszeit, da Wechsel, die keine Zahlungszeit enthalten, als Sichtwechsel gelten. Datum, Wechselklausel, Valutaklausel, Orderklausel, Ortsverschiedenheit und die Angabe des Wohnorts des Bezogenen sind nicht notwendig. Gültig ist z. B. ein Wechsel: Zahlen Sie dem Überbringer 100 Pfund Sterling! Byron

(Canstein II 155). — Das Bekenntnis der Empfangsvaluta ist in Frankreich, Rußland, Polen, Holland, Spanien Erfordernis. — Genaueres über die Gestaltung in den verschiedenen Rechten Meyer 25 ff. **Art. 4.** Anm. 72.

Das im Art. 4 Nr. 1 für fremdsprachige Wechsel vorgesehene Erfordernis bezieht sich nur auf im Inland ausgestellte Wechsel (Bolze 8 Nr. 17; vgl. auch Art. 85).

Artikel 5.

Ist die zu zahlende Geldsumme (Artikel 4 Nr. 2) in Buchstaben und in Ziffern ausgedrückt, so gilt bei Abweichungen die in Buchstaben ausgedrückte Summe. **Art. 5.**

Ist die Summe mehrmals mit Buchstaben oder mehrmals mit Ziffern geschrieben, so gilt bei Abweichungen die geringere Summe.

Der vorliegende Artikel gibt Auslegungsvorschriften zugunsten des Rechtsbestands des Wechsels. Fehlten sie, so müßten die hier erwähnten Abweichungen zur Ungültigkeit des Wechsels führen, weil sie die Wechselerklärungen zweifelhaft machen würden (vgl. Anm. 69 zu Art. 4). Der Art. 5 gilt auch für eigene Wechsel (Art. 98 Nr. 1). Einleitung.

Dem Art. 5 ist der § 6 des Scheckgesetzes, der genau die gleiche Bestimmung enthält, nachgebildet.

1. **Die Bedeutung der Auslegungsregeln** ist eine zwingende. Die hiernach sich ergebende Summe ist die Wechselsumme. Diese und nur diese kann wechselrechtlich gefordert werden. Der Einwand, daß die Zahlung einer andern Geldsumme vereinbart wurde, ist nur von dem Gesichtspunkte eines aus dem unterliegenden Rechtsgeschäfte zulässigen Einwands zulässig. Anm. 1.

2. **Der Inhalt** der Auslegungsregeln.

a) (Abs. 1.) Ist die Geldsumme in Buchstaben und in Zahlen ausgedrückt, so gilt die erstere. Gleichgültig ist, ob die Geldsumme mehrfach in Zahlen oder mehrfach in Buchstaben ausgedrückt ist, und wo sich die eine oder die andere Bezeichnung findet. Die Regel gilt also auch dann, wenn die Buchstabenbezeichnung einmal und in der Überschrift, die Zahlenbezeichnung dagegen mehrere Male und im Kontexte steht (Bernstein 53). Anm. 2.

b) (Abs. 2.) Ist die Summe mehrmals in Buchstaben und mehrmals in Zahlen ausgedrückt, so hat die geringere Summe den Vorzug. Nach richtiger Ansicht gilt die Vorschrift auch dann, wenn mehrere abweichende Ziffernangaben oder mehrere Buchstabenangaben und eine Ziffernangabe sich auf dem Wechsel befindet. Anm. 3.

c) Die beiden Regeln sind also kurz dahin zusammenzufassen: Bei Abweichungen in der Geldsummenangabe hat die Buchstabenbezeichnung den Vorzug, unter mehreren Buchstaben- oder mehreren Ziffernbezeichnungen hat die geringere den Vorzug. Anm. 4.

3. **Die Vorschrift bezieht sich:**

a) lediglich auf die sog. Wechselsumme, wie die Bezugnahme auf Art. 4 Nr. 2 beweist. Bei Abweichungen in sonstigen Wechselerklärungen, z. B. bei der Einschränkung der Indossantenhaftung, kommen nicht, wie Bernstein (53) sagt, die Auslegungsregeln des Zivilrechts zur Anwendung, sondern die allgemeine wechselrechtliche Regel, daß die Wechselerklärungen aus sich selbst heraus auszulegen, und wenn dies nicht angängig ist, wegen ihrer Zweifelhaftigkeit ungültig sind (Anm. 69 zu Art. 4); Anm. 5.

b) lediglich auf die Verschiedenheit in der Höhe derselben Münzart. Enthält der Wechsel abweichende Angaben in bezug auf die Münzart oder in bezug auf Zahl und Münzart, so bezieht sich hierauf der vorliegende Artikel jedenfalls nicht, insbesondere besteht nicht etwa ein Vorzug der ausgeschriebenen vor der in abgekürzter Form bezeichneten Münzart (ROHG. 20, 160). Vielmehr macht eine solche Verschiedenheit in der Angabe den Wechsel ungültig (Rehbein Anm. 1; Volkmar-Löwy 43), und es ist unzulässig, den Zweifel dadurch zu lösen, daß man die geringere Summe gelten läßt. Lehmann (344) nimmt dies allerdings an. Anm. 6.

Art. 5. **Zusatz. Fremde Rechte.** In Frankreich, Belgien und England gilt derselbe Rechtssatz, wie in Abs. 1, nicht aber auch derjenige des Abs. 2, so daß in diesem Falle wegen mangelnder Bestimmtheit der Geldsumme die Ungültigkeit des Wechsels anzunehmen ist (Späing 29 f.). Rußland (Art. 4 und 87) verlangt immer die Angabe in Buchstaben und gibt eventuell den Ausschlag für die geringere Summe (Meyer 34).
Anm. 7.

Artikel 6.

Art. 6. **Der Aussteller kann sich selbst als Remittenten (Artikel 4 Nr. 3) bezeichnen (Wechsel an eigene Order).**

Desgleichen kann der Aussteller sich selbst als Bezogenen (Artikel 4 Nr. 7) bezeichnen, sofern die Zahlung an einem anderen Orte als dem der Ausstellung geschehen soll (trassiert-eigene Wechsel).

Der vorliegende Artikel gibt zwei weitere Vorschriften zur Ergänzung des Art. 4.

Anm. 1. 1. (Abs. 1.) **Im Anschluß an Art. 4 Nr. 3 wird bestimmt, daß der Aussteller auch sich selbst als Remittenten bezeichnen kann.** Ein solcher Wechsel wird vom Gesetze selbst Wechsel an eigene Order genannt. Er stellt die am häufigsten vorkommende Wechselform dar. Er ist mehr in Übung, als der einfache gezogene Wechsel, und mehr als der eigene Wechsel. Diese Wechselform liegt nur dann vor, wenn aus dem Wechsel selbst hervorgeht, daß der Trassant sich selbst als Remittenten bezeichnet. Formeln: An mich selbst, an die Order von mir selbst, an meine Order, an Order eigen (vgl. hierüber Anm. 10 zu Art. 4), an die Order meines Giro. Er ist im Augenblicke der Ausstellung ein fertiger, mit allen wesentlichen Bestandteilen ausgestatteter Wechsel; es ist dazu nicht erforderlich, daß der Trassant den Wechsel giriert; denn das Gesetz gibt ja dem Trassanten das Recht, an eigene Order zu ziehen (Grünhut § 41). Indessen da Schuldner und Gläubiger hier zunächst identisch sind — denn aus einer Tratte wird zunächst nur der Trassant verpflichtet und der Remittent berechtigt —, erzeugt eine solche Tratte an sich Rechtswirkungen noch nicht, sondern erst wenn sie indossiert wird — dies darf auch in blanco geschehen (Gruch. 34, 1217) — oder akzeptiert wird (RG. 18, 113; vgl. RG. 19, 96; Cosack, Handelsrecht § 56 I, 1a). Geschieht dies aber, so unterliegt der Wechsel an eigene Order den gewöhnlichen Regeln vom gezogenen Wechsel. Der Akzeptant haftet dem Aussteller und jedem Indossatar, der Aussteller haftet jedem Indossatar. Welche Folgen es hat, wenn der Aussteller zum Ausstellungsvermerk den Zusatz macht „ohne Obligo", darüber siehe Anm. 67 zu Art. 4. Macht er diesen Zusatz im Indossament, nicht aber zum Ausstellungsvermerk, so haftet er zwar nicht als Indossant, wohl aber als Aussteller (ROHG. 1, 97; RG. 18, 112). Auch in bezug auf den Bereicherungsanspruch ist der Aussteller des Wechsels an eigene Order wahrer Trassant (RG. 18, 113) und endlich kann ein Wechsel an eigene Order, auch wenn er noch nicht akzeptiert ist, in blanco indossiert werden (RG. v. 13. 12. 87 bei Gruch. 34, 1217; RGSt. 8, 69). Ist das Indossament des Ausstellers gefälscht, so haftet der Aussteller des eigenen Wechsels überhaupt nicht (OLG. Stettin bei Mugdan und Falkmann 2, 180).

Anm. 2. 2. (Abs. 2.) **Der Aussteller kann sich selbst als Bezogenen bezeichnen, wenn Ausstellungsort und Zahlungsort verschieden sind.** Das Gesetz nennt einen solchen Wechsel trassiert-eigenen Wechsel.

a) **Die Bedingung der Möglichkeit eines solchen Wechsels ist die distantia loci:** Zahlungsort und Ausstellungsort müssen verschieden sein. Mit andern Worten: nur der Distanzwechsel, nicht der Platzwechsel kann ein trassiert-eigener Wechsel sein. Ohne distantia loci ist ein trassiert-eigener Wechsel ungültig, nicht etwa als eigener Wechsel aufrechtzuerhalten (Lehmann 383 mit Literatur für und wider, desgleichen Bernstein 56). Dazu gehört, daß es verschiedene Ortschaften sein müssen, nicht bloß verschiedene Straßen oder Wohnungen an demselben Orte (Grünhut Hdb. I § 56; vgl. Anm. 47 zu Art. 4). Wenigstens äußerlich nach Inhalt des Wechsels muß eine Ortschaftsverschiedenheit vorhanden sein. Regelmäßig wird sich die wahre und die äußere Ortschaftsverschiedenheit ja decken. Aber es kommt vor, daß ein Weiler manchmal einen selbständigen Namen hat. Alsdann gilt er wechselmäßig als selbständige Ortschaft. Es ist daher ganz richtig, wenn Volkmar-Löwy (45) dahin formulieren: Unter Ort ist die einen besonderen Namen tragende räumliche Einheit zu verstehen. Aber auch in anderer Beziehung ist zu bemerken, daß die Ortsverschiedenheit nur äußerlich nach Inhalt des Wechsels vorhanden zu sein braucht. Ist die Ortsverschiedenheit dadurch hergestellt, daß ein unwahrer Ausstellungsort angegeben ist, so ist der Wechsel gleichwohl gültig, auch gegenüber dem diese Unwahrheit kennenden Erwerber. (Letzteres gegen Grünhut Hdb. I § 56; seine Argumente und unsere Gegenargumente sind hier die gleichen wie in Anm. 38 zu Art. 4.) **Art. 6. Anm. 2.**

Auf welche Weise aber der Zahlungsort zum Ausdruck gekommen ist: ob ausdrücklich, oder ob in Gemäßheit des Art. 4 Nr. 8 der beim Trassaten angegebene Wohnort als Zahlungsort gilt, ist gleichgültig. Wenn aber der Wohnort des Bezogenen in concreto nicht Zahlungsort ist, wenn ein anderer Zahlungsort angegeben ist, so entscheidet die Verschiedenheit zwischen Ausstellungsort und Zahlungsort, während die Verschiedenheit zwischen Ausstellungsort und Wohnort des Bezogenen in diesem Falle ohne Belang ist (ROHG. 3, 8).

Doch greift diese Gültigkeitsbedingung der distantia loci nur dann Platz, wenn der Aussteller sich auf dem Wechsel selbst als Trassaten bezeichnet.

Beispiel: Berlin, . . .

Gegen diesen Wechsel zahlen Sie an Order von Heinrich Lehmann 1000 Mark.

Schulze & Co.

An uns selbst in Berlin.

Zahlbar bei Schulze & Co., Dresden.

Geht die Reflexivbezeichnung aus dem Wechsel selbst nicht deutlich hervor, so liegt kein trassiert-eigener Wechsel im Sinne des Gesetzes vor, und es ist der Wechsel auch dann gültig, wenn er ein Platzwechsel ist. Es kann daher ein Kaufmann, der mehrere Firmen hat, mit einer Firma auf die andere ziehen, auch wenn Ausstellungsort und Zahlungsort gleich sind, oder es kann der Kaufmann mit seinem bürgerlichen Namen auf seine Firma an demselben Platze ziehen (vgl. RG. in JW. 01, 82[11]). Ja auch Namensgleichheit ist unerheblich, solange nicht die Identität durch andere aus dem Wechsel selbst hervorgehende Momente unterstützt wird (ROHG. 18, 140; RG. 19, 96; 24, 90 oben), während freilich Grünhut (Hdb. I § 56) Namensgleichheit präsumtiv für genügend hält und deshalb bei Namensgleichheit und Ortsgleichheit den Wechsel für ungültig erklärt, solange nicht der Wechselinhaber den Beweis erbringt, daß tatsächlich eine Personenverschiedenheit vorliegt. Letzterer Gesichtspunkt kann als zutreffend überhaupt nicht anerkannt werden. Entscheidend ist lediglich, ob nach Inhalt des Wechsels eine Personeneinheit vorliegt. Anders liegt in dieser Hinsicht die Sache bei Gleichheit der Firma des Ausstellers und des Trassaten; in diesem Falle muß wegen § 30 HGB. Identität angenommen werden (RG. 19, 96).

In allen obigen Ausführungen hat sich durch die Protestnovelle nichts geändert (vgl. Art. 4 Anm. 48 Abs. 2).

b) **Die Wirkung ist,** daß ein gültiger Wechsel vorliegt, der den gewöhnlichen Regeln des gezogenen Wechsels unterliegt. In der Hand des Ausstellers ist er ja noch rechtlich bedeutungslos, aber durch Begebung an den Remittenten und durch Weitergebung seitens dieses werden wechselrechtliche Verhältnisse erzeugt. Insbesondere ist auch hier Protest beim Trassaten erforderlich, um den Regreß gegen den Aussteller zu erhalten; auch hier ermäßigt sich die Haftung des Ausstellers, wenn ihm die Nichtzahlung nicht gehörig notifiziert ist, auf die Wechselsumme. Beides auffallend genug, da der Aussteller, als Anm. 3.

Art. 6. mit dem Trassaten identisch, doch wissen muß, ob der Trassat gezahlt hat (ROHG. 19,
Anm. 3. 204). Die Verjährung gegen den Aussteller ist die dreimonatliche. Mit der Annahme haftet der Schuldner auch als Akzeptant, zur Erhaltung dieser Haftung bedarf es der Protesterhebung regelmäßig nicht, die Verjährung ist die dreijährige.

Anm. 4. **Zusatz 1. Unzulässig ist die Identität von Trassat und Remittent** (RG. 19, 93; vgl. Anm. 10 u. 44 zu Art. 4).

Dagegen kann der trassiert-eigene Wechsel auch an eigene Order gestellt werden, weil es hier wechselrechtlich so angesehen wird, als ob Trassant und Remittent identisch seien, dagegen Trassant und Trassat als verschiedene Personen behandelt werden, so daß auch Trassat und Remittent verschieden sind (ROHG. 7, 194). Ein solcher Wechsel untersteht den Grundsätzen des trassiert-eigenen Wechsels und ist deshalb nur als Distanzwechsel zuzulassen.

Anm. 5. **Zusatz 2. Fremde Rechte.** Der Wechsel an eigene Order ist auch im ausländischen Recht anerkannt (vgl. z. B. Art. 110 code de commerce; ebenso in Belgien, England). — Ob aber der trassiert-eigene Wechsel wenigstens bei distantia loci zulässig ist, ist in Frankreich streitig, während er in England und den Vereinigten Staaten von Amerika auch ohne distantia loci zulässig ist (Späing 30). Rußland stellt die Bedingung der distantia loci auf (Cohn, Vorträge 118; Meyer 28).

Artikel 7.

Art. 7. **Aus einer Schrift, welcher eines der wesentlichen Erfordernisse eines Wechsels (Artikel 4) fehlt, entsteht keine wechselmäßige Verbindlichkeit. Auch haben die auf eine solche Schrift gesetzten Erklärungen (Indossament, Akzept, Aval) keine Wechselkraft. Das in einem Wechsel enthaltene Zinsversprechen gilt als nicht geschrieben.**

Anm. 1. 1. **Die beiden ersten Sätze des Artikels.**

a) Sie beziehen sich auf formell mangelhafte Wechsel; der erste Satz trifft den Grundwechsel, der zweite die anderen Wechselskripturakte. Die in diesen beiden Sätzen ausgesprochenen Grundsätze folgen von selbst aus der zwingenden Formalkraft der Wechselerfordernisse. Fordert das Gesetz für eine Erklärung mehrere Erfordernisse als wesentlich, so ist die Erklärung nichtig, wenn eines dieser Erfordernisse fehlt. Fehlt z. B. der Name des Bezogenen, so ist der Wechsel ungültig, auch in der Hand des redlichen Erwerbers (OG. Wien bei Cz. Nr. 1). Die Bürgschaftserklärung auf einem mit der Unterschrift des Ausstellers nicht versehenen Wechsel erzeugt keine Wechselverbindlichkeit (RG. 10, 4; OG. Wien bei Peitler Nr. 378).

Die Vorschriften sind obligatorisch. Die Kontrahenten können auf wesentliche Wechselerfordernisse nicht verzichten. Der Richter hat ihr Vorhandensein von Amts wegen zu prüfen und ihren Mangel ex officio zu berücksichtigen. Er darf ein mangelndes essentiale auch nicht durch Auslegung ergänzen (ROHG. 24, 276), nicht aus dem Wechsel selbst und noch weniger aus sonstigen Urkunden oder Vorgängen. Es genügt z. B. nicht die Aufnahme der fehlenden Wechselsumme in die Akzepterklärung (ROHG. 6, 49), nicht der Kontrollvermerk „per 15. April 1897" in der Überschrift, wenn die Zahlungszeit im Wechsel selbst fehlt (ROHG. 25, 237). Ein solcher Wechsel ist auch keine geeignete Grundlage für Indossamente oder Anschlußverpflichtungserklärungen (Bernstein 58). Das Verhältnis zwischen Indossant und Indossatar richtet sich in solchem Falle nach dem einschlägigen Zivilrechte: regelmäßig Anspruch auf Rückgabe der Indossierungsvaluta, bei Dolus auch auf Schadensersatz (ROHG. 16, 148 u. 150).

Anm. 2. b) Es mag hervorgehoben werden, daß die Sache hier anders liegt, wie wenn die Urkunde die Unterschrift einer wechselunfähigen oder nicht selbständig wechselfähigen Person enthält. Eine solche Urkunde enthält formell die

Erfordernisse des Wechsels, ist daher als Wechsel gültig, kann indossiert werden und Art. 7.
Trägerin sonstiger Verpflichtungserklärungen werden (Art. 3; vgl. auch Anm. 29 zu Anm. 2.
Art. 1), es sei denn, daß die Angabe auf dem Wechsel ein essentiale betrifft und als Bezeichnung einer wechselfähigen Person begrifflich nicht gelten kann.

c) Es mag ferner hervorgehoben werden, daß der Aussteller über die Anm. 3.
Gestalt des Wechsels zu bestimmen hat. Nicht durch den Inhaber selbst kann er ergänzt und so gültig gemacht werden (ROHG. 9, 264), aber offenbare Schreibfehler kann der Inhaber berichtigen (ROHG. 12, 255; 14, 14) und das Ergänzungsrecht kann ihm erteilt werden (Blankowechsel, s. Anm. 7).

d) Von größter Wichtigkeit ist die Hervorhebung, daß die Vorschriften der Anm. 4.
beiden ersten Sätze dem sogenannten Blankowechsel nicht entgegenstehen. Sie treffen lediglich den Wechsel, der unfertig, aber zur Vervollständigung nicht bestimmt ist (vgl. RG. 32, 70). Der Blankowechsel, d. h. der Wechsel, der zwar unfertig, aber zur Vervollständigung in dritter Hand bestimmt ist, wird damit nicht verboten (ROHG. 6, 49; 17, 212). Über den Blankowechsel s. Näheres unten Anm. 7.

e) Inwieweit Durchstreichungen und Wiederherstellungen das Fehlen eines Anm. 5.
wesentlichen Erfordernisses bewirken, oder wie sie sonst wirken, darüber vgl. Art. 75.

f) Ob der wegen Mangels eines wesentlichen Erfordernisses ungültige Anm. 6.
Wechsel wenigstens als Schuldschein oder als Anweisung gelten kann, darüber s. Art. 4 Anm. 70.

2. **Der dritte Satz des Artikels** bestimmt zugunsten des Rechtsbestandes des Wechsels, daß Anm. 6a.
ein Zinsversprechen als nicht geschrieben gelten soll. Dabei ist unerheblich, ob ausdrücklich von Zinsen die Rede ist oder von sonstigen Nebenvorteilen, die die Natur von Zinsen tragen, z. B. Provision (Bernstein 70). Mit Recht wird ferner das Gleiche angenommen bei anderen Nebenversprechen (ROHG. 6, 364). Zwar ist der Ausleger nicht ohne weiteres berechtigt, eine Erklärung auf dem Wechsel zu streichen, sondern muß sich mit ihr abfinden. Aber diese Pflicht des Auslegers führt nicht dazu, durch solche zusätzliche Versprechungen die Wechselkraft für aufgehoben zu erachten, wenn sie mit den sonstigen Wechselerklärungen nicht in Widerspruch stehen (vgl. hierüber Anm. 64ff. und Anm. 56ff. zu Art. 4). Über die Verpfändungsklausel insbesondere Anm 59 zu Art. 4. Das OG. Wien legt derartigen zusätzlichen Versprechungen, die nicht aus der Natur des Wechsels fließen, rechtsvernichtende Kraft bei (OG. Wien bei Cz. Nr. 33; 66; 84; 158; 432; 536). Doch beruht diese Rechtsprechung wohl darauf, daß nach der österreichischen Wechselordnung auch das Zinsversprechen den Wechsel ungültig macht (vgl. unten Anm. 18). — Ein außerhalb des Wechsels gegebenes Zins- oder sonstiges Zusatzversprechen folgt zivilrechtlichen Regeln (wegen Österreich s. unten Anm. 18).

Zusatz 1. Der Blankowechsel. Das Institut ist von der Wechselordnung nicht geregelt, Anm. 7.
aber auch von ihr nicht verboten (vgl. oben Anm. 4). Es spielt im Wechselverkehr eine große Rolle; Theorie und Rechtsprechung haben das Institut als gewohnheitsrechtliches Gebilde anerkannt und weiter ausgebildet. — Vgl. Adler: Der Umlauf des Blankettwechsels in ZHR. 60, 124, sowie J. u. M. Stranz Art. 82 Anm. 43ff.

1. **Wesen des Blankowechsels.** Wer ein alle Erfordernisse eines Wechsels enthaltendes Papier unterschreibt, unterschreibt einen Wechsel. Im Gegensatz hierzu ist der Blankowechsel ein die Erfordernisse eines Wechsels nicht oder nicht vollständig enthaltendes Papier, das jemand unterschreibt. Indessen ist diese Definition nicht erschöpfend. Denn das Unterschreiben eines beliebigen Stückes Papier ist ein Akt, der für sich allein des wechselmäßigen Charakters entbehrt. Der Unterzeichner muß eine Wechselunterschrift abgegeben haben. Die zutreffende, mit der schon in der Allg. Einl. Anm 10 vertretenen Wechseltheorie im Einklang stehende Begriffsbestimmung geht dahin: Der Blankowechsel ist eine hinsichtlich sämtlicher oder einer Reihe von Wechselerfordernissen

Art. 7. in blanco d. h. unausgefüllt gelassene Urkunde, die mit der Bestimmung dem
Anm. 7. Verkehr übergeben wird, daß sie zu einem vollständigen Wechsel ausgefüllt werde (RG. 32, 71).

Anm. 8. 2. **Die Erfordernisse** des Blankowechsels sind:

a) Ein Blankett muß es sein: das Papier enthält nicht alle wesentlichen Erfordernisse eines Wechsels oder gar alle nicht. Die Unvollständigkeit kann sich auch auf nur ein Wechselerfordernis beziehen. Ein Wechsel ist bezüglich des Verfalltages als Blankett zu behandeln, wenn er im übrigen vollständig mit Tinte ausgeschrieben, an der für den Verfalltag bestimmten Stelle nur eine Bleistiftnotiz enthält. Der gutgläubige Erwerber eines solchen Wechsels ist berechtigt, an Stelle der Bleistiftnotiz einen beliebigen Verfalltag mit Tinte in den Wechsel einzutragen (RG. 57, 167), aber nicht einen solchen Wechsel mit einem Domizilvermerk zu versehen (RG. in JW. 06, 765[37] u. Anm. 12 Abs. 2). Soweit das Papier ausgefüllt ist, insoweit ist es natürlich kein Blankett. Insoweit besteht daher auch kein Ausfüllungsrecht. Enthält z. B. das Papier als Fälligkeitsjahr die Ziffer 186 . ., so darf der Wechsel nicht auf das Jahr 1872 fällig gemacht werden (ROHG. 11, 235). Würde dies dennoch geschehen, so wäre dies keine Ausfüllung, sondern eine Veränderung, die als falsum wirken und jedem entgegengestellt werden könnte (ROHG. 23, 211). Eine Geldsumme in Ziffern über dem Kontexte bedeutet aber nicht unzweideutig, daß die Wechselsumme im Kontexte damit genau übereinstimmen müsse (RG. 2, 97). Ebenso ist nicht Blankett ein unvollständiger, in einem wesentlichen Punkte **mangelhafter**, aber für vollständig gehaltener Wechsel (OLG. Frankfurt im Recht 07, 583; oben Anm. 4). Hier liegt Verpflichtungswille vor, aber er ist mangelhaft; der Wechsel ist deshalb ungültig. Der Nehmer des Wechsels darf ihn nicht ausfüllen. Denn der Unterzeichner hat ihm nicht das Ausfüllungsrecht, sondern einen mangelhaften Wechsel gegeben (ROHG. 9, 261; RG. 32, 70). Wenn aber der Wechsel gleichwohl ausgefüllt wird, so wirkt dies als falsum.

Anm. 9. b) Unterschrieben muß es sein.

Anm. 10. c) Und zwar muß es wechselmäßig unterschrieben **und** begeben sein. Voraussetzungen der Haftung beim Blankett sind: die Absicht, wechselmäßig haften zu wollen, und, entsprechend unserer allgemeinen Auffassung, die Begebung.

Wegen Mangels der Absicht haftet nicht, wer überhaupt keine Wechselunterschrift abgeben wollte. Wer ein Stück Papier mit seinem Namen beschreibt, damit die Unterschrift etwa eine Prozeßvollmacht oder einen Entschuldigungszettel oder eine Quittung decken sollte, oder etwa bloß als Schreibübung, der haftet aus solchem Papier nicht, wenn nachträglich ein Wechsel darüber gesetzt wurde. Die Absicht wechselmäßiger Haftung nimmt das Reichsgericht im Wege der Fiktion bei der Unterzeichnung und Aushändigung eines Wechselformulars an. Dieses Urteil (RG. 14, 22) ist bedenklich (vgl. Rehbein Art. 7 Anm. 3; Dernburg § 276 Anm. 16; auf dem Standpunkt des Reichsgerichts steht Staub, 4. Aufl.).

Wegen Mangels der Begebung haftet man nicht, wenn das als Wechselunterschrift gewollte Blankett z. B. gestohlen und dann ausgefüllt wird. In beiden Fällen tritt die Haftung auch dann nicht ein, wenn der Wechsel in die Hände eines gutgläubigen Dritten gelangt ist (anderer Meinung für den zweiten Fall Staub 4. Aufl., in Abweichung von den früheren Auflagen; vgl. Art. 8 Anm. 2 a. E., ferner J. u. M. Stranz Art. 82 Anm. 46 und 16—19). Ist freilich zwischen Blankettzeichner und erstem Empfänger ein Begebungsvertrag zustande gekommen und verliert letzterer oder ein späterer Nehmer unfreiwillig den Besitz, so haftet der Blankettzeichner dem gutgläubigen Dritten, denn er hat dem ersten Nehmer und dessen Nachmännern durch seine Blankoermächtigung vertraut; es ist dies eine aus dem Wesen der Blankoermächtigung notwendig folgende Modifikation (J. u. M. Stranz Art. 82 Anm. 18 a. E.).

Anm. 11. 3. **Die Rechtswirkung** ist, daß der Aussteller des Blanketts dem legitimierten Inhaber wechselmäßig haftet.

a) Nicht erst Ausfüllung des Blanketts begründet die Haftung, die Blankett-Hingabe schafft die Wechselobligation. Urteile des RG. 11, 8; 8, 57, die den unrichtigen Standpunkt im Urteile 2, 90 aufgeben (vgl. a. Rehbein Anm. 3; a. M. Staub 4. Aufl.). Die Ausfüllung ist nicht Bedingung der Gläubigerschaft. Der Wechselinhaber muß aber selbstverständlich vor der Geltendmachung und Einklagung die Ausfüllung vornehmen. **Art. 7. Anm. 11.**

b) Wechselmäßig haftet er. Anm. 12.

α) Ist der Wechsel ausgefüllt und in die Hände eines redlichen Erwerbers gelangt, so tritt nunmehr die wechselmäßige Haftung in voller Wirkung in Kraft, d. h. der Geber haftet zunächst nach Maßgabe der Ausfüllung, und es ist regelmäßig unbeachtlich, wenn etwa der Wechselschuldner vorschützen wollte, die Ausfüllung entspreche nicht der hierüber zwischen ihm und seinem Nehmer getroffenen Abrede, wenn dieser Nehmer nicht etwa selbst der Ausfüller ist (ROHG. 6, 45; 7, 223; 14, 386; RG. 2, 97; 19, 136; 23, 109; 33, 44; RG. 65, 409; JW. 07, 543[5]; Bolze 1 Nr. 829, 831; OG. Wien bei Cz. Nr. 134; Österr. ObGer. in Bank-Arch. 5, 191; OLG. Dresden im SächsA. 5, 665; 7, 91). Auch sonstige Einwendungen gegen seinen Vormann braucht sich der Wechselausfüller nicht ohne weiteres entgegenhalten zu lassen, ebensowenig wie derjenige, der den Wechsel als Indossatar erworben hat. Die Übertragung eines Wechselblanketts hat, wie die gleiche Form (vgl. unten Anm. 13 Abs. 4), so auch die gleiche Wirkung wie ein Indossament. Keine geringere: sie hat nicht bloß die Wirkungen wie etwa eine Zession (so unzutreffend Bernstein 63). Sonst würde ja der Einwand abredewidriger Ausfüllung dem Ausfüller ohne weiteres entgegenstehen, auch wenn er nicht der ursprüngliche Nehmer des Blankowechsels war; daß dies aber nicht Rechtens ist, ergibt die oben zitierte Judikatur. Aber der Übergang des Blankowechsels hat auch keine stärkere Wirkung als ein Indossament. Wie der Indossatar sich nicht nur die gegen ihn selbst entstandenen Einwendungen entgegenhalten lassen muß, sondern auch die gegen seinen Vormann begründeten, wenn er dessen versteckter Inkassomandatar oder unredlicher Rechtsnachfolger ist, so auch der Blanketterwerber. Das Reichsgericht (in JW. 08, 492[31]) weist zwar die Auffassung, als sei der Blankettnehmer im formal-wechselrechtlichen Sinne dem Indossatar gleichzustellen, zurück, weil von einem wechselrechtlichen Übertragungsakte bei der Hingabe und Annahme eines Blanko-Akzeptes nicht die Rede sein könne. Gegen die materielle Charakterisierung der Rechtsstellung, die der dritte Erwerber den Einreden aus der Person seines Vormannes gegenüber einnehme, als der eines Indossatars, sei aber nichts einzuwenden. Es kommen daher auch hier zur entsprechenden Anwendung die Grundsätze von der exceptio doli (Anm. 14 zu Art. 82) — auch hier schadet nicht mala fides superveniens, Kenntnis von Einreden zwischen Erwerb und Ausfüllung (vgl. Art. 82 Anm. 18; anders Bernstein 63; Grünhut Hdb. I 446; ROHG. 14, 386) — und die Grundsätze vom versteckten Inkassomandat (Anm. 5 zu Art. 17). Übereinstimmend OLG. Dresden im SächsA. 5, 665 u. 666. Als versteckter Inkassomandatar gilt insbesondere der Konkursverwalter, der seinen Namen als Gläubiger auf einen zur Masse gehörigen Blankowechsel setzt (ROHG. 14, 60); der Vormund, der sich statt des Mündels als Gläubiger bezeichnet; der Erbe, der von seinen Miterben beauftragt wird, seinen Namen als Gläubiger auf den Wechsel zu setzen.

β) Als solche exceptio in personam kommt hauptsächlich in Betracht der Einwand **abredewidriger Ausfüllung**, sei es, daß das Ausfüllungsrecht rechtmäßig widerrufen sei (RG. 11, 5; 33, 44), oder daß die Ausfüllungsabrede anders gelautet habe, als die Ausfüllung erfolgt ist, wobei auch die Geschäftssitte und die konkludenten Umstände des Falles maßgebend sind für die Frage, ob eine Überschreitung der

Art. 7. Ausfüllungsbefugnis vorliegt (Bolze 22 Nr. 319). Hierbei kommt hauptsächlich in
Anm. 12. Betracht die Frage, ob das Ausfüllungsrecht das Recht einschließt, **den Wechsel mit einem Domizilvermerk zu versehen.** Die Frage wird verneint, weil dadurch dem Wechsel eine ungewöhnliche von der typischen abweichende Gestalt gegeben wird; wer also in concreto behauptet, daß sein Ausfüllungsrecht sich hierauf erstreckt habe, hat dies zu beweisen (ROHG. 15, 431; 23, 211; RG. 3, 62; 19, 137; RGSt. 4, 410; Bolze 13 Nr. 308; RG. in JW. 98, 161 und 06, 765[37]). Der Vermerk auf dem Wechsel „zahlbar bei . . . ." begründet dieses Ausfüllungsrecht noch nicht (Bolze 1 Nr. 836). Andrerseits braucht die Erlaubnis der Domizilierung nicht etwa ausdrücklich erteilt zu werden, es genügt vielmehr jede Zustimmungserklärung (RG. 18, 115). So liegt z. B. eine genügende Zustimmungserklärung vor, wenn der Aussteller erklärt, er domiziliere alle seine Wechsel bei einer bestimmten Bank (RG. 3, 63); oder es sei ihm das gleichgültig (Bolze 4 Nr. 548). Auch aus den Umständen kann die Zustimmung folgen (Bolze 13 Nr. 308). Beispiele: Der Wechsel war einem auf dem Lande wohnenden Landwirt zur Diskontierung gegeben, darin lag die Erlaubnis der Domizilierung, da diese die Diskontierung erleichtert (Bolze 5 Nr. 492; vgl. Bolze 1 Nr. 836); der Wechsel sollte einer Bank gegeben werden, bei der es üblich war, nur bei ihr domizilierte Wechsel zu nehmen (Bolze 11 Nr. 270); in der Geschäftsverbindung der Parteien hatte der Nehmer ohne Widerspruch des andern Teils domiziliert (ROHG. 15, 433). Überflüssig ist es, zu wiederholen, daß der Einwand unrechtmäßiger Domizilierung dem dritten redlichen Blanko- oder sonstigen Erwerber nicht entgegengehalten werden kann (ROHG. 15, 432; 23, 211; RG. 3, 62; 19, 136).

γ) **Ist der Einwand abredewidriger Ausfüllung begründet,** so bewirkt das nicht etwa, daß der Wechsel infolge der abredewidrigen Ausfüllung formwidrig und deshalb ungültig ist, sondern nur, daß der Wechsel nach Maßgabe der Abrede geltend gemacht werden kann. (RG. v. 5. 10. 03 in JW. 03, 402). Wenn der Fälligkeitstag abredewidrig ausgefüllt ist, so folgt daraus auch gegenüber dem ursprünglichen Nehmer nur, daß er erst nach Ablauf der verabredeten Fälligkeitszeit geltend gemacht werden kann (RG. 23, 110); bei ungerechtfertigter Domizilierung haftet der Geber des Wechsels wie aus einem Nichtdomizilwechsel (RG. 55, 339).

δ) **Daß der Wechselschuldner nach Maßgabe der Ausfüllung haftet,** hat weiter die Bedeutung, daß die Ausfüllung die Gestalt des Wechsels endgültig feststellt. Nachträgliche, d. h. nach Ausfüllung und Begebung vorgenommene (RG. in JW. 06, 766[37]), Änderungen sind wie Änderungen eines von vornherein fertigen Wechsels, eventuell also als wechselentkräftende Fälschung zu betrachten (ROHG. 7, 223; RG. 9, 135; 32, 71; JW. 06, 766[37], vgl. auch unten Anm. 13 b). Nicht als Fälschung, sondern als — möglicherweise unbefugte — Blankettausfüllung gilt es aber, wenn das Blankett außerhalb des Kontextes mit einer Ziffer versehen war und der Kontext mit einer höheren Summenangabe ausgefüllt wird (RG. 2, 100; Bolze 1 Nr. 831; 10 Nr. 363; RG. in ZHR. 31, 417). Nicht als Fälschung, sondern als befugte Blankettausfüllung muß es mit Bernstein (64) angesehen werden, wenn das Blankett nach Ausfüllung mit einem weiteren abredegemäßen Inhalt versehen oder ein abredewidriger Teil des Inhalts gestrichen wird.

Anm. 12 e. ε) Ist die Übertragung des Blanketts im **Zusammenhange mit der Übertragung der zugrunde liegenden Forderung** erfolgt, dann steht der spätere Erwerber des Blanketts, da er zugleich Gläubiger der diesem zugrunde liegenden Forderung ist, dem Blanko-Akzeptanten nicht anders gegenüber, als der erste Nehmer des Blanketts, sein Rechtsvorgänger. Er ist an dessen Stelle getreten, und kann darum auch die Ausfüllung des Papiers nicht unter anderen Bedingungen und mit anderer Wirkung, als dieser, vornehmen. Seine Ausfüllung muß, ohne daß es auf die besondere Willensrichtung ankommt, rechtlich gelten als mit Bezug auf sein Gläubiger-

recht, und die darin enthaltene und daran geknüpfte Ausfüllungsbefugnis erfolgt **Art. 7.**
(so mit Recht RG. in JW. 08, 492[31] abweichend vom Kammergericht). Anm. 12a.

c) **Jedem legitimierten Inhaber** haftet er. Die Legitimationsfrage ist unzweifelhaft, Anm. 13.
wenn das Blankett vom ersten Nehmer ausgefüllt und alsdann giriert worden ist. Aber auch das Giro des unausgefüllten Blanketts stellt eine unzweifelhafte Legitimation her, denn das Wechselblankett ist zur Indossierung geeignet (Lehmann 411; RG. 28, 63 und 64). Zweifelhaft aber ist, ob, wenn das Blankett von dem ersten Nehmer unausgefüllt und auch ohne sein Giro weitergegeben und nunmehr vom Dritten ausgefüllt wird, dieser legitimiert ist, ob also z. B. ein dritter Erwerber sich selbst zum Trassanten eines Wechselblanketts machen kann, obgleich der Akzeptant nicht ihm den Wechsel gegeben hat. Aus dem Grundgedanken des Blankowechsels ergibt sich die Bejahung. Denn wer einen Blankowechsel in Zirkulation setzt, setzt sich damit der naheliegenden Möglichkeit aus, daß der Wechsel auch vor der Ausfüllung zirkuliert. Man hat dies dahin ausgedrückt, das Ausfüllungsrecht sei **übertragbar** (ROHG. 14, 383; RG. 8, 58; RG. 32, 71; 33, 44; OG. Wien bei Cz. 400; 473; 477; OLG. Dresden in ZHR. 29, 191; OLG. Frankfurt im Recht 07, 1273), auch im Wege der Zwangsvollstreckung (OLG. Dresden bei Seuffert 47 Nr. 286), auch **vererblich** (ROHG. 13, 299; RG. 8, 56; OG. Wien bei Peitler Nr. 288). Man hat mit Recht die weitere Folgerung daraus gezogen, daß derjenige, der in fremdem Namen einen Blankowechsel erworben hat, seinen eigenen Namen zum Zwecke der Geltendmachung auf den Wechsel setzen und ihn so ausfüllen kann. (RG. 8, 56: Vormund für minderjährige Erben.) Unbedenklich ist es, daß der Konkursverwalter den in der Masse befindlichen Blankowechsel als Verwalter ausfüllt (ROHG. 17, 211; RG. 8, 58). Über die Rechtsstellung des Vormunds und des Konkursverwalters in diesem Falle siehe Anm. 12 Abs. 1 a E.

Man kann auch den Wechsel zum Teil ausfüllen und im übrigen das Ausfüllungsrecht übertragen (RG. 32, 71).

Wem aber das Ausfüllungsrecht auf keinerlei Weise übertragen ist, der ist nicht legitimiert, dem fehlt der Begebungsvertrag und der muß sich diesen Einwand von jedem Wechselverpflichteten entgegensetzen lassen. Das Vorhandensein des Titels wird aber auch hier vermutet (ROHG. 12, 245; Bernstein 60).

Unrichtig aber ist es, wenn Bernstein (60) annimmt, **daß die Übergabe des Blankowechsels nur dann das Ausfüllungsrecht verleihe, wenn der Übertragungsakt nach den Regeln des Zivilrechts formgerecht geschlossen sei.** Vielmehr betrachtet dasselbe Gewohnheitsrecht, das den Blankowechsel überhaupt sanktioniert hat, ihn als ein Zirkulationspapier, das ebenso leicht übertragen werden kann, wie der Wechsel auf Grund des Blankoindossaments. Die Übertragung des Blankowechsels erfolgt also durch bloße Tradition des Papiers.

d) **Wann muß die Ausfüllung erfolgen, um gehörig zu sein?** Sie braucht Anm. 13a.
nicht zu erfolgen zu einer Zeit, wo der Schuldner noch wechselfähig ist. Es genügt, wenn der Wechselschuldner wechselfähig war zur Zeit, als er die Akte tätigte, auf denen seine Haftung beruht (vgl. Anm. 21 zu Art. 1). **Daher ist die Ausfüllung des Wechsels auch dann wechselmäßig in Ordnung, wenn sie erfolgt zu einer Zeit, wo der Wechselschuldner nicht mehr die volle Handlungsfähigkeit oder der Vertreter, der unterschrieben hatte, nicht mehr die Vertretungsbefugnis besaß, wie zur Zeit der Wechselunterschrift** (RG. 11, 7). So z. B., wenn der Akzeptant zu der Zeit, als er seine Akzeptationserklärung abgab, vernünftig, zur Zeit der Ausfüllung aber geisteskrank war; oder wenn der Prokurist, der die Unterschrift leistete, zur Zeit der Ausfüllung nicht mehr Prokurist war; oder wenn die offene Handelsgesellschaft, die das Blankoakzept gegeben, zur Zeit der Ausfüllung aufgelöst ist (ROHG. 21, 324) oder wenn der Wechselschuldner zur Zeit der Ausfüllung im Konkurse ist (StrA. 60, 297), oder wenn der Wechselschuldner zur Zeit der Ausfüllung tot ist (vgl. RG. 33, 44). Gegenüber dem Hauptschuldner kann übrigens der

Art. 7. Anm. 13a. Wechsel auch noch nach Verfall ausgefüllt werden (RG. in JW. 02, 399 [37]; OLG. Zweibrücken bei Mugdan-Falkmann 7, 391). Wo Protest zur Erhaltung des Wechselrechts erforderlich ist, muß die Ausfüllung natürlich vor dem Protest erfolgen, ein Blankett eignet sich nicht zur wirksamen Präsentation und zum Proteste (Bernstein 64). Gerät der Wechselschuldner vor der Ausfüllung in Konkurs, so kann der Blanketteigentümer dasselbe ausfüllen und die Wechselforderung im Konkurse anmelden. So auch Grünhut Hdb. I § 64 und Jaeger KO. 3. Aufl. § 1 Anm. 16. Das Recht des Konkursgläubigers erklärt sich einfach daraus, daß schon durch die Blankettgingabe eine Wechselobligation geschaffen worden ist (vgl. oben Anm. 11) und sich die Masse daher die Ausfüllung gefallen lassen muß. Es handelt sich um eine einfache Konkursforderung, keine Masseforderung, da die Obligation schon vor der Konkurseröffnung entstanden ist. Dies entspricht übrigens den Intentionen der Parteien und dem § 59 KO., da keiner der dort vorgesehenen Fälle vorliegt.

Anm. 13b. e) Mit der Herstellung des vollständigen Wechsels erschöpft sich regelmäßig die Ermächtigung, die der Blankettgeber erteilt hat. Daher braucht dieser nachträglich ohne seine Zustimmung vorgenommene Änderungen, z. B. einen nachträglichen Domizilvermerk, nicht gegen sich gelten zu lassen (RG. in JW. 06, 766 [37]; s. oben Anm. 12 d).

Anm. 14. 4. **Das Blanko-Akzept.** Es war im vorstehenden im wesentlichen von der Blanko-Tratte die Rede. Das Blanko-Akzept folgt entsprechenden Regeln. Insbesondere ist hervorzuheben, daß nur dann ein Blanko-Akzept vorliegt, wenn der Unterschreibende als Akzeptant haften wollte und das Akzept begeben wurde (vgl. Anm. 10). Judikatur: ROHG. 6, 44 u. 48; 7, 222; RG. 8, 57; 11, 5; 12, 118. Literatur über das Blanko-Akzept: Latz, Das Blankett-Akzept, Berlin 1898.

Anm. 15. 5. **Die Beweislast.** Zur Erhebung der Wechselklage genügt stets die Vorlegung eines die wesentlichen Erfordernisse eines Wechsels enthaltenden Papiers durch den formell legitimierten Inhaber. Meint der Beklagte, daß er trotzdem nicht verpflichtet sei, den Wechsel zu bezahlen, so hat er die Beweislast. Dementsprechend hat der Beklagte auch hier die Beweislast, daß er im konkreten Falle zwar die Unterschrift geleistet habe, aber keine Wechselunterschrift (vgl. oben Anm. 10), oder daß der Wechsel vertragswidrig ausgefüllt sei und warum der Kläger dies gegen sich gelten lassen müsse (oben Anm. 12) usw. — Vgl. ROHG. 7, 219; RG. 2, 97; 8, 57; Bolze 11 Nr. 262; OLG. Frankfurt im Recht 07, 583; vgl. auch Thöl § 34; auch OG. Wien bei Cz. Nr. 109.

Anm. 16. 6. **Auch die Amortisation von Wechselblanketten** wird zugelassen (ROHG. 25, 16; Rehbein Anm. 3), sicherlich ein Beweis, in welchem Maße sie als selbständige Urkunden anerkannt werden (vgl. oben Anm. 11). Es greifen aber nicht die Regeln vom Wechselaufgebot Platz (ROHG. 25, 16; OG. Wien bei Cz. Nr. 64; Bernstein 60).

Anm. 17. 7. **Die Verjährung von Ansprüchen aus dem Wechselblankett** läuft von dem Tage ab, der nach Ausfüllung als Verfalltag des Wechsels erscheint, vorbehaltlich der Einrede unbefugter Ausfüllung nach Anm. 12 (OG. Wien bei Cz. Nr. 526). Eine Verjährung des Ausfüllungsrechts, die hiervon wohl zu unterscheiden ist, soll nach Bernstein (62) innerhalb 30 Jahren eintreten. Indessen kann man von einer solchen Verjährung überhaupt nicht sprechen (s. auch J. u. M. Stranz Art. 82 Anm. 48). Wer den Blankowechsel erworben hat, kann ihn jederzeit ausfüllen, wie auch der Eigentümer eines Bauplatzes jederzeit und unverjährbar das Recht hat, ihn mit einem Hause zu bebauen. De lege ferenda wäre es allerdings wünschenswert, dem Ausfüllungsrecht ein zeitliches Ziel zu setzen.

Anm. 18. **Zusatz. Fremde Rechte.** a) Überall ist eine Urkunde, welche die wesentlichen Erfordernisse eines Wechsels nicht enthält, kein Wechsel. b) Das englische, französische und belgische Recht lassen das Zinsversprechen zu (Späing 34); es gilt auch nicht als nicht geschrieben. In Österreich ist ein Wechsel, der ein Zinsversprechen enthält, ungültig. Die österreichische Wechselordnung enthält hinter den Worten: „welcher eines der wesentlichen Erfordernisse eines Wechsels fehlt" die Worte: „oder in welcher ein Zinsversprechen

enthalten ist". Auch erscheint es konsequent, wenn der OG. Wien die gleiche wechsel- Art. 7.
zerstörende Kraft anderen mit der Natur des Wechsels in Widerspruch stehenden Ver- Anm. 18.
sprechungen beilegt (vgl. oben Anm. 6). Der OG. Wien (Urteil vom 18. 3. 79 in ZHR. 29, 214; vgl. auch Cz. Nr. 124, 239, 268) hat sogar das in besonderer Urkunde abgegebene Zinsversprechen als wechselvernichtend erklärt, woran Keyßner in ZHR. 28, 214 mit Recht ein Fragezeichen knüpft; ebenso die Hinzufügung des Zinsversprechens durch den Akzeptanten oder Indossanten (OG. Wien bei Cz. Nr. 45, 47, 253), was ebenso unrichtig ist. Dagegen ist es richtig, das, was von einem Zinsversprechen gilt, auf andere Nebenvorteile, die sich als Vergütung für die Kapitalsnutzung darstellen, zu übertragen (OG. Wien bei Krall Nr. 218). c) Der Blankowechsel ist u. a. in Frankreich, Belgien und England anerkannt (Späing 234 f.). Er ist durch Ministerialordnung vom 6. Oktober 1853 in Österreich ausdrücklich anerkannt worden.

Vgl. noch Meyer 35 ff.

II. Verpflichtungen des Ausstellers.

Artikel 8.

Der Aussteller eines Wechsels haftet für dessen Annahme und Zahlung wechselmäßig. Art. 8.

1. **Die hier angeordnete Haftung des Ausstellers** (vgl. Art. 4 Nr. 5) **ist eine Prinzipalhaftung.** Anm. 1.
Denn sie besteht auch dann, wenn der Trassat nicht akzeptiert, also nicht Wechselschuldner wird. Sie besteht auch dann, wenn der Wechsel an eigene Order gestellt wird, nur selbstverständlich in diesem Falle erst dem Indossatar gegenüber (vgl. Anm. 1 zu Art. 6). Die Haftung des Ausstellers ist freilich anders geartet als die des Hauptschuldners, aber ökonomisch geht sie auf die gleiche Leistung (vgl. RG. 11, 19). Seine Haftung geht gegenüber dem Remittenten und allen Nachmännern dahin, daß der Trassat annimmt und bezogenermaßen Zahlung leistet (**Regreßschuld**). Ob die Haftung des Ausstellers ausgeschlossen werden kann und welche Folgen ein Ausschließungsvermerk hat, darüber siehe Anm. 67 zu Art. 4.

2. **Durch welchen Rechtsakt entsteht die Haftung?** Anm. 2.

a) Die **Kreationstheorie** (Theorie des einseitigen Aktes) läßt die Verpflichtung des Ausstellers schon durch die Unterschrift, durch die einseitige Willenserklärung existent werden (Kuntze in Endemanns Handbuch §§ 14, 76 ff.; Einert). — Neuerdings vertritt Langer („Die Kreationstheorie im heutigen Reichsrecht", Berlin 06) die Berechtigung der Kreationstheorie auch für Wechsel, indem er sie auf im neuen Reichsrecht nach seiner Auffassung niedergelegte Gedanken zu stützen versucht (§ 7 a. a. O.).

b) Die **Redlichkeitstheorie** verlangt, ausgehend von der Kreationstheorie, auch noch Redlichkeit des Urkundenerwerbs als Bedingung der Wirksamkeit des einseitigen Schriftaktes (Hauptvertreter Grünhut Hdb. I 274 f. und im Lehrbuch § 6; ihm schloß sich unter Modifikationen Staub an, vgl. Allg. Einl. Anm. 9; vgl. auch Dernburg II § 249).

c) Nach der **Vertrags-, Begebungstheorie** entsteht die Verpflichtung erst durch die in der Absicht der Wechselhaftung erfolgte Begebung des Wechsels, durch Abschluß des Wechselvertrages (pactum cambii im Gegensatz zum pactum de cambiando, dem vorbereitenden Wechselschluß; so Thöl §§ 54—61, 116; Goldschmidt in ZHR. 23, 306; 28, 124 u. 597; Sohm ebendort 17, 79; Brunner 22, 98; RG. 5, 83; 14, 22; 23, 24; ähnlich auch ROHG. 19, 31 u. 33).

d) die **Aushändigungs- oder Zirkulationstheorie** sucht die verschiedenen Theorien miteinander zu vereinigen. Die Ausstellerverbindlichkeit gründet sich nach ihr auf die Unterschrift, aber unter der Voraussetzung, daß der Wechsel ausgehändigt oder in die Hände eines gutgläubigen Dritten gelangt ist (so anscheinend auch Rehbein Anm. 2 zu Art. 8). —

Die Vertragstheorie wird als der juristischen Logik und den Bedürfnissen des Wechselverkehrs am meisten entsprechend zu akzeptieren sein (vgl. F. u. M. Stranz Art. 82

Art. 8. Anm. 16ff.). Die gleichen Theorien kommen auch für die Entstehung der Indossament-
Anm. 2. und der Akzepthaftung, sowie der Wechselobligation beim Blankett in Betracht (vgl. Art. 9 Anm. 3; Art. 21 Anm. 1; Art. 7 Anm. 10; Art. 82 Anm. 65f.). Fehlt es an einem Begebungsvertrage, so kann der Mangel gegen jeden Wechselkläger, auch gegen den gutgläubigen Dritten vorgeschützt werden. (Näheres Art. 82 Anm. 65f., wo auch die abweichenden Ansichten erwähnt sind; vgl. auch Art. 9 Anm. 3.)

Anm. 3. 3. **Wem haftet der Aussteller?** Jedem redlichen Erwerber, vorausgesetzt, daß der Aussteller den Wechsel begeben hat (nach der von Staub 4. Aufl. vertretenen Theorie war diese Voraussetzung nicht nötig). Das ergibt sich aus Anm. 2. Aber der unredliche Erwerber erwirbt kein Wechselrecht. Hat der Aussteller den Wechsel niemandem ausgehändigt, sondern verloren, so hat der Finder kein Wechselrecht (ROHG. 25, 67).

Anm. 4. 4. **Wann entsteht die Wechselobligation?** Mit dem Eintritt der Tatsachen, durch welche die Wechselverpflichtung erzeugt wird. Liegt, wie dies das Gewöhnliche ist, ein Wechselbegebungsvertrag zwischen dem Aussteller und dem Nehmer zugrunde, dann ist dieser Zeitpunkt entscheidend. In diesem Augenblicke ist die Wechselobligation entstanden, nicht etwa im Augenblick der Ausstellung, so daß also die Wechselfähigkeit sich nach der Zeit der Begebung richtet (ROHG. 3, 179). Nicht etwa in dem Augenblicke der Nichtzahlung durch den Dritten entsteht die Wechselobligation. Es kann dies in manchen Hinsichten wichtig werden, so z. B. wegen § 61 KO. (RG. 11, 19) oder wegen der Zulässigkeit der Konkurskompensation (ROHG. 24, 1). Die von dem Aussteller eines gezogenen Wechsels vor dem Verfalltage vorgenommene Einlösung des Wechsels ist daher nicht als unentgeltliche Verfügung des Ausstellers nach § 32 KO. anfechtbar (RG. 50, 134ff.).

Anm. 4a. 5. Über den Erfüllungsort der Ausstellerverpflichtung siehe Anm. 7 und 8 zu Art. 86; demgemäß auch über das in Anwendung kommende Gesetz. — Vgl. für den Fall der Teilung eines Ortes in mehrere Gerichtsbezirke Anm. 48a zu Art. 4.

Anm. 5. 6. **Die Beweislast.** Durch Vorlegung des mit allen wesentlichen Erfordernissen und mit der formellen Legitimation ausgestatteten Wechsels hat der Kläger genug bewiesen. Es braucht dem Aussteller nicht mehr bewiesen zu werden, als daß seine Unterschrift echt ist. Sache des Trassanten ist es dann, darzutun, warum im konkreten Falle gleichwohl eine Wechselhaftung nicht eingetreten ist, sei es, daß er Einwendungen gegen den betreffenden Kläger hat oder daß er einen Einwand aus dem Wechselrecht selbst herleiten kann. Vgl. zu Art. 82.

Anm. 6. 7. **Mehrere Aussteller,** deren Vorhandensein zulässig ist (vgl. Anm. 31 zu Art. 4), haften gesamtschuldnerisch, solidarisch. Bei mehreren Ausstellern bestehen so viele selbständige Wechselverpflichtungen, als wechselmäßige Skripturakte bestehen. Das aus dieser Mehrheit von Wechselverpflichtungen sich ergebende Gesamtschuldverhältnis ist, weil auf selbständigen Rechtsgründen ruhend, kein Korrealverhältnis, sondern ein Solidarverhältnis im Sinne des gemeinrechtlichen Sprachgebrauchs. Dies gilt auch hinsichtlich der mehreren Mitzeichner sonstiger Wechselerklärungen (RG. 51, 25). Das Rechtsverhältnis unter mehreren Ausstellern selbst, namentlich das Recht des Rückgriffs, richtet sich nach bürgerlichem Recht (ROHG. 1, 102; 2, 349; 3, 184; 4, 325; RG. 51, 23ff.; vgl. auch Anm. 12 zu Art. 81).

Anm. 7. 8. **Die Aufhebung der Haftung** des Trassanten geschieht dadurch, daß der Trassant den Wechsel einlöst, oder auch dadurch, daß der Akzeptant oder Trassat den Wechsel bezahlt (Anm. 52 zu Art. 82).

Anm. 8. **Zusatz 1. Von einer Haftung des Trassaten** spricht das Gesetz nicht. Eine solche besteht nicht. Der Trassat tritt in den Wechselverband erst mit der Akzeptation. Vorher haftet er dem Trassanten wechselmäßig nicht, und deshalb überkommen auch weder der Remittent, noch dessen Indossatare durch den Erwerb des Wechsels eine Wechselforderung an den Trassaten. Sie haben keinen Anspruch an den Trassaten auf Deckung (ROHG. 18, 191). Das ist wichtig für die Frage, ob nach Hingabe des Wechsels an den Remittenten der Trassat an diesen und dessen Indossatare mit be-

freiender Wirkung zahlen darf und muß. In dieser Hinsicht ist nur das eine zu **Art. 8.**
sagen, daß er wechselmäßig zur Zahlung an den Remittenten und dessen Indossatare Anm. 8.
nicht verpflichtet ist. Alles übrige hängt von dem zugrunde liegenden zivilrechtlichen Verhältnisse ab. Im allgemeinen ist dem Trassaten gegenüber die Tratte lediglich eine Anweisung seitens des Trassanten, die dieser widerrufen kann, bis sie akzeptiert ist. Im Konkurse des Trassanten wird der Konkursverwalter meist davon Gebrauch machen und dadurch den Trassaten zwingen, die Geldsumme an die Masse zu zahlen, während der Remittent seinen Wechselanspruch an den Aussteller zur Konkursmasse desselben anmelden muß. Der letztere hat kein direktes Recht an den Trassaten oder dessen Konkursmasse, insbesondere liegt in der Hergabe der Tratte nicht etwa eine Abtretung des etwaigen Zivilanspruchs des Trassanten an den Trassaten (RG. 28, 60; 39, 371; LG. I Berlin in KGBl. 95, 31; Jaeger KO. Anm. 3 zu § 8; vgl. ROHG. 16, 149; 23, 218). Die gelegentliche Bemerkung des Reichsgerichts (bei Bolze 14 Nr. 218), daß die Begebung einer Tratte die im Handelsverkehr übliche Form der Übertragung von Forderungen sei, kann nicht gebilligt werden und wird auch von der eben zitierten Entscheidung des LG. I Berlin zurückgewiesen. Auch wenn der Widerruf nicht erfolgt ist, soll nach Jaeger (Anm. 4 zu § 8 KO.) der Trassat kein Recht haben zur Zahlung an den Remittenten, nachdem er erfahren, daß über das Vermögen des Ausstellers Konkurs eröffnet ist. Dem stehen jedoch seine Ausführungen in Anm. 17 ff. zu § 23 KO. entgegen. Denn danach hebt die Konkurseröffnung über das Vermögen des Assignanten die Rechtswirkungen der Anweisung nicht auf. Warum sollte nun der Trassat eine bestehende, durch die Konkurseröffnung in ihrem Bestande nicht tangierte Anweisung nicht ohne Gefahr akzeptieren und honorieren können? Die Frage ist indes sehr umstritten (vgl. Staub HGB. 6./7. Aufl. Anm. 15 zu § 363, aber neue 8. Aufl. Anm. 18 zu § 363).

Das hier vertretene Prinzip kommt auch dann zur Geltung, wenn der Trassant die auf seinen Schuldner gezogene, nicht akzeptierte Tratte weiter begeben hat und nunmehr ein Gläubiger des Trassanten dessen Forderung gegen den Trassaten pfändet. Dadurch wird dem Schuldner die Bezahlung der Forderung an den Trassanten und damit auch die Honorierung der von ihm ausgestellten Anweisung rechtswirksam verboten.

Wenn der Gemeinschuldner auf Grund der mit dem Wechselnehmer getroffenen Abrede diesem gegenüber verpflichtet ist, die Tratte nicht zu widerrufen, so hat er zwar dem Bezogenen gegenüber das Recht zu widerrufen (§ 790 BGB.), aber dem Wechselnehmer ist er regreßpflichtig (vgl. Cosack § 57 Nr. 2b; Planck Anm. 1 zu § 790 BGB.). Wenn daher der Konkursverwalter in solchem Falle die Anweisung dem Angewiesenen widerruft, so entsteht auch durch diese Handlung ein Entschädigungsanspruch und zwar, da der Grund des Anspruchs eine Handlung des Verwalters ist, eine Masseschuld (§ 59 KO.). Alles dies natürlich nur dann, wenn nicht etwa nach den Umständen des Falles eine Auflösung des Vertrages gemäß § 17 KO. erfolgt ist; alsdann greift § 26 Platz.

Zusatz 2. Scheckgesetz. Der Scheck kann nicht angenommen werden. Ein auf den Scheck Anm. 9.
gesetzter Annahmevermerk gilt als nicht geschrieben (§ 10 Scheckgesetzes). De lege ferenda war sehr streitig, ob ein Akzept, das den Bezogenen zu einem selbständigen Schuldner macht, mit dem Charakter des Schecks vereinbar sei (Literaturangaben bei Apt Anm. 1 zu § 10).

Zusatz 3. Fremde Rechte. In Frankreich, Belgien und Holland ist die Aussteller- Anm. 10.
haftung entsprechend wie bei uns geregelt. Sie kann indes dem Inhaber gegenüber ausgeschlossen, oder beschränkt werden (Späing 36).

Über die Ausstellerhaftung in sonstigen ausl. Rechten s. Meyer 53 ff.

III. Indossament.

Artikel 9.

Der Remittent kann den Wechsel an einen anderen durch Indossament (Giro) übertragen. **Art. 9.**

Art. 9. **Hat jedoch der Aussteller die Übertragung im Wechsel durch die Worte „nicht an Order" oder durch einen gleichbedeutenden Ausdruck untersagt, so hat das Indossament keine wechselrechtliche Wirkung.**

Anm. 1. **Der Artikel bestimmt, daß der Remittent den Wechsel durch Indossament übertragen kann** (Abs. 1), außer wenn der Aussteller dies verbietet (Abs. 2).

1. (Abs. 1.) **Die regelmäßige Übertragbarkeit des Wechsels.**

a) Der Wechsel ist hiernach ohne weiteres Orderpapier. Er bedarf nicht wie die Orderpapiere des § 363 HGB. noch der Orderklausel, um indossierbar zu sein, sondern die Orderklausel wohnt ihm, wie der Namensaktie (§ 222 HGB.), von Gesetzes wegen inne, so daß es überflüssig ist, wenn im Verkehr der Wechsel meist ausdrücklich die Orderklausel enthält (Herrn Meyer oder dessen Order). Es bedarf umgekehrt einer Klausel, um die Indossabilität zu beseitigen (Abs. 2).

Anm. 2. b) Die Form des Indossaments und die Stelle, an der es auf dem Wechsel stehen muß, sind im Gesetze nicht bestimmt. Nur daß es auf dem Wechsel oder einer Kopie oder einer Allonge stehen muß, ist vorgeschrieben (Art. 11); ein in besonderer Urkunde ausgestelltes Indossament ist wechselrechtlich bedeutungslos. Ob es die Wirkungen einer Zession hat, ist Sache der Willensauslegung (Bernstein 91). Beim einfachsten Blankoindossament ist im Art. 12 bestimmt, daß es auf der Rückseite des Wechsels stehen muß (vgl. Anm. 3 zu Art. 12). Jedes andere Voll- oder Blanko-indossament aber kann auch auf der Vorderseite stehen (obwohl dies nicht üblich), wenn es nur den Indossierungswillen deutlich zum Ausdruck bringt, in welcher Hinsicht an das Indossament auf der Vorderseite erhöhte Ansprüche gestellt werden müssen. Die auf der Vorderseite befindliche Unterschrift mit dem Zusatz „als Girant" dürfte aber auch den strengsten Anforderungen genügen (vgl. OG. Wien bei Cz. Nr. 83). Auf der Rückseite sind sehr kurze Formeln üblich: „Für mich an die Order des Herrn B. Schwarz", was soviel heißen soll, als: An Herrn B. Schwarz oder dessen Order; oder „An die Order des Herrn B. Schwarz" oder noch kürzer: „An Herrn B. Schwarz". Über Schrift und Sprache des Indossaments gelten die allgemeinen Vorschriften in Anm. 54 Nr. 3 zu Art. 4. — Das Indossament ist seiner Form nach ein Schriftakt; es gibt kein mündliches Indossament. Der Indossant muß die Erklärung unterschreiben, obgleich dies nicht ausdrücklich vorgeschrieben ist. Eine in den Kontext des Indossaments gesetzte Namensbezeichnung, z. B. „Ich Wilhelm Schulze übertrage hiermit", würde auch hier nicht genügen, wie beim Ausstellungsvermerk (Anm. 28 zu Art. 4; Bernstein 92). Desgleichen würde mechanische Herstellung der Unterschrift auch hier nicht genügen (Anm. 29 zu Art. 4). — Über die Frage, ob der Indossant durch Vertreter unterschreiben kann, und wie das zu geschehen hat, siehe zu Art. 95. Für die Abgabe eines Indossaments seitens einer preußischen Landgemeinde sind, da für die Form der Wechselerklärungen die Vorschriften der WO. gelten, nicht die Bestimmungen im § 88 der LdGemO. vom 3. Juli 1891 maßgebend, sondern es genügt die Unterschrift des Gemeindevorstehers (ohne Schöffen; RG. 50, 23ff.). — Das Datum kann fehlen. Also schadet es auch nicht, wenn das Datum unrichtig ist, oder wenn es jünger ist als das Datum eines späteren Indossaments (die Indossamentenkette wird hierdurch nicht unterbrochen) oder wenn es ein unmögliches Datum (z. B. der 29. Februar eines Nichtschaltjahres) ist – Lehmann 482 Anm. 1b. — Soweit die Zeit des Indossaments erheblich wird, gilt naturgemäß die im Wechsel angegebene Zeit präsumtiv als die richtige. — Die Angabe des Indossierungszwecks (zur Bürgschaft, schenkungshalber, zum Pfande) ist unnötig, aber auch unschädlich (vgl. Staub HGB. neue 8. Aufl. Anm. 15b zu § 368), desgleichen die Valutaklausel (Wert erhalten). — Zur gehörigen Form des Vollindossaments gehört, daß der Indossant und der Indossatar als verschiedene Personen erscheinen müssen (Bernstein 90; J. u. M. Stranz Anm. 2). — Der Name des Indossatars braucht nur deutlich ausgedrückt zu sein, kleine Ab-

weichungen oder Abkürzungen schaden nicht, wenn sie an der Identität keinen Zweifel **Art. 9.**
hervorrufen (ROHG. 18, 421; RG. in Gruch. 28, 1012). Doch betrifft diese Frage Anm. 2.
nach der deutlichen Bezeichnung des Indossatars nicht die Gültigkeit des Giros, sondern nur die Legitimation desjenigen, der aus dem betreffenden Giro Rechte für sich herleiten will (vgl. Anm. 11 u. 42 zu Art. 4). Unter Umständen ist umgekehrt diese Legitimation sogar bei formeller Identität nicht vorhanden, z. B. bei Namens- oder Firmengleichheit verschiedener Rechtssubjekte (vgl. Anm. 4 a. E. und Anm. 6 a. E. zu Art. 21).

c) Außer der Form ist aber zur wirksamen Übertragung des Wechsels noch Anm. 3.
ein **Begebungsvertrag** erforderlich, d. h. ein Vertrag, inhalts dessen durch das Indossament der Wechsel übertragen werden sollte (vgl. Art. 8 Anm. 2; ebenso Büsing: „Wesen und Wirkungen des Indossaments" S. 23). Fehlt es am Begebungsvertrage, wird z. B. ein verpfändungshalber indossierter Wechsel nach erledigtem Pfandrechte widerrechtlich retiniert, oder hat jemand einen mit Blankoindossament versehenen Wechsel gefunden oder gestohlen, so kann jeder in Anspruch genommene Wechselschuldner, z. B. auch der Trassant oder der Akzeptant den Mangel des Begebungsvertrages vorschützen (ROHG. 19, 49 und 328; 25, 66; RG. 2, 90; 5, 84; 35, 76; Lehmann 486). Ein nichtiger Begebungsvertrag macht das Indossament unwirksam (RG. 35, 76). Ein Pfandvertrag ist ein gehöriger Begebungsvertrag in diesem Sinne (§ 1292 BGB.; vgl. Staub HGB. 8. Aufl. Anm. 14 zu § 368; über die Wirkung eines solchen Indossaments s. Anm. 11 u. 21 ff. zu § 368). Wer aber den Wechsel nur mit dem Auftrage erhält, ihn zu diskontieren, wird nicht Eigentümer des Wechsels, auch wenn er sich aus dem Erlöse bezahlt machen soll (Bolze 10 Nr. 365 b). — Wegen des Beweises des Begebungsvertrags siehe Anm. 23 und 24 zu Art. 36.

Bei dem Erfordernisse des Begebungsvertrags ist aber zu beachten, erstens: daß das Gesetz auch das Prokura-Indossament kennt, ferner: daß auch das Inkassomandat-Indossament anzuerkennen ist, das äußerlich als reines Giro erscheint, in Wahrheit aber kein Wechseleigentum übertragen soll (Anm. 5 zu Art. 17). Endlich aber ist hervorzuheben, daß auch der spätere redliche Erwerber sich den Mangel des Begebungsvertrags bei einem früheren Giro entgegenhalten lassen muß (abw. Staub 4. Aufl. § 3 infolge der von ihm vertretenen Kreationstheorie, ebenso Rehbein Anm. 1). Es folgt dies aus dem in der Allg. Einl. (Anm. 10 und Art. 8 Anm. 2) dargelegten Prinzip, daß zur Entstehung der Wechselobligation ein Begebungsvertrag erforderlich ist (vgl. auch Art. 36 Anm. 25).

d) **Jedenfalls ist erforderlich, daß der ganze Wechsel übertragen wird.** Teilindossamente sind Anm. 4.
unpraktisch, aber auch unzulässig (RG. 11, 148; 41, 115; dagegen OG. Wien bei Links Nr. 2889; Lehmann 491). Als Teilindossament gilt es nicht, wenn ein Teil der Wechselsumme getilgt und der Rest übertragen wird; aber es muß sich das Indossament als ein so gemeintes darstellen (Bernstein 77). Teilindossament liegt nicht vor, wenn ein Indossament voll erteilt wird zur Einziehung teils für Rechnung des Indossatars, teils für Rechnung des Indossanten (vgl. Art. 17 Anm. 16). Auch ein bedingtes Indossament ist ungültig (Bernstein 77). Über die Wirkung eines Vollindossaments, das erteilt ist, damit der Indossatar einen Teil der Wechselsumme für eigene Rechnung, den anderen Teil für Rechnung des Indossanten beitreibe, s. die nicht unbedenkliche Entsch. RG. 41, 114.

e) **Dagegen ist es zulässig, daß der Wechsel an mehrere Indossatare indossiert wird** (selbst- Anm. 5.
verständlich der ganze Wechsel — Anm. 4). — OLG. Frankfurt, in SeuffA. 49 Nr. 38. — Die Indossierung an mehrere Personen kann in der Weise erfolgen, daß sie die Wechselsumme nur zusammen fordern können, oder mit solidarischer Berechtigung. Die letztere wird nicht vermutet (vgl. Anm. 12 zu Art. 4 wegen der Zulässigkeit mehrerer Remittenten).

f) **Die Wirkung des Indossaments** ist, wie der vorliegende Artikel sagt, die Übertragung Anm. 6.
des Wechsels. Das ist aber nur die dingliche Wirkung. Welche obligatorischen

Art. 9. Wirkungen die Indossierung hat, welche Rechte für den Indossatar dadurch entstehen, Anm. 6. welche Pflichten für den Indossanten, und wie die Übertragung auf das eigene Recht des Indossanten wirkt, darüber handeln die folgenden Artikel (vgl. insbesondere Anm. 3 ff. zu Art. 10).

Ein nicht formgerechtes Indossament hat keine Wirkung. Ob es als Zession aufrecht erhalten werden kann, hängt von der Parteiabsicht ab; begrifflich ausgeschlossen ist es jedenfalls nicht (Bolze 2 Nr. 827; 17 Nr. 327; Grünhut Hdb. II § 82). Und es wird immer dann Zession angenommen werden müssen, wenn der Übergang der Rechte ersichtlich gewollt ist (RG. in JW. 96, 285).

Anm. 7. 2. (Abs. 2.) **Das Verbot der Indossierung** oder die negative Orderklausel oder Rektaklausel. Durch sie wird der Wechsel ein **Rektawechsel.** Soll diese Wirkung eintreten, so muß die negative Orderklausel vom Aussteller, dem Begründer des Wechsels, ausgehen. Zwar kann auch der Akzeptant die Indossierung verbieten, doch liegt darin lediglich eine beschränkte Annahme, die nur seine Haftung, nicht den Wechsel als solchen berührt (Art. 22; ROHG. 14, 61). Das gleiche gilt von dem Indossierungsverbot des Indossanten (Art. 15). Die Form, in der das Verbot ergeht, ist gleichgültig: sie muß nur deutlich sein. Üblich ist die Formel: „Nicht an Order". Die Bezeichnung Depotwechsel, Kautionswechsel, Zum Depot bestimmt, ist nach der Rechtsprechung nicht gleichbedeutend und hindert die Indossierung nicht (ROHG. 6, 437; 13, 412; vgl. jedoch Anm. 25 zu Art. 82). Auch die Streichung der Worte „An Order" genügt nicht. Dagegen würde genügen die Formel: „Nur an Herrn Isidor Rund", nicht aber, „nur an die Order des Herrn Isidor Rund" (Bernstein 79). Die negative Orderklausel muß im Wechsel selbst, d. h. in seinem Kontexte stehen (ROHG. 2, 408; Bernstein 79; Lehmann 490; J. u. M. Stranz Anm. 11; dagegen Staub — 4. Aufl. —, der ihr keine bestimmte Stelle auf dem Wechsel zuwies). Daher ist ein auf der Rückseite erlassenes Indossierungsverbot ungültig (ROHG. 2, 408, ebenso Grünhut Hdb. II § 82). Zulässig ist ein beschränktes Indossierungsverbot, z. B. „an August Müller oder dessen Indossatar, nicht an fernere Indossatare" (Bernstein 78). Wird der Wechsel trotz des vom Aussteller ausgehenden Verbots indossiert, so ist das Indossament ungültig; Akzeptant, Aussteller und Indossant haften dem Indossatar nicht; das Indossament hat keine wechselrechtliche Wirkung, ebensowenig weitere Indossamente. Nach Staub (4. Aufl.) kann ein solches Indossament auch nicht als Anweisung (wie Thöl § 123 will) oder als Abtretung (wie Bernstein 78 will) oder als Vollmacht (z. B. Prokuraindossament, ebenso ROHG. 14, 61) aufrechterhalten werden; wir erachten solche zivilrechtliche Geltung für möglich (J. u. M. Stranz Anm. 9). Zulässig ist, daß trotz der negativen Orderklausel der Wechsel durch ein Prokuraindossament oder durch nachprotestliches Indossament (Bernstein 78; anders Grünhut Hdb. II § 82) übertragen wird, auch daß er zediert wird (OG. Wien bei Cz. Nr. 153; Grünhut Hdb. II § 82).

Das mündliche oder außerhalb des Wechsels schriftlich erteilte Versprechen, den Wechsel nicht zu indossieren, stellt lediglich obligatorische Beziehungen inter partes her und gibt demgemäße Einreden (Grünhut Lehrbuch § 40 Anm. 5).

Anm. 8. **Zusatz 1. Der Artikel erschöpft nicht alle Übertragungsmöglichkeiten.** Auch jeder andere Rechtsakt, durch den Forderungen übertragen werden, ist zulässig (RG. 12, 132). (Müssen diese Rechtsakte aus dem Wechsel hervorgehen? Darüber vgl. Anm. 11 zu Art. 36.) Der Wechsel kann z. B. auch übertragen werden

1. **durch bloße Übergabe** beim Blankoindossament, selbstverständlich auch hier unter Hinzutritt eines Begebungsvertrags (ROHG. 19, 49; vgl. oben Anm. 3). Über die Wirkung des Blankoindossaments siehe Art. 12 und 13;

Anm. 9. 2. **durch Abtretung.**

a) Daß die Abtretung auch bei Wechselansprüchen zulässig ist, wird jetzt von Rechtsprechung und Wissenschaft übereinstimmend anerkannt (ROHG. 11, 250; RG. 13,

329; 12, 132; 26, 100; 33, 145; und RG. vom 16. 10. 07 in Warneyer Erg.-Bd. 08, 24; Dernburg § 268; Lehmann in IheringsJ. 34, 430). Sie ist im allgemeinen nicht gebräuchlich, aber unter Umständen die einzige Art, wie die Wechselforderung übergehen kann. So kann der Rektawechsel nur durch Zession übertragen werden. Auch in den Fällen, in denen Forderungen von Gesetzes wegen auf Dritte übergehen (vgl. unten Anm. 11a), kann sich dieser Übergang nur nach Art der Abtretung vollziehen (§ 412 BGB.; ROHG. 5, 129; Dernburg § 268). **Art. 9. Anm. 9.**

b) Die Form der Wechselabtretung folgt allgemeinen Regeln. Sie braucht nicht auf dem Wechsel beurkundet zu werden. Ja sie braucht nicht einmal schriftlich zu sein. Aber notwendig muß Übergabe des Papiers hinzutreten, da es sich um eine Papierobligation handelt, die ohne den Besitz nicht geltend gemacht werden kann (ROHG. 4, 250ff.; 11, 250; RG. 3, 329; 26, 99; Grünhut Hdb. II 91; Dernburg II § 268 Nr. 2). Doch ist eine Abtretung auch ohne Übergabe nicht immer bedeutungslos, indem ihre Anzeige nach Maßgabe des bürgerlichen Rechts dem Schuldner das Recht geben kann, mit befreiender Wirkung an den Zessionar zu zahlen (§ 409 BGB.; RG. 26, 100; dagegen Bernstein 80).

c) Die Abtretung hat hier die gleichen Wirkungen, wie im bürgerlichen Recht. Sie überträgt die Rechte, die dem Zedenten zustehen. Daraus folgt einerseits: Der Zessionar muß sich alle Einwendungen gefallen lassen, die gegenüber dem Zedenten bestanden (RG. 33, 145; OG. Wien bei Cz. Nr. 153; vgl. Anm. 4 zu Art. 82). Doch greift hier § 405 BGB. Platz, wonach der Schuldner, wenn er eine Urkunde über die Schuld ausgestellt hat und die Abtretung unter Vorlegung der Urkunde erfolgt ist, dem Zessionar nicht den Einwand machen kann, die Eingehung des Schuldverhältnisses sei nur zum Schein erfolgt, oder daß die Abtretung durch Vereinbarung mit dem ursprünglichen Gläubiger ausgeschlossen sei, es sei denn, daß der neue Gläubiger bei der Abtretung den Sachverhalt kannte oder kennen mußte, oder daß, wie als selbstverständlich hinzugefügt werden muß, der Zessionar in Wahrheit nur Inkassomandatar des Zedenten ist. Anderseits aber erwirbt der Zessionar alle Rechte, die ein Zessionar auch sonst erwirbt. Insbesondere gehen gemäß § 401 BGB. die Pfand- und Bürgschaftsrechte mit auf den Zessionar über. Der Zessionar kann ferner den Wechsel abtreten, auch indossieren (letzteres wird zutreffend angenommen vom ROHG. bei Stegemann 8, 60; Canstein 131 Anm. 32; Bernstein 81 gegen die 1. Aufl. von Staub und gegen die von uns früher vertretene Ansicht; dagegen gelegentlich und ohne jede Begründung RG. 43, 44), auch durch Blankoübergabe übertragen, wenn der Wechsel ein Blankogiro hat (ROHG. bei Stegemann 8, 60). Auch Grünhut (Hdb. II § 84) versagt dem Zessionar das Recht wechselmäßiger Übertragung, weil er nur abgeleitete Rechte hat — das ist doch kein Hindernis; denn er hat eben alle Rechte des Zedenten im Wege abgeleiteter Erwerbsart erworben —, und nicht kraft der Order des Ausstellers auf Grund des Schriftaktes aus dem Papier selbst legitimiert ist — auch das ist kein Grund zu der Annahme, daß der Zessionar und demzufolge auch der, der durch Erbgang, durch Geschäftserwerb, durch Fusion von Gesellschaften die Rechte aus dem Papier erworben hat, den Wechsel nicht durch Indossament weiter zirkulieren lassen könnte, eine Erschwerung des Verkehrs, zu der dieser sich noch nicht verstanden hat und niemals verstehen wird. Die Wirkung solcher Indossierung oder Blankotradition ist die gewöhnliche wechselrechtliche (Bernstein 81). Auf den Art. 74 kann sich der Zessionar aber nicht berufen, für die gegen ihn gerichtete Vindikation ist vielmehr die Lehre von der Übertragung von Forderungen maßgebend (RG. 33, 145). Wohl aber kann sich sein Rechtsnachfolger, wenn er seinen Erwerb auf ein Giro des Zessionars stützt, auf Art. 74 berufen, weil, wie oben bemerkt, der Wechselzessionar den Wechsel indossieren und durch Blankoübergabe übertragen kann und zwar mit der regelmäßigen vollen Wirkung dieser Rechtsakte.

d) Über den Fall, daß ein Wechsel zugleich durch Zession und durch Blankoübergabe übertragen wird, siehe Anm. 5 zu Art. 13.

Art. 9. c) Dem Zessionar steht der Wechselprozeß zu (Grünhut Hdb. II § 91 Note 3; vgl. unten
Anm. 9. Anm. 11).

f) **Zwischen dem Zedenten und dem Zessionar** entstehen nur zivilrechtliche Rechte, keine wechselrechtlichen Regreßrechte. Der Zedent haftet nur nach den Grundsätzen von der Zession bzw. vom Forderungskauf für Existenz und Einbringlichkeit der Forderung (vgl. §§ 437, 438, 445 BGB.; Grünhut Hdb. II § 91).

g) Über die Abtretung an den Akzeptanten vgl. Art. 10 Anm. 7a;

Anm. 10. 3. **durch Erbgang** (RG. 12, 132); **durch Erstehen in der Auktion** (OG. Wien bei Cz. Nr. 163, 170); **durch Fusion** usw.; **durch Übernahme der Aktiva und Passiva eines Geschäfts** (OG. Wien bei Cz. Nr. 282). Erwerb durch Erbgang, Fusion, Auktion, Übernahme der Aktiva bei Geschäftsübernahme erzeugt die entsprechenden Wirkungen wie bei der Zession (oben Anm. 9);

Anm. 11. 4. **durch Pfändung und Überweisung** gemäß den Vorschriften der ZPO. Die Überweisung ist auch beim Blankogiro erforderlich, bloße Pfändung und Besitzübertragung durch den Gerichtsvollzieher genügt nicht, RG. 35, 76. Auch exekutivische Überweisung überträgt nicht mehr Rechte auf den Rechtsnachfolger, als dem Exekutionsschuldner zustanden (OG. Wien v. 4. 8. 74 bei Cz. Nr. 57 und v. 16. 6. 80 in ZHR. 29, 222, sowie das eben dort zitierte Urteil des RG. v. 1. 11. 82). Wenn es sich also z. B. um einen Wechsel handelt, der vom Schuldner akzeptiert und mit einem Blankogiro versehen in seinem Besitze befindlich ist, so stehen trotz des Blankogiros dem Exekutionsgläubiger keine Rechte gegen den Aussteller oder die Indossanten zu (Bolze 1 Nr. 832; auch OG. Wien bei Cz. Nr. 262); vgl. Anm. 7 zu Art. 10. — Erfolgte bei einem in der Zwangsvollstreckung versteigerten Wechsel die erforderliche Mitwirkung des Vollstreckungsgerichtes durch ein örtlich unzuständiges Gericht, so steht dies der Geltendmachung des Wechsels durch den Ersteher nicht entgegen, wenn er in betreff der Zuständigkeit in gutem Glauben war (RG. in JW. 05, 691[15]).

Dem Exekutionsgläubiger steht, wie bemerkt sein mag, der Wechselprozeß zu (RG. v. 1. 11. 82 in ZHR. 29, 222).

Anm. 11a. 5. **Auch durch Zahlung der Wechselschuld seitens eines Dritten** geht auf diesen die Wechselforderung über, wo die Gesetze an solche Zahlung den Forderungsübergang knüpfen (vgl. z. B. § 268 BGB. bei Befriedigung des Zwangsvollstreckungsgläubigers durch einen Dritten; § 774 BGB. bei Zahlung durch den Bürgen, ebenso RG. in JW. 07, 745[16]; §§ 1225, 1266 BGB. bei Bezahlung durch den, der seine Sache für fremde Schuld verpfändet hat; beim Frachtgeschäft § 441 HGB.). Die WO. hat diese Art des Übergangs der Wechselforderung nicht ausgeschlossen (vgl. oben Anm. 9; Bernstein 82). Die Wirkungen eines solchen Forderungsübergangs sind die gleichen, wie bei der Abtretung (§ 412 BGB.). Der Zahler einer fremden Schuld hat keinen Anspruch auf Indossierung (vgl. auch RG. in JW. 07, 745[16]), höchstens einen solchen auf Abtretung, wo die Gesetze einen solchen Anspruch vorsehen (Bernstein 82). Ist aber die Forderung auf den Zahlenden übergegangen, so kann er den Wechsel auch indossieren oder durch Blankotradition übergeben mit voller wechselrechtlicher Wirkung (oben Anm. 9).

Anm. 12. 6. Dagegen ist die **Wiedereinlösung** des Wechsels durch einen Indossanten im Rücklaufe kein Erwerb des Wechsels, sondern ein Unbedingtwerden der bedingt fortbestehenden Forderung des Indossanten (vgl. hierüber Anm. 6 zu Art. 10).

Anm. 13. **Zusatz 2. Auch eine Übertragung des Wechsels zum Zwecke der Verpfändung** gibt es (vgl. oben Anm. 3). Über die Wirkungen eines solchen Indossaments siehe Staub HGB. neue 8. Aufl. Anm. 15, 25, 73ff. zu § 368.

Anm. 14. **Zusatz 3. Scheckgesetz.** Jeder auf einen bestimmten Zahlungsempfänger gestellte Scheck kann durch Indossament übertragen werden, wenn nicht der Aussteller durch die Worte „nicht an Order" oder durch einen gleichbedeutenden Zusatz die Übertragung untersagt hat (§ 8 Scheckgesetzes). Es bedarf daher ebensowenig, wie beim Wechsel, einer Orderklausel für die Indossabilität. Vielmehr kann im Gegenteil nur durch besonderen Zusatz die Übertragung ausgeschlossen werden. Es liegt dann ein Rekta-Scheck vor. **Art. 9.** Anm. 14.

Für Inhaberschecks kann, ihrem Wesen entsprechend, die Übertragbarkeit nicht ausgeschlossen werden (vgl. Apt, Anm. 1 zu § 8 Scheckgesetzes).

In betreff der Form des Indossaments, in betreff der Legitimation des Besitzers eines indossierten Schecks und der Prüfung der Legitimation, sowie in betreff der Verpflichtung des Besitzers zur Herausgabe finden die Vorschriften der Art. 11—13, 36, 74 der Wechselordnung entsprechende Anwendung. Ein auf eine Abschrift des Schecks gesetztes Indossament ist jedoch unwirksam (vgl. § 8 Abs. 2 Scheckgesetzes). Das gleiche gilt von einem Indossament des Bezogenen; ein Indossament an den Bezogenen gilt als Quittung (§ 8 Abs. 2 Scheckgesetzes).

Zusatz 4. Fremde Rechte. Auch in Frankreich überträgt das Indossament das Eigentum des Wechsels; für seine Form ist erfordert, daß es datiert sein muß; es muß die geleistete Valuta zum Ausdruck bringen; es muß an Order lauten, nicht in blanco, und es darf andrerseits die Indossabilität nicht ausgeschlossen werden. Nach französischem Wechselrecht enthält der durch Indossament vollzogene Begebungsvertrag zugleich eine Übertragung und zwar eine stillschweigend vereinbarte Übertragung der zugrunde liegenden Forderung, die übrigens nicht der Signifikation bedarf, da diese nach ständiger Rechtsprechung der französischen Gerichte durch das Indossament ersetzt wird (RG. 65, 359). — Auch in Belgien muß das Indossament datiert werden und den Namen desjenigen angeben, auf dessen Order es gestellt wird. Die Übertragbarkeit durch Indossament kann nicht ausgeschlossen werden. — Nach englischem Recht kann die Begebbarkeit ausgeschlossen werden, ist dies aber nicht geschehen, so kann der Wechsel auch auf den Inhaber gestellt werden; das Indossament kann nur den ganzen Wechsel übertragen, auf den Namen oder in blanco gestellt sein (Späing 38). Anm. 15.

Artikel 10.

Durch das Indossament gehen alle Rechte aus dem Wechsel auf den Indossatar über, insbesondere auch die Befugnis, den Wechsel weiter zu indossieren. Auch an den Aussteller, Bezogenen, Akzeptanten oder einen früheren Indossanten kann der Wechsel gültig indossiert und von denselben weiter indossiert werden. **Art. 10.**

Der Schwerpunkt des Artikels liegt in dem ersten Satze, der zweite ist von untergeordneter Bedeutung.

1. (Erster Satz.) **Durch das Indossament gehen alle Rechte auf den Indossatar über.** (Transporteffekt des Indossaments.) Anm. 1.

a) **Voraussetzung ist also ein Indossament.** Gemeint ist das eigentliche Indossament, Eigentums-, Normal-Indossament (vgl. J. u. M. Stranz, Anm. 4 zu Art. 10), durch das gemäß Art. 9 das Eigentum am Wechsel übertragen wird. Das Prokuraindossament (Art. 17) hat diese Wirkung nicht. Wegen des Inkassomandat-Indossaments siehe Anm. 5 zu Art. 17, wegen des Nachindossaments s. Art. 16.

Vorausgesetzt ist ferner ein in gehöriger Reihenfolge befindliches Indossament (Art. 36). Nicht im Zusammenhange stehende Indossamente schaden den früheren nicht, soweit diese sich ordnungsmäßig folgen. Findet sich eine Unterbrechung, so begründet das Indossament für diesen Indossatar keine Wechselrechte; auch die nach der Unterbrechung folgenden Indossamente sind bedeutungslos. Näheres bei Art. 36.

Selbstverständliche Voraussetzung ist auch hier ein gültiger Begebungsvertrag (vgl. Anm. 3 zu Art. 9).

b) **Die Wirkung ist:** Alle Rechte aus dem Wechsel gehen über. Anm. 2.

α) Die dinglichen Wirkungen des Übertragungsaktes ziehen somit die obligatorischen von Gesetzes wegen nach sich: durch die Übertragung des Wechsels (Art. 9) erwirbt der Erwerber des Wechsels alle Rechte aus dem Wechsel. Es kann auch gar nicht vereinbart werden, daß zwar die dingliche

Art. 10. Wirkung eintreten soll, nicht aber die obligatorischen Wirkungen, daß der Erwerber
Anm. 2. zwar Eigentümer des Wechsels werden, nicht aber die Rechte aus dem Wechsel erwerben soll (Lehmann 488). Hiervon verschieden ist die Frage, ob die Parteien wirksam vereinbaren können, daß das die Form des eigentlichen Indossaments tragende Giro dessen Wirkungen nach innen überhaupt nicht haben solle, weder dingliche, noch obligatorische, sondern daß der Indossatar nur nach außen als Wechseleigentümer und Wechselgläubiger gelten soll. Über dieses versteckte Inkassoindossament s. Anm. 5 zu Art. 17.

Anm. 3. β) Die Rechte aus dem Wechsel gehen über, nicht etwa die Rechte des Indossanten, also nicht der Wechselanspruch in der Gestalt, wie er dem Indossanten zusteht (vgl. Art. 16 Abs. 2), sondern in der Gestalt, wie er sich abstrakt aus dem Wechsel ergibt. Die Einreden gegen den Indossanten stehen gegenüber dem Indossatar nicht zu. Das reine redliche Indossament ist daher zwar ein übertragender Akt, indem das Eigentum am Wechsel und der Wechselanspruch übertragen wird, aber eine Übertragung, die das übertragene Recht in der Person des Erwerbers verstärkt, eine rechtsverstärkende Übertragung. (Über andere Auffassungen des Wesens des Indossaments siehe Bernstein 75.) Andrerseits verbleibt auch der Indossant im Besitz der Wechselforderung, wenn auch suspensiv bedingt durch die Wiedereinlösung (vgl. unten Anm. 5 und 6).

Anm. 4. γ) Alle Rechte gehen über, d. h. die Rechte, die der Wechsel erzeugt; dagegen nicht Rechte gegen den Trassaten, der noch nicht akzeptiert hat (vgl. hierüber Anm. 8 zu Art. 8), nicht Zivilansprüche der Vormänner untereinander (ROHG. 23, 218), nicht der Bereicherungsanspruch nach Präjudizierung des Wechsels (ROHG. 12, 124), nicht die außerhalb des Wechsels bestehenden Nebenrechte (wie Pfand, Bürgschaft, Vertragsstrafe, oder die Rechte aus der, dem Wechselzuge zugrunde liegenden Forderung [vgl. Anm. 8 zu Art. 8]). Der Satz des § 401 BGB. ist auf das Indossament nicht übertragbar (Rehbein in Anm. 11; Bernstein 85). Es kommt dies daher, daß der Wechsel als Zirkulationspapier nach der Auffassung des Verkehrs lediglich die wechselmäßigen Rechte übertragen soll. Überdies bleibt ja der Indossatar Wechselgläubiger (vgl. Anm. 6). Doch ist nicht etwa begrifflich ausgeschlossen, daß die Mitübertragung der Neben- und Sicherungsrechte beabsichtigt ist. Ist sie beabsichtigt, so gilt sie auch als erfolgt, und ganz unzweifelhaft ist (RG. 41, 173) die Zulässigkeit ausdrücklicher Mitübertragung der Nebenrechte. Dagegen gehen, wie Bernstein (85) zutreffend bemerkt, die seitens des Indossanten durch Klageerhebung, Zwangsvollstreckung oder durch Konkursfeststellung der Wechselforderung erwachsenen Vorteile auf den Indossatar über, weil es sich hierbei nicht um Akzessorien des Anspruchs, sondern um Qualifikationen desselben handelt (OG. Wien bei Cz. Nr. 86, 217, 293, 474; zust. Büsing S. 35; anders ROHG. 10, 156; Keyßner in ZHR. 29, 221 geht von der Anschauung aus, daß das Indossament keinen Rechtsübergang bewirkt). Im Ergebnis übereinstimmend Hellwig, Wesen und subjektive Begrenzung der Rechtskraft, Leipzig 1901, 292, jedoch mit abweichender Begründung.

Anm. 5. δ) Sie gehen über. Das ist insofern nicht korrekt, als der Indossant sein eigenes Gläubigerrecht richtiger Ansicht nach nicht verliert. Denn

Anm. 6. ε) der Indossant bleibt Wechselgläubiger trotz des Indossaments, nur ist die Geltendmachung seines Rechts suspensiv bedingt durch die Wiedereinlösung. Die Wiedereinlösung ist kein neuer Rechtserwerb. Der Einlöser tritt vielmehr in seine alten Rechte wieder ein. (Plenarentsch. des ROHG. 24, 1; Lehmann 257; Goldschmidt in ZHR. 28, 93; Dernburg II § 267; Bolze 2 Nr. 806; 6 Nr. 399; auch RG. 4, 257; 21, 401; 34, 52). Die Einreden gegen den Wiedereinlösenden können daher in demselben Umfange geltend gemacht werden, wie vor der durch ihn erfolgten Indossierung (Dernburg II § 267), nicht aber die Einreden gegen die späteren Indossatare (Anm. 7 zu Art. 16). Andrerseits kann der einlösende

Indossant die durch Urteil oder durch Konkursfeststellung für den befriedigten **Art. 10.** Indossatar erworbenen Rechte nicht für sich geltend machen, auch nicht, wenn er sich **Anm. 6.** Giro oder Zession erteilen läßt, für welche letztere, da der Indossatar befriedigt wird, gar kein Raum ist (RG. 34, 52). — Demnach werden durch das Indossament der Indossant und der Indossatar Solidargläubiger: jener verbleibt in der Rolle eines Gläubigers, nur daß sein Recht bedingte Gestalt erhält, dieser wird neben ihm Vollgläubiger. — Als bedingter Zahlungsanspruch gehört das Recht des Indossanten während der Wechselinhaberschaft des Indossatars zu den Konkursforderungen der §§ 67, 154, 168² KO. (vgl. auch § 188 der öst. KO.) und wird von einem Zwangsvergleich mit begriffen (§ 193 KO.; über den außergerichtlichen Vergleich s. Anm. 63 zu Art. 82). An sich würde jeder Indossant seinen bedingten Anspruch zum Konkurse anmelden können; die Einheitlichkeit der Wechselschuld läßt aber nur einmalige Geltendmachung im Konkurse zu, so daß der Indossant nicht neben dem Indossatar den Anspruch anmelden kann (RG. 9, 76; 14, 174; 42, 37). Hat der Indossatar den Wechsel angemeldet, ist ein Zwangsvergleich geschlossen und hat der Indossatar die Akkordrate erhalten, so kann der wegen des Restes in Anspruch genommene Indossant nun nicht seinerseits von der durch ihn bezahlten Regreßsumme die Zwangsvergleichsquote verlangen (RG. 9, 78; Plenarentscheidung 14, 174; 42, 37). — In gewissen Hinsichten hat der Indossant während der Wechselinhaberschaft des Indossatars sogar unbedingte Rechte (auf Sicherung gemäß Art. 26, 29). — Die Frage, von welchem Zeitpunkte an das durch Einlösung wiedererworbene Wechselrecht des Indossanten zu datieren ist, beantwortet das ROHG. 24, 1 zutreffend dahin, daß das Datum des ursprünglichen Wechselerwerbes entscheidet. Wenn dem entgegen Bernstein (87) die zivilrechtlichen Vorschriften über die Wirkungen der auflösenden Bedingung entscheiden lassen will, so übersieht er, daß nach allgemeiner und auch nach seiner Ansicht (86) der Indossant durch die Indossierung sein Wechselrecht nicht aufgibt, sondern nur dessen Geltendmachung bedingt aufschiebt. Es besteht also das Recht fort und ist seit dem ursprünglichen Erwerbe nicht untergegangen, sondern nur seine Geltendmachung bedingt suspendiert; von einer Resolutivbedingung ist hier nirgends die Rede.

2. (Zweiter Satz.) **Auch an den Aussteller, Bezogenen, Akzeptanten oder an frühere Indossanten kann indossiert werden.** (Rückindossament, Grünhut § 50.) Hierzu ist zu bemerken: Anm. 7.

a) Dem Akzeptanten kann der Wechsel bis zum Verfall indossiert werden: ein nachträgliches Giro an ihn bewirkt durch Konfusion Untergang der Wechselschuld des Akzeptanten und folglich auch Erlöschen der Regreßverbindlichkeiten (ROHG. 25, 20; OG. Wien bei Cz. Nr. 277; RG. 65, 128).

Die Abtretung an den Akzeptanten bewirkt für die Regel Konfusion (anders Bernstein 88). Wird indes vom Indossatar nach Verfall des Wechsels der ihm gegen den Aussteller zustehende, rechtskräftig festgestellte Wechselregreßanspruch an den Akzeptanten abgetreten, so kommt es auf das der Wechselakzeptierung zugrunde liegende Rechtsverhältnis an, ob der Akzeptant die abgetretene Forderung gegen den Aussteller geltend machen kann. Liegt z. B. ein Gefälligkeitsakzept vor, so wird man die Frage bejahen. Wenn aber das Akzept auf Grund einer Schuldverpflichtung gegeben war, so wird die Frage zu verneinen sein; denn der Akzeptant würde auf Grund der Abtretung fordern, was er auf Grund seiner Schuldverpflichtung sofort wieder zurückzahlen müßte (RG. 65, 126).

Ein Indossament auf den Trassaten, bevor er akzeptiert hat, ist vollgültig; seine Stellung ist bis dahin wie die jedes Dritten, und er muß gegen sich Protest erheben lassen.

b) Auch an den Notadressaten kann der Wechsel gültig indossiert werden (ROHG. 10, 286), ebenso an den Ehrenakzeptanten, Avalisten, auch an den Domiziliaten (ROHG. 5, 126).

c) Selbstverständlich haben der Trassant, Indossant, Akzeptant, an die der Wechsel wieder indossiert wird, gegen die Zwischenindossanten keinen Regreß (ROHG. 18, 413; OG.

Art. 10. Wien bei Cz. Nr. 213, 491). Wird aber an einen von mehreren Ausstellern indossiert, so gewinnt dieser alle Rechte gegen die übrigen Aussteller.

Anm. 8. **Zusatz. Fremde Rechte.** Frankreich und Belgien haben im wesentlichen übereinstimmende Vorschriften. Nach englischem Rechte aber wird die Wechselobligation dadurch getilgt, daß der Akzeptant sie erwirbt (Späing 45).

Artikel 11.

Art. 11. **Das Indossament muß auf den Wechsel, eine Kopie desselben oder ein mit dem Wechsel oder der Kopie verbundenes Blatt (Allonge) geschrieben werden.**

Der Artikel handelt von der Stelle im Wechsel, an der das Indossament stehen muß. Hierüber ist bereits in Anm. 2 zu Art. 9 gehandelt, desgleichen über die Form des Indossaments.

Artikel 12.

Art. 12. **Ein Indossament ist gültig, wenn der Indossant auch nur seinen Namen oder seine Firma auf die Rückseite des Wechsels oder der Kopie oder auf die Allonge schreibt (Blanko-Indossament).**

Einleitung. Der vorliegende Artikel gibt eine spezielle Vorschrift über das einfachste Blankoindossament (vgl. unten Anm. 3) und über die Stelle dieses Blankoindossaments. Über den Begriff des Blankoindossaments und seine Form überhaupt läßt sich das Gesetz nicht aus. (Über seine Wirkungen handelt Art. 13.) Es erscheint erforderlich, auch den Begriff des Blankoindossaments und seine Form überhaupt zu behandeln.

Anm. 1. 1. **Der Begriff des Blankoindossaments.** Nach dem Wortlaut der Art. 9 und 10 könnte man versucht sein anzunehmen, daß nur ein Vollindossament gültig sei. Es geht aber aus Art. 12 und 13 hervor, daß auch ein solches Indossament gültig ist, bei dem die Person, auf welche der Wechsel übertragen wird, nicht genannt wird. Das ist das Blankoindossament. Dasselbe ermöglicht die Übertragung des Wechsels, ohne den Erwerber auf dem Wechsel namhaft zu machen, und die Weiterbegebung des Wechsels durch diesen Erwerber, ohne sich zu nennen (vgl. Anm. 4 zu Art. 13).

Außer der Form ist natürlich auch hier der Begebungsvertrag erforderlich, um den Begriff des Blankoindossaments zu erschöpfen (ROHG. 25, 67; RG. 5, 83; RG. 35, 76; OG. Wien bei Cz. Nr. 185 und 262; vgl. hierüber Anm. 3 zu Art. 9).

Anm. 2. 2. **Form des Blankoindossaments.** Ein Blankoindossament liegt immer vor, wenn der Indossatar nicht genannt wird. Welche Form sonst gebraucht wird, ist gleichgültig, es muß nur der Indossierungswille deutlich erklärt sein. Nicht erforderlich ist, daß über der Namensschrift ein leerer Raum behufs etwaiger Ausfüllung des Übertragungsvermerkes sich befindet (Bernstein 94). Gültig ist „Für mich an die Order von . . . J. Schultze“, wobei der Name des Indossatars ausgelassen wird, oder „An den Inhaber“ (letzteres verneint Grünhut Hdb. II § 83; s. aber J. u. M. Stranz Anm. 3). Durchstreichung des Transportvermerks genügt zur Herstellung eines Blankogiros nicht, weil es zweifelhaft bleibt, nicht bloß ob ein Vollgiro oder ein Blankogiro gewollt ist, sondern, ob überhaupt ein Giro gewollt ist. Dieser Satz erleidet jedoch in folgendem Falle eine Ausnahme. Der Indossant kann vor der Begebung entweder selbst oder durch einen Dritten, dem er Genehmigung erteilt hat, vermittelst Durchstreichung des Indossatars die Verwandlung eines Vollindossaments in ein Blankoindossament vornehmen. (ROHG. 17, 412; RG. 41, 412; OLG. Marienwerder bei Mugdan-Falkmann 2, 104; Lehmann 482 Anm. 2; Grünhut Hdb. II § 83; Dernburg II § 265; J. u. M. Stranz Anm. 4; anders Staub 4. Aufl.) Jener Satz muß aber in dem Falle gelten, wo der Indossatar, von seinen Rechten aus Art. 13 Gebrauch machend, ein Blankoindossament ausfüllt, aber unrichtig, nämlich so, daß die Kette unterbrochen wird, und nunmehr, um den Fehler wieder gut zu machen, den Transportvermerk durchstreicht. Ebenso

wird eine Quittung dadurch nicht zum Blankoindossament, daß man das Empfangs- Art. 12.
bekenntnis durchstreicht und die Unterschrift stehen läßt. — (Thöl § 183 Anm. 4; Anm. 2.
Bernstein 94; a. M. Dernburg II § 265). — Dagegen wird es genügen, wenn nicht der ganze Transportvermerk, sondern bloß der Name des Indossatars gestrichen ist (Bernstein 93). Der bloße Name des Indossanten genügt, nur daß für diesen Fall vorgeschrieben ist, das Indossament müsse auf der Rückseite stehen (vgl. Anm. 3). Der Zusatz „angenommen" entzieht dem Vermerk nicht die Eigenschaft des Blankoindossaments (RG. 46, 46). Dagegen kann ein wegen Mangels wesentlicher Erfordernisse ungültiges Vollindossament (z. B. wegen ungenügender Bezeichnung des Indossatars) nicht als Blankoindossament aufrecht erhalten werden (ROHG. 18, 419).

Über den Einfluß, den selbst ein berechtigtes Durchstreichen auf die Legitimation im Wechselprozeß und auf die Beweislast ausübt, vgl. RG. 41, 412.

3. **Hinsichtlich der Stelle, auf der das Blankoindossament stehen muß,** gilt im allgemeinen Anm. 3.
lediglich Art. 11: das Indossament muß auf dem Wechsel stehen oder auf einer Kopie oder auf einer Allonge. Dagegen kann es sehr wohl auf der Vorderseite stehen (a. M. OTr. in StrA. 26, 338). Freilich sind an das Blankoindossament auf der Vorderseite erhöhte Anforderungen hinsichtlich der Deutlichkeit zu stellen. Gilt dies schon für das Vollindossament (vgl. Anm. 2 zu Art. 9), so in noch erhöhtem Maße für das Blankoindossament. Die bloße Namensfertigung auf der Vorderseite reicht keinesfalls aus; daß dies der vorliegende Artikel ausdrücklich vorschreibt, leugnet Bernstein 94 mit Unrecht. Regelmäßig steht denn auch jedes Indossament und insbesondere auch das Blankoindossament auf der Rückseite des Wechsels. Für das einfachste Blankoindossament, d. h. dasjenige, welches in der bloßen Namensbezeichnung des Indossanten besteht, ist vorgeschrieben, daß es nur dann als Indossament gilt, wenn es auf der Rückseite steht. Auf alle Blankoindossamente ist dies keineswegs auszudehnen (Grünhut Hdb. II § 83; Rehbein Anm. 5; Dernburg II § 265; J. u. M. Stranz Anm. 2).

4. **Über die Rechtswirkungen des Blankoindossaments** s. Art. 13. Anm. 4.

Zusatz. Fremde Rechte. In Frankreich ist das Blankoindossament nicht gültig, wohl Anm. 5.
aber in Belgien, England (Späing 49), Holland, den Vereinigten Staaten (Meyer 36).

Artikel 13.

Jeder Inhaber eines Wechsels ist befugt, die auf demselben befindlichen Art. 13.
Blanko-Indossamente auszufüllen; er kann den Wechsel aber auch ohne diese Ausfüllung weiter indossieren.

Der vorliegende Artikel behandelt eine Rechtswirkung des Blankoindossamentes, nämlich das Recht der Ausfüllung und Indossierung. Es empfiehlt sich aber, die Rechtswirkungen des Blankoindossaments überhaupt im Zusammenhange hier darzustellen.

1. **Die erste Rechtswirkung des Blankoindossaments ist die, daß der Wechsel auf den In-** Anm. 1.
dossatar übertragen wird. Denn das Blankoindossament ist nur eine Unterart des in Art. 9 behandelten Indossaments und unterfällt daher der Vorschrift dieses Artikels.

2. **Sodann gehen gemäß Art. 10 alle Rechte aus dem Wechsel auf den Indossatar über.** Das Anm. 2.
ist in dem zu Art. 10 entwickelten Sinne zu verstehen, d. h. dahin, daß der Indossatar die Wechselansprüche so erwirbt, wie sie aus dem Wechsel hervorgehen, nicht mit den Einwendungen, die gegen den Blankoindossanten bestehen. Auf Grund des Blankoindossaments kann der Indossatar den Wechsel protestieren lassen und einklagen, und zwar auch auf Grund seines eigenen nicht durchstrichenen Blankogiros. Denn er kann auch auf Grund eines solchen den Wechsel erworben haben, und die verneinende Entsch. des RG. (1, 32) spricht nur vom Vollindossament (OTr. bei Borchardt Zus. 441d u. e; RG. 33, 148; RG. bei Bolze 3 Nr. 542; RG. in ZHR. 29, 218; RG. bei Gruch. 31, 1084).

Art. 13. Anm. 3. 3. **Demgemäß geht auch das im Art. 10 vorgesehene Indossierungsrecht auf den Blankoindossatar über.** Der vorliegende Artikel will ihm dieses Recht nicht noch besonders verleihen, sondern nur bestimmen, in welcher Weise er es ausüben darf: entweder dadurch, daß er ein selbständiges Indossament auf den Wechsel setzt (Voll- oder Blankoindossament), oder dadurch, daß er das Blankoindossament mit dem Namen einer andern Person ausfüllt mit der Wirkung, daß dieses Indossament nunmehr ein gültiges Vollindossament ist. Im übrigen darf er nicht beliebige Zusätze machen. Vielmehr hat der Erwerber präsumtiv nur das Recht, die Lücke, außer mit dem Namen des Indossatars, nur noch mit regelmäßigen, typischen Bestandteilen des Indossaments (z. B. Orts-, Zeitdatum, Valutaklausel) auszufüllen, mit irgendeiner anormalen nur dann, wenn dadurch die Verpflichtung des Indossanten erleichtert wird, wie z. B. durch die Klausel: nicht an Order, ohne Obligo, in Prokura (Grünhut Hdb. II § 83). Dagegen darf er dem Indossament nicht rechtsverändernde Zusätze zum Nachteile des Giranten hinzufügen, z. B. ohne Kosten (ROHG. 17, 267), oder die Festsetzung einer längeren als der gesetzlichen Präsentationsfrist, wohl aber, weil zum Vorteile des Giranten gereichend, die Prokuraklausel, den Ausschluß der Haftung, die Rektaklausel (Bernstein 98). Überschreitung dieser gesetzlichen oder der sonst vereinbarten Grenzen des Ausfüllungsrechts wirkt nur zwischen den Indossamentsparteien und demjenigen Dritten, der in dolo ist (Grünhut Hdb. II § 83); die Beweislast trifft den Wechselschuldner. — Der Umstand, daß der Wechsel nach dem Verfalltag erworben ist, steht der Benutzung des vor dem Verfalltag auf den Wechsel gesetzten Blankoindossaments nicht entgegen (JW. 04, 152[28]). Die Ausfüllung kann ferner auch noch nach dem Tode des Indossanten oder nach der Konkurseröffnung über sein Vermögen erfolgen (vgl. Anm. 13a zu Art. 7). Einmal geschehen und durch Begebung dem Wechselverkehr übergeben, ist sie für den Verkehr festgelegt; nachträgliche Änderungen durch die Indossatare sind Fälschungen (Bernstein 98).

Anm. 4. 4. **Der Blankoindossatar kann aber weiter den Wechsel auch ohne Giro auf andere übertragen,** nämlich durch bloße Übergabe, selbstverständlich unter Hinzutritt eines Begebungsvertrages (vgl. Anm. 3 zu Art. 9); man kann ihn in diesem Falle Blankotradenten, die betreffende Übertragung Blankotradition nennen. So kann der Wechsel auf Grund des Blankogiros von Hand zu Hand gehen, auch in das Eigentum des Blankoindossanten selbst wieder gelangen, der hiernach auf Grund seines eigenen Blankogiros legitimiert ist (oben Anm. 2). Der Wechsel nähert sich solchergestalt durch das Blankoindossament dem Inhaberpapier, ist aber ein solches nicht (Brunner in Endemanns Hdb. des Handelsrechts 2, 194; Grünhut Hdb. II § 83). Jedenfalls wird durch eine auf Grund eines Begebungsvertrages geschehene Tradition des mit einem Blankoindossament versehenen Wechsels in bezug auf die Rechtsübertragung dieselbe Rechtswirkung erzeugt, wie durch Indossierung des Wechsels, d. h. es werden der Wechsel und die Rechte aus ihm auf den redlichen Erwerber übertragen; letzteres in dem Anm. 3 zu Art. 10 entwickelten Sinne. Es steht also auch hier, wie gegen OG. Wien bei Cz. Nr. 365 hervorgehoben werden muß, das Wechselrecht dem Blankoindossatar so zu, wie es sich abstrakt aus dem Wechsel ergibt, und weder Einreden aus der Person des Indossanten, noch aus der Person des Blankotradenten können dem Blankoerwerber entgegengehalten werden. Gegen die gegenteilige Meinung Bernsteins (79), wonach die Blankotradition eine „gemeinbürgerliche Übertragungsart" darstelle, also die Übertragungswirkungen einer Abtretung habe, ist entschieden Verwahrung einzulegen; sie widerspricht durchaus dem Geiste der wechselrechtlichen Vorschriften. Auch das RG. (33, 145) erblickt in der Blankotradition einen wechselrechtlichen Übergangsakt (zustimmend OLG. Hamburg bei Mugdan-Falkmann 7, 171). Verpflichtet wird jedoch der, der auf Grund eines fremden Blankogiros den Wechsel überträgt, nicht (vgl. Anm. 6 zu Art. 14); vielmehr scheidet er aus dem Wechselverbande aus und kann höchstens zivilrechtlich seinem Nehmer verantwortlich werden (ROHG. 17, 403). Demgemäß kann er auch nicht die Rolle eines Regreßeinlösers spielen (vgl. Anm. 13 zu Art. 16).

Über den Fall, daß diese Art der Begebung eine versteckte Inkassobegebung ist, s. Anm. 5 u. 14 zu Art. 17. Art. 13.

5. **Selbstverständlich kann der Blankoindossatar auch die Wechselforderung abtreten.** Zu beachten ist aber, daß er bei gleichzeitiger Übergabe des Wechsels mit einem Blankoindossament an den Zessionar, diesen hierdurch in die Lage versetzt und berechtigt, das Blankoindossament auszufüllen (mit Unrecht geleugnet von Bernstein 97) oder sonst wechselmäßig zu benutzen (s. ROHG. bei Stegemann 8, 60), ihn überhaupt zum Blankoindossatar macht mit allen Wirkungen des Blankoindossaments. Der Rechtserwerb durch Zession macht den mit höheren Wirkungen ausgestatteten Rechtserwerb durch Blankotradition nicht ungeschehen. Anders auch nicht RG. 33, 145 u. 147. Nur für den Fall, daß der Erwerber lediglich auf Grund der Zession erwerben wollte, liegt bloß zivilrechtlicher Erwerb vor (RG. 33, 147 oben und 148 unten). Anm. 5.

Anders liegt die Sache bei Erwerb durch Erbschaft, behördliche Übertragung usw. Hier sind nicht zwei Erwerbsarten gegeben, sondern es liegt nur eine Erwerbsart vor und es treten daher lediglich die Rechtswirkungen dieser ein.

6. **Vorausgesetzt ist überall ein Blankogiro in gehöriger Reihenfolge.** Geht ihm ein Vollindossament voraus, so muß der in diesem bezeichnete Indossatar das Blankogiro ausstellen. Geht ihm ein Blankogiro voraus, so kann jeder das Blankogiro ausstellen, ohne die Reihenfolge zu unterbrechen (auch der letzte Blankoindossant; vgl. oben Anm. 2). Anm. 6.

Zusatz. Fremde Rechte. Belgien und England haben die gleiche Vorschrift wie wir (Späing 50). Anm. 7.

Artikel 14.

Der Indossant haftet jedem späteren Inhaber des Wechsels für dessen Annahme und Zahlung wechselmäßig. Hat er aber dem Indossamente die Bemerkung „ohne Gewährleistung", „ohne Obligo" oder einen gleichbedeutenden Vorbehalt hinzugefügt, so ist er von der Verbindlichkeit aus seinem Indossamente befreit. Art. 14.

Der Artikel behandelt die Verpflichtung des Indossanten. (Garantieeffekt des Indossaments.)

1. Vorausgesetzt ist auch hier ein in gehöriger Reihenfolge befindliches Indossament: ist die Reihe gemäß Art. 36 nicht gewahrt, so sind die nach der Unterbrechung auf dem Wechsel befindlichen Indossamente bedeutungslos, auch insofern, als sie keinen Regreß begründen, insbesondere auch keinen Regreß bis zur Lücke (ROHG. 15, 169; Lehmann 532 Anm. 19; Rehbein Anm. 12 zu Art. 10; Bernstein 99; anders zu Unrecht OG. Wien bei Peitler Nr. 203). Vorausgesetzt ist ferner materielle Gültigkeit des Indossaments (Wechselfähigkeit, Vertretungsbefugnis der Person, die für den Indossanten unterschrieben hat usw.). Anm. 1.
2. Der Inhalt der Haftung ist derselbe, wie der Inhalt der Haftung des Trassanten, wie schon eine Vergleichung des Wortlauts der beiden Artikel 8 und 14 ergibt. Anm. 2.
3. Der rechtliche Charakter der Haftung ist ebenfalls grundsätzlich der gleiche wie der Rechtscharakter der Haftung des Trassanten, nämlich der einer vom Akzept unabhängigen **Regreßpflicht** (vgl. Anm. 1 zu Art. 8). Nur gehört die Haftung des Indossanten nicht zum Wesen des Wechsels, noch auch zum Wesen des Indossaments, sondern ist als naturale negotii zu betrachten, während die Ausstellerhaftung nach unserer Ansicht dem Wechsel wesentlich ist (vgl. Anm. 67 zu Art. 4). Die Indossantenhaftung kann deshalb gültigerweise ausgeschlossen werden (vgl. Anm. 4). Wer zugleich Trassant und Indossant ist und dem Indossament den Zusatz ohne Obligo hinzufügt, haftet zwar nicht als Indossant, wohl aber als Aussteller (RG. 18, 112). Verschieden ist die Haftung von der des Akzeptanten: sie ist im Gegensatz zu dieser eine Regreß- Anm. 3.

Art. 14. Anm. 3. haftung, die auch dann besteht, wenn der Akzeptant nicht haftet oder der Trassat nicht akzeptiert (ROHG. 3, 127). Doch ist die Verschiedenheit nur eine rechtliche, keine ökonomische (vgl. Anm. 1 zu Art. 8 betreffend die Trassantenhaftung). Zahlt der Akzeptant, so wird der Indossant frei. Der Zwangsvergleich des Akzeptanten hat aber auf die Verpflichtung des Indossanten keinen Einfluß (KO. § 193).

Anm. 3a. 4. **Über den Erfüllungsort** der Indossantenverbindlichkeit siehe Anm. 7 u. 8 zu Art. 86, demgemäß **auch über das in Anwendung kommende Gesetz.**

Anm. 4. 5. **Der wechselmäßige Ausschluß der Haftung** erfolgt durch Zusätze, wie „ohne Obligo", „ohne Gewährleistung" und gleichbedeutende Ausdrücke. Gleichbedeutend sind: „ohne Garantie, ohne mein Präjudiz, unter Ausschluß des Delkredere, ohne Vertretung, ohne Einlösungspflicht, ohne Haftpflicht, ohne Regreßverbindlichkeit;" dagegen genügen nicht: „ohne Gewähr für den Akzeptanten, O. Vertr., SO. = möglicherweise sine obligo" (Bernstein 100). Im Falle der Klausel „ohne Obligo" haftet der Indossant auch seinem Indossatar nicht. Dagegen schließt er durch sie die Haftung weder seiner Vormänner, noch seiner Nachmänner aus (ROHG. 1, 97; RG. 18, 112; Rehbein Anm. 16; Grünhut Hdb. II § 73). Zusätze wie: „zum Depot" oder „zur Kaution" bedeuten den Zweck des Indossaments, die Haftung schließen sie nicht aus. Über den Fall, wo der Aussteller indossiert und dem Indossamente den Zusatz „ohne Obligo" hinzufügt, s. oben Anm. 3.

Anm. 5. 6. **Selbstverständlich ist hier nur von dem wechselmäßigen Ausschluß der Haftung die Rede.** Im Verhältnis zwischen Indossanten und Indossatar kann auch nebenher die Haftung ausgeschlossen werden; es hat dies aber nur Rechtswirkungen inter partes (ROHG. 1, 100).

Anm. 6. 7. **Auch eine Einschränkung** der Haftung des Indossanten ist nicht unzulässig. Sie ist nicht verboten und widerspricht nicht dem Geiste der WO., vgl. Art. 19, 31 (Bernstein 101).

Anm. 7. **Zusatz 1. Die Indossantenhaftung bezieht sich nicht auf den Blankotradenten** d. h. den, **der unter Benutzung eines Blankogiros den Wechsel begibt, ohne seinen Namen darauf zu setzen.** Das ist ja gerade der Zweck solcher Begebungen. Sein Verhältnis zu seinem Nehmer richtet sich nach dem Inhalt des Begebungsvertrags (vgl. Anm. 4 zu Art. 13).

Anm. 7a. **Zusatz 2. Scheckgesetz.** Eine dem Satz 2 des Art. 14 nachgebildete Bestimmung enthält § 15 Abs. 3 Scheckgesetzes.

Anm. 8. **Zusatz 3. Fremde Rechte.** Das französische, belgische und englische Recht enthalten analoge Vorschriften, nur daß das englische Recht die Indossantenhaftung mehr bürgschaftsartig auffaßt. Das englische Recht hat außerdem noch Sonderbestimmungen über die Haftung des Blankotradenten, die aber gleichfalls darin gipfeln, daß eine wechselmäßige Haftung nicht stattfindet (Späing 54).

Artikel 15.

Art. 15. **Ist in dem Indossamente die Weiterbegebung durch die Worte „nicht an Order" oder durch einen gleichbedeutenden Ausdruck verboten, so haben diejenigen, an welche der Wechsel aus der Hand des Indossatars gelangt, gegen den Indossanten keinen Regreß.**

Das vom Indossanten ausgehende Indossierungsverbot (Rekta-Indossament).

Anm. 1. 1. **Die Erfordernisse des Indossierungsverbots** sind dieselben wie beim Indossierungsverbot des Ausstellers. Vgl. daher Art. 9, insbesondere wegen der gleichbedeutenden Ausdrücke Anm. 7 daselbst. Die Klausel muß hier „in dem Indossamente" stehen, worunter nur zu verstehen ist, daß sie entweder im Kontext des Giros steht oder sich an ihn derart anschließt, daß sie durch die Unterschrift gedeckt erscheint (Bernstein 101 § 2). Eine Klausel an anderer Stelle hat keine wechselrechtliche Bedeutung.

2. **Die Wirkung** ist, daß der Indossant den Nachmännern seines Indossatars nicht haftet. Daraus ergibt sich: Art. 15. Anm. 2.

a) **In prinzipieller Hinsicht:** Die Wirkung ist grundverschieden von der Wirkung des Indossierungsverbots des Ausstellers. Denn der Wechsel wird durch das Indossierungsverbot des Indossanten keineswegs zum Rektawechsel. Die Indossierung ist trotz des Verbots nicht unzulässig. Nicht bloß sind das Prokuraindossament und die Abtretung zulässig, sondern es ist trotz des Verbots auch das eigentliche Voll- und Blankoindossament zulässig (zust. Rehbein Anm. 16; Grünhut Hdb. II § 82). Denn, wie der vorliegende Artikel deutlich sagt, das Verbot bewirkt lediglich, daß der betreffende Indossant seinen weiteren Nachmännern nicht haftet. Im übrigen aber ist das dem Verbot entgegenstehende Indossament durchaus nicht bedeutungslos, insbesondere gehen durch ein solches Indossament die dinglichen Rechte auf den Wechsel und die obligatorischen Rechte aus dem Wechsel (Art. 9 u. 10) auf den Indossatar über, und nachträgliche Indossanten haften ihren Nachmännern wechselmäßig.

„**Aus der Hand des Indossatars**" ist nicht streng wörtlich zu nehmen; es bedeutet nicht nur Erwerb unmittelbar aus der Hand des Rektaindossatars, sondern auch den späteren Erwerb der folgenden Nachmänner.

b) **Die Nachindossatare haben gegen den Indossanten, der die Weiterindossierung verboten hat, „keinen" Regreß.** Wohl aber haftet der Indossant dem unmittelbaren Nachmann, diesem versagt das Gesetz den Regreß nicht. Doch kann dieser, was nicht geleugnet werden soll, seine Regreßrechte abtreten. Wir vermögen nur in dem gewöhnlichen Indossamente nicht ohne weiteres eine solche Abtretung zu erblicken (anders Bernstein 101, 102; Grünhut Hdb. II § 2). Aber auch gegenüber dem unmittelbaren Nachmann des Rektaindossanten hat das Indossierungsverbot Folgen: bei dem Regreß, den er nimmt, bleibt eine seinerseits etwa erfolgte Indossierung unbeachtet, so daß er die hierdurch hinzutretenden Spesen nicht geltend machen kann (Lehmann 490 Anm. 10). Anm. 3.

Zusatz. Fremde Rechte. Nach französischem und belgischem Rechte ist die Orderklausel ein wesentliches Erfordernis eines gültigen Indossaments, im englischen Recht gilt der Satz: verbietet ein Indossament die Übertragung, so verliert der Wechsel seine Begebbarkeit (Späing 56). Anm. 4.

Artikel 16.

Wenn ein Wechsel indossiert wird, nachdem die für die Protesterhebung mangels Zahlung bestimmte Frist abgelaufen ist, so erlangt der Indossatar die Rechte aus dem etwa vorhandenen Akzepte gegen den Bezogenen und Regreßrechte gegen diejenigen, welche den Wechsel nach Ablauf dieser Frist indossiert haben. Art. 16.

Ist aber der Wechsel vor dem Indossamente bereits mangels Zahlung protestiert worden, so hat der Indossatar nur die Rechte seines Indossanten gegen den Akzeptanten, den Aussteller und diejenigen, welche den Wechsel bis zur Protesterhebung indossiert haben. Auch ist in einem solchen Falle der Indossant nicht wechselmäßig verpflichtet.

Der Artikel enthält die gesetzlichen Vorschriften über das Nachindossament. Darunter versteht man ein Indossament, durch das der Wechsel nach der für die Protesterhebung mangels Zahlung bestimmten Frist übertragen wird. **Dabei wird unterschieden, ob der Wechsel protestiert war oder nicht.** Beide Fälle werden in den beiden Absätzen des vorliegenden Artikels durchaus verschieden behandelt. (Über das Nachindossament an den **Akzeptanten** vgl. Art. 10 Anm. 7a.) Einleitung.

Wegen anderer Übertragungsarten vgl. Art. 9 Anm. 9ff.

Art. 16. 1. (Abs. 1.) **Das Nachindossament des nicht protestierten (präjudizierten) Wechsels.** Ist der
Anm. 1. Verfalltag des Wechsels herangekommen und der Wechsel ist nicht bezahlt und nicht protestiert, so hat der Wechsel damit seine rechtliche Bedeutung doch nicht verloren. Er kann gleichwohl noch Gegenstand des Wechselverkehrs dadurch sein, daß die trotz des unterlassenen Protestes noch bestehenden Wechselrechte durch neue Indossamente übertragen und gleichzeitig durch diese neuen Indossamente neue Wechselverpflichtungen begründet werden. Das Nachindossament ist hiernach durchaus nicht inhaltlos. Sein rechtlicher Inhalt wird im vorliegenden Absatze abgehandelt.

Anm. 2. a) **Vorausgesetzt** ist das Indossament auf einem verfallenen, aber nicht protestierten (präjudizierten) Wechsel.

α) Ein Wechsel, also eine Tratte, ist vorausgesetzt, nicht gerade ein akzeptierter Wechsel (vgl. die Gesetzesworte: aus dem etwa vorhandenen Akzepte).

Anm. 3. β) Verfallen und nicht protestiert (präjudiziert) muß der Wechsel sein. Ein nach dem Fälligkeitstage, aber während der Protestfrist indossierter Wechsel erfüllt dieses Erfordernis nicht (Lehmann 494 Anm. 1a). Ein solches Giro steht vielmehr dem vor dem Verfalltage gegebenen gleich. (AG. Freysing bei Borchardt Zus. 280.) Wohl aber steht dem nicht protestierten Wechsel der gleich, bei dem der Protest nicht rechtzeitig (RG. 1, 294) oder nicht ordnungsmäßig (OTr. Berlin bei Borchardt Zus. 279; OLG. Stuttgart in ZHR. 38, 562) erhoben ist. Andrerseits darf auch die Verjährung noch nicht abgelaufen sein, sonst ist die Wechselkraft erloschen (ROHG. 7, 317). — Ein nach Aufnahme des Protestes, wenn auch innerhalb der Protestfrist, getätigtes Indossament gilt als Nachindossament eines protestierten Wechsels (J. u. M. Stranz Anm. 2).

Anm. 4. γ) Das Indossament kann auch ein Blankogiro sein (ROHG. 6, 99; RG. 2, 79; 33, 145), gleichviel ob es vor oder nach Verfall auf den Wechsel gesetzt ist (vgl. unten Anm. 13 a. E.). — Anders zum Teil beim protestierten Wechsel, vgl. unten Anm. 11 u. 13.

b) Die **Rechtswirkungen** eines solchen Indossaments sind folgende:

α) Es überträgt das Eigentum am Wechsel gemäß Art. 9.

β) Es überträgt die Rechte, die trotz des unterlassenen Protestes noch bestehen. Das Gesetz erwähnt hierbei an erster Stelle die Rechte aus dem etwa vorhandenen Akzepte. Damit sagt es zum Teil zuviel, weil die Rechte aus dem etwa vorhandenen Akzepte dann nicht übergehen, wenn der Wechsel mit benanntem Domiziliaten domiziliert war; denn dann ist auch der Akzeptant durch den unterlassenen Protest befreit (Art. 43). Das Indossament überträgt ferner die Regreßrechte gegen alle dem Inhaber vorangehenden Nachindossanten; denn jedes Nachindossament begründet die Regreßpflicht des Indossanten, wie ein Vorindossament (vgl. unten Anm. 5).

Diese Rechtsübertragung ist auch rechtlich die gleiche, wie beim eigentlichen Vorindossament, bestimmt sich also nach Art. 10, d. h. das Indossament begründet für den Indossatar ein selbständiges Recht aus dem Wechsel, und es sind ihm gegenüber die Einreden, die gegen einen Vormann zustehen, nicht statthaft (ROHG. 7, 317; 8, 168). Deshalb kann z. B. der Akzeptant nicht einwenden, der Kläger habe den Wechsel erworben, nachdem sein Vormann mit der Wechselklage rechtskräftig abgewiesen worden sei (ROHG. 12, 154).

Anm. 5. γ) Es begründet die gleiche Haftpflicht, wie das eigentliche Vorindossament, also in Gemäßheit des Art. 14 (Verpflichtung zur Schadloshaltung für den Fall der Nichtzahlung und zur Sicherstellung für den Fall der Annahmeverweigerung und für den Fall der Unsicherheit des Akzeptanten). Indessen ist hierbei zu berücksichtigen, daß die Haftpflicht nicht dahin gehen kann, daß der Wechsel vom Indossanten bezahlt werden würde, wenn der Trassat bzw. Akzeptant ihn am Verfalltage nicht bezahlen würde. Denn der Verfalltag ist ja eben schon vorüber. Es enthält also der Wechsel im Grunde genommen einen Verfalltag nicht mehr, und daraus ergibt sich, daß er nach Analogie des **Sichtwechsels** behandelt werden muß: das erste Nachindossament ist als Sichttratte zu betrachten (ROHG. 6, 100; OG. Wien bei Cz. Nr. 49 u. 136). Der Wechsel ist daher nach Analogie des Art. 31 spätestens innerhalb 2 Jahren zu präsentieren. Dies ist die herrschende Ansicht (Thöl 491; Renaud 186; Lehmann 498; abweichend Bernstein 106, der Präsentation und Protest bis zum Ablauf der gegen den Akzeptanten laufenden dreijährigen Verjährungsfrist zuläßt). **Art. 16.**

Die zwei Jahre rechnen, wie nach Art. 31 vom Tage der Ausstellung, so hier vom Tage des ersten Nachindossaments. Denn dieses ist es, das nach Analogie der Sichttratte zu behandeln ist. Unter dem Tage des ersten Nachindossaments ist der Tag der tatsächlich erfolgten Übertragung zu verstehen. Lehmann (498) nimmt an, daß beim datierten Indossament das Datum schlechthin über den Beginn der gesetzlichen Präsentationsfrist entscheide und daß im übrigen dem Gläubiger der Ablauf der Frist bewiesen werden müsse. Letzteres ist zutreffend, aber auch dem datierten Nachindossament gegenüber muß der Gegenbeweis zulässig sein, daß es an einem anderen Tage getätigt wurde. Unmöglich kann es die Rechte des Nachindossanten erweitern oder schmälern, daß er das Nachindossament falsch datiert hatte. Anm. 6.

Die tatsächlich erfolgte Präsentation fixiert aber auch die Verfallzeit und macht den Protest erforderlich. Wird der rechtzeitige Protest unterlassen, so ist der Wechsel abermals präjudiziert (ROHG. 6, 99; OG. Wien bei Cz. Nr. 101 u. 136), die Nachindossanten sind dadurch sämtlich befreit, da ihre Nachindossamente nicht als selbständige Sichttratten gelten, sondern nur als Indossamente der in dem ersten Nachindossamente liegenden Sichttratte.

Es kann aber der Wechsel nunmehr wieder indossiert werden, und es greifen für diese Nachindossamente die gleichen Regeln Platz (Lehmann 499).

δ) Wegen der Legitimation durch ein aus der Zeit vor der Präjudizierung herrührendes Blankogiro s. Anm. 13 a. E. Anm. 6a.

2. (Abs. 2.) **Das Nachindossament des protestierten Wechsels.**

a) **Vorausgesetzt** ist hier ein rechtzeitig und gehörig protestierter Wechsel. Sonst liegt der Fall des Abs. 1 vor (vgl. oben Anm. 3). Und zwar muß dieser Wechsel nach dem Protest indossiert sein; die Einlösung im Regreßwege steht dem nicht gleich; auf diese findet der Abs. 2 keine Anwendung; vielmehr gilt für diesen Fall der Satz, daß der Einlösende in den unbedingten Besitz seiner Wechselrechte wieder gelangt (vgl. Anm. 12 zu Art. 9). Gegen einen solchen Einlöser sind daher die Einreden, die gegen die Nachindossatare zulässig wären, nicht zulässig (ROHG. 7, 80; Bolze 2 Nr. 806); insbesondere auch nicht der Einwand, daß der Nachindossatar, von dem der Regressat den Wechsel eingelöst hat, mit seiner Klage abgewiesen worden ist (ROHG. 7, 80; ferner ROHG. v. 22. 6. 77 bei Borchardt Zus. 804; RG. 23, 51). Auf gleicher Linie steht übrigens der Fall, daß eine formelle Rückgirierung an den stattfindet, der den Wechsel im Regreßwege einzulösen hat und einlöst; das ist kein nachprotestliches Giro im Sinne dieses Artikels. Wenn dagegen eine Einlösungspflicht des vorprotestlichen Vormanns nicht bestand, so können nach der Vorschrift des vorliegenden Artikels nur die Rechte des Nachindossatars auf ihn übergehen. Läßt z. B. der Remittent Protest erheben und indossiert er dann den Wechsel, erwirbt ihn dann aber wieder durch Rückgiro, so überkommt er hierdurch nur die Rechte des Nachindossatars und muß sich die Einwendungen gegen diesen gefallen lassen, auch wenn er selbst zur Zeit seiner Indossierung ein stärkeres Recht gehabt hätte. Und es kann auch dieser Erfolg nicht dadurch beeinträchtigt werden, daß statt des Rückgiros die Legitimation des Remittenten durch Ausstreichen des Nachindossaments wieder hergestellt wird. Das ist formell zulässig, kann aber materiell keine andere Wirkung haben als das nachprotestliche Rückgiro. Die Anm. 7.

Art. 16. Anm. 7. Schicksale, die der Wechsel nach dem Protest erlitten hat, lassen sich nicht „ungeschehen machen“, und es kann daher die entgegenstehende Ansicht des Reichsgerichts (23, 50), nicht für richtig anerkannt werden. Nach dieser, von der reichsgerichtlichen abweichenden Ansicht kann daher einem solchen Rückerwerber die Einrede der Aufrechnung und der rechtskräftig entschiedenen Sache aus der Person des nachprotestlichen Indossatars entgegengesetzt werden (zust. Hellwig, Wesen und subjektive Begrenzung der Rechtskraft, Leipzig 1901, S. 298).

Anm. 8. b) **Die Rechtswirkung** eines solchen Nachindossaments kann die eines eigentlichen Indossaments nicht sein. Denn nachdem nunmehr festgestellt ist, daß der Wechsel zur Verfallzeit nicht eingelöst ist, also Not gelitten, seine Ehre verloren hat, kann er als Zirkulationspapier nicht mehr betrachtet werden (ebenso RG. in JW. 07, 745[16]). Darum kann der Wechselaussteller, der den protestierten Wechsel von seinem unmittelbaren Hintermann, nachdem dieser ihn im Regreßwege eingelöst hat, zurückerhalten hat, diesem durch einfache Rückgabe des Wechsels nebst Protest ohne Nachindossament die wechselrechtliche Legitimation nicht verschaffen (RG. 55, 323; vgl. unten Anm. 10 a. E.). Es können wohl die bestehenden Regreßrechte übertragen werden, aber diese Übertragung hat nicht mehr die wechselrechtliche Bedeutung eines eigentlichen Indossaments, *sondern wirkt nur* **nach Art** *einer Abtretung*, wenn sie auch keine Abtretung **ist**. *Daraus folgt:*

α) *Das Eigentum am Wechsel wird durch ein solches Nachindossament übertragen.*

Anm. 9. β) *Desgleichen werden die Rechte übertragen*, die dem Indossanten zustehen, auch gegen den Akzeptanten (RG. 1, 294). *Aber es liegt nicht, wie beim eigentlichen Indossament, eine rechtsverstärkende Übertragung vor*, sondern eine lediglich zessionsartige (ROHG. 2, 64; 23, 36; RG. 14, 105), so daß dem Schuldner alle Einreden gegenüber dem Nachindossatar zustehen, die ihm gegenüber den Nachindossanten zustanden (ROHG. 3, 218; 8, 169; RG. 33, 147; OG. Wien bei Cz. Nr. 557, 596; zustimmend OLG. Kiel im SchlHA. 07, 8). Und zwar stehen ihm alle Einreden zu, die ihm gegenüber allen nachprotestlichen Indossanten, dem ersten und dem letzten und insbesondere auch gegenüber den Zwischenindossanten, zustehen (ROHG. 23, 35; RG. 14, 109; Dernburg II § 266 bei Anm. 13; Grünhut Hdb. II § 95), auch solche, die dem Wechselschuldner gegen nachprotestliche Rechtsvorgänger, die nicht aus dem Wechsel ersichtlich sind, zustehen (vgl. unten Anm. 11), endlich auch solche, die nach bürgerlichem Recht einem Zessionar gegenüber nicht erhoben werden können, wie z. B. der Einwand der Aufrechnung nach § 406 BGB. unter gewissen Umständen dem Zessionar nicht entgegengesetzt werden kann. Dem Indossatar kann der Aufrechnungseinwand auch in diesem Falle entgegengesetzt werden, wenn er dem Nachindossanten gegenüber begründet war. Denn es liegt keine Abtretung vor (vgl. Art. 9 Anm. 9), sondern eine Rechtsübertragung sui generis, die zwar im allgemeinen wie eine Abtretung wirkt, bei der aber immer festzuhalten ist, daß der Indossatar „nur die Rechte seines Indossanten hat“, so daß alles Rechtens ist, was aus diesem Grundsatze folgt, und nicht die Abweichungen aus diesem Grundsatze, die das bürgerliche Recht in der Lehre von der Abtretung durch positive Bestimmung anordnet (im Prinzip zust. Grünhut Hdb. II § 25). Auch § 405 BGB. (Ausschluß der Einrede, daß die Urkunde nur zum Scheine ausgestellt oder daß die Übertragung ausgeschlossen sei) findet hier aus demselben Grunde keine Anwendung. Alles dies bezieht sich auch auf den Akzeptanten, dem gleichfalls dieses umfassende Einrederecht zusteht (RG. 1, 294). Andrerseits aber kommt auch dem Nachindossatar die von seinem Autor bewirkte Unterbrechung der Wechselverjährung zugute (ROHG. 23, 406). Auch auf den Umfang der Forderung ist dies von Einfluß; der nachprotestliche Indossatar kann keine eigene Provision fordern (ROHG. 18, 140).

Dem nachprotestlichen Indossatar stehen, wie ausgeführt, lediglich die Rechte des letzten vorprotestlichen Indossatars zu. Hieraus folgt: Befindet sich das Indossament des letzteren schon vorher auf dem Wechsel, ist es aber durchstrichen, so ist diese Durchstreichung von wesentlicher Bedeutung für die wechselrechtliche Haftbarkeit der Zwischenindossanten zwischen dem durchstrichenen Indossament bis zum letzten vorprotestlichen Indossatar. Will ein solcher einen der Zwischenindossatare wechselmäßig in Anspruch nehmen, so hat er seinerseits darzutun, daß zur Zeit, als dieser den Wechsel mit seinem Indossament versah, das erste Indossament des letzten vorprotestlichen Indossatars bereits durchstrichen war, oder daß später die Durchstreichung mit Zustimmung des Zwischenindossatars erfolgt ist (RG. 66, 201). Art. 16. Anm. 9.

γ) Das Indossament begründet auch keine wechselrechtliche Haftpflicht (ROHG. 23, 36), aber auch keine Gewährleistungspflicht. Soll eine Haftpflicht zugunsten des Nachindossatars bestehen, so muß sie besonders bedungen und eventuell abgetreten werden. Daß aus dem der Wechselübertragung zugrunde liegenden Rechtsverhältnisse eine Haftung folgen kann, soll damit natürlich nicht geleugnet werden. So haftet z. B. der Verkäufer eines Wechsels nach § 437 BGB. für den rechtlichen Bestand der Wechselforderung. Anm. 10.

Besonders hervorzuheben ist, daß der Nachindossant, wenn er Aussteller ist, auch nicht als Aussteller haftet, weil seine Ausstellerhaftung erloschen war dadurch, daß er selbst Inhaber des Wechsels nach Protest wurde, sein Nachindossament aber nur die Rechte überträgt, die dem Indossanten selbst zustanden (ROHG. 21, 273).

c) Auch die **nachprotestliche Blankotradition** (d. h. die Begebung des Wechsels unter Benutzung eines Blankoindossaments, ohne den eigenen Namen darauf zu setzen) ist zulässig (ROHG. 6, 99; RG. 2, 79) und bewirkt eine Übertragung nach Art der Abtretung. Dies nimmt die herrschende Ansicht mit Recht an (ROHG. 23, 36; Bernstein 108; Büsing 70) und mit Unrecht wird dies von Lehmann (496) bekämpft. Lehmann will gegenüber dem Indossatar Einreden aus der Person eines vorhergegangenen Blankotradenten nicht zulassen, weil das Gesetz nur von der Erlangung der Rechte „seines Indossanten" spricht. Allein das Gesetz hat diesen Ausdruck gebraucht, weil es an den regelmäßigen Fall gedacht hat. Der andere Fall ist nicht ausdrücklich geregelt, seine Regelung muß dem Geiste der Vorschrift entnommen werden. Es kann keinem Zweifel unterliegen, daß dieser dahin geht, daß Gegenstand aller Übertragungen nach Protest nicht die Rechte aus dem Wechsel, sondern nur die Rechte des Übertragenden sein sollen. Ein protestierter Wechsel wird eben als eigentlicher Gegenstand der Zirkulation nicht angesehen, und für eine Abschneidung von Einwendungen, die gegenüber dem Vormanne zustanden, ist daher hier kein Bedürfnis. Grünhut (Hdb. II § 95) weist darauf hin, daß der nachprotestliche Indossatar „die Rechte aus dem Wechsel als von seinem Vormanne abgeleitete Rechte erlange". Aber gerade daraus folgt doch, daß er nur die Rechte erlangt, die diesem Vormann zustehen. Anm. 11.

d) Die **Form** des Nachindossaments ist die gleiche, wie die des Vorindossaments: es kann Voll- oder Blankoindossament sein. Anm. 12.

e) Die **Legitimation** wird auch hier geführt durch eine ununterbrochene Kette (Art. 36). Die Kette ist nicht unterbrochen, wenn eine Person, die vor dem Proteste im Wechselverbande war, den Wechsel im Regreßwege einlöst und ein Nachindossament auf den Wechsel setzt, ohne die ihr nachfolgenden Vorindossamente zu streichen (Art. 36, 51, 55; ROHG. 13, 67). Die Kette ist auch nicht unterbrochen, wenn derjenige, der vor dem Proteste durch Blankogiro legitimiert war und den Wechsel hat protestieren lassen, nunmehr nach Protest den Wechsel giriert; denn wenn er auch nicht auf dem Wechsel selbst steht, so ist doch sein Indossierungsrecht klar. Dagegen kann die Legitimation nicht lediglich darauf gestützt werden, daß der Wechsel mit einem **vorprotestlichen Blankogiro** versehen sei und man auf Grund dessen den Wechsel erworben habe. Denn durch den Protest ist die Reihe der Vorindossanten und Vorindossatare geschlossen. Anm. 13.

Art. 16. Anm. 13. Weiter zirkulieren kann der Wechsel nur dadurch, daß der legitimierte Protesterheber ihn indossiert oder eine Person, die den Wechsel im Regreßwege eingelöst hat. Der Name einer Person der letzteren Art muß aber vor dem Protest auf dem Wechsel gestanden haben, weil sie sonst nicht einlösungspflichtig ist, und wenn sie den Wechsel übertragen will, so muß sie ihn, auch wenn das auf sie lautende Giro ein Blankogiro ist, doch noch selbständig girieren (Plenarentsch. des RG. 2, 75; ferner RG. 33, 145 u. 148 gegen ROHG. 3, 214; 18, 4; 23, 35; zustimmend Dernburg II § 266 Anm. 15; Bernstein 103; Rehbein Anm. 24; J. u. M. Stranz Anm. 14; OG. Wien v. 11. 1. 87 bei Cz. Nr. 464 u. v. 5. 8. 80 in ZHR. 29, 235; anders Grünhut Hdb. II § 96).

Anders beim nichtprotestierten Wechsel: wer einen solchen Wechsel nach Verfall erworben hat, kann ein vor Verfall auf den Wechsel gesetztes Blankoindossament zur Herstellung seiner Legitimation benutzen (RG. 33, 145; OLG. Hamburg in ZHR. 38, 562; Lehmann in IheringsJ. 34, 428; vgl. oben Anm. 28). Die Haftung des Blankoindossanten bleibt natürlich erloschen, außer wenn der betreffende Blankoindossant selbst den Wechsel weiter begibt (Bernstein 104).

Anm. 14. **Zusatz 1. Nicht behandelt ist vom Gesetze der Fall, daß der Aussteller oder ein Indossant den Protest erlassen hat.** In diesem Falle muß derjenige, der den Protest erlassen hat, die rechtzeitige Präsentation so gegen sich gelten lassen, als wäre der Wechsel protestiert, und zwar dem Wechselgläubiger gegenüber, der die Rechte aus dem Protesterlaß erworben hat (vgl. hierüber zu Art. 42). Hiernach gilt der trotz Ablauf des Verfalltages nicht protestierte Wechsel bald als präjudiziert im Sinne des Abs. 1, bald als nicht präjudiziert, aber nach Protest indossiert im Sinne des Abs. 2. So z. B. ist beim domizilierten Wechsel der trotz Ablauf der Verfallzeit nicht protestierte Wechsel dem Akzeptanten gegenüber als präjudiziert im Sinne des Abs. 1 zu betrachten, auch wenn der Aussteller auf dem Wechsel den Protest erlassen hat (OTr. bei Borchardt Zus. 518e), während in diesem Falle dem Aussteller gegenüber der Wechsel als protestiert im Sinne des Abs. 2 zu betrachten ist, ein nachheriges Indossament also die geringere Wirkung des Abs. 2 hat. Im Gegensatz hierzu will Bernstein (105) im Falle des Protesterlasses dem Indossament die Wirkung des Nachverfall-Indossaments eines nicht protestierten Wechsels geben, also den Abs. 1 anwenden. Allein der Abs. 1 hat nur den präjudizierten Wechsel im Auge: dies ist aber der Wechsel nicht, wenn der Protest erlassen ist und die Präsentation rechtzeitig erfolgt ist. (Ebenso Rehbein Anm. 20; Grünhut Lehrb. § 95 Anm. 11.)

Anm. 14a. **Zusatz 2. Beweislast.** Da das Nachgiro geringere Bedeutung als das Vorgiro, das nachprotestliche geringere als das Giro eines unprotestierten Wechsels hat, so ist die Beweislast nicht unwichtig. Das Vorgiro ist das regelmäßige; daß das Giro nach Verfall getätigt wurde, muß bewiesen werden. Das Datum des Indossaments ist prima facie beweisend.

Der Protest muß bewiesen werden von dem, der ihn behauptet.

Für die Echtheit der Unterschrift des Indossanten unter einem Nachindossament hat nicht der gegen den Akzeptanten klagende Nachindossatar, sondern für die Unechtheit hat der Beklagte die Beweislast (OLG. Colmar im „Recht“ 06, 127).

Anm. 15. **Zusatz 3. Fremde Rechte.** Die Regelung in der Schweiz entspricht der in unserer WO. Nach französischem Recht hat jedes Nachindossament die gleiche rechtliche Wirkung, wie ein Vorindossament (RG. 23, 50). Nach belgischem, italienischem, russischem Recht verleiht das Nachindossament keine selbständigen Rechte, sondern hat die Wirkung einer Abtretung. Desgleichen nach englischem Recht, nur daß hier der Indossant dem Indossatar wie aus einem Sichtwechsel haftet (Späing 58; Meyer 59).

Artikel 17.

Art. 17. **Ist dem Indossamente die Bemerkung „zur Einkassierung“, „in Prokura“ oder eine andere die Bevollmächtigung ausdrückende Formel beigefügt worden,**

so überträgt das Indossament das Eigentum an dem Wechsel nicht, ermächtigt Art. 17.
aber den Indossatar zur Einziehung der Wechselforderung, Protesterhebung und Benachrichtigung des Vormanns seines Indossanten von der unterbliebenen Zahlung (Artikel 45) sowie zur Einklagung der nicht bezahlten und zur Erhebung der deponierten Wechselschuld. Ein solcher Indossatar ist auch berechtigt, diese Befugnis durch ein weiteres Prokura-Indossament einem anderen zu übertragen. Dagegen ist derselbe zur weiteren Begebung durch eigentliches Indossament selbst dann nicht befugt, wenn dem Prokura-Indossamente der Zusatz „oder Order" hinzugefügt ist.

1. **Der Begriff des Prokura-Indossaments.** Während das eigentliche Indossament (das Anm. 1.
Eigentums-, Normal-Indossament) das Eigentum am Wechsel überträgt (Art. 9) und die Rechte aus dem Wechsel auf den Indossatar übergehen läßt (Art. 10), endlich auch Regreßrechte gegen den Indossanten begründet (Art. 14), erzeugt das (**offene**) Prokuraindossament ein reines Vollmachtsverhältnis. Es überträgt weder das Eigentum am Wechsel auf den Prokura-Indossatar, noch gelangen die Rechte aus dem Wechsel auf ihn, noch wird der Indossant regreßpflichtig. Das Prokuraindossament ist auch beim Rektawechsel zulässig. Ein Kollektivprokuraindossament erscheint angängig.

2. **Form des Prokura-Indossaments.** Das Gesetz gibt als Formeln an: „zur Einkassierung", Anm. 2.
„in Prokura", läßt aber andere, die Bevollmächtigung ausdrückende Formeln zu. Als solche sind zu betrachten: „Zum Inkasso", „Zur Vollmacht", „Für meine Rechnung" u. a. Die Formeln: „Wert in Rechnung" oder „Wert in mir selbst" genügen nicht.

3. **Welchen Umfang und welche Wirkung hat die Vertretungsbefugnis des Prokura-Indossatars?** Anm. 3.
Das Gesetz zählt die einzelnen Vertretungsbefugnisse auf. Ihre Betrachtung zeigt, daß darin alle wechselrechtlichen Handlungen enthalten sind bis auf das Recht, zu indossieren durch eigentliches Indossament. Der Prokuraindossatar kann insbesondere präsentieren, Proteste erheben, Benachrichtigungen ergehen lassen, den Wechselbetrag einziehen und einklagen, auch die Sicherstellungsklage, die Bereicherungsklage, die Klage auf Herausgabe des Wechsels anstellen, die Konkurseröffnung über das Vermögen des Schuldners beantragen. Alles dies aber nur im Namen des Indossanten (RG. 27, 129), so daß dieser auch Prozeßpartei ist, demgemäß die Eide leisten muß (ROHG. 22, 174), auch im Rubrum als Partei auftreten muß, während der Prokuraindossatar nur Bevollmächtigter ist (aber nicht mit den Machtbefugnissen des § 81 ZPO., so daß Stundung, Vergleich oder Verzicht ihm nicht zustehen). Einer neuen Klage des Indossanten selbst würde der Einwand der Rechtshängigkeit entgegenstehen (ROHG. 7, 81). Der Indossant kann auch nicht als Zeuge vernommen werden; er haftet für die Kosten. Einreden sind nur statthaft aus der Person des Indossanten, nicht auch aus der Person des Indossatars, wie das bei jedem Vertretungsverhältnis der Fall ist (ROHG. 6, 55; 22, 176; RG. 27, 130). Er kann auch nur die Rechte des Prokura-Indossanten geltend machen, demgemäß auch keine eigene Provision fordern. Berechtigt ist der Prokuraindossatar auch zur Indossierung durch Prokuraindossament; macht er von dieser Befugnis Gebrauch, so hört seine Legitimation damit auf, denn er „überträgt seine Befugnisse"; sein Prokuraindossament ist daher keine Substitution, sondern eine Übertragung der wechselrechtlichen Vollmacht, die das Erlöschen der eigenen zur Folge hat. Im Ergebnis stimmt hiermit RG. 32, 77 überein, die Begründung aber erscheint nicht zutreffend und wird von uns im folgenden bekämpft. Neben dem Prokuraindossatar muß nämlich auch der prokuraindossierende Wechselgläubiger (ohne Durchstreichung des Prokuraindossaments) zur Geltendmachung der Wechselrechte, inbesondere zur Protesterhebung für legitimiert erachtet werden. Das RG. (32, 78) nimmt hier freilich, insbesondere hinsichtlich der Protesterhebung, das Gegenteil an. Allein wenn auch, wie das RG. betont, das Prokuraindossament des Wechseleigentümers kein

Art. 17. Anm. 3. gewöhnliches Mandat, sondern eine wechselrechtliche Vollmacht mit bestimmten Wirkungen ist, so liegt doch jedenfalls nur eine Vollmacht, keine Rechtsübertragung vor. Eine Vollmacht aber entzieht dem Machtgeber nicht das Recht, seine Rechte selbst auszuüben. Allerdings hat dies zur Folge, daß in solchem Falle zwei Personen berechtigt sind, den Wechselprotest zu erheben. Will man aber hierin einen Mißstand erblicken, so ist zu erwidern, daß ja jeder Wechselberechtigte auch mehrere Male den Protest erheben lassen kann (so auch Volkmar-Löwy § 51 Anm. 2; Lehmann in JheringsJ. 34, 424; Bernstein 111, 112; Grünhut Hdb. II § 97 bei Anm. 7).

Nicht berechtigt ist der Prokuraindossatar zur Indossierung durch eigentliches Indossament. Tat er es dennoch, so ist das Indossament nicht ungültig, sondern es gilt als Prokuraindossament (Lehmann 500, Grünhut Hdb. II § 97 bei Anm. 16; vgl. auch RG. 27, 129). Noch weniger ist der Prokuraindossatar zur Abtretung des Wechsels berechtigt; sie wäre ohne jede Wirkung und auch nicht als Prokuraindossament auszulegen. Das würde auch dann gelten, wenn die Abtretung nur zum Zwecke der Einziehung erfolgte: er darf selbst einziehen, sich aber nicht zum Zwecke der Einziehung einer Mittelsperson bedienen, die durch einen äußerlich eigentumübertragenden Akt legitimiert wird. (Anders Grünhut Hdb. II § 97 Anm. 16, der eine Abtretung mit der Wirkung des Inkassomandats zuläßt.) Auch erlassen und verzichten darf der Prokuraindossatar nicht.

Dem Dritten gegenüber ist der Prokuraindossatar durch das in gehöriger Reihenfolge befindliche Prokuraindossament legitimiert. Der Umfang der Prüfungspflicht und des Prüfungsrechts des Dritten richtet sich nach Art. 36.

Die **Endigung** des Prokuraindossaments erfolgt nicht durch Widerruf, sondern nur durch Streichung. Für den Verkehr entscheidet die Form, der Widerruf ist ein Internum. Der arglistige Dritte muß sich aber den Widerruf entgegenstellen lassen (Bernstein 111). Dagegen findet die öffentliche Kraftloserklärung nach § 176 BGB. nicht statt, da Vollmachtsurkunde zugleich der Wechsel ist (Rehbein Anm. 27). Durch den **Konkurs** des Indossanten erlischt die im Prokuraindossament liegende Vollmacht (§ 23 KO.). Doch braucht der gutgläubige Dritte auch dem gutgläubigen Schuldner gegenüber dies Erlöschen nicht gegen sich gelten zu lassen, da die §§ 170—173 BGB. auch für den § 23 KO. gelten (Jaeger KO. Anm. 12 daselbst; vgl. Grünhut Hdb. II § 97).

Anm. 4. 4. **Das innere Verhältnis zwischen dem Prokuraindossanten und dem Prokuraindossatar** wird in der Wechselordnung nicht behandelt. Der vorliegende Artikel behandelt nur das Verhältnis nach außen. Das letztere ist, wie gesagt, ein Vollmachtsverhältnis. Nach innen liegt ein Mandatsverhältnis (Auftrag, Dienstvertrag auf Geschäftsbesorgung, Werkvertrag auf Geschäftsbesorgung) vor, und die Rechte und Pflichten zwischen Indossanten und Indossatar ergeben sich daher aus dem zugrunde liegenden Mandatsverhältnisse. Im einzelnen ist nach dieser Richtung je nach Lage des zugrunde liegenden Verhältnisses angenommen worden, daß der Prokuraindossatar zur Vermeidung der Schadensersatzpflicht zur Protesterhebung verpflichtet ist (ROHG. 17, 413), auch zur Anzeige nach Art. 45 (Bernstein 110), nicht ohne weiteres zur Einklagung (RG. bei Gruch. 25, 112), daß der Prokuraindossant dem Indossatar zum Ersatze der Unkosten, unter Umständen zur Entgeltung seiner Dienste verpflichtet ist, daß der Indossatar unter Umständen auch ein Zurückbehaltungsrecht am Wechsel hat (Bernstein 110). Doch ist es müßig, weitere Betrachtungen nach dieser Richtung anzustellen. Die Rechtssätze des zugrunde liegenden Verhältnisses sind eben entscheidend.

Anm. 5. **Zusatz 1. Das Inkassomandat-Indossament (verdecktes Prokura-Indossament; verstecktes Inkassogiro).** Siehe Durchholz bei Gruch. 47, 533.

1. **Begriff.** Der Wechsel wird, wie es ungemein häufig im Wechselverkehr geschieht, in Form eines eigentlichen (Normal-)Indossaments giriert, obgleich der Indossatar nach dem Willen der Parteien den Wechsel zwar im eigenen Namen, aber im Auftrage

und für Rechnung des Indossanten geltend machen, also nicht Eigentümer des Wechsels, Art. 17.
nicht Inhaber der Rechte aus dem Wechsel werden soll. Anm. 5.

Darin allein, daß der Kläger von einem Vormanne die Wechselsumme bereits erhalten hat und trotzdem den Wechsel geltend macht, liegt nicht notwendig eine Geltendmachung des Wechsels als Inkassomandatar. Denn die Zahlung kann bedingt erfolgt sein, nämlich nur für den Fall, daß die Summe von anderen Wechselschuldnern nicht einzuziehen sei. Es muß vielmehr die Behauptung hinzutreten, daß die Wechselzahlung endgültig und unbedingt erfolgt sei (RG. 23, 124).

2. **Die rechtliche Zulässigkeit** eines solchen Giros. Man streitet darüber, welche Rechts- Anm. 6.
wirkung dieses versteckte Giro hat. Indessen ist vorerst zu prüfen, ob es überhaupt wechselrechtlich gültig ist. Das kann erheblichem Zweifel unterliegen. Denn ein solches Giro entspricht zunächst den in der Wechselordnung vorgesehenen Erfordernissen eines Indossaments nicht: denen des eigentlichen Indossaments deshalb nicht, weil ja das Eigentum am Wechsel und die Rechte aus dem Wechsel nicht auf den Indossatar übergehen sollen, während dies zu den Erfordernissen des eigentlichen Indossaments unbedingt zu gehören scheint (Art. 9 und 10); denen des Prokuraindossaments nicht, weil der Indossatar zwar im Auftrage und für Rechnung des Indossanten, aber nicht im Namen desselben, sondern im eigenen Namen den Wechsel geltend machen soll. Dennoch ist die rechtliche Zulässigkeit anzunehmen. Der Wechselverkehr und die Gerichtspraxis[1]) haben von jeher die rechtliche Gültigkeit eines solchen Giros anerkannt, und es besteht kein Grund, diese Praxis als irrig zu bezeichnen. Denn es erscheint nicht geboten, anzunehmen, daß das Gesetz ein Indossament ausschließen wollte, das die Form des eigentlichen Indossaments wahrt und in seinem materiellen Inhalt die Rechte Dritter nicht schmälert, da es im allgemeinen für den Wechselverkehr nicht erheblich ist, welche Abrede der Indossant und der Indossatar untereinander getroffen haben, wenn der letztere nur legitimiert ist, den Wechsel als eigenen geltend zu machen. Dem Bedürfnisse des Wechselverkehrs geschieht Genüge, wenn dort, wo im Einzelfalle der materielle Inhalt des Indossaments für die Rechtslage des Dritten erheblich wird, der Dritte in die Rechtslage versetzt wird, aus dem materiellen Inhalt des Indossaments als eines versteckten Inkassoindossaments Rechte herzuleiten (vgl. unten Anm. 8). Man tut dem Gesetze nicht Gewalt an, wenn man die Art. 9 und 10, wonach durch das Indossament der Wechsel und die Rechte aus ihm auf den Indossatar zum Eigentum übergehen sollen, nur dahin auffaßt, daß es genügt, wenn die Parteien verabredet haben, der Indossatar solle nach außen als Eigentümer gelten und das Recht der Geltendmachung der Wechselrechte im eigenen Namen haben. Die Rechtsentwicklung drängt zu dieser Annahme in gleich mächtiger Weise, wie im analogen Falle bei der Abtretung. Auch hier hat der Rechtsverkehr von jeher Zessionen aufgewiesen, deren Inhalt dahin ging, der Zessionar solle nur nach außen hin als Eigentümer der Forderung gelten und die Rechtsprechung hat auch hier nicht umhin können, in Übereinstimmung mit dem Rechtsverkehr, der solche Zessionen stets für gültig angesehen hat, solche Zessionen als mit dem Gesetze verträglich anzusehen (RG. 25, 207; 37, 103 und 106; 39, 166; nach neuem Recht 53, 417; Gruch. 34, 464; 36, 990). Das Reichsgericht spricht ausdrücklich aus, daß die rechtliche Zulässigkeit des verdeckten Inkassogiros nicht zu beanstanden ist (RG. 36, 55). Der gleichen Rechtserscheinung begegnet man übrigens auch im Aktienrecht (Staub HGB. neue 8. Aufl. Anm. 17 zu § 223).

Über den Fall des Vollindossaments zum Inkasso teils für Rechnung des Indossatars, teils für Rechnung des Indossanten vgl. unten Anm. 16.

---

[1]) Der OG. Wien nahm allerdings früher an, daß der Indossatar, der zugibt, den Wechsel nur zum Inkasso erhalten zu haben, zur Klage im eigenen Namen nicht legitimiert sei (OG. Wien vom 16. 12. 57 bei Peitler Nr. 120; bei Krall Nr. 6); er hat aber später die Gültigkeit des Giros anerkannt (OG. bei Cz. Nr. 393 u. Nr. 574).

Art. 17. 3. **Die rechtliche Stellung des Inkassomandat-Indossatars** (in der Praxis kurz genannt
Anm. 7. **Inkassomandatars**).

a) Nach innen hat er die Stellung eines im eigenen Namen auftretenden Mandatars. Was im einzelnen hieraus folgt, s. unten Anm. 9.

Anm. 8. b) Nach außen. Welche rechtliche Stellung der Inkassomandatar nach außen hat, das ist der Kern und die Hauptschwierigkeit der vorliegenden Lehre. Ist — so stellt sich die Frage vom praktischen prozessualen Standpunkte aus — der Beklagte berechtigt, ihm Einwendungen aus der Person des Indossanten entgegenzuhalten?

Die Frage findet in dem **Rechtscharakter des verdeckten Inkassogiros** ihre Antwort: der Inkassomandatar soll den Wechsel im eigenen Namen geltend machen, aber im Auftrage und für Rechnung des Indossanten. Er macht also das Wechselrecht zwar im eigenen Namen, aber er macht doch kein eigenes Wechselrecht geltend, sondern ein fremdes, und daraus folgt ohne weiteres, daß er sich die Einwendungen, die diesem fremden Rechte entgegenstehen, gefallen lassen muß. Eigentlich müßte er sich ja mit Erfolg entgegenhalten lassen, daß ein Begebungsvertrag im Sinne der Wechselordnung nicht vorliegt. Denn wer einen Wechsel im eigenen Namen geltend machen will, muß nach den Vorschriften der Wechselordnung (Art. 9 und 10) einen Begebungsvertrag aufweisen, kraft dessen ihm das Eigentum am Wechsel und die Rechte aus dem Wechsel übertragen wurden (Anm. 3 zu Art. 9). Mangels eines solchen Begebungsvertrags wäre er eigentlich gehindert, den Wechsel im eigenen Namen geltend zu machen. Nimmt man aber zugunsten einer vom Wechselverkehr und von der Gerichtspraxis stets anerkannten Verkehrsanschauung die rechtliche Zulässigkeit eines solchen Giros schon an, durch das der Indossatar nur ermächtigt wird, den Wechsel im eigenen Namen, aber im Auftrag und für Rechnung des Giranten geltend zu machen (vgl. oben Anm. 6), so kann die rechtliche Wirkung eines solchen Indossaments unmöglich eine höhere sein, als sich aus seinem rechtlichen Inhalt ergibt. Läßt man es also, trotz der Anomalie, die darin liegt, zu, daß der Indossatar, obwohl der Wechsel und die Rechte aus dem Wechsel in sein Eigentum nicht gelangt sind, ihn dennoch im eigenen Namen geltend macht, so bleibt es doch jedenfalls dabei, daß es ein fremdes Recht ist, das er geltend macht, und er muß sich die Einwendungen, die gegen dieses fremde Recht bestehen, gefallen lassen.[1][2]

Man könnte hiergegen vielleicht einwenden: auch beim Kommissionär liege ein Handeln für Rechnung und im Auftrage eines andern vor, und doch seien hier Einwendungen aus der Person des Kommittenten nicht zulässig (vgl. Staub, HGB. Anm. 6 zu § 395). Allein der Kommissionär schließt das Geschäft mit dem Dritten im eigenen Namen ab, dadurch entsteht das Recht von vornherein als sein Recht. Beim verdeckten Inkassogiro dagegen besteht zunächst nur ein Wechselrecht des Indossanten, und der Indossatar wird nur beauftragt, die Rechte des Indossanten, also in Wirklichkeit fremde Rechte, in seinem eigenen Namen geltend zu machen.

---

[1]) Für diese Rechtserscheinung, das Geltendmachen eines fremden Rechts im eigenen Namen, besteht eine Analogie im alten römischen Recht: dasselbe kannte die Abtretung nicht, man erreichte den gleichen Effekt dadurch, daß der Erwerber die Forderung als procurator in rem suam, die fremde Forderung im eigenen Namen geltend machte. Diese Konstruktion wird gebilligt von Dreyer bei Gruch. 40, 464.

[2]) Bernstein 112 erblickt in dem verdeckten Indossament ein Vollmachtsverhältnis. Allein er verwechselt dabei Auftrag und Vollmacht: der Inkassomandatar tritt zwar im Auftrage und für Rechnung, aber nicht im Namen des Indossanten auf. Das Rechtsverhältnis ist ein kommissionsartiges. „Eine Vollmachtserteilung mit der Maßgabe, daß der Bevollmächtigte nach außen als Berechtigter erscheine" ist ein Widerspruch in sich selbst. Über andere Konstruktionen siehe Bernstein 414. — Hellwig (Wesen und subjektive Begrenzung der Rechtskraft, Leipzig 01, 296) erblickt den Grund, weshalb der Inkassomandatar sich die gegen seinen Indossanten bestehenden Einwendungen gefallen lassen muß, in dem § 816 Abs. 1 Satz 2 BGB., der jedoch das Verhältnis zum Schuldner nicht betrifft.

Das ROHG. (5, 36; 6, 54; 10, 157; 11, 111) nahm dauernd einen entgegengesetzten Standpunkt ein. In der ersten der zitierten Entscheidungen sagt es, „Eigentums- und Vollmachtsindossamente seien einander ausschließende Arten des Indossaments, wähle der Indossant die stärkere Form, so habe er auch die stärkere Wirkung rechtlich gewollt". Indessen darin liegt eine Verkennung des rechtlichen Inhalts der in Frage kommenden Rechtserscheinung. Denn hier handelt es sich weder um ein reines Eigentums- noch um ein Vollmachtsindossament, sondern um ein Eigentumsindossament besonderer Art; es soll weder das Eigentum übertragen, noch eine Vollmacht erteilt werden, sondern es soll der Indossatar nach außen als Eigentümer gelten, in seinem Namen ein fremdes Recht geltend machen (eine Art des gespaltenen Eigentums, vgl. J. u. M. Stranz Anm. 8). Art. 17. Anm. 8.

Das ist es, was die Parteien wollen, und es handelt sich darum, die Rechtswirkung des so Gewollten aufzustellen. Das tut man freilich nicht, wenn man sagt: Wer ein Indossament tätigt, das äußerlich so aussieht, wie ein eigentliches Indossament, will rechtlich auch dessen Wirkung. Der Inkassomandatar will doch eben diese Wirkung nicht, will andere Wirkungen. Das ROHG. argumentiert so, als sei man im Wechselrecht gezwungen, sich vor der Form zu beugen. Das ist aber keineswegs der Fall. Man sagt ja auch sonst nicht beim eigentlichen Indossament: Die Form ist da, also ist auch die Wirkung gewollt. Sondern man gibt im Gegenteil dem Dritten das Recht, nachzuprüfen, ob die Form auch von dem Willen begleitet war, ihre Wirkung herzustellen, mit andern Worten: ob ein die Eigentumsübertragung bezweckender Begebungsvertrag vorliegt? Liegt er nicht vor, so ist trotz der Form ein Indossament nicht vorhanden (vgl. Anm. 3 zu Art. 9). Warum sollte man hier vor der Form respektvoll haltmachen müssen? Warum sollte man hier verhindert sein, nachzuprüfen, ob die stärkere Form von dem Willen, die stärkere Wirkung herzustellen, begleitet war? Warum sollte man hier, wenn erwiesenermaßen die höhere Wirkung nicht gewollt war, dennoch annehmen müssen, daß sie eingetreten sei, weil „die Form gewählt und mit ihr die stärkere Rechtswirkung eingetreten sei"?

Das Reichsgericht steht in mehreren Erkenntnissen im Endergebnis auf dem hier vertretenen Standpunkt (RG. 4, 100; 11, 9; 23, 125; 36, 55; 41, 115; RG. in JW. 96, 640 und im Recht 07, 1080), allein mit anderer Begründung, nämlich von dem Gesichtspunkte aus, daß der Inkassomandatar unredlich verfahre, wenn er auf der Wechselforderung beharre, nachdem er erfahren — sei es auch erst im Prozeß —, daß Einwendungen gegen seinen Mandanten bestehen (so auch Cosack § 53 III 2 b). Indes es erscheint unnötig, den Gesichtspunkt des unredlichen Verfahrens hereinzuziehen, da ja der rechtliche Inhalt des Inkassogiros in seinen Konsequenzen unmittelbar zu demselben Ergebnisse führt. Überdies versagt der Gesichtspunkt der Unredlichkeit immer da, wo der Giratar die ihm entgegengehaltene Einwendung aus voller Überzeugung für unwahr hält. Dernburg II § 264 (und ebenso Grünhut Hdb. II 132 Anm. 3 und 147) steht auf einem viel engeren Standpunkte: er will die Einrede gegenüber dem Inkassomandatar nicht ohne weiteres geben, weil der Inkassomandatar unredlich verfährt, wenn er die Einrede erfährt und dennoch die Klage fortsetzt, sondern nur dann, wenn er im gegebenen Falle unredlich verfährt, „wenn er sich bewußtermaßen zum Werkzeug der Durchführung eines materiell unberechtigten Anspruchs macht". Er setzt sich also mit der Rechtsprechung des Reichsgerichts in Widerspruch, mit der er sich nach seiner Meinung im Einklange befindet. Sein Standpunkt erscheint ihm als der einzige, den der Wechselverkehr vertragen könne. Soll, so fragt Dernburg, der Berliner Bankier, welchem ein New-Yorker Kaufmann einen Wechsel mit Vollindossament zum Inkasso übersandt hat, über die Einreden aus dem in New-York abgeschlossenen, dem Wechsel zugrunde liegenden Geschäft streiten müssen? Wir tragen kein Bedenken, die Frage zu bejahen. Gewiß muß der Berliner Inkassomandatar über die Einreden aus dem zugrunde liegenden Geschäfte streiten. Das ist gegen ihn keine Unbilligkeit, da er doch nur ein fremdes

Art. 17.

Anm. 8. Recht geltend macht, und gegen den New-Yorker Inkassomandanten ist es keine Unbilligkeit, da dieser sich doch darüber nicht beklagen kann, daß seine Stellung im Falle des Inkassomandats die gleiche ist, wie wenn er selbst den Wechsel einklagt, nicht schwächer, aber auch nicht stärker. Warum soll denn der New-Yorker Kaufmann dadurch höhere Rechte erlangen und der Berliner Beklagte dadurch schlechter gestellt sein, daß jener sich eines Berliner Inkassomandatars zur Einklagung des Wechsels bedient? Im Gegenteil: den Ausschluß der Einwendungen würde in solchem Falle der redliche Verkehr nicht vertragen können. Denn nun würde der Berliner Beklagte, auch wenn er in Wahrheit den Wechselbetrag nicht schuldete, die Wechselsumme bezahlen müssen.

Die Praxis der unteren Gerichte, die tägliche Prozeßpraxis, steht, unbeirrt durch die abweichenden Entscheidungen der obersten Gerichte, auf dem hier vertretenen Standpunkt. Hier wird von jeher täglich mit dem Inkassomandat operiert und stets wird angenommen, daß der Inkassomandatar sich Einwendungen gegen seinen Indossanten gefallen lassen muß, und zwar ohne Rücksicht darauf, ob er diesen Einwendungen gegenüber unredlich ist oder wird oder redlich ist und bleibt. (So auch OG. Wien bei Cz. Nr. 39, 207 u. 574.)

Anm. 9. 4. **Die Konsequenzen aus der rechtlichen Stellung des Inkassomandatars im einzelnen.**

a) **Nach innen** ist er Mandatar, hat als solcher den Protest zu erheben (ROHG. 17, 413), die Wechselsumme einzuziehen und sie an den Mandanten abzuführen. Selbstverständlich darf er nicht gegen den Indossanten wechselmäßig vorgehen, da ihm sonst der Einwand des bloßen Inkassomandates entgegensteht (ROHG. 1, 95; 10, 323; OG. Wien bei Cz. Nr. 596), auch nicht, wie Bernstein richtig bemerkt, in Höhe des Betrages, den der Indossant dem Indossatar aus dem Auftragsverhältnis etwa schuldig geworden ist. Das Wechseleigentum ist beim Indossanten verblieben, der Indossatar **erscheint** als Eigentümer, der Indossant **ist** es.

Anm. 10. b) **Nach außen** ist er ein im eigenen Namen auftretender Mandatar. Er erscheint dabei als Eigentümer, ist es aber nicht. Daraus folgt:

α) Der Umstand allein, daß er Inkassomandatar ist, steht seiner Wechselklage nicht entgegen; denn das Inkassogiro ist eine rechtlich zugelassene Art des Giros (RG. 11, 9). Auch daß er vereinbartermaßen die Einwendungen des Beklagten abschneiden soll, beseitigt allein die Klage nicht (Bolze 1 Nr. 840; vgl. oben Anm. 6). So ist z. B. in ROHG. 13, 301 mit Bezug auf das Blankogiro ausgesprochen, daß der Wechselinhaber seine Legitimation dadurch nicht einbüße, daß er zugesteht, lediglich im Auftrage und im Interesse des Blankoindossanten zu klagen.

Anm. 11. β) Wohl aber fehlt ihm das Klagerecht, wenn ihm bewiesen wird, daß er Inkassomandatar ist und daß dem Schuldner Einwendungen gegen den Inkassomandanten zustehen. Also zunächst, daß der Kläger Inkassomandatar ist. Es genügt dazu nicht immer die Darlegung, daß ein anderer Wechselschuldner die Wechselsumme schon bezahlt hat, vgl. oben Anm. 5. Andrerseits ist nicht etwa erforderlich die Behauptung, daß das Giro zu dem vereinbarten Zwecke erfolgt sei, um die Einwendungen abzuschneiden, oder daß er den erhobenen Einwendungen gegenüber bösgläubig sei (vgl. Anm. 8). Sodann aber ist darzutun, daß der Schuldner Einwendungen gegen den Inkassomandanten hat. Diese greifen, wie oben Anm. 8 dargetan, gegenüber dem Inkassomandatar durch. Die Beweislast hat der Schuldner; der Indossatar ist durch den Wechsel genügend legitimiert. Über die prozessualische Führung dieses Beweises siehe Anm. 71 zu Art. 82.

Anm. 12. γ) Andrerseits muß sich der Indossatar auch Einwendungen gegen seine Person gefallen lassen. Seine Vergleiche, Stundungen, Verzichte sind bindend (ROHG. 21, 119), desgleichen seine Veräußerungen durch Abtretung und Weiterindossierung (ROHG. 22, 254). **Durch solche Weitergirierung wird der verdeckte Inkassomandatar haftbar, auch wenn der Dritte wußte, daß er nur verdeckter Inkasso-**

mandatar ist, wie auch der Kommissionär haftet, obwohl er nur im Auftrage und **Art. 17.**
für Rechnung des Kommittenten handelt (vgl. Bernstein 113). **Anm. 12.**

Auch das RG. (27, 129) **nimmt dies an, wenn auch mit unzutreffender Begründung.** Das RG. stellt sich in diesem Erkenntnisse auf den Standpunkt, der Inkassomandatar sei Eigentümer des Wechsels. Dies ist aber nicht zutreffend, da er ja nach der Abrede zwischen Indossanten und Indossatar Eigentümer des Wechsels nicht werden soll. Wenn er sich dennoch die Einreden aus seiner Person gefallen lassen muß, so liegt das daran, daß er, wenn er auch nicht Eigentümer ist, doch nach dem Willen des Indossanten nach außen als Eigentümer des Wechsels *gelten soll*. Der Wechselverkehr ist daher berechtigt, den Indossatar als Eigentümer zu betrachten. Freilich folgt hieraus, daß der Inkassomandatar sich sowohl die Einwendungen gegen seine Person, als auch die Einwendungen gegen den Indossanten gefallen lassen muß. Das ist aber eine Folge der Lage, die der Indossant selbst geschaffen hat: er hat dem Indossatar eine Scheinstellung gegeben, die der Dritte für wahr anzunehmen befugt ist, die aber andrerseits die Rechte des Dritten nicht schmälern und ihm das Recht nicht entziehen darf, die Scheinstellung aufzudecken und die Einwendungen vorzubringen, die sich aus der wahren Sachlage ergeben. Wer Scheinmanipulationen macht, kann sich darüber nicht beklagen, daß er seine eigene Rechtslage erschwert, während er andrerseits nicht berechtigt sein kann, die Rechtslage anderer zu erschweren. Wenn Bernstein (114) die gegen den Indossatar zustehenden Einwendungen nicht berücksichtigen will, so ist dies die Folge seiner oben (in Anm. 8) zurückgewiesenen Auffassung, daß ein Vollmachtsverhältnis vorliege.

δ) *Prozeßpartei ist der Inkassomandatar*, auch wenn er zugibt, daß er dies ist **Anm. 13.**
(RG. 11, 9; 27, 130). Er soll ja in *seinem* Namen auftreten. Eide zu leisten hat *er*, im Rubrum figuriert *er*; das Urteil lautet auf *seinen* Namen, und wenn der Inkassomandant Rechte aus demselben geltend machen will, so muß er sich die Rechte aus dem Urteil abtreten lassen (ROHG. 10, 156). Vgl. jedoch Anm. 14b.

ε) *Der Inkassomandatar darf auch durch eigentliches Indossament* den **Anm. 14.**
Wechsel weiter begeben. (Vgl. oben Anm. 12.) Und zwar nur er, nicht auch der Inkassomandant. Auch protestieren kann nur er den Wechsel, nicht der Inkassomandant. Denn nach außen tritt er als Wechselgläubiger auf.

ζ) *Nur für die Geltendmachung der Wechselrechte erscheint der Indossatar* **Anm. 14a.**
als Eigentümer. *Der* Umstand aber, daß er es in Wahrheit nicht ist, kommt überall zur Geltung, wo sonst die Eigentumsfrage in Betracht kommt. So kann der Indossant den Wechsel vindizieren, wenn er beim Indossatar gepfändet ist, er kann ihn im Konkurse des Inkassomandatars als Aussonderungsberechtigter herausfordern (Jaeger KO. Anm. 20ff. zu § 43; Bernstein 113 mit Zitaten; a. M. Grünhut Lehrbuch § 47 Anm. 4). Der Indossatar kann eine Unterschlagung am Wechsel begehen (RG. in Blums Annalen 2, 220).

η) Erwirbt der Indossant den Wechsel wieder, so muß er die ungünstigen Ergebnisse **Anm. 14b.**
des von dem Inkassomandatar angestellten Prozesses gegen sich gelten lassen (RG. 36, 54; 43, 42).

5. **Auch mit der Blankotradition** d. h. mit der Begebung des Wechsels unter Benutzung eines **Anm. 15.**
vorhandenen Blankogiros ohne eigenes Giro können dieselben Absichten verfolgt werden, wie mit dem Inkassogiro: Geltendmachung fremder Rechte im eigenen Namen. Es entstehen alsdann dieselben Rechtswirkungen nach innen und nach außen, wie beim Inkassoindossament.

Beim **Rektawechsel** ist das Normalindossament, also auch das versteckte Prokuraindossament, unzulässig.

Zusatz 2. Das fiduziarische Indossament. Dieses unterscheidet sich in seiner hier **Anm. 16**
gemeinten Art vom Inkassoindossament — einer Abart des fiduziarischen — dadurch,

Art. 17. daß es im **gleichzeitigen Interesse** des Indossanten und Indossatars erfolgt,
Anm. 16. z. B. behufs Bestellung eines Pfandrechts am Wechsel (§ 1294 BGB.) oder auch zur Einziehung teils für Rechnung des Indossanten, teils für die des Indossatars (RG. 41, 114; Rehbein Anm. 29), während das Inkassoindossament nur Vollmachtszwecke verfolgt und für Rechnung des Indossanten geschieht. Hier dagegen liegt ein wirkliches Eigentumsindossament vor, das freilich nach innen den Beschränkungen der Parteiabreden unterworfen ist. Nach außen aber übt der Indossatar nicht bloß fremde Rechte aus. Er unterliegt daher in diesem Falle nicht allen Einreden aus der Person des Indossanten, vielmehr greifen die allgemeinen Regeln des Art. 82 Platz. Das Reichsgericht nimmt in dem oben erwähnten Falle des Indossaments zur Einziehung teils für Rechnung des Indossanten, teils für die des Indossatars (Bd. 41, 114) an, es liege ein einziges Eigentumsindossament für die ganze Summe vor, aber unbeschränkt nur bezüglich eines Teils der Summe, mit einer Einschränkung bezüglich des andern Teils, und daß aus dieser Einschränkung die Pflicht des Indossatars hervorgehe, sich bezüglich dieses anderen Teils die Einwendungen gegen den Indossanten gefallen zu lassen. Die Entscheidung ist im Hinblick auf den dort vorliegenden Tatbestand bedenklich; das Prinzip aber des fiduziarischen Indossaments ist zu billigen und nicht mit dem verbotenen Teilindossament (Art. 9 Anm. 4) zu identifizieren. Deswegen hat Staub (4. Aufl. § 6) zu Unrecht diese Konstruktion verworfen; nach seiner Auffassung ist in solchem Falle, in welchem ein Vollindossament zur Einziehung teils für eigene, teils für Rechnung des Indossanten vorliegt, zu prüfen, ob das ganze Indossament als verdecktes Inkassoindossament aufrecht erhalten werden könne. Sei dies nicht der Fall, so sei es als rechtlich unmögliches Gebilde ungültig.

Anm. 17. **Zusatz 3.** Den Gegensatz zum fiduziarischen Indossament (einschließlich des Inkassoindossaments) stellt das **Scheinindossament** dar. Der fiduziarische Indossatar ist, wenn auch zu beschränkteren Zwecken, als Indossatar gewollt. Beim Scheinindossament ist das gezeichnete Indossament in Wirklichkeit nicht gewollt, vielmehr vereinbart, daß trotz des Indossaments der Indossant selbst Eigentümer bleibe (§ 117 BGB.; Grünhut § 47); z. B. beim Indossament, um den Wechsel den Gläubigern zu entziehen (über die Einrede siehe Art. 82 Anm. 47).

Anm. 18. **Zusatz 4. Fremde Rechte.** Im französischen, belgischen und englischen Rechte gelten entsprechende Vorschriften; auch hier wird das Prokuraindossament im großen und ganzen mit derselben Wirkung zugelassen. In Frankreich tritt noch die Vorschrift hinzu, daß jedes ordnungswidrige Indossament als Vollmachtsindossament gilt (Späing 59).

IV. Präsentation zur Annahme.

Artikel 18.

Art. 18. Der Inhaber eines Wechsels ist berechtigt, den Wechsel dem Bezogenen sofort zur Annahme zu präsentieren und in Ermangelung der Annahme Protest erheben zu lassen. Eine entgegenstehende Übereinkunft hat keine wechselrechtliche Wirkung. Nur bei Meß- oder Marktwechseln findet eine Ausnahme dahin statt, daß solche Wechsel erst in der an dem Meß- oder Marktorte gesetzlich bestimmten Präsentationszeit zur Annahme präsentiert und in Ermangelung derselben protestiert werden können. Der bloße Besitz des Wechsels ermächtigt zur Präsentation des Wechsels und zur Erhebung des Protestes mangels Annahme.

Einleitung. **Der vorliegende Artikel behandelt das Recht, den Wechsel dem Trassaten zur Annahme zu präsentieren.** Von der Frage, ob und in welchem Umfange eine **Verpflichtung** zur Präsentation zur Annahme besteht, ist hier keine Rede. Eine solche besteht im all-

gemeinen nicht; vgl. jedoch Art. 19 (Nachsicht-Wechsel) und Art. 24 Abs. 2 (Domizilwechsel). Art. 18.
Durch besondere Vereinbarung kann auch sonst eine Präsentationspflicht übernommen Einleitung.
werden, die aber nicht wechselrechtliche Bedeutung hat (ROHG. 4, 403). —

Der fortlaufende Druck des Art. 18 **ohne Absatz**, der durch eine irrtümliche Fassung der Nürnberger Novellen aufgegeben war, ist im Neutext der Wechselordnung infolge des Protestgesetzes mit Recht wiederhergestellt (vgl. 5. Aufl. Anm. 1).

1. **Wer ist berechtigt**, den Wechsel zur Annahme zu präsentieren? Nicht bloß der Wechsel- Anm. 1.
berechtigte, sondern jeder Detentor des Wechsels. Dies wiederholt noch einmal der Satz 4.

In Deutschland bewirkt auch die Post die Präsentation von Wechseln zur Annahme und sorgt für die Protesterhebung (PostO. v. 20. 3. 00 § 18). Über die Haftung der Post dabei s. § 18, XX der PostO. und RG. 19, 101. Dies hat sich durch das Protestgesetz nicht geändert. Nur bewirkt jetzt die Post, wenn der Auftrag dahin geht, durch ihre Beamten auch die Protesterhebung und zwar innerhalb des im § 3 des Protestgesetzes, der Bekanntmachung des Reichskanzlers vom 5. Aug. 08 (Anhang II) und des neu in die Postordnung eingefügten § 18a (Anhang III) vorgesehenen Rahmens; über die Haftung hierbei vgl. § 4 des Protestgesetzes.

2. **Innerhalb welcher Frist ist der Wechselinhaber berechtigt, den Wechsel zu präsentieren?** Anm. 2.

a) In der Regel sofort. Damit ist das sogenannte Prinzip des prompten Akzepts aufgestellt. Es braucht also zwischen Ausstellung und Einholung des Akzepts keine Frist zu verstreichen. Selbstverständlich aber kann die Präsentation auch später erfolgen, ja sogar nicht bloß zum Verfalltag, sondern auch noch während der diesem folgenden Protestfrist (Lehmann 456).

b) Eine ausnahmsweise Vorschrift besteht für Meß- und Marktwechsel Anm. 3.
(Art. 35). Wenn für diese am Orte der Messe oder des Marktes eine gesetzliche Präsentationsfrist besteht, so ist diese zwingend (Gesetzliche Präsentationsfristen für Meß- und Marktwechsel, s. b. Rehbein Anm. 1; Bernstein 100). Besteht aber an einem Orte nur eine usancemäßige oder gar keine Präsentationsfrist für Meß- und Marktwechsel, so können sie nicht nur während der ganzen Dauer der Messe oder des Marktes am Meß- oder Marktorte, sondern auch schon vorher am Wohnorte des Bezogenen gültig zur Annahme präsentiert werden (Lehmann 456); dagegen Rehbein Anm. 1, der die Ortsgewohnheit entscheiden läßt.

3. **Das Recht der Präsentation kann wechselrechtlich nicht ausgeschlossen werden.** Inter partes Anm. 4.
kann solcher Vereinbarung Wirkung nicht versagt werden. (LandesOHG. Stuttgart in ZHR. 29, 237.)

4. **Das Recht der Präsentation zur Annahme und des Protestes hat die Kostenerstattungs-** Anm. 5.
pflicht des Wechselverpflichteten zur Folge. Diese besteht auch dann, wenn der Präsentant von der Sicherheitsklage Abstand genommen hat oder es der Sicherstellung aus irgendeinem Grunde nicht bedurfte (OHG. Stuttgart bei Borchardt Zus. 303a).

5. **Präsentat** ist der Bezogene, Präsentationsort der Wohnort desselben. Näheres Anm. 5a.
hierüber Anm. 4 zu Art. 20.

Zusatz 1. **Von einer Verpflichtung des Trassaten zur Annahme des Wechsels** handelt Anm. 6.
der Artikel nicht. Wechselrechtlich besteht eine solche Verpflichtung nicht. Auch nach Handelsgebrauch ist der Gläubiger zum Trassieren auf seinen Schuldner nur mit dessen Zustimmung berechtigt (Gutachten der Ältesten von Berlin und der HK. Halle a. S. in Holdheim 06, 82). Ob die Verpflichtung nach dem zugrunde liegenden Rechtsverhältnisse besteht, ist von Fall zu Fall zu prüfen. Danach richtet es sich auch, ob der Trassat im Einzelfalle die Kosten des Protestes zu tragen hat. War der Trassant von ihm ermächtigt, den Wechsel zu ziehen, so muß er die Kosten des Protestes tragen. In der Avisierung der Tratte und dem nicht erfolgten Widerspruch hiergegen ist im allgemeinen eine Ermächtigung zu sehen (vgl. Staub, HGB. neue 8. Aufl.

Art. 18. Anm. 14 zu § 346). Einen solchen Handelsgebrauch stellen auch die Ältesten von Berlin,
Anm. 6. die HK. Halle a. S. und die HK. Hannover fest (Holdheim a. a. O.), während das Gutachten der HK. Berlin (in ihren Mitteilungen 05, 102) ohne überzeugende Begründung abweichend ist. Darüber, daß die nicht aus dem Wechsel hervorgehenden Rechte des Trassanten gegen den Trassaten mit der Indossierung nicht ohne weiteres übergehen, siehe Anm. 8 zu Art. 8. — Ist die Akzeptation eines Wechsels versprochen und wird sie nicht geleistet, so muß nunmehr Barzahlung geleistet werden, nicht bloß nach Eintritt des Zeitpunktes, zu welchem der Wechsel fällig gewesen wäre (ROHG. 15, 327), sondern schon in dem Zeitpunkt, zu welchem der Wechsel zu geben war (Staub, HGB. 6./7. Aufl. Anm. 41 im Exk. vor § 273).

Anm. 7. **Zusatz 2. Scheckgesetz.** Eine Präsentationspflicht, kein Präsentationsrecht, zur Zahlung, nicht zur Annahme, die ja beim Scheck ausgeschlossen ist (§ 10 Scheckgesetzes), setzt das Scheckgesetz im § 11 fest. Der im Inland ausgestellte und zahlbare Scheck ist binnen 10 Tagen nach der Ausstellung dem Bezogenen am Zahlungsort zu präsentieren (§ 11 Abs. 1 Scheckgesetzes). Der Ablauf der Vorlegungsfrist ist aber auf das Recht des Bezogenen zur Zahlung ohne Einfluß (§ 13 Abs. 2 Scheckgesetzes).

Anm. 8. **Zusatz 3. Fremde Rechte.** In Frankreich und Belgien bestehen im allgemeinen die gleichen Bestimmungen wie bei uns, nur kann das Recht zur Präsentation durch Vereinbarung gültig ausgeschlossen werden. Über englisches Recht siehe Späing 66. — Vgl. russische WO. Art. 91ff.

Österreich hat zur Ausführung der Sätze 3 und 4 des Artikels in § 3 seines EG. bestimmt, daß ein Wechsel, der auf inländische Messen oder Märkte zahlbar gestellt ist, nicht vor dem Anfang des Marktes, und wenn er acht Tage oder länger dauert, nicht vor der zweiten Hälfte desselben zur Annahme präsentiert werden dürfe.

Artikel 19.

Art. 19. **Eine Verpflichtung des Inhabers, den Wechsel zur Annahme zu präsentieren, findet nur bei Wechseln statt, welche auf eine bestimmte Zeit nach Sicht lauten. Solche Wechsel müssen bei Verlust des wechselmäßigen Anspruchs gegen die Indossanten und den Aussteller nach Maßgabe der besonderen im Wechsel enthaltenen Bestimmung und in Ermangelung derselben binnen zwei Jahren nach der Ausstellung zur Annahme präsentiert werden. Hat ein Indossant auf einem Wechsel dieser Art seinem Indossament eine besondere Präsentationsfrist hinzugefügt, so erlischt seine wechselmäßige Verpflichtung, wenn der Wechsel nicht innerhalb dieser Frist zur Annahme präsentiert worden ist.**

Der vorliegende Artikel behandelt die völlig gleiche Materie, wie Art. 20. Beide sind nur im Zusammenhange zu verstehen und in ersprießlicher Weise nur im Zusammenhange zu erläutern. Die beiden Artikel werden daher hinter Art. 20 zusammen erläutert.

Artikel 20.

Art. 20. **Wenn die Annahme eines auf bestimmte Zeit nach Sicht gestellten Wechsels nicht zu erhalten ist oder der Bezogene die Datierung seines Akzepts verweigert, so muß der Inhaber bei Verlust des wechselmäßigen Anspruchs gegen die Indossanten und den Aussteller die rechtzeitige Präsentation des Wechsels durch einen innerhalb der Präsentationsfrist (Artikel 19) erhobenen Protest feststellen lassen.**

Der Protesttag gilt in diesem Falle für den Tag der Präsentation.

Ist die Protesterhebung unterblieben, so wird gegen den Akzeptanten, welcher die Datierung seines Akzepts unterlassen hat, die Verfallzeit des Wechsels vom letzten Tage der Präsentationsfrist an gerechnet. Art. 20.

Die Artikel 19 und 20 behandeln die Präsentations- und Protestvorschriften beim Nachsichtwechsel.

Über die Einwirkungen des Protestgesetzes vgl. die Anm. 4, 5 u. 9a. Einleitung.

I. **Der Grundgedanke der beiden Artikel 19 und 20** ist folgender: Ein Nachsichtwechsel — Anm. 1. auch befristeter Sichtwechsel genannt — (über Begriff und Form s. Anm. 24 zu Art. 4) hat keinen von vornherein bestimmten Verfalltag. Er soll, wenn er z. B. auf 8 Tage nach Sicht lautet, 8 Tage nach der Präsentation bezahlt werden. Es ist nun aber für den Wechselverkehr erforderlich, daß die Fälligkeit nicht ins Ungemessene hinausgeschoben wird, daß also die Präsentation in nicht allzulanger Frist erfolgt und der Wechsel so in absehbarer Zeit einen bestimmten Verfalltag erhält, und ferner, daß dieser Verfalltag in einer dem Wechselverkehr angemessenen Weise festgestellt wird, also entweder auf dem Wechsel selbst oder in der Protesturkunde.

Diese Bedürfnisse des Wechselverkehrs sind aber in verschiedenem Grade und in verschiedener Art vorhanden, je nachdem es sich um den Akzeptanten oder um die Regreßverpflichteten handelt. Deshalb hat das Gesetz für beide Fälle verschiedene Vorschriften gegeben.

II. **Die Präsentations- und Protestvorschriften gegenüber den Regreßschuldnern** (Trassanten Anm. 2. und Indossanten). Diese gipfeln darin, daß sich der Inhaber des Wechsels bemühen muß, rechtzeitig ein datiertes Akzept zu erhalten. Dasselbe bestimmt den Verfalltag auf dem Wechsel. Eventuell muß er einen Verfalltag außerhalb des Wechsels durch ein Surrogat herstellen, nämlich durch den Protest.

1. Ein datiertes Akzept muß der Inhaber sich vom Trassaten beschaffen. Zwar spricht der Art. 19 nur von der Präsentationspflicht des Wechselinhabers. Indessen geht aus Art. 20 hervor, daß die Präsentation lediglich den Zweck hat, ein datiertes Akzept zu erreichen, und daß, wenn dieser Zweck nicht erreicht ist, die Präsentation wirkungslos ist. Auffallen könnte es, daß gerade der Akzeptationsvermerk des Trassaten den Verfalltag bestimmt: es handelt sich doch um den gezogenen Wechsel, zu dessen wesentlichen Erfordernissen die Akzeptation nicht gehört. Im Grunde genommen ist denn auch die datierte Akzeptation des Wechsels nicht gerade nötig, es muß trotz des Wortlauts des Gesetzes als genügend angesehen werden, daß der Trassat eine datierte Bescheinigung auf den Wechsel setzt, daß er den Wechsel gesehen hat. Allein das Gesetz ist doch nicht so im Unrecht, wenn es von einem datierten Akzept spricht. Mag auch theoretisch mit Recht die Nichtidentität von Präsentation zur Sicht und zur Annahme, von Sichtbescheinigung und Akzept behauptet werden (Thöl § 40; Dernburg II § 256; ROHG. 16, 348), so kommt doch praktisch in Betracht, daß derjenige, der schon dabei ist, den gezogenen Wechsel zu präsentieren, sich hierbei gleichzeitig um das Akzept bemühen wird, und daß ferner die Sichtbescheinigung des Trassaten auch die Akzeptation in sich schließt (Art. 21 Abs. 2), es sei denn, daß ausdrücklich bemerkt wird, die Sichtbescheinigung sei erteilt ohne die Absicht, akzeptieren zu wollen (gesehen, aber nicht akzeptiert). Solche Fälle kommen nicht vor und deshalb genügt es, hier die begriffliche Verschiedenheit von Sichtbescheinigung und Akzeptation zu erwähnen, im übrigen aber mit dem Gesetze von der allein praktischen Gestaltung der Sache auszugehen und demgemäß ein datiertes Akzept zu fordern. Grünhut (Hdb. I § 50) fordert auf Grund des Gesetzes ein datiertes Akzept als notwendige Bedingung des Regreßrechts.

Eine undatierte Akzeptation genügt selbstverständlich nicht, um die Fälligkeit herbeizuführen (RG. 8, 70). Hat der Trassat akzeptiert, aber sein Akzept nicht datiert, so muß noch die Datierung eingeholt werden.

Art. 20. 2. Rechtzeitig muß das datierte Akzept auf den Wechsel gesetzt sein.

Anm. 3. a) Zunächst kann der Aussteller des Wechsels die Akzepteinholungsfrist (richtiger als Präsentationsfrist, vgl. Anm. 2) auf dem Wechsel bestimmen, und zwar beliebig lange, z. B. auch auf 50 Jahre (ROHG. 3, 298; RG. 5, 77). Der Aussteller kann aber nur eine Frist, nicht einen bestimmten Tag als Präsentationstag bestimmen. Das letztere wäre eine unzulässige Art des Tagewechsels (Anm. 29 zu Art. 4). Auch der Indossant kann den Wechsel mit einer solchen Frist versehen, doch hat dies nicht eine den Wechsel als solchen berührende Bedeutung (vgl. Art. 19, letzter Satz) und zwar sowohl mit einer kürzeren, als mit einer längeren (Lehmann 360; Beyer in ZHR. 34, 33; Grünhut Hdb. I § 50; in letzter Hinsicht abweichend Bernstein 121).

b) Eventuell greift die gesetzliche Akzepteinholungsfrist Platz. Dieser Fall ist die Regel. Die gesetzliche Frist ist zwei Jahre nach der Ausstellung.

Anm. 4. 3. Über den Ort der Akzepteinholung und Datierungseinholung sagt der vorliegende Artikel nichts. Die Einholung muß am Wohnort des Trassaten geschehen, nicht an dem im Domizilvermerk angegebenen Orte: denn derselbe betrifft nur den Zahlungsort (ROHG. 10, 49; RG. 8, 68). Ein vom Wohnort des Bezogenen verschiedener Präsentationsort ist festsetzbar (ROHG. 3, 298; RG. 5, 78). — Für Orte, die der Bundesrat als benachbarte erklärt, wirkt hinsichtlich des Orts einer gültigen Akzepteinholung und Datierungseinholung der Art. 91a ein (vgl. Erl. zu Art. 91a und Art. 4 Anm. 48 letzter Absatz).

Präsentat ist der Trassat, auch dann, wenn derselbe wechselunfähig geworden, in Konkurs geraten oder gestorben ist (vgl. hierüber Anm. 18 zu Art. 88).

Anm. 5. 4. Bleibt das Akzepteinholungsbemühen vergeblich, so muß, als Surrogat des datierten Akzepts, der Protest erhoben werden. Als vergeblich ist das Bemühen dann zu betrachten, wenn der Trassat nicht oder nicht datiert akzeptiert hat (ein beschränktes Akzept gilt nicht als verweigertes, J. u. M. Stranz Anm. 7). Denn nur ein datiertes Akzept gibt dem Wechsel den Verfalltag (vgl. Anm. 2). Mit diesem Protest kann der Wechselinhaber bis zum letzten Tage der Präsentationsfrist nach Art. 19 warten, wie er ja mit der Präsentation überhaupt bis dahin warten kann. Die Regreßpflichtigen können nicht einwenden, daß schon früher einmal vergeblich präsentiert und dessenungeachtet nicht protestiert worden ist (ROHG 6, 99; Grünhut Hdb. I § 51; anders Staub 1.—3. Aufl.). Erfolgt aber der Protest, so hat die Verfallfrist endgültig zu laufen begonnen, der Verfalltag ist damit ein für allemal festgestellt, der Wechsel wird ein solcher mit einem bestimmten Verfalltage, er ist fällig am letzten Tage der im Papiere angegebenen Verfallfrist. Versäumt der Wechselinhaber, den Protest mangels Zahlung an diesem Tage zu erheben, so ist der Regreß verloren (ROHG. 6, 101; Grünhut Hdb. I § 51 Anm. 6). — Der Protest ist, wenn das Akzept überhaupt verweigert wird, ein Protest mangels Annahme, wenn die Datierung verweigert wird, ein Protest mangels Datierung der Annahme. Ein Protest mangels Zahlung wäre inkorrekt und entspräche dem Gesetze nicht: der Protest mangels Zahlung stellt das vergebliche Zahlungsbegehren fest und setzt eine fällige Zahlungspflicht voraus, kann also nicht, wie Bernstein (122) meint, den Kündigungstag festsetzen.

Über den Inhalt der Aufforderung des Protestbeamten vgl. Art. 98 Anm. 3 und die dort zitierte RGEntsch.

Für den Ort des Protestes gilt das in Anm. 4 Gesagte mit der dort für benachbarte Orte erwähnten Maßgabe. Die Klagezustellung ersetzt hier den Protest nicht; der Protest ist das einzige Surrogat der Akzeptdatierung (ROHG. 20, 173); s. dagegen im Verhältnis zum Akzeptanten unten Anm. 8. Der rechtzeitig und gehörig aufgenommene Protest fixiert den Präsentationstag, wie die Akzeptdatierung, durch Hinzurechnung der Nachsichtfrist erhält man den Verfalltag. Nunmehr muß der Wechsel am Verfalltage bzw. innerhalb der Protestfrist zur Zahlung präsentiert bzw. protestiert werden (ROHG. 6, 99).

5. **Die Rechtsfolge der unterbliebenen rechtzeitigen Akzepteinholung oder Protestierung.** Wird der Wechsel nicht rechtzeitig mit einem datierten Akzept versehen und auch nicht rechtzeitig mangels Akzeptes oder mangels Datierung des Akzepts protestiert, so ist der Wechselregreßanspruch gegen die Giranten und den Aussteller untergegangen (Art. 19 und 20). **Art. 20.** Anm. 6.

III. **Die Präsentations- und Protestvorschriften gegenüber dem Akzeptanten.** Anm. 7.

1. Auch dem Trassaten gegenüber ist zunächst nur das datierte Akzept geeignet, den Präsentationstag zu bestimmen. Enthält der Wechsel ein solches, so ist der Verfalltag unter Hinzurechnung der Nachsichtfrist aus dem Wechsel selbst ersichtlich (RG. vom 1. 4. 81 bei Borchardt Zus. 418b).

2. Wenn aber der Wechsel zwar akzeptiert, aber nicht datiert akzeptiert ist — und es kommt dies vor z. B. wenn das Akzept in blanco gegeben ist (ROHG. 16, 348) —, so muß sich der Inhaber bemühen, eine Datierung des Akzepts zu erlangen. Gelingt ihm dies nicht, so muß er sich auch hier das Surrogat, den Protest beschaffen. Hier aber gilt auch die Klagezustellung als Surrogat: der Tag der Klagezustellung gilt dem Akzeptanten gegenüber als Präsentationstag und führt unter Hinzurechnung der Nachsichtfrist die Fälligkeit herbei (ROHG. 3, 300; RG. 8, 69; Bolze 2 Nr. 801; OG. Wien bei Cz. Nr. 109 und 295; Kreis 120; anders Bernstein 123; Grünhut Hdb. I § 51). Anm. 8.

3. Die Rechtsfolgen der unterbliebenen rechtzeitigen Datierungseinholung oder Protestierung sind gegenüber dem Akzeptanten andere, als gegenüber den regreßpflichtigen Wechselschuldern. Sind die zwei Jahre, die das Gesetz für die Datierungseinholung und ev. Protestierung vorschreibt, verflossen, ohne daß eines von beiden erfolgt ist, so hat dies dem Akzeptanten gegenüber nicht die Bedeutung, daß er seiner Verpflichtung ledig geworden wäre (ROHG. 16, 348). Vielmehr tritt der Verfalltag mit Ablauf der zweijährigen Frist und der im Wechsel vorgesehenen Nachsichtfrist von selbst ein. Die Ausdrucksweise des Gesetzes könnte möglicherweise zu der Annahme verleiten, als ob der letzte Tag der Präsentationsfrist (also ohne Hinzurechnung der Nachsichtfrist) der Verfalltag wäre (vgl. Art. 20 Abs. 3). Auch leidet die Ausdrucksweise mancher Ausleger und Entscheidungen an dieser Unklarheit (vgl. z. B. ROHG. 11, 49). Dagegen sprechen sich andere Ausleger und Entscheidungen klar in dem hier dargelegten Sinne aus (so z. B. Rehbein Anm. 5 zu Art. 31; ROHG. 16, 346). Diese letztere Auslegung entspricht allein dem Geiste des Gesetzes und verträgt sich sehr wohl mit seiner Ausdrucksweise (nicht ist der letzte Tag der Präsentationsfrist der Verfalltag, sondern die „Verfallzeit wird vom letzten Tage der Präsentationsfrist berechnet"). Der Ablauf zweier Jahre seit dem Tage der Ausstellung ersetzt also im Verhältnis zum Akzeptanten die Datierung des Akzepts. Gegen den Akzeptanten beginnt nunmehr die dreijährige Verjährung, auch wenn der Wechsel früher nicht präsentiert worden wäre (ROHG. 11, 47; 14, 30; 16, 346; RG. 3, 6; 8, 70; so auch Dernburg § 256 Anm. 12; Rehbein Anm. 5 zu Art. 31; Bernstein 121; anders Lehmann 861, der mit ausführlicher, jedoch nicht durchschlagender Begründung annimmt, auch der Akzeptant werde frei, wenn die Sichtnahme nicht innerhalb der Präsentationsfrist nachgesucht werde; wie Lehmann, so auch anscheinend OG. Wien bei Cz. Nr. 390). Diese Verfallzeit gilt umgekehrt auch dann für den Nachsichtwechsel, wenn er früher präsentiert worden ist; denn die Präsentation bewirkt ja eben die Fälligkeit nicht, sondern nur das Versehen des Akzeptvermerks mit dem Datum oder statt dessen der Protest oder aber endlich der Ablauf der zwei Jahre seit dem Tage der Ausstellung (ROHG. 20, 173). Es kann allerdings auch der Akzeptant eine Zahlungspräsentationsfrist vorschreiben, das ist dann ein beschränktes Akzept im Sinne des Art. 22 (OTr. b. Borchardt Zus. 418a). — Vgl. für den Sichtwechsel Art. 31 Anm. 5. Anm. 9.

Über den Ort der Akzepteinholung und des Protestes mangels Datierung s. oben Anm. 4 u. 5.

Art. 20. IV. **Die Form des Protestes aus Art. 19, 20 gemäß dem neuen Protestgesetz.**

Anm. 9a. Die Protesturkunde richtet sich nach Art. 88b, da es sich um keinen Protest mangels Zahlung handelt. Auch von diesem Protest ist eine beglaubigte Abschrift vom Protestbeamten zurückzubehalten; über den Inhalt des Wechsels ist ein Vermerk aufzunehmen (Art. 90 Abs. 2 der jetzigen Fassung).

An sich wäre auch für diese Protestart der Postbeamte infolge der allgemeinen Fassung des neuen Zusatzes in Art. 87 Satz 1 (vgl. Protestgesetz § 1 V) gleichfalls zuständiger Protestbeamter. Der Reichskanzler hat indes unter Zustimmung des Bundesrats laut der im § 3 des Protestgesetzes ausgesprochenen Ermächtigung angeordnet, daß die Postverwaltung die Erhebung der hier fraglichen Proteste nicht übernimmt (vgl. die Verordnung im Anhang II). Von vornherein haben die verbündeten Regierungen (vgl. die Begründung zum Protestgesetz S. 7) eine derartige Einschränkung der Protesttätigkeit der Post in Aussicht genommen (Näheres bei Art. 87 u. 88a, 88b).

Anm. 10. **Zusatz. Nachverfahren.** Über den Einwand der Ungültigkeit des Protestes im **Nachverfahren** s. Art. 87 Anm. 19a u. RG. 62, 93.

V. Annahme (Akzeptation).

Artikel 21.

Art. 21. **Die Annahme des Wechsels muß auf dem Wechsel schriftlich geschehen.**

Jede auf den Wechsel geschriebene und von dem Bezogenen unterschriebene Erklärung gilt für eine unbeschränkte Annahme, sofern nicht in derselben ausdrücklich ausgesprochen ist, daß der Bezogene entweder überhaupt nicht oder nur unter gewissen Einschränkungen annehmen wolle.

Gleichergestalt gilt es für eine unbeschränkte Annahme, wenn der Bezogene ohne weiteren Beisatz seinen Namen oder seine Firma auf die Vorderseite des Wechsels schreibt.

Die einmal erfolgte Annahme kann nicht wieder zurückgenommen werden.

Einleitung. Der Artikel gibt die ersten Regeln über **die Akzeptation**: 1. die äußere Form der Akzeptationserklärung (Abs. 1), 2. den materiellen Inhalt der Akzeptationserklärung (Abs. 2 u. 3), 3. die Vorschrift der Unwiderruflichkeit der Akzeptationserklärung (Abs. 4).

Anm. 1. I. **Durch welchen Rechtsakt entsteht die Obligation des Akzeptanten?** Nicht die Unterschrift schafft die Akzepthaftung. Sie tritt vielmehr (vgl. Art. 8 Anm. 2; Art. 9 Anm. 3 und Allg. Einl. Anm. 10) erst durch den Begebungsvertrag ein (Staub 4. Aufl. vertrat auch hier seine modifizierte Kreationstheorie; ebenso Grünhut [Lehrb. § 6] die seinige). Der Vertrag kommt in der Regel so zustande, daß das Angebot (die Offerte) in der Präsentation seitens des Wechselinhabers besteht und die Annahme in der Niederschrift des Akzeptes (Goldschmidt in ZHR. 28, 84, der auch darauf hinweist, daß die Quelle des Art. 21 in den Vorschriften des Preuß. Allg. Landrechts §§ 715, 997, 998 II 8 zu suchen sei, das der Vertragstheorie huldigte; Bernstein 129; Dernburg II § 263 Anm. 4; J. u. M. Stranz Anm. 1). Eine Aushändigung des akzeptierten Wechsels ist in diesem Regelfalle zur Perfektion des Vertrages nicht nötig (anders Thöl § 78 im ausgesprochenen Gegensatz zu Abs. 4 des vorliegenden Artikels). Nach Abs. 4 dieses Artikels, der mit unserer Auffassung im Einklang steht, kann auch die einmal „wirksam", d. h. gemäß einem Begebungsvertrag erfolgte Annahme nicht wieder zurückgenommen werden.

Es gibt auch folgende, seltnere Entstehungsform des Begebungsvertrags: durch das Hinaufsetzen des Akzepts auf den Wechsel — meist auf einen Blankowechsel, aber auch auf einen sonst fertigen Wechsel, z. B. den trassiert eigenen —, sowie die Aushändigung des Akzeptes schließt der Akzeptant den Wechselvertrag. Hier stellt die Aushändigung des Akzepts den Schlußakt des Begebungsvertrags dar. Art. 21. Anm. 1.

Der Einwurf gegen die Vertragstheorie (z. B. von Lehmann 237), der Gesichtspunkt des Vertrags könne deswegen nicht aufrecht erhalten werden, weil die Akzeptation auch eingeschränkt erfolgen könne, ist unzutreffend. Für das Akzept gilt eben nicht die sonstige Regel des Rechtsverkehrs, die Einschränkung der Annahme sei eine Ablehnung in Verbindung mit einer neuen Offerte. Denn der Art. 22 bestimmt ausdrücklich: beschränkte Summen-Annahme schafft eine Teil-Akzepthaftung (Abs. 1); auch andere Einschränkungen heben die Haftung aus dem Akzeptinhalte nicht auf (Abs. 2); beschränkte Annahme bleibt Annahme. Diese positive Sondervorschrift entspricht auch den Anforderungen des Wechselverkehrs, der es nicht vertragen könnte, wenn in dem eingeschränkten Akzepte eine Neuofferte läge (so irrig Bernstein 129).

Die Kreationstheorie konstruiert die Akzepthaftung in folgender Weise. Das Akzept sei die Vervollständigung einer fremden Urkunde, so daß sich der Akzeptant die für den Eigentümer der Urkunde aus dem Akzepte ergebende höhere Bedeutung gefallen lassen müsse. Diese Konstruktion scheitert schon an dem oben (Abs. 2) hervorgehobenen Falle, in welchem es sich nicht um eine fremde Urkunde zu handeln braucht, und könnte nur für das Akzept eines fertigen, nicht eines Blankowechsels gelten.

Das Reichsgericht schwankt; es steht für die Entstehung der Akzeptverbindlichkeit auf dem Boden der Vertragstheorie in Bd. 2, 91; 14, 23f.; 9, 57; auf einem gegenteiligen Standpunkt in Bd. 24, 90; Bolze 11, 269.

Über die Einrede des mangelnden Akzeptvertrages insbesondere auch gegenüber dem gutgläubigen Dritten s. Anm. 65 zu Art. 82 (vgl. auch Art. 8 Anm. 2 a. E.).

II. **Die Vorschriften des vorliegenden Artikels.** Anm. 2.

1. (Abs. 1.) **Die äußere Form der Akzeptationserklärung.** Hierüber enthält der Abs. 1 zwei Vorschriften:

a) Auf dem Wechsel muß die Erklärung erfolgen, nicht auf einer Kopie, wohl aber kann sie auf einem Duplikat erfolgen, dagegen keineswegs nebenher in einer Urkunde, selbst wenn diese angeheftet oder gar angeklebt wäre (ROHG. 22, 213). Am allerwenigsten genügt die bloße mündliche Zusage, die nicht akzeptierte Tratte einlösen zu wollen (ROHG. 18, 189) oder das eigentlich gefälschte Akzept honorieren zu wollen (ROHG. 21, 165). Durch solche mündliche Zusage wird eine Wechselverpflichtung nicht begründet; soweit nach sonstigen Rechtsgrundsätzen ein obligatorischer Anspruch durch sie begründet wird (vgl. z. B. RG. 11, 3), geht er durch die Begebung des Wechsels keineswegs ohne weiteres mit über (ROHG. 18, 189; 21, 167). Verschieden von solchen Versprechungen ist der Fall, wo jemand seine von einem Dritten geleistete Unterschrift unter der Wechselerklärung genehmigt (Anm. 8 zu Art. 95).

An welcher Stelle des Wechsels die Akzeptationserklärung steht, ist gleichgültig. Der Vermerk braucht nicht notwendig dort zu stehen, wo er gewöhnlich steht: quer an der Seite, er kann auch dort stehen, wo sonst der Ausstellungsvermerk oder die Adresse steht (RG. 12, 120), ja er kann auch auf der Rückseite stehen, letzteres nur dann nicht, wenn er in der bloßen Namens- oder Firmenbezeichnung besteht (Abs. 3).

b) Schriftlich, nicht etwa gedruckt oder gestempelt oder sonst mechanisch hergestellt. Jedoch ist es zulässig, daß der Kontext des Akzeptationsvermerks gedruckt und der Name geschrieben wird, weil ja letzteres allein schon genügt (RG. 14, 17). Wie es bei Zeichnungen durch Vertreter ist, darüber siehe zu Art. 95. Ob es unter Umständen genügt, daß die Firma nur teilweise geschrieben, teilweise gestempelt wird, darüber s. Anm. 34 zu Art. 4. Anm. 3.

c) Durch den Bezogenen muß die Akzeptation erfolgen (RG. 14, 17; 35, 38). Der Nichtbezogene haftet, auch wenn er (den nicht notleidenden Wechsel) akzeptiert, nicht, höchstens als Mitunterzeichner des vom Bezogenen herrührenden Akzeptes (ROHG. 15, Anm. 4.

Art. 21. Anm. 4. 346; RG. 10, 4; anders OG. Wien bei Geller Anm. 1; hat der Wechsel Not gelitten, so kann die Ehrenannahme seitens eines jeden Dritten erfolgen; Art. 56, 57). Der Akzeptant haftet nicht, wenn er mit dem Bezogenen nicht identisch ist (RG. 35, 38). Der Protest muß beim Bezogenen erhoben werden. Es muß also materielle Identität vorliegen (und formelle, Anm. 6). Vertretungsverhältnisse sind natürlich zulässig; z. B. auch Zeichnung durch den Prokuristen, insbesondere darf auch der Trassant für den Bezogenen akzeptieren (RG. 24, 87), z. B. auf Grund einer Generalvollmacht (Bolze 21 Nr. 339). Für den Bezogenen darf auch sein Universalsukzessor akzeptieren: der Erbe, die aufnehmende Aktiengesellschaft bei der Fusion (vgl. Art. 2 Anm. 5). Doch muß wirkliche Universalrechtsnachfolge vorliegen und es muß in der Zeichnung die Rechtsnachfolge ausdrücklich hervorgehoben werden (RG. 35, 38; J. u. M. Stranz Anm. 15). Über den Fall der Geschäftsveräußerung vgl. Anm. 6a a. E.

Anm. 5. d) Namen oder Firma des Akzeptanten muß der Akzeptationsvermerk enthalten. (Über Vertretungsverhältnisse s. Näheres Anm. 2ff., 8ff. zu Art. 95). Der Akzeptationsvermerk braucht nach Abs. 3 nur den Namen oder die Firma zu enthalten. Was für die Ausstellerunterschrift zu Art. 4 Anm. 32ff. ausgeführt ist, gilt auch für die des Akzeptanten. Hervorgehoben sei hier noch folgendes: Damit die Firma statt des bürgerlichen Namens genügt, muß der Akzeptant Kaufmann sein. Sonst kann man nicht sagen, daß er mit „seiner" Firma gezeichnet hat. Denn als Nichtkaufmann hat er keine Firma. Es ist überhaupt erforderlich, daß der Akzeptant die Firma berechtigt führt (RG. 14, 17; 41, 22; vgl. hierüber Anm. 11 β zu Art. 4). Auf die Registrierung der Firma kommt es nicht an, da weder das Firmenrecht, noch die Existenz der offenen Handelsgesellschaft oder Kommanditgesellschaft (anders bei der Aktiengesellschaft und Aktienkommanditgesellschaft) von der Eintragung abhängt. Der OG. Wien neigt zur gegenteiligen Auffassung (OG. Wien bei Cz. Nr. 42 und 399). — Die Firma muß für die Regel vollständig gezeichnet sein. Aber die Akzeptzeichnung einer Gesellschaftsfirma unter Fortlassung des sachlichen Teils (statt „Oberfränkische Fenster- und Maschinenfabrik J. C. Rahn & Schmidt" nur „J. C. Rahn & Schmidt") ist ausreichend, wenn der Wille, die Firma zu zeichnen, nach den konkreten Umständen, in der Unterschrift genügend zum Ausdruck gelangt (RG. in JW. 06, 636[19]; anders RG. 12, 172).

Anm. 6 e) Muß sich die Namen- oder Firmenbezeichnung des Akzeptationsvermerks genau mit der betreffenden Bezeichnung des Trassaten decken? Es wäre ja denkbar, daß man sich mit der materiellen Identität von Trassaten und Akzeptanten begnügt (vgl. oben Anm. 4). Das ist auch in der Tat die Ansicht Lehmanns (446). Nur dann fordert er formelle Identität, wenn es sich um die Verpflichtung der Regreßschuldner handelt und für diese die Identität von Belang ist (z. B. beim Regreß wegen Unsicherheit; auch beim Regreß mangels Zahlung, wenn die Bezeichnung des Protestanten im Protest mit der des Wechselakzeptanten übereinstimmt oder der Protest nur vom Akzeptanten spricht). Indessen muß ohne Unterschied, um wessen Verpflichtung es sich handelt, also auch im Verhältnis zum Akzeptanten, nicht bloß materielle, sondern auch formelle Identität gefordert werden. Denn auch die Verpflichtung des Akzeptanten ist eine Formalverpflichtung. Es muß also der Wechsel selbst unzweifelhaft ergeben, daß der Bezogene akzeptiert hat; absolute wörtliche Übereinstimmung ist dazu nicht erforderlich, es kann unter Umständen trotz geringer Abweichungen ein Zweifel an der Identität nicht bestehen, und die Bezeichnung ist alsdann genügend. So können unschädlich sein: erkennbare Firmenabkürzungen, Weglassung oder Abkürzung des Vornamens, Ersatz eines Vornamens durch einen gleichbedeutenden (Karl statt Charles, Louis statt Ludwig), Verschiedenheit in der Titulatur, unter Umständen Weglassung der Worte „Aktiengesellschaft" oder „Gesellschaft m. b. H.", z. B. Möbelfabrikation vereinigter Tischler unter Weglassung von Aktiengesellschaft (ROHG. 12, 172; 14, 172; 20, 262; KG. in KGBl. 92, 54; OLG. Karlsruhe in DJZ. 02, 464. — Firma hieß: „Molz & Lorenz", gezogen war auf „Friedr. Molz & Lorenz", Molz akzeptierte „Fr. Molz & Lorenz"). Identität ist jedoch nicht vorhanden, wenn der Bezogene unter seinem bürgerlichen Namen akzeptiert, während der Trassierungsvermerk auf seine hiervon abweichende Firma lautet. Wenn ein offener Handelsgesellschafter einen auf die Firma seiner Gesellschaft C. F. Müller & Co. gezogenen Wechsel zeichnet: C. F. Müller in Firma C. F. Müller & Co., so ist das als Firmenbezeichnung gültig (vgl. JW. 02, 636 [19]; dagegen Staub 4. Aufl., der diese Zeichnung als Namensunterschrift mit Kennzeichnung charakterisiert, und ROHG. 14, 201; 20, 262). Enthält eine Firma eine Sach- und Personenbezeichnung und lautet der Trassatvermerk auf die Sach-, der Akzeptvermerk auf die Personenbezeichnung, dann ist der Akzeptvermerk ungültig. Die Gültigkeit wird aber nicht in Frage gestellt, wenn der Trassatvermerk eine Sach- und eine Personenbezeichnung enthält und die Sachbezeichnung im Akzept weggelassen ist (RG. 47, 167; vgl. auch RG. in JW. 02, 636 [19]). Bei offenen Handelsgesellschaften, Aktiengesellschaften, Prokuristen genügt für die Wechselzeichnung nicht, daß aus den begleitenden Umständen erhellt, es habe für den Bezogenen akzeptiert werden sollen (ROHG. 12, 172; 20, 262; vgl. Staub, HGB. neue 8. Aufl. Anm. 17 zu § 126). Vielmehr muß die Abweichung, wenn sie für die Gültigkeit des Akzeptvermerkes unschädlich sein soll, nach Inhalt des Wechsels die Identität nicht in Frage stellen. Art. 21. Anm. 6.

Die Bezeichnung „Herr" statt „Frau" ist unschädlich, da erfahrungsgemäß der Wechselverkehr es hiermit nicht genau nimmt und die Bezeichnung „Herr" unterschiedslos für jede wechselfähige Person gebraucht wird, ob Männer, Frauen oder Kinder, so daß es den Anschauungen des Wechselverkehrs wohl entspricht, eine Identität anzunehmen, wenn der auf Herrn Em. Forst gezogene Wechsel von Frau Em. Forst akzeptiert wird. Die das Gegenteil aussprechende Entscheidung des ROHG. (21, 416) wird den Gepflogenheiten und Anschauungen des Wechselverkehrs nicht gerecht (vgl. gegen diese Entscheidung Rehbein Anm. 9; Bolze 17 Nr. 305; auch OG. Wien bei Cz. Nr. 138 und 516). Überhaupt ist zu berücksichtigen, daß der Handelsverkehr bei Adressen nicht das Wort Firma gebraucht, sondern die Höflichkeitstitulaturen, und zwar in der Form, wie sie der Anstand gebietet für den Fall, daß die in der Firma figurierende Person eine physische Person wäre. Lautet z. B. die Firma Müller & Schulze, so lautet die Wechseladresse „Herren Müller & Schulze", auch wenn der Inhaber ein Einzelkaufmann ist; lautet die Firma umgekehrt Louis Schulze, so lautet die Adresse Herrn Louis Schulze, auch wenn es eine offene Handelsgesellschaft ist. Die Jurisprudenz muß dieser Übung Rechnung tragen und muß trotz der Bezeichnung Herr in solchem Falle davon ausgehen, daß dasjenige Rechtssubjekt oder Rechtsgebilde gemeint ist, das die betreffende Firma führt (Bolze 17 Nr. 305). Auch die Unterscheidung Bernsteins (125), der alles dies zwar im Handelsverkehr gelten lassen will, nicht aber auch im Privatverkehr, ist ungerechtfertigt. Denn der Wechsel ist allgemeines Zirkulationspapier. Ob er unter Geschäftsleuten zirkuliert oder unter Privatleuten, ist ihm nicht anzusehen. Und wie, wenn er teils in die Hände von Geschäfts-, teils in die von Privatleuten gelangt? Soll das Akzept bald gültig, bald ungültig sein? — Gerät die offene Handelsgesellschaft in Liquidation und zeichnet sie die Akzeptation mit einem Liquidationszusatze, so ist die Identität gewahrt (Staub, HGB. neue 8. Aufl. Anm. 1 zu § 153). Bei Veräußerung eines Geschäfts mit Firmenrecht darf der Veräußerer den auf die Firma lautenden Wechsel nicht akzeptieren, dagegen der neue Erwerber (a. M. hinsichtlich des neuen Erwerbers Staub 4. Aufl. § 4 und Bernstein 124).

f) Die Zeit der Akzeptation braucht in der Akzeptationserklärung nicht vermerkt zu werden (ROHG. 19, 318). Demgemäß macht auch ein unmögliches Datum das Akzept nicht wirkungslos. Im Zusammenhange damit mag erwähnt werden, daß keine Vermutung dafür spricht, es sei die undatierte Annahme am Tage der Wechselausstellung erfolgt (ROHG. 3, 52), eher könnte sie für das Gegenteil sprechen, nämlich daß die Akzeptierung später als die Ausstellung erfolgt ist (RG. 11, 7). Doch möchten wir auch diese Vermutung nicht gelten lassen. Wer Rechte daraus herleitet, Anm. 7.

Art. 21. Anm. 7. daß die undatierte Annahme zu einer bestimmten Zeit erfolgt sei, muß diese Zeit nachweisen (ROHG. 6, 336), z. B. daß sie zu einer Zeit erfolgt sei, wo der unterschreibende Gesellschafter vertretungsberechtigt war (ROHG. 19, 319). Die Einrede der Wechselunfähigkeit aber ist wahre Einrede (ROHG. 20, 100).

Wann die Akzeptation erfolgt, ist insofern gleichgültig, als sie vor oder nach Verfall des Wechsels erfolgen kann. Im letzteren Falle verbleibt es, auch beim datierten Akzept, beim Verfalltag des Wechsels, insbesondere auch hinsichtlich der Verjährung. Nach der Verjährung kann der Wechsel nicht mehr akzeptiert werden (anders Bernstein 126).

Anm. 8. 2. (Abs. 2 u. 3.) **Der materielle Inhalt der Akzeptationserklärung.** Die Vorschrift hierüber ist die denkbar einfachste: es bedarf keiner solennen Form, vielmehr gilt jede Erklärung als unbeschränkte Akzeptationserklärung, aus der nicht die Ablehnung oder die Einschränkung der Akzeptationserklärung hervorgeht. Eine Erklärung, die Zweifel läßt, ist genügend (ROHG. 24, 267). Es würde z. B., entgegen der Annahme Bernsteins (127), genügen, wenn der Akzeptant schreibt: Ich bitte, am nächsten Dienstag zum Abendessen mein Gast zu sein. Denn darin liegt ausgedrückt, daß er den Wechsel gesehen und mit dem ihm gemachten Ansinnen, den Wechsel zu akzeptieren, einverstanden ist, ja sogar so wenig dadurch in seinem Gleichmut gestört ist, daß er den Präsentanten noch zum Essen einladet (zustimmend Grünhut Hdb. II § 99 Anm. 9; vgl. Lehmann 448 Anm. 18). „Hurra Sedan" mit der Unterschrift genügt (J. u. M. Stranz Anm. 11 zu Art. 21). Ja es gilt sogar die bloße Namens- oder Firmenunterschrift, falls sie auf der Vorderseite erfolgt, als unbeschränkte Akzeptationserklärung. Die Worte: „gesehen Krause" sind hiernach eine genügende Akzeptationserklärung; ebenso: prolongiert bis zum 1. Juli 1894, Schulze (ROHG. 24, 267); ebenso: Angekommen Müller (ein Beklagter hatte den Einwand erhoben, auf dem Wechsel stehe nicht: Angenommen Müller, sondern Angekommen Müller; der Einwand wurde mit Recht verworfen). Eine Annahme mit dem Zusatz angenommen „per aval" ist gültig (RG. 50, 12). Eine Ablehnung der Akzeptation liegt z. B. in den Worten: „Geht mich nichts an", oder „Gesehen, aber nicht angenommen".

Über die Bedeutung der eingeschränkten Annahme s. Art. 22.

Anm. 9. 3. (Abs. 4.) **Die Unwiderruflichkeit des Akzepts** ist dahin zu verstehen, daß die einmal „wirksam" d. h. gemäß einem Begebungsvertrage (vgl. oben Anm. 1) erfolgte Annahmeerklärung nicht mehr widerrufen werden kann. Andere drücken dies auch so aus, der Widerruf sei nicht mehr statthaft, sobald ein Dritter Rechte aus dem Akzept erworben habe (vgl. Rehbein Anm. 5). Die Vorschrift bedeutet insbesondere, daß auch die Durchstreichung der einmal niedergeschriebenen Akzeptationserklärung diese nicht aufhebt, auch wenn die Durchsteichung vor der Aushändigung erfolgt, falls, wie dies die Regel bildet (oben Anm. 1), schon mit der Niederschrift der Akzeptvertrag zustande gekommen ist, bzw. vor der Aushändigung ein Dritter Rechte aus dem Wechsel erworben hat (OLG. Hamburg in SeuffA. 48 Nr. 208; anders OG. Wien bei Peitler Nr. 90). Ein solcher Wechsel kann im Wechselprozeß gegen den Akzeptanten nicht eingeklagt werden (vgl. auch OLG. Hamburg in SeuffA. 48 Nr. 208). Die eigenmächtige Vernichtung des Wechsels hebt die Verpflichtung des Akzeptanten nicht auf (Anm. 1 zu Art. 73; OG. Wien bei Cz. Nr. 187). Deshalb darf man auch durch eine Durchstreichung des Akzepts derart, daß es nicht mehr erkennbar ist, das Akzept immer noch nicht als beseitigt erachten, wie dies Bernstein (130) tut (vgl. Anm. 1 zu Art. 73).

Unzulässig ist auch eine nachträgliche Beschränkung des Akzepts (vgl. die Einl. zu Art. 22).

Anm. 10. **Zusatz. Fremde Rechte.** Nach französischem Recht muß a) die Annahme auf den Wechsel geschehen; b) sie muß jedenfalls unterzeichnet werden; c) ob bloße Namen- oder Firmenunterschrift genügt, ist dort streitig; d) die Unwiderruflichkeit tritt erst ein nach **Aushändigung des akzeptierten Wechsels oder Mitteilung von der Annahme.** Nach

belgischem Recht gilt der Satz a und der Satz b, aber auch der Satz c in bejahendem Sinne; Art. 21.
d) der Widerruf ist 24 Stunden lang möglich. Nach englischem Recht gelten die Sätze a, b, c. Anm. 10.
Der Widerruf ist zulässig bis zur Aushändigung oder Benachrichtigung (Späing 80).

Italien, Ungarn, Schweiz und Rußland haben Vorschriften, die dem Inhalt der ersten drei Absätze unseres Artikels 21 entsprechen. Der Grundsatz des Absatzes 4 herrscht auch in Ungarn und der Schweiz, während Italien den gleichen Grundsatz wie Frankreich hat. Nach russischem Recht entsteht die Verpflichtung erst mit der Ausfolge des Wechsels, und ein durchstrichenes Akzept soll nicht gelten (Meyer 66 ff.).

Artikel 22.

Der Bezogene kann die Annahme auf einen Teil der im Wechsel verschriebenen Summe beschränken. Art. 22.

Werden dem Akzept andere Einschränkungen beigefügt, so wird der Wechsel einem solchen gleichgeachtet, dessen Annahme gänzlich verweigert worden ist, der Akzeptant haftet aber nach dem Inhalte seines Akzepts wechselmäßig.

Der vorliegende Artikel enthält Vorschriften über das eingeschränkte Akzept. An sich ist also das eingeschränkte Akzept zulässig. Das Gesetz geht nicht davon aus, daß der Trassat den Wechsel so akzeptieren müsse, wie er lautet, oder überhaupt nicht akzeptieren könne. — Die Einschränkung kann nicht mehr erfolgen, sobald das Akzept niedergeschrieben ist, vorausgesetzt, daß ein Begebungsvertrag zustande gekommen ist, bzw. ein Dritter bereits Rechte daraus erworben hat (Art. 22 Anm. 1 u. 9; Dernburg II § 263). Einleitung.

1. **Die Form der Einschränkung** ist nicht vorgeschrieben. Doch ergibt sich aus Art. 21 Abs. 2 u. 3, daß die Einschränkung ausdrücklich sein muß: Jeder Vermerk, der sich nicht deutlich als Einschränkung erkennen läßt, ist eine uneingeschränkte Akzeptationserklärung. Der Vermerk muß ferner auf dem Wechsel stehen. Anm. 1.

2. **Die Arten der Einschränkung.** Das Gesetz erwähnt im Abs. 1 nur eine Art und im Abs. 2 die Zulässigkeit anderer Einschränkungen, ohne zu benennen, wie die letzteren lauten können. Anm. 2.

a) Der Trassat kann das Akzept auf einen Teil der Wechselsumme einschränken (Abs. 1). Über die Akzeptation einer höheren Summe (Mehrakzept) siehe unten Anm. 11. Anm. 3.

b) Der Trassat kann eine andere Zahlungszeit bestimmen (vgl. hierüber unten Anm. 8). Anm. 4.

c) Der Trassat kann einen andern Zahlungsort bestimmen (hierüber unten Anm. 9). Anm. 4a.

d) Der Trassat kann akzeptieren, aber unter dem Verbot der weiteren Indossierung (vgl. hierüber unten Anm. 9). Anm. 5.

e) Die eingeschränkte Annahme muß aber wechselrechtlich in Ordnung sein. So ist z. B. ein eingeschränktes Akzept „bis Anfang Februar 1905" zu zahlen, ungültig, weil diese Zahlungszeit den wechselrechtlichen Erfordernissen (vgl. Anm. 22 zu Art. 4) widerspricht (RG. in RGBl. 98, 30; auch abgedruckt im SächsA. 8, 476: Dernburg II § 263). Bernstein begnügt sich dagegen damit, daß die Erfordernisse einer akzeptierten Geldschuld vorhanden sind, erkennt daher die Hinzufügung von Raten oder einer Kündigungsfrist für das eingeschränkte Akzept für zulässig an. Dagegen Grünhut Hdb. II § 101. Annahme unter einer Bedingung ist nicht zulässig (Grünhut Hdb. II § 101; Dernburg II § 263). Anm. 6.

3. **Die Wirkung der Einschränkung** ist eine verschiedene, je nachdem die in Abs. 1 erwähnte Art der Einschränkung erfolgt oder irgendeine andere Art. Anm. 7.

a) Bezieht sich die Einschränkung lediglich auf die Summe, so liegt insoweit eine wirkliche Akzeptation vor, die gegenüber allen Wechselberechtigten und -verpflichteten

Art. 22. Anm. 7. gilt. Die Akzeptation auf die ganze Summe ist zwar verweigert, aber auf den Teil erfolgt. Es haftet auf diesen Teil daher nicht nur der Akzeptant, sondern auch dem Aussteller und Indossanten gegenüber gilt die Akzeptation insoweit als erfolgt.

Anm. 8. b) Bei anderen Einschränkungen dagegen liegt zwar bezüglich des Akzeptanten eine Akzeptation nach Maßgabe der Einschränkung vor, aus der er haftet. Doch beginnt die Verjährung gegen den Akzeptanten mit dem wechselmäßigen Verfalltag, nicht mit der von ihm vermerkten Zahlungszeit (vgl. Art. 77 Anm. 8; a. M. Grünhut Lehrb. § 59).

Den regreßpflichtigen Personen gegenüber liegt in der solcher Art eingeschränkten Annahme Akzeptverweigerung vor. Für ihre Regreßpflicht ist lediglich der Inhalt der Tratte maßgebend: der auf ihr vermerkte Zahlungstag, der auf ihr vermerkte Zahlungsort. Das ist für die Feststellung der Verfallzeit, der Protestfrist, der Verjährung gegenüber diesen Personen wichtig (ROHG. 21, 150).

Anm. 9. Beschränkt insbesondere der Akzeptant sein Akzept durch den Zusatz: „Nicht an Order", so nimmt dies dem Wechsel nicht seine Indossabilität; nur er, der Akzeptant haftet dem späteren Indossatar nicht, und auch dem zeitigen Indossanten nicht für die durch die spätere Indossierung entstehenden Kosten (ROHG. 14, 61; Lehmann 449). Doch kann im Indossament eine Abtretung liegen und dann haftet der Akzeptant auch dem Indossatar (Bernstein 132).

Beschränkt der Akzeptant das Akzept in der Weise, daß er ohne Genehmigung des Ausstellers einen anderen Zahlungsort hinzusetzt, so wird der Wechsel dadurch nicht Domizilwechsel (ROHG. 25, 123). Der Protest im Domizil ist in solchem Falle dem Aussteller gegenüber wirkungslos und der daraus entnommene Einwand jedem Inhaber gegenüber durchgreifend (ROHG. 3, 51; 6, 24); auch dem Akzeptanten gegenüber war jener Protest schon vor der Protestnovelle nicht notwendig (Bernstein 132; Grünhut Hdb. II § 101), ist es aber jetzt sicherlich nicht bei der neuen Fassung der Art. 43, 44. Anders gestaltet sich die Sache, wenn der Akzeptant den Domizilvermerk mit Genehmigung des Ausstellers auf den Wechsel setzt; hierüber, insbesondere wie diese Genehmigung erteilt wird, und wer die Genehmigung zu beweisen hat, s. Anm. 6 zu Art. 43. Der Akzeptant kann übrigens auch umgekehrt den Domizilwechsel mit der Maßgabe akzeptieren, daß er nicht am Wechseldomizil, sondern an seinem Wohnsitze Zahlung leisten will; der Wechsel hört dadurch nicht auf, ein Domizilwechsel zu sein, doch haftet er, der Akzeptant, nach Maßgabe seines Akzeptes, also insbesondere schon nach bisherigem Recht ohne Protest, und jetzt sicherlich bei der Neufassung der Art. 43, 44 ohne Protest.

Über die vom Aussteller, mit oder ohne Genehmigung des Akzeptanten, ausgehende Domizilierung vgl. Art. 24 Anm. 3.

Anm. 10. **Zusatz 1. Können auch andere Wechselschuldner ihre Verpflichtung beschränken?** Wenn der Aussteller dies tun würde, so würde, sofern die Summe beschränkt würde, Art. 5 Platz greifen; würde aber der Wechsel eine doppelte Zahlungszeit oder einen doppelten Zahlungsort enthalten, so wäre er ungültig; die Rektaklausel würde ihn zum Rektapapier machen. Jeder andere Wechselschuldner kann seine Verpflichtung einschränken, so der Wechselbürge (ROHG. 12, 255), der Indossant (Anm. 5a zu Art. 14 und Anm. 4 zu Art. 9).

Anm. 11. **Zusatz 2.** Das übermäßige Akzept **(Mehrakzept).** Das den Wechselbetrag übersteigende Akzept ist in Höhe der Wechselsumme gültig, im übrigen gilt es als nicht geschrieben (Grünhut Hdb. II § 101; Bernstein 132; Dernburg II § 262 Nr. 6; anders Lehmann 452, der den Akzeptanten auch in Höhe des Überschusses für haftbar erklärt).

Anm. 12. **Zusatz 3. Fremde Rechte.** Frankreich bestimmt: Die Annahme kann nicht bedingt, wohl aber bezüglich der Summe beschränkt sein, andere Einschränkungen machen das Akzept absolut wirkungslos. Ebenso Belgien. Nach englischem Recht haftet der Akzeptant stets nach Maßgabe seiner Beschränkung, im übrigen verändert eine beschränkte Annahme die Wirkung des Wechsels, wie derselbe gezogen wurde (Späing 6).

Über das eingeschränkte Akzept in sonstigen ausländischen Rechten vgl. Meyer 74 ff.

Artikel 23.

Der Bezogene wird durch die Annahme wechselmäßig verpflichtet, die von ihm akzeptierte Summe zur Verfallzeit zu zahlen. Art. 23.

Auch dem Aussteller haftet der Bezogene aus dem Akzepte wechselmäßig.

Dagegen steht dem Bezogenen kein Wechselrecht gegen den Aussteller zu.

Der Artikel behandelt die Rechtswirkungen des Akzepts, und zwar nach zwei Richtungen: 1. positiv: die wechselmäßige Verpflichtung des Akzeptanten gegenüber allen Wechselberechtigten (Abs. 1), zu denen auch der Aussteller gehört (Abs. 2); 2. negativ: Das Nichtvorhandensein eines Wechselrechts des Bezogenen gegenüber dem Aussteller (Abs. 3). Einleitung.

1. (Abs. 1 u. 2.) **Die wechselmäßige Haftung des Akzeptanten.** Anm. 1.

a) **Wer haftet?** Der Bezogene, wenn er akzeptiert hat. Der Akzeptant ist **Wechselhauptschuldner** (Gegensatz: Wechselregreßschuldner, das sind Aussteller und Indossanten, Art. 41 ff.). Über die rechtlichen Erfordernisse des Akzeptes ist zu Art. 21 gehandelt, insbesondere darüber, inwieweit formelle und materielle Identität des Bezogenen und Akzeptanten vorausgesetzt wird usw. Vgl. Anm. 2 ff. zu Art. 21.

Hinzuzufügen ist noch, daß für die Frage der Haftungsfähigkeit die wirkliche Zeit der Akzeptierung maßgebend ist. Für diese Zeit ist das Datum des Akzepts prima facie entscheidend. Doch kann gegen dieses Datum, das ein wesentliches Erfordernis des Akzepts ja nicht ist, der Gegenbeweis geführt werden. Vgl. hierüber Anm. 7 zu Art. 21.

b) **Wem haftet der Akzeptant?** Allen Wechselberechtigten (RG. 24, 87), insbesondere auch dem Aussteller. Letzteres hebt Abs. 2 noch besonders hervor. Die Haftung gegenüber dem Aussteller besteht sowohl dann, wenn dieser den Wechsel nicht weiter begeben hat, als auch dann, wenn er ihn durch Indossament wieder erworben, ebenso, wenn er ihn eingelöst hat (ROHG. 7, 288; RG. 21, 401). Im letzteren Falle kommt es auf die Art der Einlösung, ob sie insbesondere durch Zahlung erfolgt ist, nicht an (ROHG. 14, 327); auch darauf nicht, ob der Trassant nicht mehr verpflichtet war, einzulösen, weil für ihn die Regreßpflicht vielleicht verstrichen war (ROHG. 14, 327). Bei der Einlösung entsteht das Recht des Trassanten nicht etwa erst mit der Einlösung, sondern sein durch die Begebung bedingt gewordenes Recht wird von der Bedingung befreit, aber es ist sein früheres Recht, das er nunmehr geltend macht (RG. 21, 401; vgl. Anm. 6 zu Art. 10). Auch daß der Aussteller den Wechsel auf einen bestimmten Remittenten gestellt hat, ändert an dieser Verpflichtung nichts (Rehbein Anm. 7; Grünhut Hdb. II § 75). Anm. 2.

c) **Über den Umfang der Verpflichtung des Akzeptanten** ist zu Art. 50 Anm. 11 u. Art. 51 Anm. 13 gehandelt. Anm. 3.

d) **Über den Gerichtsstand** entscheiden, wenn im Wechselprozesse geklagt wird, die Sondervorschriften der ZPO. über den Wechselprozeß, sonst die allgemeinen Vorschriften der ZPO. über den Gerichtsstand. In Anwendung derselben ist für die Klage des Ausstellers gegen den Akzeptanten aus dem Akzept einer domizilierten Tratte gemäß § 29 ZPO. der Domizilort für maßgebend erachtet worden (RG. 21, 401). Dadurch, daß der Wechselschuldner in Verzug gerät, ändert sich der Erfüllungsort und demgemäß der Gerichtsstand nicht (vgl. hierüber Staub HGB. neue 8. Aufl. Anm. 27 im Exk. zu § 372). — Ob zur Begründung der Klage gegen den Akzeptanten die Behauptung und der Beweis der Präsentation erforderlich ist, darüber s. Anm. 1 zu Art. 40. Anm. 4.

2. (Abs. 3.) **Umgekehrt steht dem Bezogenen gegen den Aussteller ein Wechselrecht nicht zu.** Anm. 5.

a) Der Wechsel als solcher gibt dem Bezogenen keinen Anspruch gegen den Aussteller. Das geht aus der Fassung des Absatzes deutlich hervor. Ob der Bezogene einen Anspruch auf Erstattung der von ihm gezahlten Summe hat (sogenannten

Art. 23. Anm. 5. **Revalierungsanspruch**), ist daher allein nach dem zugrunde liegenden, außerhalb des Wechsels liegenden Rechtsverhältnisse, das einen solchen Anspruch in sich schließen muß, zu beantworten. Es ist daher verfehlt, wenn Lehmann (460) in der Wechseltratte allein den Zahlungsauftrag und in diesem den Rechtsgrund erblickt. Ob es gerechtfertigt ist, den in der Tratte liegenden Auftrag als bloße Formel zu betrachten, und ob aus diesem Grunde ein Erstattungsanspruch des Trassaten auf Grund des Wechsels allein verneint werden darf, kann dahingestellt bleiben. Jedenfalls sagt das Gesetz deutlich, daß im Verhältnis des Bezogenen zum Trassanten aus der Tratte allein Rechte nicht hergeleitet werden dürfen. Denn etwas anderes können die Worte des Gesetzes: „Dem Bezogenen steht kein Wechselrecht gegen den Aussteller zu" schlechterdings nicht bedeuten.

Auf diesem Standpunkte steht denn auch die herrschende Meinung (ROHG. 7, 353; 10, 284; Bolze 7 Nr. 419; RG. in ZHR. 29, 239; RG. 24, 88; RG. in JW. 02, 545[12]; OG. Wien bei Geller Anm. 5; Dernburg § 270; Rehbein Anm. 11; Cosack § 57 I 1; Bernstein 142). Die praktische Bedeutung dieser Meinungsdifferenz besteht auch nicht nur, wie Lehmann meint, in der verschiedenen Beweislast oder vielmehr Begründungsart (vgl. Anm. 6), sondern auch in anderen Punkten. Würde z. B. der Anspruch ein eigenartiger Wechselanspruch sein, so würde er, mangels einer besonders für ihn festgesetzten Verjährung, stets in 30 Jahren verjähren; nach der anderen Ansicht greift für den Revalierungsanspruch die Verjährung Platz, die aus der jedesmaligen Begründungsart folgt. Aus der Lehmann'schen Ansicht würde ferner folgen, daß für den Revalierungsanspruch der Wechselprozeß zulässig wäre, wenn die Tatsache der Zahlung urkundlich nachgewiesen werden würde. Das will Lehmann (466) allerdings nicht wahr haben. Er verweist auf den Abs. 3, nach welchem der Anspruch ja kein wechselrechtlicher sei, also auch im Wechselprozeß nicht geltend gemacht werden könne. Allein das ist inkonsequent. Räumt Lehmann den Gesetzesworten, daß der Bezogene kein Wechselrecht habe, entscheidende Bedeutung ein, so ergibt sich daraus in materieller Hinsicht, daß der Anspruch auf sonstigen zivilen Gründen beruhen muß, und daraus wieder prozessual, daß für ihn der Wechselprozeß nicht gegeben ist. Aber ein Widerspruch ist es, wenn Lehmann trotz jener Gesetzesworte in der Wechseltratte allein den rechtsbegründenden Zahlungsauftrag erblickt und den Anspruch gleichwohl als zivilen Anspruch bezeichnet, für den der Wechselprozeß nicht offen stehe. Übrigens sind auch Thöl (§ 71) und Grünhut (Lehrbuch § 68) nicht Anhänger der herrschenden Meinung; sie geben dem Akzeptanten schon auf Grund der eingelösten und vorzulegenden Tratte ein Recht auf Revalierung.

Anm. 6. b) Die Begründung der Revalierungsklage erfolgt hiernach durch Darlegung des zwischen dem Trassanten und Trassaten bestehenden Rechtsverhältnisses. Es hat nicht immer einen Revalierungsanspruch zur Folge, so z. B. nicht, wenn der Wechsel auf Schuld akzeptiert wird. Die Klage kann nicht, wie dies vom gegnerischen Standpunkte folgerichtig ist, einfach auf die Tratte und ihre Bezahlung gestützt und dann dem Trassanten überlassen werden, nachzuweisen, inwiefern in concreto ein Erstattungsanspruch gleichwohl nicht besteht. Das zugrunde liegende Verhältnis muß vom Kläger aufgedeckt werden; es ist meist ein Geschäftsbesorgungsvertrag (§§ 662, 675 BGB.). — Die Beibringung des eingelösten Wechsels gehört zur Begründung nicht, wenn in anderer Weise die Zahlung bewiesen werden kann (ROHG. in Sachen Edel/Levin vom 1. 5. 77 bei J. u. M. Stranz Anm. 9). Umgekehrt kann auch der Trassant die gewährte Deckung ohne Beibringung des Wechsels zurückfordern, wenn feststeht, daß der Bezogene aus seinem Akzept nicht mehr haftet (RG. 4, 79).

Anm. 7. c) Wann der Revalierungsanspruch als existent zu betrachten ist, ergibt gleichfalls die jedesmalige Sach- und Rechtslage. Ebenso, wann er fällig geworden ist. Liegt einfaches Mandatsverhältnis vor, so entsteht der Revalierungsanspruch schon mit der Akzeptation und wird fällig mit der Zahlung (ROHG. 18, 66).

d) Eine häufige Art der Begründung der Revalierungsklage ist die Behauptung des Gefälligkeitsakzepts. Wer bloß aus Gefälligkeit für einen andern akzeptiert hat, kann selbstverständlich die Rückzahlung des Geleisteten verlangen (ROHG. 14, 225; 19, 251). Über die Substanziierung der Behauptung des Gefälligkeitswechsels s. Anm. 22 zu Art. 82. Eine ähnliche Begründungsart ist die Behauptung, man habe den Wechsel nur akzeptiert, um dem Aussteller Kredit zu verschaffen (Bolze 1 Nr. 833). Art. 23. Anm. 8.

e) Der Umfang des Anspruchs ist ebenfalls von Fall zu Fall verschieden. Wer sich nur aus Gefälligkeit wechselrechtlich verbindlich gemacht hat, demgegenüber ist der andere Teil verpflichtet, zur Verfallzeit Deckung einzusenden oder den Wechsel selbst einzulösen (ROHG. 19, 251). Alles, was der Gefälligkeitsakzeptant infolge der Nichterfüllung dieser Verpflichtung verauslagt, muß der andere Teil ihm ersetzen, in der Regel also auch die Prozeßkosten (zustimmend Bernstein 145; Dernburg II § 270; abweichend ROHG. 21, 324). Keinesfalls kann der Trassat mehr ersetzt verlangen, als er selbst ausgelegt hat: hat er akkordiert, so kann er nur die Akkordsumme ersetzt verlangen (RG. 4, 80). Doch erleidet dieser Grundsatz eine Modifikation dadurch, daß der Kaufmann für seine Auslagen eine Provision verlangen kann (§ 354 HGB.), desgleichen für das übernommene Risiko (Staub, HGB. neue 8. Aufl. Anm. 8 zu § 354). Anm. 9.

f) Im Konkurse des Ausstellers kann der Akzeptant seinen Regreßanspruch nicht neben den Gläubigern des Ausstellers anmelden, welche die volle Wechselforderung anmelden. Der Grundsatz, daß neben dem Gläubiger, der Konkursdividende erhält, nicht auch der Mitverpflichtete, der einen selbständigen Regreßanspruch hat, Konkursdividende beanspruchen kann, ist in der Plenarentscheidung des RG. v. 15. 2. 86 (RG. 14, 172 gegen die Entsch. des I. Sen. in 7, 81) aufgestellt und (auch für den Fall des Zwangsvergleichs) in den Urteilen Bd. 32, 84 u. Bd. 42, 37 festgehalten. Dort werden auch die Rechtsverhältnisse erörtert zwischen beiden Konkursmassen, wenn Trassant und Bezogener in Konkurs geraten sind und jeder die Akkordrate an den Wechselgläubiger gezahlt hat. Anm. 9a.

Zusatz. Fremde Rechte. Die französische, belgische und englische Gesetzgebung stellen die gleichen Grundsätze auf, wie unsere Wechselordnung (Späing 87). Anm. 10.

Artikel 24.

Ist in dem Wechsel ein vom Wohnorte des Bezogenen verschiedener Zahlungsort (Artikel 4 Nr. 8) angegeben (Domizilwechsel), so ist, insofern der Wechsel nicht schon ergibt, durch wen die Zahlung am Zahlungsort erfolgen soll, dies vom Bezogenen bei der Annahme auf dem Wechsel zu bemerken. Ist dies nicht geschehen, so wird angenommen, daß der Bezogene selbst die Zahlung am Zahlungsorte leisten wolle. Art. 24.

Der Aussteller eines Domizilwechsels kann in demselben die Präsentation zur Annahme vorschreiben. Die Nichtbeobachtung dieser Vorschrift hat den Verlust des Regresses gegen den Aussteller und die Indossanten zur Folge.

Der Artikel behandelt die Frage, wer beim Domizilwechsel als Zahlungsleister (Domiziliat) zu betrachten ist. Dabei wird im Eingange der Begriff des Domizilwechsels angegeben. Dagegen enthält der Artikel nichts über die besonderen Rechtswirkungen der Domizilierung. Vielmehr handelt hierüber vornehmlich Art. 43. Doch enthalten auch andere Vorschriften der Wechselordnung Bestimmungen über die Rechtswirkung der Domizilierung, bzw. Nichtdomizilierung, z. B. Art. 62. Eine wichtige Rechtswirkung der Domizilierung, die früher von großer Bedeutung war, nämlich die Notwendigkeit des Protestes für Domizilwechsel mit benanntem Domiziliaten zur Erhaltung der Wechsel- Einleitung.

Art. 24. rechte gegen den Akzeptanten ist infolge des neuen Protestgesetzes weggefallen (vgl. Erl. zu Art. 44).
Einleitung.

Demgemäß wird hier

1. der Begriff des Domizilwechsels,
2. die Frage nach dem Domiziliaten

behandelt werden, während die Rechtswirkungen der Domizilierung dem Art. 43 vorbehalten bleiben.

Anm. 1. 1. **Der Begriff des Domizilwechsels.** Ein solcher liegt vor, wenn in dem Wechsel ein vom Wohnorte des Bezogenen verschiedener Zahlungsort angegeben ist, und zwar, wie zu ergänzen ist, vom Aussteller vor dem Akzept. (Den Gegensatz bildet der **Platzwechsel** — RG. 25, 62.)

a) In dem Wechsel muß die Angabe erfolgen. Abreden außerhalb des Wechsels ändern die Natur des Wechsels nicht. Im Wechsel selbst aber kann der Vermerk in jeder Weise geschehen, die dem Erfordernisse der Deutlichkeit entspricht. Üblicherweise erfolgt sie unter der Adresse, sie kann aber auch im Kontext erfolgen (RG. 15, 112) — vgl. Anm. 53 zu Art. 4 —.

Anm. 2. b) Ein vom Wohnort des Bezogenen verschiedener Zahlungsort muß vermerkt sein. Diesem Erfordernisse wird nur genügt, wenn es verschiedene **Ortschaften** sind (s. Art. 4 Anm. 47 u. 48).[1]) Ob die Ortschaften baulich oder wirtschaftlich zusammenhängen, ist gleichgültig. Die Protestnovelle hat hieran nichts geändert (s. letzter Absatz dieser Anmerkung); über die Wirkungen, die eine Anordnung des Bundesrats über die Nachbareigenschaft von Orten hat, vgl. Art. 4 Anm. 48 letzter Absatz. — Eine Zahlstelle in der Ortschaft des Bezogenen, wenn auch in einer anderen Wohnung, als der des Bezogenen, genügt nicht. In solchem Falle liegt ein **unechter** Domizilwechsel, ein sogenannter Zahlstellenwechsel vor (ROHG. 18, 146; RG. 15, 113; 36, 101; OG. Wien bei Cz. Nr. 411). Über diesen siehe Anm. 7 zu Art. 43.

Auch ist die Verschiedenheit **rein wechselmäßig** zu verstehen: Der aus dem Wechsel ersichtliche (urkundliche) Wohnort des Trassaten muß von dem aus dem Wechsel ersichtlichen (urkundlichen) Zahlungsorte verschieden sein. Ob eine tatsächliche Verschiedenheit besteht, ist gleichgültig, und zwar nach doppelter Richtung: Der Wechsel ist kein Domizilwechsel wenn in Wahrheit Wohnort des Trassaten und Zahlungsort verschiedene Ortschaften sind, dies aber aus dem Wechsel nicht hervorgeht, und der Wechsel ist umgekehrt Domizilwechsel, wenn auch in Wahrheit der Trassat an demselben Orte als dem Zahlungsorte wohnt, wenn nur der Wechsel verschiedene Ortschaften verzeichnet (ROHG. 2, 230; 5, 100; 11, 186; 25, 108; RG. 14, 148; 15, 113; Dernburg II § 257). Nicht deutliche Verschiedenheit liegt z. B. im folgenden Falle vor: Der Wechsel war gezogen auf Herrn Schulze in Vordamm und zwar zahlbar im Kassenlokal der Driesener Spar- und Vorschußkasse; es war in diesem Falle nicht deutlich, daß der Wechsel in Driesen zahlbar sein soll, weil die Driesener Spar- und Vorschußkasse ja in Vordamm ein Kassenlokal haben konnte (ROHG. 2, 230). Nicht deutliche Verschiedenheit liegt ferner in folgendem Falle vor: Das Ausstellungsdatum des Wechsels bezeichnete einen anderen Ort als den Wohnort des Bezogenen, der Domizilvermerk lautete: zahlbar beim Aussteller (ROHG. 3, 6; 5, 99; RG. 25, 60); wohl aber bedeutet diese Klausel eine Domizilierung, wenn der Wechsel einen vom Wohnort des Bezogenen verschiedenen Wohnort des Ausstellers bezeichnet (RG. 15, 113). Überhaupt keine Verschieden-

---

[1]) Für Hamburg und Altona besteht eine gesetzliche Ausnahme. Ein auf Altona, zahlbar Hamburg gezogener Wechsel gilt, wenn ein bestimmter, in Hamburg wohnhafter Domiziliat benannt ist, nicht als Domizilwechsel (Hamb. EG. § 6; Preuß. EinfVO. für Schleswig-Holstein vom 13. Mai 1867 § 9). Dasselbe gilt umgekehrt, wenn ein Wechsel auf Hamburg, zahlbar Altona gezogen wird (Preuß. EinfVO. für Holstein § 9). Diese landesgesetzlichen Vorschriften sind bei der Erhebung der Wechselordnung zum Reichsrecht und ebenso bei der am 1. Januar 1900 in Kraft getretenen neuen Kodifikation ausdrücklich aufrecht erhalten worden (vgl. Allg. Einl. Anm. 5).

heit liegt vor, wenn die Wechseladresse den Wohnort des Bezogenen nicht angibt; der Wechsel ist dann gültig (Art. 4 Nr. 7 u. 8), aber kein Domizilwechsel (ROHG. 21, 251; Bolze 2 Nr. 804; vgl. RG. 14, 148; 36, 97 u. 101. **Art. 24.** Anm. 2.

Daß der Wohnort des Bezogenen und der Zahlungsort rein wechselmäßig zu verstehen sind, ist auch dann erheblich, wenn Vororte im Verkehr mit dem Namen des Hauptortes bezeichnet werden: es entscheidet lediglich die im Wechsel gebrauchte Bezeichnung. Z. B. ein auf Wilhelm Müller in Berlin, Hegelplatz 2, gezogener, bei F. Caro in Berlin, Nollendorfstr. 20, zahlbarer Wechsel ist kein Domizilwechsel, obgleich das letztere Haus zur politischen Gemeinde Schöneberg gehört; dies ist durch das Protestgesetz unberührt geblieben. (Näheres hierüber Anm. 48 zu Art 4.) — Mehrere Domizile anzugeben, verbietet sich von selbst, da der Wechsel nur einen Zahlungsort haben kann (Anm. 51 zu Art. 4). Der Zusatz „zahlbar aller Orten" verstößt aber gegen dieses Erfordernis nicht (vgl. Anm. 47 zu Art. 4).

c) Vom Aussteller muß die Domizilierung ausgehen (ROHG. 25, 122; RG. in JW. 96, 640; Dernburg II § 257; Grünhut Hdb. I § 57). Mit voller Deutlichkeit ist dies zwar vom Gesetze nicht ausgesprochen, doch folgt dies daraus, daß der Aussteller die Gestalt des Wechsels bestimmt. Vor dem Akzept muß sie geschehen, damit sie den Akzeptanten bindet. Ist sie vor dem Akzept geschehen, so haftet der Akzeptant nach Maßgabe der Domizilierung und nur nach dieser (RG. 9, 135) Geschieht die Domizilierung nach dem Akzept, so geht sie den Akzeptanten nichts an, ihm gegenüber ist in solchem Falle eine Prosterhebung nicht notwendig (ROHG. 6, 24; RG. 28, 122). Anders wenn die nachträgliche Domizilierung mit seiner Genehmigung erfolgt (RG. 32, 38; anders RG. 27, 122; vgl. Anm. 18 zu Art. 76 u. Anm. 6 zu Art. 43). Anm. 3.

Nicht ist erforderlich, daß der Aussteller den Vermerk persönlich auf den Wechsel setzen muß. Vielmehr genügt es, daß er auf seiner Zustimmung beruht (vgl. RG. 32, 38). Eine Übertragung der Erlaubnis auf andere Personen, auch auf den Akzeptanten, kann erfolgen, und zwar auch durch konkludente Handlungen (RG. 18, 115). Dagegen ist der Aussteller aus einem von ihm ohne Domizilvermerk begebenen Wechsel, wenn die Hinzufügung des Domizils nachträglich ohne seine Zustimmung erfolgt, nicht gebunden (RG. in JW. 06, 765[37]; vgl. auch Anm. 18 zu Art. 76)

Die Durchstreichung des Domizilvermerks hebt, wenn sie eine berechtigte, z. B. vor dem Akzept vorgenommene ist, die Domizilnatur des Wechsels auf. Ist sie unberechtigt erfolgt, so bleibt der Wechsel für die bisherigen Wechselzeichner domiziliert; für die späteren ist der spätere Wechselinhalt maßgebend (vgl. auch den folgenden Absatz). Die Durchstreichung eines von mehreren Domizilvermerken läßt erkennen, daß nur der eine stehen gebliebene Domizilvermerk gelten solle (JW. 04, 152[29]).

Ein vom Akzeptanten ausgehender Vermerk des Zahlungsortes ist ein beschränktes Akzept (ROHG. 25, 122); über dessen Wirkung s. Anm. 8 und 9 zu Art. 22. Wenn Indossanten den Domizilvermerk auf den Wechsel setzen, so ist der Wechsel dadurch nicht ungültig; denn das Domizil betrifft kein wesentliches Erfordernis des Wechsels (ROHG. 12, 431). Für die Unterschriften, die vor der Änderung des Zahlungsortes auf den Wechsel gesetzt sind, bleibt die Veränderung unerheblich, sie gilt für sie als nicht geschrieben, hinsichtlich ihrer wird der Wechsel als ein nicht domizilierter behandelt (ROHG. 3, 54; 6, 24; 23, 211; 24, 127; RG. 32, 38; OG. Wien bei Borchardt Zus. 539). Anders steht es für spätere Unterschriften, jedenfalls für die Nachmänner des Fälschers oder einen späteren Akzeptanten; sie sind nach Maßgabe des veränderten Wechsels gebunden (Dernburg II § 257), aber auch nur nach Maßgabe dieser Veränderung, so daß der Indossant, der den Wechsel indossierte, als er noch keinen Domizilvermerk hatte, nur haftet, wenn der Wechsel beim Trassaten protestiert wird (RG. 32, 38). Alles dies folgt aus dem Grundsatze, daß jeder einzelne Unterzeichner einer Wechselerklärung nach Maßgabe des Inhalts haftet, den der Wechsel zur Zeit seiner Begebung hatte oder nachher zu seinem Nachteile unter seiner Zustimmung

Art. 24. erhalten hat (RG. 32, 38). Aus diesem Grundsatze folgt übrigens das Entsprechende
Anm. 3. auch für den unechten Domizilvermerk. Über diesen siehe zu Art. 43 (Anm. 7) und auch zu Art. 76. Näheres Anm. 18 zu Art. 76.

Der Einwand unerlaubter Domizilierung ist wahre Einrede und vom Beklagten zu beweisen: prima facie ist die gegenwärtige Gestalt des Wechsels maßgebend. So die herrschende Meinung mit Recht und auch die Rechtsprechung (vgl. Angaben hierfür Anm. 6 zu Art. 43). Aber, im Widerspruch zu seinen früheren Auffassungen, behauptet das RG. (in JW. 03, 186[46]) — zu Unrecht —: der Beklagte brauche nicht zu beweisen, daß die Hinzufügung des Domizils ohne seine Zustimmung erfolgt sei. Die Eideszuschiebung über das Wissen von der nachträglichen Hinzufügung ist nach § 445 ZPO. unzulässig (RG. eodem.).

Anm. 3a. d) Die Klausel „Domizil offen" ist nach Handelsgebrauch so auszulegen, daß dem Empfänger des Wechsels die Beifügung des Domizils nach seinem Ermessen gestattet sein soll (KG. im Recht 07, 520).

Anm. 4. 2. **Der Domiziliat.** Das ist eine vom Trassaten verschiedene Person, welche die Zahlung leisten soll.

a) Die Benennung eines Domiziliaten gehört nicht zum Begriff des Domizilwechsels. Fügt weder der Aussteller, noch der Akzeptant einen Domiziliaten bei, so hat der Wechsel wohl ein Domizil, aber keinen Domiziliaten, und es wird nach der Vorschrift des Abs. 1 angenommen, daß der Bezogene selbst am Zahlungsorte die Zahlung leisten soll.

Anm. 5. b) Durch wen erfolgt die Benennung des Domiziliaten? Zunächst kann es der Aussteller tun. Er ist auch in dieser Hinsicht Herr über die Gestalt des Wechsels. Will der Trassat den solchergestalt gezogenen Wechsel nicht akzeptieren, so mag er das Akzept verweigern oder eingeschränkt leisten. Akzeptiert er aber den Wechsel in solcher Gestalt, so ist er an die betreffende Bestimmung des Ausstellers gebunden. Hat der Aussteller den Domiziliaten nicht benannt, so ist der Akzeptant hierzu bei der Annahme befugt (aber nicht später).

Im Anschluß an diese Vorschrift des Abs. 1 gibt Abs. 2 eine Zusatzvorschrift, daß der Aussteller, um dem Akzeptanten Gelegenheit zu geben, bei der Annahme den Domiziliaten beizufügen, die Präsentation zur Annahme zwingend und mit der Wirkung vorschreiben kann, daß die Unterlassung der Präsentation den Verlust des Regresses gegen ihn und die Indossanten zur Folge hat. Die Vorschrift ist eine ausnahmsweise Anordnung der Pflicht zur Präsentation zur Annahme (vgl. die Einleitung zu Art. 18).

Anm. 6. c) Wer kann Domiziliat sein? Jede vom Trassaten verschiedene Person, also nicht der Trassat selbst (wovon Lehmann [396] jedoch beim trassiert eigenen Wechsel wegen der anomalen Natur desselben eine Ausnahme machen will), wohl aber sonstige im Wechselverbande stehende Personen, z. B. der Aussteller, der Remittent, der Indossant (ROHG. 5, 307; 15, 36; RG. 15, 114). Die Wechselschuld kann dadurch in Wahrheit zur Bringschuld werden und es waltet sehr oft diese Absicht vor. (Vgl. RG. 28, 104; Dernburg II § 257.)

Anm. 7. d) Die Bezeichnung des Domiziliaten. In welcher Weise diese erfolgt, darüber spricht das Gesetz nicht. Aus dem Zwecke der Bezeichnung und analogen Vorschriften geht hervor, daß in deutlicher Weise eine andere Rechtspersönlichkeit als der Trassat nach Namen oder Firma als die Person bezeichnet werden muß, welche die Zahlung leisten soll.

Anm. 8. α) Es muß also zunächst eine vom Trassaten verschiedene **Rechtspersönlichkeit** genannt sein. Fehlt es an diesem Erfordernisse, so kann wohl eine Zahlstelle, nicht aber ein Domiziliat vorliegen, so z. B. wenn das Sekretariat des Stadtgerichts Berlin benannt ist (ROHG. 3, 299; 4, 57), oder **„bei der Redaktion der Kreuzzeitung" (das sind keine Rechtspersönlichkeiten), oder: Schmidstraße 44 beim Portier, das ist** kein Domiziliat, weil der Name fehlt; oder: „im Hotel Monopol", „in München, zahlbar S.-straße 15, Hotel Reichshof" (RG. 48, 139). Art. 24. Anm. 8.

Der Unterschied in der Rechtswirkung zwischen der Angabe einer bloßen Zahlstelle und der Angabe des Domiziliaten bestand früher wesentlich darin, daß im letzteren Falle dem Domiziliaten, im ersteren dem Trassaten zu präsentieren, eventuell gegen den Domiziliaten, bzw. den Trassaten zu protestieren war. Nach der Neufassung des Art. 43 infolge des Protestgesetzes (§ 1 II) soll aber der Zahlstellenwechsel, sofern er den Zahlungsleister benennt, ebenso wie der echte Domizilwechsel mit benanntem Domiziliaten, dem Domiziliaten, nicht aber dem Bezogenen zur Zahlung präsentiert und eventuell gegen den Domiziliaten, nicht gegen den Bezogenen, protestiert werden (Näheres Erläuterungen zu Art. 43).

β) Nach Namen oder Firma muß sie benannt sein. Das ergibt die Analogie von Art. 4 Nr. 5 und 7. Anm. 9.

γ) Als die Person, welche die Zahlung leisten soll, muß sie bezeichnet sein. Üblich ist die Bezeichnung „zahlbar bei", und eben weil dies die im Wechselverkehr allgemein übliche Bezeichnung der dritten Person ist, durch welche die Zahlung geleistet werden soll, deshalb ist die Bezeichnung gültig (ROHG. 9, 421; vgl. RG. 28, 103; gültig „zahlbar bei der Direktion der Diskontogesellschaft in Berlin" RG. in ROLG. 14, 409). Nicht genügt die Bezeichnung „auf dem Kontor des Vorschußvereins", weil neben dem Zahlungsort keine zahlende Person mit genügender Deutlichkeit genannt ist (RG. 28, 103). Gegenüber dieser zutreffenden Auslegung erregt die Entscheidung (RG. 1, 17) Bedenken, die als genügend annimmt: „zahlbar an der Gewerbekasse in L.", weil sie den Vermerk dahin auslegt: „zahlbar an dieser Kasse durch den hierzu berufenen Vertreter oder Angestellten derselben." Bedenken erregt auch die Entsch., die das Fehlen eines Verbindungswortes als ohne Belang erklärt, z. B. „zahlbar Bank" oder „zahlbar Reichsbank-Nebenstelle X" (OLG. Rostock in ROLG. 14, 409; die entgegengesetzte Ansicht ist auch ausgesprochen in der Entsch. bei Kaufmann Bd. 4, 238 zu b). Anm. 10.

e) Mehrere Domiziliaten anzugeben, zwischen denen der Wechselinhaber wählen könnte, also eine alternative Angabe ist unzulässig (RG. 25, 62). Anm. 11

f) Was die rechtliche Stellung des Domiziliaten betrifft, so ist er weder wechselberechtigt, noch wechselverpflichtet. Er gilt wechselrechtlich als beauftragt, für den Trassaten die Zahlung zu leisten; er ist solutionis causa adiectus. Das bezieht sich, wie nochmals hervorgehoben wird, alles nur auf den Domiziliaten beim eigentlichen Domizilwechsel (RG. 36, 101). Die Rechtsstellung ist die gleiche, auch wenn der Aussteller zugleich Domiziliat ist. Löst er den Wechsel ohne Protest ein, so wirkt dies wie eine Zahlung durch den Akzeptanten, also als Tilgung der Wechselobligation. (Näheres über die Wirkung der Zahlung durch den Domiziliaten Anm. 54 zu Art. 82.) Die Ansprüche des Domiziliaten aus der Zahlung gegen Aussteller und Akzeptanten bestimmen sich nach dem zugrunde liegenden Rechtsverhältnis. Dieses geht die Wechselberechtigten nicht an, wie überhaupt sein Verhältnis zum Trassaten. Zahlt er daher in der irrtümlichen Meinung, er habe Deckung, so ist dies ein Irrtum im Motiv, der ihn zur Klage auf Zurückforderung gegen den bezahlten Gläubiger nicht berechtigt (Bolze 4 Nr. 555; OLG. Hamburg in ZHR. 38, 566; OG. Wien bei Borchardt Zus. 540). Anm. 12.

Zusatz 1. Der Domizilvermerk hat auch sonstige Rechtsfolgen: Anm. 13.

1. **die prozessuale**: daß der Gerichtsstand dadurch begründet wird (§ 603 ZPO.);
2. **die materielle** (und indirekt prozessuale): daß dadurch auch für das zugrunde liegende Verhältnis der Erfüllungsort (und damit der Gerichtsstand des § 29 ZPO.) begründet wird (vgl. Anm. 31 zu Art. 83; Staub HGB. neue 8. Aufl. Anm. 32 im Exk. zu § 372; anders Bernstein 153).

Zusatz 2. Den **fremden Rechten** ist der Regel nach der Domizilwechsel gleichfalls bekannt (Späing 95; Meyer 39). Anm. 14.

VI. Regreß auf Sicherstellung.

1. Wegen nicht erhaltener Annahme.

Artikel 25.

Art. 25. Wenn die Annahme eines Wechsels überhaupt nicht oder unter Einschränkungen oder nur auf eine geringere Summe erfolgt ist, so sind die Indossanten und der Aussteller wechselmäßig verpflichtet, gegen Aushändigung des mangels Annahme aufgenommenen Protestes genügende Sicherheit dahin zu leisten, daß die Bezahlung der im Wechsel verschriebenen Summe oder des nicht angenommenen Betrags sowie die Erstattung der durch die Nichtannahme veranlaßten Kosten am Verfalltag erfolgen werde.

Jedoch sind diese Personen auch befugt, auf ihre Kosten die schuldige Summe bei Gericht oder bei einer anderen zur Annahme von Depositen ermächtigten Behörde oder Anstalt niederzulegen.

Anm. 1. 1. Der vorliegende Artikel ist hinter Art. 26 kommentiert. Beide Artikel behandeln dieselbe Materie und können nur zusammengefaßt erläutert werden.

Anm. 2. 2. In der österreichischen Wechselordnung fehlt der Abs. 2; statt dessen enthält der Artikel zwei andere Absätze: nach Abs. 2 hat der Schuldner im Streitfalle bares Geld zu hinterlegen, nach Abs. 3 hat der Gläubiger an der Sicherheit ein Pfandrecht.

Anm. 3. **Zusatz. Fremde Rechte (zu Art. 25 bis 28).** In Belgien und Frankreich haben die Wechselgläubiger bei Nichtannahme das Recht auf Bürgschaftsleistung. In England (ebenso nach der russischen WO. Art. 97) haben sie einen sofortigen Zahlungsanspruch gegen die Vormänner (Späing 17) und müssen bei Verlust des Regresses sofort notifizieren. Auslandswechsel müssen in England bei Verlust des Regresses sofort protestiert werden (Sekt. 43, 48). — Vgl. im übrigen Meyer 79ff.

Artikel 26.

Art. 26. Der Remittent sowie jeder Indossatar wird durch den Besitz des mangels Annahme aufgenommenen Protestes ermächtigt, von dem Aussteller und den übrigen Vormännern Sicherheit zu fordern und im Wege des Wechselprozesses darauf zu klagen.

Der Regreßnehmer ist hierbei an die Folgeordnung der Indossamente und die einmal getroffene Wahl nicht gebunden.

Der Beibringung des Wechsels und des Nachweises, daß der Regreßnehmer seinen Nachmännern selbst Sicherheit bestellt habe, bedarf es nicht.

Einleitung. **Die Art. 25 und 26 behandeln die Voraussetzungen und den Inhalt des Regreßanspruchs wegen nicht erfolgter Annahme des Wechsels sowie die Personen der Regreßpflichtigen** (Art. 25) **und der Regreßberechtigten.** Der Grund des Regresses mangels Annahme ist, daß durch die verweigerte oder beschränkte Annahme die Besorgnis entsteht, der Wechsel werde bei Verfall nicht eingelöst werden. Er ist nur zulässig **vor Verfall des Wechsels**; wer die Zahlungsklage hat, braucht die Sicherstellungsklage nicht (RG. 39, 122).

Die Erläuterung der beiden Artikel soll erfolgen unter dem Gesichtspunkt der Regreßklage, dem praktischen Ausläufer des Regreßanspruchs.

Über die Einwirkungen des Protestgesetzes vgl. unten Anm. 10a.

Anm. 1. 1. **Zur Klage berechtigt** ist der Remittent, sowie jeder Indossatar (Art. 26), auch wenn er selbst nicht in Anspruch genommen worden ist, oder auch, wenn er selbst nicht in Anspruch genommen werden kann, nicht auch der Aussteller, da im Gegenteil gegen ihn der Regreß sich in letzter Linie richtet und er keinen regreßpflichtigen Vormann hat. Daraus folgt zugleich, daß der Aussteller auch dann, wenn er später Indossatar wird, keinen Regreß gegen seine Vormänner hat, weil er diesen ja als Aussteller regreßpflichtig ist (vgl. ROHG. 18, 413). Das gleiche gilt für jeden, der eine doppelte Rolle auf dem Wechsel spielt: er kann gegen die Vormänner nicht Regreß nehmen, denen er selbst als Vormann regreßpflichtig ist (RG. v. 11. 2. 80, OG. Wien und OAG. Dresden bei Borchardt Zus. 228). Art. 26. Anm. 1.

2. **Die Begründung der Klage:** Anm 2.

a) Die Annahme muß nicht uneingeschränkt erfolgt sein, sei es, daß sie überhaupt nicht oder nur unter Einschränkung erfolgt ist. Hinsichtlich der Einschränkung ist zu bemerken, daß der Regreß, wenn sich die Einschränkung auf eine geringere Summe bezieht, nur auf die Differenz zwischen der akzeptierten und der trassierten Summe gerichtet werden kann, wie dies der Abs. 1 des Art. 25 ergibt. Jede andere Einschränkung gilt voller Nichtannahme gleich.

Die Annahme ist nicht erfolgt, wenn kein materiell und formell gültiges Akzept zu erlangen ist, wie es den Erfordernissen des Art. 21 (vgl. Anm. 2ff. daselbst) entspricht. Es braucht nicht gerade eine Weigerung des Trassaten vorzuliegen, das Gesetz spricht von einer solchen nicht, es genügt, daß die Annahme nicht oder nicht gültig erfolgt ist. So z. B. wenn die offene Handelsgesellschaft, auf die der Wechsel gezogen ist, untergegangen ist, oder wenn der Trassat gestorben ist, seine Erben aber noch unbekannt sind, oder ein Erbe minderjährig ist und noch keinen Vormund hat.

Bernstein (155) und Dernburg (II § 272) stellen die Ansicht auf, daß die Klage begründet ist, wenn von mehreren Bezogenen der eine nicht akzeptiert. Dem ist zu folgen. (So auch RG. 46, 140.) Gleiches gilt, wenn von mehreren Erben eines Bezogenen einer das Akzept verweigert.

b) Die nicht erfolgte Annahme muß durch Protest festgestellt sein. Dieser muß selbstverständlich auf Antrag des legitimierten Inhabers erhoben sein. Ob dies der Fall ist, ergibt der Protest, der ja auf eine Abschrift des Wechsels oder auf ein mit dieser zu verbindendes Blatt zu setzen ist (vgl. Art. 88b). Anm. 3.

Wo dieser Protest zu erheben ist, darüber vgl. Erläuterungen zu Art. 88 Nr. 3, zu Art. 91 u. 91a und Art. 20 Anm. 4.

c) Der Regreßnehmer muß den Protest besitzen, natürlich einen ordnungsmäßig erhobenen. Ein Protesterlaß mit der Wirkung, daß der Regreß auf Sicherstellung auch ohne Protest gegeben wäre, ist dem Wechselrecht unbekannt (Bernstein 155). — Nicht aber braucht der Regreßnehmer den Wechsel zu besitzen (Art. 26 Abs. 3). Er kann ihn vielmehr auch weiter begeben haben. Oft aber wird die Beibringung des Wechsels nötig sein, um seine Legitimation darzutun; so z. B. wenn derjenige, der nach Erhebung des Annahmeprotestes den Wechsel erwirbt, die Sicherstellungsklage anstellen will (Bernstein 158). Indessen gilt wissentlicher Erwerb eines mangels Annahme protestierten Wechsels als Verzicht auf den Regreß gegen die Vormänner, die den Wechsel erst nach der Protesterhebung begeben haben (Grünhut Hdb. II § 119). — Notifikation nach Art. 45 ist Regreßvoraussetzung nicht. Indessen kann dies im Prozesse auf den Kostenpunkt von Einfluß sein. Anm. 4.

3. **Die Klage richtet sich gegen** die Vormänner des Berechtigten: die Indossanten und den Aussteller, auch deren Avalisten. Eine Ausnahme machen die Vormänner, hinsichtlich deren der Regreßnehmer selbst infolge einer doppelten Rolle, die er etwa auf dem Wechsel spielt, auch Vormann ist (vgl. oben Anm. 1); eine fernere Ausnahme machen die Vormänner, die jeden Regreß wechselmäßig ausgeschlossen haben (Art. 14 und 15). Über fernere Ausnahmen im Falle der Notadresse s. Art. 56—61. Gegen die regreßpflichtigen Vormänner aber ist auch der Sprungregreß zulässig (Art. 26 Abs. 2). Auch mehrere Verpflichtete kann der Kläger in Anspruch nehmen, obwohl dies dem Anm. 5.

Art. 26. Anm. 6. Wortlaut des Art. 26 Abs. 2 nicht entspricht (Lehmann 520). Aber er hat natürlich kein Recht auf mehrfache Sicherheit (Bernstein 159; Grünhut Hdb. II § 119).

4. **Das Ziel der Klage** ist Erlangung genügender Sicherheit gegen Aushändigung des Protestes mangels Annahme. Was ist nun aber unter genügender Sicherheit zu verstehen, und wie kommt dieses Verlangen im Klageantrage zum Ausdruck?

a) Was ist unter genügender Sicherheit zu verstehen? Sicherheit für Wechselsumme und Kosten (Art. 25 Abs. 1). Die Art der Sicherheitsleistung bestimmt sich jetzt nach den §§ 232—240 BGB.[1]) (Rehbein Anm. 5; Lehmann in DJZ. 5, 171). Ohne Grund bezweifelt Dernburg (II § 272 Anm. 7, wo auch Rechtsprechung zitiert ist), die Geltung dieser Vorschriften für das Wechselrecht; er meint, der Regreßpflichtige habe die Sicherheit zu leisten, die nach allgemeiner Verkehrssitte als ausreichend zu betrachten ist (ebenso Grünhut § 75 Anm. 9). Es ist aber gar nicht ersichtlich, warum hier die allgemeine Verkehrssitte an die Stelle der gesetzlichen Vorschrift treten soll.

In Österreich ist im Streitfall bares Geld zu hinterlegen (vgl. Art. 25 Anm. 2).

---

[1]) Diese lauten:

§ 232 BGB. Wer Sicherheit zu leisten hat, kann dies bewirken
durch Hinterlegung von Geld oder Werthpapieren,
durch Verpfändung von Forderungen, die in das Reichsschuldbuch oder in das Staatsschuldbuch eines Bundesstaats eingetragen sind,
durch Verpfändung beweglicher Sachen,
durch Bestellung von Hypotheken an inländischen Grundstücken,
durch Verpfändung von Forderungen, für die eine Hypothek an einem inländischen Grundstücke besteht, oder durch Verpfändung von Grundschulden oder Rentenschulden an inländischen Grundstücken.

Kann die Sicherheit nicht in dieser Weise geleistet werden, so ist die Stellung eines tauglichen Bürgen zulässig.

§ 233 BGB. Mit der Hinterlegung erwirbt der Berechtigte ein Pfandrecht an dem hinterlegten Gelde oder an den hinterlegten Werthpapieren und, wenn das Geld oder die Werthpapiere nach landesgesetzlicher Vorschrift in das Eigenthum des Fiskus oder der als Hinterlegungsstelle bestimmten Anstalt übergehen, ein Pfandrecht an der Forderung auf Rückerstattung.

§ 234 BGB. Werthpapiere sind zur Sicherheitsleistung nur geeignet, wenn sie auf den Inhaber lauten, einen Kurswerth haben und einer Gattung angehören, in der Mündelgeld angelegt werden darf. Den Inhaberpapieren stehen Orderpapiere gleich, die mit Blankoindossament versehen sind.

Mit den Werthpapieren sind die Zins-, Renten-, Gewinnantheil- und Erneuerungsscheine zu hinterlegen.

Mit Werthpapieren kann Sicherheit nur in Höhe von drei Viertheilen des Kurswerths geleistet werden.

§ 235 BGB. Wer durch Hinterlegung von Geld oder von Werthpapieren Sicherheit geleistet hat, ist berechtigt, das hinterlegte Geld gegen geeignete Werthpapiere, die hinterlegten Werthpapiere gegen andere geeignete Werthpapiere oder gegen Geld umzutauschen.

§ 236 BGB. Mit einer Buchforderung gegen das Reich oder gegen einen Bundesstaat kann Sicherheit nur in Höhe von drei Viertheilen des Kurswerths der Werthpapiere geleistet werden, deren Aushändigung der Gläubiger gegen Löschung seiner Forderung verlangen kann.

§ 237 BGB. Mit einer beweglichen Sache kann Sicherheit nur in Höhe von zwei Drittheilen des Schätzungswerths geleistet werden. Sachen, deren Verderb zu besorgen oder deren Aufbewahrung mit besonderen Schwierigkeiten verbunden ist, können zurückgewiesen werden.

§ 238 BGB. Eine Hypothekenforderung, eine Grundschuld oder eine Rentenschuld ist zur Sicherheitsleistung nur geeignet, wenn sie den Voraussetzungen entspricht, unter denen am Orte der Sicherheitsleistung Mündelgeld in Hypothekenforderungen, Grundschulden oder Rentenschulden angelegt werden darf.

Eine Forderung, für die eine Sicherungshypothek besteht, ist zur Sicherheitsleistung nicht geeignet.

§ 239 BGB. Ein Bürge ist tauglich, wenn er ein der Höhe der zu leistenden Sicherheit angemessenes Vermögen besitzt und seinen allgemeinen Gerichtsstand im Inlande hat.

Die Bürgschaftserklärung muß den Verzicht auf die Einrede der Vorausklage enthalten.

§ 240 BGB. Wird die geleistete Sicherheit ohne Verschulden des Berechtigten unzureichend, so ist sie zu ergänzen oder anderweitige Sicherheit zu leisten.

b) **Wie kommt das Verlangen auf Sicherstellung im Klageantrage zum Ausdruck?** Unserer Ansicht nach kann es nicht allgemein auf Sicherstellung gerichtet werden. Denn damit wird nur der schon im Gesetze enthaltene **Rechtssatz** wiedergegeben, daß der Aussteller bzw. Indossant Sicherheit zu bestellen hat. Dem Erfordernisse eines bestimmten **Antrags** nach § 253 ZPO. entspricht dies nicht. Man kann Sicherheit bestellen durch Pfänder, Bürgen oder Barhinterlegung. Der Kläger muß daher sagen, was er zum Zwecke der Sicherstellung verlangt: welche Sache der Beklagte zum Pfande bestellen soll, auf welche Grundstücke er Hypothek bestellen soll, wessen Bürgschaft er beschaffen, welche Summe er hinterlegen soll (zustimmend Rehbein Anm. 5; Dernburg II § 272). In der Praxis wird allerdings anscheinend anders verfahren, soweit wenigstens die Beispiele aus der nichtwechselrechtlichen Rechtsprechung zeigen (vgl. RG. 13, 340; 19, 206). Und es scheint auch, als wenn das von uns für erforderlich erachtete Verfahren meist nicht ausführbar wäre. Denn wie soll der Wechselgläubiger wissen, welche Pfänder, welche Bürgen dem Schuldner zu Gebote stehen? Indessen geht man dieser Schwierigkeit dadurch aus dem Wege, daß man annimmt, gerade dieser Unbekanntschaft des Gläubigers mit den Verhältnissen des Schuldners wegen sei der Kläger berechtigt, im Petitum die einfachste fungible Sicherheit durch Barhinterlegung zu fordern, ohne sich dem Vorwurfe einer plus petitio auszusetzen. Sache des Einwands ist es dann, darzutun, daß dem Beklagten andere genügende Sicherheiten zu Gebote stehen. Aber auch in diesem Falle muß man dem Kläger das Recht geben, ein Urteil dahin zu verlangen, daß der Schuldner entweder die vom Gericht für genügend erachtete anderweite Sicherheit (Pfänder, Bürgen) bestelle oder aber bar hinterlege. Es könnte sonst leicht der Zweck des Prozesses vereitelt werden. Das RG. (in KGBl. 99, 20) legt ein allgemein auf Sicherheitsleistung lautendes Urteil so aus, daß der Kläger berechtigt sei, Barhinterlegung zu fordern. Das OLG. Dresden (Urt. v. 5. 5. 03 bei Mugdan-Falkmann 7, 327) erachtet es für geboten, im Urteilstenor die Zulässigkeit der Zwangsvollstreckung auf dieselbe Art und Weise auszusprechen, wie die Vollziehung eines dinglichen Arrestes wegen der Wechselsumme. — Stets, auch nach der Beurteilung zu einer bestimmten Art der Sicherheitsleistung, kann auf Grund des Art. 25 Abs. 2 der Regreßschuldner die Summe bar hinterlegen. Gibt der Gläubiger die anderweit bestellte Sicherheit oder die etwa im Wege der Zwangsvollstreckung gepfändeten Sachen trotzdem nicht frei, so hat der Regreßschuldner das Klagerecht nach § 767 ZPO. Art. 26. Anm. 7.

5. **Die Verteidigung des Beklagten.** Er hat alle die Einwendungen, die sich gegen den Wechselanspruch als solchen richten, aber auch solche Einwendungen, die sich gegen den Sicherheitsregreß besonders richten, z. B. wenn der Wechselnehmer wußte, daß der Trassat nicht akzeptieren werde. Dazu treten die Einwendungen gegen die Art der geforderten Sicherheit (vgl. Anm. 7). Anm. 8

6. **Die Form des Prozesses** ist der Wechselprozeß. Die Bestimmung des Art. 26 Abs. 1 ist als aufrechterhalten zu betrachten, obgleich der Wechselprozeß der ZPO. sonst nur für Klagen auf Zahlung gegeben ist (§ 13 EG. z. ZPO.; Stein, Der Urkunden- und Wechselprozeß 88; Rehbein Anm. 5). Selbstverständlich steht diese Prozeßart nur dem Kläger zur Wahl. Er kann auch den ordentlichen Prozeß wählen. Anm. 9.

7. **Die Vollstreckung des Urteils.** Lautet das Urteil (nach der oben vertretenen Ansicht inkorrekterweise, vgl. Anm. 7) allgemein auf Sicherheitsleistung, so hat der Gläubiger nunmehr Anträge nach § 887 ZPO. (executio ad faciendum) zu stellen (RG. in KGBl. 99, 20; vgl. RG. 13, 340). Lautet das Urteil alternativ auf Bestellung von Pfändern oder Hinterlegung baren Geldes, so kann der Gläubiger wegen der Leistung vollstrecken, die ihm beliebt; der Schuldner aber kann durch die andere Leistung (nicht schon durch die Erklärung, daß er anders wähle) die Zwangsvollstreckung abwenden (RG. 27, 384; OLG. Posen in der Jurist. Monatsschr. f. Posen 00, 88; § 264 BGB.). Lautet das Urteil auf Bestellung bestimmter Faustpfänder, so kann der Gerichtsvollzieher beauftragt werden, die Pfänder dem Schuldner wegzunehmen und sie dem Kläger auszuhändigen Anm. 10.

Art. 26. Anm. 10. (§ 883 ZPO.). Ein Urteil auf Bestellung einer Hypothek auf einem bestimmten Grundstück wird nach Maßgabe des § 884 ZPO. vollstreckt; auf Grund des vorläufig vollstreckbaren Urteils kann eine Vormerkung erfolgen (§ 885 ZPO.). Lautet endlich das Urteil auf Barhinterlegung, so erfolgt die Vollstreckung einfach durch Pfändung wie bei Ansprüchen auf Zahlung (a. M. Bernstein 160 sowie Staub 4. Aufl., der auch bei dem Urteil auf Barhinterlegung nur eine executio ad faciendum gemäß § 887 ZPO. zuließ; der hier vertretenen Ansicht sind von den Kommentatoren der ZPO. Wilmowski-Levy Anm. 1 zu § 773; Gaupp-Stein Anm. II, 1 zu § 773; Reincke 3. Aufl. 743 im Anschluß an eine Entscheidung des OLG. Hamm in BuschsZ. für deutschen Zivilprozeß 13, 419).

Anm. 10a. 8. **Die Form des Protestes mangels Annahme und der zuständige Protestbeamte gemäß dem Protestgesetz.** Hier gilt gleiches, wie in Anm. 9a zu Art. 20 ausgeführt ist.

Artikel 27.

Art. 27. Die bestellte Sicherheit haftet nicht bloß dem Regreßnehmer, sondern auch allen übrigen Nachmännern des Bestellers, insofern sie gegen ihn den Regreß auf Sicherstellung nehmen. Dieselben sind weitere Sicherheit zu verlangen nur in dem Falle berechtigt, wenn sie gegen die Art oder Größe der bestellten Sicherheit Einwendungen zu begründen vermögen.

Anm. 1. **Der rechtliche Charakter und die Zweckbestimmung der bestellten Sicherheit.**

1. Sie ist nicht bloß eine Sicherheit für den Regreßnehmer, sondern auch für alle Nachmänner des Bestellers. Darin liegt zweierlei:

a) daß die letzteren sich ohne weiteres daran halten können, ohne daß die Sicherheit ausdrücklich für sie bestellt ist. Sie können aber auch verlangen, daß der Besteller diese Haftung in rechtsverbindlicher Weise zum Ausdruck bringe, z. B. durch eine Nachtragserklärung an die Hinterlegungsstelle, grundbuchliche Eintragung nochmalige Verpfändung.

Anm. 2. b) Sodann aber bedeutet der Satz, daß die Nachmänner eine weitere Sicherheitsleistung regelmäßig nicht verlangen können, es sei denn, daß sie gegen die Art und die Größe der bestellten Sicherheit begründete Einwendungen zu erheben vermögen. Was begründete Einwendungen sind, richtet sich nach dem in Anm. 6 zu Art. 26 Gesagten. So z. B. wird es von der Zuverlässigkeit des ersten Wechselgläubigers, dem die Sicherheit bestellt wurde, abhängen, ob die bestellte Sicherheit genügt, wenn sie in der Bestellung eines Faustpfandes an ihn bestanden hat. Die Geltendmachung solcher Einwendungen geschieht im Wege der Klage; der Weg des Wechselprozesses ist auch hier prinzipiell gegeben, wird aber meist nicht ausführbar sein.

Anm. 3. 2. In welcher Weise die Sicherheit ihrem Zwecke dient, richtet sich nach der Art der bestellten Sicherheit und den betreffenden Vorschriften des bürgerliches Rechts. Die Klage auf Zahlung aus dem Wechsel nach dem Verfalltage ist (außer wenn Geld hinterlegt ist, was, wie jede rechtmäßige Hinterlegung, der Zahlung gleich gilt) durch die Bestellung der Sicherheit nicht gehindert. Die Verweisung auf die bestellte Sicherheit kann, wenn überhaupt, erst als Einwand in der Zwangsvollstreckungsinstanz geltend gemacht werden (Anm. 3 zu Art. 2).

Artikel 28.

Art. 28. Die bestellte Sicherheit muß zurückgegeben werden:

1. sobald die vollständige Annahme des Wechsels nachträglich erfolgt ist;
2. wenn gegen den Regreßpflichtigen, welcher sie bestellt hat, binnen Jahresfrist, vom Verfalltage des Wechsels an gerechnet, auf Zahlung aus dem Wechsel nicht geklagt worden ist;

3. wenn die Zahlung des Wechsels erfolgt oder die Wechselkraft desselben erloschen ist. Art. 28.

Der Artikel behandelt das Freiwerden der bestellten Sicherheit. In Nr. 1 und 3 bringt er nur selbstverständliche Folgen zum Ausdruck, Nr. 2 ist eine positive, aber wohlangebrachte Bestimmung. Geltend gemacht wird der Anspruch auf Rückgabe im ordentlichen Prozeßweg. Es ist kein wechselmäßiger Anspruch. Einleitung.

1. Zu Nr. 1 ist zu bemerken, daß trotz des Wortlauts des Gesetzes die bloße nachträgliche Annahme die Kaution nicht frei macht, vielmehr muß noch Ersatz der Kosten hinzutreten (Dernburg II § 272 Anm. 13; Bernstein 162). Anm. 1.

2. Zu Nr. 2 ist zu bemerken, daß der Verfalltag, nicht der Zahlungstag gemeint ist (Unterschied Anm. 14 zu Art. 4). Der Verfalltag wird in die Jahresfrist nicht mitgerechnet (Lehmann 523 Anm. 5). Die Frist ist eine **Präklusivfrist** (J. u. M. Stranz Anm. 2), keine Verjährung (so Staub 4. Aufl.). Ein außergerichtliches Verlangen der Regreßsumme ersetzt die Klage nicht und genügt somit nicht. Desgleichen genügen nicht die sonstigen, namentlich privatrechtlichen Akte, welche die Verjährung zu unterbrechen geeignet sind (Anerkennung usw.). Indes ist „geklagt" nicht wörtlich zu nehmen. Was der Klageerhebung gleichsteht (Zustellung eines Zahlungsbefehls, Anmeldung zum Konkurse), unterbricht auch die Frist. Anm. 2.

3. Zu Nr. 3 ist zu bemerken, daß dem Erlöschen der Wechselkraft das Erlöschen der Wechselverbindlichkeit des Sicherheitsbestellers gleichsteht (Dernburg II § 272 Anm. 14). Dahin gehörige Fälle sind: die Präjudizierung des Wechsels durch Nichterhebung des Protestes mangels Zahlung, durch Ablauf der dreimonatlichen Regreßklagefrist, durch Ablauf der Sichtfrist bei Sicht- oder Nachsichtwechseln. Für den Bereicherungsanspruch, wenn ein solcher übrig bleibt, haftet die Sicherheit nicht. Anm. 3.

2. Wegen Unsicherheit des Akzeptanten.

Artikel 29.

Ist ein Wechsel ganz oder teilweise angenommen worden, so kann in betreff der akzeptierten Summe Sicherheit nur gefordert werden: Art. 29.

1. wenn über das Vermögen des Akzeptanten der Konkurs eröffnet worden ist oder der Akzeptant auch nur seine Zahlungen eingestellt hat;
2. wenn nach Ausstellung des Wechsels eine Exekution in das Vermögen des Akzeptanten fruchtlos ausgefallen ist.

Wenn in diesen Fällen die Sicherheit von dem Akzeptanten nicht geleistet und dieserhalb Protest gegen denselben erhoben wird, auch von den auf dem Wechsel etwa benannten Notadressen die Annahme nach Ausweis des Protestes nicht zu erhalten ist, so kann der Inhaber des Wechsels und jeder Indossatar gegen Auslieferung des Protestes von seinen Vormännern Sicherstellung fordern (Artikel 25—28). Der bloße Besitz des Wechsels vertritt die Stelle einer Vollmacht, in den Nr. 1 und 2 genannten Fällen von dem Akzeptanten Sicherheitsbestellung zu fordern und, wenn solche nicht zu erhalten ist, Protest erheben zu lassen.

Der Wechselinhaber ist berechtigt, in den Nr. 1 und 2 genannten Fällen auch von dem Akzeptanten im Wege des Wechselprozesses Sicherheitsbestellung zu fordern.

Der Artikel behandelt die Ansprüche auf Sicherstellung wegen Unsicherheit des Akzeptanten. Es geschieht dies in einem Artikel, während der Sicherheitsregreß wegen mangelnder Einleitung.

Art. 29. Annahme in vier Artikeln behandelt wurde. Es werden aber die gleichen Fragen hier behandelt, zum Teil durch Bezugnahme auf die vorstehenden Art. 25—28.

Einleitung. In Abs. 1 Nr. 1 und Nr. 2 sind bei der Neufassung des Textes (§ 5 des Protestgesetzes) einige Worte, die inzwischen veraltet waren, weggelassen worden.

Über die sonstigen Einwirkungen des Protestgesetzes vgl. Anm. 3 u. 17a.

Der Erläuterung werden die gleichen Gesichtspunkte zugrunde gelegt wie der Erläuterung der vorangehenden Artikel. Es ist dann aber auch außerdem noch zu erörtern der Sicherheitsanspruch gegen den Akzeptanten, der bei dem Sicherheitsanspruche wegen mangelnder Annahme kein Analogon hat.

Hieraus ergibt sich folgende Einteilung:

A. **Der Regreßanspruch** wegen Unsicherheit (Abs. 1 u. 2).

Anm. 1. I. **Die Klage** gegen den Regreßpflichtigen auf Bestellung der Sicherheit.

1. **Zur Klage berechtigt** ist der Remittent und jeder Indossatar (Renaud 287) unter den in den Anm. 2ff. gedachten Voraussetzungen. Nicht auch der Aussteller, auch dann nicht, wenn er den Wechsel nachträglich durch Indossament erworben hat (Näheres hierüber Anm. 1 zu Art. 26 und unten Anm. 3). Der Regreß ist nur zulässig, solange der Wechselanspruch noch nicht fällig ist; nach der Fälligkeit besteht lediglich ein Anspruch auf Zahlung, nicht daneben ein Anspruch auf Sicherstellung (RG. 39, 122).

Anm. 2. 2. **Die Begründung der Klage.**

a) Der Akzeptant muß in dem zu Nr. 1 und 2 des vorliegenden Artikels erörterten Sinne unsicher sein oder vielmehr unsicher geworden sein. Denn auch die Tatsachen zu Nr. 1 müssen richtiger Ansicht nach, ebenso wie die Tatsachen zu 2, nach der Ausstellung eingetreten sein (Dernburg § 272 Anm. 2; Renaud 286; Kreis 173; Bernstein 165; dagegen Grünhut Lehrb. § 76; Rehbein Anm. 1; Lehmann 430; die von den Herausgebern in Art. 29 Anm. 1 bei J. u. M. Stranz vertretene, mit Grünhut usw. übereinstimmende Auffassung muß fallen gelassen werden). Doch kann der Irrtum über die bei der Begebung vorhanden gewesene Unsicherheit des Akzeptanten nach § 119 BGB. in Betracht kommen und zur Anfechtung des Wechselgeschäfts berechtigen. — Der Nachweis der eingetretenen Unsicherheit muß, wenn im Wechselprozeß geklagt wird, in urkundlicher Form geführt werden, die Protesterhebung reicht dazu nicht aus. Sie beweist nur die nicht erlangte Sicherheit, nicht auch die Tatsache der Unsicherheit. Doch kann unter Umständen der Protest auch diese beweisen, so z. B. wenn der Notar in glaubhafter Weise die Konkurseröffnung feststellt oder Erklärungen des Schuldners, aus denen sich seine Zahlungseinstellung klar ergibt. Auch Erklärungen der Gattin des Schuldners oder sonstiger ihm nahestehenden Personen können dazu im Einzelfalle ausreichen (anders OG. Wien bei Cz. Nr. 171), desgleichen die Erklärungen von Personen, die sich als Vertreter des Schuldners gerieren (z. B. Zirkular eines Rechtsanwalts, worin er für den Schuldner einen außergerichtlichen Akkord anstrebt; OG. Wien bei Cz. Nr. 79).

Der Begriff der Zahlungseinstellung ist aus dem Straf- und Konkursrecht bekannt: es ist der Zustand, in welchem der Schuldner aufhört, seine Verbindlichkeiten in der Allgemeinheit zu erfüllen (RG. 6, 95; 23, 115; 25, 39; RG. in Straff. 14, 222). Verschieden davon ist die Zahlungsschwierigkeit, verschieden auch die drohende Zahlungseinstellung, verschieden endlich die Zahlungsunfähigkeit (die Zahlungseinstellung ist auch dann ein genügender Grund zur Sicherheitsleistung, wenn sie im gegebenen Falle kein Symptom der Zahlungsunfähigkeit, sondern etwa auf Torheit, falscher Berechnung, Willkür beruht). Sonstige Fälle der Gefährdung (z. B. Überschuldung ohne Zahlungseinstellung, Vermögensverschleuderung, Nichtexistenz des Akzeptanten) berechtigen nicht zur Sicherheitsleistung. — Die fruchtlose Zwangsvollstreckung wird in Gemäßheit der jetzigen Prozeßgesetze bewiesen durch ein Protokoll des Gerichtsvollziehers über vergebliche Mobiliarpfändung; es braucht nicht dargetan zu werden, daß alle denkbaren Zwangsvollstreckungsmaßregeln erfolglos gewesen sind (OLG. Hamburg in ZHR. 38, 563). Andrerseits genügt auch nicht eine Glaubhaftmachung, daß die Vollstreckung voraussichtlich kein Ergebnis haben würde. Die fruchtlose Pfändung darf sich nicht gerade als Zufallsergebnis, das für die wahre Vermögenslage kein sicheres Indiz bildet, darstellen, so z. B. wenn im Bureau einer Aktiengesellschaft in Abwesenheit der Direktion fruchtlos gepfändet und am nächsten Tage sofort gezahlt wurde (anders anscheinend OLG. Hamburg in ZHR. 38, 563). Art. 29. Anm. 2.

Die Gründe müssen zur Zeit der Sicherheitsklage jedenfalls noch fortdauern; doch bedarf es in dieser Hinsicht keines Beweises, vielmehr ist das etwaige Gegenteil Sache des Gegenbeweises, den Bernstein (165) mit Unrecht versagt, weil die Tatsache der Zahlungseinstellung nicht mehr ungeschehen gemacht, der Akzeptant durch die einmal eingetretene Zahlungseinstellung „als unsicher gekennzeichnet" sei. Das geht jedoch zu weit. Das Recht auf Sicherstellung kann nicht gegeben werden, wenn der Zweck dieses Rechtsmittels nicht mehr vorhanden ist. Dagegen ist es gleichgültig, ob der Eintritt des Vermögensverfalls in die Zeit vor oder nach der Akzeptation fällt. Denn, wie Bernstein (165) zutreffend sagt, mit der Wechselausstellung hat der Aussteller des noch unakzeptierten Wechsels das Akzept des damals kreditwürdigen Bezogenen zugesagt (vgl. jedoch unten Anm. 7).

Wenn von mehreren Akzeptanten einer unsicher geworden ist, so versagt Lehmann (525) den Regreß, jedoch mit Unrecht. Die Sicherheitsleistung ist der Ersatz für die Sicherheit des Akzeptanten, und der Wechselgläubiger hat bei zwei Akzeptanten Anspruch auf zwei sichere Akzeptanten, auf den „Vollwert des Wechsels", wie Bernstein (164) zutreffend sagt (siehe auch RG. 46, 140). Vgl. unten Anm. 15. Die Unsicherheit des Avalisten oder des Bezogenen, der nicht akzeptiert hat, begründet den Regreß nicht (Bernstein 165), auch nicht die Unsicherheit des Ehrenakzeptanten (Bernstein 165 gegen Lehmann 474 Anm. 9).

b) Die nicht erfolgte Sicherheitsleistung durch den Akzeptanten muß durch Protest festgestellt sein. Zur Protesterhebung genügt der bloße Besitz des Wechsels. Der Protest ist zu erheben am Wohnsitze des Akzeptanten, ein Domizilvermerk hat hierauf keinen Bezug; der Protest geht lediglich gegen den Akzeptanten, nicht gegen den Domiziliaten, wie sich aus dem Wortlaut des Artikels („Protest gegen denselben") deutlich ergibt. Ebenso OG. Wien in DNotVZ. 06, 765. Anm. 3.

Für Orte, die der Bundesrat für benachbarte erklärt, wirkt hinsichtlich des Orts einer gültigen Protesterhebung der Art. 91a ein (vgl. Erl. zu Art. 91a u. Art. 4 Anm. 48 letzter Absatz). Beim Protest wegen eingetretenen Konkurses des Akzeptanten ist der Protest gegen den Gemeinschuldner zu erheben, nicht etwa gegen den Konkursverwalter (desgl. auch die Klage, vgl. unten Anm. 15).

c) Der Regreßnehmer muß den Protest besitzen, nicht gerade den auf seinen Antrag aufgenommenen. Der Vermerk: „ohne Kosten" oder „ohne Protest" ändert hieran nichts, er bezieht sich nur auf den Erlaß des Protestes mangels Zahlung. Er braucht ferner auch nicht den Wechsel zu besitzen. Dies folgt aus der Bezugnahme auf Art. 25—28 (Renaud 287, 288). Daß nur der zeitige Eigentümer des Wechsels regreßberechtigt sei, wie Canstein (266) annimmt, ist unrichtig; denn Art. 29 bestimmt nicht nur, wie Canstein sagt, daß der Wechselinhaber dazu befugt sei, sondern: der Inhaber des Wechsels und jeder Indossatar. Diese, von Thöl (410) mit Unrecht als unverständlich bezeichneten Worte bedeuten, daß zur Regreßnahme legitimiert sein soll: einmal der zeitige, rite legitimierte Wechseleigentümer, welche Rolle er auch auf dem Wechsel spielen mag, also auch der Remittent (nicht allerdings auch der Aussteller, aber aus anderem Grunde nicht, vgl. oben Anm. 1), aber auch derjenige, der sich im Anm. 4.

Art. 29. Wechselverbande als Indossatar befindet, und zwar dieser auch ohne derzeitiges Wechseleigentum, aber nicht der Remittent ohne derzeitiges Wechseleigentum.

Anm. 5. 3. **Die Regreßklage richtet sich gegen** die Vormänner des Berechtigten, die Indossanten und den Aussteller, doch mit Ausnahmen. Hierüber und über die Frage, ob man mehrere Regreßverpflichtete sprungweise und gemeinsam in Anspruch nehmen kann, s. Anm. 5 zu Art. 26. — Daß der Regressat nur einmal Sicherheit zu bestellen braucht, darüber siehe unten Anm. 10.

Anm. 6. 4. **Das Ziel der Regreßklage** ist Erlangung genügender Sicherheit gegen Aushändigung des Protestes wegen Unsicherheit. Was unter genügender Sicherheit zu verstehen ist, und wie dieses Verlangen im Klageantrage zum Ausdruck kommt, darüber s. ausführlich Anm. 6 und 7 zu Art. 26.

Hinzuzufügen ist, daß auch hier außer der Wechselsumme die Kosten sicherzustellen sind (KG. bei Borchardt Zus. 389).

Anm. 7. 5. **Die Verteidigung des Regreßbeklagten.** Auch hierüber gilt das in Anm. 8 zu Art. 26 Gesagte mutatis mutandis. (Vgl. OTr. bei Borchardt Zus. 396: Einwendungen gegen die Zahlungspflicht sind auch gegenüber der Sicherstellungsklage zulässig.) Insbesondere kann hier mit Erfolg eingewendet werden, der Nehmer des Wechsels habe gewußt, daß der Akzeptant unsicher sei (abweichend Bernstein 167). Vertragsmäßig bestellte Sicherheit beseitigt den Anspruch nicht unbedingt (Bolze 3 Nr. 552). Einwendungen aus dem ursprünglichen Schuldverhältnisse, die einem Kautionsbegehren entgegenstehen, sind zulässig, z. B. wenn der Wechsel nur aus Gefälligkeit für den Regreßnehmer unterschrieben wurde.

Anm. 8. 6. **Über die Prozeßform des Regreßprozesses** s. Anm. 9 zu Art. 26.

Anm. 9. 7. **Über die Vollstreckung des Urteils** gilt das in Anm. 10 zu Art. 26 Gesagte.

Anm. 10. II. **Der rechtliche Charakter und die Zweckbestimmung der bestellten Sicherheit.** Sie ist auch hier nicht bloß eine Sicherheit für den Regreßnehmer, sondern auch für alle andern Nachmänner des Bestellers. Hierüber und wie sie ihrem Zwecke dient, gelten infolge der Bezugnahme auf Art. 27 dessen Vorschriften; auf seine Erläuterung wird daher verwiesen.

Anm. 10a. III. **Verhältnis des Sicherheitsanspruchs und der bestellten Sicherheit zum Zahlungsanspruch.** Vor der Fälligkeit kann lediglich die Sicherheit, nach der Fälligkeit lediglich die Zahlung gefordert werden (vgl. oben Anm. 1). Ist die Sicherheit bestellt, so kann sich der Gläubiger nach der Fälligkeit daraus befriedigen. Das geschieht nach den Regeln, die für die betreffende Sicherheitsart gelten (vgl. Anm. 3 zu Art. 27).

Anm. 11. IV. **Das Freiwerden der bestellten Sicherheit.** Obwohl auch in dieser Hinsicht der vorliegende Artikel einfach auf Art. 28 verweist, so ergeben sich doch aus der Natur der Sache Modifikationen. So erfolgt naturgemäß kein Freiwerden der Kaution beim Grunde aus Art. 28 Nr. 1; an Stelle dieses Grundes tritt die nachträgliche Bestellung der Sicherheit durch den Akzeptanten, nicht aber bloße Verbesserung seiner Vermögensverhältnisse (Dernburg § 272 Anm. 15). Die Gründe Art. 28 Nr. 2 und 3 gelten und demgemäß auch die Erläuterung dazu (OTr. bei Borchardt Zus. 397).

B. **Der Sicherheitsanspruch gegen den Akzeptanten** (Absatz 3).

Anm. 12. 1. Dieser ist unpraktisch, da von einem unsicheren Akzeptanten wohl kaum Sicherheitsleistung zu erzielen ist. Der Absatz 3 ist durch die Nürnberger Novellen hinzugefügt worden.

Anm. 13. 2. Berechtigt ist nur der Wechselinhaber, d. h. der als Wechselgläubiger legitimierte Wechseleigentümer, also auch der Remittent, der Aussteller, wenn sie das derzeitige Wechseleigentum besitzen; aber auch nur der legitimierte Wechseleigentümer, nicht Wechselgläubiger, die den Wechsel weiter begeben haben.

3. **Zur Begründung der Klage** bedarf es wohl des Nachweises der Unsicherheit nach Maßgabe von Nr. 1 und 2 (OG. Wien bei Cz. Nr. 441), nicht aber der Erhebung des Protestes (OTr. bei Borchardt Zus. 382; OG. Wien bei Cz. Nr. 421). **Art. 29.** Anm. 14.

4. **Verpflichtet** ist der Akzeptant, und zwar auch dann, wenn er in Konkurs gerät; in diesem Falle ist nicht etwa der Konkursverwalter sicherstellungspflichtig (vgl. PlenEntsch. des ROHG. v. 25. 5. 78 in Bd. 24, 22; Rehbein Anm. 5; Bernstein 168). Der Sicherheitsanspruch gehört nicht zu den Konkursforderungen und kann daher nur gegen den Gemeinschuldner eingeklagt werden, die Zwangsvollstreckung kann natürlich nur in das zur Konkursmasse nicht gehörige Vermögen erfolgen. Außerdem darf der Gläubiger den Wechselanspruch als betagten Anspruch zum Konkurse anmelden. Für die Anfechtung im Konkurse gilt eine vorher auf Grund des Art. 28 erlangte Sicherheit nicht als solche, auf die der Wechselgläubiger kein Recht hatte (RG. 39, 122). — Rehbein (Anm. 2) erörtert auch hier die Frage, ob bei mehreren Akzeptanten nur der unsicher gewordene oder beide sicherstellungspflichtig sind, und beantwortet die Frage im ersteren Sinne. (So auch OG. Wien bei Cz. Nr. 515.) Die Rehbeinsche Ansicht ist für zutreffend zu erachten (zustimmend Bernstein 164; so auch Lombardisches AG. und HG. Hamburg bei Borchardt Zus. 394a und d; vgl. auch OTr. Berlin bei Borchardt Zus. 956 hinsichtlich der mehreren Aussteller eines eigenen Wechsels). Dagegen kann von dem Avalisten des Akzeptanten wegen Unsicherheit des letzteren Sicherheit gefordert werden, weil er eine Garantiepflicht übernommen hat (Bernstein 164). Wird die offene Handelsgesellschaft unsicher, so haben auch die einzelnen Gesellschafter die Sicherheitspflicht, weil sie für alle Gesellschaftsverbindlichkeiten haften (§ 128 HGB.). Anm. 15.

5. **Die Prozeßform** ist auch hier der Wechselprozeß, wenn der Gläubiger diese Form wählen will. Anm. 16.

6. Die übrigen Fragen: **über das Ziel der Klage, die Verteidigung des Beklagten, die Vollstreckung des Urteils, die Zweckbestimmung der bestellten Sicherheit, das Freiwerden derselben,** beantworten sich wie in den Anm. 6 bis 11, doch natürlich nur in entsprechender Weise. Anm. 17.

C. Die Form des Protestes mangels Sicherheit und der zuständige Protestbeamte gemäß dem Protestgesetz. Anm. 17a.

Hier gilt gleiches, wie in Anm. 9a zu Art. 20 ausgeführt ist.

Zusatz. Fremde Rechte. Nach belgischem und französischem Recht hat der Inhaber des Wechsels bei Konkurseröffnung des Akzeptanten das Recht, von seinen Vormännern die Leistung einer Bürgschaft zu verlangen, andernfalls Zahlung. Nach englischem Recht kann er bei Konkurs und Zahlungseinstellung des Akzeptanten Protest für bessere Sicherheit erheben, es ist aber zweifelhaft, ob er auf Grund desselben auch Sicherheit verlangen kann (Späing 102). Anm. 18.

Ähnliche Vorschriften, wie bei uns, finden sich in Italien und der Schweiz (Meyer 80). Das russische Gesetz kennt den Regreß wegen Unsicherheit nicht (Meyer 82).

VII. Erfüllung der Wechselverbindlichkeit.

1. Zahlungstag.

Artikel 30.

Ist in dem Wechsel ein bestimmter Tag als Zahlungstag bezeichnet, so tritt die Verfallzeit an diesem Tage ein. Ist die Zahlungszeit auf die Mitte eines Monats gesetzt worden, so ist der Wechsel am fünfzehnten dieses Monats fällig. Ist die Zahlungszeit auf Anfang oder ist sie auf Ende eines Monats gesetzt worden, so ist darunter der erste oder letzte Tag des Monats zu verstehen. Art. 30.

Art. 30. Der Abschnitt VII (die Art. 30—40) behandelt die Erfüllung durch den **Hauptwechselschuldner**, den Akzeptanten bzw. den Aussteller des eigenen Wechsels. Die Regreßverbindlichkeit ist Gegenstand des folgenden Abschnitts VIII.

Einleitung. **Der Artikel gibt Bestimmungen über den Verfalltag.**

Anm. 1. 1. Von diesen Bestimmungen ist der erste Satz inhaltlos. Die beiden andern Sätze, von denen der letzte durch die Nürnberger Novellen beigefügt ist, enthalten Auslegungsregeln, in deren Ermangelung der Zweifel entstehen könnte, ob Wechsel mit solchen Zeitangaben dem Erfordernisse der bestimmten Verfalltagangabe entsprechen und gültig sind. Diesen beiden Sätzen entspricht für den bürgerlichen Verkehr § 192 BGB. Art. 30 ist für den Wechselverkehr in Kraft geblieben (vgl. Art. 32 EG. z. BGB.).

Anm. 2. 2. Der Verfalltag ist überall gemeint, nicht der Zahlungstag (über den Unterschied zwischen beiden s. Anm. 14 zu Art. 4), obgleich die Überschrift und der Text vom Zahlungstage sprechen. Wenn z. B. der Wechsel auf Mitte Juni lautet, der 15. Juni aber ein Sonntag ist, so ist der Wechsel zwar am 15. Juni verfallen (von da an läuft z. B. die Verjährung), aber erst am 16. Juni zahlbar (Art. 92).

Anm. 3. **Zusatz. Fremde Rechte.** Anfang und Ende des Monats werden ebenso, wie bei uns, auch in Frankreich bestimmt; die Auslegung der Bezeichnung „Mitte des Monats" ist zweifelhaft. In England gilt die Entscheidung über die Bezeichnungen „Anfang, Mitte und Ende des Monats" als quaestio facti. Späing 104 ff.

Artikel 31.

Art. 31. Ein auf Sicht gestellter Wechsel ist bei der Vorzeigung fällig. Ein solcher Wechsel muß bei Verlust des wechselmäßigen Anspruchs gegen die Indossanten und den Aussteller nach Maßgabe der besonderen im Wechsel enthaltenen Bestimmung und in Ermangelung derselben binnen zwei Jahren nach der Ausstellung zur Zahlung präsentiert werden. Hat ein Indossant auf einem Wechsel dieser Art seinem Indossament eine besondere Präsentationsfrist hinzugefügt, so erlischt seine wechselmäßige Verpflichtung, wenn der Wechsel nicht innerhalb dieser Frist präsentiert worden ist.

Einleitung. **Der Artikel behandelt für den Sichtwechsel dasselbe Thema, wie die Artikel 19 und 20 für den Nachsichtwechsel.** Auch hier ist der Grundgedanke, daß dem Wechselverkehr die Erstreckung des Verfalltages ins Ungemessene unerträglich wäre. Deshalb ist es dem Aussteller freigestellt, eine Präsentationsfrist zu setzen (gesetzte Frist, und in Ermangelung einer solchen Fristbestimmung schreibt das Gesetz eine Verfallfrist vor (gesetzliche Frist). Nur auf Sichtwechsel, nicht etwa auch auf Blankowechsel beziehen sich die Vorschriften des Art. 31. Blankowechsel verjähren von dem Verfalltage ab, der bei Ausfüllung des Wechsels hineingeschrieben wird, nicht etwa spätestens fünf Jahre nach Ausstellung (RG. in JW. 04, 453[10]).

Anm. 1. 1. **Der Wechsel ist fällig, sobald er präsentiert wird.**

a) Doch muß eine Präsentation zur Zahlung vorliegen. Das Gesetz hebt dies nicht ausdrücklich hervor, weil die Redaktoren wohl an eine Vorzeigung zur Annahme beim Sichtwechsel nicht gedacht haben, doch ist sie denkbar (ROHG. 14, 31; OG. Wien bei Cz. Nr. 390; Lehmann 358, 359). In der Klagezustellung liegt die Präsentation zur Zahlung (ROHG. 5, 315; vgl. RG. 8, 69; OG. Wien bei Cz. Nr. 109 und 295; RG. v. 27. 11. 01 im „Recht" 02, 22; anders Bernstein 171). Von der Präsentation zur Zahlung muß übrigens auch die ebenfalls mögliche Präsentation als vorläufige Benachrichtigung unterschieden werden, die bei Sichtwechseln sehr wohl vorkommen kann (ROHG. 6, 101).

Anm. 2. b) Zur Erhaltung des Rechts **gegen den Akzeptanten** gehört ferner regelmäßig zunächst nichts, insbesondere kein Protest mangels Zahlung.

Eine Ausnahme machte bisher (bis 1. Oktober 1908) der Domizilwechsel. Dieser **Art. 31.** mußte am Domizil zur Erhaltung des Rechts gegen den Akzeptanten protestiert Anm. 2. werden (Art. 43; OG. Wien bei Borchardt Zus. 409 und bei Cz. Nr. 109; OTr. Berlin und OHG. Stuttgart bei Borchardt Zus. 416). Doch konnte die am unrechten Orte geschehene Präsentation und Protesterhebung während der zweijährigen Frist nachgeholt werden (OHG. Stuttgart bei Borchardt Zus. 417). Dagegen war eine Nachholung ausgeschlossen, wenn der Wechsel am rechten Orte präsentiert, aber nicht protestiert war (AG. Arnsberg bei Borchardt Zus. 317 Note 2).

Nach dem Protestgesetz (§ 1 IV Art. 44 neuer Fassung) bedarf es auch bei Domizilwechseln zur Erhaltung des Wechselrechts gegen den Akzeptanten weder der Präsentation am Zahlungstage noch der Erhebung eines Protestes. Der domizilierte Sichtwechsel muß zur Herbeiführung seiner Fälligkeit am Domizil präsentiert werden. Auch jetzt wird die am unrechten Orte geschehene Präsentation und Protesterhebung während der zweijährigen Frist nachgeholt werden können.

Vom Tage der Präsentation beginnt, da dies der Verfalltag ist, beim Sichtwechsel die dreijährige Verjährung gegen den Akzeptanten (vgl. Anm. 5).

c) Zur Erhaltung des Wechselrechts gegen die Regreßverpflichteten gehört Anm. 3. ferner ein rechtzeitiger d. h. innerhalb 2 Tagen nach Vorzeigung zu erhebender Protest. Das ist zwar im vorliegenden Artikel nicht vorgeschrieben, folgt aber aus Art. 41 (ROHG. 6, 100; OTr. Stuttgart bei Borchardt Zus. 414). Doch muß, wie das ROHG. a. a. O. hervorhebt, eine wirkliche Präsentation zur Zahlung, nicht eine Präsentation als vorläufige Benachrichtigung vorliegen (vgl. oben Anm. 1).

2. **Der Wechsel muß innerhalb bestimmter Fristen präsentiert werden,** nämlich innerhalb der Anm. 4. vom Aussteller gesetzten Frist, in Ermangelung einer solchen aber in 2 Jahren nach der Ausstellung.

Für den Fall, daß diese Frist versäumt wird, gilt folgendes:

a) Der Akzeptant wird dadurch nicht frei, vielmehr ist der Ablauf der Präsentationsfrist der Verfalltag. Es wird ihm gegenüber in dieser Beziehung so angesehen, als Anm. 5. wenn ihm der Wechsel am letzten Tage der Präsentationsfrist präsentiert worden wäre. Von da ab läuft die dreijährige Verjährung. Dies die herrschende Ansicht (ROHG. 4, 344; 5, 314; 11, 47; 14, 31; 16, 346; RG. 3, 6; 28, 104; OG. Wien bei Borchardt Zus. 413 und Zus. 701c). Die anderweitig — insbesondere von Thöl (§ 39) und Grünhut (§ 61 S. 263) — vertretene Auffassung verlangt unter allen Umständen die Präsentation, die der Wechselinhaber beliebig hinausschieben könne, zur Herbeiführung der Fälligkeit; dies würde die Verpflichtung aus dem Wechsel, entgegen den Vorschriften des Art. 31, zu einer zeitlich ungemessenen gestalten (J. u. M. Stranz Anm. 4). Zur Inverzugsetzung bedarf es jedoch auch nach Ablauf der Präsentationsfrist der Präsentation; denn der Wechsel bleibt auch dann noch Holschuld (Bernstein 173). — Vgl. Anm. 9 zu Art. 20 mit ähnlichen Ausführungen beim Nachsichtwechsel und der dort verzeichneten abweichenden Ansicht Lehmanns, der den Akzeptanten frei werden läßt.

b) Die Regreßverpflichteten dagegen werden frei.

Zusatz 1. Diese zu 2 aufgestellten Grundsätze gelten nur für den Fall, daß der Aus- Anm. 6. steller die Präsentationsfrist vorschreibt oder daß der Sichtwechsel eine Präsentationsfrist nicht hat. Es kann aber auch **der Indossant** eine Präsentationsfrist vorschreiben, für diesen Fall erlischt durch die Versäumung der Präsentation nur dessen Verpflichtung (vgl. letzten Satz des vorliegenden Artikels). Gemäß seiner Stellung als Wechselgarant kann er keine höheren Fristen setzen, als der Aussteller, da sonst seine Verpflichtung eine schwerere wäre, als die des Ausstellers (Bernstein 173). Auch **der Akzeptant** kann eine Präsentationsfrist vorschreiben; dies ist ein beschränktes Akzept nach Art. 22 (OTr. bei Borchardt Zus. 418a). Es kann aber auch die gesetzliche Präsentationsfrist verlängert werden (zahlbar nach Sicht in 6 Jahren). Vom Ablauf dieser Zeit ab läuft alsdann die Verjährung (RG. 28, 104).

Art. 31. **Zusatz 2.** Sichtwechsel können **im Wechselprozeß** eingeklagt werden, auch wenn die Anm. 7. Präsentation urkundlich nicht nachgewiesen werden kann, soweit es nicht zur Erhaltung des wechselmäßigen Anspruchs der rechtzeitigen Protesterhebung bedarf (§ 605 Abs. 1 ZPO.).

Anm. 8. **Zusatz 3. Fremde Rechte.** Auch die ausländischen Gesetzgebungen kennen das Institut des Sichtwechsels mit einer großen Reihe von Einzelbestimmungen über die Präsentationspflicht (vgl. Meyer 39 ff., 51 ff.).

Artikel 32.

Art. 32. **Bei Wechseln, welche mit dem Ablauf einer bestimmten Frist nach Sicht oder nach Dato zahlbar sind, tritt die Verfallzeit ein:**

1. **wenn die Frist nach Tagen bestimmt ist, an dem letzten Tage der Frist; bei Berechnung der Frist wird der Tag, an welchem der nach Dato zahlbare Wechsel ausgestellt oder der nach Sicht zahlbare zur Annahme präsentiert ist, nicht mitgerechnet;**
2. **wenn die Frist nach Wochen, Monaten oder einem mehrere Monate umfassenden Zeitraume (Jahr, halbes Jahr, Vierteljahr) bestimmt ist, an demjenigen Tage der Zahlungswoche oder des Zahlungsmonats, der durch seine Benennung oder Zahl dem Tage der Ausstellung oder Präsentation entspricht; fehlt dieser Tag in dem Zahlungsmonate, so tritt die Verfallzeit am letzten Tage des Zahlungsmonats ein.**

Der Ausdruck „halber Monat" wird einem Zeitraume von fünfzehn Tagen gleichgeachtet. Ist der Wechsel auf einen oder mehrere ganze Monate und einen halben Monat gestellt, so sind die fünfzehn Tage zuletzt zu zählen.

Anm. 1. Soweit der vorliegende Artikel vom Nachsichtwechsel handelt, ist auf die ausführliche Erläuterung zu Art. 20 zu verweisen. Im übrigen enthält er Auslegungsregeln, die zu Zweifeln im allgemeinen keinen Anlaß geben. Nur folgendes ist zusätzlich zu bemerken:

a) Die nach Tagen bestimmte Frist beginnt an dem auf die Sicht bzw. auf die Ausstellung folgenden Tage, auch wenn dieser ein Sonntag oder ein Feiertag ist, und ergibt den letzten Tag der Frist als Verfalltag. Eine Frist von 8 Tagen oder von 14 Tagen ist eine Tagesfrist in wortgemäßer Bedeutung, keine Einwochen- oder Zweiwochenfrist (Bernstein 174).

Anm. 2. b) Eine Frist von 4 Wochen oder von 6 Wochen ist eine Wochenfrist, keine Monatsfrist (Bernstein 174).

Anm. 3. c) Eine Stundenfrist erwähnt das Gesetz nicht. Wo sie vorkäme, wäre sie von Augenblick zu Augenblick zu rechnen. Ein 12 Stunden nach Sicht zahlbarer, um 9 Uhr morgens zur Sicht präsentierter Wechsel wäre um 9 Uhr abends fällig. Ein unmittelbar auf eine bestimmte Stunde zahlbar gestellter Wechsel wäre infolge Verstoßes gegen Art. 4 Nr. 4 ungültig. Eine Frist von 24 Stunden ist als Stundenfrist, nicht als Tagesfrist zu behandeln (Bernstein 174).

Anm. 4. d) Die Berechnung der Fristen stimmt mit den Vorschriften des BGB. überein.

Artikel 33.

Art. 33. **Respekttage finden nicht statt.**

Anm. 1. Der vorliegende Artikel beseitigt für das Gebiet der deutschen Wechselordnung jede Respektfrist, d. h. eine dem Schuldner zustehende gesetzliche Ausstandsfrist nach eingetretenem Zahlungstermin (ROHG. 1, 288). Es sind nicht bloße Respekttage, sondern es ist jede Respektfrist dem Schuldner genommen. Er muß am Verfalltage auf die Bezahlung des

Wechsels eingerichtet sein, er kann nicht nach geschehener Präsentation eine noch so kurze Art. 33. Frist zur Herbeischaffung des Geldes verlangen (vgl. Anm. 10 zu Art. 40). Die im Art. 41 Anm. 1. vorgesehene Protestfrist ist damit nicht zu verwechseln. Diese gibt dem Gläubiger das Recht, statt am Zahlungstage noch in den nächsten 2 Tagen den Protest gültig zu erheben, gibt aber dem Schuldner kein Recht hierauf. Vielmehr hat der Gläubiger das Recht, schon am Zahlungstage präsentieren und protestieren zu lassen. Wird der Protest am Zahlungstage erhoben, so muß der Schuldner, wenn er nachher innerhalb der weiteren Protestfrist zahlen will, alle Nebenkosten mit anbieten; sonst gilt sein Angebot als Offerte einer Teilzahlung (vgl. Anm. 12 zu Art. 41).

Fremde Rechte. Das französische, belgische, italienische, schweizerische, russische Recht Anm. 2. kennen ebenfalls keine Respekttage (Späing 114; ROHG. 12, 318). Die englische WO. (sekt. 14) setzt drei Respekttage zugunsten des Bezogenen fest, ausgenommen gegenteilige Anordnungen im Wechsel und reine Sichtwechsel (ROHG. 3, 128 u. 12, 318). Die drei Respekttage sind in den Vereinigten Staaten beseitigt (Meyer 47).

Artikel 34.

Ist in einem Lande, in welchem nach altem Stile gerechnet wird, ein im Art. 34. Inlande zahlbarer Wechsel nach Dato ausgestellt und dabei nicht bemerkt, daß der Wechsel nach neuem Stile datiert sei, oder ist derselbe nach beiden Stilen datiert, so wird der Verfalltag nach demjenigen Kalendertage des neuen Stiles berechnet, welcher dem nach altem Stile sich ergebenden Tage der Ausstellung entspricht.

1. Der alte Stil (Julianischer Kalender) gilt in Rußland und den griechischen Ländern; Anm. 1. in Deutschland gilt der neue Stil (Gregorianischer Kalender). Zwischen beiden besteht zurzeit eine Differenz von 13 (früher 12) Tagen; der 1 Januar alten Stils ist der 14. Januar neuen Stils.

2. Der vorliegende Artikel regelt einen Spezialfall: daß nämlich ein Wechsel in einem Anm. 2. Lande alten Stils nach Dato ausgestellt und auf Deutschland gezogen ist. Wenn in diesem Falle der Wechsel nur ein Datum enthält, ohne daß bemerkt ist, daß es nach neuem Stile zu verstehen sei, oder wenn er nach beiden Stilen datiert ist, so ist für den Verfalltag als maßgebend zu erachten die Zeitrechnung des Ausstellungsorts, also der alte Stil, und der Verfalltag ist durch Reduzierung auf den alten Stil auszurechnen.

3. Diese Regel enthält eine Ausnahme von dem, was in den übrigen Fällen gilt, und Anm. 3. was aus allgemeinen Rechtsgrundsätzen hervorgeht. Sonst ist für das Ausstellungsdatum die Zeitrechnung des Ausstellungsorts maßgebend, für den Verfalltag aber die Zeitrechnung des Zahlungsorts (ROHG. 6, 128; 15, 242; RG. 11, 169). Daraus folgt:

a) Wenn der Wechsel zwar in einem Lande alten Stils ausgestellt und auf Deutschland Anm. 4. gezogen ist, aber nicht nach Dato lautet, sondern auf einen bestimmten Tag, so ist der betreffende Tag der deutschen Zeitrechnung der Verfalltag (OG. Wien bei Borchardt zu Art. 34; auch zitiert bei Cz. Nr. 186). Ist der Verfalltag bei einem solchen Wechsel nach altem und neuem Stil angegeben, etwa 1./14., dann ist der angegebene Tag des neuen Stils maßgebend (ROHG. 15, 242).

b) Wenn der Wechsel in Deutschland ausgestellt und auf ein Land alten Stils nach Dato Anm. 5. gezogen ist, so wird nicht etwa der vorliegende Artikel entsprechend angewendet und die deutsche Zeitrechnung zugrunde gelegt, sondern es ist der alte Stil für den Verfalltag maßgebend (HG. Hamburg bei Borchardt Zus. 419).

4. Wenn ein Wechsel das Ausstellungs- oder Fälligkeitsdatum nach beiden Stilen angibt, Anm. 6. so führt dies nicht zur Ungültigkeit des Wechsels, selbst wenn er das Stilverhältnis beider Tage zueinander unrichtig angibt. Die herrschende Meinung läßt dann für

Ar. 34. Anm. 6. den Ausstellungstag den Stil am Ausstellungsorte, für den Verfalltag den Stil am Zahlungsorte entscheiden (ROHG. 15, 242; vgl. auch RG. 11, 169; a. M. Bernstein 175, der den Wechsel, weil es an der wechselmäßigen Bestimmtheit fehlt, für ungültig erklärt; ihm folgte Staub in der 4. Aufl.).

Artikel 35.

Ar. 35. **Meß- oder Marktwechsel werden zu der durch die Gesetze des Meß- oder Marktorts bestimmten Zahlungszeit und in Ermangelung einer solchen Festsetzung an dem Tage vor dem gesetzlichen Schlusse der Messe oder des Marktes fällig. Dauert die Messe oder der Markt nur einen Tag, so tritt die Verfallzeit des Wechsels an diesem Tage ein.**

Anm. 1. 1. Über die Voraussetzungen des Meß- und Marktwechsels s. Anm. 26 zu Art. 4.

Anm. 2. 2. Hier ist gesagt, welcher Tag als der Verfalltag eines Meß- oder Marktwechsels angesehen werden soll. Denn das Besondere eines solchen liegt darin, daß er einen bestimmten Verfalltag in sich selbst nicht enthält. Er wird ergänzt durch partikulare Gesetze, eventuell durch die Vorschrift des vorliegenden Artikels. Usancen werden nicht berücksichtigt (Lehmann 370).

Anm. 3. 3. Partikulare Verordnungen für die Fälligkeit von Meß- und Marktwechseln s. bei Rehbein Anm. 1 c und bei Bernstein 176. Danach sind Meßwechsel auf Frankfurt a. M. am Dienstag der benannten Meßwoche, und, wenn eine solche nicht benannt ist, am Dienstag der dritten Woche fällig; kurhessische Meß- oder Marktwechsel nach Ablauf der ersten Hälfte der Messe bzw. am letzten Markttage; Meßwechsel auf Braunschweig am Mittwoch der ersten Meßwoche; Leipziger Meßwechsel am Donnerstag nach Ausläutung der Messe (dritte oder Zahlwoche), in der Neujahrsmesse am 12. Januar, wenn dieser ein Sonntag, am folgenden Tage; ist der Wechsel auf die Meßwoche gestellt, so ist darunter die zweite Woche zu verstehen. Besondere Bestimmungen bestehen außerdem für Breslau, Frankfurt a. O., für Naumburg; sie sind sämtlich bei Borchardt Note 2 zu Art. 35 aufgezählt.

Anm. 4. 4. Wie ist es nun, wenn die als Zahlungszeit angegebene Messe nicht stattfindet? Das OTr. zu Berlin (Borchardt Zus. 422) hat zutreffend ausgesprochen, daß die Verbindlichkeit zur Zahlung nicht von dem wirklichen Eintritt des Meßhandelsverkehrs abhängt; vielmehr bestimmen die Handelsgesetze des Orts den Verfalltag. Doch gilt dies nur für den Fall, daß entweder die betreffende Messe (wie z. B. die Leipziger Michaelismesse 1892 wegen der Cholera) ganz aufgehoben wird oder wegen Mangels an Verkehr nicht zustande kommt. Wird sie dagegen früher oder später gelegt, als sie sonst stattfindet, so ist dies ohne Einfluß: Der Wechsel wird dann früher oder später fällig, als sonst (Lehmann 371; Bernstein 176; Rehbein Anm. 7).

Anm. 5. **Zusatz.** Österreich bestimmt in § 4 EG., daß solche Wechsel, wenn der Markt nicht mehr als 8 Tage dauert, am Tage vor Schluß desselben, sonst am dritten Tage vor Schluß fällig werden.

2. Zahlung.

Artikel 36.

Ar. 36. **Der Inhaber eines indossierten Wechsels wird durch eine zusammenhängende, bis auf ihn hinuntergehende Reihe von Indossamenten als Eigentümer des Wechsels legitimiert. Das erste Indossament muß demnach mit dem Namen des Remittenten, jedes folgende Indossament mit dem Namen desjenigen unterzeichnet sein, welchen das unmittelbar vorhergehende Indossament als Indossatar benennt. Wenn auf ein Blanko-Indossament ein weiteres Indossament folgt,**

so wird angenommen, daß der Aussteller des letzteren den Wechsel durch das Blanko-Indossament erworben hat. Ausgestrichene Indossamente werden bei Prüfung der Legitimation als nicht geschrieben angesehen. Die Echtheit der Indossamente zu prüfen, ist der Zahlende nicht verpflichtet. Art. 36.

Der vorliegende Artikel hat die Prüfung der Legitimation zum Gegenstande. Man muß hierbei wohl auseinanderhalten die Pflicht und das Recht des Wechselschuldners zur Prüfung der Legitimation. Beide haben nicht den gleichen Umfang. Einleitung.

I. Die Pflicht des Wechselschuldners zur Legitimationsprüfung.

Auf welche Punkte sich diese erstreckt, ist deshalb wichtig, weil der Schuldner, der zahlt, ohne daß die Erfordernisse, deren Prüfung ihm obliegt, sämtlich vorhanden sind, sich durch die Zahlung von seiner Verbindlichkeit nicht befreit. Die Legitimationsprüfungspflicht erstreckt sich nun auf folgende Punkte: Anm. 1.

1. **Der Wechselschuldner hat die formale Legitimation des Wechselinhabers zu prüfen.** Zum Gegenstande hat diese zunächst die Frage, ob ein formgerechtes Indossament, und zwar ein eigentliches (Eigentums)indossament, vorhanden ist. Das ist zwar im vorliegenden Artikel nicht vorgeschrieben, folgt aber aus anderweiten Vorschriften (Art. 9 ff.), die zugleich ergeben, welches die Erfordernisse eines formgerechten Indossamentes sind. Es genügt aber nicht bloß, daß die Indossamente, jedes für sich, formgerecht sind, vielmehr müssen die Indossamente eine zusammenhängende Reihe bilden. Anm. 2.

a) Was versteht man unter der zusammenhängenden Reihe der Indossamente? Im Gesetze fehlt es hierfür an einer zusammenfassenden Formel. Das Gesetz gibt vielmehr in den Sätzen 2, 3 und 4 des vorliegenden Artikels die einzelnen Regeln an, die für die Frage nach der zusammenhängenden Reihe maßgebend sind. Danach ist die zusammenhängende Reihe dann vorhanden, wenn alle nichtdurchstrichenen Indossamente einschließlich desjenigen, das auf den Inhaber des Wechsels lautet, von Personen ausgestellt sind, die laut Wechsel zur Indossierung legitimiert erscheinen. In dieser Formel sind die Sätze 2, 3 und 4 zusammenfassend ausgedrückt. Sie umfaßt den Fall, daß neben undurchstrichenen Indossamenten durchstrichene vorhanden sind; sie umfaßt ferner den Fall, daß bloß Vollindossamente vorhanden sind; aber auch den Fall, daß bloß Blankoindossamente oder Voll- und Blankoindossamente nebeneinander vorhanden sind. Anm. 3.

Jene zusammenfassende Formel genügt gleichwohl nicht, um die Frage nach der formalen Legitimation zu erledigen. Denn diese Frage wird nicht bloß im vorliegenden Artikel behandelt. Dieser behandelt vielmehr nur die formale Legitimation beim vorwärts zirkulierenden Wechsel, nicht auch beim rückläufigen, d. h. am Verfalltage nicht bezahlten und im Regreßlaufe befindlichen Wechsel. Es muß daher zur Ergänzung der Art. 55 herangezogen werden, nach welchem derjenige, der den Wechsel im Rücklauf, seiner Regreßpflicht genügend, einlöst, ihn auch ohne neues Indossament und ohne die Indossamente seiner Nachmänner auszustreichen, geltend machen kann. So ist wenigstens Art. 55 auszulegen (vgl. unten Anm. 6). Der solchergestalt Einlösende und zur Geltendmachung des Wechsels Legitimierte ist auch berechtigt, den Wechsel in dieser Gestalt weiter zu indossieren (vgl. unten Anm. 10). Alle diese Momente müssen bei der zusammenfassenden Formel in Betracht gezogen werden. Endlich aber ist in Betracht zu ziehen, daß nicht bloß Indossamente und Blankotraditionen die Rechte aus dem Wechsel übertragen, sondern daß es auch zivilrechtliche Übertragungsarten gibt (vgl. unten Anm. 14). Anm. 4.

Die zusammenfassende Formel dürfte hiernach zutreffend dahin lauten: Die zusammenhängende Reihe ist dann vorhanden, wenn der Wechselinhaber den Wechsel als Regreßverpflichteter eingelöst hat, oder wenn alle nicht durchstrichenen Indossamente ausgestellt sind von Personen, die zur Anm. 5.

Art. 36. Anm. 5. Indossierung legitimiert erscheinen, sei es dadurch, daß sie die Rechtsstellung des Remittenten haben oder daß sie den Wechsel durch Voll- oder Blankoindossamente erworben haben. Hierbei aber kommt überall in Betracht, daß auch zivilrechtliche Übertragungsakte als Glieder der Legitimationskette gelten.

Anm. 6. b) Zu den einzelnen Bestandteilen dieser Formel ist zu bemerken:

α) Wenn der Wechselinhaber den Wechsel als Regreßverpflichteter eingelöst hat, so ist er ohne weiteres legitimiert. Der Aussteller (denn auch auf diesen bezieht sich dies, ROHG. 14, 154), der Remittent, der Indossatar, der den Wechsel weiter indossiert, und der nach Verfall und Protest (der erfolgte Protest ist wesentlich, vgl. weiter unten) im Regreßwege in Anspruch genommen wird und infolge dessen den Wechsel einlöst, gelangt dadurch zu seinem alten Wechselrecht (vgl. Anm. 6 zu Art. 10). Er kann sich zwar von dem, der ihn in Anspruch nimmt, ein neues Indossament ausstellen lassen, was nicht die Bedeutung eines Nachindossaments im Sinne des Artikels 16 hat (Anm. 7 zu Art. 16) —, aber er braucht dies nicht: der Besitz des Wechsels und des Protestes in Verbindung damit, daß er auf dem Wechsel als Regreßverpflichteter erscheint, zeigen deutlich, daß er den Wechsel hat einlösen müssen, und daß sein altes, durch die Begebung bedingt gewordenes, durch die Einlösung wieder unbedingt gewordenes Recht wieder aufgelebt ist (ROHG. 14, 153; 18, 274). Demgemäß bestimmt Art. 55, daß er die nachfolgenden Indossamente nicht auszustreichen braucht, um seine Legitimation herzustellen; es kann ihm also trotz des Vorhandenseins nachfolgender Indossamente nicht eingewendet werden, daß er laut Wechsel nicht legitimiert sei: der Rücklauf begründet seine Legitimation und die Rechtsprechung fügt mit Recht hinzu, daß durch den Besitz des mit seinem vorprotestlichen Indossament versehenen Wechsels und des Protestes die Vermutung begründet werde, er habe den Wechsel im Regreßwege eingelöst (vgl. Anm. 2 zu Art. 51). Alles dies greift nicht Platz, wenn die Voraussetzung nicht zutrifft, daß der Inhaber des rückläufigen Wechsels auf dem Wechsel als Regreßverpflichteter erscheint, also z. B. dann nicht, wenn der Wechsel nicht wahrhaft rückläufig ist, wenn er etwa vor der Fälligkeit eingelöst wurde oder nach der Fälligkeit ohne Protest (ROHG. 14, 153) — ein solcher Einlöser ist nicht ohne weiteres legitimiert; vgl. unten Anm. 11 und 13 —; oder wenn der Wechsel zwar wahrhaft rückläufig ist, der Inhaber des Wechsels aber nicht im Wechselverbande als Regreßverpflichteter steht, sei es, daß er überhaupt nicht im Wechselverbande steht (RG. 2, 75; 33, 148) oder daß er zwar im Wechselverbande steht, aber nicht als Regreßverpflichteter, wie der Indossant ohne Obligo (Bernstein 184).

Anm. 7. β) Alle Indossamente müssen von Personen herrühren, die indossierungsberechtigt erscheinen. Das sind folgende Personen:

αα) Der Remittent. Das erste Indossament muß vom Remittenten ausgestellt werden.

Beim Wechsel auf eigene Order ist der Remittent mit dem Trassanten identisch, hier kann also der Trassant auch erster Indossant sein. Sonst darf der erste Indossant der Trassant nicht sein, es wäre dadurch die Kette unterbrochen. Anders, aber nicht zutreffend OG. Wien nach Mitteilung des ROHG. 21, 231; das ROHG. selbst sagt a. a. O., daß die Ansicht des OG. Wien für den Fall „vertretbar sein mag", daß der Trassant als der erste Blankogirant erscheint. Das RG. verwarf die Ansicht des OG. Wien auch für diesen Fall (RG. 47, 126). Demgemäß wird der Zusammenhang auch unterbrochen, wenn bei einem auf einen Dritten lautenden Wechsel das erste Giro vom Trassanten auf den Remittenten lautet (J. u. M. Stranz Anm. 4; dagegen Bernstein 179, Rehbein Anm. 3, Staub 4. Aufl.).

Im Wechselprozeß ist die Klage aus einem Wechsel an eigene Order regelmäßig dann nicht statthaft, wenn auf der Rückseite sich die Namensschrift des Ausstellers als erste befindet, zugleich aber der über dieser Namensschrift stehende Vermerk durchstrichen ist. Die Zweifel, wann die Durchstreichung erfolgt ist, und ob mit Genehmigung des Ausstellers, sind im Urkundenprozeß schwer zu beseitigen (RG. 41, 413). — Vgl. auch unten Anm. 12 a. E. **Art. 36.** Anm. 7.

ββ) Die folgenden Indossamente müssen von Voll- oder Blankoindossataren herrühren. Jedes nachfolgende Indossament muß von dem herrühren, auf den das vorhergehende Indossament lautet. Mehrere unmittelbar hintereinander folgende, auf denselben Indossatar lautende Giros desselben oder verschiedener Indossanten unterbrechen die Kette nicht (ROHG. 18, 138: der Remittent A. Hertzberg hatte auf M. Kohn, und E. v. J. dahinter hatte auch auf M. Kohn indossiert. M. Kohn wurde für legitimiert erachtet). Das Blankoindossament lautet bekanntlich auf jedermann. Das auf ein Blankoindossament folgende Indossament kann daher von jeder beliebigen Person ausgestellt sein. Nur das erste nachprotestliche Indossament macht hiervon eine Ausnahme. Dieses muß, wenn das letzte vorprotestliche Indossament ein Blankoindossament war, von der Person ausgestellt sein, die den Wechsel hat protestieren lassen. Zunächst ist diese Person allein legitimiert, den Wechsel geltend zu machen (OG. Wien bei Cz. Nr. 265). Auf diese Person allein trifft die in Anm. 5 oben aufgestellte zusammenfassende Formel zu: sie allein erscheint, wenn auch nicht laut Wechsel allein, so doch laut Wechsel- und Protesturkunde als zur Indossierung berechtigt; mit dem Proteste aber ist die Reihe der im Wechselverbande befindlichen Personen für die Zeit vor dem Proteste geschlossen, die neue Kette muß mit dem letzten ersichtlichen Gliede der alten Kette beginnen (RG. 2, 75; 33, 148). Anm. 8.

Bei der Frage nach der formellen Identität zwischen dem Indossanten eines jeden Giros und dem Indossatar des vorangehenden ist nicht absolut genaue Übereinstimmung zu erfordern. Kleine Abweichungen sind unschädlich, wenn sie keinen begründeten Zweifel an der Identität erzeugen. Von diesem Gesichtspunkte aus wird es meist nicht schaden, wenn der Vorname einmal abgekürzt, das andere Mal ausgeschrieben ist, oder wenn das eine Mal mehrere Vornamen, das andere Mal nur einer gebraucht ist, oder die Vornamen beide Male in verschiedener Schreibweise (z. B. Karl und Carl) vorkommen. Insoweit ist Lehmann (533) zuzustimmen. Aber gegen Lehmann ist ferner anzunehmen, daß auch kleine Abweichungen in der Bezeichnung des Familiennamens nicht immer das formelle Identitätserfordernis beseitigen. Vielmehr sind Abweichungen jeder Art nach Lage des konkreten Falles — allerdings nach der objektiven Sachlage, wie sie sich aus dem Wechsel ergibt — zu beurteilen (ROHG. 21, 230). — Über die Identitätsfrage s. Näheres, insbesondere Beispiele Anm. 6 zu Art. 21. — Verschieden von der formellen Identität ist die materielle. Diese kann auch bei formeller Identität fehlen, z. B. bei Namens- oder Firmengleichheit verschiedener Rechtssubjekte (vgl. Anm. 2 zu Art. 9), und dies kann alsdann eingewendet werden (vgl. unten Anm. 24). Anm. 9.

γγ) Die folgenden Indossamente können aber auch von solchen Personen herrühren, die nicht gerade durch äußerlich vorangehende Indossamente als Indossatare zur Indossierung berechtigt sind, sondern dadurch, daß sie auf dem rückläufigen Wechsel als Regreßverpflichtete figurieren. Denn der auf dem rückläufigen Wechsel als regreßpflichtig Erscheinende ist nicht bloß berechtigt, den Wechsel selbst geltend zu machen, ohne neues Indossament auf sich, und ohne die nachfolgenden Indossamente zu durchstreichen, sondern er kann ihn auch, nachdem er in dieser Gestalt auf ihn gelangt ist, in derselben Gestalt weiter indossieren. Der Indossatar eines solchen Indossanten ist ohne Durchstreichung der alten Indossamente legitimiert (OTr. Berlin b. Borchardt Zus. 434a; ROHG. 12, 49; 13, 67; 24, 124). Dem äußeren Anscheine nach liegt eine zusammenhängende Reihe nicht vor, von Gesetzes wegen ist sie vorhanden. Anm. 10.

γ) Nur die nichtdurchstrichenen Indossamente werden gerechnet. Anm. 11.

Art. 36. Anm. 11. αα) Ein durchstrichenes Indossament zählt überhaupt nicht mit. Es kann weder vom Kläger benutzt werden, um ein sonst fehlendes Glied in der Kette der Indossamente zu ergänzen; noch kann es dem Kläger entgegengehalten werden, um darzutun, daß die Kette durchbrochen war und nur infolge Durchstreichung wiederhergestellt sei. Zu dieser Durchstreichung besteht jedenfalls die Möglichkeit für den Wechselinhaber und deshalb kann zur Herstellung der formellen Legitimation von ihr Gebrauch gemacht werden. So ist z. B. der, der den Wechsel nach Verfall und Protest durch Vollindossament indossiert hat und in den Besitz des Wechsels ohne Rückindossament gelangt ist, zur Geltendmachung dann legitimiert, wenn er das Nachindossament durchstreicht; ebenso der, der den Wechsel giriert hat, um ihn weiter zu begeben, und dann nicht weiter begeben hat, wenn er sein Giro durchstreicht; oder der, der den Wechsel ohne Protest eingelöst hat und dessen Legitimation durch Giros gestört wird, wenn er die störenden Giros durchstreicht (ROHG. 22, 323; RG. 1, 32; 36, 98).

Anm. 12. ββ) Die Tatsache der Durchstreichung ist entscheidend. Gleichgültig ist, ob sie absichtlich oder unabsichtlich, etwa aus Versehen geschehen ist; ob die Schrift noch lesbar ist oder nicht (ROHG. 19, 271; KG. in ROLG. 14, 410). Überklebung steht der Durchstreichung gleich (OTr. b. Borchardt Zus. 441 a), noch mehr Wegradieren oder chemisches Unsichtbarmachen. Über den Fall, daß bloß der Transportvermerk, nicht auch die Unterschrift eines Vollindossaments durchstrichen ist, s. oben Anm. 7 a. E. und Anm. 2 zu Art. 12.

Anm. 13. γγ) Die nicht durchstrichenen Indossamente werden aber gerechnet, nicht bloß zugunsten des Wechselinhabers, sondern auch zu seinen Ungunsten. Sie beseitigen die Legitimation, wenn sie den Zusammenhang in der Kette der Indossamente zerreißen. Dieser Erfolg tritt auch dann ein, wenn der Inhaber des Wechsels die Möglichkeit oder auch das Recht hatte, die seine Legitimation störenden Indossamente zu streichen. So z. B. wenn er den Wechsel mit einem Indossamente versehen hat in der Absicht der Weiterbegebung, diese Absicht aufgegeben, das Indossament aber nicht durchstrichen hat; oder wenn er den Wechsel ohne Verpflichtung d. h. ohne Protest eingelöst, sein eigenes Indossament und die Indossamente seiner Nachmänner aber nicht durchstrichen hat; in solchen Fällen ist der Inhaber nicht legitimiert, weder zur Protesterhebung, noch zur Klageerhebung (ROHG. 22, 322; RG. 1, 32; 27, 43; Bolze 3 Nr. 542), noch endlich zur Indossierung, so daß das gleichwohl daraufgesetzte Indossament die Kette unterbricht und daher ungültig ist (ROHG. 1, 248; 14, 153). Bernstein (185) tritt hier der herrschenden Meinung entgegen; er will auch dem Regreßverpflichteten, der ohne Protest eingelöst hat, die Legitimation gewähren. Das kann aber nicht gebilligt werden, weil er dann ohne Verpflichtung eingelöst hat. Anders freilich, wenn er seinem Giro die Klausel „ohne Protest, ohne Kosten" hinzugefügt hat; dann hat er allerdings nicht ohne Verpflichtung eingelöst und dann ist seine Legitimation vorhanden.

Soweit es sich nur um das eigene Indossament des Wechselinhabers handelt, stört in dieser Weise nur das Vollindossament des Wechselinhabers, nicht sein eigenes Blankogiro; dieses legitimiert jeden, auch den Indossanten selbst (vgl. die Urteile des Reichsgerichts in Anm. 2 zu Art. 13).

Anm. 14. δ) Als nicht durchbrochen gilt die Kette trotz des äußeren Anscheins der Durchbrechung im Falle einer bürgerlichen Rechtsnachfolge. Gehen die Wechselrechte durch Singular- oder Universalrechtsnachfolge (ohne Indossament) auf eine Person über — Erbgang, Abtretung, Fusion, eheliches Güterrecht usw. (vgl. Anm. 9—11 zu Art. 9) —, so ist das Indossament des Rechtsnachfolgers gültig. Selbstverständlich muß die Lücke von dem Wechselinhaber ergänzt werden durch den Nachweis der Rechtsnachfolge, der im Urkundenprozeß urkundlich zu geschehen hat, wenn nicht etwa der Beklagte die Rechtsnachfolge zugesteht (RG. 12, 131). Dagegen ist in keinem Falle erforderlich, daß die Rechtsnachfolge auf dem Wechsel amtlich beglaubigt oder sonst auf dem Wechsel beurkundet wird (RG. 12, 152), oder überhaupt beurkundet wird (was Bernstein 179 ohne Grund bejaht). Vielmehr kann der Nachweis der Rechtsnachfolge auch anderweit geführt werden, z. B. wenn der Erbe eines Indossatars den Wechsel weiter begibt (RG. bei Gruch. 37, 129; Dernburg II § 265 Anm. 7; Grünhut Hdb. II § 85 Anm. 5). Als nicht durchbrochen gilt die Kette ferner, wenn ein Indossatar einen Wechsel in Prokura indossiert, ihn dann aber selbst mit einem eigentlichen Indossamente versehen hat, ohne das Prokuraindossament zu durchstreichen. Das Gegenteil würde allerdings aus der Auffassung des RG. (32, 77) folgen, und Rehbein (Anm. 3) leugnet diese fast ausdrücklich ausgesprochene Konsequenz des Reichsgerichtserkenntnisses mit Unrecht; vgl. jedoch die diesseitige abweichende Auffassung in Anm. 3 zu Art. 17. Hat ein Prokuraindossatar den Wechsel per Prokura indossiert, so ist der erstere nicht mehr legitimiert, sondern nur noch der prokuraindossierende Wechseleigentümer und der letzte Prokuraindossatar (vgl. Art. 17), desgleichen wenn der Prokuraindossatar den Wechsel durch eigentliches Indossament weiterbegeben hat, denn das gilt als Prokuraindossament (vgl. Anm. 3 zu Art. 17). Art. 36. Anm. 14.

ε) Überall gilt für die Frage des Zusammenhanges die Lokustheorie: das Datum entscheidet nicht (OTr. bei Borchardt Zus. 427 Nr. 12; Dernburg § 265 Anm. 7; Grünhut Hdb. II § 85 Anm. 5), auch nicht die Frage nach der materiellen Gültigkeit, so daß auch ein gefälschtes Indossament oder das eines Dispositionsunfähigen genügt, um formell die Reihe aufrechtzuerhalten (Art. 76). Vgl. RG. 50, 26; Dernburg II § 265; Grünhut Hdb. II § 85. Anm. 15.

c) Beim Fehlen der zusammenhängenden Reihe ist der letzte Indossatar nicht legitimiert. Legitimiert würde ein anderer sein, nämlich derjenige, bis zu dem sich eine zusammenhängende Reihe auf dem Wechsel befindet. Besitzt dieser den Wechsel, so kann er ihn geltend machen. Die folgenden Indossamente nach der Unterbrechung der Reihe sind bedeutungslos und stören daher die Legitimation dessen, bis zu dem sich eine zusammenhängende Reihe befindet, nicht (ROHG. 15, 169; 16, 39; 18, 139; Dernburg II § 265; Grünhut Hdb. II § 85; Lehmann 532 Anm. 19). Die Bedeutungslosigkeit der späteren Indossamente macht sich auch in anderer Weise geltend; sie begründen keine Regreßansprüche, es ist nicht etwa ein Regreß bis zur Lücke vorhanden (vgl. Anm. 1 zu Art. 14). Anm. 16.

2. **Der Wechselschuldner muß ferner die Identität** des Wechselinhabers mit der Person, auf welche die formelle Legitimation lautet, prüfen. Zwar ist dies im Gesetze nicht hervorgehoben, doch versteht es sich aus allgemeinen Grundsätzen von selbst. Es genügt nicht, daß irgend jemand einen Wechsel präsentiert, dessen letztes Indossament auf Friedrich Schulze lautet, sondern es muß wirklich ein Herr Friedrich Schulze sein, der den Wechsel präsentiert (Lehmann 536; Borchardt Zus. 445; Bernstein 183; Grünhut Hdb. II § 107; vgl. auch RG. in JW. 98, 416). Auch guter Glaube schützt den Schuldner nicht (vgl. Anm. 10 zu Art. 74; anders Grünhut Hdb. II § 107 Anm. 10). Für die Identität spricht die Vermutung. Den Gegenbeweis hat Beklagter zu erbringen (ROHG. 9, 26: Benedikt Renner, Vater und Sohn gleichnamig. Die Identität des klagenden Vaters, der den Wechsel besaß, mit dem Remittenten wurde angenommen). Dabei ist aber zu erwähnen, daß jeder Präsentant legitimiert ist, wenn das letzte Indossament ein Blankoindossament ist, und daher von einer Prüfung der Identität nicht die Rede sein kann (außer wenn es sich um das letzte Blankoindossament vor dem Protest handelt, vgl. oben Anm. 8). Anm. 17

3. **Nicht zu prüfen braucht der Wechselschuldner die Echtheit der Indossamente,** weder die der vorhergehenden, noch auch die des letzten. Ob er zu dieser Prüfung ein Recht hat, darüber vgl. Anm. 20ff. Hier ist nur gesagt, daß er die Echtheit nicht zu prüfen braucht, sondern auf Grund eines äußerlich gültigen Indossaments zahlen kann und sich durch solche Zahlung befreit (ROHG. 2, 281; 10, 405; Grünhut Hdb. II § 107 Anm. 18.

Art. 36. Anm. 18. S. 259). Falls er aber weiß oder wissen muß, daß der Inhaber selbst gefälscht hat oder fraudis particeps ist, muß er es einwenden.

Anm. 19. 4. **Nicht zu prüfen braucht der Wechselschuldner ferner die materielle Legitimation des Wechselinhabers**, d. h. die Frage, ob dem Indossamente Begebungsakte zugrunde liegen und ob diese gültig sind, z. B. ob die Person, die das Indossament für eine Aktiengesellschaft getätigt hat, wirklich ihr Vorstand ist (ROHG. 10, 405; 16, 362), oder ob der präsentierende Wechselgläubiger nicht vielleicht unter Vormundschaft steht. Ob er zu dieser Prüfung berechtigt ist, ist eine andere Frage (vgl. unten Anm. 24). Hier ist nur gesagt: er kann sich begnügen mit dem Vorhandensein äußerlich gültiger Indossamente, er kann beim Vorhandensein solcher zahlen und befreit sich durch diese Zahlung. Vorausgesetzt ist allerdings, daß er bona fide ist; zahlt er mala fide an den materiell Unberechtigten, so wird er nicht befreit (Canstein 236 Anm. 31; Bernstein 181; Grünhut Hdb. II § 107; Dernburg II § 249); dem hat sich das RG. 53, 207 angeschlossen und dabei noch hervorgehoben, daß auch grobe Fahrlässigkeit den guten Glauben beseitige. Näheres über den guten Glauben zu Art. 74.

II. Das Recht des Wechselschuldners zur Prüfung.

Anm. 20. Das Prüfungsrecht ist wohl zu unterscheiden von der zu I behandelten Pflicht der Legitimationsprüfung. Es erstreckt sich, was den Legitimationspunkt betrifft, auf alle Erfordernisse einer rechtsgültigen Übertragung. Diese sind bereits anderweit abgehandelt (Anm. 1ff. zu Art. 9). Es mag in diesem Zusammenhange kurz folgendes wiederholt werden:

Anm. 21. 1. Zunächst ist Erfordernis ein formell gültiges Indossament. Was dazu gehört, darüber s. Anm. 2 zu Art. 9. Hierzu tritt das im vorliegenden Artikel vorgesehene Erfordernis der zusammenhängenden Reihe (s. oben Anm. 1).

Anm. 22. 2. Sodann aber ist erforderlich ein materiell gültiges Indossament, d. h. das Vorhandensein eines gültigen Begebungsvertrags. Denn auch dieser gehört zur Rechtsgültigkeit eines Indossaments (vgl. hierüber Anm. 3 zu Art. 9). Dieses Erfordernis zu prüfen, ist der Schulder zwar nicht verpflichtet (oben Anm. 19), aber berechtigt. Dieses Prüfungsrecht besteht jedoch nicht in voller Reinheit, sondern mit folgenden Maßgaben:

Anm. 23. Prima facie genügt die formale Legitimation. Sie hat nicht bloß die Bedeutung, daß der Schuldner (seinen guten Glauben vorausgesetzt, vgl. oben Anm. 19) ohne Gefahr an den solchergestalt Legitimierten zahlen kann, sondern auch die Bedeutung, daß der Wechselgläubiger zunächst seiner Beweispflicht durch die Vorweisung von Indossamenten, die formell in Ordnung sind, genügt (RG. 50, 26). So z. B. braucht der Wechselgläubiger nicht zu beweisen, daß die indossierende Aktiengesellschaft bei der Unterschrift des Indossaments gehörig vertreten war (ROHG. 10, 405). Vielmehr ist der Angriff gegen die materielle Legitimation Sache des Einwands. Die Gegenbeweislast hat also der Wechselschuldner. Dieser hat eventuell zu beweisen, daß der Wechselinhaber ohne gehörigen Begebungsakt in den Besitz des Wechsels gelangt sei (RG. 4, 147; 5, 84; 53, 207).

Anm. 24 Dieser Beweis steht ihm allerdings offen (RG. 5, 83; Grünhut Hdb. II § 85). Er kann daher unter Übernahme der Beweislast einwenden, daß ein gültiger Begebungsakt nicht vorliege, da der Kläger weder das Eigentum am Wechsel erwerben (Anm. 3 zu Art. 17), noch auch nach außen als Eigentümer gelten solle (Inkassomandatgiro, Anm. 5 zu Art. 17); daß er z. B. den Wechsel nur retiniert habe, wodurch natürlich kein Eigentum übergeht (OLG. Hamburg in der DJZ. 3, 168); oder daß die Person, die das auf den Kläger lautende Giro der klagenden Aktiengesellschaft gezeichnet hat, nicht legitimiert gewesen sei, sie zu vertreten (dagegen — im Widerspruch zu RG. 5, 84 — RG. im Urteil JW. 00, 472[15], das dem Wechselschuldner das Recht zur Nachprüfung der materiellen Legitimation im folgenden Falle versagt: das

Indossament der klagenden Genossenschaft trug zwei Unterschriften, von denen die eine **Art. 36.**
sich als die eines Vorstandsmitgliedes, die andere durch die Buchstaben „i. V." sich Anm. 24.
als die eines Bevollmächtigten darstellte. Der Akzeptant bestritt die Bevollmächtigung dieses Unterzeichners „i. V." Dieses Bestreiten der Legitimation wurde vom RG. für unzulässig erklärt); oder daß das letzte Indossament nicht echt sei (ROHG. 2, 281; OG. Wien bei Cz. Nr. 274; Lehmann in JheringsJ. 34, 423); oder daß der Kläger den Wechsel von demjenigen, der den Wechsel gestohlen und das auf ihn lautende Indossament gefälscht hat, grob fahrlässig erworben habe (RG. 53, 207); oder daß die Person, die den Wechsel geltend macht, zwar so heiße, wie der letzte Indossatar, mit diesem aber nicht identisch sei (ROHG. 9, 26); oder daß der sich als Regreß-Einlöser Gerierende in Wahrheit den Wechsel nicht eingelöst habe (vgl. Anm. 2 u. 3 zu Art. 51); oder daß das Prokuraindossament ungültig sei, weil das Mandat widerrufen sei (Vollmar-Löwy § 51 Anm. 4).

Die materielle Gültigkeit der Vorindossamente (z. B. daß ein vorhergehender Indossant keine genügende Vollmacht zum Gerieren gehabt hat) zu prüfen und zu bemängeln, steht dem Wechselschuldner nicht zu (vgl. ROHG. 16, 365; 23, 357; RG. in JW. 00, 472, 473; vgl. auch oben Anm. 23; a. M. Staub 4. Aufl., der jedoch das konkrete Ergebnis dieser Entscheidungen für richtig erklärte).

Das im Prinzip bestehende und trotz der dem Schuldner obliegenden Beweislast Anm. 25.
immer noch außerordentlich umfassende Prüfungs- und Einwandsrecht wird in seinem Umfange dadurch abgeschwächt und auf das für den Wechselverkehr erträgliche Maß zurückgeführt, daß dem Schuldner die Einwendungen gegen die materielle Legitimation insoweit genommen sind, **als der gute Glaube dem Rechtserwerb des letzten Indossatars schützend zur Seite steht** (Art. 74, 82). Soweit dieser reicht, greifen Einwendungen gegen die materielle Seite der Legitimation (Echtheit des Indossaments, mangelnde Verfügungsbefugnis oder Dispositionsfähigkeit von Vorindossanten oder des unmittelbaren Indossanten des letzten Erwerbers usw.) nicht Platz, wie dies aus der Vorschrift des Art. 74 (vgl. dort die Erläuterungen) folgt. — (Einwendungen wegen mangelnden Begebungsvertrages — daran mag hier erinnert werden — greifen dagegen auch den gutgläubigen Dritten gegenüber Platz; dies ergibt sich aus der diesseits vertretenen Wechseltheorie, vgl. Art. 8 Anm. 2 a. E. sowie Art. 9 Anm. 2, und modifiziert sich selbstverständlich bei abweichender Grundauffassung.) — Da der gute Glaube vermutet wird, so sind die Einwendungen gegen die materielle Legitimation nur statthaft, wenn gleichzeitig bewiesen wird, daß der Wechselgläubiger im bösen Glauben war, den Mangel also kannte oder hätte kennen sollen (Art. 74). Es trifft daher den Wechselschuldner eine doppelte Beweislast: er muß nicht bloß den der materiellen Legitimation anhaftenden Mangel, sondern auch die Kenntnis dieses Mangels zur Zeit des Rechtserwerbs auf seiten des Gläubigers (oder das Kennenmüssen) beweisen. (Im Ergebnis übereinstimmend Grünhut Hdb. II § 107.)

Der gute Glaube hinsichtlich der materiellen Legitimation braucht Anm. 26.
sich übrigens nur darauf zu beziehen, daß der eigene Rechtserwerb des klagenden Gläubigers ein gültiger war. Hatte z. B. ein Vormann den Wechsel bösgläubig (unter Kenntnis von Einwendungen gegen die materielle Legitimation) erworben und hatte der letzte Wechselerwerber zwar den Mangel gekannt, aber an den guten Glauben seines Indossanten bei dessen Rechtserwerb geglaubt und glauben dürfen, so genügt diese bona fides; denn es glaubt dann ja der Wechselerwerber redlicherweise, daß der Vormann rechtsgültig erworben habe und also auch er selbst (Grünhut Hdb. II § 85 Anm. 124; vgl. Bolze 10 Nr. 365e). Würde aber der letzte Indossatar einen gestohlenen Wechsel erworben und gewußt haben, daß sein Indossant ihn von dem Diebe selbst wissentlich erworben hat, so könnte der Schuldner mit diesen Beweisen die Klage zur Abweisung bringen; dies übrigens auch schon deswegen, weil kein Begebungsvertrag vorliegt.

Art. 36. **Zusatz 1. Die formelle Legitimation ist auch entscheidend für die Berechtigung zur**
Anm. 27. **Protesterhebung mangels Zahlung** (RG. 50, 26). Der Protest mangels Zahlung ist nur gültig, wenn er erhoben ist auf Antrag dessen, der durch eine zusammenhängende Reihe formell gültiger Indossamente wechselmäßig legitimiert erscheint, die Zahlung zu fordern (vgl. Anm. 15 zu Art. 88). Der Besitz des Wechsels allein genügt dazu nicht, der bloße Besitz legitimiert zu gewissen andern Wechselakten (Art. 25). Der im Auftrage eines Unlegitimierten erhobene Protest ist ungültig und nicht geeignet, den Regreßanspruch gegen die Regreßverpflichteten zu stützen (ROHG. 1, 248; 18, 274; RG. 1, 33; 27, 43; 32, 78), insbesondere auch nicht den Anspruch gegen den Akzeptanten des Domizilwechsels mit benanntem Domiziliaten (RG. 27, 43). Demgemäß muß der Protest, um gültig zu sein, den legitimierten Wechselgläubiger auch als Zahlungsbegehrenden benennen; ein Protest, der eine andere Person als Protesterheber benennt, ist kein ordnungsmäßiger Protest mangels Zahlung und kann auch nicht mittels nachträglicher Durchstreichung von Indossamenten wirksam gemacht werden, selbst wenn sie vor Klageerhebung erfolgt ist, (vgl. die oben zitierten Entscheidungen, ferner ROHG. v. 24. 1. 71 in ZHR. 16, 617; auch bei Borchardt Zus. 496a; KG. in ROLG. 14, 409; Lehmann 544 Anm. 5).

Anm. 27a. **De lege ferenda** wäre eine Vorschrift zu empfehlen, wonach schon der Besitz des Wechsels die formelle Legitimation zur Protesterhebung schafft, etwa durch folgenden zweiten Absatz zu Art. 36: „Der Remittent, sowie jeder Indossatar wird durch den Besitz des Wechsels ermächtigt, die Wechselzahlung zu fordern und mangels Zahlung Protest erheben zu lassen." Wie die Erfahrung lehrt, hat sich der Verkehr an die ordnungsmäßige Durchstreichung der Indossamente nicht gewöhnt. Gefahren für die Sicherheit des Wechselverkehrs sind auch durch den Vorschlag nicht zu befürchten, der vielmehr mit formalistischen Fallstricken aufräumt. Bernstein, J. Stranz u. a. haben vergeblich eine solche Änderung aus Anlaß der Protestnovelle angeregt.

Anm. 28. **Zusatz 2. Für die Zahlungsempfangnahme besteht noch eine andere Legitimation,** nämlich die für Handelsgeschäfte in Art. 296 des alten HGB. vorgesehene, jetzt allgemein für den ganzen Rechtsverkehr kraft § 370 BGB. geltende, die in der **Präsentation des quittierten Wechsels** besteht, auch wenn der Wechsel nicht auf den Präsentanten giriert ist (vgl. Staub HGB. neue 8. Aufl. Anm. 19 im Exk. zu § 58). Durch Wechselgewohnheitsrecht war der Rechtssatz des Art. 296 HGB. auf den ganzen Wechselverkehr ausgedehnt, so daß er auch dort galt, wo die betreffende Wechselobligation nicht handelsrechtlicher Art war. Jetzt bedarf es hierbei der Zuhilfenahme eines Gewohnheitsrechts nicht mehr, da der Rechtssatz, wie gesagt, nach § 370 BGB. für den ganzen Rechtsverkehr, also auch für den Wechselverkehr gilt (Rehbein Anm. 6).

Anm. 29. **Zusatz 3. Eine auf dem Wechsel stehende Quittung zerstört die Legitimation nicht,** da sie erfahrungsmäßig in Erwartung der Zahlung auf den Wechsel gesetzt wird (ROHG. 14, 154; RG. 7, 67; 9, 62; Bernstein 181; J. u. M. Stranz Anm. 23).

Anm. 29a. **Zusatz 4. Auch auf den Ausstellungsvermerk und den Remittentenvermerk** beziehen sich die hier entwickelten Regeln über die Pflicht und das Recht der Prüfung, natürlich mutatis mutandis.

Anm. 30. **Zusatz 5. Fremde Rechte.** Im Ausland sind bezüglich der Legitimation aus dem Wechsel ähnliche Vorschriften maßgebend. Für Frankreich, Belgien und England sei vermerkt, daß in diesen Ländern der Schuldner die Echtheit der Indossamente mit der Sorgfalt eines ordentlichen Geschäftsmannes zu prüfen hat (Späing 119, 120, 123).

Artikel 37.

Art. 37. **Lautet ein Wechsel auf eine Münzsorte, welche am Zahlungsorte keinen Umlauf hat, oder auf eine Rechnungswährung, so kann die Wechselsumme nach ihrem Werte zur Verfallzeit in der Landesmünze gezahlt werden, sofern nicht der Aussteller durch den Gebrauch des Wortes „effektiv" oder eines**

ähnlichen Zusatzes die Zahlung in der im Wechsel benannten Münzsorte ausdrücklich bestimmt hat. Art. 37.

Der vorliegende Artikel gibt dem Wechselschuldner für einen bestimmten Fall ein Wahlrecht in bezug auf die Zahlungsmodalität.

1. **Der Fall des vorliegenden Artikels ist der,** daß der Wechsel auf eine Münzsorte lautet, die am Zahlungsorte keinen Umlauf hat (ausländische oder außer Kurs gesetzte Währung). Daß eine solche Angabe zulässig ist, darüber s. Anm. 5 zu Art. 4. Anm. 1.

2. **In diesem Falle ist dem Schuldner freigestellt,** die Wechselsumme nach ihrem Werte zur Verfallzeit in der Landesmünze zu zahlen. Wert bedeutet börsenmäßiger Geldkurs. Der Schuldner kann aber auch, da es sich nur um ein Wahlrecht handelt, in der Münzart, die der Wechsel ergibt, zahlen (vgl. auch die entsprechenden Vorschriften in den §§ 244, 245 BGB.). Anm. 2.

Diese Wahl ist ihm genommen, wenn der Wechsel durch das Wort „effektiv" oder einen ähnlichen Zusatz („wirklich"; „in natura") die Zahlung in der fremden Münze ausdrücklich bestimmt. Dagegen ist es nicht zulässig, umgekehrt den Wechsel von vornherein auf den Kurswert einer bestimmten Summe fremden Geldes am Verfalltage auszustellen, die der Schuldner unbedingt zu zahlen verpflichtet wäre (Anm. 6 zu Art. 4). Wohl aber ist es zulässig, daß der Akzeptant in dieser Weise akzeptiert; unter Umständen liegt darin ein beschränktes Akzept mit den in Anm. 8 zu Art. 22 behandelten Rechtsfolgen (HG. Hamburg bei Borchardt Zus. 458).

Zusatz 1. Zur rechtlichen Tragweite des Wortes effektiv muß noch eine, streng genommen nicht hierher gehörige, Bemerkung hinzugefügt werden: Trotz des Wortes effektiv muß sich der Gläubiger dann, wenn der Zwangskurs für Papiergeld gilt, Zahlung in Papiergeld gefallen lassen, weil solche Zwangskursvorschriften öffentlichen Rechtens und gegen jede Privatvereinbarung wirksam sind (vgl. die österreichische Judikatur bei Borchardt, Zus. 459). Der vorliegende Artikel steht dieser zutreffenden Judikatur nicht entgegen, da er von diesem Fall gar nicht handelt. Er behandelt nur den Fall, daß der Wechsel auf eine Münzsorte lautet, die am Zahlungsorte keine Währung hat. Er behandelt nicht den Fall, wo am Zahlungsorte außer der im Wechsel angegebenen noch eine andere Münzsorte im Umlauf ist. Auf Banknoten bezieht sich dies nicht, für sie besteht kein Zwangskurs, selbst nicht für unsere Reichsbanknoten (Lehmann 538), auch nicht für Reichskassenscheine (§ 5 Abs. 2 des Reichsgesetzes vom 30. April 1874). Anm. 3.

Zusatz 2. Bezüglich der inländischen Münzsorte gelten die Bestimmungen des Reichsmünzgesetzes vom 9. Juli 1873. Silbermünzen brauchen nur bis zum Betrage von 20 Mark, Nickel- und Kupfermünzen bis zum Betrage von 1 Mark in Zahlung genommen zu werden. Reichs- und Landeskassen müssen aber Silbermünzen in jedem Betrage annehmen (Art. 9 d. G.). Papiergeld hat keinen Zwangskurs. Im übrigen s. die §§ 2 u. 5 des Gesetzes betr. die Ausgabe von Reichskassenscheinen vom 30. April 1874 und den § 18 des Gesetzes vom 14. März 1875; vgl. noch J. u. M. Stranz Anm. 1. Anm. 4.

Zusatz 3. Nach der auf Grund des Protestgesetzes ergangenen Anordnung des Reichskanzlers ist die Erhebung des Protestes durch **Postbeamte** ausgeschlossen für Wechsel, die auf eine ausländische Münzsorte lauten, sofern der Aussteller durch den Gebrauch des Wortes „effektiv" oder eines ähnlichen Zusatzes die Zahlung in der im Wechsel benannten Münzsorte ausdrücklich bestimmt hat (vgl. Art. 88a Anm. 11β und Anhang II). Anm. 5.

Artikel 38.

Der Inhaber des Wechsels darf eine ihm angebotene Teilzahlung selbst dann nicht zurückweisen, wenn die Annahme auf den ganzen Betrag der verschriebenen Summe erfolgt ist. Art. 38.

Art. 38. 1. **Der Artikel legt dem Wechselgläubiger die Verpflichtung auf, Teilzahlungen anzunehmen.**

Einleitung. Die Vorschrift ist singulär. Sie weicht vom Zivilrecht (§ 266 BGB.) ab, und bezieht sich, wie die Stellung im System der Wechselordnung (s. Art. 30 Einl.) ergibt, **auf die Zahlung durch den Hauptwechselschuldner** (Akzeptanten und Aussteller des eigenen Wechsels) **innerhalb der Protestfrist mangels Zahlung,** aber vor Erhebung des Protestes.

Anm. 1. a) **Zahlung durch den Trassaten bzw. Akzeptanten.** Ihm steht gleich der Aussteller des eigenen Wechsels (s. Einl.). Dagegen dürfen sich nicht auf den vorliegenden Artikel berufen die Regreßschuldner: also der Aussteller, der Remittent, die Indossanten (OTr. in StrA. 24, 166), der Ehrenakzeptant (vgl. Art. 60; anders Staub 4. Aufl. hinsichtlich des Ehrenakzeptanten, weil er ihn als Hauptwechselschuldner ansieht).

Anm. 2. b) **Zahlung innerhalb der Protestfrist mangels Zahlung**; aber vor erhobenem Proteste (Bernstein 188; Canstein 371). Eine vorher, also **vor** Verfall, angebotene Zahlung wäre eine zu frühe Zahlung, die dem Akzeptanten nicht freigestellt ist. Die Regel des § 271 Abs. 2 BGB., demzufolge im Zweifel die Zeitbestimmung zugunsten des Schuldners wirkt, kann auf den Wechselverkehr nicht ausgedehnt werden. Hier kann vor Verfall der Gläubiger ebensowenig Zahlung fordern, als der Schuldner sie bewirken kann (vgl. Art. 4 Anm. 27). Eine nachher, d. h. nach erhobenem Proteste, angebotene Teilzahlung kann zurückgewiesen werden (Art. 48, 62; Rehbein Anm. 8; Thöl 304).

Anm. 3. 2. **Die Verletzung der Vorschrift hat zur Folge:**

a) gegenüber dem Akzeptanten: die Nichthaftung für die durch die Zurückweisung entstandenen Kosten und Zinsen;

b) gegenüber dem Regreßverpflichteten: den Verlust des Regresses, soweit die Zahlung angeboten war (Thöl 304).

Anm. 4. **Zusatz 1. Mit dem vorliegenden Artikel hängt § 34 KO. zusammen:**

„Wechselzahlungen des Gemeinschuldners können auf Grund des § 30 Nr. 1 von dem Empfänger nicht zurückgefordert werden, wenn nach Wechselrecht der Empfänger bei Verlust des Wechselanspruchs gegen andere Wechselverpflichtete zur Annahme der Zahlung verbunden war.

Die gezahlte Wechselsumme muß von dem letzten Wechselregreßschuldner oder, falls derselbe den Wechsel für Rechnung eines Dritten begeben hatte, von diesem erstattet werden, wenn dem letzten Wechselregreßschuldner oder dem Dritten zu der Zeit, als er den Wechsel begab oder begeben ließ, einer der im § 30 Nr. 1 erwähnten Umstände bekannt war."

In welchem Falle beide Absätze des § 34 zutreffen, darüber vgl. RG. 40, 41 ff.

Anm. 4a. **Zusatz 2. Scheckgesetz.** Der Scheckinhaber ist zur Annahme von Teilzahlungen nicht verpflichtet. Der Charakter des Schecks, der ganze und schleunige Befriedigung erheischt, auch der vollen Summe nach ein Guthaben voraussetzt, schließt das aus (Begr. zum Scheckgesetz, vorgelegt dem Reichstag, S. 28).

Anm. 5. **Zusatz 3. Fremde Rechte.** In ihnen findet sich fast überall der Grundsatz, daß der Wechselgläubiger verpflichtet ist, Teilzahlungen anzunehmen. Anders in Frankreich (zweifelhaft) und in der anglo-amerikanischen Rechtsprechung (Meyer 44; Späing 125).

Artikel 39.

Art. 39. Der Wechselschuldner ist nur gegen Aushändigung des quittierten Wechsels zu zahlen verpflichtet. Hat der Wechselschuldner eine Teilzahlung geleistet, so kann er nur verlangen, daß die Zahlung auf den Wechsel abgeschrieben und ihm Quittung erteilt werde.

Der Artikel enthält Vorschriften über die Modalitäten der Zahlung. Er behandelt nur die Zahlung durch den **Hauptwechselschuldner** (s. Art. 38 Einl. und unten Anm. 11).

Einleitung. Dieser Artikel ist durch § 1 I des Protestgesetzes dahin geändert worden, daß die Worte „auf einer Abschrift des Wechsels", die im letzten Satz hinter „Quittung" standen (bisherige Fassung lautete: „und ihm Quittung auf einer Abschrift des Wechsels erteilt werde") fortgefallen sind. Es ist dies neben einer Änderung im § 5 die einzige, von der Reichstagskommission vorgenommene Änderung.

1. **Der erste Satz** enthält die Vorschrift, daß der Wechselschuldner nur gegen Art. 39.
Aushändigung des quittierten Wechsels die volle Zahlung zu leisten Anm. 1.
braucht. Der Satz ist übrigens auch auf den Domiziliaten anwendbar (AG. Zwickau bei Borchardt Zus. 463), der ja der Repräsentant des Akzeptanten ist (vgl. Anm. 12 zu Art. 24).

a) **Der Gläubiger muß in der Lage sein, den Wechsel auszuhändigen,** sonst kann er nicht Zahlung verlangen. Er muß ihn daher bei Erhebung der Klage und bis zum Urteil besitzen (KG. in KGBl. 99, 86). Beschlagnahme zu Untersuchungszwecken hebt diesen Besitz nicht auf und steht daher der Klage nicht entgegen (ROHG. 15, 299; Bolze 17 Nr. 810), wohl aber der Zwangsvollstreckung, da ja keine Aushändigung erfolgen kann (J. u. M. Stranz Anm. 2; mit Unrecht wird die Zwangsvollstreckung in solchem Falle für zulässig erklärt von OHG. Stuttgart bei Borchardt Zus. 464 Nr. 7). Das Urteil sollte eigentlich auf Zahlung gegen Aushändigung des quittierten Wechsels lauten; wenn es, wie das regelmäßig der Fall ist, anders lautet, so ist es dahin auszulegen (RG. 36, 105; 37, 5; vgl. ROHG. 11, 67; 21, 303); auf Antrag ist es jedenfalls so zu fassen (Bolze 18 Nr. 319). Der Gerichtsvollzieher darf nur gegen Aushändigung des quittierten Wechsels das Wechselurteil vollstrecken (Bolze 17 Nr. 189; RG. in JW. 98, 225[19]), die Quittung kann er leisten (§ 757 ZPO.), und zwar hat er sie auf den Wechsel zu setzen, was in der Praxis verabsäumt wird. Wenn aber der Schuldner bereits im Besitze des Wechsels ist, sei es, daß er ihm irrtümlich oder in Erwartung der Zahlung ausgehändigt wurde, so kann die Wechselklage auch ohne den Besitz des Wechsels erhoben und das Urteil auf unbedingte Zahlung gerichtet werden; der Berufung auf Art. 39 wird in solchem Falle durch die replica doli begegnet (ROHG. 10, 151; zustimmend RG. v. 5. 7. 02 in JW. 02 Anlage S. 263, bei Holdheim 12, 124 u. bei Gruch. 47, 1021; vgl. ROHG. 3, 9; anders Bernstein 190). Das Urteil wird in diesem Falle zweckmäßig die unbedingte Zahlungspflicht hervorheben, weil es sonst als Wechselurteil, wie gesagt, dahin auszulegen ist, daß nur gegen Aushändigung des Wechsels gezahlt zu werden braucht. Im Wechselprozeß freilich kann ohne Vorlegung des Wechsels überhaupt nicht geklagt werden (ZPO. §§ 602, 593 ff.).

b) **Der quittierte Wechsel** muß dem Schuldner ausgehändigt werden, wenn Zahlung ver- Anm. 2.
langt wird. Das gilt auch in der Zwangsvollstreckungsinstanz (vgl. Anm. 1). Das ändert sich auch dann nicht, wenn ein Blankogiro vorliegt; die Aushändigung des Wechsels mit Blankogiro genügt nicht (ROHG. bei Borchardt Zus. 464 Nr. 2; LG. Frankfurt in ZHR. 38, 564). Die Quittung muß vom Gläubiger oder dessen gehörig Bevollmächtigten herrühren. Wegen des Gerichtsvollziehers siehe Anm. 1. Ob der Protestbeamte dazu befugt ist, darüber vgl. Art. 87. Zur ordnungsmäßigen Präsentation und Protesterhebung ist jedenfalls die Vorlegung des quittierten Wechsels nicht erforderlich; nur wenn der Schuldner die Zahlung davon abhängig macht, daß der Wechsel ihm quittiert ausgehändigt wird, ist die Quittung daraufzusetzen (OLG. Frankfurt in ZHR. 38, 564; anders Bernstein 190, 191). Die unterbliebene Quittung kann der Schuldner, nachdem er gezahlt hat, nachverlangen (RG. 28, 435).

c) **Kann der Schuldner Zug um Zug gegen die Zahlung sonst nichts verlangen?** Die Frage Anm. 3.
ist im allgemeinen zu verneinen.

α) Er kann nicht Abtretung des Wechsels verlangen (Lehmann 539; Bernstein 192 gegen OAG. Rostock bei Borchardt Zus. 746 Nr. 5), noch weniger Indossierung auf sich. Handelt es sich um den Akzeptanten, so wäre das erteilte Indossament nicht einmal gültig, da durch die Zahlung seitens des Akzeptanten die Wechselobligation getilgt wird; Art. 10 betrifft nicht den infolge Bezahlung durch den Akzeptanten getilgten Wechsel (dies gegen Lehmann 539).

β) Bei der Vollstreckung eines Wechselurteils kann der Wechselschuldner nach Anm. 4.
den Vorschriften der ZPO. noch Aushändigung des Schuldtitels verlangen (§ 757 ZPO.).

Art. 39. Anm. 5. γ) Bei Bestellung eines Pfandes für die Wechselobligation kann er Aushändigung des Pfandes Zug um Zug gegen seine Zahlung verlangen (§ 1223 BGB.). Daß die Pfandverweisung nicht im Prozesse selbst geltend gemacht werden kann, darüber s. Anm. 3 zu Art. 2.

Anm. 6. δ) Bei erfolgter Prolongation eines Wechsels braucht der Schuldner nur gegen Rückgabe des alten und des neuen Wechsels zu zahlen (OG. Wien bei Borchardt Zus. 464 Nr. 11), nötigenfalls muß der alte Wechsel amortisiert werden (OG. Wien bei Borchardt Zus. 464 Nr. 12); aber der Schuldner kann nicht bei Hingabe des neuen Wechsels die Herausgabe des alten oder gar des quittierten alten Wechsels verlangen (ROHG. bei Borchardt Zus. 569 und Note 2 dazu). Dem dritten redlichen Erwerber des Prolongationswechsels kann er natürlich nicht Zahlung verweigern, ehe ihm der prolongierte Wechsel ausgehändigt ist.

Anm. 6a. ε) Werden Nebenkosten von ihm verlangt, so kann er auch Aushändigung des Protestes und der Retourrechnung fordern (vgl. Anm. 3 zu Art. 54).

Anm. 7. d) **Hat der Schuldner Zahlung geleistet,** und hat er sich bloß den Wechsel, aber ohne Quittung aushändigen lassen, so begründet doch die Tatsache der Aushändigung die Vermutung der Zahlung (RG. v. 17. 2. 89 in Blums Annalen 1, 410; auch zitiert bei Borchardt Zus. 466a; OAG. Rostock bei Borchardt Zus. 466c; Lehmann 539 Anm. 4). Leistet er Zahlung und läßt sich den Wechsel überhaupt nicht aushändigen, so kann er zwar nicht den Betrag kondizieren, wohl aber auf Herausgabe des Wechsels klagen (OAG. Wiesbaden bei Borchardt Zus. 567). Er hat dabei dem bezahlten Gläubiger den Besitz des Wechsels nicht nachzuweisen, weil es sich nicht um eine Vindikation, sondern um eine obligatorische Verpflichtung handelt (RG. 4, 58). Er kann sogar auch den Wechselbetrag kondizieren, wenn sich herausstellt, daß der Gläubiger bei Zahlung den Wechsel nicht hatte und ihn auch nicht beschaffen kann (Bolze 7 Nr. 424; vgl. KG. in KGBl. 94, 63).

Anm. 8. e) Hat der Gläubiger die ganze Wechselregreßsumme zum Teil vom Akzeptanten, zum Teil von einem Vormann erhalten, so hat er den Wechsel dem letzteren auszuhändigen, damit dieser in der Lage sei, das Wechselrecht gegen den Akzeptanten geltend zu machen (RG. 4, 58). Entsprechendes ist anzunehmen, wenn verschiedene Indossanten Teilzahlungen geleistet haben.

Anm. 9. 2. **Der zweite Satz** bestimmt, was bei Teilzahlung Rechtens ist; der Schuldner kann nicht Aushändigung des Wechsels, sondern Abschreibung auf dem Wechsel und Quittung (nach dem Recht **bis** 1. Oktober 1908 auf einer Wechselabschrift) verlangen. Die Änderung hinsichtlich der Quittung soll den Wechselverkehr noch mehr vereinfachen, zumal da das bisherige Recht, namentlich der Post gegenüber, zu unangenehmen Weiterungen führen kann. Die Änderung ist auch im Hinblick auf Art. 89a ganz zweckmäßig (vgl. Kommissionsbericht S. 2).

Aus den Bestimmungen des zweiten Satzes folgt:

a) **Leistet der Schuldner eine Vollzahlung nicht,** so kann er auch nicht Aushändigung des Wechsels verlangen. Teilzahlungen muß sich der Gläubiger zwar innerhalb der Protestfrist gefallen lassen (Art. 38), daher kann er sie jedenfalls annehmen, auf keinen Fall aber braucht er dem Schuldner bei bloßer Teilzahlung den Wechsel auszuhändigen. Ist dies dennoch geschehen, so ist der Wechselanspruch nicht erloschen, sondern kann erhoben werden (ROHG. 3, 9; vgl. Anm. 1). Doch gilt vergleichsweiser Verzicht der Vollzahlung gleich (OAG. Dresden bei Borchardt Zus. 562). — Von der Abschreibung auf dem Wechsel und der Quittung kann der Schuldner die Teilzahlung nicht abhängig machen; er kann nur, wenn er die Teilzahlung geleistet hat, Abschreibung und Quittung verlangen (Bernstein 192).

Anm. 10. b) **Eine bloße Teilzahlung, und keine Vollzahlung liegt vor,** wenn der Gläubiger nicht alles erhalten hat, was er wegen Nichterfüllung der Wechselverbindlichkeit zu fordern hat;

denn auf alles dies erstreckt sich nach Art. 81 die wechselmäßige Verpflichtung (RG. Art. 39.
14, 107). Welche Ansprüche der Wechselgläubiger gegen den Akzeptanten hat, darüber Anm. 10.
s. Anm. 11 zu Art. 50 und Anm. 13 zu Art. 51, insbesondere auch Anm. 7 zu Art. 50, ob die Aushändigung des Wechsels auch von der Bezahlung der entstandenen Prozeßkosten abhängig gemacht werden kann. Die Frage ist zu verneinen (J. u. M. Stranz Art. 50 Anm. 4). Noch weniger gehören zu den wechselmäßigen Nebenforderungen diejenigen Prozeßkosten, die nicht erforderlich waren: Zieht z. B. der Wechselinhaber es vor, statt nach erhobenem Proteste sofort Regreß zu nehmen, erst den Akzeptanten zu verklagen, oder läßt der von seinem Nachmanne in Anspruch genommene Indossant sich selbst verklagen, anstatt den Wechsel einzulösen und selbst Regreß zu nehmen, so ist das eine Sache freien Entschlusses, kein Ausfluß des Wechselnexus; die Verpflichtung zur Erstattung solcher Prozeßkosten kann zwar unter Umständen vorliegen, aber infolge besonderer Rechtsgründe (ROHG. 24, 93; OG. Wien bei Cz. Nr. 125; OTr. Stuttgart und OTr. Berlin bei Borchardt Zus. 597b; OLG. Dresden und LG. Frankfurt in ZHR. 38, 566).

Eine Teilzahlung liegt dann vor, wenn der Wechselschuldner einen Zwangsvergleich geschlossen hat, seine Akkordquoten zahlt und noch Regreßrechte vorhanden sind (OTr. Berlin 39, 232 und Borchardt Zus. 477a). Vgl. über den Zwangsvergleich des Akzeptanten unten Anm. 11 Abs. 2. Dagegen berechtigt das Fehlen geringfügiger Zinsen für einige Tage den Gläubiger nicht, die Zahlung zurückzuweisen, wenigstens nicht nach früherem gemeinen Recht, wo sich der Verzug ex aequo et bono regelte (RG. 14, 107), und so wohl auch nach bürgerlichem Rechte (vgl. § 320 Abs. 2 BGB.).

Zusatz 1. Die Wirkung der Zahlung ist eine andere, je nachdem der Hauptwechsel- Anm. 11.
schuldner, bzw. der Trassat sie leistet oder ein Regreßschuldner. Im vorliegenden Artikel ist nur von der ersteren Zahlung die Rede und deshalb soll auch hier nur die Wirkung dieser Zahlung besprochen werden. Durch die vom Bezogenen geleistete Zahlung ist die Wechselobligation und mit ihr sind alle Regreßrechte getilgt, mag er akzeptiert haben oder nicht, mag die Zahlung vor oder nach Protest geschehen, er müßte denn ausdrücklich zu Ehren des Ausstellers oder eines Dritten zahlen (ROHG. 5, 128; 18, 368). Selbst wenn der Bezogene irrtümlich (in der Meinung, daß er akzeptiert habe) gezahlt hat, kann er die Zahlung vom Indossatar nicht zurückfordern, weil dieser seine Regreßrechte verloren hat (ROHG. 17, 1); wohl aber hat er gegen den Trassanten, wenn er an diesen gezahlt hat, in diesem Falle ein Rückforderungsrecht. Vgl. über die Wirkungen der Zahlung Anm. 51 ff. zu Art. 82.

Der Barzahlung in dieser Wirkung gleich steht jede andere gültige Tilgungsart (vgl. hierüber Anm. 60 zu Art. 82).

Die so getilgte Wechselobligation kann auch nicht durch bloße Vereinbarung wieder aufleben (OG. Wien bei Cz. Nr. 32).

Zusatz 2. Scheckgesetz. Der Bezogene, der den Scheckbetrag bezahlt, kann die Aus- Anm. 11a.
händigung des quittierten Schecks verlangen (§ 13 Abs. 1 Scheckgesetz).

Zusatz 3. Fremde Rechte. Nach französischem und belgischem Recht gelten entsprechende Anm. 12.
Vorschriften. Nach englischem Recht hat der Inhaber den bezahlten Wechsel auszuhändigen. Die Quittungspflicht ist streitig, aber üblich (Späing 126).

Artikel 40.

Wird die Zahlung des Wechsels zur Verfallzeit nicht gefordert, so ist der Art. 40.
Akzeptant nach Ablauf der für die Protesterhebung mangels Zahlung bestimmten Frist befugt, die Wechselsumme auf Gefahr und Kosten des Inhabers bei Gericht oder bei einer anderen zur Annahme von Depositen ermächtigten Behörde oder Anstalt niederzulegen. Der Vorladung des Inhabers bedarf es nicht.

Art. 40. **Der Artikel behandelt die Folgen der Nichtpräsentation des Wechsels zur Verfallzeit.** Einleitung. Die Rechtsfolgen der Präsentation werden im Gesetze nicht behandelt, werden aber zweckmäßig in gleichem Zusammenhange erörtert. Wir teilen daher die Erläuterung des vorliegenden Artikels ein in **die Folgen der Nichtpräsentation und die Folgen der Präsentation des Wechsels.** Auch dieser Artikel bezieht sich auf den Hauptwechselschuldner (s. Art. 38).

Anm. 1. **1. Die Folgen der Nichtpräsentation** (beim Hauptwechselschuldner).

a) Die Unterlassung der Präsentation zur Verfallzeit bewirkt nicht etwa, daß die Wechselforderung nicht existent oder doch nicht fällig wird, die Klage daher abzuweisen sei. Der Wechselanspruch entsteht vielmehr durch Hingabe des Wechsels und wird fällig am Verfalltage. Die Präsentation ist nur erforderlich, um den Schuldner in Verzug zu setzen. Die ohne Präsentation angestellte Wechselklage ist daher begründet, und der Schuldner kann nicht aus dem Grunde mangelnder Präsentation die Abweisung der Klage verlangen; nur um den Anspruch auf Verzugszinsen zu begründen, muß die Präsentation bewiesen werden (Art. 44; ROHG. 3, 300; 14, 31; 20, 174; RG. 8, 66; Bolze 17 Nr. 177; OG. Wien bei Cz. Nr. 70 und 206; Wilmowski-Levy, ZPO., § 555 Anm. 5; Dernburg II § 269 Anm. 9 u. 13; anders Bernstein 136). Dieser letztere Beweis wird dem Akzeptanten des Wechsels gegenüber —, infolge der Neufassung des Art. 44 auch gegenüber dem des domizilierten Wechsels —, nicht gerade notwendig durch den Protest geführt, sondern durch jedes zulässige Beweismittel (ROHG. bei Borchardt Zus. 482b); z. B. schriftliches Anerkenntnis, Postbotenvermerk, auch Eideszuschiebung, letzteres auch im Wechselprozesse nach der neuen Bestimmung des § 605 ZPO. — Liegt ein beiderseitiges Handelsgeschäft vor (was z. B. bei Wechseln auch dann der Fall ist, wenn ein Kaufmann den Wechsel erhalten hat und er infolge der Zirkulation schließlich an einen Kaufmann gelangt — RG. 9, 45 —), so beginnt trotz § 353 HGB. der Zinsenlauf nicht vor der Präsentation, weil nach §§ 296, 301 BGB. eine an sich bestehende Zinspflicht fortfällt, wenn bei Holschulden der Gläubiger am Präsentationstage die Leistung nicht abholt.

Anm. 2. b) Die unterlassene Präsentation hat hiernach zur Folge, daß der Gläubiger keine Verzugszinsen fordern kann und auch keine Prozeßkosten, wenn der Schuldner nach Klageerhebung sofort zahlt (ROHG. 14, 30; OG. Wien bei Cz. Nr. 128, 206, 386, 543, 559), wegen der Zinsen siehe §§ 296, 301 BGB. Durch die Klagezustellung kommt er allerdings in Verzug, weil diese der Präsentation des Wechsels gleichsteht (vgl. Anm. 1 zu Art. 31), überdies hat er von der Rechtshängigkeit ab Prozeßzinsen zu zahlen (§ 291 BGB.). Wenn er im Prozesse bestreitet und alsdann verurteilt wird, so gerät er schon durch die Klagezustellung in Verzug und hat von da auch Zinsen zu tragen. Doch hat dies alles bloß Bezug auf die Nichtpräsentation beim Akzeptanten; wegen der Präsentation an die Regressaten vgl. unten Anm. 12.

Anm. 3. c) Die unterlassene Präsentation hat ferner zur Folge, daß der Schuldner berechtigt ist, die Wechselsumme zu deponieren. Das ist der Inhalt des vorliegenden Artikels. Das gleiche ergibt sich übrigens aus den §§ 276, 372 BGB. Die allgemeinen Vorschriften der §§ 372ff. BGB. über die Hinterlegung gelten auch für die WO. So gilt für den Ort der Hinterlegung § 374 BGB., für die Pflicht der Anzeige von der erfolgten Hinterlegung § 374 BGB. Ferner ist zu erwähnen:

α) Die Unterlassung der Präsentation zur Verfallzeit hat die im Art. 40 bestimmte Folge. Hinterlegt der Schuldner vor Ablauf der Verfallzeit, d. h. der zwei Protesttage, so ist dies nicht als rechtmäßige Deposition, also nicht als Zahlung zu betrachten, und der Gläubiger ist nicht gehindert, zur Verfallzeit protestieren zu lassen und auf Zahlung zu klagen (OG. Wien bei Borchardt Zus. 489; Lehmann 541 Anm. 1).

Anm. 4. β) Der Schuldner ist berechtigt, aber nicht verpflichtet zur Hinterlegung. Unterläßt er die Hinterlegung, so erwachsen ihm daraus keine Nachteile; denn in Verzug gerät er ja erst durch die Präsentation (ROHG. 5, 375; 6, 157; 22, 305).

Allerdings muß er nunmehr vom Verfalltage ab auf jederzeitige Präsentation gefaßt sein, und er kommt in Verzug, sobald der Gläubiger nach dem Verfalltage präsentiert, auch wenn dies erheblich später geschah (vgl. unten Anm. 7). Deshalb dauert auch das Recht der Hinterlegung immer fort, bis der Gläubiger präsentiert. Art. 40. Anm. 4.

γ) Hat der Schuldner von dem Rechte der Hinterlegung Gebrauch gemacht, so kann der Gläubiger nicht mehr auf Zahlung klagen; denn die Hinterlegung ist Zahlung. Umgekehrt muß eine solche Hinterleguug erfolgen, die der Zahlung gleichsteht, d. h. eine Hinterlegung mit Ausschluß der Rücknahme (§ 378 BGB.). Der Gläubiger kann sich nur noch an die hinterlegte Summe halten und kann vom Schuldner verlangen, daß dieser in die Auszahlung an ihn in gehöriger Form einwilligt (vgl. § 380 BGB.). — Die Hinterlegung wirkt gegen den Inhaber, wie das Gesetz sagt, also gegen jeden Inhaber, auch gegen den gutgläubigen Erwerber (vgl. Anm. 23 zu Art. 82). Anm. 5.

δ) Die Lehre vom Recht der Hinterlegung und von der Pflicht zu deponieren ist **hierdurch übrigens nicht erschöpft.** Der Wechselschuldner kann auch in andern Fällen verpflichtet sein, auch noch in anderen Fällen berechtigt sein, zu hinterlegen. **Das alles bestimmt sich nach den sonst geltenden Rechtsregeln** (ROHG. 6, 230), insbesondere nach den §§ 372 ff. BGB. Der Wechselschuldner kann insbesondere auch bei einer, vom Standpunkt eines verständigen Geschäftsmannes zu entschuldigenden, nicht auf Fahrlässigkeit beruhenden subjektiven Ungewißheit über die Person des Gläubigers hinterlegen (§ 372 Satz 2 BGB.; RG. 53, 210; 55, 47). Anm. 6.

ε) Über die sachliche und örtliche Zuständigkeit der Hinterlegungsstellen entscheiden die Landesgesetze (Art. 144 bis 146 EG. z. BGB.). Für Preußen sind die Hinterlegungsstellen bestimmt in den §§ 1 ff. und 70 der Hinterlegungsordnung vom 14. März 1879 (geändert gemäß Art. 84 des preußischen AG. z. BGB., abgedruckt bei Stranz-Gerhard 481 ff.). Anm. 6a.

2. **Die Folge der Präsentation** ist der Eintritt des Verzugs des Schuldners. Anm. 7.

a) Die Präsentation braucht nicht gerade am Verfalltage zu erfolgen. Hat der Schuldner nicht hinterlegt, so gerät er in Verzug, sobald der Gläubiger nach dem Verfalltage präsentiert (vgl. oben Anm. 4).

b) Die Präsentation braucht nicht gerade durch Protest beurkundet zu werden. Eine Verpflichtung, den Wechsel zur Erhaltung des Wechselrechts gegen den Akzeptanten zu protestieren, besteht nach der Wechselordnung nicht, seit der Protestnovelle auch nicht beim domizilierten Wechsel (Art. 44; früher anders beim domizilierten Wechsel mit benanntem Domiziliaten, ROHG. bei Borchardt Zus. 482 b). Nur um den Anspruch auf Verzugszinsen zu begründen, ist auch dem Akzeptanten gegenüber der Protest nützlich, wenn auch nicht notwendig (vgl. hierüber oben Anm. 1). — Die Präsentation ist auch dann gültig erfolgt, wenn der Gläubiger, der durch eine bürgerlichrechtliche Rechtsnachfolge legitimiert ist, sich nicht sofort durch öffentliche Urkunde legitimieren kann. Der Besitz des Wechsels ist immerhin eine Prima-facie-Legitimation. Will der Schuldner gleichwohl nicht in Verzug geraten, so mag er hinterlegen (Dernburg II § 269). Anm. 8.

c) Die Präsentation ist erfolgt, wenn der Gläubiger den quittierten Wechsel dem Schuldner in dessen Wohnung, bzw. dessen Geschäftslokal vorlegt oder vielmehr vorlegen läßt, wenigstens das Seinige tut, um dem Schuldner den quittierten Wechsel vorlegen zu können. Ob der Schuldner dabei angetroffen wird, ist gleichgültig. Anm. 9.

d) Die Präsentation bewirkt den Verzug des Akzeptanten und zwar sofort. Irgendwelche Respektfrist existiert nicht, auch nicht ein modicum tempus zur Beschaffung der Wechselsumme. Anm. 10.

e) Der Verzug des Akzeptanten hat folgende Konsequenzen: Anm. 11.

α) Vom Tage der Präsentation an hat der Akzeptant Verzugszinsen zu zahlen, und zwar genügt beim domizilierten Wechsel die Präsentation beim Domizi-

Art. 40. Anm. 11. liaten (vgl. unten Anm. 12 zweiter Absatz). Während früher beim domizilierten Wechsel der Akzeptant Verzugszinsen erst vom Tage des Protestes an zu zahlen hatte, ist dies infolge der Neufassung des Art. 44 weggefallen (vgl. oben Anm. 1 u. 8).

Näheres über die Zinsverpflichtung des Akzeptanten, ihre Höhe, den Beginn ihres Laufes usw., s. Anm. 13 zu Art. 50.

Anm. 12. β) Die Präsentation **beim Akzeptanten** ist aber allein vorgeschrieben, die Regreßpflichtigen dagegen haben keinen Anspruch auf selbständige Präsentation (Rehbein Anm. 3 zu Art. 41; StrA. 52, 12), weder als Voraussetzung der Klage in der Hauptsache (OTr. bei Borchardt Zus. 545), noch als Voraussetzung der Inverzugsetzung.[1]) Es geht diese Absicht des Gesetzes deutlich hervor aus Art. 50 u. 51, nach denen der Regreßschuldner gesetzliche Zinsen auch ohne besondere Präsentation zahlen muß, und aus Art. 45 und 47, wonach auch für den Zahlungsverzug des Hauptschuldners und die durch den Rücklauf entstehenden Spesen der Regreßpflichtige ohne besondere Präsentation haftet. Im Gegensatz hierzu nehmen das ROHG. (23, 7) und ebenso Grünhut (Hdb. II § 102 Anm. 1) an, daß jedem Regreßschuldner an seinem Wohnsitz zu präsentieren sei. Dem kann nicht beigetreten werden. Zwar ist mit dem ROHG. anzunehmen, daß der Erfüllungsort für die Regreßschuldner der Wohnsitz des Verpflichteten ist (so auch OLG. Karlsruhe v. 31. 5. 01 bei Mugdan-Falkmann 3, 44). Allein dadurch ist keine Präsentationspflicht den Regreßverpflichteten gegenüber begründet. Diese stehen vielmehr dafür ein, daß der Trassat bzw. Domiziliat am Zahlungsorte zahlt. Eventuell haben sie selbst das Geld dahin zu senden. Es besteht also die Übersendungspflicht, ohne daß damit ihr Wohnsitz aufhörte, Erfüllungsort für ihre Verbindlichkeit zu sein. Es besteht das gleiche Verhältnis, wie bei allen andern Ansprüchen (§§ 269, 270 BGB.). Zustimmend OLG. Frankfurt bei Mugdan-Falkmann 3, 44; Bernstein 197; auch Rehbein Anm. 3 zu Art. 41. Dieser meint übrigens, daß das ROHG. die hier bekämpfte Ansicht gar nicht vertrete; doch ist jenes Erkenntnis nicht anders aufzufassen.

Der Akzeptant des Domizilwechsels wird hierbei ähnlich, wie die Regreßschuldner, behandelt. Der Verzug beim Domiziliaten genügt, um den Akzeptanten in Verzug zu setzen (ROHG. 6, 158; s. oben Anm. 11). Auch wechselmäßige Mitschuldner (Wechselbürgen usw.) haben keinen Anspruch auf selbständige Präsentation (OTr. Stuttgart bei Borchardt Zus. 484).

Anm. 13. γ) Der Verzug des Akzeptanten bewirkt ferner, daß er die Kosten zahlen muß, also die Protestkosten (vgl. Näheres hierüber Anm. 14 und 15 zu Art. 50). Wegen der Prozeßkosten s. Anm. 7 zu Art. 50.

Anm. 14. δ) Der Verzug bewirkt endlich in gewissem Sinne, daß die Wechselschuld aufhört eine Holschuld zu sein und eine Bringschuld wird: denn der in Verzug geratene Schuldner hat die Wechselsumme in die Wohnung oder in das Geschäftslokal des Gläubigers zu senden (ROHG. 5, 386; vgl. Bolze 2 Nr. 775c). Doch ändert sich dadurch der Erfüllungsort für die Wechselobligation nicht (vgl. hierüber ausführlich Staub, HGB. neue 8. Aufl. Anm. 27 im Exk. zu § 372).

Anm. 15 3. **Eine Modifikation erleiden diese Regeln beim Erlaß der Präsentation.** Die Präsentation kann erlassen werden, sowohl durch eine Klausel auf dem Wechsel selbst (ROHG. 8, 164), als auch mündlich nebenher (ROHG. bei Borchardt Zus. 483b), als auch durch konkludente Vereinbarung (ROHG. 19, 130). Ist sie erlassen, so tritt der Verzug mit der Fälligkeit ein (ROHG. 5, 101; 8, 164; 19, 130).

Anm. 16. **Zusatz. Fremde Rechte.** Nach französischem und englischem Recht ist der Schuldner berechtigt, zu hinterlegen, wenn die Zahlung nicht 3 Tage nach Verfall gefordert wird.

---

[1]) Unabhängig davon ist die Frage, ob der Regreßschuldner ohne irgendwie geartete Inverzugsetzung Veranlassung zur Klage gibt und für die Kosten des gegen ihn angestellten Prozesses haftet. Hierüber Anm. 11 zu Art. 45.

Nach belgischem Recht hat der Wechselinhaber, der die Zahlung nicht am Verfalltage forbert, dem Schuldner allen hierdurch entstandenen Schaden zu ersetzen (Späing 130). In der österreichischen Wechselordnung fehlen die Worte: „oder bei einer andern zur Annahme von Depositen ermächtigten Behörde oder Anstalt". Art. 40 Anm. 16.

VIII. Regreß mangels Zahlung.

Artikel 41.

Zur Ausübung des bei nicht erlangter Zahlung statthaften Regresses gegen den Aussteller und die Indossanten ist erforderlich: Art. 41.

1. daß der Wechsel zur Zahlung präsentiert worden ist und
2. daß sowohl diese Präsentation als die Nichterlangung der Zahlung durch einen rechtzeitig darüber aufgenommenen Protest dargetan wird.

Die Erhebung des Protestes ist am Zahlungstage zulässig, sie muß aber spätestens am zweiten Werktage nach dem Zahlungstage geschehen.

Der Abschnitt VIII behandelt hauptsächlich die **Regreßverbindlichkeit** (wie weit für diese ausländisches Recht in Frage kommt, darüber vgl. die Erläuterungen zu Art. 84—86, sowie J. u. M. Stranz Anm. 1). Auf den Hauptwechselschuldner beziehen sich in diesem Abschnitt namentlich die Vorschriften in den Art. 43 und 44. Einleitung.

Der vorliegende Artikel verlangt als Bedingung des Regresses mangels Zahlung gegen Aussteller und Indossanten die Präsentation des Wechsels und die Erhebung des Protestes (Abs. 1). Der Artikel gibt ferner eine Bestimmung über die Zeit des Protestes (Abs. 2).

1. (Abs. 1.) **Der Regreß mangels Zahlung gegen Aussteller und Indossanten ist bedingt durch die Präsentation zur Zahlung und den Protest mangels Zahlung.** Anm. 1.

a) **Der Regreß mangels Zahlung** ist gemeint. Über den Regreß mangels Annahme ist anderweit gehandelt (Art. 25 und 29).

b) **Gegen Aussteller und Indossanten.** Nur um den Anspruch gegen diese Regreßverpflichteten handelt es sich hier. (Vom Akzeptanten handeln Art. 43 und 44.) Anm. 2.

c) **Bedingt** ist der Regreß gegen die gedachten Personen durch die Präsentation und den Protest (und zwar durch die legitimierte Person, vgl. Anm. 27 zu Art. 36). Präsentation und Protest sind condicio sine qua non des Regresses mangels Zahlung. Der Protest ist zwar Beweismittel, aber nicht bloß ein Beweismittel für die geschehene Präsentation, das etwa durch andere Beweismittel ersetzt werden könnte, sondern er ist ein Solennitätsakt. Die Protestfrage ist daher von Amts wegen zu prüfen, sowohl ob der Protest erhoben ist, als auch ob er ordnungsmäßig erhoben ist (ROHG 1, 294; 7, 185; 12, 113; 18, 273; vgl. Anm. 18 zu Art. 87). Schwierigkeiten der Protesterhebung oder gar ihre Unmöglichkeit treffen den Gläubiger, Entschuldigungen gibt es nicht. So z. B. wenn am Orte kein Protestbeamter wohnt (HG. Hamburg bei Borchardt Zus. 501 Nr. 15), oder wenn ein als höhere Gewalt zu betrachtendes Hindernis die Protestunterlassung verursacht hat (ROHG. 1, 288; 9, 197; 11, 220; Grünhut Hdb. II § 121 S. 397) — z. B. wenn der Beamte rechtzeitig beauftragt worden ist, aus Vergeßlichkeit aber den Protest unterlassen hat, oder wenn der Beamte während des Aktes vom Herzschlag getroffen wurde, oder wenn Krieg, Pest, Überschwemmung die einzige Ursache der Protestunterlassung war (Goldschmidt, System, 4. Aufl., 277) —, während das französische Recht (ROHG. 11, 75; Späing 160) und das englische Recht (Rehbein Anm. 8) Verzögerungen und Unterlassung durch höhere Gewalt entschuldigen. Anm. 3.

Der Protest wird auch dadurch nicht überflüssig, daß nach Lage der Sache mit Sicherheit zu erwarten ist, der Trassat werde nicht zahlen, z. B. weil er schon vorher Zahlung verweigert hat, oder weil das Akzept gefälscht ist, oder weil der Trassat ins Ausland geflüchtet oder geisteskrank geworden ist, oder weil er in Konkurs geraten Anm. 4.

Art. 41. Anm. 4. ist (OG. Wien und OTr. Berlin bei Borchardt Zus. 501 Nr. 2), noch auch dadurch, daß bereits ein Protest mangels Annahme oder mangels Sicherheit vorliegt (OTr. Berlin, OTr. Stuttgart und OG. Wien bei Borchardt Zus. 501 Nr. 5 und 6).

Anm. 5. Doch ist nur die Tatsache der Protesterhebung, nicht das Vorhandensein der aufgenommenen Protesturkunde prinzipiell die condicio sine qua non. Praktisch freilich gehen, wenn die Protesturkunde verloren gegangen ist, nach der durch das Protestgesetz (Art. 88a u. 88b, und 90 Abs. 2 u. 3) bedingten Gestaltung des Protestverfahrens die Regreßrechte gegen Aussteller und Indossanten verloren. Laut Art. 54 ist der Regreßpflichtige nur gegen Auslieferung des Wechsels, des Protestes usw. Zahlung zu leisten verbunden. Vom verloren gegangenen Protest kann nun, da er in Urschrift (Original) dem Gläubiger ausgehändigt wird (vgl. Art. 88a u. b) und nur eine beglaubigte Abschrift zurückbehalten wird (Art. 90 Abs. 2), eine Ausfertigung nicht hergestellt werden. Da ferner ein Aufgebotsverfahren hinsichtlich des Protestes nicht existiert, ist der Gläubiger außer Möglichkeit, dem Regreßpflichtigen den Protest auszuliefern, daher auch außer Möglichkeit, Zahlung zu verlangen (vgl. noch Art. 73 Anm. 21, Art. 87 Anm. 8 und Art. 90 Anm. 5).

Über den bisherigen Rechtszustand bei Verlust der Protesturkunde siehe 5. Aufl. Art. 41 Anm. 5, Art. 87 Anm. 8 und Art. 90 Anm. 5.

Anm. 6. Die Bezahlung eines nichtprotestierten Wechsels durch Aussteller oder Indossanten ist hiernach Bezahlung einer Nichtschuld und kann zurückgefordert werden. (Näheres hierüber Anm. 7 zu Art. 54.)

Anm. 7. **Von der Bedingung der Protesterhebung steht das Gesetz nur in einem Falle ab, das ist der Fall des Protesterlasses gemäß Art. 42. Andere Ausnahmen gibt es nicht.** Es ist daher nicht zutreffend, wenn das PreußOTr. (36, 100) zur Erhaltung des Wechselrechts gegen den Trassanten, der zugleich Domiziliat ist, die Protesterhebung für unnötig erachtet hat; denn dieser Ansicht steht Art. 41 direkt entgegen (Lehmann 543 Anm. 2; Bernstein 202). Es ist ferner nicht zutreffend, wenn das OAG. Dresden (bei Borchardt Zus. 544) angenommen hat, daß es beim trassiert-eigenen Wechsel zur Erhaltung des Wechselrechts gegen den Aussteller der Protesterhebung nicht bedürfte; denn Art. 6 behandelt den trassiert-eigenen Wechsel als wirkliche Tratte (Lehmann 544 Anm. 2 u. 3). — Vgl. hierüber auch Anm. 5 zu Art 43. — Indessen ist der Regreßpflichtige doch befugt, im Wege der Einrede geltend zu machen, daß der präsentierende Wechselgläubiger am Scheitern des Versuches der Zahlungserhebung entweder selbst die Schuld trägt, oder daß wenigstens die Ursache dieses Scheiterns in seiner Person lag. Derartige Einreden sind: daß der Gläubiger vor dem Verfalltage dem Akzeptanten freiwillig Frist gegeben hat oder wegen Handlungsunfähigkeit nicht befugt war, rechtsgültig die von ihm geforderte Zahlung anzunehmen. Alles das ergibt sich aus allgemeinen Grundsätzen (so zutreffend Dernburg II § 273 Nr. 4 im Prinzip zust. Grünhut Hdb. II § 121 Anm. 1, der aber in der Fristgewährung an den Akzeptanten keine Schuld sieht; vgl. hierüber Anm 31b zu Art. 82).

Anm. 8. d) **Präsentation und Protest** sind die Bedingungen des Regresses. Diese beiden Erfordernisse sind aber richtiger eines. Es braucht nicht bewiesen zu werden, daß präsentiert und daß protestiert ist, sondern es muß durch den Protest die Präsentation und die trotz Präsentation nicht erfolgte Zahlung bewiesen werden (zuständig RG. in JW. 97, 12). Wenn daher in Absatz 2 für den Protest 2 Tage Spielraum gegeben sind, so liegt darin zugleich eine Erstreckung der Frist für die Präsentation (vgl. Art. 40; Dernburg § 273 Anm. 4).

Anm. 9. Über die **Erfordernisse des Protestes** — es handelt sich hier um den Protest mangels Zahlung — vgl. Art. 87ff. und die Erläuterungen dort.

Anm. 10. 2. (Abs. 2) **Die Frist für die Protesterhebung ist bis zum zweiten Werktag nach dem Zahlungstag erstreckt.** Sie beträgt also, den Zahlungstag miteingerechnet, mindestens

3 Tage. Darin liegt zugleich eine Erstreckung der Frist für die Präsentation (vgl. oben Art. 41. Anm. 8).

a) Über die **Proteststunde** vgl. Art. 92 Anm. 4ff. Anm. 11.

b) Spätestens am zweiten Werktage nach dem Zahlungstage ist der Protest zu erheben, was sich auch durch eine Stundung nicht ändert (Bernstein 198; RG. 1, 288). Er kann auch am Zahlungstage selbst erhoben werden. Eine nach dem Protest am Zahlungstage angebotene Zahlung muß, wenn sie als Vollzahlung betrachtet werden soll, schon die Protestkosten mit umfassen (vgl. Anm. 1 zu Art. 33; Dernburg II § 273). Dagegen kann der Protest nicht gültig erhoben werden vor dem Zahlungstage (Bernstein 197; Dernburg II § 273 Anm. 4), auch wenn der Akzeptant in Konkurs gerät oder sich zu zahlen weigert (OG. Wien bei Borchardt Zus. 501 Nr. 4; vgl. auch daselbst Nr. 7). Anm. 12.

c) Der Zahlungstag ist wohl zu unterscheiden vom Verfalltage (vgl. Anm. 13 zu Art. 4). Er verschiebt sich bekanntlich, wenn der Verfalltag ein Sonn- oder Feiertag ist (Art. 92). Jedenfalls aber ist es derjenige Zahlungstag, der sich aus der Tratte unter Berücksichtigung der Sonn- und Feiertage ergibt. Ob der Akzeptant auf einen andern Tag den Wechsel akzeptiert hat, ist hierbei gleichgültig; der Regreß gegen den Aussteller und die Indossanten wird jedenfalls gewahrt, wenn am trattenmäßigen Zahlungstage oder zwei Tage später protestiert ist, mag der Zahlungstag des Akzeptanten später oder früher liegen (ROHG. 21, 151). Das gleiche gilt, wenn mit dem Akzeptanten Prolongation vereinbart ist (ROHG. 1, 288; OTr. Stuttgart bei Borchardt Zus. 501 Nr. 10). Alles dies gilt auch den Indossataren gegenüber, die nach dem beschränkten Akzept den Wechsel erworben haben (Rehbein Anm. 5). Über den Protest bei Sichtwechseln s. Anm. 3 zu Art. 31. Anm. 13.

d) Der zweite Werktag nachher. Sonn- und Feiertage werden bei der Berechnung der Protestfrist nicht mitgezählt. War ein Wechsel z. B. fällig am Sonnabend den 28. Januar 1894, so ist Dienstag der 31. Januar 1894 der zweite Werktag und mithin der letzte Protesttag (OTr. Berlin, OTr. Stuttgart und OG. Wien bei Borchardt Zus. 493; Lehmann 517; Canstein I 340). Ein am Sonntag fälliger Wechsel darf am Sonntag nicht protestiert werden; der Protest wäre ungültig, weil vor dem Zahlungstage erhoben (Lehmann 517 Anm. 39). Welche Tage allgemeine Feiertage sind, darüber s. zu Art. 92. Anm. 14.

e) Erhoben muß der Protest an dem gedachten Tage sein, d. h. es muß alles geschehen sein, um einen gültigen Protest herzustellen, insbesondere muß auch die Unterschrift spätestens am zweiten Werktage nach dem Zahlungstage geleistet sein (ROHG. 7, 187), desgleichen muß an diesem Tage auch das Amtssiegel aufgedrückt sein; eine Nachholung ist unzulässig (Goldschmidt Grundriß, 4. Aufl. 276; Bernstein 201). Näheres hierüber zu Art. 87. Anm. 15.

Zusatz 1. Kein Erfordernis des Regresses mangels Zahlung ist: Anm. 16.

1. Die Präsentation des Wechsels beim Regreßverpflichteten (Anm. 12 zu Art. 40). Auch zur Inverzugsetzung ist sie nicht erforderlich (ebenda).
2. Die Notifikation (vgl. zu Art. 45).

Zusatz 2. Scheckgesetz. Beim Scheck haften der Aussteller und die Indossanten dem Inhaber für die Einlösung des Schecks. Anm. 16a.

Auch bei dem auf den Inhaber gestellten Scheck haftet der, der seinen Namen oder seine Firma auf die Rückseite des Inhaberschecks geschrieben hat, dem Inhaber für die Einlösung. Auf den Bezogenen findet diese Vorschrift keine Anwendung (vgl. § 15 Abs. 1 u. 2 Scheckgesetzes).

Zur Ausübung des Regreßrechts muß nachgewiesen werden (§ 16 Scheckgesetzes), daß der Scheck rechtzeitig zur Zahlung vorgelegt und nicht eingelöst wurde, oder daß die Vorlegung vergeblich versucht worden ist.

Art. 41. Der Nachweis kann nur geführt werden:

Anm. 16a. 1. durch eine auf den Scheck gesetzte, von dem Bezogenen unterschriebene und den Tag der Vorlegung enthaltende Erklärung;

2. durch eine Bescheinigung der Abrechnungsstelle, daß der Scheck vor dem Ablaufe der Vorlegungsfrist eingeliefert und nicht eingelöst worden ist;

3. durch einen Protest.

Auf die Vorlegung des Schecks und den Protest finden bis zum 1. Oktober 1908 die Vorschriften der bisherigen Art. 87, 88, 90, 91 der Wechselordnung entsprechende Anwendung, und vom 1. Oktober 1908 ab die Vorschriften der neuen Art. 87–88a, 89a, 90–91a, 92 Abs. 2 der WO., sowie die §§ 3 u. 4 des Protestgesetzes (§§ 16 u. 30 Scheckgesetzes). Die Vorlegungs- und Protestierungsfrist von zwei Werktagen, die Art. 41 beim Wechsel gewährt, wäre für den Scheckverkehr zweckwidrig. Die Lauffrist des Schecks soll nicht hinausgeschoben werden (vgl. Apt Anm. 1 zu § 16).

Anm. 17. **Zusatz 3. Fremde Rechte.**

In Frankreich ist der Protest Bedingung des Regresses mangels Zahlung. Der Protesttag ist der erste Werktag nach dem Zahlungstag, nicht der Zahlungstag selbst. — In Belgien muß der Protest spätestens am zweiten Werktage nach dem Verfalltage erhoben werden. Das neuere belgische Recht gestattet aber auch Ersatz des Protestes durch eine mit Zustimmung des Wechselinhabers erforderte urkundliche Erklärung des Protestaten. — In England bilden Präsentation und Notifikation Erfordernis des Regresses (strenges Notifikationssystem; sect. 48—50, 52). Jeder nicht benachrichtigte Vormann ist befreit. Dagegen ist Protest oder vielmehr Protestnotierung bei einheimischen Wechseln lediglich anheimgestellt (sect. 51), nicht erforderlich; nur bei ausländischen Wechseln (foreign bills), d. i. Wechseln vom Inland auf das Ausland oder vom Ausland auf das Inland, muß Protestaufnahme erfolgen. — Über früheres russisches Recht s. ROHG. 9, 358, über das jetzige die russische WO. vom $\frac{27.\ \text{Mai}}{9.\ \text{Juni}}$ 1902 (abgedruckt in ZHR. 53, 479ff.) Art. 40ff., 49ff.

Näheres bei Stranz: „Ein Protest gegen den Wechselprotest" und bei Meyer 100ff. S. a. Einl. zu Art. 87.

Artikel 42.

Art. 42. **Die Aufforderung, keinen Protest erheben zu lassen („ohne Protest", „ohne Kosten" usw.) gilt als Erlaß des Protestes, nicht aber als Erlaß der Pflicht zur rechtzeitigen Präsentation. Der Wechselverpflichtete, von welchem jene Aufforderung ausgeht, muß die Beweislast übernehmen, wenn er die rechtzeitig geschehene Präsentation in Abrede stellt. Gegen die Pflicht zum Ersatze der Protestkosten schützt jene Aufforderung nicht.**

Einleitung. **Der Artikel behandelt die Regeln vom Protesterlaß.** Daß der Protesterlaß überhaupt wirksam ist, bildet eine Ausnahme von Art. 41, der hiernach nur dahin zu verstehen ist, daß der Protest regelmäßig nicht ausnahmslos condicio sine qua non des Regresses mangels Zahlung ist (vgl. Anm. 7 zu Art. 41).

Anm. 1. 1. **Die Form des Protesterlasses.** Der Protesterlaß muß nicht gerade notwendig auf dem Wechsel erklärt sein. Er kann auch nebenher schriftlich oder auch mündlich erklärt sein (ROHG. 5, 102; 23, 218; Bolze 17 Nr. 303). Nur ist selbstverständlich die Wirkung eine verschiedene, je nachdem die eine oder die andere Form gewählt wird (vgl. unten Anm. 3). In der Stundung liegt kein Protesterlaß.

Wird ein Vermerk auf dem Wechsel gewählt, so ist die Stelle gleichgültig (AG. Nürnberg bei Borchardt Zus. 518a), nur muß deutlich sein, von welchem Regreßpflichtigen der Vermerk herrührt. Bei mangelnder Deutlichkeit aber ist der Vermerk nicht ungültig, vielmehr kann der Ursprung anderweit bewiesen werden (ROHG. 19, 167). Die gebrauchten Worte müssen ebenfalls deutlich den Protesterlaß erkennen lassen.

Die Worte „ohne Protest", „ohne Kosten" sind vom Gesetz als Beispiele aufgezählt. Es sind aber sowohl Abkürzungen zulässig (z. B. OK. ROHG. 19, 167), als auch andere Ausdrücke, z. B. „kostenfrei", „ohne Präjudiz" u. a. Schreibt der Aussteller dem Remittenten vor Verfall, der Akzeptant sei in Vermögensverfall geraten, der Remittent solle den Wechsel aus dem Verkehr ziehen und ihm zusenden, so ist dies ein genügender Protesterlaß. Nicht als genügende Protesterlaßklauseln sind anzusehen: der Zusatz beim Indossament „als Bürge" (OG. Hamburg bei Borchardt Zus. 521 b), oder der Vermerk: „Bei Rimessen auf Nebenpläze übernehme ich keine Gewähr wegen Protest und Präsentation". Dieser letztere Vermerk enthält keinen unbedingten Protesterlaß, sondern bewirkt nur, daß der Protest nicht unbedingtes Erfordernis ist; troz des Vermerks muß der Nehmer des Wechsels sich bemühen, den Protest zu erheben, aber die unterbliebene Protesterhebung schadet ihm nur bei grobem Versehen (ROHG. 14, 417; Bolze 16 Nr. 292). Die allgemeine Redewendung: „unter Begebung aller Ausflüchte", ist kein genügender Protesterlaß (HG. Wiesbaden bei Borchardt Zus. 522 b). Art. 42. Anm. 1.

2. **Der Beweis des Protesterlasses** liegt dem ob, der sich auf ihn beruft, da der Regreß nach Art. 41 regelmäßig die Protesterhebung erfordert. Die Behauptung des Protesterlasses gehört daher beim unterbliebenen Protest zum Klagefundament (Lehmann 551; Grünhut Hdb. II § 121 Anm. 2) und muß daher im Wechselprozesse in der Klage urkundlich dargetan werden. Der Beweis wird in dem Fall, daß der Vermerk sich auf dem Wechsel befindet, durch den Hinweis auf diesen Vermerk geführt, sonst durch andere Beweismittel, im Wechselprozesse natürlich nur durch Urkunden. Aber auch der auf dem Wechsel befindliche Vermerk bedarf unter Umständen der Ergänzung durch andere Beweise, wenn z. B. nicht deutlich ersichtlich ist, von wem der Vermerk herrührt; alsdann muß der Beweis ergänzt werden (vgl. oben Anm. 1). Der einem Indossament in äußerlich unverdächtiger Weise hinzugefügte Vermerk des Protesterlasses gilt als vom Indossanten hinzugefügt, der Gegenbeweis aber ist nicht ausgeschlossen (ROHG. 17, 261). Anm. 2

3. **Die Wirkung des Protesterlasses.** Anm. 3.

a) Gegen wen wirkt der Protesterlaß? Gegen den, der den Protest erlassen hat. Dies kann der Aussteller sein, ein Indossant oder auch, nämlich bei domiziliertem Wechsel, der Akzeptant. Aber **nur** gegen den, der den Protest erlassen hat. Selbst wenn der Aussteller den Protest erlassen hat und auf dem Wechsel, so gilt dies nicht als allgemeiner Wechselprotesterlaß zum Nachteil der Nachmänner oder des Akzeptanten, sondern nur gegen den Aussteller (anders als bei der Rektaklausel). Wird daher ein solcher Wechsel nicht protestiert, so sind die nachherigen Indossanten befreit (ROHG. 17, 236), und ebenso der Akzeptant des domizilierten Wechsels (OTr. bei Borchardt Zus. 517 a). Wenn umgekehrt der Akzeptant des domizilierten Wechsels den Protest erlassen hat, so wirkt dies gegen ihn, während der Aussteller und die Indossanten bei Erlassung des Protestes befreit werden (OG. Wien bei Borchardt Zus. 517 b; vgl. auch Zus. 535).

Gleichzeitig folgt hieraus daß der vom Akzeptanten des nicht domizilierten Wechsels ausgesprochene Protesterlaß keinerlei Wirkung hat; er selbst ist ja ohne Protest verpflichtet und gegen andere wirkt sein Protesterlaß nicht (OTr. bei Borchard Zus. 516).

b) Zu wessen Gunsten wirkt der Protesterlaß? Zugunsten dessen, demgegenüber er ausgesprochen ist, oder der die Rechte aus dem Protesterlaß erworben hat. Ist der Protesterlaß auf dem Wechsel ausgesprochen, so gehen die Rechte aus dem Protesterlaß mit dem Rechte aus dem Wechsel auf den Erwerber über (ROHG. 17, 264). Ist der Protesterlaß aber nur nebenher ausgesprochen, so ist dies nicht der Fall, vielmehr kann in solchem Fall die Rechte aus dem Protesterlaß nur der geltend machen, der in diese Rechte sukzediert (ROHG. 23, 218). Anm. 4.

c) Was bewirkt der Protesterlaß? Anm. 5.

α) Er bewirkt, daß der Regreß mangels Zahlung erhalten bleibt, obwohl der Wechsel nicht protestiert wurde.

Art. 42 Anm. 6. β) **Er bewirkt ferner, daß der Regreßverpflichtete die Beweislast übernehmen muß, daß auch die Präsentation nicht erfolgt sei.** Es beruht diese Umkehrung der Beweislast darauf, daß die auf Grund des Protesterlasses erfolgte Unterlassung dem Gläubiger das normale Beweismittel für die Präsentation entzogen hat.

Anm. 7. γ) **Der Protesterlaß bewirkt aber nicht gleichzeitig die Befreiung von der Präsentationspflicht.** Das geht schon aus dem zu β Gesagten hervor. Wer nicht zu protestieren braucht, muß wenigstens präsentieren, oder vielmehr er muß die Präsentation versuchen, sich zum Zahlungsleister begeben, um den Wechsel vorzulegen (OTr. bei Borchardt Zus. 519a Note 1). Ist der Präsentationsversuch freilich vergeblich, so schadet dies nichts; die Präsentation ist nicht in dem Sinne unbedingtes Erfordernis, wie der Protest (OTr. bei Borchardt Zus. 519a). Aber mindestens rechtzeitig versucht muß die Präsentation werden, sonst geht das Regreßrecht verloren (Rehbein Anm. 13).

Die rechtzeitige Präsentation zu erlassen, ist ebenfalls zulässig. Implicite ist damit auch der Protesterlaß gegeben (ROHG. 5, 103; 14, 416; Bernstein 205). Und unter Umständen kann man den Erlaß zu präsentieren implicite im Protesterlaß erblicken (ROHG. 5, 101).

Zahlt der Regreßschuldner, obwohl nicht gehörig präsentiert ist, so liegt Zahlung einer Nichtschuld vor (vgl. hierüber Anm. 7 zu Art. 54).

Anm. 8. δ) **Der Protesterlaß bewirkt ferner nicht, daß der Gläubiger nicht berechtigt sei, zu protestieren.** Nur die Pflicht wird ihm erlassen, nicht das Recht entzogen. Daraus folgt die im dritten Satz des vorliegenden Artikels hervorgehobene Verpflichtung zum Ersatze der Protestkosten. Auch für Provision haftet der Regreßpflichtige (OTr. Stuttgart bei Borchardt Zus. 525). — Eine Vereinbarung, daß der Wechselinhaber, wenn er trotz der Protesterlaßklausel Protest erhob, den Ersatz der Protestkosten nicht beanspruchen könne, ist allerdings gültig, wirkt jedoch nur inter partes (Grünhut Hdb. II § 122 Anm. 4).

Anm. 9. ε) **Der Protesterlaß bewirkt ferner nicht die Befreiung von der Notifikationspflicht.** Doch kann auch diese erlassen werden (Grünhut Hdb. II § 122).

Anm. 10. 4. Der Erlaß des Protestes mangels Zahlung, von dem allein der vorliegende Artikel handelt, schließt zugleich einen Erlaß des Protestes **mangels Annahme** ein, auch wo dieser zur Wahrung des Regreßrechts erforderlich ist (Art. 19; Grünhut Lehrb. § 78 Anm. 2). — Auch ein Erlaß des Protestes mangels Annahme (Art. 25) und des Protestes mangels Sicherstellung (Art. 29) kann erklärt werden (Bernstein 203).

Anm. 10a. **Zusatz 1. Scheckgesetz.** Auch beim Scheck ist Protest-Erlaß in entsprechender Anwendung des Art. 42 WO. zugelassen (§ 16 Abs. 3 Scheckgesetzes).

Anm. 11. **Zusatz 2. Fremde Rechte.** Fast überall ist der Protesterlaß entweder kraft Gesetzes oder kraft Gebrauchs bekannt. In Frankreich und England befreit er von der Zahlung der Protestkosten (Späing 141). Als nicht geschrieben gilt der Vermerk des Protesterlasses in Italien und Rußland (Meyer 102).

Artikel 43.

Art. 43. Domizilierte Wechsel sind dem Domiziliaten oder, wenn ein solcher nicht benannt ist, dem Bezogenen selbst an demjenigen Orte, wohin der Wechsel domiziliert ist, zur Zahlung zu präsentieren und, wenn die Zahlung unterbleibt, dort zu protestieren.

Ein Wechsel, dessen Zahlung am Wohnorte des Bezogenen durch eine andere Person erfolgen soll, ist dieser Person zur Zahlung zu präsentieren und, wenn die Zahlung unterbleibt, gegen sie zu protestieren.

1. Der bisherige Satz 2 des Art. 43, welcher lautete: **Art. 43.**

Wird die rechtzeitige Protesterhebung beim Domiziliaten verabsäumt, so geht dadurch der wechselmäßige Anspruch nicht nur gegen den Aussteller und die Indossanten, sondern auch gegen den Akzeptanten verloren. **Einleitung.**

ist durch das Protestgesetz § 1 II durch den vorstehend im Texte des Art. 43 wiedergegebenen Absatz 2 ersetzt. Dadurch sind zwei Neuerungen eingeführt:

a) Für Domizilwechsel mit benanntem Domiziliaten ist der Protest nicht mehr erforderlich zur Erhaltung der Wechselrechte gegen den Hauptschuldner, wie dies bisher auch für den Zahlstellenwechsel nicht erforderlich war. Es bedingte dies auch noch die entsprechende Änderung des Art. 44.

b) Der Zahlstellenwechsel, sofern er den Zahlungsleister benennt, ist ebenso wie der echte Domizilwechsel mit benanntem Domiziliaten, gegen den Domiziliaten, nicht gegen den Bezogenen zu protestieren.

In beiden Richtungen ist also eine Gleichstellung zwischen echtem Domizilwechsel mit benanntem Domiziliaten und unechtem Domizilwechsel mit benanntem Domiziliaten herbeigeführt worden. Entsprechendes ist auch für den domizilierten eigenen Wechsel neu angeordnet (vgl. die neuen Absätze 2 und 3 des Art. 99).

Die Änderungen verdienen vollen Beifall (Näheres unten Anm. 5ff. und in den Erläuterungen zu Art. 44).

2. **Der Artikel regelt die Rechtswirkungen der Domizilierung; ihr Begriff ist in Art. 24 erster Halbsatz gesetzlich festgelegt.** Zu bemerken ist, daß der Domizilvermerk seine Wirkung lediglich in bezug auf die Zahlungsmodalität äußert; auf andere Wechselakte hat der Domizilvermerk keinen Einfluß, z. B. nicht auf die Wechselakzeptation (ROHG. 3, 295; RG. 8, 68).

I. Absatz 1. **Der echte (eigentliche) Domizilvermerk.** Anm. 1.

Das ist der, der einen vom wechselmäßigen Wohnort des Bezogenen verschiedenen Zahlungsort enthält (Art. 24 und Anm. 2 dazu; dort auch über die Protestnovelle). Der Art. 43 hat in seinem ersten Absatze nur echte Domizilwechsel (auch eigentliche genannt), im zweiten die unechten (uneigentlichen), die sog. Zahlstellenwechsel, im Auge (vgl. unten Anm. 7).

Vom echten, eigentlichen Domizilvermerk gibt es zwei Arten: den normalen und den anormalen.

A. **Der normale echte (eigentliche) Domizilvermerk.** Die gesetzliche Normalart des Domizilwechsels ist die, bei welcher der Domizilvermerk **vom Aussteller vor dem Akzept gemacht ist** (Anm. 3 zu Art. 24). Dieser allein ist der Gegenstand des Absatzes 1 des vorliegenden Artikels.

1. Der Absatz 1 des Art. 43 enthält die Modalitäten des Protestes bei einem echten Domizilvermerk, wie er bei A bezeichnet ist. Daß ein Protest erforderlich ist, um den Regreß gegen die Regreßverpflichteten zu erhalten, geht schon aus Art. 41 hervor. Hinsichtlich dieses zur Erhaltung des Regresses erforderlichen Protestes wird für den normalen Domizilwechsel bestimmt, daß der Wechsel: Anm. 2.

a) am Domizilorte,

b) der Person, welche die Zahlung leisten soll, also dem Domiziliaten, wenn ein solcher benannt ist, sonst dem Bezogenen zu präsentieren, eventuell gegen diesen zu protestieren ist.

Zu a ist zu bemerken, daß der Wechsel auch nicht mit Einwilligung des Bezogenen in einer andern Ortschaft (wegen der benachbarten Ortschaften s. Schluß dieser Anmerkung) präsentiert werden darf. Der „Ort" in der bisherigen Fassung des Art. 91 Abs. 1 wollte hieran nichts ändern, vielmehr bedeutete Ort in diesem Artikel die Räumlichkeit innerhalb der Ortschaft (ROHG. 21, 148; RG. 32, 113), wie dies durch das Ersatzwort „Stelle" bei der Fassung des Art. 91 durch die Protestnovelle zum deutlichen Ausdruck gebracht ist. Anm. 3.

Art. 43. Gültig ist auch Präsentation und Protest in einem „benachbarten" Orte unter den Voraussetzungen des Art. 91 a (vgl. auch Art. 4 Anm. 48 letzter Absatz).

Anm. 4. Zu b ist zu bemerken, daß, wenn ein Domiziliat genannt ist, lediglich gegen diesen zu protestieren ist; nach dessen Anwesenheit ist alsdann zu fragen, nicht nach der Anwesenheit des Trassaten (OTr. Berlin bei Borchardt Zus. 541 u. 863; ROHG. 18, 327; Bolze 2 Nr. 810; 6 Nr. 402).

Anm. 4a. 2. a) Der bisherige Satz 2 des Art. 43 vor dem Protestgesetz (Text s. oben Einleitung) traf eine Sonderbestimmung für den Domizilwechsel mit benanntem Domiziliaten. Sie war so einschneidend, daß an dieser Stelle auf sie eingegangen werden muß, zumal sie nach § 6 des Protestgesetzes für die vor dem 1. Oktober 1908 ausgestellten Wechsel in Kraft bleibt und für Österreich nach wie vor in Geltung ist (über die Gründe ihres Wegfalls vgl. unten Anm. 5a).

Anm. 5. **Für solche Domizilwechsel mit benanntem Domiziliaten** war nämlich **auch zur Erhaltung des Wechselrechts gegen den Akzeptanten** die Protestierung **beim Domiziliaten** erforderlich. Also nur beim Domiziliaten: Enthielt der Wechsel zwar ein Domizil, aber keinen benannten Domiziliaten (vgl. hierüber Anm. 7–10 zu Art. 24), so griff diese Sonderbestimmung nicht Platz. Zur Erhaltung des Wechselrechts gegen den Akzeptanten bedurfte es alsdann keiner Protesterhebung, wenn auch das Erfordernis der Protesterhebung zur Erhaltung des Wechselrechts gegen Aussteller und Indossanten dadurch nicht berührt wurde (ROHG. 20, 414; RG. 28, 102; OG. Wien in ZHR. 29, 201). Enthielt aber der Wechsel einen benannten Domiziliaten, so bedurfte es sowohl zur Erhaltung des Wechselrechts gegen den Aussteller und die Indossanten, als auch zur Erhaltung des Wechselrechts gegen den Akzeptanten der Protesterhebung (RG. 27, 42), und zwar der Protesterhebung gegen den Domiziliaten (vgl. oben Anm. 4). Der Akzeptant war in diesem Falle nur bedingt verpflichtet, wenn wir ihn auch nicht (mit Thöl 643) als Regreßschuldner zu bezeichnen vermögen (RG. 28, 102; Grünhut Hdb. II § 102). Der Protesterhebung bedurfte es in diesem Falle auch dann, wenn der Aussteller, gegen den Regreß genommen werden sollte, zugleich der Domiziliat war (Bernstein 208, dagegen OTr. bei Borchardt Zus. 527d); auch dann, wenn der Inhaber des Wechsels zugleich Domiziliat war – sogenannter Deklarationsprotest (vgl. Anm. 21 zu Art. 88) — (Lehmann 544 Anm. 2–4; Bernstein 208; Grünhut Hdb. II § 102; ROHG. 8, 89; 11, 188; 141, 60; dagegen die österreichische Rechtsprechung bei Borchardt Zus. 527b); auch dann, wenn ein beim Aussteller domizilierter Wechsel überhaupt nicht begeben war (ROHG. 9, 421; 14, 160; 15, 207; vgl. hierüber auch Anm. 7 zu Art. 41; dagegen die österreichische Rechtsprechung bei Borchardt Zus. 527c und Rehbein Anm. 14); auch dann, wenn der Domiziliat unauffindbar, in Konkurs geraten oder verstorben war; auch dann, wenn der Akzeptant in Konkurs geraten war (Bernstein 208).

Andererseits bedurfte es, da der Akzeptant, wie oben bemerkt, auch in diesem Fall nicht Regreßschuldner war, nicht der Notifikation an ihn (ROHG. 14, 329; RG. 1, 45; Lehmann 555 Note 8; Grünhut Hdb. II § 102). Es bestand auch keine Protestauslieferungspflicht an ihn (Art. 54). Die Protestaufnahme konnte ihm gegenüber anderweitig bewiesen werden (RG. 28, 102; Grünhut Lehrb. § 60 Anm. 3).

Anm. 5a. b) Nach dem Rechtszustand infolge des Protestgesetzes ist der Protest bei Domizilwechseln mit benanntem Domiziliaten zur Erhaltung der Wechselrechte gegen den Hauptwechselschuldner nicht mehr erforderlich (vgl. oben Einleitung). Die Neuerung muß als durchaus gerechtfertigt erachtet werden. Die frühere künstliche Vorschrift, die den Akzeptanten eines solchen Domizilwechsels mit den Regreßverpflichteten gleich behandelte, hatte keinen inneren Grund, wie die Motive (S 17) mit Recht ausführen, denn die Regreßschuldner bedürfen des Protestes, um eine sichere Grundlage für die Durchführung ihrer Ansprüche gegen die ihnen wechselmäßig verpflichteten Personen zu haben. Für den Akzeptanten dagegen kommt dieser Gesichtspunkt nicht in Betracht. Es braucht auch in der Tat der Akzeptant nur dafür zu sorgen, daß die Deckung seiner Domiziliaten vorhanden gewesen ist. Andererseits wird die Sicherheit des Verkehrs mit Domizilwechseln erhöht, wenn die Versäumung der rechtzeitigen Protesterhebung oder ein bei dieser vorgekommenes Versehen nicht mehr jeden wechselmäßigen Anspruch zum Erlöschen bringt. Die Richtigkeit dieser Erwägungen hätte überhaupt den Gesetzgeber zu weit einschneidenderem Vorgehen hinsichtlich des Protestes veranlassen sollen. Beseitigt man ihn beim Domizilwechsel aus den angegebenen Erwägungen, so sprechen diese Gründe für seine Beseitigung auch in andern Fällen. Art. 43. Anm. 5a.

B. **Der anormale echte (eigentliche) Domizilwechsel.** Auch der Akzeptant und die Indossanten können den Wechsel mit dem Domizilvermerk versehen, wenn dies auch nicht das gesetzlich Normale ist. Die Rechtsfolgen dieser Vermerke sind an anderer Stelle behandelt: für den vom Akzeptanten herrührenden Vermerk in Anm. 9 zu Art. 22, für den vom Indossanten herrührenden Vermerk in Anm. 3 zu Art. 24 und besonders in Anm. 18 zu Art. 76. Anm. 6.

Für alle diese Fälle ist hinsichtlich der Beweislast zu bemerken, daß die Rechtsverhältnisse aus dem Wechsel zunächst so zu beurteilen sind, wie sie sich prima facie nach der Gestaltung des Wechsels zur Zeit der Geltendmachung darstellen. Daß die jetzige Gestalt auf einer Veränderung beruht, die der Beklagte gegen sich nicht gelten zu lassen braucht, hat dieser zu beweisen, außer wenn der Wechsel selbst ergibt, daß eine Veränderung vorgenommen ist. Alsdann hat der Inhaber zu beweisen, sie sei zu einer Zeit vorgenommen worden, daß der Beklagte sie gegen sich gelten lassen muß (ROHG. 11, 30; 13, 252; 24, 265; RG. Annalen 1, 291; RG. 32, 38; ROHG., OTr. u. OG. Wien bei Borchardt Zus. 537f u. Zus. 538; OLG. Dresden v. 29. 6. 01 bei Mugdan-Falkmann 3, 412; Lehmann 414).

In Widerspruch mit seiner früheren Rechtsprechung befindet sich die Entsch. des RG. in JW. 03, 186[46]. Darüber vgl. Art. 24 Anm. 3 letzter Absatz.

II. Absatz 2. **Der uneigentliche Domizilwechsel.** Anm. 7.

Dies ist derjenige, bei dem Zahlungsort und Wohnort des Bezogenen identisch sind und nur eine von der Wohnung des Bezogenen verschiedene in derselben Ortschaft belegene Zahlstelle angegeben ist; der sog. **Zahlstellenwechsel** (RG. 36, 101; vgl. Anm. 2 zu Art. 24). Der Zahlstellenwechsel benennt entweder eine andere Person wie den Bezogenen als Zahlungsleister, oder er benennt den Zahlungsleister nicht, dann ist es der Bezogene, ein Unterschied, der auch beim echten Domizilwechsel vorkommt.

Der Zahlstellenwechsel ist an der Zahlstelle zu präsentieren und zwar, sofern er einen besonderen Zahlungsleister benennt, diesem, sonst dem Bezogenen. Ein Protest ist im ersteren Falle gegen den benannten Zahlungsleister (Domiziliaten kann man ihn nur in einem uneigentlichen, übertragenen Sinne nennen, weil das Gesetz [Art. 43 Halbsatz 1] vom Domiziliaten nur beim echten Domizilwechsel spricht) zu erheben (Absatz 2 des vorliegenden Artikels), im letzteren gegen den Bezogenen. Ob aber überhaupt ein Protest erforderlich ist, richtet sich nach den allgemeinen Vorschriften. Ein Protest ist daher erforderlich zur Erhaltung des Wechselrechts gegen die Regreßverpflichteten, nicht aber auch, wie übrigens schon früher, zur Erhaltung des Wechselrechts gegen den Akzeptanten (ROHG. 17, 53). Wird Protest erhoben, so muß, sofern der Zahlungsleister besonders benannt ist, nach diesem, sonst nach dem Bezogenen gefragt, ihnen, eventuell ihren Vertretern der Wechsel vorgelegt, eventuell ihre Abwesenheit festgestellt werden (mit Modifikationen, die sich aus der Neufassung des vorliegenden Abs. 2 ergeben, sind die Grundsätze aus RG 36, 98 anzuwenden). Ist die bezeichnete Zahlstelle nicht zu ermitteln, so ist nach Art. 91 Abs. 2 u. 3 der neuen Fassung zu verfahren, wobei nach der Adresse des Domiziliaten, wenn dieser benannt, sonst nach der des Bezogenen zu forschen ist (mit Modifikationen, die sich aus der Neufassung des vorliegenden Abs. 2 ergeben, sind die Grundsätze aus ROHG. 25, 108 noch jetzt anwendbar). Zur Veranschaulichung diene folgendes Beispiel:

Art. 43. Heißt die Adresse der Tratte

Anm. 7. „Herrn Hermann Schöwe in Berlin, Königstraße 18,
zahlbar bei Herrn Ludwig Friedländer in Berlin, Brüderstraße 6",

dann muß der Protest Brüderstraße 6 gegen Ludwig Friedländer erhoben werden.

Lautet aber die Fassung

„Herrn Hermann Schöwe in Berlin, Königstraße 18,
zahlbar Berlin, Brüderstraße 6",

dann muß der Protest wieder Brüderstraße 6, aber gegen den Bezogenen Schöwe erhoben werden.

Der Rechtszustand vor dem 1. Oktober 1908 war folgender:

Der im Einzelfall erforderliche Protest war an der Zahlungsstelle, aber gegen den Trassaten zu erheben, nicht gegen den Inhaber der Zahlungsstelle, da angenommen wurde, der Bezogene selbst wolle die Zahlung an der Zahlstelle leisten (RG. 36, 98 und 101, 102; ROHG. 25, 107; RG. 14, 148; RG. in Gruch. 33, 1064; Bolze 6 Nr. 401; anders LG. Wien bei Cz. Nr. 376 und Bernstein 210: gegen den Domiziliaten).

Für die Verschiedenheit der Protestaten beim Domizilwechsel und Zahlstellenwechsel mit benanntem Domiziliaten, wie sie der frühere Rechtszustand forderte, lagen aber ausreichende Gründe nicht vor. Die Unterscheidung zwischen Domizil- und Zahlstellenwechsel ist dem Verkehr vielfach unbekannt und die verschiedene Form der Protesterhebung gab leicht zu Versehen Anlaß. Zu unbefriedigenden Ergebnissen führte, wie die Begründung (S. 16) betont, die Unterscheidung namentlich auch im Verkehr mit benachbarten Orten.

Anm. 8. **Zusatz. Fremde Rechte.** Das französische und belgische Recht haben ähnliche Vorschriften wie der Art. 43 in der früheren Fassung. — Die unterlassene Präsentation am Domizil läßt beim Domizilwechsel in England (Späing 146) und in Rußland (ROHG. 15, 244, vgl. auch russische WO. Art. 40) das Wechselrecht gegen den Akzeptanten nicht untergehen; also ähnlich, wie jetzt in Deutschland.

Artikel 44.

Art. 44. **Zur Erhaltung des Wechselrechts gegen den Akzeptanten bedarf es weder der Präsentation am Zahlungstage noch der Erhebung eines Protestes.**

Einleitung. Durch die Streichung des bisherigen Satzes 2 des Art. 43 (vgl. Einleitung zu Art. 43 und Anm. 5, 5a dort) war zugleich die Streichung der Worte im vorliegenden Artikel

„mit Ausnahme des im Art. 43 erwähnten Falles"

gegeben. Bisher lautete der Art. 44, wie folgt:

Zur Erhaltung des Wechselrechts gegen den Akzeptanten bedarf es, mit Ausnahme des im Art. 43 erwähnten Falles, weder der Präsentation am Zahlungstage, noch der Erhebung eines Protestes.

Anm. 1. 1. Daß die Präsentation zur Erhaltung des Wechselrechts gegen den Akzeptanten nicht notwendig ist, ist bereits in anderem Zusammenhange erörtert (Anm. 1 zu Art. 40).

Anm. 2. 2. Daß der Protest zur Erhaltung des Wechselrechts gegen den Akzeptanten nicht notwendig ist, ist die selbstverständliche Folge davon. Denn der Protest soll ja nur die Präsentation beurkunden. (Ist deshalb der Akzeptant von der Erstattung der Protestkosten frei? Hierüber s. Anm. 14 zu Art. 50).

Anm. 3. 3. Weitere Erläuterungen sind in Anm. 5 und 5a zu Art. 43 gegeben.

Artikel 45.

Art. 45. **Der Inhaber eines mangels Zahlung protestierten Wechsels ist verpflichtet, seinen unmittelbaren Vormann innerhalb zweier Tage nach dem Tage der Protesterhebung von der Nichtzahlung des Wechsels schriftlich zu benachrichtigen, zu welchem Ende es genügt, wenn das Benachrichtigungsschreiben innerhalb** dieser Frist zur Post gegeben ist. Jeder benachrichtigte Vormann muß binnen derselben, vom Tage des empfangenen Berichts zu berechnenden Frist seinen nächsten Vormann in gleicher Weise benachrichtigen. Der Inhaber oder Indossatar, welcher die Benachrichtigung unterläßt oder dieselbe nicht an den unmittelbaren Vormann ergehen läßt, wird hierdurch den sämtlichen oder den übersprungenen Vormännern zum Ersatze des aus der unterlassenen Benachrichtigung entstandenen Schadens verpflichtet. Auch verliert derselbe gegen diese Personen den Anspruch auf Zinsen und Kosten, sodaß er nur die Wechselsumme zu fordern berechtigt ist. Art. 45.

Einleitung. **Der vorliegende Artikel stellt die Notifikationspflicht auf,** d. h. die Pflicht, nach Erhebung des Protestes von der Nichtzahlung des Wechsels die regreßpflichtigen Vormänner schriftlich zu benachrichtigen. Diese Pflicht ist eine positivrechtliche Ausnahme von der Regel, daß der Wechselinhaber nur berechtigt, nicht auch verpflichtet ist (Grünhut Hdb. II § 123); es ist dies eine anomale Verpflichtung ex lege (Dernburg II § 274 Anm. 9). Dabei muß hier sofort hervorgehoben werden, daß diese Notifikationspflicht im Wechselverkehr von nicht erheblicher praktischer Bedeutung ist, weil ihre Voraussetzung, die Ortsbezeichnung des Indossanten (vgl. Art. 47), meist nicht vorliegt. Zudem geht unsere WO. nicht von dem strengen Notifikationssystem aus (vgl. Art. 41 Anm. 17).

1. **Wer hat die Verpflichtung, zu notifizieren?** Zunächst der protestierende Wechselgläubiger; dieser ist unter dem Inhaber des mangels Zahlung protestierten Wechsels zu verstehen. Sodann aber jeder benachrichtigte Vormann, dieser also auch dann, wenn wegen mangelnder Ortsbezeichnung keine Verpflichtung bestand, ihn zu benachrichtigen (Grünhut Hdb. II § 123), nicht aber der nicht benachrichtigte Vormann. Bernstein (211) meint: werde der Vormann, der ohne Obligo indossiert hatte, benachrichtigt, so entstehe für ihn keine Anzeigepflicht; der Ausschluß der Haftung bewahre ihn auch vor Schadensansprüchen wegen mangelnder Notanzeige. Das ist nicht zutreffend. Daß er selbst für den Wechselanspruch nicht haftet, kann die Bedingungen seiner Regreßrechte nicht mindern und ihn vor Haftungen sonstiger Art nicht schützen. — Mit dem Einwande der Schuldlosigkeit, besonders mit der Einrede der höheren Gewalt, ist der Notifikationspflichtige zu hören (Bernstein 212; anders Grünhut Hdb. II § 123, der die Schadensersatzpflicht bei genügender Entschuldigung fortfallen läßt, doch ist das prinzipwidrig, da für die vorliegende Schadensersatzpflicht besondere Voraussetzungen nicht bestehen). Anm. 1.

2. **Wem gegenüber besteht die Verpflichtung, zu notifizieren?** Der vorliegende Artikel sagt: gegenüber dem unmittelbaren Vormann. Angesichts des Art. 47 muß aber gesagt werden: gegenüber demjenigen nächsten Vormann, dessen Indossament mit Ortsangabe versehen ist (hierüber Näheres zu Art. 47). Trifft diese Voraussetzung zu, so besteht die Pflicht auch gegenüber dem Trassanten als Vormann (ROHG. 2, 125; 18, 139). Mit der Benachrichtigung an den unmittelbaren Vormann in diesem Sinne hat der Notifikationspflichtige aber auch seiner Pflicht gegenüber allen notifikationsberechtigten Vormännern genügt, und es kommt nicht in Betracht, ob er gegen diesen oder gegen einen entfernteren Vormann Regreß nimmt, und ob dieser entferntere Vormann von seinem Nachmann benachrichtigt worden ist oder nicht (ROHG. 2, 125). Der Prokuraindossatar hat den Vormann seines Indossanten zu benachrichtigen (Rehbein Anm. 15). — Die Notifikationspflicht ist zu erfüllen nach Maßgabe des Wechselinhalts: ob der Notifikat verreist oder verstorben oder in Konkurs geraten, ist gleichgültig. In letzterem Falle ist z. B. die Notifikation an den Konkursverwalter ungenügend. Dem Vormanne ist auch dann zu notifizieren, wenn er zugleich Akzeptant oder Domiziliat ist. Anm. 2.

Die Notifikationspflicht besteht nicht gegenüber den nicht regreßpflichtigen Vormännern, also nicht gegenüber den Indossanten ohne Obligo, aber auch nicht gegen- Anm. 3.

Art. 45. Anm. 3. über dem Akzeptanten als solchem, auch nicht bei domizilierten Wechseln (RG. 1, 45; vgl. Anm. 5 Abs. 2 zu Art. 43), es sei denn, daß der Akzeptant auch Indossant sei (ROHG. 14, 329; OTr. bei Borchardt Zus. 547a).

Protesterlaß befreit nicht von der Pflicht zur Notifikation (J. u. M. Stranz Anm. 2).

Anm. 4. 3. **Form und Frist der Notifikation.**

a) Form. Die vom Gesetze erforderte schriftliche Form ist wesentlich; eine noch so zuverlässige andere Art der Notifikation, selbst wenn sie wirklich zur Kenntnis des anderen Teiles gelangt ist, genügt nicht (Lehmann 555; OG. Wien bei Cz. Nr. 368 und 409; OG. Wien und ROHG. bei Borchardt Zus. 549). Eine schriftliche Benachrichtigung aber kann durch jedes zulässige Transportmittel übersendet werden. Die Absendung durch die Post empfiehlt sich jedoch deshalb, weil bei Wahl dieses Beförderungsmittels der Brief auf Gefahr des zu benachrichtigenden Vormannes reist; der Beweis der Absendung genügt alsdann. Werden dagegen andere Beförderungsmittel gewählt, so muß die Ankunft bewiesen werden. Wie die Absendung durch die Post bewiesen wird, darüber Art. 46.

Anm. 5. Das Benachrichtigungsschreiben ist dorthin zu richten, wo der Indossant seinen wechselmäßigen Wohnsitz hat, ohne Rücksicht darauf, ob er je dort gewohnt hat oder etwa zur Zeit der Notifikation nicht mehr dort wohnt (Lehmann 556); selbst dann, wenn der Nachmann weiß, daß der Vormann nicht dort wohnt (Cosack § 51 II 1; Dernburg II § 273 Anm. 8). — Der Inhalt der Benachrichtigung geht einfach dahin, daß nicht gezahlt ist (RG. 9, 29).

Anm. 6. b) Die Frist ist zwei Tage seit Protesterhebung bzw. seit Empfang der Benachrichtigung. Innerhalb dieser Zeit muß der Brief zur Post gegeben sein. Wird ein anderes Beförderungsmittel gewählt, so muß — das ist aus dem Gesetze zu folgern — dargelegt werden, daß der Brief so zeitig angekommen ist, wie er bei Beförderung durch die Post angekommen wäre, wenn er am Schlusse der zweitägigen Frist per Post abgesendet worden wäre. Bei Berechnung der Fristen werden nach Lehmann (555 Note 11) Sonn- und Feiertage eingerechnet. Die Frage ist indes, wie folgt, zu lösen: Die Wechselordnung hat keine allgemeine Bestimmung über den Einfluß von Feiertagen auf die wechselrechtlichen Akte; Art. 41 und Art. 92 beschäftigen sich mit bestimmten anderen wechselrechtlichen Akten. Es greift daher, da auch ein Gewohnheitsrecht in dieser Richtung nicht zu konstatieren ist, das bürgerliche Recht Platz (vgl. Allg. Einl. Anm. 3—5). Nach bürgerlichem Rechte tritt, wenn der letzte Tag der Frist ein Sonn- oder Feiertag ist, an die Stelle des Sonntags oder Feiertags der nächstfolgende Werktag (§ 193 BGB.). Ebenso Rehbein Anm. 15.

Bei Protesterlaß beginnt die Anzeigefrist, wenn der Protest nicht erhoben ist, für den letzten Inhaber am Tage nach Ablauf der Protestfrist.

Anm. 7. 4. **Die Beweisfrage.**

a) Wie ist der Beweis zu führen? In jeder prozessualisch zulässigen Weise. Das Gesetz erklärt aber für die Absendung durch die Post einen eigentümlichen Prima-facie-Beweis für genügend (Art. 46).

Anm. 8. b) Wer hat zu beweisen? Wem eine Pflicht obliegt, der hat regelmäßig ihre Erfüllung zu beweisen. Also hat hier der Notifikationspflichtige zu beweisen, daß er notifiziert hat. Gehört die Erfüllung dieser Pflicht auch nicht zum Fundament der Klage, kann er vielmehr abwarten, bis der Gegner die Nichterfüllung rügt (ROHG. 2, 118; Bolze 4 Nr. 519), so hat er doch, wenn dies gerügt wird, die Beweislast (ROHG. 16, 362; RG. 9, 22; Grünhut Hdb. II § 123). Zur gehörigen Rüge gehört auch der Beweis, daß der Kläger in concreto die Notifikationspflicht habe. Denn zunächst muß das Bestehen der Pflicht nachgewiesen werden, die Erfüllung muß dann, aber auch nur dann vom Pflichtigen bewiesen werden. Das Bestehen der Pflicht bedarf, wenn der protestierende Gläubiger selbst klagt, keines Beweises; anders aber, wenn ein früherer Indossant klagt. Dieser hat (vgl. Anm. 1) die Notifikationspflicht nur dann, wenn er **Art. 45.** selbst benachrichtigt wurde, und daß dies der Fall ist, muß ihm bewiesen werden. Anm. 8.

5. **Eine Gebühr für die Notifikation** ist nicht zu zahlen (OTr. Stuttgart bei Borchardt Anm. 9. Zus. 553). Nur das verauslagte Porto ist zu erstatten, und auch dieses nur, soweit die Notifikationspflicht reicht, also nur für die Benachrichtigung des zu benachrichtigenden Vormannes (OTr. Stuttgart bei Borchardt Zus. 554).

6. **Die Rechtsfolgen der verletzten Notifikationspflicht.** Der Säumige verliert gegenüber den Anm. 10. sämtlichen oder den übersprungenen Vormännern den Anspruch auf Zinsen und Kosten und wird ihnen zum Schadensersatz verpflichtet.

a) *Gegenüber den sämtlichen oder den übersprungenen Vormännern.* Das ist angesichts des Art. 47 einzuschränken. Die Rechtsfolgen können naturgemäß nur gegenüber den Vormännern eintreten, denen gegenüber eine Notifikationspflicht überhaupt bestand, also nur gegenüber den Vormännern, deren Indossament mit Ortsangabe versehen ist, nicht gegenüber den sämtlichen (Lehmann 557 Anm. 18), andererseits aber nicht bloß gegenüber dem eigenen Vormanne mit datiertem Indossament, sondern auch gegenüber allen sonstigen derartigen Vormännern, weil durch Unterlassung der eigenen Notifikationspflicht die anderen Notifikationen unterblieben sind.

b) *Es geht verloren der Anspruch auf Zinsen und Kosten und es entsteht* Anm. 11. *ein Schadensersatzanspruch.* Beide Nachteile (zu α und β, Anm. 11 und 12) treten aber nicht ein, wenn die Notifikation ohne Verschulden, insbesondere infolge höherer Gewalt, unterbleibt (Bernstein 212).

α) *Der Anspruch auf Zinsen und Kosten geht verloren.* Damit ist aber nur gemeint der gesetzliche Wechselanspruch auf Zinsen und Kosten. *Entsteht der Zinsenanspruch nachträglich aus einem anderen Grunde*, ex mora, so wird er durch den vorliegenden Artikel nicht ausgeschlossen (Dernburg II § 273 Anm 10; Lehmann 556 Anm. 17); z. B. wenn der Wechsel nachträglich dem Regreßverpflichteten mit Protest präsentiert und Zahlung verlangt wird, oder wenn er eingeklagt wird (OLG. Hamburg bei Mugdan-Falkmann 3, 411). Im Grunde genommen bezieht sich daher der Zinsverlust nur auf die Zeit bis zum Tage der Klageerhebung (OTr. und OG. Wien bei Borchardt Zus. 550). *Zum Anspruch auf Kosten* gehört auch der Anspruch auf die Provision (RG. 14, 107), *nicht aber der Anspruch auf Erstattung der Prozeßkosten* (Lehmann 556 Anm. 17; Bernstein 213; ROHG. bei Borchardt Zus. 551; anders OG. Wien daselbst und bei Cz. Nr. 292, anders wieder OG. Wien bei Cz. Nr. 18). Die Verpflichtung zur Erstattung der Prozeßkosten ist nach selbständigen prozessualischen Grundsätzen zu entscheiden. Der bestreitende Regressat hat hiernach stets die Kosten des Rechtsstreits zu tragen (§ 91 ZPO); der anerkennende bzw. sofort erfüllende — Wilmowski-Levy, Anm. 3 zu § 89 ZPO.; OLG. Königsberg bei Mugdan-Falkmann 5, 164 — nur dann, wenn er nach der Lage der Sache Veranlassung zur Klage gegeben hat (§ 93 ZPO.). Hat er keine Veranlassung zur Klage gegeben, so kann er die Prozeßkostenpflicht ablehnen. Es steht dies mit den Ausführungen in Anm. 12 zu Art. 40 nicht im Widerspruch. Dort ist nur gesagt, daß das Gesetz eine *Präsentation* zur Inverzugsetzung des Regreßschuldners nicht fordert, vielmehr dem Regreßschuldner die Verpflichtung auferlegt, auch ohne Präsentation den Wechselbetrag dem Gläubiger zu übersenden. Auch ist es richtig, daß der Regreßschuldner regelmäßig auch ohne Verzug gesetzliche Zinsen und Wechselunkosten zu tragen hat (Art. 45, 50 und 51). Aber damit ist nicht gesagt, daß alle sonstigen Folgen des Verzuges beim Regreßschuldner ohne besondere Inverzugsetzung eintreten. Vielmehr ist eine Hauptfolge des Verzugs, die Prozeßkostenpflicht des anerkennenden Beklagten davon abhängig, daß der Regreßschuldner in geeigneter Weise in Verzug gesetzt worden ist. Dazu gehört, wie gesagt, allerdings nicht die Präsentation des Wechsels, wohl aber wird man eine irgendwie erfolgte Benachrichtigung fordern müssen, durch die der Gläubiger dem Schuldner

Art 45. Anm. 11. mitteilt, daß er den Wechsel besitzt und wo und gegen Zahlung welchen Betrages der Regreßschuldner denselben einzulösen habe. Diese Benachrichtigung kann jeder Vormann verlangen, nicht bloß der mit örtlich datiertem Indossament. Doch genügt die Absendung des betreffenden Schreibens. Die Gefahr der Ankunft trägt der Regreßschuldner; sie dem Gläubiger aufzubürden, liegt keine Veranlassung vor, da der Regreßschuldner für den prompten Eingang des Wechsels garantiert hat und demgemäß die mit der Not des Wechsels verbundenen Gefahren tragen muß. Der Aussteller und die Indossanten — die ja als eine Art Bürgen anzusehen sind (Wechselgaranten) — befinden sich nach der hier entwickelten Anschauung in derselben Rechtslage, wie etwa der selbstschuldnerische Bürge. Auch dieser haftet solidarisch mit dem Hauptschuldner, steht dafür ein, daß dieser zur richtigen Zeit und am richtigen Ort erfüllt, und haftet für alle Folgen des Verzuges des Hauptschuldners. Aber Veranlassung zu der gegen ihn gerichteten Klage gibt er erst, wenn ihm der Gläubiger anzeigt, daß der Fall seiner Haftung eingetreten ist und daß er in Anspruch genommen werden soll, und wenn er trotz solcher Anzeige sein Garantieversprechen nicht erfüllt (zust. LG. I Berlin in KGBl. 01, 44 u. OLG. Frankfurt bei Mugdan-Falkmann 3, 44).

Anm. 12. 6. Es entsteht ein Anspruch auf Schadensersatz. Der Schadensersatzanspruch tritt ein gegenüber allen Vormännern, die ein Recht auf Notifikation hatten, wenn der Pflichtige überhaupt nicht notifiziert hat; bloß gegenüber den übersprungenen Vormännern, die ein Recht auf Notifikation hatten, wenn er nicht seinen unmittelbaren notifikationsberechtigten, sondern einen weiter zurückstehenden Vormann benachrichtigt hat. Die Schadensersatzpflicht kann unter Umständen auch zum Verlust des ganzen Wechselanspruchs führen, wenn der Notifikationsberechtigte nachweisen kann, daß er bei rechtzeitiger Benachrichtigung die Wechselsumme bezahlt erhalten hätte, während er sie so verloren hat (Grünhut Hdb. II § 123 Anm. 35). Kennt der Notifikationsberechtigte die Wechselnot, so fällt der Schadensersatzanspruch weg (§ 254 BGB.). Die Verjährung ist die 30jährige. Es liegt kein Anspruch aus unerlaubter Handlung vor, sondern es ist eine bestehende Obligation, ein ex lege bestehendes juris vinculum (vgl. oben die Einleitung) verletzt.

Der Anspruch ist nicht im Wechselprozeß geltend zu machen (J. u. M. Stranz Anm. 8).

Anm. 13. 7. **Kann die Verletzung der Notifikationspflicht nachträglich geheilt werden?** Von Lehmann (556) und OG. Prag (bei Borchardt Zus. 556) wird dies verneint, weil die gehörige Notifikation nur die fristgemäße ist. Das ist zwar zutreffend, es muß aber doch die Einschränkung gemacht werden, daß die Nachholung der Notifikation wenigstens die weitere Schadensersatzpflicht abzuwenden geeignet ist. (So auch Grünhut Hdb. II § 123 Anm. 35.)

Vgl. ferner wegen der Verzugszinsen oben Anm. 11.

Anm. 13a. **Zusatz 1. Scheckgesetz.** Wegen der Benachrichtigung der Vormänner und ihres Einlösungsrechtes, sowie wegen des Umfangs der Regreßforderung und der Befugnis zur Ausstreichung von Indossamenten finden für den Scheck die Vorschriften der Art. 45—48, 50—52, und des Artikels 55 der Wechselordnung mit der Maßgabe entsprechende Anwendung, daß der Inhaber des vergeblich zur Zahlung vorgelegten Schecks verpflichtet ist, seinen unmittelbaren Vormann innerhalb zweier Tage nach der Ausstellung der in § 16 Abs. 1 Scheckgesetzes bezeichneten Erklärung, Bescheinigung oder Protesturkunde, spätestens aber innerhalb zweier Tage nach dem Ablauf der Vorlegungsfrist, von der Nichtzahlung des Schecks zu benachrichtigen (§ 17 Scheckgesetzes).

Anm. 14. **Zusatz 2. Fremde Rechte.** Das französische und belgische Recht haben an die Stelle der Notifikationspflicht eine kurze Befristung der Regreßansprüche gesetzt. Das englische Recht dagegen hat das strenge Notifikationssystem, nach welchem die Regreßansprüche der Regel nach durch ordnungsmäßige Benachrichtigung der Wechselverpflichteten von der

Nichtzahlung bedingt sind; die Benachrichtigung ist, wenn der Notifikat an demselben Platze wohnt, so zeitig abzusenden, daß er die Nachricht noch am nächsten Tage erhält, sonst ist sie am nächsten Tage abzusenden. (Näheres bei Späing 149 ff.) — Auch das russische Recht hat das strenge Notifikationssystem (ROHG. 9, 358; vgl. auch Art. 41 Anm. 17). Art. 45. Anm. 14.

Genaueres Meyer 100 ff.

Artikel 46.

Kommt es auf den Nachweis der dem Vormanne rechtzeitig gegebenen schriftlichen Benachrichtigung an, so genügt zu diesem Zwecke der durch ein Postattest geführte Beweis, daß ein Brief von dem Beteiligten an den Adressaten an dem angegebenen Tage abgesandt ist, sofern nicht dargetan wird, daß der angekommene Brief einen anderen Inhalt gehabt hat. Auch der Tag des Empfanges der erhaltenen schriftlichen Benachrichtigung kann durch ein Postattest nachgewiesen werden. Art. 46.

Der Artikel stellt eine (nach § 14 Nr. 2 u. 3 EG. zur ZPO. gültig gebliebene, nach § 292 ZPO. zu beurteilende) eigentümliche Beweiserleichterung auf: Es soll genügen ein Postattest, aus dem hervorgeht, daß irgendein Brief abgesendet ist, um zu beweisen, daß ein Benachrichtigungsschreiben abgesendet ist. Doch ist der Gegenbeweis offen gelassen. Der Adressat kann beweisen, daß ihm ein solches Schreiben nicht zugegangen ist (§ 292 ZPO.). Anm. 1.

Da es sich um Beweiserleichterung handelt, so ist an diese Beweisregelung der Richter in der Weise gebunden, daß er beim Vorliegen der gedachten Postbescheinigung die betreffende Tatsache für bewiesen erachten muß; insoweit liegt eine singuläre Abänderung des § 286 ZPO. vor. Doch kann der Richter den Beweis auch auf sonstige Weise zulassen, nach dieser Richtung ist der freien Überzeugungstheorie keine Schranke gesetzt. Auch das Briefkopierbuch kann ihm unter Umständen genügen (Hahn, HGB. 4. Aufl. 213 Note 6). Anm. 2.

Artikel 47.

Hat ein Indossant den Wechsel ohne Hinzufügung einer Ortsbezeichnung weiter begeben, so ist der Vormann desselben von der unterbliebenen Zahlung zu benachrichtigen. Art. 47.

Der vorliegende Artikel modifiziert die zu allgemein gehaltene Vorschrift des Art. 45, wie zu dessen Einleitung bereits erwähnt worden ist: Nicht dem unmittelbaren Vormann ist die Nachricht zu geben, sondern dem nächsten Vormann mit **örtlich datiertem** Indossament. Einleitung.

Aus der kategorischen Fassung des vorliegenden Artikels ergibt sich: Anm. 1.

1. Es kommt lediglich darauf an, ob das auf dem Wechsel befindliche Indossament ein Ortsdatum hat und welches. Hat es kein Ortsdatum, so ist nicht zu notifizieren, auch wenn der Gläubiger den Wohnsitz des Indossanten kennt. Wer nicht datiert, verzichtet (ROHG. 18, 139; anders OG. Wien bei Peitler Nr. 382), selbst wenn das Indossament vom Aussteller herrührt. Dies Erfordernis wird auch nicht ersetzt durch die Ortsbezeichnung im Ausstellungsdatum, da es eine Rechtsnorm nicht gibt, wonach der Ort der Ausstellung des Wechsels als Wohnort des Trassanten gilt (ROHG. 18, 138; Bolze 11 Nr. 267; Rehbein Anm. 15; anders Bernstein 215 und OG. Wien bei Cz. Nr. 439). Hat aber das Indossament ein Ortsdatum, so ist dorthin zu notifizieren, auch wenn der Gläubiger weiß, daß der Indossant dort nicht gewohnt hat oder dort nicht mehr wohnt (vgl. Anm. 5 zu Art. 45), auch wenn der Wechselinhaber selbst, z. B. in berechtigter Ausfüllung eines Blankoindossaments, dasselbe mit dem Ortsdatum versehen hat (OTr. Stuttgart bei Borchardt Zus. 559), auch wenn das

Art. 47. Ortsdatum so allgemein angegeben ist, daß die Bestellung des Briefes kaum anzunehmen ist (z. B. Karl Schulze in Berlin).

Anm. 2. 2. **Der Gläubiger hat nicht etwa die Wahl**, ob er an den unmittelbaren Vormann mit örtlich datiertem Indossament oder an den unmittelbaren Vormann ohne Ortsdatum notifizieren will, sondern die Pflicht besteht unbedingt dem ersteren gegenüber. Mit Lehmann (556 Anm. 16) und gegen das OTr. Stuttgart (bei Borchardt Zus. 557) und OLG. Hamburg (in der DJZ. 3, 168) muß die Annahme eines Wahlrechts als dem Geiste der Wechselordnung und dem kategorischen Wortlaut des vorliegenden Artikels gleich widersprechend angesehen werden (zustimmend Bernstein 215; Grünhut Hdb. II § 123). Dagegen hat der Notifikationspflichtige natürlich das Recht, auch den Vormann ohne Ortsbezeichnung zu benachrichtigen, und wenn dies geschieht, so hat dieser die Notifikationspflicht (Anm. 1 zu Art. 45).

Artikel 48.

Art. 48. **Jeder Wechselschuldner hat das Recht, gegen Erstattung der Wechselsumme nebst Zinsen und Kosten die Auslieferung des quittierten Wechsels und des wegen Nichtzahlung erhobenen Protestes von dem Inhaber zu fordern.**

Einleitg. Der vorliegende Artikel geht parallel mit Art. 39, dessen Erläuterungen hier heranzuziehen sind. Der letztere behandelt dieselbe Materie nur mit Bezug auf den Akzeptanten, wenn auch in anderer Form und ausführlicher; doch gilt im wesentlichen das gleiche. Art. 48 bezieht sich auf die Zahlung „jedes Wechselschuldners". Der Art 39 betrifft das Stadium vor, der Art. 48 das Stadium nach erhobenem Protest. Der Art. 54 wiederum handelt nur von der Zahlung des Regreßschuldners (vgl. unten Art. 54 Einl.).

Jeder Wechselschuldner hat das Einlösungsrecht (ius offerendi) aus Art. 48, nicht bloß der Regreßschuldner, sondern auch der Akzeptant und Avalist, selbst wenn der Gläubiger bereits die Klage gegen einen andern Wechselschuldner erhoben hat (vgl. Anm. 6a).

Anm. 1. 1. Der erste Satz des Art. 39 gilt auch hier: nur gegen Aushändigung des quittierten Wechsels braucht der Wechselschuldner die volle Zahlung zu leisten. Das ist im vorliegenden Artikel ebenfalls ausgedrückt, hier ist nur noch hinzugefügt, daß der zahlende Wechselschuldner stets auch die Auslieferung des Protestes verlangen kann, da hier das Stadium nach erhobenem Protest behandelt ist (vgl. oben Einl.).

Demgemäß gelten hier auch die Einzelerläuterungen zu Art. 39:

Anm. 2. a) **Der Gläubiger muß in der Lage sein, den Wechsel auszuhändigen.** Doch fällt dies Erfordernis weg, wenn der Schuldner den Wechsel schon besitzt. Näheres über alles dies Anm. 1 zu Art. 39.

Anm. 3. b) **Der quittierte Wechsel muß ausgehändigt werden.** Von wem die Quittung herrühren muß, s. Anm. 1 zu Art. 39.

Auch der Protest wegen Nichtzahlung ist auszuhändigen. Für den Fall, daß die Protesturkunde verloren gegangen ist, vgl. Art. 54 Anm. 4.

Anm. 4. c) **Im allgemeinen kann auch der Regreßschuldner sonst nichts verlangen:** nicht Abtretung (RG. 8, 46), nicht Indossierung an ihn (OTr. bei Borchardt Zus. 561); bei Vollstreckung des Urteils kann er allerdings Aushändigung des vollstreckbaren Titels, bei Pfandbestellung Zug um Zug Herausgabe des Pfandes verlangen, bei Prolongation aber nicht Aushändigung des alten Wechsels (vgl. über alles dies Näheres Anm. 3 ff. zu Art. 39).

Anm. 5. d) **Was Rechtens ist, wenn der Regreßschuldner gezahlt hat, ohne sich den Wechsel aushändigen zu lassen**, darüber gilt das in Anm. 7 zu Art. 39 Gesagte. Insbesondere muß der Wechsel auch intakt sein, vgl. Anm. 3 zu Art. 54.

Anm. 6. e) **Über den Fall, daß die Wechselansprüche teils vom Akzeptanten, teils von einem Regreßschuldner bezahlt sind**, s. Anm. 8 zu Art. 39.

f) Der Wechselschuldner hat das Recht, gegen Zahlung die Wechselaushändigung zu verlangen. Also nicht der Indossant ohne Gewähr, nicht der, der den Wechsel mit Blankoindossament ohne eigenes Giro begeben hat, nicht der Bezogene, der den Wechsel nicht akzeptiert hat. Art. 48. Anm. 6a.

2. Der zweite Satz des Art. 39 gilt insoweit auch hier, als der Wechselschuldner bei Teilzahlungen nicht Aushändigung verlangen kann. Aber der Gläubiger braucht sich hier (nach Protest) überhaupt keine Teilzahlung gefallen zu lassen (Bernstein 216; Grünhut Lehrbuch § 80; a. M. Staub 4. Aufl.). Anm. 7.

a) Wenn ohne Vollzahlung die Aushändigung des Wechsels dennoch geschehen ist, so vernichtet dies den Wechselanspruch nicht; doch gilt vergleichsweiser Verzicht der Vollzahlung gleich. (Über alles dies s. Anm. 9 und 10 zu Art. 39.) Anm. 8.

b) Eine Vollzahlung liegt auch hier nur vor, wenn der Schuldner Wechselsumme, Zinsen und Kosten erstattet hat. Dies gilt hier ebenso wie in Art. 39 (vgl. Anm. 10 daselbst). Hier ist es hinsichtlich der Zinsen und Kosten noch besonders betont. In RG. 14, 107 ist noch hervorgehoben, daß die Provision zu den Kosten gehört. Von der Mitzahlung der Prozeßkosten kann aber die Aushändigung des Wechsels und des Protestes nicht abhängig gemacht werden (Bernstein 216). Vgl. auch Anm. 7 zu Art. 50. — Als Erstattung gilt nur wirkliche Leistung, nicht Aufrechnung (JW. 02, 364[22]). Anm. 9.

3. **Weigerung der Herausgabe** im Falle des Angebots der Gesamtforderung bringt den Wechselgläubiger in Empfangs-(Gläubiger-)verzug (vgl. §§ 293, 300 ff. BGB.). Er behält zwar den Regreß gegen die Nachmänner des erstattungsbereiten Wechselschuldners, verliert aber den Anspruch auf spätere Zinsen (§ 301 BGB.). Die Gefahr geht auf ihn über (§ 300 Abs. 2), der Schuldner kann die Schuldsumme hinterlegen. Auch schadensersatzpflichtig kann sich der Gläubiger durch seine Weigerung dann machen, wenn der Offerent dadurch gehindert wurde, seinerseits den zur Zeit des Angebots an den Gläubiger noch zahlungsfähigen, später zahlungsunfähig gewordenen Akzeptanten oder Regreßschuldner in Anspruch zu nehmen. Verzug des Gläubigers liegt auch vor, wenn der Schuldner die Zinsen für einige Tage nicht mit anbot (RG. 14, 107), weil in der Frage des Angebots nicht die äußerste formalistische Strenge herrschen soll. Anm. 10.

Die **Klage aus Art. 48 auf Aushändigung des Wechsels** liegt außerhalb des Wechselverfahrens (§ 602 ZPO.). Es handelt sich um keinen Anspruch „aus dem Wechsel", wenn auch aus der Wechselordnung. — Über die Beweispflicht vgl. J. u. M. Stranz Anm. 7. Anm. 11.

Artikel 49.

Der Inhaber eines mangels Zahlung protestierten Wechsels kann die Wechselklage gegen alle Wechselverpflichtete oder auch nur gegen einige oder einen derselben anstellen, ohne dadurch seinen Anspruch gegen die nicht in Anspruch genommenen Verpflichteten zu verlieren. Derselbe ist an die Reihenfolge der Indossamente nicht gebunden. Art. 49.

Der Wechselgläubiger darf alle Wechselverpflichteten verklagen gleichviel, wen und in welcher Reihenfolge er will. Der Satz ist lediglich ein Ausfluß des Prinzips der Solidarhaft, das in Art. 81 aufgestellt ist (§§ 421 ff. BGB.). Es ist eine Solidar-, keine Korrealschuld, d. h. die mehreren Schuldner haften aus besonderen Rechtsgründen (ROHG. 3, 181; 7, 80; RG. 51, 23 ff.). Die Folgerungen hieraus s. zu Art. 81. Einleitung.

1. **Gegen alle Wechselverpflichteten** kann er vorgehen, auch gegen den Akzeptanten (vgl. Art. 81). Anm. 1.

2. **Ganz nach seiner Wahl** kann er vorgehen. Daraus ergibt sich, daß der Wechselgläubiger alle zusammen verklagen kann, in derselben Klage oder in verschiedenen Klagen, oder auch nur einzeln, oder endlich auch nur einen, und nach seinem Belieben den unmittelbaren Vormann oder die früheren Vormänner (sog. **Sprungregreß**). Er hat auch das Anm. 2.

Art. 49. Anm. 2. jus variandi, d. h. er kann auch von der getroffenen Wahl wieder abgehen, ohne daß einer der Verpflichteten dadurch befreit wird.

So kann es kommen, daß ein Wechselverpflichteter auch mehrmals aus demselben Wechsel verklagt wird, ohne res judicata einwenden zu können, wenn nämlich sein Nachmann den Wechsel einlöst. Das ist deshalb keine ungerechte Belästigung, weil ja jeder Wechselschuldner selbst den Wechsel einlösen kann, um jene Rechtsfolge abzuwenden. Wird der Konkurs über mehrere Wechselverpflichtete eröffnet, so kann der Gläubiger in jedem Verfahren den ganzen Wechsel so lange geltend machen, bis er ganz befriedigt ist. Desgleichen kann er, wenn über das Vermögen eines Wechselverpflichteten Konkurs eröffnet ist, den Wechsel im Konkurse fortgesetzt geltend machen, auch wenn er nach Eröffnung des Konkurses von einem anderen Wechselschuldner einen Teilbetrag erhalten hat (§ 68 KO.); vgl. Staub, HGB. neue 8. Aufl. Anm. 44 ff. zu § 349.

Anm. 3. 3. **Die solidarische Haftbarkeit kommt auch bei der Prozeßkostenpflicht** (RG. 33, 88) **und endlich auch in der Zwangsvollstreckung zur Geltung.** Es ist richtiger Ansicht nach dem Gläubiger nicht benommen, neben der Zwangsvollstreckung bei einem Wechselschuldner auch noch die Zwangsvollstreckung bei einem anderen Wechselschuldner nachzusuchen (Rausnitz in KGBl. 1894, 53).

Anm. 3a. **Zusatz 1. Scheckgesetz.** Der Inhaber des **Schecks** kann sich wegen seiner ganzen Regreßforderung an alle Verpflichtete oder auch an einige oder einen halten, ohne dadurch seinen Anspruch gegen die nicht in Anspruch genommenen Verpflichteten zu verlieren. Es steht in seiner Wahl, welchen Verpflichteten er zuerst in Anspruch nehmen will (§ 18 Abs. 1 Scheckgesetzes).

Anm. 4. **Zusatz 2. Fremde Rechte.** Sie haben fast alle dasselbe Prinzip wie Deutschland: Sprungregreß mit Variationsrecht. Auch das englische Recht hat das gleiche Prinzip, wenngleich es die Regreßpflichtigen gegenüber dem Akzeptanten als Bürgen betrachtet (Späing 160 ff.). Holland nimmt dem Regreßgläubiger die Befugnis, auf die von ihm übersprungenen Indossanten zurückzukommen (Meyer 100).

Artikel 50.

Art. 50. Die Regreßansprüche des Inhabers, welcher den Wechsel mangels Zahlung hat protestieren lassen, beschränken sich auf

1. die nicht bezahlte Wechselsumme nebst sechs Prozent jährlicher Zinsen vom Verfalltag ab;
2. die Protestkosten und anderen Auslagen;
3. eine Provision von ein Drittel Prozent.

Die vorstehenden Beträge müssen, wenn der Regreßpflichtige an einem anderen Orte als dem Zahlungsorte wohnt, zu demjenigen Kurse gezahlt werden, welchen ein vom Zahlungsort auf den Wohnort des Regreßpflichtigen gezogener Wechsel auf Sicht hat. Besteht am Zahlungsorte kein Kurs auf jenen Wohnort, so wird der Kurs nach demjenigen Platze genommen, welcher dem Wohnorte des Regreßpflichtigen am nächsten liegt. Der Kurs ist auf Verlangen des Regreßpflichtigen durch einen unter öffentlicher Autorität ausgestellten Kurszettel oder durch das Attest eines vereideten Mäklers oder in Ermangelung derselben durch ein Attest zweier Kaufleute zu bescheinigen.

Der vorliegende Artikel behandelt **die Höhe** des Regreßanspruchs des protestierenden Wechselinhabers.

Anm. 1. 1. **Der protestierende letzte** Wechselinhaber kommt hier in Betracht. Die Ansprüche des Indossanten, auf den der Wechsel im Rücklaufe zurückgediehen ist, sind in Art. 51 abgehandelt.

2. **Der Regreßanspruch des** protestierenden Inhabers ist im vorliegenden Artikel behandelt. **Art. 50.**
Der Anspruch gegen den Akzeptanten wird von uns im Zusatz 1 erörtert (unten Anm. 11). Anm. 2.

3. **Die Höhe** des Regreßanspruchs. Seine Voraussetzungen bilden den Inhalt der voran- Anm. 3.
gehenden Artikel. Hinsichtlich der Höhe aber kommen in Betracht: die einzelnen Bestandteile des Regreßanspruchs und der Kurs der Beträge bei Verschiedenheit des Zahlungsorts und des Wohnorts des Regreßpflichtigen. Die in Art. 50 festgesetzten Beträge bilden zusammen die **Retourrechnung.**

a) (Abs. 1.) **Die einzelnen Bestandteile des Regreßanspruchs.** Der protestierende Wechsel- Anm. 4.
inhaber kann fordern:

α) Die Wechselsumme nebst 6% jährlicher Zinsen vom Verfalltage an. Über die Forderung der Wechselsumme ist kein Wort zu verlieren. Die Zinsen sind Legalzinsen, nicht Verzugszinsen (ROHG. 6, 155; dagegen Volkmar-Löwy 187), wie sich schon daraus ergibt, daß sie vom Verfalltag an laufen, also auch dann, wenn der Wechsel nach dem Verfalltag protestiert wurde, was ja nach Art. 41 Abs. 2 vorkommen kann. Ihre Forderung setzt also nicht gerade einen besonderen Verzug des betreffenden Regreßpflichtigen voraus, während allerdings andererseits die hier festgesetzten Sätze an Zinsen und Auslagen das gesamte Verzugsinteresse des Wechselgläubigers erschöpfen (vgl. unten Anm. 8 bei der Frage nach den Verzugszinsen von den Auslagen). Daß der Verfalltag als Beginn des Zinsenlaufs entscheidend ist, wenn der Wechsel auch nachher protestiert wurde, wird in der Praxis meist übersehen und der Zinsanspruch erst vom Protesttage ab gefordert und bewilligt. Stundung hemmt den Zinsenlauf nicht (Bernstein 220).

Nach der Ausnahmevorschrift des § 63 Nr. 1 KO. können im Konkursverfahren die seit der Eröffnung laufenden Zinsen nicht geltend gemacht werden.

β) Die Protestkosten und andere Auslagen. Die Protestkosten auch dann, wenn Anm. 5.
der Protest erlassen und gleichwohl erhoben ist (Art. 42). Auch dann, wenn der Protest mit geringeren Kosten hätte erhoben werden können, es sei denn, daß der Wechselschuldner dem Regredienten den Vorwurf machen kann, die erhöhten Protestkosten seien von Regredienten mutwillig oder schikanös veranlaßt (KG. vom 25. 6. 06 in ROLG. 14, 412; vgl. auch Art. 87 Anm. 19 u. Art. 50 Anm. 15). Andere Auslagen sind z. B. Porti, die Maklergebühr für die Negotiierung eines Rückwechsels, nicht aber die Kosten eines unnützen Vorprozesses (vgl. Anm. 10 zu Art. 39), ferner nicht Auslagen für die Beschaffung der Wechselsumme (Wechselgericht Stuttgart bei Borchardt Zus. 597a); für die Benachrichtigung können bare Auslagen, nicht eine Entschädigung für Mühewaltung verlangt werden (Anm. 9 zu Art. 45).

γ) Eine Provision von ⅓% der Wechselsumme. Auch im Falle des Protesterlasses Anm. 6.
bei unterbliebenem Protest kann dies beansprucht werden.

δ) Auch Prozeßkosten? Der Anspruch auf Erstattung von Prozeßkosten ist nicht Anm. 7.
ein Bestandteil der wechselmäßigen Verpflichtung, sondern beruht auf selbständigen prozessualen Gründen (Bernstein 221; vgl. ROHG. 24, 88). Daraus folgt z. B., daß der Schuldner, der nach Zustellung der Klage zahlt, gegen Erstattung aller übrigen Ansprüche die Herausgabe des Wechsels verlangen kann; er kann ihm wegen der Prozeßkosten nicht vorenthalten werden, so daß unter Umständen der Gläubiger durch solche Zahlung in die Lage versetzt wird, den Wechselprozeß aufgeben zu müssen (vgl. auch Anm. 9 zu Art. 48). — Über die Kosten im Falle, daß der Regressat anerkennt und geltend macht, keine Veranlassung zur Klage gegeben zu haben, s. Anm. 11 zu Art. 45. — Über die Kosten eines unnützen Vorprozesses s. oben Anm. 5.

ε) Weitere Ansprüche, insbesondere auf Schadensersatz und auf Verzugszinsen Anm. 8.
von den Auslagen? Diese kann der Gläubiger nicht geltend machen, außer wenn das maßgebende ausländische Recht dies zuläßt (Art. 52). Er kann also z. B., wenn die von ihm für den Wechsel gegebene Valuta höher ist, als die Wechselsumme,

Art. 50. was infolge des Wechselkurses nicht ausgeschlossen ist, nicht auch die Differenz zwischen Valuta und Wechselsumme ersetzt verlangen (Lehmann 554).

Anm. 9. Er kann ferner auch von den Auslagen keine Zinsen verlangen, weil angenommen werden muß, daß durch die normierten Sätze, insbesondere die 6 % Zinsen von der Wechselsumme, das gesamte Interesse des Gläubigers an der nicht rechtzeitigen Erfüllung der Wechselverbindlichkeit gesetzlich festgelegt sein soll. Hiernach können Zinsen von den Auslagen weder als Verzugszinsen, noch als Prozeßzinsen, noch als kaufmännische Zinsen nach § 353 HGB. beansprucht werden (vgl. oben Anm. 4). Zustimmend OLG. Darmstadt bei Mugdan-Falkmann 7, 392; anders OLG. Frankfurt in DJZ. 5, 256; Grünhut Hdb. II § 125 Anm. 9.

Anm. 10. b) (Abs. 2.) **Der Kurs**, der bei Verschiedenheit des Zahlungsorts vom Wohnort des Regreßpflichtigen in Betracht kommt, ist so, wie geschehen, vom Gesetze normiert, damit der Wechselgläubiger alles erhält, was er aufzuwenden hat, um sich am Zahlungsorte in den Besitz der ausgebliebenen Summe zu setzen (ROHG. 24, 5; Bernstein 221); die Berechnung geschieht unter Zugrundelegung des Kurses einer fingierten Rücktratte (J. u. M. Stranz Anm. 7). Die für den Kurs maßgebende Zeit ist die Zeit des erhobenen Protestes (Dernburg § 274; anders Bernstein 221: Verfalltag).

Anm. 11. **Zusatz 1. Die Ansprüche des protestierenden Wechselinhabers gegen den Akzeptanten.** Diese werden vom Gesetze nicht besonders aufgezählt und sind deshalb Gegenstand des Zweifels geworden. Der protestierende Wechselgläubiger hat gegen den Akzeptanten folgende Ansprüche:

a) **Zunächst den Anspruch auf die Wechselsumme nebst 6 % Zinsen.** Über die Wechselsumme ist auch hier kein Wort zu verlieren.

Anm. 12. α) Über die Höhe der **Zinsen** wird in der Wechselordnung nichts gesagt. Nach Praxis und Wissenschaft betragen sie 6 %. Es ist in dieser Hinsicht ein wechselrechtliches Gewohnheitsrecht anzunehmen, das auch gegenüber den Vorschriften des neuen Rechts (§§ 246, 288, 291 BGB.; § 352 HGB.) zur Geltung kommt (Art. 32 EG. z. BGB.; ROHG. 1, 251; Dernburg II § 22; Cosack § 51 II 2c; Düringer-Hachenburg II 340; KG. v. 12. 2. 00 und RG. v. 26. 5. 00 bei Mugdan-Falkmann 1, 259). Für den Fall, daß ein Regreßanspruch vorliegt, folgt dies übrigens schon aus Art. 81 Satz 2 und der Deduktion unten Anm. 16.

Anm. 13. β) Was den Beginn des Zinsenlaufes betrifft, so hat der Akzeptant regelmäßig nur Zinsen vom Tage der Präsentation, als dem Eintritt seines Verzugs, und beim domizilierten Wechsel vom Tage des Protestes zu zahlen; ausnahmsweise auch vom Verfalltage an (vgl. Anm. 1 zu Art. 40). Sind aber Regreßpflichtige vorhanden, so haftet er ohne Rücksicht auf die Präsentation für Zinsen vom Verfalltage, ebenso wie die Regreßpflichtigen selbst. Das ergibt sich aus Art. 81 und der auf diese Gesetzesvorschrift gestützten Deduktion unten Anm. 16.

Anm. 14. b) **Den Anspruch auf die Protestkosten.**

α) Was zunächst den Fall betrifft, in welchem der protestierende Wechselgläubiger einen Regreßanspruch gegen einen Regreßverpflichteten hat, so folgt die Verpflichtung des Akzeptanten auf Ersatz der Protestkosten aus Art. 81 und der auf diese Gesetzesvorschrift gestützten Deduktion unten Anm. 16. Entscheidend ist, wie aus dieser Deduktion hervorgeht, ob der Gläubiger einen Rechtsanspruch hat, nicht ob er Regreß nimmt. Mit Unrecht legt eine alte Entscheidung des KG. (vom Jahre 1852 bei Borchardt Zus. 582a Note 1a) auf letzteren Umstand Wert.

Nach einer bedenklichen Entscheidung des OLG. Dresden (ROLG. 14, 411) können die Kosten eines Protestes, der gegen den in Konkurs geratenen Akzeptanten nach Konkurserhebung erhoben ist, nicht als Konkursforderung angemeldet werden.

Anm. 15. β) Besteht ein Regreßanspruch gegen einen Regreßverpflichteten nicht, so entfällt der aus Art. 81 hergeholte Grund. Hier kann geltend gemacht werden, daß nach Art. 44

der Protest nicht erforderlich und deshalb die Kosten nicht erstattungspflichtig seien, weil es sich um eine schlechterdings nutzlose Maßregel handle. Dieser Ansicht scheint sich denn auch das ROHG. (5, 104) zuzuneigen. Allein es ist von der herrschenden Meinung seit langer Zeit angenommen worden, daß der Gläubiger auch dem Akzeptanten gegenüber das Recht hat, auf dessen Kosten den Protest zu erheben. (Anzuwenden sind auch hier die in Art. 50 Anm. 5 u. Art. 87 Anm. 19 näher ausgeführten Grundsätze.) Früher ist dies daraus hergeleitet worden, daß nur bei urkundlicher Feststellung der Präsentation die Verzugszinsen im Wechselprozesse geltend gemacht werden können, der Wechselprozeß aber so sehr die normale Prozeßart für die Geltendmachung von Wechselansprüchen ist, daß man dem Gläubiger das Recht zusprechen muß, sich dessen Vorteile auf Kosten des in Verzug geratenen Wechselschuldners zu sichern (vgl. besonders KG. in KGBl. 92, 96; Bernstein 140; RG. 41, 127). Dieser Grund fällt auch jetzt nicht fort, obgleich nach § 605 ZPO. in der jetzigen Fassung auch im Wechselprozesse der Beweis der Präsentation durch Eideszuschiebung erfolgen kann. Denn immerhin ist dieses Beweismittel nicht das normale für den Beweis der Präsentation. Sein Gebrauch führt nicht bloß zu prozessualen Weitläufigkeiten, sondern nicht einmal immer zum sicheren Ergebnisse. Man denke an den Fall, daß die Präsentation in Abwesenheit des Schuldners erfolgt oder vergeblich versucht worden ist. Auf solche Fährlichkeiten braucht sich der Gläubiger nicht einzulassen; vielmehr muß ihm nach wie vor das Recht gegeben werden, sich ein glattes und sicheres Beweismittel für die Präsentation auf Kosten des Schuldners zu beschaffen. **Art. 50.** Anm. 15.

c) **Anspruch auf Provision.** Anm. 16.

α) Hat der protestierende Gläubiger einen Anspruch auch gegen einen Regreßverpflichteten, so haftet ihm für die Provision, die er von diesem gesetzlich zu fordern hat, auch der Akzeptant. Das folgt aus Art. 81 und seiner Entstehungsgeschichte. Man war bei der Beratung der Wechselordnung darüber einig (LP. 100), daß alles das, was nach den Art. 50 u. 51 der Indossant oder Aussteller einem Nachmann zu gewähren habe, auch von dem Akzeptanten gefordert werden dürfe, und man hat diese Gesetzesabsicht im Art. 81 durchaus deutlich zum Ausdruck gebracht. Denn dort ist nur von einer, alle Wechselverpflichteten einheitlich treffenden Verpflichtung die Rede, die gegen alle gleichmäßig auf alles das geht, was der Wechselgläubiger wegen Nichterfüllung der Wechselverbindlichkeit zu fordern hat. Überall kommt es hiernach nur darauf an, ob dem protestierenden Wechselgläubiger ein Regreßanspruch zusteht, nicht ob er ihn geltend macht. Auch wenn er nicht Regreß nimmt, und nur gegen den Akzeptanten klagt, obwohl er auch gegen Aussteller oder Indossanten klagen könnte, steht ihm der Provisionsanspruch zu. Diese Auffassung von der Tragweite des Art. 81 wird auch vertreten vom ROHG. 5, 104; Cosack § 51 II 2c; Lehmann 451; Kreis 127; OAG. Dresden bei Borchardt Zus. 590g; Bernstein 138.

β) Hat der protestierende Gläubiger einen Anspruch gegen einen Regreßverpflichteten aus dem Wechsel nicht, so entfallen die aus Art. 81 hergeleiteten Gründe. Auf einen andern Grund kann der Anspruch nicht gestützt werden, so daß er in diesem Falle einen Provisionsanspruch gegen den Akzeptanten nicht hat. Der **Trassant** hat also einen Provisionsanspruch gegen den Akzeptanten überhaupt nicht, auch nicht, wenn ein Domizilwechsel vorliegt (RG. 41, 126). Denn der Anspruch gegen den Akzeptanten ist selbst in diesem Falle kein Regreßanspruch (Anm. 5 zu Art. 43). Anm. 17.

d) Auch Prozeßkosten? Vgl. oben Anm. 7. Anm. 18.

e) Weitere Ansprüche, insbesondere auf Schadensersatz und Verzugszinsen von den Auslagen? Vgl. oben Anm. 9. Anm. 19.

Zusatz 2. Zuständigkeitsfrage. Sie ist jetzt in § 4 Abs. 2 ZPO. dahin beantwortet, daß stets die Wechselsumme allein für den Wert des Streitgegenstandes maßgebend ist, Anm. 20

Art. 50. mag gegen den Aussteller, den Indossanten oder den Akzeptanten geklagt werden. Zinsen,
Anm. 20. Kosten und Provision sind nach jenem Paragraphen lediglich Nebenforderungen und kommen daher für die Zuständigkeitsfrage nicht in Betracht.

Anm. 21. **Zusatz 3. Fremde Rechte.** Frankreich und Belgien geben dem protestierenden Gläubiger den Anspruch auf die Wechselsumme nebst 6% Zinsen vom Tage des Protestes, ferner auf die Protestkosten und andere Auslagen nebst 6% Zinsen vom Tage der Klagezustellung; dagegen nicht auf Provision (Späing 167). In England hat der Wechselinhaber gegen jeden Wechselverpflichteten folgende Ansprüche: auf die Wechselsumme, auf die üblichen Zinsen (5%), d. h. vom Verfalltage, auf die Kosten der Notierung und, wenn ein Protest nötig geworden ist, auch auf die Kosten des Protestes (Späing 169).

Artikel 51.

Art. 51. Der Indossant, welcher den Wechsel eingelöst oder als Rimesse erhalten hat, ist von einem früheren Indossanten oder von dem Aussteller zu fordern berechtigt:

1. die von ihm gezahlte oder durch Rimesse berichtigte Summe nebst sechs Prozent jährlicher Zinsen vom Tage der Zahlung;
2. die ihm erstandenen Kosten;
3. eine Provision von ein Drittel Prozent.

Die vorstehenden Beträge müssen, wenn der Regreßpflichtige an einem anderen Orte als der Regreßnehmer wohnt, zu demjenigen Kurse gezahlt werden, welchen ein vom Wohnorte des Regreßnehmers auf den Wohnort des Regreßpflichtigen gezogener Wechsel auf Sicht hat. Besteht im Wohnorte des Regreßnehmers kein Kurs auf den Wohnort des Regreßpflichtigen, so wird der Kurs nach demjenigen Platze genommen, welcher dem Wohnorte des Regreßpflichtigen am nächsten liegt. Wegen der Bescheinigung des Kurses kommt die Bestimmung des Artikel 50 zur Anwendung.

Einleitung. **Der Artikel trifft Bestimmung über die Höhe der Rembours-Regreßforderung,** d. h. des Regreßanspruchs des Indossanten, der selbst den Wechsel im Wege des Regresses eingelöst hat. (Die Rechte des Ausstellers, der schließlich für den Gesamtbetrag aller Retourrechnungen als schließlicher Regreßschuldner einstehen muß, behandelt der Art. 51 nicht. Der Aussteller ist niemals Regreßgläubiger, ihm haftet der Akzeptant als Hauptwechselschuldner; vgl. hierüber unten Anm. 13 u. Art. 50 Anm. 17 sowie J. u. M. Stranz Art. 23 Anm. 8.)

Anm. 1. 1. **Die materielle Voraussetzung des Rembursregresses** ist, daß der Indossant den Wechsel im Regreßwege eingelöst hat. Nicht etwa notwendig im Wege der Klage, er kann ihn auf Grund seiner Regreßpflicht auch freiwillig eingelöst haben (ROHG. 1, 226). Wer aber den Wechsel ohne Regreßpflicht bezahlt oder sonst erworben hat, hat keinen eigentlichen Rembursregreßanspruch; auf ihn greifen die Bestimmungen des vorliegenden Artikels nicht Platz (ROHG. 1, 225; Lehmann 546 Anm. 11; Dernburg § 274 Anm. 8). Ob und welche Ansprüche ein solcher hat, richtet sich nach anderen Vorschriften. Es haben solche Wechselinhaber nicht etwa überhaupt keinen Wechselanspruch, sie haben nur nicht gerade die hier festgesetzten, insbesondere die hier erwähnten Zins- und Provisionsrechte; unter Umständen fehlt ihnen die formelle Legitimation, die sie erst durch Streichungen herstellen müssen, aber auch können (vgl. z. B. Anm. 3 zu Art. 55). In solcher Hinsicht kommt in Betracht der, der den Wechsel eingelöst hat, obwohl er ohne Obligo giriert hat, oder obwohl der Wechsel schon präjudiziert war, oder der, der den Wechsel durch Giro nach Verfall erworben hat (ROHG. 18, 140). — Wer den Wechsel

zum Teil bezahlt hat, hat den Rembursregreß nicht: es besteht nicht etwa ein Mit- Art. 51.
eigentum zwischen diesem und dem Inhaber. Tilgt der Akzeptant den Rest, so erhält Anm. 1.
der gedachte Regreßeinlöser nunmehr den Wechsel (vgl. Anm. 8 zu Art. 39).

2. **Die Beweislast beim Rembursregresse.** Einigkeit herrscht darüber, daß der Wechselgläubiger Anm. 2.
seine formelle Legitimation darzutun hat (hierüber und wie dies geschieht, darüber vgl. zu Art. 36, besonders Anm. 6). Ob damit aber die Beweislast erschöpft oder der Beweis gar so geführt ist, daß ein Gegenbeweis nicht zulässig erscheint, ist streitig. Die herrschende Meinung nimmt an, daß der Besitz des mit dem vorprotestlichen Indossament versehenen Wechsels und des Protestes die Vermutung begründe, der Besitzer habe den Wechsel im Regreßwege eingelöst (OTr. Berlin bei Borchardt Zus. 437 Nr. 1; ROHG. 3, 124; 12, 105; 14, 327; 16, 362; RG. 41, 409).

Mehr als eine solche Vermutung hat allerdings die Rechtsprechung Anm. 3.
nicht angenommen (Rehbein Anm. 10; Dernburg II § 274 Anm. 10). In einzelnen Entscheidungen ist die Zulassung des Gegenbeweises, daß der Wechselinhaber seinen Vormann nicht befriedigt habe, sogar ausdrücklich ausgesprochen worden (ROHG. und OG. Wien bei Borchardt Zus. 438a und c). Es braucht jedoch nicht gerade Barbefriedigung vorzuliegen, vielmehr genügt Belastung bzw. Gutschrift (ROHG. 3, 124).

Die Aufstellung jener Vermutung aber ist wohl gerechtfertigt. Anm. 4.
Lehmann (546) bekämpft die herrschende Ansicht, weil die Entstehung des Regreßanspruchs durch die Tatsache der Einlösung bedingt sei, jeder Kläger aber die Bedingungen seines Anspruchs beweisen müsse. Allein die Wechselordnung hat diesen Rechtsgrundsatz, daß der Kläger stets die Bedingungen seines Anspruchs voll beweisen müsse, schon beim Normalfall, dem vorwärtslaufenden Wechsel, durchbrochen, indem sie sich mit der formellen Legitimation begnügt und dem Beklagten den Beweis auferlegt, daß die außer der formellen noch erforderliche materielle Legitimation, der Wechselbegebungsakt, nicht vorliege (vgl. Anm. 23f zu Art. 36). Aus dem Zusammenhange der wechselrechtlichen Vorschriften muß gefolgert werden, daß hier, beim rücklaufenden Wechsel, das gleiche gelten muß. Wer den Besitz des Wechsels, des Protestes und sein vorprotestliches Indossament aufweisen kann, wird regelmäßig den Wechsel im Regreßwege eingelöst haben und ist deshalb prima facie legitimiert. Der Schuldner, der einwendet, in concreto sei der Wechsel nicht im Wege der Wiedereinlösung in den Besitz des Inhabers zurückgelangt, befindet sich in derselben Lage, wie der Beklagte, der das Fehlen des Begebungsakts behauptet.

Der Wortlaut des Art. 51, auf den Lehmann hinweist, steht dieser Deduktion nicht Anm. 5.
entgegen. Er enthält nur die materielle Vorschrift, daß das dort vorgesehene Wechselrecht dem zusteht, der den Wechsel im Regreßwege eingelöst hat, im Grunde genommen sogar nur eine Vorschrift über die Höhe der Ansprüche des Einlösers. Worin die formelle Legitimation dieses Einlösers zu erblicken ist, und ob sie prima facie zur Klageerhebung genügt, ist vom Gesetze nicht gesagt. Es ist hier die umgekehrte Lücke vorhanden, wie beim vorwärtslaufenden Wechsel. Bei dem letzteren äußert sich die Wechselordnung lediglich über die formelle Führung der Legitimation (Art. 36). Daß außerdem aber die materielle Legitimation, ein gültiger Wechselbegebungsakt, vorhanden sein muß, ist vom Gesetze nicht erwähnt. Hier beim rückläufigen Wechsel ist umgekehrt nur gesagt, daß die materielle Legitimation in der Wiedereinlösung des Wechsels im Regreßwege liegt, die formelle Legitimationsfrage ist gesetzlich nicht geregelt. In beiden Fällen muß durch die Auslegung die Lücke ergänzt werden. Dort beim vorwärtslaufenden Wechsel durch die Anerkennung des Rechtssatzes, daß der Wechselinhaber nicht bloß formell, wie das Gesetz hervorhebt, sondern auch materiell legitimiert sein muß; daß aber der Schuldner einen Mangel in letzter Hinsicht rügen und beweisen muß. Hier beim rückläufigen Wechsel durch die Anerkennung des Rechtssatzes, daß zwar nur der, der den Wechsel im Regreßwege eingelöst hat, zur Erhebung des Regreßanspruchs in der hier bestimmten Art und Höhe berechtigt ist, daß aber die formelle Legitimation schon durch

Art. 51. Anm. 6. den Besitz der legitimierenden Wechselurkunde geführt wird, und daß auch hier der materielle Legitimationspunkt Sache des Einwands ist. — Bemerkt sei noch, daß die Führung des Gegenbeweises dem Kläger nicht etwa notwendig jedes Wechselrecht nimmt (vgl. hierüber oben Anm. 1).

Anm. 6. 3. **Der materielle Inhalt des Rembursregreßanspruchs** ist dahin zu charakterisieren, daß der Gläubiger nur sein ursprüngliches Wechselrecht geltend macht, dessen Geltendmachung infolge der Weiterbegebung durch die Wiedereinlösung bedingt war; er erwirbt nicht etwa durch den Akt der Einlösung das Wechselrecht (PlenEntsch. des ROHG. 24, 1; ebenso RG. 21, 401; weitere Zitate Anm. 6 zu Art. 10).

Anm. 7. 4. **Die Höhe der Rembursregreßforderung.** Diese, die Retourrechnung des rückgreifenden Einlösers, ist der eigentliche Inhalt des vorliegenden Artikels.

a) **Die einzelnen Beträge** sind:

α) Die Summe, die der Wechselgläubiger selbst bezahlt hat. Durch diesen Grundbetrag unterscheidet sich die Rembursregreßsumme von der Regreßsumme, die der letzte Indossatar nach Art. 50 zu fordern hat.

Anm. 8. β) 6% jährlicher Zinsen. Über ihre Natur s. Anm. 4 zu Art. 50. Der Anfangstermin ist hier der Tag der Zahlung. Indes ist die Feststellung des Einlösungstages ohne Bedeutung, da die Wechselsumme jedenfalls vom Verfalltage ab entweder dem letzten protestierenden Inhaber oder seinem Vormanne verzinst werden muß (Dernburg § 274 Anm. 7). Die Zinsen werden von der Grundsumme zu α berechnet, wie das Gesetz vorschreibt.

Anm. 9. γ) Die ihm entstandenen Kosten. S. hierüber Anm. 5 zu Art. 50.

Anm. 10. δ) 1/3% Provision. Siehe Anm. 6 zu Art. 50. Auch die Provision wird von der Grundsumme zu α berechnet (Volkmar-Löwy 191). Auch Bernstein (225) will sie von der gesamten verauslagten Summe zugestehen, doch bemerkt er zutreffend, daß dies nicht üblich ist.

Anm. 11. ε) Über sonstige Ansprüche (Verzugszinsen von den Auslagen, Schadensersatz, Prozeßkosten usw.) s. Anm. 7 und 8 zu Art. 50. Hier ist besonders hervorzuheben, daß der Gläubiger Kosten eines gegen ihn angestellten Prozesses nicht ersetzt verlangen kann (ROHG. 24, 88). Zu den zu ersetzenden Kosten gehören hier die Kosten der nach dem Zahlungsort gesendeten Deckung (Volkmar-Löwy 191).

Anm. 12. b) **Der Kurs.** Der einlösende Regreßnehmer erhält die von ihm gezahlten Beträge zum Sichtkurse seines Wohnorts, weil sein Interesse darin besteht, daß er erhält, was er hat leisten müssen (ROHG. 24, 4); hier gilt der fingierte Rückwechsel (s. Anm. 10 zu Art. 50) als vom Wohnort des einlösenden Regreßnehmers gegeben (J. u. M. Stranz Anm. 4).

Anm. 13. **Zusatz 1. Für die Ansprüche gegen den Akzeptanten** gilt hier das gleiche, wie bei Art. 50. Wenn eine Regreßschuld besteht, haftet der Akzeptant in voller Höhe dieser Regreßschuld auf Grund des Art. 81 solidarisch. Insbesondere kann also in diesem Falle auch eine Provision vom Akzeptanten verlangt werden, und es kommt nicht darauf an, ob der bestehende Regreßanspruch auch erhoben wird. Besteht dagegen ein Regreßanspruch nicht, so entfällt der Provisionsanspruch gegen den Akzeptanten (RG. 41, 127). Vgl. über alles dies Anm. 14—16 zu Art. 50 (s. a. oben Einl.).

Anm. 14. **Zusatz 2. Zuständigkeitsfrage.** Auch hier erledigt sie sich durch die Vorschrift des § 4 Abs. 2 ZPO. (jetzige Fassung), wonach bei Ansprüchen aus Wechseln die Zinsen, die Kosten und die Provision als Nebenforderungen anzusehen sind. Die früheren Streitfragen (vgl. RG. 1, 228; 29, 332; 32, 75) sind hierdurch beseitigt, was Dernburg (II § 274 Anm. 16) übersieht.

Anm. 15. **Zusatz 3. Fremde Rechte.** In Frankreich und Belgien hat der einlösende Vormann die gleichen Ansprüche, wie der protestierende letzte Indossatar; in England ebenfalls, hier jedoch nur, wenn er gezwungenermaßen eingelöst hat, also im Wege der Klage (Späing 169 ff.).

Artikel 52.

Durch die Bestimmungen der Artikel 50 und 51 Nr. 1 und 3 wird bei einem Regreß auf einen ausländischen Ort die Berechnung höherer dort zulässiger Sätze nicht ausgeschlossen. Art. 52.

Der **ausländische Regreßschuldner** hat, wie aus dem vorliegenden Artikel hervorgeht, die im Ausland normierten Sätze zu bezahlen, auch wenn sie höher sind. Diesem Prinzip entsprechend wird er, falls im Ausland geringere Sätze als im Inland zu berechnen sind, die geringeren zu zahlen haben (J. u. M. Stranz Anm. 1). Anm. 1.

Der **ausländische Regreßnehmer** ist beim Regreß auf das Inland an die Sätze der Wechselordnung gebunden (vgl. Bernstein 226: Wechselgericht Stuttgart bei Borchardt Zus. 611). Anm. 2.

Zusatz. Fremde Rechte. In Frankreich, Belgien und England gilt der gleiche Grundsatz, wie bei uns (Späing 171). Anm. 3.

Artikel 53.

Der Regreßnehmer kann über den Betrag seiner Forderung einen Rückwechsel auf den Regreßpflichtigen ziehen. Der Forderung treten in diesem Falle noch die Mäklergebühren für Negozierung des Rückwechsels sowie die etwaigen Stempelgebühren hinzu. Der Rückwechsel muß auf Sicht zahlbar und unmittelbar (a drittura) gestellt werden. Art. 53.

Der vorliegende Artikel gestattet dem Wechselgläubiger, die Regreßforderung **durch Ziehung eines Rückwechsels** einzuziehen. Hier steht ein Rückwechsel **in natura** in Frage. Der Regreßnehmer braucht ihn aber nicht zu ziehen — er ist auch praktisch sehr selten —, da er die Regreßsumme ja auch nach dem Kurs eines fingierten Rückwechsels berechnen darf (vgl. Anm. 10 zu Art. 50 und Anm. 12 zu Art. 51). Einleitung.

1. Der Rückwechsel hat nach gesetzlicher Bestimmung zu lauten über den Betrag der Regreßforderung, wie sie Art. 50 und 51 normieren. Er muß auf Sicht gestellt sein, darf also nicht ein Datowechsel sein. Er muß unmittelbar auf die Person des Regreßpflichtigen, den Retrassaten, und auf dessen Wohnort gezogen sein (a drittura), er darf also nicht domiziliert sein (Volkmar-Löwy 193). Anm. 1.
2. Der Wechsel braucht nicht als Rückwechsel bezeichnet zu werden. Auch brauchen bei seiner Begebung der frühere Wechsel, der Protest, die Retourrechnung usw. nicht mitgegeben zu werden. Geschieht es dennoch, so spricht man von einem Wechsel mit Beilagen. Es empfiehlt sich, auch die Beilagen mitzugeben, weil der Regreßschuldner selbstverständlich nur gegen Aushändigung der gedachten Papiere zu zahlen braucht und daher nur in Verzug gerät, wenn ihm der Rückwechsel mit jenen Papieren präsentiert wird (Volkmar-Löwy 193). Anm. 2.
3. Der Schuldner kann aus dem Rückwechsel natürlich nicht wechselmäßig belangt werden. Denn er ist ja auf demselben lediglich Bezogener. Verweigert daher der Schuldner Zahlung des Rückwechsels, so bleibt dem Regreßgläubiger nichts weiter übrig, als auf den alten Wechsel zurückzugreifen, auf dem der Schuldner als Aussteller oder Indossant figuriert, auf Grund des alten Wechsels schon kann er ihn wegen der durch den Rückwechsel und seine Nichthonorierung entstandenen Kosten mitverklagen, da die Regreßforderung in dieser Weise gestiegen ist (Grünhut Lehrb. § 84; J. u. M. Stranz Anm. 3; a. M. Staub 4. Aufl., der wegen dieser Kosten eine neue Klage verlangt). Anm. 3.

Zusatz. Fremde Rechte. Auch Frankreich, Belgien und England kennen das Institut des Rückwechsels und geben über ihn eingehende Bestimmungen (Späing 171). Anm. 4.

Artikel 54.

Der Regreßpflichtige ist nur gegen Auslieferung des Wechsels, des Protestes und einer quittierten Retourrechnung Zahlung zu leisten verbunden. Art. 54.

Art. 54. **Der Artikel bestimmt, wovon der Regreßpflichtige die Zahlung abhängig machen kann.**
Einleitung. Er behandelt die gleiche Materie, wie Art. 48, nur von einer anderen Seite. Ist dort gesagt, daß der zahlende Schuldner an den Gläubiger wegen der Einlösung sich wendet und Zug um Zug gegen Einlösung die Wechselurkunde verlangen kann, so ist hier gesagt, daß der Gläubiger an den Schuldner herantritt und dieser nur dann zu zahlen braucht, wenn ihm die Wechselurkunden ausgehändigt werden (vgl. Art. 48 Einl.).

Anm. 1. **Der Inhalt des Artikels geht dahin: Der Regreßpflichtige braucht nur gegen Aushändigung von Wechsel, Protest und quittierter Retourrechnung Zahlung zu leisten.**

1. **Der Regreßpflichtige**, also jeder Regreßpflichtige, gleichviel, ob er jener Urkunden selbst bedarf, um weiteren Regreß zu nehmen, oder ob sie für ihn keinen Zweck haben, also z. B. auch der Indossant, dessen Vormänner ohne Obligo giriert haben, auch der Aussteller (OAG. Lübeck bei Borchardt Zus. 615b).

Anm. 2. 2. **Nur gegen Aushändigung** der Wechselurkunden braucht der Regreßpflichtige zu zahlen. Ist der Wechsel abhanden gekommen, so gibt es nach der Ansicht vieler keinen Regreß, auf ein Ausschlußurteil kann er nach diesen nicht gestützt werden. (ROHG. u. AG. Köln bei Borchardt Zus. 671 u. 672; vgl. dagegen unsere Ausführungen zu Art. 73 Anm. 19.) Ist der Protest abhanden gekommen, so kann er durch eine zweite Ausfertigung ersetzt werden (ROHG. 23, 410; OTr. bei Borchardt Zus. 510c), freilich nur dort, wo es nach Landesrecht Protestausfertigungen gibt; letzteres ist jetzt nach richtiger Ansicht für Preußen zu verneinen (J. u. M. Stranz Art. 90 Anm. 3). Diese aber ist Mindesterfordernis; ein anderweiter Beweis der geschehenen Protesterhebung ist kein genügender Ersatz, s. zu Art. 87 — (vgl. jedoch unten Anm. 8 wegen des Akzeptanten).

Anm. 3. 3. **Wechsel, Protest und quittierte Retourrechnung** sind die auszuhändigenden Papiere.

a) Der Wechsel muß intakt sein, d. h. so beschaffen, daß der Regressat alle Wechselrechte gegen seine Vormänner und gegen den Akzeptanten ohne weiteres erheben kann (Thöl § 99 Note a, § 101, § 197 Note 1). Es ist das nicht der Fall, wenn Vorindossamente durchstrichen sind, so daß der Regreß gegen die betreffenden Indossanten weggefallen ist; oder wenn die Regreßpflicht eines Vormannes bereits verjährt ist; auch dann ist dies nicht der Fall, wenn das Akzept durchstrichen ist, selbst wenn nach Versicherung des Regreßnehmers der Akzeptant selbst es durchstrichen haben sollte, so daß es trotz der Durchstreichung gültig wäre, weil die Inanspruchnahme in solchem Falle immerhin mit Weiterungen verbunden ist (zustimmend Bernstein 228); auch dann hindert die Durchstreichung des Akzepts die Regreßnahme, wenn das Akzept nach der Begebung durch den Regressaten auf den Wechsel gesetzt wurde, weil das Akzept allen Wechselverbundenen Rechte gibt, die ihnen durch die Durchstreichung wieder genommen bzw. in Frage gestellt werden. Diese Anschauungen sind vertreten in ROHG. 11, 218; desgleichen in RG. 9, 22, in welchem letzteren Urteil die Regreßpflicht verneint wurde, weil das Akzept durch Verjährung erloschen war. (Vgl. auch KG. in KGBl. 94, 69.) Mit Recht bemerkt aber Bernstein (69), daß, die unveränderte Gültigkeit des Wechsels vorausgesetzt, die Beseitigung einer Wechselunterschrift dann unerheblich ist, wenn sie ohne rechtlichen Wert wäre, z. B. wenn sie gefälscht ist. — Intakt ist er, wenn er auch durch die Kniffe auseinanderfällt (ROHG. 5, 247; vgl. Anm. 15 Art. 76).

Dagegen haftet der Regreßnehmer selbstverständlich nicht für die Echtheit des Akzepts, im Gegenteil haftet der Regressat ihm dafür und muß zahlen, wenn der Trassat nicht zahlt, weil sein Akzept gefälscht sei (AG. bei Borchardt Zus 615a).

Anm. 4. b) Der Protest muß ordnungsmäßig sein. Für den Fall, daß die Protesturkunde verloren gegangen ist, vgl. Art. 90 Anm. 5 und Art. 41 Anm. 5.

Anm. 5. c) Die Retourrechnung muß quittiert sein. Die hier gemeinte Retourrechnung ist die vom Regreßnehmer ausgestellte. In der Praxis wird die Sache anders gehandhabt. **Hier versteht man unter der beizulegenden Retourrechnung die des Vormannes, von** dem der Regreßnehmer den Wechsel im Regreßwege eingelöst hat. Diese letztere ist aber für die materielle Regreßnahme nicht erheblich, sie ist prozessualisch erheblich, um im Wechselprozesse die Auslagen zu belegen. Keinesfalls macht sie die Ausstellung der eigenen quittierten Retourrechnung entbehrlich, da diese eine materielle Voraussetzung der Regreßnahme ist. Der Gerichtsvollzieher darf, wenn er nicht in der Lage ist, diese auszuhändigen, ebensowenig vollstrecken, als wenn er nicht in die Lage versetzt wird, Wechsel und Protest auszuhändigen. Dagegen ist die eigene Retourrechnung zur Klagebegründung nicht erforderlich, ebensowenig wie die Quittierung des Wechsels es ist. Art. 54. Anm. 5.

d) Eine Quittung auf dem Wechsel kann der Regreßschuldner nicht verlangen. Wohl aber kann er dies und nur dies verlangen, wenn er eine Teilzahlung leistet (Bernstein 230); nur sei darauf hingewiesen, daß sich richtiger Ansicht nach hier der Gläubiger Teilzahlungen nicht gefallen zu lassen braucht (Art. 48 Anm. 7).

Zusatz 1 Weitere Bedingungen kann der Regreßpflichtige nicht stellen. Er kann nicht Abtretung von Pfändern verlangen, die seinem Nachmann bestellt oder auf diesen übergegangen sind (ROHG. 24, 20). Denn er tritt nicht in die Rechte des Abgefundenen ein, sondern in sein eigenes Gläubigerrecht (Bernstein 230). Anm. 5a.

Über den Fall, daß **mehrere** Regreßpflichtige zahlen s. J. u. M. Stranz Art. 48 Anm. 6 a. E.

Zusatz 2. Zahlt der Regreßpflichtige ohne Aushändigung dieser Papiere, so kann er auf Auslieferung klagen (vgl. Anm. 5 zu Art. 48). Zahlt er, obwohl diese Papiere nicht in Ordnung sind, so hat er eine Nichtschuld bezahlt und kann auf Rückzahlung klagen (ROHG. bei Borchardt Zus. 603b; Bolze 17 Nr. 309; LG. I Berlin in KGBl. 91, 93; vgl. ROHG. 19, 153). Nach jetzigem bürgerlichen Recht folgt dies aus den §§ 812 u. 814 BGB.; so auch OLG. München vom 5. Dezember 1900 bei Mugdan-Falkmann 2, 43 und RG. 48, 139. Doch kann dies nach der Natur der Sache nur darauf bezogen werden, daß Wechsel und Protest nicht in Ordnung sind. Die Retourrechnung kann ja jederzeit nachgeholt werden. Verpflichtet sich der Regreßpflichtige zur Zahlung ohne Kenntnis von der ungehörigen Protesterhebung, so kann er dies Anerkenntnis gemäß § 812 Abs. 2 BGB. widerrufen. Zahlt der Regreßpflichtige im Falle des Protesterlasses, obwohl der Wechsel nicht gehörig präsentiert worden war (Fall des Art. 42), so greift das gleiche Rückforderungsrecht Platz. Anm. 6.

Zusatz 3. Dem Akzeptanten gegenüber besteht die Aushändigungspflicht hinsichtlich des Wechsels stets (Art. 39). Aber auch die anderen Urkunden müssen ihm ausgehändigt werden, wenn er als Solidarschuldner gemäß Art. 81 auf die ganze Regreßsumme in Anspruch genommen wird. Denn der Solidarverpflichtete kann nur unter denselben Bedingungen in Anspruch genommen werden, wie der Hauptverpflichtete, für dessen Schuld solidarisch gehaftet wird (vgl. Lehmann 559). Für den Fall des Verlustes der Protesturkunde vgl. oben Anm. 4. Anm. 7.

Sonst aber besteht die strenge Aushändigungspflicht nur hinsichtlich des Wechsels, dagegen nicht hinsichtlich der anderen Urkunden, auch wenn ein Protest aufgenommen wurde. Die Zahlung kann nicht von der Aushändigung des Protestes abhängig gemacht werden. (Wenn nach dem Rechte vor dem 1. Oktober 1908 der Akzeptant eines Domizilwechsels als solcher belangt wurde, konnte auch dieser die Zahlung nicht von der Aushändigung des Protestes abhängig machen, vielmehr genügte der Nachweis der gehörigen Protestierung durch andere Beweismittel, — ROHG. 23, 412; anders Lehmann 559). — Die Aushändigung einer quittierten Retourrechnung endlich kann der Akzeptant wohl stets verlangen, wenn Unkosten von ihm verlangt werden. Der Ausstellung einer solchen steht nie etwas im Wege, und die Verpflichtung zu ihrer Ausstellung kann aus Art. 54 unbedenklich auch zugunsten des Akzeptanten gefolgert werden.

Zusatz 4. Scheckgesetz. Auch **beim Scheck** ist der Regreßpflichtige nur gegen Auslieferung des Schecks, der zum Nachweise der rechtzeitigen Vorlegung und der Nicht- Anm. 7a.

Ar. 54. einlösung oder des vergeblichen Versuchs der Vorlegung dienenden Urkunden und einer quittierten Rechnung Zahlung zu leisten verbunden (§ 19 Scheckgesetzes).

Anm. 8. **Zusatz 5. Fremde Rechte.** Frankreich, Belgien und England haben den gleichen Grundsatz (Späing 177).

Artikel 55.

Ar. 55. Jeder Indossant, der einen seiner Nachmänner befriedigt hat, kann sein eigenes und seiner Nachmänner Indossament ausstreichen.

Einleitung. **Der vorliegende Artikel gibt dem einlösenden Vormann das Recht, sein eigenes Giro und das seiner Nachmänner auszustreichen.**

Anm. 1. 1. Die Quelle dieses Rechts ist die Rechtsstellung des einlösenden Vormanns. Er erlangt ja durch die Indossamente kein neues Recht, sondern sein früheres, durch die Begebung bedingt gewordenes Recht wird durch die Einlösung unbedingt (ROHG. 24, 1; RG. 21, 401; weitere Zitate in Anm. 6 zu Art. 10). Daraus folgt ohne weiteres seine Befugnis, die Hindernisse, die der Geltendmachung seines Rechts in der Zwischenzeit entgegenstanden, auch äußerlich zu beseitigen und so auch durch die Form in die Erscheinung zu bringen, daß er sein ursprüngliches Recht geltend macht.

Anm. 2. 2. Der Inhalt des Rechts ist, wie der Artikel sagt, die Durchstreichung der Giros. Juristisch ausgedrückt bedeutet das: er vergibt sich in seinen Rechten nichts, wenn er die Giros durchstreicht, er ist auch nach der Durchstreichung sowohl zur Klage als auch zur Indossierung legitimiert (ROHG. 14, 152; 24, 124; RG. 12, 131; 41, 412). Er ist aber natürlich auch ohne Durchstreichung dazu legitimiert (vgl. Anm. 6 zu Art. 36; RG. 41, 412).

Anm. 3. 3. Zu beachten ist aber, daß alles dies nur gilt von dem im Regreßwege einlösenden Vormann. Wer ohne Protest, etwa vor Verfallzeit, einlöst, muß, um seine Legitimation zur Klage und zur Indossierung herzustellen, die nachfolgenden Indossamente (scil. Vollindossamente) ausstreichen. Er ist sonst laut Wechsel nicht legitimiert (ROHG. 1, 249; 14, 152; RG. 1, 33). Wer den Wechsel durch einen Inkassomandatar hat protestieren lassen, muß, um die Legitimation wieder zu erlangen, sich vom Inkassomandatar ein Nachindossament geben lassen. Wer den Wechsel geschenkt erhält, muß das gleiche tun.

Dagegen findet die Vorschrift auch Anwendung auf den Honoraten, der den Wechsel vom Ehrenzahler einlöst (RG. 12, 131).

Anm. 4. **Zusatz. Fremde Rechte.** In Frankreich, Belgien und England gilt dasselbe, in den ersteren beiden Ländern kraft Handelsgebrauchs (Späing 177).

IX. Intervention.

1. Ehrenannahme.

Artikel 56.

Art. 56. Befindet sich auf einem mangels Annahme protestierten Wechsel eine auf den Zahlungsort lautende Notadresse, so muß, ehe Sicherstellung verlangt werden kann, die Annahme von der Notadresse gefordert werden. Unter mehreren Notadressen gebührt derjenigen der Vorzug, durch deren Zahlung die meisten Verpflichteten befreit werden.

Anm. 1. **Vorbemerkung.** Die Art. 56—65 behandeln das Institut der wechselrechtlichen **Intervention.** Über ihren Begriff s. unten Anm. 2. Die Intervention zerfällt in die **Ehrenannahme** und die **Ehrenzahlung.** Die Art. 56–61 handeln zunächst von der Ehrenannahme.

Der vorliegende Art. 56 handelt von der Verpflichtung des Gläubigers zur Forderung der Ehrenannahme.

1. **Voraussetzung dieser Verpflichtung** ist, daß der Wechsel eine auf den Zahlungsort lautende Notadresse enthält. Art. 56. Anm. 2.

a) **Eine Notadresse.** Sie ist ein auf den Wechsel gesetzter Auftrag zur Intervention.

α) Ein Auftrag zur Intervention. Was bedeutet das? Die Regreßpflichtigen, der Aussteller und die Indossanten übernehmen durch ihre Unterschrift die Haftung dafür, daß der Trassat den Wechsel annehmen und bezahlen werde. Es kann sich nun leicht ereignen, daß der Trassat dies nicht tut. Zur Annahme ist er wechselmäßig gar nicht verpflichtet; zur Zahlung ebenfalls nicht, wenn er nicht akzeptiert hat, und die Zahlung trotz Akzeptation kann er leicht aus Unvermögen, wegen entstandener Differenzen, Nachlässigkeit oder auch aus bösem Willen unterlassen. Es hat aber nun der Regreßpflichtige oft ein Interesse daran, daß der Wechsel in solchem Falle nicht sofort den Regreßweg macht, teils zur Ersparung der Kosten, teils zur Aufrechterhaltung seines geschäftlichen Renommees, das geschädigt werden könnte, wenn ein von ihm garantierter Wechsel Not leidet. Will daher der Regreßpflichtige vermeiden, daß der Wechsel infolge Nichtannahme oder Nichtzahlung durch den Trassaten Not leide, und rückläufig werde, so beauftragt er eine andere Person, im Falle der Nichtannahme oder Nichtzahlung durch den Trassaten, anstatt desselben und in seinem, des Regreßpflichtigen, Interesse die Verpflichtung zu übernehmen und zu erfüllen, für deren Übernahme und Erfüllung durch den Trassaten er wechselmäßig haftet, d. h. er beauftragt ihn, in seinem Interesse den Wechsel zu akzeptieren und zu bezahlen.

β) Auf den Wechsel gesetzt muß der Auftrag sein, damit er eine Notadresse ist. An sich kann der Regreßpflichtige den Auftrag auch auf andere Weise erteilen, mündlich oder durch besonderen Brief, aber ein anderweit erteilter Auftrag ist keine Notadresse im Sinne des Gesetzes. Die Stelle auf dem Wechsel ist nicht vorgeschrieben. Üblich, aber nicht notwendig ist die Stelle unmittelbar unter der Adresse des Bezogenen. Auch die Form ist nicht vorgeschrieben; üblich sind die Wendungen: „falls bei X", „im Falle der Not bei X", „wo im Fall" („à besoin", „à défaut", „al bisogno", „in case of need"). Die Notadresse kann eine Unterschrift tragen, aus der ersichtlich ist, wer Notadressant ist. Trägt sie keine Unterschrift, so ist im Zweifel der Trassant Notadressant (ROHG. 11, 305; Goldschmidt System 4. Aufl. 284; Canstein 311 Anm. 22; abweichend Bernstein 235). Bezeichnet muß eine bestimmte Person sein; keine gültige Notadresse ist: „falls beim Portier des Zentralhotels" (Bernstein 234). Übrigens ergibt sich aus Art. 62, daß die Notadresse auch auf einer Wechselkopie stehen kann. Anm. 3.

γ) Wer kann Notadressant sein? Darüber sagt das Gesetz nichts. Aber aus dem Wesen der Notadresse folgt, daß es nur ein Regreßverpflichteter sein kann, also jeder Indossant (scil. der nicht ohne Obligo giriert hat), der Aussteller auch des trassiert-eigenen Wechsels; nicht aber der Akzeptant, auch nicht der des Domizilwechsels mit benanntem Domiziliaten (in letzterer Hinsicht anders Rehbein Anm. 3; Dernburg II § 275; übereinstimmend jedoch Bernstein 233; Lehmann 473). Im Zweifel ist es der Aussteller (oben Anm. 3). Die Ehrenannahme zugunsten einer nicht regreßpflichtigen Person ist begriffswidrig und deshalb nichtig.[1]) Mit Unrecht will Lehmann (473) sie aufrechterhalten zugunsten der nächsten regreßpflichtigen Person; denn in deren Interesse ist sie nicht abgegeben; die Person aber, in deren Interesse sie allein abgegeben ist, indem sie als regreßpflichtig vorausgesetzt wurde, ist nicht regreßpflichtig, hat daher kein Interesse an der Intervention. Es kann aber nicht zugegeben werden, daß das Ehrenakzept, wenn es auch dem Honoraten nichts nützt, Anm. 4.

---

[1]) Ist der Wechsel präjudiziert und erfolgt trotzdem eine Ehrenannahme, so ist sie nichtig (ROHG. 24, 126; Rehbein Anm. 2; Bernstein 233; Dernburg II § 275; Volkmar-Löwy 197).

Art. 56. Anm. 4. eine hinlänglich deutliche Verpflichtungserklärung gegenüber den Nachmännern dieser Person ist. Das ist nur die Rechtsfolge einer gültigen Ehrenannahme, welche wegfällt, wenn die Ehrenannahme selbst wegen des Nichtvorhandenseins ihrer gesetzlichen Voraussetzungen nicht gültig ist (zustimmend Bernstein 242). Wenn der Indossant sich selbst als Notadresse auf den Wechsel setzt, so besagt dies nur, er wolle, falls der Bezogene nicht zahlt, zu Ehren seines eigenen Giros den Wechsel einlösen und verlange, daß dieser ihm nach Maßgabe des Art. 62 vorgelegt werde (Intervention „zu eigenen Ehren"; RG. 36, 103 u. 104).

Anm. 5. d) Wer kann Notadressat sein? Jeder Dritte, aber auch Personen, die bereits im Wechselverbande stehen: Indossanten (ROHG. 10, 286; RG. 36, 103; Grünhut Hdb. II § 133), auch der Aussteller, der also auch eine Notadresse auf sich selbst auf den Wechsel setzen kann (Intervention zu eigenen Ehren, ROHG. 20, 164 und RG. 36, 103), auch der Domiziliat, ja sogar auch der Trassat, indem es durchaus nicht begriffswidrig erscheint, ihn zu beauftragen, wenn er nicht das einfache Akzept geben oder einfach als Trassat bezahlen wolle, doch wenigstens als Ehrenakzeptant oder als Ehrenzahler aufzutreten, also mit der beschränkteren Wirkung des Art. 60 (Bernstein 233; Dernburg II § 275; OG. Wien bei Peitler Nr. 28; dagegen Grünhut Hdb. II § 133).

Begrifflich sind Akzeptant und Aussteller des eigenen Wechsels ausgeschlossen, da sie Hauptwechselschuldner sind (J. u. M. Stranz Anm. 9). — Über den Fall, daß der Indossant sich selbst als Notadresse bezeichnet, siehe Anm. 4 a. E.

Anm. 6. b) **Auf den Zahlungsort** muß die Notadresse lauten. Hinsichtlich der Frage, wann die Ortsangabe bei der Notadresse und die Angabe des Zahlungsorts auf dem Wechsel identisch sind, s. Anm. 47 u. 48 zu Art 4, hinsichtlich einer die Notadresse betreffenden Frage namentlich Anm. 48 daselbst. Insbesondere ist durch die Protestnovelle (Art. 91a) der vorliegende Artikel hinsichtlich einer auf den Zahlungsort lautenden Notadresse nicht berührt (vgl. Art. 4 Anm. 48 letzter Absatz). Enthält die Notadresse keine Ortsangabe, so ist sie nicht nichtig, sondern es gilt nach der zutreffenden Rechtsprechung des ROHG. der Zahlungsort des Wechsels als Ort der Notadresse (ROHG. 11, 301). Enthält die Notadresse die Angabe eines andern Orts als des Zahlungsorts, so ist sie keine Notadresse im Sinne des Gesetzes und braucht nicht beachtet zu werden.

Eine zusätzliche Bestimmung enthält der § 7 der Verordnung vom 5. März 1849 für Hamburg und der § 10 des Gesetzes vom 13. Mai 1867 für Schleswig-Holstein, wonach Hamburg und Altona in bezug auf die Ortsangabe bei der Notadresse als **ein** Ort gelten sollen. Diese Bestimmungen sind aufrechterhalten (vgl. Allg. Einl. Anm. 5).

Anm. 7. 2. **Der Inhalt der Verpflichtung und die Rechtsfolgen ihrer Nichterfüllung und Erfüllung.**

a) Der Gläubiger muß, wenn der Wechsel eine Notadresse hat, die Akzeptierung nicht bloß vom Trassaten, sondern auch vom Notadressaten zu erlangen suchen.

Verweigert der Trassat die Akzeptation, so muß der Gläubiger bei diesem Protest mangels Annahme erheben lassen und sich nunmehr an den Notadressaten wenden. Verweigert auch der Notadressat die Annahme, so muß er auch bei diesem Protest mangels Annahme erheben lassen. Als Verweigerung gilt hierbei auch das beschränkte Akzept, da Art. 22 Abs. 1 sich nur auf das eigentliche Akzept, nicht auf die Ehrenannahme bezieht.

Anm. 8. b) Unterläßt der Gläubiger den Protest gegen den Notadressaten, so verliert er den Regreß auf Sicherstellung wegen nicht erfolgter Annahme gegen den Notadressanten und dessen Nachmänner, ebenso auch gegen die Vormänner des Notadressanten (a. M. Staub 4. Aufl. hinsichtlich der Vormänner). Das Recht auf Sicherstellung gegen diese bleibt bestehen trotz Unterlassung des Protestes gegen den Notadressaten. Wegen des **Akzeptanten** s. **Anm.** 3 **zu Art.** 62.

c) Hat aber der Gläubiger den Protest gegen den Notadressaten erhoben, **Art. 56.** so hat er sich dadurch den Regreß gegen den betreffenden Honoraten gesichert. Auch Anm. 9. den Regreß gegen die Hintermänner desselben hat er sich dadurch gesichert, den letzteren jedoch nicht immer ohne weiteres, indem im Falle mehrerer Notadressen unter Umständen weitere Protestpflichten hinzutreten (vgl. unten Anm. 10).

3. **Besonderes gilt für den Fall, daß mehrere Notadressen vorhanden sind.** Die Frage ist: Anm. 10. muß der Wechselgläubiger alle Notadressen angehen und eventuell in welcher Reihenfolge? Die erstere Frage ist zu bejahen, doch nur in gewissem Sinne. Er muß alle Notadressen angehen und gegen alle protestieren, wenn er sich alle Regreßrechte, d. h. die Regreßrechte gegen alle Notadressanten und deren Hintermänner, wahren will (ROHG. 11, 297; AG. Nürnberg und OAG. Lübeck bei Borchardt Zus. 623 u. 626b; Lehmann 567). Aus folgendem Beispiele erklärt und begründet sich dies. Gesetzt, sowohl der Aussteller und erste Indossant, als auch der zweite, ferner der vierte und endlich der fünfte Indossant hätten Notadressen auf den Wechsel gesetzt. Bezeichnet man die gedachten Adressanten mit A, B, C und D, die Notadressaten mit a, b, c und d, so muß der Wechselgläubiger, um sich den Regreß gegen den Aussteller A zu erhalten, bei a Protest erheben. Der Regreß gegen B und dessen sämtliche Nachmänner wäre aber damit noch nicht gesichert. Denn wenn er den Protest gegen b unterließe, so würde hierdurch der Regreß gegen B und dessen Nachmänner erlöschen, trotz des gegen a bereits erhobenen Protestes. Aus dem gleichen Grunde ist zur Erhaltung des Regresses gegen C der Protest gegen a, b und c notwendig, der Protest gegen a wäre aus doppeltem Grunde nicht genügend, weil durch Unterlassung des Protestes gegen b der Indossant B und dessen Hintermänner, zu denen auch C gehört, vom Regreß befreit würden, und weil durch Unterlassung des Protestes gegen c der Indossant C befreit würde. Aus dem letzteren Grunde würde auch ein Protest gegen a und b zur Erhaltung des Regresses gegen C nicht genügen. Zur Erhaltung des Regresses gegen D ist aus diesem Grunde Protest gegen a, b, c und d erforderlich. Alles in allem ist der Satz gerechtfertigt: Zur Erhaltung des Regresses gegen alle Regreßverpflichteten ist der Protest gegen alle Notadressaten erforderlich.

Die zweite Frage, ob der Wechselgläubiger eine bestimmte Reihenfolge beobachten muß, ist richtiger Ansicht nach zu verneinen. Es folgt dies schon daraus, daß er, wenn er sich nicht gerade alle Regreßrechte wahren will, auch nicht gegen alle Notadressaten zu protestieren braucht.

Aber auch dann, wenn er sich den Regreß gegen alle wahren will, kann er eine beliebige Reihenfolge beachten. Er braucht nicht, wie Goldschmidt (System 285) aus dem vorliegenden Artikel folgert, zuerst die Notadressen anzugehen, durch deren Zahlung die meisten Regreßverpflichteten befreit werden. Es kann auch nicht der spätere Adressat die Annahme ohne Schaden für den Regreßverpflichteten verweigern, weil nicht der frühere zunächst angegangen sei (so mit Unrecht Lehmann 527), und es kann umgekehrt nicht der frühere Notadressat die Annahme ohne Schaden für den Regreßverpflichteten verweigern, weil er nicht zuerst angegangen sei. (Übereinstimmend Volkmar Löwy 206; Bernstein 234; Dernburg II § 275.) Vielmehr kann der Wechselgläubiger zunächst auch einen späteren Notadressaten angehen, und wenn er gegen diesen protestiert hat, gegen den früheren Notadressaten Protest erheben lassen. Es kann ferner der Wechselgläubiger, wenn er ein Akzept von einem späteren Notadressaten erlangt hat, auf Grund einer zweiten Ausfertigung des gegen den Trassaten erhobenen Protestes auch noch die früheren Notadressaten um Annahme angehen, eventuell Protest gegen sie erheben lassen und sich so den Regreß auf Sicherstellung gegen den früheren Notadressanten und dessen Hintermänner sichern (Lehmann 528).

Der Satz des vorliegenden Artikels, daß unter mehreren Notadressen derjenigen der Vorzug gebühre, durch deren Zahlung die meisten Regreßverpflichteten befreit werden, ist vielmehr zu Lasten der Notadressaten aus-

Art. 56. gesprochen. Er bedeutet: Wird akzeptiert von einem Notadressaten, der weniger Regreß-
Anm. 10. verpflichtete befreit hätte, so bewirkt dies, daß ihm der Regreß fehlt gegen die Vormänner, die der frühere Notadressat durch seine Zahlung befreit hätte (Dernburg § 275 Anm. 5; Thöl § 141 Anm. 13). Diese Auffassung der Gesetzesworte wird bestätigt durch Art. 64.

Anm. 11. **Zusatz 1. Gelingt es dem Gläubiger, von dem Notadressaten die Annahme des Wechsels zu erlangen,** so entsteht dadurch ein selbständiges Rechtsverhältnis, das in den Artikeln 58 ff. erörtert wird.

Anm. 12. **Zusatz 2. Auch der Regreß wegen Unsicherheit ist davon abhängig,** daß zunächst bei der Notadresse Sicherstellung nachgesucht wird (Art. 29).

Anm. 13. **Zusatz 3. Fremde Rechte.** Über Notadresse und Ehrenannahme gelten nach französischem und belgischem Recht ähnliche Vorschriften, wie bei uns. Die Ehrenannahme kann in Frankreich und Belgien nur durch Personen erfolgen, die nicht Wechselschuldner sind, also auch durch den Trassaten. Das gleiche gilt in England (sect. 66—68), aber mit der Maßgabe, daß es in der beliebigen Wahl des Inhabers steht, sich an die Notadressen zu halten oder nicht (Späing 178 ff.).

Aus der russischen WO. sind namentlich die Vorschriften in den Art. 60—66, 105—110 zu diesem Abschnitt zu vergleichen.

Artikel 57.

Art. 57. Die Ehrenannahme von seiten einer nicht auf dem Wechsel als Notadresse benannten Person braucht der Inhaber nicht zuzulassen.

Der vorliegende Artikel beschäftigt sich mit dem Erbieten zur Ehrenannahme ohne Notadresse (ungerufene Ehrenannahme).

Anm. 1. 1. Die Vorschrift ergibt, daß die Ehrenannahme eine Notadresse begrifflich nicht voraussetzt.

Anm. 2. 2. Der Ehrenakzeptant ohne Notadresse kann außerhalb des Wechselverbandes stehen oder auch im Wechselverbande. Im letzteren Falle kann es jeder sein, der auch Notadressat sein könnte (vgl. daher Anm. 5 zu Art. 66), also auch der Trassat, nicht aber auch der Aussteller oder der Akzeptant (Kreis 71).

Anm. 3. 3. Aber nach der Vorschrift des vorliegenden Artikels braucht sich der Wechselgläubiger auf eine Ehrenannahme ohne Notadresse nicht einzulassen. Das bedeutet: er kann ein solches Erbieten zurückweisen, ohne dadurch seinen Regreß auf Sicherstellung mangels Annahme gegen den Regreßpflichtigen, zu dessen Ehre die Annahme angeboten wurde, und dessen Hintermänner zu verlieren (anders bei der Ehrenzahlung — Art. 62 letzter Satz). Läßt er aber die Ehrenannahme zu, so tritt die Rechtsfolge des Art. 61 ein.

Anm. 4. **Zusatz. Fremde Rechte.** Aus dem in Anm. 13 zu Art. 56 Gesagten folgt, daß nach französischem und belgischem Recht der Inhaber eine Akzeptation nicht deshalb zurückweisen darf, weil die Person auf dem Wechsel als Notadresse nicht benannt ist; für das englische Recht folgt aus dem dort Gesagten, daß der Inhaber zu einer solchen Ehrenannahme seine Zustimmung erteilen muß, weil ja jede Ehrenannahme nur mit seiner Zustimmung gültig ist (Späing 181).

Artikel 58.

Art. 58. Der Ehrenakzeptant muß sich den Protest mangels Annahme gegen Erstattung der Kosten aushändigen und in einem Anhange zu demselben die Ehrenannahme bemerken lassen. Er muß den Honoraten unter Übersendung des Protestes von der geschehenen Intervention benachrichtigen und diese Benachrichtigung mit dem Protest innerhalb zweier Tage nach dem Tage der Protesterhebung zur Post geben. Unterläßt er dies, so haftet er für den durch die Unterlassung entstehenden Schaden. Art. 58.

Der vorliegende Artikel macht dem Ehrenakzeptanten ein bestimmtes Verhalten gegenüber dem Honoraten zur Pflicht.

1. Er muß sich den Protest mangels Annahme aushändigen lassen. „Gegen Erstattung der Kosten", sagt das Gesetz. Diese Worte enthalten indessen keine Pflicht gegenüber dem Honoraten, sondern gegenüber dem Wechselgläubiger, und bringen in dieser sprachwidrigen Weise zum Ausdruck, daß der Wechselgläubiger nur gegen Zahlung der Kosten den Protest auszuhändigen braucht. Der Anhang zum Proteste, der hier erwähnt ist, kommt in der Praxis selten vor. Vielmehr wird meist in den Hauptprotest die Erklärung aufgenommen, es habe der Ehrenakzeptant die Erklärung abgegeben: „ich interveniere" oder: „ich leiste Ehrenannahme". Dieser Vermerk ist nur eine Ordnungsvorschrift; die Gültigkeit des Ehrenakzepts beruht auf der Unterschrift im Wechsel selbst (s. auch unten Anm. 1 zu Art. 59). — Vgl. noch über die äußere Form der Beurkundung Art. 88 Anm. 52. Anm. 1.
2. Die Verpflichtung zur Notifikation und Übersendung innerhalb zweier Tage vom Tage der Protesterhebung. Davon, daß der Honorat ortsmäßig bezeichnet sein müsse, ist die Notifikationspflicht hier nicht abhängig (Bernstein 239). Anm. 2.
3. Nichterfüllung dieser Verpflichtung zieht Haftung für Schadensersatz nach sich (über den Inhalt des Anspruches gilt Entsprechendes, wie in Art. 49 Anm. 12). Diese Haftung besteht gegenüber dem Honoraten und dessen Nachmännern (Bernstein 239). Nach zutreffender Ansicht ist diese Haftung keine wechselrechtliche, kein Anspruch aus dem Wechsel (ebenso Bernstein 239; a. M. Staub 4. Aufl.). Die Haftung entspringt aus den Unterlassungen des Ehrenakzeptanten und ist daher auch nicht im Wechselprozesse geltend zu machen. Anm. 3.

Zusatz 1. Die Ehrenannahme erzeugt keine Rechte gegenüber dem Honoraten. Die Rechte des Ehrenakzeptanten gegenüber dem Honoraten sind zivilrechtlicher Natur. Anm. 4.

Zusatz 2. Fremde Rechte. Die Notifikationspflicht (nicht auch die Übersendungspflicht) besteht auch in Frankreich und Belgien, dagegen nicht in England (Späing 182). Anm. 5.

Artikel 59.

Wenn der Ehrenakzeptant unterlassen hat, in seinem Akzepte zu bemerken, zu wessen Ehren die Annahme geschieht, so wird der Aussteller als Honorat angesehen. Art. 59.

Der vorliegende Artikel gibt eine Auslegungsvorschrift über die Fassung des Ehrenakzepts. Es empfiehlt sich jedoch, in der Erläuterung des Artikels zunächst die formellen Erfordernisse des Ehrenakzepts zu erörtern. Einleitung.

I. **Zu den formellen Erfordernissen des Ehrenakzepts** gehört: Anm. 1.

1. **Die Stelle,** wo sich das Ehrenakzept befinden muß. Es muß sich befinden auf dem Wechsel oder einer Kopie (Art. 62), es genügt nicht die Akzeptation im Proteste oder die dahingehende Erklärung dort (Volkmar-Löwy 212; s. auch Art. 58 Anm. 1). Die Stelle auf dem Wechsel oder der Kopie aber ist unerheblich (Rückseite oder Vorderseite usw.). Üblich aber ist die Akzeptation im örtlichen Anschluß an die Notadresse.
2. **Die Fassung** muß so beschaffen sein, daß sich die Ehrenannahme als solche zu erkennen gibt, da die Präsumtion des Art. 21 Abs. 2 und 3 hier nicht gilt (Lehmann 472), und zwar aus dem Wechsel selbst, die Heranziehung des Protestes ist unzulässig (Bernstein 242). Eine bestimmte Form der Fassung aber ist nicht vorgeschrieben. Insbesondere ist zwar üblich, aber, wie sich aus dem vorliegenden Artikel ergibt, nicht notwendig die Fassung „zu Ehren". Andre Fassungen: „unter Protest", „s. p." (sopra pot.), „per Anm. 2.

Art. 59. Anm. 2. onor." Die Akzeptation durch den Notadressaten wird ohne weiteres als Ehrenakzeptation gelten dürfen, dagegen müßte die Ehrenakzeptation durch einen Dritten, der nicht Notadressat ist, schon deutlicher sein.

Anm. 3. II. **Die Auslegungsvorschrift des vorliegenden Artikels** bezieht sich auf den Fall, daß der Ehrenakzeptant es unterlassen hat, zu bemerken, zu wessen Ehren er interveniert. Die Vorschrift setzt voraus, daß es im übrigen klar ist, daß es eine Ehrenakzeptation ist. Sie bewirkt, daß der Aussteller als Honorat gilt, auch wenn im übrigen ersichtlich wäre, daß eine andere Person der Honorat sein soll, wenn z. B. der Protest dies ersichtlich macht (Volkmar-Löwy 213), oder wenn das Akzept von dem Notadressaten eines späteren Indossanten herrührt, so daß bei ungezwungener Auslegung anzunehmen wäre, daß dieser der Honorat sein soll. Es handelt sich nicht um eine subsidiäre Auslegungsvorschrift, sondern um eine Fiktion (zustimmend Bernstein 240). Der Ehrenakzeptant kann also in diesem Falle nach Einlösung gegen keinen der Indossanten wechselrechtliche Regreßansprüche erheben.

Anm. 4. **Zusatz. Fremde Rechte.** Nach französischem und belgischem Recht werden in gleichem Falle die sämtlichen Regreßpflichtigen als Honoraten angesehen, nach englischem Recht der Aussteller wie nach deutschem Recht (Späing 183).

Artikel 60.

Art. 60. **Der Ehrenakzeptant wird den sämtlichen Nachmännern des Honoraten durch die Annahme wechselmäßig verpflichtet. Diese Verpflichtung erlischt, wenn dem Ehrenakzeptanten der Wechsel nicht spätestens am dritten Werktage nach dem Zahlungstage zur Zahlung vorgelegt wird.**

Einleitung. a) Der § 1 IV des Protestgesetzes hat hinsichtlich der Art. 60 und 62 folgende Neuerungen gebracht:

„Im Art. 60 Satz 2 und im Art. 62 Satz 1 werden die Worte ‚am zweiten Werktage' durch die Worte ‚am dritten Werktage' ersetzt."

Aus Handelskreisen war nämlich darauf hingewiesen worden, daß es bei Wechseln mit einer größeren Zahl von Notadressen unter Umständen erhebliche Schwierigkeiten mache, den Wechsel innerhalb der bezeichneten Frist bei allen Beteiligten zu präsentieren und zu protestieren. Das Gesetz verlängert deshalb die Frist für die Präsentation und Protesterhebung bei Ehrenakzeptanten und Notadressen um einen Tag (Begründung S. 18). Der Vorentwurf hatte diese Bestimmung noch nicht, die erst in der Regierungsvorlage enthalten war.

b) **Der vorliegende Artikel enthält die Vorschrift, wem der Ehrenakzeptant verpflichtet wird** (Satz 1), **und was zur Ausübung des dieser Verpflichtung entsprechenden Rechts erforderlich ist** (Satz 2). Es empfiehlt sich jedoch, im Anschluß hieran im Zusammenhange darzustellen: 1. den Rechtscharakter der Verpflichtung, 2. ihren Umfang, 3. die Erfordernisse der Rechtsausübung, 4. die Verteidigung des Ehrenakzeptanten, 5. die Dauer seiner Verpflichtung, 6. die Unzulässigkeit mehrerer Ehrenakzepte.

Anm. 1. 1. **Der Rechtscharakter der Verpflichtung des Ehrenakzeptanten.** Die Ehrenannahme charakterisiert sich als **eine Art der Wechselregreßübernahme.** Der Ehrenakzeptant ist kein wirklicher Akzeptant, er ist Wechselregreßschuldner. So auch die herrschende Meinung (Volkmar-Löwy 215; Rehbein Anm. 6; Dernburg II § 275; Bernstein 241; J. u. M. Stranz Anm. 5 u. 6; a. M. Staub 4. Aufl., Cosack § 55 II, sowie Grünhut Lehrb. § 88 und Hdb. II § 138, die den Ehrenakzeptanten als wirklichen Akzeptanten auffassen). Staub mußte aber selbst anführen: der Ehrenakzeptant haftet den Honoraten und den Vormännern nicht; der Wechsel ist ihm, wie einem Regreßpflichtigen, binnen zwei Tagen vorzulegen; die Bereicherungsklage aus Art. 83 ist gegen ihn nicht zulässig; der Ehrenzahler tritt in die Rechte des Inhabers gegen den Honoraten, dessen Vormänner und den Akzeptanten ein. Alles dies ergibt die Natur der Ehrenannahme als einer Wechselregreßschuld. Es sind noch folgende begriffliche Unterscheidungsmerkmale zwischen Akzept und Ehrenakzept hervorzuheben: **Art. 60.** Anm. 1.

a) die Ehrenannahme setzt das Notleiden des Wechsels voraus;

b) die Adresse muß beim ordentlichen Akzept vom Aussteller herrühren, während auch der Indossant eine Notadresse auf den Wechsel setzen darf;

c) das Ehrenakzept kann auf eine Kopie gesetzt werden, das echte nicht;

d) wer Duplikate akzeptiert, haftet mehrfach; diese mehrfache Haftung trifft nicht den Ehrenakzeptanten (Art. 67 Anm. 7);

e) der Akzeptant haftet allen Wechselgläubigern, der Ehrenakzeptant aber nur den Nachmännern des Honoraten, übernimmt also nur als dessen Vertreter dessen Verpflichtungen.

2. **Der Umfang der Verpflichtung.** Anm. 2.

a) Wem haftet der Ehrenakzeptant? Den Nachmännern des Honoraten, sagt unser Artikel. Das ergibt sich aus dem Wesen der Ehrenannahme. Seine Haftung soll nicht weitergehen, als der Zweck der Intervention, die Vermeidung des Regresses gegen den Honoraten, es erheischt. Daraus folgt zugleich, daß er dem Honoraten selbst nicht haftet, und ferner daß er den Vordermännern des Honoraten nicht haftet.

b) Wofür haftet der Ehrenakzeptant? Für Wechselsumme, Kosten, sonstige Auslagen, Zinsen, nicht auch für die Provision; für diese nur dann, wenn auch der Akzeptant die Provision zu zahlen hat. Lehmann (474) legt ihm auch die Verpflichtung auf, Kaution zu stellen, wenn er unsicher wird. Doch erscheint es gewagt, den Artikel 29 analog anzuwenden. Anm. 3.

3. **Die Bedingung der Rechtsausübung gegen den Ehrenakzeptanten.** Diese Bedingung ist in Satz 2 des vorliegenden Artikels enthalten: zur Ausübung der Rechte gegen den Ehrenakzeptanten ist die Vorlegung des Wechsels innerhalb dreier Werktage (vor dem 1. Oktober 1908 zweier Werktage, vgl. Einl.) erforderlich. Die Vorschrift ist vergleichbar der Vorschrift des Art. 41, laut welchem als Bedingung der Ausübung des Regresses gegen die Regreßpflichtigen Präsentation und Protesterhebung innerhalb zweier Tage gilt. Die Ähnlichkeit beider Vorschriften wird dadurch nicht beeinträchtigt, daß hier die Fassung lautet: „Die Verpflichtung erlischt, wenn" usw. Auch aus dieser Vorschrift darf man auf die gesetzliche Auffassung schließen, daß die Ehrenannahme eine Regreßschuld ist (vgl. oben Anm. 1). Anm. 4.

Nur die Präsentation, nicht auch die Protesterhebung gehört zur Ausübung des Rechts gegen den Ehrenakzeptanten. Daher kann die Präsentation auch im Wechselprozesse durch Eideszuschiebung bewiesen werden (§ 605 ZPO.). Wird Protest aufgenommen, so ist wegen der äußeren Form zu vergleichen Art. 88 Anm. 52.

Nicht zu verwechseln ist hiermit die Vorschrift des Art. 62, die als Vorbedingung des Regresses gegen die Regreßpflichtigen den Protest auch gegen den Ehrenakzeptanten erfordert. Darin liegt allerdings ein mittelbarer Zwang zur Protesterhebung, wie Bernstein (244) zutreffend bemerkt.

4. **Die Verteidigung des Ehrenakzeptanten.** Einreden aus der Person des Honoraten stehen dem Ehrenakzeptanten nicht zur Seite (Volkmar-Löwy 215; Rehbein Anm. 6), abgesehen davon, daß die Regreßschuld des Honoraten zur Zeit der Ehrenannahme bereits präjudiziert war, also keine Regreßschuld vorlag (vgl. J. u. M. Stranz Anm. 8 u. 10). Durch spätere Präjudizierung der Regreßverpflichtung erlischt die Verpflichtung des Ehrenannehmers nicht (anders Volkmar-Löwy und Rehbein ebenda). Anm. 5.

5. **Die Dauer der Verpflichtung des Ehrenannehmers** ergibt sich aus dem Rechtscharakter der Ehrenannahme von selbst. Da es eine Regreßschuld ist, verjährt sie in 3 Monaten Anm. 6.

Art. 60. (anders, von ihrem Standpunkte aus — vgl. oben Anm. 1 — Staub 4. Aufl., Cosack,
Anm. 6. Grünhut, nach denen sie als Wechselakzeptation in 3 Jahren verjährt). Irrig ist die Auffassung Lehmanns (574), daß, da die Verpflichtung des Ehrenakzeptanten innerhalb 3 (früher 2) Tagen erlischt, wenn ihm der Wechsel nicht vorgelegt wird, eine Verjährungsfrist gar nicht in Frage kommt. Denn die Vorlegung innerhalb zweier Tage ist eine Bedingung der Ausübung der Rechte gegen den Ehrenakzeptanten. Ist diese Bedingung erfüllt, so ist das Recht gewahrt, und von nun an läuft die Verjährung. Oder soll die Verpflichtung nunmehr ewig dauern?

Anm. 7. 6. **Mehrere** Ehrenakzepte sind unzulässig. Es fehlt schon das Mittel, mehrere zu beschaffen; denn jeder Ehrenakzeptant kann die Aushändigung des Protestes verlangen, und es ist nur ein einziger vorhanden. Dagegen ist eine gemeinschaftliche Ehrenannahme mehrerer zulässig (Volkmar-Löwy 212; Rehbein Anm. 5).

Anm. 8. **Zusatz. Fremde Rechte.** Nach französischem und belgischem Recht haftet der Ehrenakzeptant solidarisch mit dem Honoraten; nach englischem Recht haftet er dem Inhaber und allen Nachmännern des Honoraten (Späing 184).

Artikel 61.

Art. 61. Wenn der Wechsel von einer Notadresse oder einem anderen Intervenienten zu Ehren angenommen wird, so haben der Inhaber und die Nachmänner des Honoraten keinen Regreß auf Sicherstellung. Derselbe kann aber von dem Honoraten und dessen Vormännern geltend gemacht werden.

Der vorliegende Artikel schreibt vor, welche Rechtsfolge die erzielte Ehrenannahme auf das Recht auf Sicherstellung mangels Annahme hat.

Anm. 1. 1. Die Rechtsfolge der erfolgten Ehrenannahme ist die, daß der letzte Inhaber und die Nachmänner des Honoraten kein Recht auf Sicherstellung haben. Durch Entgegennahme der Ehrenannahme haben die Nachmänner des Honoraten erklärt, daß sie mit diesem Surrogat der Sicherstellung einverstanden sind, aber auch nur die Nachmänner des Honoraten, nicht auch der Honorat selbst und ebensowenig seine Vormänner, wie dies das Gesetz im zweiten Satze ausdrücklich hervorhebt.

Anm. 2. 2. Gleichgültig ist, ob die Ehrenannahme von einem Notadressaten geleistet ist oder von einem Dritten. Die Zulassung der letzteren beruht ja auf dem freien Willen der Indossatare (Art. 57).

Anm. 3. 3. Die Gesetzesworte, daß der Inhaber und die Nachmänner des Honoraten keinen Regreß auf Sicherstellung haben, bedürfen nach zweierlei Richtung noch der Erläuterung.

a) Sie gehen, wie aus der allgemeinen Wendung folgt, des Regresses allgemein verlustig, nicht nur gegen den Honoraten und dessen Nachmänner (dieser Ansicht Staub 4. Aufl.; Lehmann 525; Rehbein Anm. 7), sondern auch gegen die Vormänner des Honoraten (ebenso Bernstein 245; Grünhut Lehrbuch § 88 Anm. 15 u. 22). Dies folgt, abgesehen vom Wortlaut, auch aus der Natur der Sache. Denn wer einen Wechsel mit einer Notadresse erwirbt oder eine ungerufene Ehrenannahme zuläßt, erklärt damit, daß er das Ehrenakzept als ebenso sicher bemesse, wie das ordentliche, und hat daher keinen Anlaß, Sicherstellung zu verlangen (J. u. M. Stranz Anm. 2; vgl. auch oben Art. 56 Anm. 8).

Anm. 4. b) Sie gehen, wie der allgemeine Wortlaut des Art. 61 ergibt, des Regresses auf Sicherstellung sowohl mangels Annahme als auch wegen Unsicherheit aus Art. 29 verlustig (anders in letzter Beziehung Staub 4. Aufl. und Lehmann 525).

Anm. 5. **Zusatz. Fremde Rechte.** Nach belgischem und französischem Recht behält ungeachtet jeder Ehrenannahme der Wechselinhaber seine sämtlichen, aus der Nichtannahme seitens des Bezogenen herrührenden Rechte, also auch das Sicherstellungsrecht gegen den Aussteller und die Indossanten, während nach englischem Recht das Rückgriffsrecht gegenüber dem Honoraten und denjenigen, denen dieser haftet, verloren geht (Späing 184). Im übrigen vgl. Meyer 86 f. Art. 61. Anm. 5.

2. Ehrenzahlung.

Artikel 62.

Befinden sich auf dem von dem Bezogenen nicht eingelösten Wechsel oder der Kopie Notadressen oder ein Ehrenakzept, welche auf den Zahlungsort lauten, so muß der Inhaber den Wechsel spätestens am dritten Werktage nach dem Zahlungstage den sämtlichen Notadressen und dem Ehrenakzeptanten zur Zahlung vorlegen und den Erfolg im Proteste mangels Zahlung oder in einem Anhange zu demselben bemerken lassen. Unterläßt er dies, so verliert er den Regreß gegen den Adressanten oder Honoraten und deren Nachmänner. Weist der Inhaber die von einem anderen Intervenienten angebotene Ehrenzahlung zurück, so verliert er den Regreß gegen die Nachmänner des Honoraten. Art. 62.

a) Über die Änderung durch das Protestgesetz („dritten" statt „zweiten" Werktag) vgl. Einl. a zu Art. 60. Einleitung.

b) **Der vorliegende Artikel regelt das beim Vorhandensein von Notadressen oder eines Ehrenakzepts zum Zwecke der Wahrung des Zahlungsregresses vom Wechselinhaber einzuhaltende Verfahren** (Satz 1 u. 2). Den Schluß bildet eine materielle Vorschrift beim Zahlungsangebot seitens eines Dritten. (Satz 3.)

1. **Beim Vorhandensein von Notadressen oder eines Ehrenakzepts** (inkorrekt wäre es, von Ehrenannahmen zu sprechen; s. auch Art. 59 Anm. 7) ist das hier vorgeschriebene Verfahren einzuschlagen. Berücksichtigt werden hierbei: Anm. 1.

a) auf den Zahlungsort lautende Notadressen. Über diesen Begriff (auf den Zahlungsort lautend, Notadresse), über die Fragen, wer Notadressant, wer Notadressat sein kann, was Rechtens ist, wenn eine Notadresse nicht auf den Zahlungsort lautet, s. Anm. 2—6 zu Art. 56.

Die Notadressen müssen auch dann um Zahlung angegangen werden, wenn bereits Protest mangels Annahme gegen sie erhoben worden ist;

b) ein auf den Zahlungsort lautendes Ehrenakzept. Auch dieses muß auf den Zahlungsort lauten (wann Identität des Zahlungsortes und der Adresse der Ehrenannahme vorhanden ist, darüber Anm. 6 zu Art. 56). Im übrigen braucht die hier zu berücksichtigende Ehrenannahme nicht von einem Notadressaten herzurühren; sie kann auch von einem Dritten herrühren; einmal entgegengenommen, ist sie ebenso zu berücksichtigen, wie eine Ehrenannahme, deren Entgegennahme geboten war. Anm. 2.

2. **Zur Wahrung der Regreßrechte** ist dieses Verfahren vorgeschrieben. Wird es nicht eingehalten, so gehen die Regreßrechte gegen den betreffenden Notadressanten oder Honoraten und deren Nachmänner unter. Zur Erhaltung der Regreßrechte gegen alle Notadressanten und deren Hintermänner gehört daher der Kontraprotest (d. h. im weiteren Sinne jeder Protest, der sich gegen den Notadressaten, bzw. gegen den Ehrenakzeptanten richtet; über einen engeren Sinn s. unten Anm. 4 b u. c) gegen alle Notadressen oder das Ehrenakzept, welche auf den Zahlungsort lauten (vgl. hierüber Anm. 7—10 zu Art. 56). Dagegen verbleibt trotz des unterlassenen Kontraprotestes der Regreß gegen die Vordermänner der Adressanten, und es verbleibt ferner der Anspruch gegen den Akzeptanten (ROHG. 11, 305; vgl. ROHG. 14, 154), auch früher schon beim domizilierten Wechsel (ROHG 11, 305; Lehmann 567), jetzt sicherlich infolge der Neufassung von Art. 43, 44; schließlich auch gegen den Ehrenakzeptanten (diesem braucht der Wechsel nur vorgelegt, nicht notwendig gegen ihn protestiert zu werden — Anm. 4 zu Art. 60). Anm. 3.

Art. 62. Anm. 4. 3. **Das vom Wechselgläubiger einzuhaltende Verfahren bei (Ehren-) Präsentation und (Ehren-) Protest.** Cosack (§ 55 I 4), Dernburg (§ 275), Leist (Der Wechselprotest und seine Reform 96), Bernstein (249), Rehbein (Anm. 7) stellen es so dar, daß der Gläubiger, nachdem er gegen den Trassaten Protest mangels Zahlung hat erheben lassen, nunmehr gegen den Notadressaten unter Vorlegung dieses Protestes gleichfalls Protest mangels Zahlung erheben läßt (Kontraprotest). Dieses Verfahren ist zwar gesetzlich zulässig, es ist aber nicht das allein gesetzlich zulässige Verfahren. Vielmehr gestattet das Gesetz auch ein anderes Verfahren, das der Gestaltung der Verhältnisse mehr Rechnung trägt und von der Praxis vorzugsweise beobachtet wird.

Danach begibt sich der protestierende Beamte zunächst zum Trassaten, legt diesem den Wechsel vor und fordert Zahlung. Wird sie nicht geleistet, so begibt er sich zum Notadressaten oder Ehrenakzeptanten, legt, wie unser Artikel vorschreibt, nunmehr diesem den Wechsel vor, und fordert gleichfalls Zahlung. Die bei beiden erhaltenen Erklärungen faßt er in einer Urkunde zusammen. Das Gesetz läßt dies durch die Worte: „und den Erfolg im Proteste mangels Zahlung bemerken lassen" zu, wie auch Art. 89 offensichtlich auch für diesen Fall die Zulässigkeit mehrerer Wechselpräsentationen in einer Urkunde anordnen will. Es ist aber auch die Aufnahme der Erklärung des Notadressaten oder Ehrenakzeptanten in einem Anhange zulässig (vgl. Art. 88 Anm. 52 und Erl. zu Art. 89).

Hinsichtlich der Erklärung des Notadressaten bzw. Ehrenakzeptanten sind folgende Fälle zu unterscheiden:

a) Ging die Erklärung des Notadressaten dahin, daß er die Ehrenzahlung **verweigert**, so ist mit dem erhobenen Proteste der Protestpflicht Genüge geschehen. Eine nochmalige Protesterhebung ist nicht erforderlich, denn die Ehrenzahlung gilt als schlechthin verweigert, auch verweigert für den Fall, daß ihm der gegen den Trassaten erhobene Protest mangels Zahlung vorgelegt würde. (Zur Zahlung müßte ihm allerdings eigentlich dieser vorgelegt werden [Art. 63]). Der Einwand Leists, daß der Notadressat mit Recht die Zahlung verweigert, wenn ihm der Wechsel ohne Protest vorgelegt wird, ist nicht zutreffend. Der Notadressat wird vom Protestbeamten zunächst befragt, ob er bereit sei, Zahlung zu leisten, selbstverständlich unter der Voraussetzung, daß der Wechsel gegen den Trassaten gehörig protestiert sein werde. Gibt er hierauf eine definitive Verweigerungserklärung ab, so ist nicht ersichtlich, wozu ihm der Wechsel nach erhobenem Proteste noch einmal vorgelegt werden müßte.

b) Ging die Erklärung des Notadressaten dahin, daß er **intervenieren** wolle (ich interveniere zu Ehren des Herrn H.), so muß nunmehr noch innerhalb der Frist von drei Tagen (vgl. Neufassung oben Einl. a) versucht werden, ob dieser Erklärung gemäß — sie hat übrigens keine wechsel- oder zivilrechtlich verbindliche Kraft (OG. Wien bei Borchardt Zus. 625) — Zahlung geleistet wird, d. h. er muß unter Vorlegung des Wechsels nebst dem aufgenommenen Proteste zur Zahlung aufgefordert werden, denn nur gegen Aushändigung dieser Urkunden braucht er zu zahlen (Art. 63). Zahlt er, so wird ihm Wechsel und Protest ausgehändigt und über die Zahlung eine Quittung ausgestellt, aus welcher der Charakter der Zahlung als Ehrenzahlung hervorgeht. Ein Protest kann alsdann nicht wohl erhoben werden, weil der Protest seinem Wesen nach die Beurkundung der Erfolglosigkeit des Versuchs der Erlangung einer wechselrechtlichen Leistung ist (vgl. zu Art. 87). Gleichwohl stellt Art. 88 Nr. 4 (vor dem Protestgesetz: Nr. 5) auch die Erfordernisse eines Protestes im Falle einer Ehrenzahlung auf. Damit ist aber nicht gesagt, daß im Falle der Ehrenzahlung die Protestaufnahme von irgendwelchem Gesichtspunkte aus notwendig ist, sondern nur, daß, wenn sie erfolgt, jene Erfordernisse zu erfüllen sind (vgl. hierüber und über eine von der Judikatur angenommene Ausnahme Anm. 6 zu Art. 63).

Zahlt er seiner Erklärung entgegen nicht, so wird über den „Erfolg" oder viel- Art. 62.
mehr über den Mißerfolg (denn im Erfolgsfalle wird ja, wie gesagt, kein Protest er- Anm. 4.
hoben) ein neuer, noch innerhalb der seit der Protestnovelle auf drei Werktage (oben Einl. a) bestimmten Frist zu erhebender Protest mangels Zahlung gegen den Notadressaten erhoben (**Kontraprotest** im engeren Sinne, RG. 67, 297; über einen weiteren Sinn vgl. oben Anm. 3).

c) Ebenso ist ein besonderer Kontraprotest dann notwendig, wenn der Notadressat oder Ehrenakzeptant nicht angetroffen wird, denn nur die Verweigerung der Zahlung bei der ersten Präsentation kann den besonderen Kontraprotest überflüssig machen.

d) Die Richtigkeit des oben geschilderten Verfahrens wird bestätigt durch ROHG. 20, 116; OLG. Dresden im SächsArch. 6, 688; ROHG. bei Borchardt Zus. 626c u. d; RG. 67, 297; Volkmar-Löwy 220; Lehmann 565; Grünhut Hdb. II 481.

4. Über die äußere Form des Protestes vgl. Art. 88 Anm. 52 und oben Anm. 4. Es Anm. 4a.
handelt sich um einen Protest mangels Zahlung, wie ja schon der Wortlaut des Art. 62 ergibt. Die Zuständigkeit der Postverwaltung ist aber infolge der Verordnung des Reichskanzlers (Anlage II zu 2d) ausgeschlossen. Als Zahlungsprotest ist er gemäß Art. 88a zu behandeln.

5. **Die Schlußvorschrift des Artikels geht dahin,** daß der Inhaber durch Zurück- Anm. 5.
weisung einer von einem Dritten (der nicht Notadressat und nicht Ehrenakzeptant ist) angebotenen (der sog. ungerufenen) Ehrenzahlung den Regreß gegen die Nachmänner des Honoraten verliert.

a) Als Zahlungsintervenient kann an sich auftreten, wer Annahmeintervenient sein kann Anm. 6.
(vgl. daher Anm. 2 zu Art. 57), nicht bloß, wer ehrenhalber angenommen hat, und nicht bloß, wer als Notadressat bezeichnet ist. Wer ehrenhalber zahlen will, ohne Notadressat zu sein, ist eben **unberufener** Zahlungsintervenient.

b) Die unberufene Zahlungsintervention kann nicht so präjudizlos abgelehnt werden, wie Anm. 7.
die unberufene Annahmeintervention. Wird sie abgelehnt, so verliert der Gläubiger den Regreß gegen die Nachmänner des Honoraten, wohlgemerkt nicht auch gegen den Honoraten selbst. (Letzteren Regreß würde er mitverlieren, wenn die Zahlung von einem Notadressaten oder einem Ehrenakzeptanten abgelehnt wurde. Der Unterschied erscheint willkürlich; vgl. Lehmann 568.)

c) Die Zahlungsintervention muß sich aber als solche charakterisieren, d. h. sie muß er- Anm. 8.
folgen zugunsten eines Regreßpflichtigen. Wer Zahlung anbietet für den Trassaten oder Akzeptanten, ist kein Ehrenzahler (Lehmann 567; Rehbein Anm. 3); wer Zahlung anbietet, ohne zu sagen, zu wessen Ehren, für den gilt dasselbe. Solche Zahlungen können daher ohne Präjudiz abgelehnt werden (Rehbein Anm. 3; Volkmar-Löwy 218; anders Bernstein 249).

d) Die Zahlungsintervention muß auch innerhalb der Frist von drei Werktagen (vgl. Anm. 9.
Einl. a) geschehen. Denn die einmal entstandene Regreßverbindlichkeit kann nicht mehr abgewendet werden (Rehbein Anm. 3a; Lehmann 566; Bernstein 250; anders Cosack § 55 I 2).

Zusatz. Fremde Rechte. Nach französischem Recht ist nur bei den vom Aussteller Anm. 10.
angegebenen Notadressen zu protestieren; bei Unterlassung dieses Protestes verliert der Inhaber seinen Regreß gegen sämtliche Indossanten und auch gegen den Aussteller selbst, wenn dieser nachzuweisen vermag, daß Deckung geleistet ist. Die von einem Dritten angebotene Ehrenzahlung muß angenommen werden zur Vermeidung des Schadensersatzes, im übrigen greifen die gewöhnlichen Regeln vom Annahmeverzuge Platz. Nach belgischem Recht gilt Analoges. Nach englischem Recht steht es in der Wahl des Inhabers, sich an die Notadressen zu halten oder nicht. Will er sich aber an sie halten, so muß er den Wechsel protestieren lassen. Durch Zurückweisung einer Ehrenzahlung verliert der Inhaber das Rückgriffsrecht gegen alle, welche durch die Ehrenzahlung befreit worden wären (Spaing 187).

Artikel 63.

Art. 63. **Dem Ehrenzahler muß der Wechsel und der Protest mangels Zahlung gegen Erstattung der Kosten ausgehändigt werden. Er tritt durch die Ehrenzahlung in die Rechte des Inhabers (Artikel 50 und 52) gegen den Honoraten, dessen Vormänner und den Akzeptanten.**

Der Artikel enthält zwei selbständige Vorschriften, die einzeln erörtert werden müssen.

Anm. 1. 1. (Satz 1.) **Dem Ehrenzahler muß der Wechsel und der Protest mangels Zahlung,** sowohl der gegen den Hauptschuldner erhobene als auch der etwa erhobene Kontraprotest (J. u. M. Stranz Anm. 1), **gegen Erstattung der Kosten ausgehändigt werden.** Der Art. 54 ist für diesen Aushändigungsanspruch sinngemäß anzuwenden.

a) Jeder Ehrenzahler hat dieses Recht, nicht bloß der Notadressat und der Ehrenakzeptant. Wer als solcher Ehrenzahler zu betrachten ist, darüber s. Anm. 5 zu Art. 62.

Anm. 1a. b) Darüber, ob der Ehrenzahler nur Wechselsumme und Protestkosten anzubieten braucht, s. Anm. 3 zu Art. 60; die Entscheidung hier muß im Einklang mit der über den Umfang der Haftung des Ehrenakzeptanten erfolgen. Bietet der Ehrenzahler an, was er anzubieten hat, um das Recht auf Wechselaushändigung zu erlangen, und weist der Gläubiger das Angebot zurück, so verliert dieser den Regreß gegen den Honoraten und dessen Nachmänner, wenn der Notadressat und Ehrenakzeptant das Angebot macht, sonst den Regreß nur gegen die Nachmänner des Honoraten (Anm. 6 zu Art. 62); ein trotz dieses Angebots aufgenommener Kontraprotest wäre wirkungslos (OG. Wien bei Borchardt Zus. 630).

Anm. 2. c) Selbstverständlich muß der Wechsel unversehrt und der Protest ordnungsmäßig sein. Über die Erfordernisse des unversehrten Wechsels s. Anm. 3 zu Art. 54. Die Ordnungsmäßigkeit des Protestes ergibt sich aus den sonstigen Bestimmungen des Gesetzes. Ist der gegen den Trassaten aufgenommene Protest nicht ordnungsmäßig, z. B. beim Trassaten persönlich aufgenommen, obwohl er ein Domizilwechsel ist, so ist der Kontraprotest wirkungslos.

Anm. 3. d) Ist die Ehrenzahlung erfolgt, ohne daß die Aushändigung des Wechsels und Protestes erfolgt wäre, so kann auf Herausgabe dieser Urkunden geklagt werden. Vermag der Wechselgläubiger sie nicht zu beschaffen, so kann der gezahlte Betrag kondiziert werden. Ist die Ehrenzahlung erfolgt, obgleich der Wechsel nicht intakt ist, so kann auf Rückzahlung geklagt werden; ist sie erfolgt, obwohl der Protest nicht in Ordnung war, so muß das gleiche gelten, und die entgegengesetzte Entscheidung des Berliner OTr. (bei Borchardt Zus. 641) ist nicht zu billigen (vgl. über alles dieses Anm. 7 zu Art. 54). Ein Protest über die erfolgte Ehrenzahlung ist nicht erforderlich (vgl. Anm. 3 zu Art. 62).

Anm. 4. 2. (Satz 2.) **Der Ehrenzahler tritt durch die Ehrenzahlung in die Rechte des Inhabers gegen den Honoraten, dessen Vormänner und den Akzeptanten.**

a) **Durch die Ehrenzahlung.** Wer Ehrenzahler ist, darüber s. Anm. 5 u. 6 zu Art. 62. Daraus geht hervor, daß auch der unberufene Ehrenzahler als solcher zu betrachten ist und des hier bestimmten Rechtserwerbs teilhaftig wird (AG. Glogau bei Borchardt Zus. 642). Aber es muß ein Ehrenzahler sein: Wer Zahlung leistet für den Akzeptanten oder Trassaten, tritt in die Rechte des bezahlten Inhabers nicht ein (AG. Zwickau bei Borchardt Zus. 644a; vgl. Anm. 7 zu Art. 62), er kann höchstens Abtretung der Rechte gegen den Akzeptanten verlangen, nicht auch der Regreßrechte gegen den Trassanten und die Indossanten, weil solche Zahlung Tilgung der Wechselobligation und damit Befreiung der Regreßpflichtigen ist (ROHG. 5, 125). Gleiches gilt für den, der zahlt, ohne zu sagen, daß er interveniert; auch dieser muß Giro oder Abtretung haben (OTr. bei Borchardt Zus. 643; vgl. Anm. 7 zu Art. 62) und könnte nur Rechte gegen den Akzeptanten erwerben.

Damit die Ehrenzahlung die hier vorgesehene Wirkung hat, muß der Ehrenzahler die Zahlung so leisten, daß sie sich als Ehrenzahlung charakterisiert. Dazu gehört: Art. 63. Anm. 4.

α) Er muß sich den unversehrten Wechsel und den ordnungsmäßigen Protest aushändigen lassen (vgl. oben Anm. 2). Der Besitz dieser Urkunden ist die Bedingung seines eigenen Vorgehens auf Grund des Rechtserwerbs. Ist der Protest mangels Zahlung nicht ordnungsmäßig, so hat er auch keinen Regreß gegen den Honoraten (ROHG. 24, 127, in welchem Falle der Protest im Verhältnis zum Honoraten um deshalb nicht in Ordnung war, weil der Domizilvermerk erst auf den Wechsel nach dessen Begebung gesetzt, der Wechsel in Ansehung seiner also als nicht domizilierter zu betrachten, gleichwohl aber am Domizil protestiert, deshalb unrichtig protestiert und gegen den Honoraten präjudiziert war). Anm. 5.

β) Die bei der Ehrenzahlung aufgenommenen Urkunden müssen die Zahlung als Ehrenzahlung charakterisieren. Dazu gehört nicht immer, daß gerade der Protest diese Charakterisierung ergibt. Man wäre versucht, dies auf Grund des Art. 88 Nr. 4 anzunehmen. Doch wäre das nicht richtig. Vielmehr gilt folgendes: Anm. 6.

Ergibt der Protest einen auf die Intervention bezüglichen Vermerk (z. B. die Erklärung des Ehrenakzeptanten: ich interveniere für Herrn X), so ist die darauf folgende Zahlung als Ehrenzahlung genügend charakterisiert.

Ergibt aber der Protest eine solche Erklärung nicht, so z. B. wenn der Ehrenakzeptant zunächst die Ehrenzahlung verweigert, alsdann aber sich dazu entschließt, oder wenn er nicht anzutreffen war, oder wenn ein Dritter intervenieren will, so ist zu unterscheiden, ob ein Notadressat bzw. Ehrenakzeptant die Ehrenzahlung leistet oder ob sie ein Dritter leistet. Im ersteren Falle charakterisiert sich die Zahlung ohne weiteres als Ehrenzahlung. Die Sachlage ergibt dies ohne weiteres, Auslegungen aber sind auch im Wechselrecht nicht ausgeschlossen. Im letzteren Falle gilt dies nicht, hier muß der Ehrenzahler dafür sorgen, daß die Ehrenzahlung in der Quittung als solche bezeichnet wird Beim Domiziliaten hat das ROHG. sogar angenommen, daß der Protest die Charakterisierung als Ehrenzahlung ergeben müsse, sonst gelte die Zahlung für den Akzeptanten und bewirke die Tilgung der ganzen Wechselobligation (ROHG. 5, 127; 12, 48); es reicht aber unseres Erachtens auch die Charakterisierung in der Quittung aus, nur daß freilich der Ehrenzahler verlangen kann, daß in dem ihm auszuhändigenden Proteste die Tatsache der Ehrenzahlung, sowie die Person des Ehrenzahlers und des Honoraten erwähnt wird (Art. 88 Nr. 5; Art. 62; Bernstein 252).

Somit legitimiert den Ehrenzahler der Besitz des Wechsels und des Protestes mangels Zahlung, und nach Lage der Umstände außerdem der Besitz der Ehrenzahlungsquittung zur Klage gegen den Honoraten, dessen Vormänner und den Akzeptanten. Vorherige Aushändigung der Wechselurkunden an diese Wechselschuldner muß aber auch hier dem Besitz gleichgeachtet werden (vgl. Anm. 1 zu Art. 39; anders hier ROHG. bei Borchardt Zus. 638c).

γ) Der Ehrenzahler muß übrigens, um des vollen Rechtserwerbs gemäß Art. 63 sicher zu sein, sich auch nach Art. 64 korrekt verhalten (vgl. Anm. 3 dazu). Anm. 7.

b) **Er tritt in die Rechte des Inhabers gegen den Honoraten, dessen Vormänner und den Akzeptanten.** Anm. 8.

α) In die Rechte des Inhabers. Das bedeutet nicht etwa, daß dem Ehrenzahler die Einwendungen gegen den bezahlten Inhaber entgegengehalten werden können (s. auch Grünhut Lehrbuch § 89 S. 403). Es sollte vielmehr nur, wie sich aus der Zitierung der Art. 50 und 52 ergibt, gesagt werden: Der Ehrenzahler kann selbständig (nicht als Rechtsnachfolger des Inhabers, an dessen Stelle er nur zeitlich tritt) kraft Gesetzes aus dem Wechsel die Rechte aus Art. 50 geltend

Art. 63. Anm. 8. machen, also die Ansprüche derselben Art, wie wenn er Inhaber, letzter Indossatar, wäre, d. h. er kann fordern: die Wechselsumme, 6% Zinsen, die Protestkosten und andere ihm erwachsene Auslagen, ⅓% Provision. Übereinstimmend mit dieser Auffassung scheint die von Volkmar-Löwy (224 und 226) und von Goldschmidt (System 289) zu sein, abweichend aber die Auffassung Lehmanns (569), daß das Gesetz dem Ehrenzahler nur das Recht auf die Summe gewähren wolle, die der Inhaber fordern könnte, wenn weder die Ehrenzahlung erfolgt wäre, noch gegen den Ehrenzahler ein Protest mangels Zahlung erforderlich gewesen wäre. Nach dieser einschränkenden Auslegung würde der Ehrenzahler vom Honoraten nicht fordern können: die Kosten des etwa erhobenen besonderen Kontraprotestes, nicht die Erstattung der von ihm nach Art. 65 zu zahlenden Provision. Aber er soll ja eben nach Art. 50 ihm erwachsene Auslagen fordern können, und es wäre nicht begreiflich, wie der Ehrenzahler dazu käme, seine Kosten allein zu tragen (überall zustimmend Bernstein 254).

Anm. 9. β) Gegen den Honoraten, dessen Vormänner und den Akzeptanten, auch gegen deren Avalisten, nicht auch gegen die Nachmänner des Honoraten und nicht auch (hier abweichend Bernstein 255) gegen die Ehrenakzeptanten. Gleichzeitig folgt hieraus, daß der Aussteller, wenn er als Notadressat zahlt, keinerlei Regreßrechte erwirbt, sondern nur in seine Rechte als Aussteller tritt. Will er daher den Wechsel von neuem übertragen, so ist dies eine neue nachprotestliche Begebung (ROHG. 6, 162).

Anm. 10. **Zusatz 1. Wahlweise** mit dem in Satz 2 gegebenen Wechselanspruch gegen den Honoraten **steht dem Ehrenzahler auch ein etwaiger zivilrechtlicher Anspruch auf Revalierung gegen den Honoraten zu** (Lehmann 569; Goldschmidt System 289; Bernstein 255; ROHG. 24, 127; StrArch 76, 11 ff.).

Anm. 11. **Zusatz 2. Zahlt der Honorat oder ein Vormann desselben an den Ehrenzahler,** so ist er durch den Wechsel und Protest legitimiert, eines neuen Giros bedarf es nicht (ROHG. 12, 48; RG. 12, 134; OG. Wien bei Peitler Nr. 97). Doch können nur der Honorat oder dessen Vormänner unmittelbar aus jenen Urkunden ihre Legitimation herleiten, während die dem Indossament des Honoraten nachfolgenden Indossamente nicht bloß ihre verpflichtende, sondern auch ihre berechtigende Kraft durch die Ehrenzahlung verlieren (RG 12, 134). Ein dem Indossamente des Honoraten nachfolgender Indossatar wäre daher durch den Besitz jener Urkunden allein nicht legitimiert (ROHG. 6, 164; RG. 12, 134), bedürfte vielmehr eines neuen Giros von dem Ehrenzahler, dem Honoraten oder einem Vormann desselben.

Anm. 12. **Zusatz 3.** Über die **Verjährung** der Rechte des Ehrenzahlers vgl. Art. 78 Anm. 1 sowie J. u. M. Stranz Anm. 6. Nach eingetretener Verjährung kann der Ehrenzahler auch die Bereicherungsklage aus Art. 83 geltend machen, wenn sonst deren Voraussetzungen erfüllt sind (Grünhut Lehrbuch § 89 S. 406).

Anm. 13. **Zusatz 4. Fremde Rechte.** Frankreich, Belgien und England haben entsprechende Vorschriften (Späing 190).

Artikel 64.

Art. 64. Unter mehreren, welche sich zur Ehrenzahlung erbieten, gebührt demjenigen der Vorzug, durch dessen Zahlung die meisten Wechselverpflichteten befreit werden. Ein Intervenient, welcher zahlt, obgleich aus dem Wechsel oder Protest ersichtlich ist, daß ein anderer, dem er hiernach nachstehen müßte, den Wechsel einzulösen bereit war, hat keinen Regreß gegen diejenigen Indossanten, welche durch Leistung der von dem anderen angebotenen Zahlung befreit worden wären.

Anm. 1 1. Der vorliegende Artikel legt lediglich **dem Intervenienten** eine Verpflichtung zur Vorsicht auf: er muß sich der Zahlung enthalten, wenn aus dem Wechsel oder aus dem Protest ersichtlich ist, daß ein anderer (sc. ein anderer Intervenient), der sich ebenfalls zur Zahlung erbot, mehr Wechselverpflichtete befreit hätte, als er selbst. Zahlt

er dennoch, so verliert er den Regreß gegen diejenigen, welche durch die Zahlung des **Art. 64.**
andern befreit worden wären. Aber nur ein Zahlungsangebot, das aus dem Wechsel Anm. 1.
oder aus dem Protest ersichtlich ist, hat diese Rechtseinbuße zur Folge. Sonstige Kenntnis kommt nicht in Betracht.

2. Dem **Wechselinhaber** dagegen legt der Artikel kein Präjudiz auf: dieser hat das Anm. 2.
freie Wahlrecht zwischen mehreren ihm angebotenen Zahlungen. Er braucht nicht zu prüfen, welche von den angebotenen Zahlungen mehr, welche weniger Verpflichtete befreit. Er kann unbekümmert um diese Frage das ihm angebotene Geld nehmen, den Wechsel und den Protest aushändigen und dem Ehrenzahler überlassen, ob dieser wirklich die Rechte des Inhabers erworben hat, oder ob er das eine oder das andere Regreßrecht nicht erworben hat, weil durch die Zahlung eines andern Intervenienten das betreffende Regreßrecht erloschen wäre.

3. Der Satz des Art. 63, daß der Ehrenzahler in die Rechte des Inhabers Anm. 3.
tritt, erleidet durch Art. 64 eine Modifikation insofern, als der Ehrenzahler, wenn er hiernach nicht korrekt verfährt, möglicherweise Regreßrechte nicht erwirbt, die dem bezahlten Gläubiger zustanden (vgl. Anm. 8 zu Art. 63; Lehmann 570).

Zusatz. Fremde Rechte. Daß unter mehreren Ehrenzahlern derjenige vorgezogen Anm. 4.
werden soll, durch dessen Intervention die meisten Befreiungen bewirkt werden, bestimmt auch Frankreich und Belgien, aber ohne das Präjudiz unseres Artikels auszusprechen; die Wissenschaft nimmt es jedoch an. Auch England bestimmt jenen Vorzug, gleichfalls ohne das Präjudiz vorzuschreiben (Späing 192).

Artikel 65.

Der Ehrenakzeptant, welcher nicht zur Zahlungsleistung gelangt, weil der Bezogene oder ein anderer Intervenient bezahlt hat, ist berechtigt, von dem Zahlenden eine Provision von ein Drittel Prozent zu verlangen. **Art. 65.**

Der vorliegende Artikel gibt dem Ehrenakzeptanten ein selbständiges Recht auf eine Provision. Er ist die einzige Person, die durch bloße Eingehung einer Wechselobligation für sich selbst ein Recht begründet (Lehmann 474). Einleitung.

1. Wem steht das Recht zu? Dem Ehrenakzeptanten. Es muß eine wirkliche Annahme Anm. 1.
vorliegen.

2. Gegen wen? Gegen den zahlenden Trassaten oder andere Intervenienten. Die Wort- Anm. 2.
fassung: „der Bezogene oder ein anderer Intervenient“ und die Stellung des Artikels inmitten des Abschnitts von der Ehrenzahlung ergeben, was Bernstein (257) zu Unrecht bestreitet, daß diese Provisionspflicht ein spezifisches Annexum der Ehrenzahlung ist. Daraus folgt, daß der Bezogene nur dann dem Ehrenakzeptanten provisionspflichtig ist, wenn er als Intervenient zahlt. Daß er ein solcher sein kann, darüber s. Anm. 5 zu Art. 56 und Anm. 5 zu Art. 62. Aber notwendig ist es nicht, und wenn er als einfacher Trassat nicht zu Ehren eines Regreßpflichtigen zahlt, dann fällt ihm die Provision nicht zur Last. Ebenso nicht dem Regreßpflichtigen selbst, wenn dieser zahlt, auch nicht dem Akzeptanten, wenn er für sich zahlt.

3. Unter welcher Bedingung entsteht das Recht auf Provision? Wenn der andere Anm. 3.
Intervenient zahlt.

a) Ein Intervenient muß es sein. Darüber vgl. Anm. 2.

b) Zahlen muß der andere Intervenient. Zahlt er nicht, so braucht er auch keine Provision zu zahlen. Gelangt z. B. der Ehrenakzeptant selbst zur Zahlung, so kann er eine besondere Provision für die Ehrenannahme nicht liquidieren, sondern nur die Provision des Art. 50 für die Regreßnahme (Anm. 8. zu Art 63; Volkmar-Löwy 226).

4. Der die Provision zahlende Ehrenzahler kann sie vom Honoraten ersetzt ver- Anm. 4.
langen, auch von dessen Vormännern (Anm. 8 zu Art. 63), diese wieder von ihren Vormännern gemäß Art. 51. (Das Gegenteil würde sich aus Lehmanns prinzipiell

Ar. 65. gegenteiliger Auffassung über den Umfang der Ansprüche des Ehrenzahlers ergeben; vgl. Anm. 8 zu Art. 63.)

Anm. 5. 5. Ist der Anspruch ein wechselmäßiger? Die Frage wird von Dernburg (II § 276 Anm. 11) als selbstverständlich zu verneinende hingestellt; vgl. auch Volkmar-Löwy 226. Wir sind mit Bernstein (257) gegenteiliger Ansicht. Der Anspruch entspringt aus der Ehrenannahme, also aus einer wechselmäßigen Verpflichtung, ist also ein reiner Anspruch aus dem Wechsel im Sinne der Wechselordnung. Im Wechselprozesse kann er allerdings nicht immer geltend gemacht werden, nämlich nicht vom Ehrenakzeptanten selbst, weil er selbst nicht im Besitze der erforderlichen Urkunden ist, wohl aber vom einlösenden Honoraten oder Vormann desselben. Für diesen Fall wollen denn auch Volkmar-Löwy den Charakter des Anspruchs als eines wechselmäßigen zugestehen.

Anm. 6. **Zusatz. Fremde Rechte.** Frankreich, Belgien und England bewilligen diesen Anspruch auf Provision nicht (Späing 193).

X. Vervielfältigung eines Wechsels.

1. Wechselduplikate.

Artikel 66.

Art. 66. Der Aussteller eines gezogenen Wechsels ist verpflichtet, dem Remittenten auf Verlangen mehrere gleichlautende Exemplare des Wechsels zu überliefern. Dieselben müssen im Kontext als Prima, Sekunda, Tertia usw. bezeichnet sein, widrigenfalls jedes Exemplar als ein für sich bestehender Wechsel (Solawechsel) erachtet wird. Auch ein Indossatar kann ein Duplikat des Wechsels verlangen. Er muß sich dieserhalb an seinen unmittelbaren Vormann wenden, welcher wieder an seinen Vormann zurückgehen muß, bis die Anforderung an den Aussteller gelangt. Jeder Indossatar kann von seinem Vormanne verlangen, daß die früheren Indossamente auf dem Duplikate wiederholt werden.

Anm. 1. **Vorbemerkung.** Die Art. 66–69 behandeln die Lehre vom Wechselduplikat. Auf den eigenen Wechsel finden sie keine Anwendung (Art. 98; RG. 9, 113); diesem wird durch den Duplikatzusatz nach richtiger Ansicht die Wechselkraft entzogen (Dernburg § 261 Anm. 3; J. u M. Stranz Anm. 1; RG. 9, 47 läßt dies unentschieden), während die herrschende Meinung die mehreren Exemplare als mehrere Wechsel behandelt (Rehbein Anm. 1; Grünhut Lehrbuch § 71 a. E.).

Durch das bedenkliche Institut des Wechselduplikats will der Gesetzgeber dem Nehmer des Wechsels dessen Begebung zu einer Zeit ermöglichen, in welcher der Wechsel dem Trassaten zum Akzept übersandt ist. Außerdem soll es die Gefahr des Verlustes des Wechsels verringern und endlich soll es die rechtzeitige Präsentation des Wechsels zur Verfallzeit erleichtern.

Im Großhandel, namentlich im überseeischen, sind Wechselduplikate nicht selten, im Kleinhandel kommen sie kaum vor.

Anm. 2. 1. **Form des Wechselduplikats.** Es ist eine vom Aussteller — der allein hierzu legitimiert ist — ausgestellte Urkunde, die mit dem ersten Exemplar des Wechsels gleichlautet, nur daß sie im Kontexte das Duplikatszeichen (Sekunda, Tertia usw.) enthält.

a) Mit dem ersten Exemplar muß sie gleichlauten. Rehbein (Anm. 1) verlangt nur Übereinstimmung in allen wesentlichen Stücken, Volkmar-Löwy (227) absolute Übereinstimmung. Aus dem Geiste der Vorschrift wird man zu entnehmen haben, daß Abweichungen nicht schaden, die sich lediglich als offenbare Ungenauigkeiten (Schreibfehler usw.) darstellen. Abweichungen anderer Art sind erheblich, weil sie möglicherweise beabsichtigte Abweichungen sind. Ob Abweichungen der letzteren Art wesentliche oder unwesentliche Stücke, ob sie an sich rechtlich erhebliche Veränderungen sind oder **Art. 66.** nicht, ist gleichgültig. Enthält z. B. das Hauptexemplar die Firma des Ausstellers, Anm. 2. das zweite die Zeichnung der Firma p. proc., so liegt mehr als eine offenbare Ungenauigkeit vor, die Abweichung scheint beabsichtigt, und obwohl beide Arten der Zeichnung auf dasselbe rechtliche Ziel hinauslaufen, so liegt doch nicht Gleichlaut im Sinne des vorliegenden Artikels vor, also kein Wechselduplikat, sondern ein selbständiger Wechsel.

Durchstrichene Stellen sind, falls leserlich, durchstrichen mit aufzunehmen. Sind sie unleserlich, so ist dies im Duplikat zu vermerken (vgl. Volkmar-Löwy 248).

b) Im Kontexte des Wechsels muß das Duplikatszeichen stehen, und zwar das Anm. 3. gesetzlich vorgeschriebene (Secunda, Tertia, Quarta, Quinta, Sexta, Septima, Octava, Nona, Decima usw.). Auch andere Bezeichnungen, wie z. B. I, II, III, oder Hauptexemplar, Duplikat usw. genügen (anderer Meinung Staub 4. Aufl.).

c) Außerdem aber muß auch das Hauptexemplar das Duplikatszeichen Prima Anm. 4. haben. Im Verkehr werden übrigens alle Wechsel mit der Bezeichnung Primawechsel versehen, selbst wenn Duplikate nicht ausgestellt werden.

d) Ist eine dieser Formvorschriften nicht erfüllt, so liegen so viele selbständige Anm. 5. Wechsel vor, als Exemplare des Wechsels. Der Aussteller und die Indossanten sind aus jedem dieser Wechsel selbständig verpflichtet. Ihr Einwand, daß sie nur ein Duplikat unterschreiben wollten, ist kein Einwand aus dem Wechselrechte selbst, sondern höchstens ein Einwand in personam (Volkmar-Löwy 227).

e) Die Vorschrift des vorliegenden Artikels ergibt, daß das Wechselduplikat Anm. 6. nur aus den Duplikaten der Tratte und der Indossamente, nicht des Akzeptes besteht. (Vgl. Art. 67 Nr. 2.) Das Akzept verträgt eine solche Vervielfältigung der äußeren Form ohne materielle Vervielfältigung nicht. Das doppelte Akzept hat vielmehr doppelte Verpflichtungskraft (anders Kreis 51). Der Akzeptant muß sich daher hüten, mehr als ein Exemplar mit seinem Akzeptvermerk zu versehen. Er haftet sonst doppelt, dreifach, und sein Einwand, er habe nur einmal haften wollen, wäre kein Einwand aus dem Wechselrecht selbst, sondern höchstens eine exceptio in personam (Volkmar-Löwy 229).

Weiteres über den Fall der Akzeptation mehrerer Exemplare s. in Anm. 5 zu Art. 67.

2. **Das Wesen des Wechselduplikats.** Ein formgerechtes Wechselduplikat ist ein Anm. 7. zweiter Träger derselben Wechselverpflichtung (vgl. RG. 9, 60). Das zeigt sich in folgenden Rechtserscheinungen:

a) Der Trassant und der Indossant haften nur einmal, trotzdem sie ihre Unterschrift mehrfach geleistet haben.

b) Der Akzeptant eines Exemplars haftet allen Indossataren, welches Exemplar ihnen auch giriert sein möge (RG. 9, 60).

c) Die Annahme eines Exemplars beseitigt den Regreß auf Sicherstellung, die Zahlung eines Exemplars beseitigt den Regreß auf Zahlung (vgl. jedoch Art. 67).

d) Jeder Inhaber eines Exemplars hat als solcher das Recht, die ganze Wechselforderung geltend zu machen. Er braucht weder die sämtlichen Duplikate, noch ein bestimmtes Exemplar zu präsentieren. Ist die Prima protestiert, so kann auf die Secunda Regreß genommen werden; ist auf Grund eines Exemplars die Klage angestellt, so ist die Verjährung unterbrochen. Der Inhaber der Secunda kann auch auf Grund seiner Secunda Protest erheben und an der Hand der Secunda und des Protestes Regreß nehmen.[1]) Eine Modifikation dieser Regreßregelung siehe in Art. 69 und Erläuterung dazu.

---

[1]) Freilich kann es auf diese Weise vorkommen, daß der Regressat A zahlen muß, obwohl auf ein anderes Duplikat sein Vormann B schon bezahlt hat. Nimmt man an, daß der Art. 67 (durch die Zahlung erlischt die Wechselkraft) sich auf die Zahlung durch den Regreßverpflichteten nicht bezieht,

Art. 66. c) Die Einlösung eines Exemplars befreit von der ganzen Wechselschuld (die Ausstellung
Anm. 7. von Duplikaten ist deshalb für den Geber ungefährlich).

Anm. 8. 3. **Wer ist berechtigt, die Ausstellung von Duplikaten zu verlangen?** Der Remittent und jeder Indossatar; letzterer nur eines (vgl. unten Anm. 13).

a) Unter dem Indossatar ist auch der zu verstehen, der durch ein Blankogiro den Wechsel erworben hat. Doch muß dieser den Wechsel besitzen, was sonst nicht nötig ist (Kreis 194). Rechtmäßiger Erwerb, d. h. materieller Begebungsakt ist hier, wie zur Ausübung sonstiger Wechselrechte, vorausgesetzt, wird aber auch hier, wie sonst, vermutet (vgl. Anm. 23 zu Art. 36).

Anm. 9. b) Auch der Remittent und Indossatar kann ein Duplikat verlangen, der den Wechsel bereits weiter begeben hat, auch dann, wenn sein Nachmann an ihn ein solches Verlangen nicht gestellt hat. Eine Ausnahme macht der Blankoindossatar, vgl. zu a.

Anm. 10. c) Das Verlangen kann auch nachträglich gestellt werden. Es braucht nicht sofort bei dem Erwerb des Wechsels geltend gemacht zu werden. Durch vorbehaltlose Entgegennahme eines Solawechsels begibt sich der Nehmer nicht des Rechts, Duplikate zu verlangen, auch dann nicht, wenn das Hauptexemplar sich als Solawechsel bezeichnet hatte (Volkmar-Löwy 240).

Anm. 11. d) Das Verlangen kann auch nach Verlust des Hauptexemplars gestellt werden (RG. 49, 135), jedoch nur dann, wenn dieses bereits das Duplikatszeichen (Prima) enthält; ist dies nicht der Fall, so ist die Ausstellung eines Duplikats nicht mehr möglich (oben Anm. 4), der Aussteller und die Indossanten würden sich doppelt haftbar machen (oben Anm. 5) — Volkmar-Löwy 233 —.

Anm. 12. 4. **Wer ist verpflichtet, Duplikate auszustellen?** Eine wirkliche Verpflichtung zur Ausstellung von Wechselduplikaten hat nur der Aussteller dem Remittenten gegenüber. Es hat nicht etwa der Aussteller jedem Indossatar gegenüber diese Verpflichtung. Jeder weitere Indossant hat seinem Nachmann gegenüber nur die Verpflichtung, das Seinige zur Beschaffung des Duplikats zu tun (d. h. sie von seinem Vormann zu fordern, nicht gerade einzuklagen; eine Garantie für Beschaffung hat kein Indossant seinem Nachmann gegenüber übernommen) und auf das beschaffte Duplikat sein Indossament zu setzen.

Der unmittelbare Vormann, an den sich der duplikatfordernde Indossatar zu halten hat, ist der aus dem Wechsel ersichtliche Vormann, d. h. also die wirklichen Indossanten, nicht auch die Blankotradenten. Denn das Wesen der Blankotradition ist die Übertragung von Rechten ohne Übernahme irgendwelcher Verpflichtung (Volkmar-Löwy 230; Bernstein 261).

Auch der Indossant ohne Obligo hat die Verpflichtung.

Anm. 13. 5. **Der rechtliche Inhalt der Verpflichtung** ist in dem oben Gesagten erörtert. Darauf richtet sich auch die Klage.

Die Erfüllung der Pflicht setzt voraus, daß das erste Exemplar dem Aussteller zurückgereicht wird, damit er auf dasselbe den Vermerk Prima setze, wenn es diesen Vermerk nicht schon enthält; er würde ja sonst mehrfach haften (vgl. oben Anm. 5). Diese Rückreichung ist also nicht bloß dann notwendig, wie Lehmann (415) sagt, wenn das Hauptexemplar den Vermerk Sola trägt, sondern auch dann, wenn es kein Duplikatszeichen enthält. Das letztere kommt in der Praxis allerdings kaum vor. Denn um

---

so würde A seinen Regreß gegen B nicht verlieren, und dieser daher in die Gefahr doppelter Zahlung kommen. Nimmt man aber an, daß sich Art. 67 auch auf die Zahlung durch den Regreßverpflichteten bezieht, so würde dadurch A in die Lage kommen, zu zahlen ohne Regreß gegen seinen Vormann B und höchstens mit dem Rechte der Rückforderung sine causa an den von ihm befriedigten Gläubiger. Auf alle Fälle drohen ihm Gefahren, gegen die er geschützt werden muß. Lehmann (560) nimmt auf Grund dieser Erwägung an, der Regressat brauche nur gegen Rückgabe aller Duplikate zu zahlen, oder aber gegen angemessene Sicherstellung dafür, daß er seinerseits von einem Vormann oder Akzeptanten bezahlt wird. Dem wird man sich anschließen müssen.

die Umständlichkeit des Zurückreichens zu vermeiden, tragen die im Verkehr üblichen Wechselformulare stets den Vermerk Primawechsel. **Art. 66.** Anm. 13.

Die Erfüllung der Pflicht setzt Erstattung der Kosten nicht voraus. Sowohl die Kosten der Beschaffung, als der Ausstellung des Wechselduplikats werden als so geringfügig betrachtet, daß das Gesetz eine Erstattungspflicht nicht statuiert. Besondere Kosten, wie Stempel und dgl., müssen jedoch selbstverständlich ersetzt werden (Kreis 197). Die Zahl der Duplikate, die gefordert werden kann, ist beim Remittenten gesetzlich nicht fixiert. Üblich sind höchstens drei (Volkmar-Löwy 240). Die Meinung Goldschmidts (System 4. Aufl. § 201 Nr. 3), daß der Remittent nicht mehr als drei verlangen kann, ist von ihm nicht begründet worden, der Gesetzestext spricht aber eher für das Gegenteil. Denn danach sind die Duplikate mit den Bezeichnungen Sekunda, Tertia „usw." zu versehen; hätte der Gesetzgeber nur noch ein Duplikat außer der Sekunda und Tertia im Auge gehabt, so würde er statt „usw." gesagt haben „Quarta". Auch der Indossatar kann mehrere Duplikate verlangen (vgl. Bernstein 261); das Wort „ein" vor „Duplikat" im Satz 2 ist ebenso unbestimmter Artikel, wie das „ein" vor „Indossatar"; a. M. Staub 4. Aufl.

Wer ein Duplikat annimmt, begibt sich dadurch nicht des Rechts, eine Tertia zu verlangen.

6. **Die rechtliche Natur des Anspruchs.** Es ist ein wechselrechtlicher Anspruch, da er ein Anspruch aus dem Wechsel ist. Mit Unrecht wird dies von Volkmar-Löwy (229), Rehbein (Anm. 1), Bernstein (262) und dem ROHG. (20, 92) in Abrede gestellt. Das Wechselrecht statuiert diesen Anspruch und gründet ihn lediglich auf die Rechtsstellung der Beteiligten im Wechselverbande. Zur Verfolgung im Wechselprozesse eignet sich der Anspruch allerdings nicht, weil er keine vertretbare Sache zum Gegenstande hat (§ 592 ZPO.). Anm. 14.

Zusatz 1. Über die Form des Protestes mangels Zahlung bei Vorlegung mehrerer Exemplare desselben Wechsels vgl. Art. 88a Abs. 4 (dort Anm. 7 ff.). Anm. 14a.

Zusatz 2. Scheckgesetz. Auch Schecks können in mehreren Ausfertigungen ausgestellt werden, aber mit zwei Beschränkungen: nur auf einen bestimmten Zahlungsempfänger gestellte und im Ausland zahlbare. Die Ausfertigungen tragen dann im Texte die Bezeichnung „Erste, Zweite, Dritte" usw. Ausfertigung oder eine gleichbedeutende Bezeichnung; fehlt diese, so gilt jede Ausfertigung als ein für sich bestehender Scheck (vgl. § 9 Abs. 1 Scheckgesetzes). Die Bezahlung einer Scheckausfertigung nimmt der andern ihre Kraft. Indossanten, die auf den übrigen Ausfertigungen an verschiedene Personen indossiert haben, und alle späteren Indossanten, deren Unterschriften sich auf den bei der Zahlung nicht zurückgegebenen Ausfertigungen befinden, bleiben auf Grund ihres Indossaments verpflichtet (vgl. § 9 Abs. 2 Scheckgesetzes, der dem Art. 67 Nr. 1 WO. nachgebildet ist). Anm. 14b.

Wird ein Inhaberscheck in mehreren Ausfertigungen ausgestellt und gelangen diese in verschiedene Hände, so muß, da aus den Urkunden nicht ersichtlich ist, welcher frühere Inhaber sie an verschiedene Personen weitergegeben hat, der Aussteller aus jeder Ausfertigung, wie aus einem selbständigen Scheck verhaftet bleiben (Begr. zum Scheckgesetz S. 25).

Zusatz 3. Fremde Rechte. Das französische und belgische Recht enthalten keine Bestimmungen über die Pflicht zur Ausstellung von Duplikaten. Der Aussteller ist aber dazu für verpflichtet zu erachten, wenn ihm keine besonderen Kosten entstehen. Unter dieser Voraussetzung kann auch ein Indossatar ein Duplikat des Wechsels verlangen. Er hat sich dieserhalb an seinen unmittelbaren Vormann zu wenden. Nur soviel ist gesetzlich bestimmt, daß, wenn ein Wechsel ein Prima-, Sekunda-, Tertia- oder Quartawechsel ist, dies darin ausgedrückt sein muß. Auch das englische Recht hat keine Bestimmung über die Berechtigung, Wechselduplikate zu fordern. Es bestimmt nur, daß, wenn ein Wechsel in mehreren Exemplaren gezogen wird, von denen jedes numeriert ist, und eine Bezugnahme auf die anderen Stücke enthält, diese Exemplare zusammen einen einzigen Wechsel bilden (Späing 194). Anm. 15.

Artikel 67.

Art 67. Ist von mehreren ausgefertigten Exemplaren das eine bezahlt, so verlieren dadurch die anderen ihre Kraft. Jedoch bleiben aus den übrigen Exemplaren verhaftet:

1. der Indossant, welcher mehrere Exemplare desselben Wechsels an verschiedene Personen indossiert hat, und alle späteren Indossanten, deren Unterschriften sich auf den bei der Zahlung nicht zurückgegebenen Exemplaren befinden, aus ihren Indossamenten;
2. der Akzeptant, welcher mehrere Exemplare desselben Wechsels akzeptiert hat, aus den Akzepten auf den bei der Zahlung nicht zurückgegebenen Exemplaren.

Der vorliegende Artikel bestimmt die Wirkung der Bezahlung eines Duplikats (Satz 1) und statuiert zwei Ausnahmen von dieser Rechtsregel (Satz 2 Nr. 1 und 2).

Anm. 1 1. (Satz 1.) **Die Bezahlung des einen Duplikats entkräftet die anderen.** Das ist eine aus dem Wesen des Duplikats ohne weiteres sich ergebende Folge. Denn die mehreren Duplikate sind die mehreren Träger derselben Wechselforderung (Anm. 7 zu Art 66). Die Vorschrift bezieht sich jedoch nur auf die Tilgung durch den Hauptschuldner oder für ihn. Wird ein Exemplar von einem Regreßschuldner eingelöst, so erlischt nicht die Wechselkraft der anderen Exemplare überhaupt, sondern nur insoweit, als sie die Verpflichtung des Einlösenden und seiner Nachmänner betrifft (Kreis 51).

Anm. 2. 2. (Satz 2.) **Die beiden Ausnahmen.**

a) (Nr. 1.) Die erste Ausnahme bildet der Fall, daß der Inhaber mehrerer Duplikate an verschiedene Personen indossiert hat. Eine solche Handlungsweise ist, da die mehreren Exemplare nur mehrere Träger einer Wechselforderung sind, nicht korrekt. Sie begründet, wenn auch nicht notwendig einen dolus, so doch jedenfalls ein grobes Versehen (OG. Bremen bei Borchardt Zus. 648), für das der Indossant, der es begangen hat, und seine Nachmänner als seine Garanten die Folgen tragen müssen. Diese bestehen darin, daß die mehreren Exemplare bis zu dem Indossamente jenes inkorrekten Indossanten als Träger einer und derselben Wechselforderung, von da ab als Träger mehrerer selbständiger Wechselforderungen gelten.

Daraus folgt:

Anm. 3. α) die vom Gesetz gezogene Konsequenz, daß der inkorrekte Indossant und seine Nachmänner aus ihren Indossamenten haften, der inkorrekte Indossant also doppelt, bzw. mehrfach. Selbstverständlich müssen die mehreren Exemplare auch besonders protestiert und eingeklagt werden, um vor Präjudizierung geschützt zu sein. Selbstverständlich haften ferner die Indossanten nicht, die ohne Obligo indossiert haben, auch der inkorrekte Indossant kann solchergestalt seine Haftung aus vorliegendem Artikel ablehnen (Volkmar-Löwy 243).

Anm 4. β) Dagegen haften die Vormänner des Indossanten, die an dieser Verwirrung nicht teilhaben, nur einmal; gegen sie braucht infolgedessen nur ein Exemplar protestiert und eingeklagt zu werden (Volkmar-Löwy 242).

Anm. 5. b) (Nr. 2.) Die zweite Ausnahme ist statuiert für den Fall, daß der Trassat mehrere Exemplare akzeptiert hat. Auf das Akzept bezieht sich gar nicht die vom Gesetze aufgestellte Möglichkeit der formellen Vervielfältigung der Unterschrift ohne materielle Vervielfältigung der Verbindlichkeit. Der Akzeptant haftet daher so oft, als er akzeptiert hat (vgl. hierüber Anm 5 zu Art. 66), und kann auch nicht, wie Lehmann (452 und 539) meint (ebenso OG. Wien bei Peitler Nr. 209), verlangen, daß ihm bei der Zahlung alle Exemplare ausgehändigt werden (Rehbein Anm. 2), es sei denn, daß er einem Gläubiger gegenüberstände, an den er, wegen des Durchgreifens des Doluseinwandes, nur einmal zu zahlen braucht. Art. 67. Anm. 5.

Melden sich die Indossatare mehrerer Exemplare, so zahlt er nach seiner Wahl an einen derselben. Die nicht befriedigten können gegen ihn klagen, können aber auch Protest erheben und ihren Regreß gegen die etwa nach Nr. 1 Regreßpflichtigen nehmen.

Zusatz 1. In Satz 2 Nr. 1 ist der Fall nicht berücksichtigt, daß die mehreren Exemplare durch eine Blankotradition in mehrere Hände gelangt sind. Es kann ein Indossant durch Blankogiro die mehreren Exemplare an A gegeben haben, dieser aber kann eines an B, ein zweites an C gegeben haben. In solchem Falle haftet der Blankotradent überhaupt nicht wechselrechtlich, also trifft ihn auch nicht die hier vorgesehene Haftung, aber auch nicht den gedachten Blankoindossanten, den Vormann des inkorrekten Blankotradenten, da dieser nicht „an verschiedene Personen indossiert hat". Zu Unrecht nehmen Volkmar-Löwy (243) die Haftung des Blankoindossanten in diesem Falle an. Die übrigen Folgen aber greifen Platz, d. h. es haften die Nachmänner des gedachten Blankoindossanten, als Nachmänner des inkorrekten Blankotradenten gemäß Nr. 1 des vorliegenden Artikels. Anm. 6.

Zusatz 2. Zu Nr. 2 ist hinzuzufügen, daß die Doppelhaftung den Ehrenakzeptanten nicht trifft (Volkmar-Löwy 243). Dies entspricht unserer Grundauffassung, daß das Ehrenakzept kein echtes Akzept ist (Art. 60 Anm. 1). Anm. 7.

Zusatz 3. Fremde Rechte. Auch nach französischem und belgischem Recht ist die auf eine Sekunda, Tertia, Quarta geleistete Zahlung gültig, d. h. sie tilgt den ganzen Wechsel. Das französische Recht fügt hinzu, daß dies nur dann der Fall sei, wenn das Duplikat ausdrücklich bestimmt, daß die Zahlung die Wirksamkeit der anderen Exemplare aufhebt; doch wird diese Erwähnung nicht für wesentlich gehalten. Außerdem enthalten beide Rechte eine der Nr. 2 des vorliegenden Artikels analoge Ausnahmebestimmung, dagegen keine der Nr. 1 analoge. Das englische Recht steht ungefähr auf dem gleichen Standpunkt, wie die deutsche Wechselordnung, enthält aber außerdem noch die Bestimmung, daß unter den mehreren Indossataren der inkorrekt an verschiedene Personen indossierten Duplikate der zeitlich erste Indossatar den Vorrang hat (Späing 196). Anm. 8.

Artikel 68.

Wer eines von mehreren Exemplaren eines Wechsels zur Annahme versandt hat, muß auf den übrigen Exemplaren bemerken, bei wem das von ihm zur Annahme versandte Exemplar anzutreffen ist. Das Unterlassen dieser Bemerkung entzieht jedoch dem Wechsel nicht die Wechselkraft. Der Verwahrer des zum Akzepte versandten Exemplars ist verpflichtet, dasselbe demjenigen auszuliefern, der sich als Indossatar (Artikel 36) oder auf andere Weise zur Empfangnahme legitimiert. Art. 68.

Der Artikel trifft Bestimmung für den Fall, daß eines der Duplikate zur Akzeptierung versandt ist. Anm. 1.

1. Der Absender hat die Verpflichtung, zu vermerken, bei wem das versendete Exemplar anzutreffen ist; er hat nicht bloß zu vermerken: Prima zum Akzept, sondern bei wem sie anzutreffen ist. Er kann auf diesen Vermerk verklagt werden, selbstverständlich nicht im Wechselprozeß, obwohl es ein wechselrechtlicher Anspruch ist. Bernstein (266) will den Wechselprozeß zulassen, weil dieser nicht durchaus einen Zahlungsanspruch zur Voraussetzung habe. Allein der Gegenstand des Wechselprozesses muß nach § 592 ZPO., wenn auch nicht gerade die Zahlung einer Geldsumme, so doch mindestens die Leistung einer Quantität anderer vertretbarer Sachen oder Wertpapiere sein. Kläger könnte nur der unmittelbare Nehmer dessen sein, der den Wechsel zum Akzept versandt hat, nicht jeder Inhaber (vgl. aber J. u. M. Stranz Anm. 1), Be-

Art. 68. Anm. 1. klagter nur dieser Versender. Durch Unterlassung des Vermerks wird die Wechselkraft nicht beeinträchtigt. Es wird nur bewirkt, daß der Fall des Art. 69 nicht vorliegt (vgl. diesen).

Anm. 2. 2. **Der Verwahrer hat die Verpflichtung**, das Exemplar dem legitimierten Wechselinhaber herauszugeben.

a) **Diese Verpflichtung folgt aus dem Wesen des Duplikats.** Der Grund ist, daß die sämtlichen Exemplare Träger einer und derselben Wechselforderung sind (Anm. 7 zu Art. 66). Wer also die Wechselforderung erworben hat (durch Indossament oder auf andere Weise, z. B. Abtretung), hat das Recht auf die sie verkörpernden Urkunden miterworben.

Anm. 3. b) **Von dem Augenblicke des Erwerbes an ist der Eigentümer des Wechsels auch Eigentümer des Duplikatsexemplares.** Selbstverständlich aber ist der Verwahrer, ehe er diesen Eigentümer kennt, berechtigt, den Weisungen desjenigen, der ihm das Exemplar zur Einholung des Akzepts gesendet hat, zu folgen und ist durch Rückgabe an diesen so lange befreit, bis der Eigentümer des Wechsels sich bei ihm meldet. Tut der Eigentümer dies nach Rücksendung des Exemplars an den Einsender, so ist der Verwahrer befreit und hat auch keine Verpflichtung, die Rücksendung durch Reklamation bei der Post rückgängig zu machen; tut er es aber nachher, so wird der Verwahrer dem Wechseleigentümer schadensersatzpflichtig (ROHG. 11, 392).

Anm. 4. c) **Das Recht auf das Akzeptexemplar bezieht sich auch auf das bereits akzeptierte Exemplar.**

Anm. 5. d) **Es richtet sich gegen jeden Verwahrer, auch wenn der Trassat selbst es wäre.** Hat dieser bereits akzeptiert, so kann die Klage gegen ihn jedenfalls auf Herausgabe gerichtet werden (RG. 9, 59), nach unserer Ansicht aber auch auf Zahlung (Art. 23; Stadtgericht Berlin und Handelsgericht Hamburg bei Volkmar-Löwy 245; dagegen allerdings diese Schriftsteller selbst).

Anm. 6. e) **Der Anspruch ist ein wechselrechtlicher** (dagegen ROHG. 20, 92), aber doch für den Wechselprozeß nicht geeignet, weil nicht auf Leistung einer vertretbaren Sache gerichtet (§ 592 ZPO.; s. oben Anm. 1).

Anm. 7. **Zusatz. Fremde Rechte.** Nach französischem, belgischem und englischem Recht gilt das gleiche (Späing 197).

Artikel 69.

Art. 69. Der Inhaber eines Duplikats, auf welchem angegeben ist, bei wem das zum Akzepte versandte Exemplar sich befindet, kann mangels Annahme desselben den Regreß auf Sicherstellung und mangels Zahlung den Regreß auf Zahlung nicht eher nehmen, als bis er durch Protest hat feststellen lassen:

1. daß das zum Akzepte versandte Exemplar ihm vom Verwahrer nicht verabfolgt worden ist und
2. daß auch auf das Duplikat die Annahme oder die Zahlung nicht zu erlangen gewesen.

Anm. 1. **Der Artikel trifft Bestimmungen über die Bedingung des Regresses für den Inhaber eines Duplikats mit dem Vermerk, bei wem sich das zum Akzept versendete Exemplar befindet.**

1. **Voraussetzung** ist, daß das Duplikat mit dem gedachten Vermerk versehen ist. Der Fall, daß der Vermerk lautet: Prima zum Akzept, steht dem nicht gleich, ist vielmehr ebenso zu behandeln, wie wenn der Wechsel den Antreffungsvermerk überhaupt nicht trägt (Volkmar-Löwy 246).

Trägt der Wechsel den Antreffungsvermerk nicht, so bedarf es des hier vorgesehenen Doppelprotestes nicht. Der Regreß ist dann auf Grund des Duplikats und des Protestes mangels Zahlung zu erheben, unter Umständen aber nur gegen Sicherstellung (vgl. hierüber Anm. 7 zu Art. 66).

2. **Alsdann ist Bedingung des Regresses der hier vorgesehene Doppelprotest.** **Art. 69.**

a) **Beibringung des Protestes, daß das zum Akzept versandte Exemplar** Anm. 2.
vom Verwahrer nicht verabfolgt ist (Ausfolgungsprotest). Dieser Protest muß auch dann beigebracht werden, wenn der Wechsel nicht akzeptiert ist. Das Gesetz macht für diesen Fall keine Ausnahme; der Nachweis der Nichtakzeptierung ersetzt also diesen Protest nicht (Kreis 103). Selbstverständlich aber wird er dadurch ersetzt, daß das Akzeptexemplar in Wirklichkeit beigebracht wird. In welcher Beschaffenheit, ist dann gleichgültig. Der Regreßnehmer braucht es nur so zurückzugeben, wie er selbst es erhalten hat, hat aber, wenn es nicht unversehrt ist, die Beweislast (ROHG. 21, 137; vgl. ROHG. 11, 217). Dagegen ist der Protest notwendig, wenn der Inhaber bei dem Versuche, das Akzeptexemplar zu erlangen, ein Exemplar erhält, das sich nicht als Duplikat darstellt; dies gilt der Nichtausantwortung gleich.

Wird der Protest beigebracht, so kommt es auf den Grund der Nichtausantwortung nicht an: ob der Inhaber schon vorher das Akzeptexemplar zurückverlangt und erhalten hat, oder ob der Verwahrer es eigenmächtig verwahrt, oder ob er es vernichtet hat (ROHG. 21, 137).

Immer ist der Protest nur gegen den im Wechsel vermerkten Verwahrer, und zwar an dessen Wohnort (s. Art. 88 Anm. 44) zu erheben, nicht etwa auch gegen den, den der Verwahrer als den gegenwärtigen Besitzer bezeichnet.

Der Ausfolgungsprotest steht unter den allgemeinen Regeln über den Protest. Die Frist beträgt zwei Werktage (Art. 41). Über die Form des Protestes und den zuständigen Protestbeamten vgl. Anm. 9a zu Art. 20 und Anm. 1ff. zu Art. 88b. Da der Ausfolgungsprotest auf eine Abschrift des Wechselduplikats, aber der Protest mangels Zahlung (auch der aus Nr. 2 des Art. 69) auf das Duplikat selbst zu setzen ist, können diese beiden Proteste nicht mehr in einer Urkunde, wie früher oft, vereinigt werden. Dagegen ist die Vereinigung mit dem Proteste mangels Annahme aus Nr. 2 des Art. 69 möglich. Beispiele s. bei Rausnitz: „Der neue Protest" S. 90ff.

b) **Beibringung des Protestes mangels Annahme oder Zahlung** (s. a. Art. 88a Anm. 3.
Anm. 11) **auf das Duplikat.**

c) **Diese beiden Bedingungen sind die einzigen Regreßerfordernisse im** Anm. 4.
Falle des Antreffungsvermerks. Sie treten nicht etwa zu den normalen Regreßerfordernissen auf Grund eines Duplikats hinzu. (Über diese Anm. 7 Note 2 zu Art. 66.) Beim Regreß auf Grund eines Duplikats ohne jenen Vermerk muß der Regredient dem Regressaten dafür Kaution leisten, daß der letztere die Regreßsumme von denen erhält, die ihm für Erstattung der Wechselsumme haften. Ist dagegen der Wechsel mit dem Antreffungsvermerk versehen, so liegt in der Begebung eines solchen Wechsels das Einstehen dafür, daß das Akzeptexemplar dort anzutreffen, und zwar zum Zwecke der Herausgabe bei der Regreßnahme zu erlangen sein wird. Wer einen solchen Wechsel durch Indossament erwirbt, muß sich zwar bemühen, den Wechsel dort, wo er anzutreffen sein soll, zu erlangen, aber andererseits braucht er sich auch nur darum zu bemühen und seine Bemühungen durch Protest festzustellen. Hat er das getan, so braucht er nicht mehr die Kaution zu leisten, die sich aus der Nichtherausgabe aller Duplikate vernotwendigt.

3. Der Art. 69 betrifft nur den Zahlungsregreß und den Sicherstellungsregreß mangels Anm. 5.
Annahme, nicht den wegen Unsicherheit des Akzeptanten (Bernstein Zus. zu Art. 69).

Zusatz. Fremde Rechte. Das französische, belgische und englische Wechselrecht enthalten Anm. 6.
keine entsprechenden Bestimmungen (Späing 198).

2. Wechselkopien.

Artikel 70.

Wechselkopien müssen eine Abschrift des Wechsels und der darauf befindlichen Indossamente und Vermerke enthalten und mit der Erklärung „bis **Art. 70.**

Art 70. **hierher Abschrift (Kopie)" oder mit einer ähnlichen Bezeichnung versehen sein. In der Kopie ist zu bemerken, bei wem das zur Annahme versandte Original des Wechsels anzutreffen ist. Das Unterlassen dieses Vermerkes entzieht jedoch der indossierten Kopie nicht ihre wechselmäßige Kraft.**

Anm. 1. **Vorbemerkung.** Die Artikel 70—72 behandeln das Institut der Wechselkopie. Dieses dient wesentlich dazu, das Akzept auf dem Wechsel zu erhalten, während die Kopie zirkuliert (vgl. übrigens auch Art. 81: Erlangung von verpflichtenden Mitunterschriften). Das Institut der Wechselkopie gilt auch für eigene Wechsel (Art. 98 Nr. 8).

Der vorliegende Artikel behandelt die Form der Wechselkopie. Vorauszuschicken ist eine Erörterung ihres Wesens.

Anm. 2. 1. **Das Wesen der Wechselkopie.**

a) Jeder Inhaber eines Wechsels ist berechtigt, sich so viele Abschriften davon zu fertigen, als ihm beliebt. Solche Abschriften sind rechtlich bedeutungslos. Sie erlangen Bedeutung erst dann, wenn sie abgeschlossen werden mit dem Vermerk „Bis hierher Abschrift" oder einer ähnlichen Bemerkung und wenn alsdann ein Originalindossament auf die Abschrift gesetzt wird.

Ein solches Indossament hat rechtliche Bedeutung, obwohl es nur auf eine Kopie gesetzt ist. In der rechtlichen Bedeutung dieses Indossaments liegt die rechtliche Bedeutung der Wechselkopie. Im übrigen ist sie bedeutungslos. Sie ist nicht, wie das Duplikat, selbständige Trägerin der Wechselforderung. Nur in Verbindung mit dem Original ist sie Trägerin der Wechselforderung.

Die Folgen hiervon zeigen sich bei der Geltendmachung der Rechte aus der indossierten Kopie (vgl. Anm. 1 zu Art. 71), auch darin, daß die Wechselkopie nicht geeignet ist, akzeptiert zu werden; wird sie akzeptiert, so ist das Akzept bedeutungslos (Volkmar-Löwy 249).

Anm. 3. b) Welche Bedeutung hat nun aber das Indossament einer Wechselkopie? Es überträgt zunächst das Eigentum am Wechsel, wie die Übertragung des Solawechsels (Lehmann 337; Kreis 209). Daher rührt die Vorschrift des Art. 72 Satz 1. Es hat außerdem verpflichtende Kraft (darüber Art. 71).

Anm. 4. c) Weil die Bedeutung der Wechselkopie sich erschöpft in der rechtlichen Wirksamkeit des auf sie gesetzten Originalindossaments, so folgt hieraus, daß die Kopie immer hergestellt sein muß vom Indossanten, nicht auch vom Aussteller, wenigstens nicht in dieser seiner Eigenschaft, sondern nur, wenn er gleichzeitig Remittent ist (gerade umgekehrt beim Duplikat).

Anm. 4a. d) Es steht nichts entgegen, daß der Wechsel selbst auf der Rückseite durchkreuzt wird, also umlaufsunfähig wird.

Anm. 4b. e) Es steht nichts entgegen, von einem Duplikat eine Kopie zu nehmen.

Anm. 5. 2. **Die Form der Wechselkopie.** Damit die Wechselkopie die eben erörterte rechtliche Bedeutung habe, muß sie den Formvorschriften entsprechen, die der vorliegende Artikel aufstellt, d. h. sie muß:

a) eine Abschrift des Wechsels und der darauf befindlichen Indossamente enthalten. Die Übereinstimmung braucht nicht eine absolute zu sein, es genügt, wenn sie an der Identität keinen Zweifel läßt (Lehmann 337; Kammergericht bei Borchardt Zus. 659: „Zahlen Sie für diesen Primawechsel" statt „Zahlen Sie gegen diesen Primawechsel", „Wert in uns selbst" statt „Den Wert in uns selbst" sind unerhebliche Abweichungen);

Anm. 6. b) sie muß die Arretierungsklausel enthalten: der Wechsel muß mit der Bezeichnung „Bis hierher Abschrift (Kopie)" oder mit einer ähnlichen Bezeichnung versehen sein. Aus diesem Gesetzesausspruche folgt, daß sich die Bezeichnung an das letzte abgeschriebene Giro anschließen muß, auch äußerlich, damit deutlich ersehen werden kann, **daß bis dahin eine Wechselkopie vorhanden ist und daß nunmehr die Originalunterschriften** beginnen. Mit Rücksicht hierauf kann der Ansicht nicht beigepflichtet werden, daß die

Stelle der Arretierungsklausel nicht vorgeschrieben sei (so Rehbein Anm. 2; mit uns Art. 70. Bernstein 271). Steht sie z. B. über dem Wechsel, so würde sie keinen Sinn haben Anm. 6. und den ganzen Wechsel ungültig machen. Steht über dem Wechsel „Abschrift" oder „Kopie", fehlt aber hinter den abgeschriebenen Giros eine ordnungsmäßige Arretierungsklausel, so gilt der ganze Wechsel als Kopie, auch die Originalunterschriften gelten als solche; eine Wechselkopie im Sinne der Wechselordnung liegt dann nicht vor, sondern eine völlig bedeutungslose Abschrift (Volkmar-Löwy 250; Bernstein 271).

Fehlt die Arretierungsklausel, ohne daß der Wechsel sich als Kopie bezeichnet, so gilt umgekehrt alles als Original. Soweit es in Wahrheit Abschrift ist, ist es ein falscher Wechsel, die darauf gemachten echten Indossamente sind gültig (Art. 75), aber es fehlt den Indossataren die Möglichkeit, auf Grund einer solchen Kopie den Originalwechsel zu erlangen und die auf diesem Original befindlichen Originalunterschriften für sich zu verwerten (Lehmann 484).

c) **Der Artikel enthält noch eine dritte Formvorschrift: über den Antreffungs-** Anm. 7. **vermerk.** Dieser Vermerk ist aber für die wechselmäßige Kraft der indossierten Wechselkopie ausdrücklich als unwesentlich bezeichnet. Auch ohne diesen Vermerk hat die Wechselkopie ihre volle wechselrechtliche Bedeutung, d. h. das Indossament überträgt das Eigentum an dem Wechsel und hat verpflichtende Kraft; die Kopie ist trotz des fehlenden Vermerks weder nichtig, noch gilt sie dann als etwas anderes denn als Kopie (Lehmann 484).

Der Antreffungsvermerk ist aber aus anderem Grunde sehr wichtig; er erleichtert die Begebbarkeit. Ohne jenen Vermerk wird ein vorsichtiger Mann eine Wechselkopie nicht erwerben. Denn ohne jenen Vermerk ist ein wechselmäßiger Verwahrer des Originals nicht vorhanden. Es kann daher der Ausantwortungsprotest nach Art. 72 nicht erhoben werden, sondern es muß der Protest mangels Annahme oder Zahlung auf Grund des Originals erhoben werden, widrigenfalls der Wechsel präjudiziert wird. Die Protestierung mangels Annahme oder Zahlung auf Grund der Kopie würde rechtlich wirkungslos sein, da die Wechselkopie nicht geeignet ist, ein Akzept zu tragen (oben Anm. 2) und der Trassat auf Grund der Kopie mit befreiender Wirkung nicht zahlen kann. In solchem Falle muß daher der Indossatar sich den Originalwechsel rechtzeitig beschaffen, und wenn er ihn nicht erlangt, so verliert er den Regreß (Dernburg II § 261; Volkmar-Löwy 250; anders Bernstein (273), der in diesem Falle ohne Ausfolgungsprotest den Regreß gegen die Originalindossanten der Abschrift gewährt).

Zusatz 1. Über die **Form des Protestes** mangels Zahlung bei Vorlegung des Anm. 7a. Originals und einer Kopie vgl. Art. 88a Abs. 4 (dort Anm. 11).

Zusatz 2. Fremde Rechte (zu Art. 70—72). Das französische und belgische Recht kennen Anm. 8. die Kopie nicht, sie ist aber dort üblich im Verkehr. Ob das englische Recht die Kopie zuläßt, ist zweifelhaft (Späing 198ff.).

Artikel 71.

Jedes auf einer Kopie befindliche Original-Indossament verpflichtet den Art. 71. Indossanten ebenso, als wenn es auf einem Originalwechsel stünde.

Der vorliegende Artikel bestimmt, daß die Originalindossamente einer Wechselkopie verpflichtende Kraft haben. Einleitung. Es ist dies ein Ausfluß der rechtlichen Bedeutung der Wechselkopie. Denn darin besteht diese Bedeutung überhaupt nur, daß das auf sie gesetzte Originalindossament Rechtswirksamkeit hat. Die eine Folge hieraus ist der Übergang des Eigentums am Wechsel auf Grund eines solchen Indossaments (vgl. Anm. 3 zu Art. 70), die andere ist die Verpflichtungskraft des Indossaments.

1. **Die Geltendmachung der Haftung des Indossanten** erfolgt allerdings nicht Anm 1. etwa auf Grund der bloßen Wechselkopie. Das Indossament hat zwar verpflichtende Kraft, es überträgt auch das Eigentum am Wechsel. Aber die Wechselkopie ist gleich-

Art. 71 Anm.. wohl nicht selbständige Trägerin der Wechselforderung, sondern nur in Verbindung mit dem Original. Deshalb kann nur der gegen den Indossanten der Wechselkopie Regreß nehmen, der die indossierte Kopie und den Wechsel vorlegen kann, es sei denn, daß der Fall des Art. 72 vorliegt, d. h. daß der Wechsel den Antreffungsvermerk hat. Hat der Wechsel diesen Vermerk nicht, so ist infolgedessen der Erwerb des Wechsels auf Grund einer indossierten Wechselkopie gefährlich (vgl. hierüber Anm. 7 zu Art. 70).

Anm. 2. 2. Nur das Indossament hat verpflichtende Kraft. Der Ausstellungsvermerk als solcher nicht, auch nicht das Akzept (vgl. Anm. 4 zu Art. 70).

Artikel 72.

Art. 72. **Der Verwahrer des Originalwechsels ist verpflichtet, denselben dem Besitzer einer mit einem oder mehreren Original-Indossamenten versehenen Kopie auszuliefern, sofern sich derselbe als Indossatar oder auf andere Weise zur Empfangnahme legitimiert. Wird der Originalwechsel vom Verwahrer nicht ausgeliefert, so ist der Inhaber der Wechselkopie nur nach Aufnahme des im Artikel 69 Nr. 1 erwähnten Protestes Regreß auf Sicherstellung und nach Eintritt des in der Kopie angegebenen Verfalltags Regreß auf Zahlung gegen diejenigen Indossanten zu nehmen berechtigt, deren Original-Indossamente auf der Kopie befindlich sind.**

Einleitung. Der Artikel trifft zwei nur äußerlich zusammenhängende, in der Erläuterung besser auseinanderzuhaltende Bestimmungen: 1. (Satz 1) über das Recht des Wechselkopie-Indossatars auf das Original. 2. (Satz 2) über den Wechselregreß im Falle des Antreffungsvermerks.

Anm. 1. 1. (Satz 1.) **Das Recht des Wechselindossatars auf das Original.** Das auf die Kopie gesetzte Indossament hat wechselrechtliche Kraft, insbesondere übertragende Wirkung (vgl. Anm. 3 zu Art. 70). Der Indossatar wird Eigentümer und hat infolgedessen das Recht auf das Original. Dieses kann er verlangen von jedem Verwahrer. Gleich ihm hat jeder andere Wechseleigentümer (Zessionar usw.) dieses Recht. Gleichgültig ist, ob der Wechsel den Vermerk trägt, wo das Original anzutreffen ist, oder nicht. Die Klage ist eine wechselrechtliche, aber nicht für den Wechselprozeß geeignete. (Näheres über das Recht auf Herausgabe des Originals Anm. 3 zu Art. 68.)

Anm. 2. 2. (Satz 2.) **Trägt der Wechsel den Antreffungsvermerk, d. h. den Vermerk, wo das Original anzutreffen ist, so ist der Regreß erleichtert.**

a) Wer einen Wechsel auf Grund einer indossierten Kopie erwirbt, ohne daß jener Vermerk darauf steht, ist unvorsichtig und muß die Folgen tragen, die darin bestehen, daß er das Original, auf welches er ja nach Satz 1 ein Recht hat, nicht erlangt oder nicht rechtzeitig erlangt, um auf Grund desselben Protest zu erheben, und so den Regreß verliert (vgl. Anm. 7 zu Art. 70). Enthält aber der Wechsel jenen Vermerk, so liegt darin seitens des Indossanten ein Einstehen dafür, daß der Wechsel dort auch wirklich angetroffen werden wird. In diesem Falle braucht der Indossatar das Original nicht herbeizuschaffen, sondern er braucht sich nur darum zu bemühen und eventuell durch Protest festzustellen, daß er sich bemüht habe.

Dieser Protest muß innerhalb der Protestfrist des Art. 41 aufgenommen werden (OAG. Lübeck bei Borchardt Zusatz 662). Über die Form des Protestes und den zuständigen Beamten vgl. Art. 69 Anm. 2 a. E. Der Protest ist auf eine Abschrift der Wechselkopie oder ein mit ihr zu verbindendes Anhangsblatt zu setzen.

Anm. 3. b) Der weitere Protest im Sinne des Art. 69 Nr. 2, daß auf die Kopie Annahme oder Zahlung nicht zu erlangen war, ist nicht notwendig. Denn die Kopie kann mit Rechtswirkung nicht angenommen werden, und auf die Kopie kann der Trassat mit

befreiender Wirkung nicht zahlen. (OTr. Berlin bei Borchardt Zus. 661.) Aus dem- Art. 72.
selben Grunde bedarf es auch nicht der Beachtung der auf der Kopie befindlichen Not- Anm. 3.
adressen (Rehbein Anm. 2; Volkmar-Löwy 252).

c) Hat der Indossatar jenen Ausfolgungsprotest erheben lassen, so hat er Anm. 4.
sich dadurch den Regreß gegen die Originalindossanten der Wechselkopie gesichert, selbstverständlich nicht auch gegen die Personen, deren Originalindossamente sich auf dem Wechseloriginal befinden (OAG. Dresden bei Borchardt Zus. 664), und nicht auch den Anspruch gegen den Akzeptanten.

XI. Abhanden gekommene Wechsel.

Artikel 73.

Der Eigentümer eines abhanden gekommenen Wechsels kann die Amorti- Art. 73.
sation des Wechsels bei dem Gerichte des Zahlungsorts beantragen. Nach Einleitung des Amortisationsverfahrens kann derselbe vom Akzeptanten Zahlung fordern, wenn er bis zur Amortisation des Wechsels Sicherheit bestellt. Ohne eine solche Sicherheitsstellung ist er nur die Deposition der aus dem Akzepte schuldigen Summe bei Gericht oder bei einer anderen zur Annahme von Depositen ermächtigten Behörde oder Anstalt zu fordern berechtigt.

§ 947 ZPO.

Der Antrag kann schriftlich oder zum Protokolle des Gerichtsschreibers gestellt werden. Die Entscheidung kann ohne vorgängige mündliche Verhandlung erfolgen.

Ist der Antrag zulässig, so hat das Gericht das Aufgebot zu erlassen. In dasselbe ist insbesondere aufzunehmen:

1. die Bezeichnung des Antragstellers;
2. die Aufforderung, die Ansprüche und Rechte spätestens im Aufgebotstermine anzumelden;
3. die Bezeichnung der Rechtsnachteile, welche eintreten, wenn die Anmeldung unterbleibt;
4. die Bestimmung eines Aufgebotstermins.

§ 951 ZPO.

Eine Anmeldung, welche nach dem Schlusse des Aufgebotstermins, jedoch vor Erlassung des Ausschlussurteils erfolgt, ist als eine rechtzeitige anzusehen.

§ 952 ZPO.

Das Ausschlussurteil ist in öffentlicher Sitzung auf Antrag zu erlassen.

Einem in der Sitzung gestellten Antrage wird ein Antrag gleichgeachtet, welcher vor dem Aufgebotstermine schriftlich gestellt oder zum Protokolle des Gerichtsschreibers erklärt worden ist.

Vor Erlassung des Urteils kann eine nähere Ermittelung, insbesondere die Versicherung der Wahrheit einer Behauptung des Antragstellers an Eides statt, angeordnet werden.

Gegen den Beschluss, durch welchen der Antrag auf Erlassung des Ausschlussurteils zurückgewiesen wird, sowie gegen Beschränkungen und Vorbehalte, welche dem Ausschlussurteile beigefügt sind, findet sofortige Beschwerde statt.

§ 953 ZPO.

Art. 73. Erfolgt eine Anmeldung, durch welche das von dem Antragsteller zur Begründung des Antrags behauptete Recht bestritten wird, so ist nach Beschaffenheit des Falles entweder das Aufgebotsverfahren bis zur endgültigen Entscheidung über das angemeldete Recht auszusetzen, oder in dem Ausschlussurteile das angemeldete Recht vorzubehalten.

§ 954 ZPO.

Wenn der Antragsteller weder in dem Aufgebotstermin erschienen ist, noch vor dem Termine den Antrag auf Erlassung des Ausschlussurteils gestellt hat, so ist auf seinen Antrag ein neuer Termin zu bestimmen. Der Antrag ist nur binnen einer vom Tage des Aufgebotstermins laufenden Frist von sechs Monaten zulässig.

§ 955 ZPO.

Wird zur Erledigung des Aufgebotsverfahrens ein neuer Termin bestimmt, so ist eine öffentliche Bekanntmachung des Termins nicht erforderlich.

§ 957 ZPO.

Gegen das Ausschlussurteil findet ein Rechtsmittel nicht statt.

Das Ausschlussurteil kann bei dem Landgerichte, in dessen Bezirke das Aufgebotsgericht seinen Sitz hat, mittels einer gegen den Antragsteller zu erhebenden Klage angefochten werden:

1. wenn ein Fall nicht vorlag, in welchem das Gesetz das Aufgebotsverfahren zulässt;
2. wenn die öffentliche Bekanntmachung des Aufgebots oder eine in dem Gesetze vorgeschriebene Art der Bekanntmachung unterblieben ist;
3. wenn die vorgeschriebene Aufgebotsfrist nicht gewahrt ist;
4. wenn der erkennende Richter von der Ausübung des Richteramts kraft Gesetzes ausgeschlossen war;
5. wenn ein Anspruch oder ein Recht ungeachtet der erfolgten Anmeldung nicht dem Gesetze gemäss in dem Urteile berücksichtigt ist;
6. wenn die Voraussetzungen vorliegen, unter welchen die Restitutionsklage wegen einer strafbaren Handlung stattfindet.

§ 958 ZPO.

Die Anfechtungsklage ist binnen der Notfrist eines Monats zu erheben. Die Frist beginnt mit dem Tage, an welchem der Kläger Kenntnis von dem Ausschlussurteile erhalten hat, in dem Falle jedoch, wenn die Klage auf einem der im § 957 Nr. 4, 6 bezeichneten Anfechtungsgründe beruht und dieser Grund an jenem Tage noch nicht zur Kenntnis des Klägers gelangt war, erst mit dem Tage, an welchem der Anfechtungsgrund dem Kläger bekannt geworden ist.

Nach Ablauf von zehn Jahren, von dem Tage der Verkündung des Ausschlussurteils an gerechnet, ist die Klage unstatthaft.

§ 1003 ZPO.

Für das Aufgebotsverfahren zum Zwecke der Kraftloserklärung einer Urkunde gelten die nachfolgenden besonderen Bestimmungen.

§ 1004 ZPO.

Bei Papieren, welche auf den Inhaber lauten oder welche durch Indossament übertragen werden können und mit einem Blankoindossamente versehen sind, ist der bisherige Inhaber des abhanden gekommenen oder vernichteten Papiers berechtigt, das Aufgebotsverfahren zu beantragen. Art. 73.

Bei anderen Urkunden ist derjenige zu dem Antrage berechtigt, welcher das Recht aus der Urkunde geltend machen kann.

§ 1005 ZPO.

Für das Aufgebotsverfahren ist das Gericht des Orts zuständig, welchen die Urkunde als den Erfüllungsort bezeichnet. Enthält die Urkunde eine solche Bezeichnung nicht, so ist das Gericht zuständig, bei welchem der Aussteller seinen allgemeinen Gerichtsstand hat, und in Ermangelung eines solchen Gerichts dasjenige, bei welchem der Aussteller zur Zeit der Ausstellung seinen allgemeinen Gerichtsstand gehabt hat.

Ist die Urkunde über ein im Grundbuch eingetragenes Recht ausgestellt, so ist das Gericht der belegenen Sache ausschliesslich zuständig.

§ 1007 ZPO.

Der Antragsteller hat zur Begründung des Antrags:

1. entweder eine Abschrift der Urkunde beizubringen, oder den wesentlichen Inhalt der Urkunde und alles anzugeben, was zur vollständigen Erkennbarkeit derselben erforderlich ist;
2. den Verlust der Urkunde sowie diejenigen Tatsachen glaubhaft zu machen, von welchen seine Berechtigung abhängt, das Aufgebotsverfahren zu beantragen;
3. sich zur Versicherung der Wahrheit seiner Angaben an Eides Statt zu erbieten.

§ 1008 ZPO.

In dem Aufgebot ist der Inhaber der Urkunde aufzufordern, spätestens im Aufgebotstermine seine Rechte bei dem Gericht anzumelden und die Urkunde vorzulegen. Als Rechtsnachteil ist anzudrohen, dass die Kraftloserklärung der Urkunde erfolgen werde.

§ 1009 ZPO.

Die öffentliche Bekanntmachung des Aufgebots erfolgt durch Anheftung an die Gerichtstafel und in dem Lokale der Börse, wenn eine solche am Sitze des Aufgebotsgerichts besteht, sowie durch dreimalige Einrückung in die im § 204 Abs. 2 bezeichneten Blätter.

Das Gericht kann anordnen, dass die Einrückung noch in andere Blätter und zu mehreren Malen erfolge.

Betrifft das Aufgebot ein auf den Inhaber lautendes Papier und ist in der Urkunde vermerkt oder in den Bestimmungen, unter denen die erforderliche staatliche Genehmigung erteilt worden ist, vorgeschrieben, dass die öffentliche Bekanntmachung durch bestimmte andere Blätter zu erfolgen habe, so muss die Bekanntmachung auch durch Einrückung in diese Blätter erfolgen. Das Gleiche gilt bei Schuldverschreibungen, die von einem Bundesstaat ausgegeben sind, wenn die öffentliche Bekanntmachung durch bestimmte Blätter landesgesetzlich vorgeschrieben ist.

§ 1014 ZPO.

Ist in einer Schuldurkunde eine Verfallzeit angegeben, welche zur Zeit der ersten Einrückung des Aufgebots in den Deutschen Reichsanzeiger noch nicht eingetreten ist, und sind die Voraussetzungen der §§ 1010—1013 nicht

Art. 73. vorhanden, so ist der Aufgebotstermin so zu bestimmen, dass seit dem Verfalltage sechs Monate abgelaufen sind.

§ 1015 ZPO.

Die Aufgebotsfrist muss mindestens sechs Monate betragen. Der Aufgebotstermin darf nicht über ein Jahr hinaus bestimmt werden; solange ein so naher Termin nicht bestimmt werden kann, ist das Aufgebot nicht zulässig.

§ 1017 ZPO.

In dem Ausschlussurteil ist die Urkunde für kraftlos zu erklären.

Das Ausschlussurteil ist seinem wesentlichen Inhalte nach durch den Deutschen Reichsanzeiger bekannt zu machen. Die Vorschriften des § 1009 Abs. 3 finden entsprechende Anwendung.

In gleicher Weise hat nach eingetretener Rechtskraft die Bekanntmachung des auf die Anfechtungsklage ergangenen Urteils, soweit dadurch die Kraftloserklärung aufgehoben wird, zu erfolgen.

§ 1018 ZPO.

Derjenige, welcher das Ausschlussurteil erwirkt hat, ist dem durch die Urkunde Verpflichteten gegenüber berechtigt, die Rechte aus der Urkunde geltend zu machen.

Wird das Ausschlussurteil infolge einer Anfechtungsklage aufgehoben, so bleiben die auf Grund des Urteils von dem Verpflichteten bewirkten Leistungen auch Dritten, insbesondere dem Anfechtungskläger, gegenüber wirksam, es sei denn, dass der Verpflichtete zur Zeit der Leistung die Aufhebung des Ausschlussurteils gekannt hat.

Einleitung. **Der Artikel 73 beschäftigt sich mit den abhanden gekommenen Wechseln.** Er behandelt aber die Materie in sehr dürftiger Weise. Er stellt lediglich die Möglichkeit der Amortisation auf, gibt eine Bestimmung über den Gerichtsstand und ordnet an, welche Rechte der Antragsteller nach Einleitung des Amortisationsverfahrens hat. Dagegen regelt er das Verfahren nicht eingehend und trifft auch keine Bestimmungen über die materiellen Wirkungen des durchgeführten Amortisationsverfahrens. Nach diesen Richtungen wird er ergänzt durch die oben abgedruckten Paragraphen der ZPO. Es empfiehlt sich, die ganze Materie im Zusammenhange darzulegen.

Anm. 1. 1. **Welche Wechsel können amortisiert werden?** Nach Art. 73 konnten nur abhanden gekommene, nach § 1004 ZPO. können auch vernichtete Wechsel amortisiert werden. Als vernichtet gilt derjenige Wechsel, welcher derart beschädigt ist, daß er nicht mehr als Träger einer Wechselforderung betrachtet werden kann. Dazu genügt nicht, daß er offensichtlich infolge der Zirkulation in zwei Teile gespalten ist (ROHG. 5, 247), wohl aber, wenn er offensichtlich mit Absicht, wenn auch vielleicht aus Irrtum, in Stücke zerrissen ist (ROHG. v. 30. 10. 77 in Sachen Günther contra Fabian bei Borchardt-Ball Anm. 213b). Daß er mit Tinte begossen ist, macht ihn dann zum vernichteten, wenn wesentliche Teile des Wechsels, sei es auch nur solche, die über die Legitimation Auskunft geben, unleserlich geworden sind.

Ist der Wechsel vernichtet, so kann der Gläubiger des zahlungshalber gegebenen Wechsels auf das ursprüngliche Schuldverhältnis zurückgreifen. Grundsätzlich muß er den vernichteten Wechsel, soweit dieser noch vorhanden ist (etwa die zerrissenen Stücke) zurückgeben, es sei denn, daß der Schuldner nicht in die Lage kommen kann, doppelt zu zahlen (RG. in JW. 03, 375[10]).

Das Aufgebotsverfahren ist zulässig bei Wechseln aller Art, akzeptierten und nicht akzeptierten (Wilmowski-Levy 7. Aufl. Anm. 1 zu § 837 ZPO.; Bernstein 274); verfallenen und nicht verfallenen, protestierten oder nicht protestierten, auch eingeklagten oder gar ausgeklagten, auch bezahlten, auch verjährten oder präjudizierten Wechseln (ROHG. 6, 385; vgl. Art. 83). Auch bei Blanketten, einschließlich Blankoakzepten, ist es zulässig, obwohl es hier mehr negative Bedeutung hat; es wird die Möglichkeit beseitigt, daß ein anderer das Blankett ausfüllt und dann den Wechsel geltend macht, während die Möglichkeit, das Blankett nunmehr selbst auszufüllen durch das Verfahren nicht hergestellt wird. (ROHG. 25, 16; Dernburg § 280; Merfeld „die Kraftloserklärung von Wechselblanketts" bei Gruchot 32, 291 u. 293; LG. I Berlin in KGBl. 98, 22; anders Bernstein 278.) Ein Wechselduplikat kann aufgeboten werden, eine Wechselkopie nur, wenn sie ein Originalindossament enthält (Bernstein 275). Art. 73.

2. **Wer ist zum Antrage berechtigt?** Nach Art. 73 der „Eigentümer"; nach § 1004 ZPO., der an die Stelle des Art. 73 tritt, der „bisherige Inhaber" des Papiers. Darunter ist nicht bloß der Eigentümer zu verstehen, sondern jeder, der kraft eigenen Rechts die Urkunde in seinem Besitz hatte. Der Prokuraindossatar ist nach unserer Ansicht dazu nicht berechtigt (zust. Dernburg II § 280; anders Rehbein Anm. 6b, Bernstein 275). Im eigenen Namen könnte er den Antrag nicht stellen, wie er ja auch nicht im eigenen Namen klagt (Anm. 3 zu Art. 17). Daß aber sein Vertretungsrecht auch hierauf sich bezieht, sagt Art. 17 nicht, und eine willkürliche Ausdehnung der Vertretungsbefugnisse des Prokuraindossatars erscheint nicht zulässig, hier um so weniger, als das vorliegende Verfahren an Bedingungen höchst persönlicher Art geknüpft ist (eidliche Versicherung der antragsbegründenden Tatsachen). Es ist also ein eigentliches Indossament erforderlich, und zwar nicht bloß ein formell ordnungsmäßiges, sondern auch ein materiell gültiges Indossament, d. h. es muß ein Begebungsakt vorliegen. (Wegen des Nachweises und der Prüfung dieser Frage aber vgl. Anm. 20ff. zu Art. 36.) Als materiell gültiger Begebungsvertrag genügt aber auch hier ein solcher, wie er dem verdeckten Inkassoindossament zugrunde liegt. Denn dieses berechtigt ja den Indossatar, das Recht im eigenen Namen geltend zu machen; er gilt nach außen als Berechtigter (Anm. 10 zu Art. 17). Unzweifelhaft ist, daß auch der Zessionar des letzten Indossatars zum Antrage berechtigt ist, auch des Blankoindossatars, ebenso der Vollstreckungsgläubiger, dem die Forderung überwiesen ist; auch der bloße Pfandgläubiger; denn auch dieser hat kraft eigenen Rechts die Urkunde im Besitze, überdies hat er nach § 1294 BGB. das Einziehungsrecht. Unter Umständen, nämlich bei Blankowechseln, ist zum Aufgebotsantrage der designierte Berechtigte legitimiert (ROHG. 25, 16). Auch der Schuldner ist antragsberechtigt, wenn er den Wechsel nach Befriedigung verloren hat (Rehbein Anm. 6b), oder wenn er ihn verlor, ehe er ihn begab (ROHG. 25, 16). Auch der Abtretung des Rechts aus dem verlorenen Wechsel mit der Wirkung, daß der Zessionar das Aufgebot beantragen kann, steht nichts entgegen (Dernburg II § 280). Nicht antragsberechtigt ist, wer nur ein Recht auf den Wechsel, nicht am Wechsel hat, z. B. der Wechselkäufer vor der Übergabe des Wechsels. Anm. 2

3. **Form und Begründung des Antrags.** Der Antrag wird schriftlich oder zu Protokoll des Gerichtsschreibers gestellt (§ 947 ZPO.). Zur Begründung gehört die Beibringung einer Wechselabschrift oder eine Beschreibung seines wesentlichen Inhalts und seiner Erkennbarkeitsmerkmale, ferner eine Glaubhaftmachung des Verlustes des Wechsels und endlich eine Glaubhaftmachung der Tatsachen, aus denen die Berechtigung folgt (§ 1007 ZPO.). Anm. 3.

Aus der letzteren Bestimmung folgt, daß, wenn auch materiell nur der zur Antragstellung berechtigt ist, der durch ein materiell gültiges Indossament den Wechsel erworben hat, zur Begründung des Antrages doch der Nachweis der formellen Legitimation genügt. Denn diese begründet, wie anderweit ausgeführt ist (Anm. 23 zu Art. 36), in materieller Hinsicht die Vermutung des materiell gültigen Indossaments, reicht also in prozessualer Hinsicht zur Glaubhaftmachung desselben aus. Inwieweit der Aufgebotsrichter auf Einwendungen nach dieser Richtung einzugehen hat, darüber vgl. unten Anm. 6 und Anm. 11.

Art. 73. Anm. 4. 4. **Zuständig** war nach Art. 73 das Gericht des Zahlungsorts, eine Vorschrift, die durch § 1005 ZPO. präzisiert und ergänzt ist. Es ist hiernach prinzipaliter das Gericht (und zwar das Amtsgericht § 23 Nr. 3 GVG.) des Orts zuständig, den der Wechsel als den Zahlungsort bezeichnet (durch das Protestgesetz nicht berührt; vgl. Art. 4 Anm. 48 letzter Absatz). Selbstverständlich versteht man darunter nicht bloß den Fall, wo ausdrücklich ein Zahlungsort bezeichnet ist, sondern auch den Wohnort des Trassaten, wenn ein Zahlungsort auf dem Wechsel nicht angegeben ist (Art. 4 Nr. 8). Da aber auch Blankowechsel aufgebotsfähig sind, so ist es möglich, daß der Wechsel nach dieser Richtung nichts ergibt. Für diesen Fall ist der Gerichtsstand des Ausstellers des Wechsels maßgebend, also, wenn der Wechsel zur Zeit des Verlustes noch keinen Aussteller hatte, der Gerichtsstand des eventuellen Ausstellers, desjenigen, der berechtigt war, den Ausstellungsvermerk auf den Wechsel zu setzen, z. B. des Blankoakzeptanten.

Diese Gerichtsstände kommen auch dann in Betracht, wenn nur eine Wechselbereicherungsklage denkbar ist (ROHG. 6, 381).

Anm. 5. 5. **Die Prüfung des Gerichts** erstreckt sich zunächst auf die Frage, ob der gestellte Antrag begründet ist. Findet es ihn begründet, so leitet es das Verfahren ein, d. h. es erläßt das Aufgebot (§ 947 ZPO.). Ein Beschluß ist in diesem Falle nicht nötig. Andernfalls weist es den Antrag zurück, wogegen unbefristete Beschwerde zulässig ist.

Anm. 6. 6. **Die Anmeldung von Rechten, ihre Notwendigkeit und ihre Behandlung durch den Richter.**

Erfolgt nach Erlaß des Aufgebots eine Anmeldung, durch die das vom Antragsteller behauptete Recht bestritten wird, so kann der Richter die Parteien auf den Prozeßweg verweisen und bis dahin das Aufgebotsverfahren aussetzen, oder er kann das angemeldete Recht vorbehalten (§ 953 ZPO.). Als eine solche das behauptete Recht bestreitende Anmeldung gilt auch der Einwand des mangelnden Begebungsvertrages (vgl. oben Anm. 2). Diesen Einwand hier geltend zu machen, ist deshalb ratsam, weil die Geltendmachung nach Erlaß des Ausschlußurteils zu spät ist (vgl. unten Anm. 11). Sonstige Einwendungen nach Art. 82 dagegen brauchen die Wechselschuldner in diesem Stadium nicht geltend zu machen, sie bleiben ihnen für den auf Grund des Ausschlußurteils anzustellenden Prozeß offen (ROHG. 14, 175; vgl. unten Anm 13).

Anm. 7. 7. **Die Entscheidung** ist entweder ein Urteil oder ein Beschluß. Das Urteil lautet auf Kraftloserklärung des Wechsels (§ 1017 ZPO.): entweder unbedingt, oder unter Vorbehalt angemeldeter Rechte. Ein solcher Vorbehalt bewirkt, daß dem Anmeldenden gegenüber der Wechsel nicht als amortisiert gilt, Rechte für ihn werden aber dadurch nicht festgestellt. Ein Beschluß ist dann zu erlassen, wenn der Antrag nunmehr zurückgewiesen wird.

Anm. 8. 8. **Rechtsmittel** (und Einspruch) sind gegen das Urteil dann nicht zulässig, wenn es unbedingt die Kraftloserklärung ausspricht. Alsdann findet nur die Anfechtungsklage statt, und auch diese nur in beschränktem Umfange, nicht etwa wegen jeden tatsächlichen oder rechtlichen Irrtums des Aufgebotsrichters (§ 957 ZPO.). Wenn dagegen das Urteil Beschränkungen oder Vorbehalte enthält, so ist hiergegen seitens des dadurch beschwerten Antragstellers sofortige Beschwerde zulässig (§ 952 Abs. 4 ZPO.).

Anm. 9. 9. **Die materielle Wirkung des Aufgebotsverfahrens.**

a) Die Wirkung der **Einleitung** des Verfahrens. Diese ist im Art. 73 geregelt: der Antragsteller kann, wenn er Sicherheit bestellt, Zahlung, sonst Hinterlegung fordern, aber nur vom Akzeptanten, nicht auch von den Regreßverpflichteten (ROHG. 1, 173). Dem Akzeptanten gleich stehen aber seine Wechselbürgen (Avalisten, Art. 81; OG. Wien bei Borchardt Zus. 665 c). Die Hinterlegungspflicht erstreckt sich nur auf die Wechselsumme, nicht auf Zinsen und Kosten (OG. Wien bei Cz. Nr. 440).

Selbstverständlich ist hierbei ein fälliger Wechsel vorausgesetzt, und ein vollständiger Wechsel, d. h. ein vor dem Aufgebot vollständig gewesener, ebenso ein gehörig protestierter, wenn es ein Domizilwechsel mit benanntem Domiziltaten ist (OTr. Berlin 48, 268; Grünhut Lehrbuch § 67, S. 284).

Der Wechselprozeß ist nicht zulässig.

Durch die Einleitung des Amortisationsverfahrens **wird die Verjährung nicht unterbrochen.** Wohl aber durch die Klage auf Sicherstellung. Diese aber richtet sich nur gegen den Akzeptanten. Gegen die Regreßverpflichteten läuft inzwischen die Verjährung weiter. Doch kann sie durch eine Feststellungsklage unterbrochen werden (Anm. 4 im Exk. zu Art. 79; vgl. auch RG. 49, 140, wo eine Klage auf Zahlung nach dem zu erwartenden Ausschlußurteil gegeben ist; abweichend KG. bei Mugdan-Falkmann 5, 94). **Dagegen gibt es kein Mittel,** um beim Nichtvorhandensein des Originalwechsels den Ablauf der Protestfrist und damit die **Präjudizierung** des Wechsels zu verhindern (Rehbein Anm. 2; unten Anm. 14). Eine Klage gegen die Regreßverpflichteten trotz Verlustes (vgl unten Anm. 19) kann daher in der Regel nur in Frage kommen, wenn der Verlust nach Verfall und Protest eingetreten ist; daß sie aber nur dann in Frage kommt, wie Rehbein (Anm. 2) meint, ist nicht richtig, da der Protest ja erlassen sein kann. Art. 73. Anm. 9.

b) **Die Wirkung des durchgeführten Verfahrens.** (Hierüber sagt Art. 73 nichts, wohl aber § 1018 ZPO.). Das Ausschlußurteil soll den Verlierer in den Stand setzen, trotz des Verlustes des Wechsels die Rechte aus ihm geltend zu machen. Das geschieht dadurch, daß der tatsächlich existierende Wechsel als kraftlos erklärt wird, so daß ihn niemand geltend machen kann, der Verlierer aber im Ausschlußurteil einen Ersatz für den Wechsel erhält, der ihn in den Stand setzt, die Wechselforderung geltend zu machen. Im einzelnen ergibt sich hieraus: Anm. 10.

α) **Wer ist berechtigt, die Wechselforderung geltend zu machen?** § 1018 ZPO. sagt: derjenige, der das Ausschlußurteil erwirkt hat. Jeder dritte Besitzer des Wechsels ist damit von der Geltendmachung ausgeschlossen. Denn in jeder andern Hand ist der Wechsel für kraftlos erklärt, auch in der Hand eines redlichen Erwerbers.[1]) Zunächst ist vielmehr der Extrahent des Ausschlußurteils der einzige, der die Wechselforderung geltend machen kann. Seine Legitimation unterliegt nunmehr keiner Nachprüfung mehr, weder nach der formellen, noch nach der materiellen Seite (Kreis 117; OG. Wien bei Borchardt Zus. 665 a). Anm. 11.

Dem Extrahenten steht selbstverständlich gleich dessen Zessionar; der Zessibilität steht nichts entgegen.

Dagegen kann der Wechsel jetzt nicht mehr indossiert werden. Denn das Ausschlußurteil will den Wechsel nicht überhaupt ersetzen und ein umlauffähiges Papier schaffen, es soll nur ein Surrogat in bezug auf die Geltendmachung der beim Verlust vorhandenen Rechte sein.

Kann der Wechsel aber auch nicht zirkulieren, so kann er doch rückläufig werden; der einlösende Vormann kann auf Grund des Ausschlußurteils Regreß gegen seinen Vormann nehmen (Näheres unten Anm. 19).

β) **Welche Rechte stehen dem Berechtigten zu?** Die Rechte aus der Urkunde, sagt § 1018 ZPO. Daraus folgt einmal das Klagerecht aus dem Wechsel (OG. Wien bei Cz. Nr. 188), sodann aber, daß der belangte Schuldner zunächst den Inhalt des Wechsels bestreiten, in Abrede stellen kann, daß er einen solchen Wechsel unterschrieben habe. Alsdann muß der Kläger dies beweisen (RG. 49, 140). Anm. 12.

Es kann der belangte Schuldner ferner alle Einwendungen nach Art. 82 geltend machen. Denn wenn ihm solche Einwendungen zustehen, so hat der Extrahent keine Rechte aus der Urkunde (vgl. oben Anm. 6). Das bezieht sich z. B. auch auf den Einwand der Verjährung (vgl. oben Anm. 9).

---

[1]) Aber, so wird man sagen, dadurch kann doch der Aufbieter unter Umständen Rechte erwerben, die ihm nicht zustehen? Allein nur **die Wirkung** wird durch das Ausschlußurteil erzeugt, daß das Recht **aus** dem Wechsel in jeder dritten Hand erlischt. Wer ein Recht am Wechsel hatte, dem an sich der Aufbieter weichen muß, wer ein Recht auf den Wechsel gegen den Aufbieter hat, der verliert diese Rechte nicht. Sie modifizieren sich nur, sie verwandeln sich in Rechte am Ausschlußurteil oder in Rechte auf die Rechte am Ausschlußurteil (Bernstein 276).

Art. 73. Anm. 14. Selbstverständlich muß, wo dies gesetzlich vorgeschrieben ist, also z. B. beim Regreß gegen die Indossanten, oder nach dem Rechtszustande vor dem 1. Oktober 1908 bei der Klage gegen den Akzeptanten mit Domiziliatenvermerk, außer dem Ausschlußurteil der Protest beigebracht werden (RG. 49, 140; OAG. Dresden, OAG. Rostock und OTr. Berlin bei Borchardt Zus. 669; Kreis 117; Rehbein Anm. 2; v. Zitzewitz in ZHR. 59, 464; anders Lehmann 540), und zwar muß der Protest gehörig, d. h. auf Grund des Originalwechsels erhoben sein; ist daher der Wechsel, was an sich zulässig, unprotestiert aufgeboten, so kann der Protest überhaupt nicht mehr erhoben werden (Kreis 117).

Anm. 15. Nur diejenigen Einwendungen sind dem Schuldner versagt, die sich auf die Legitimation beziehen, mögen sie auch materieller Natur und an sich nach Art. 82 begründet sein: der Legitimationspunkt ist durch das Aufgebot endgültig zugunsten des Extrahenten erledigt (oben Anm. 11).

Anm. 16. Indossieren kann der Extrahent die Rechte aus dem Ausschlußurteil nicht (oben Anm. 11), wohl aber zedieren.

Anm. 17. Bei Blankowechseln wird nicht etwa das Recht der Ausstellung wiederhergestellt (vgl. oben Anm. 1).

Anm. 18. γ) Gegen wen können die Rechte aus dem Wechsel geltend gemacht werden? Zunächst gegen den Akzeptanten. Das ist unzweifelhaft und nicht bestritten. Daß der Wechsel domiliziert ist, macht keinen Unterschied, auch wenn die Ansicht richtig wäre, daß auf Grund des Ausschlußurteils gegen die Regreßverpflichteten nicht vorgegangen werden kann (vgl. weiter unten); denn in diesem Falle liegt kein Regreßverhältnis vor. Selbstverständlich muß der Domiziliatenwechsel protestiert sein, und zwar auf Grund des Originalwechsels protestiert (vgl. oben Anm. 14). Dem Akzeptanten gleich steht sein Mitverpflichteter, Avalist (vgl. oben Anm. 9).

Anm. 19. Aber auch gegen die Regreßverpflichteten kann auf Grund des Ausschlußurteils vorgegangen werden (vorausgesetzt natürlich, daß das Regreßrecht nicht inzwischen durch Verjährung oder Präjudizierung erloschen ist, oben Anm. 9 u. 14). Die Frage ist allerdings sehr streitig. In bejahendem Sinne, wie hier, wird sie beantwortet von Dernburg II § 280 Anm. 8, Canstein § 14, Grünhut Hdb. II § 109 Anm. 20, Cosack § 51 I 2, Hellwig, Wesen und subjektive Begrenzung der Rechtskraft 307 Anm. 14, auch vom RG. 49, 132 und in DJZ. 02, 51; entgegengesetzt wird sie beantwortet von Thöl § 177, Rehbein Anm. 2, Volkmar-Löwy 256, Kreis 117, Lehmann 586, Bernstein 277, v. Zitzewitz in ZHR. 59, 465, vom OLG. Stuttgart bei Mugdan-Falkmann 2, 418 und vom ROHG. Urteil bei Borchardt Zus. 671.

Bei Untersuchung dieser Frage muß davon ausgegangen werden, daß der Zweck des Aufgebotsverfahrens die Herstellung der Rechte aus der Urkunde ist. Wenn irgend möglich, soll der Extrahent in die Lage versetzt werden, alle Rechte aus der Urkunde geltend zu machen, die ihm zur Zeit des Verlustes zustanden. Der Verlust des Wechsels soll zugunsten des Extrahenten möglichst ungeschehen und unschädlich gemacht werden.

Dieser ratio des Gesetzes entspricht auch die weite Fassung des § 1018 ZPO. Er macht keinen Unterschied zwischen den verschiedenen Kategorien der Wechselverpflichteten, gibt vielmehr dem Extrahenten die Rechte aus dem Wechsel schlechtweg „dem Verpflichteten gegenüber".

Nur Gründe der zwingendsten Natur können es sein, die demgegenüber die Annahme rechtfertigen könnten, daß die Wechselrechte gegen eine ganze große Kategorie von Wechselverpflichteten gleichwohl durch den Verlust des Wechsels untergehen und durch das Ausschlußurteil nicht wieder gestellt werden.

Rehbein und Lehmann führen den Art. 54 ins Feld, inhalts dessen der Regressat nur gegen Aushändigung des Wechsels zu zahlen brauche. Allein dieser Artikel trifft nur Vorsorge für die Regelfälle, in denen der Wechsel vorhanden ist, wie Art. 39 über den gleichen Regelfall für den Akzeptanten Bestimmungen trifft. Der § 1018 ZPO. regelt dagegen für alle Wechselverbindlichkeiten den Ausnahmefall, in welchem der Wechsel in Verlust geraten und amortisiert ist. Wollte man dies nicht zugeben, so wäre nicht ersichtlich, wie man angesichts des Art. 39 dazu käme, dem Extrahenten des Ausschlußurteils Rechte auch nur gegen den Akzeptanten zu gewähren. Denn Art. 73 gewährt dem Extrahenten nur Rechte für das schwebende Amortisationsverfahren. Für das durchgeführte Aufgebotsverfahren enthält die Wechselordnung keine Vorschrift; was für diesen Fall Rechtens ist, war früher der Natur der Sache und ist jetzt dem § 1018 ZPO. zu entnehmen. Dieser aber gewährt die Rechte aus der Urkunde auf Grund des Ausschlußurteils gegen alle Kategorien von Wechselverpflichteten ohne Unterschied. **Art. 73. Anm. 19.**

Nun ist freilich zu erwägen, daß es eine notwendige Vorbedingung des Wechselregresses ist, den Regressaten in die Lage zu versetzen, auch seinerseits gegen seinen Vormann vorzugehen. Das aber scheint durch denselben § 1018 ZPO. wiederum ausgeschlossen zu sein. Denn hier ist bestimmt, daß der Extrahent, also anscheinend nur der Extrahent, die Rechte aus dem Ausschlußurteil geltend machen kann. Freilich ist eine Abtretung der Rechte aus dem Ausschlußurteil an den Regressaten möglich, aber diese würde den Regressaten nicht in die gleiche Lage versetzen, in welcher sich der einlösende Regressat sonst befindet. Die Einlösung im Regreßwege bewirkt sonst ein Wiederaufleben der eigenen Rechte des einlösenden Regressaten (Anm. 6 zu Art. 10), jene, die Abtretung, überträgt nur die Rechte des Extrahenten. Würde man infolgedessen annehmen, daß der auf Grund des Ausschlußurteils einlösende Regressat seinerseits nicht Regreß nehmen könnte gegen seine Vormänner, so wäre man auf Grund dieser Annahme allerdings gezwungen, hieraus die Schlußfolgerung zu ziehen, daß das Ausschlußurteil zur Regreßnahme nicht berechtigt. Man würde dann allerdings vor der eigentümlichen Erscheinung stehen, daß der Gesetzgeber zwar alle Rechte aus dem Wechsel hat aufrechterhalten wollen, wider seinen Willen aber eine große Kategorie von den Rechten aus dem Wechsel dadurch zerstört hat, daß er in derselben Gesetzesvorschrift die Ausübung derselben unmöglich gemacht hat.

Zu einer solchen Annahme besteht aber kein zwingender Grund.

Zu einer völlig befriedigenden Lösung der Zweifelsfrage wird man allerdings niemals gelangen können, befriedigend in dem Sinne, daß sie in dem Wortlaute des § 1018 ZPO. eine direkte Bestätigung fände. Vielmehr wird jeder der beiden möglichen Ansichten der Wortlaut des § 1018 ZPO. nicht gerade günstig gegenüberstehen. Nimmt man an, daß die Regreßverpflichteten haften und – was Hand in Hand damit gehen muß — auch selbst Regreß nehmen können, so entspricht dies dem zweiten Teil des § 1018 Abs. 1, verträgt sich aber nicht gut mit dem ersten Teil, der anscheinend nur dem Extrahenten die Rechte aus der Urkunde gewähren will. Nimmt man umgekehrt an, daß die Regreßpflichtigen nicht haften, also auch nicht selbst Regreß nehmen können, so verträgt sich dies mit dem ersten Teil, aber nicht gut mit der allgemeinen Fassung des zweiten Teils des § 1018 Abs. 1 ZPO.

Angesichts einer so unglücklichen Gesetzesfassung muß die Auslegung als die richtige betrachtet werden, die dem Zwecke des Rechtsinstituts am meisten gerecht wird.

Der Zweck des Aufgebotsverfahrens ist die möglichste Aufrechterhaltung aller Rechte aus der Urkunde. Dieser Zweck ist durch die weite Fassung des zweiten Teils des § 1018 Abs. 1 deutlich zum Ausdruck gebracht und führt zu der Annahme, daß auch die Regreßverpflichteten haften. Freilich führt dies nun wieder zu der Annahme, daß auch die Regreßpflichtigen ihrerseits Regreß nehmen können, was sich zugestandenermaßen mit dem ersten Teil des § 1018 Abs. 1 ZPO. nicht gut verträgt, wohl aber wieder durchaus mit dem Zweck des Aufgebotsverfahrens im Einklang steht, der nur dahin geht, den Wechsel in der Hand dritter späterer Besitzer für

Art. 73. Anm. 19. kraftlos zu erklären, nicht auch die Rechte der Vormänner zu zerstören, die auch ohne den Besitz des Wechsels in bedingter Weise bestanden. Diese Vormänner werden durch die Einlösung der Wechselforderung unter Erlangung des Ausschlußurteils in dieselbe Lage versetzt, wie durch die Einlösung unter Wiedererlangung des Originalwechsels. Das Ausschlußurteil gilt, wie dies seinem Zwecke entspricht, gleich einem auf den Extrahenten gediehenen, in seinem Besitz befindlichen Wechsel. Der Extrahent hat durch das von ihm betriebene Verfahren dieses Surrogat des verlorenen Wechsels geschaffen und damit die Rechtswirksamkeit der Urkunde, d. h. aller auf ihr befindlichen Unterschriften wiederhergestellt, wie der letzte Inhaber des Wechsels auch sonst, bei der Protesterhebung, bei der Klagerhebung, nicht bloß für sich rechtserhaltend und rechtssichernd wirkt, sondern auch für die bedingt berechtigten Vormänner.

Übrigens ist die Fassung des ersten Teils des § 1018 Abs. 1 ZPO. auch gar nicht derart, daß er mit der hier vertretenen Ansicht absolut unvereinbar wäre. Er enthält nicht das Wörtchen „nur" und läßt sehr wohl die Deutung zu, daß zunächst, unmittelbar auf Grund des Ausschlußurteils, der Extrahent die Rechte aus dem Wechsel hat. Wer sie weiter hat, das richtet sich nach den allgemeinen Lehren des Zivilrechts (Zulässigkeit der Abtretung) und des Wechselrechts (Folge der Regreßnahme) in Verbindung mit den gesetzlich gewollten Wirkungen der Kraftloserklärung (Präklusion dritter Besitzer des Wechsels).

Wenn Bernstein hiergegen geltend macht, daß der § 1018, soweit er mit der Wechselordnung in Widerspruch stehe, durch § 13 EG. z. ZPO. in Schranken gehalten werde, so ist hierauf zu erwidern, daß dies nicht zutrifft, weil eine materiellrechtliche Vorschrift vorliegt. Übrigens gelangt Grünhut schon nach Art. 73 zu dem Ergebnisse, daß das Ausschlußurteil auch die Rechte gegen die Regreßverpflichteten sichert.

Die Regreßpflichtigen können hiernach aus dem Ausschlußurteil ebenfalls belangt werden und können ihrerseits wieder Regreß gegen ihre Vormänner nehmen und gegen den Akzeptanten vorgehen.

Deshalb kann der Extrahent auch gegen den Ehrenakzeptanten vorgehen und diese wieder gegen die ihm Verpflichteten (anders Bernstein 297 und OG. Hamburg bei Borchardt Zus. 622).

Anm. 20. d) Der Wechselprozeß ist zulässig, da es sich um einen Anspruch aus dem Wechsel handelt (zustimmend Rehbein 166; anders Bernstein 277, weil der Aufbieter nicht beweisen könne, daß die Urkunde mit dem aufgebotenen Wechsel identisch sei).

Anm. 20a. e) Die Kraftloserklärung wirkt in rem. Jeder Dritte kann sich auf sie berufen.

Anm. 20b. c) Wer einen ihm zum Inkasso übergebenen Wechsel verloren hat, kann dem Schadensersatzanspruch seines Auftraggebers nicht den Einwand entgegensetzen, daß derselbe sich durch Betreibung des Aufgebotsverfahrens die Möglichkeit der Geltendmachung des Wechsels wieder verschaffen könne, sondern er kann lediglich gegen Leistung des verlangten Ersatzes von ihm Abtretung seiner Rechte aus dem Wechsel verlangen, und dann seinerseits für eigene Rechnung den Wechsel aufbieten lassen (RG. in JW. 06, 109[7]).

Anm. 21. **Zusatz 1. Der abhanden gekommene Protest** kann nicht aufgeboten werden. Der Protest konnte vor dem 1. Oktober 1908 in denjenigen Rechtsgebieten noch einmal ausgefertigt werden, in denen die Originalproteste in einem Protestregister vereinigt wurden. Schon für Preußen war diese Möglichkeit ausgeschlossen, jetzt für Deutschland überhaupt, da nur die beglaubigten Abschriften ins Register kommen. Es bedeutet der Verlust des Originalprotestes den Verlust der Regreßansprüche (Näheres Art. 87 Anm. 8, Art. 90 Anm. 5 und Art. 41 Anm. 5).

Anm. 21a. **Zusatz 2. Scheckgesetz.** Nach § 27 Scheckgesetzes unterliegen abhanden gekommene oder vernichtete Schecks der Kraftloserklärung im Wege des Aufgebotsverfahrens. Die Aufgebotsfrist muß mindestens zwei Monate betragen.

Nach Einleitung des Aufgebotsverfahrens kann der Berechtigte, falls der Scheck recht- **Art. 73.**
zeitig zur Zahlung vorgelegt, von dem Bezogenen aber nicht eingelöst worden war, von Anm. 21a.
dem Aussteller Zahlung fordern, wenn er bis zur Kraftloserklärung Sicherheit leistet.

Zusatz 3. Fremde Rechte. In Österreich hat der Artikel drei Sätze, von denen der Anm. 22.
erste und der letzte den Inhalt unseres Artikels ausmachen, während der zweite eine Vorschrift über den Gang des Aufgebotsverfahrens enthält. — Nach französischem und belgischem Rechte kann im Falle des Verlustes eines nicht akzeptierten Wechsels Zahlung auf Grund eines Wechselduplikats verlangt werden, im Falle des Verlustes eines akzeptierten Wechsels ebenfalls, aber nur auf richterliche Anordnung und gegen Sicherheitsleistung. Besitzt der Gläubiger kein Duplikat, so muß er einen richterlichen Befehl erwirken, den er gegen den Nachweis des Wechseleigentums und gegen Stellung der Kaution erhält. Auf Grund dieses Befehls kann der Schuldner Zahlung leisten, verweigert er dies, so kann der Gläubiger Protest erheben und sich dadurch die Wechselrechte sichern. Nachdem er dies getan, verschafft er sich ein Duplikat und geht alsdann vor (Späing 204). — Das englische Recht bestimmt, daß der Inhaber, wenn der Wechsel vor Verfall verloren ist, vom Aussteller gegen Sicherheit die Ausstellung eines Duplikats verlangen kann; es bestimmt ferner, daß das Gericht in jedem Falle des Verlustes gegen Kaution anordnen kann, daß der Verlust der Urkunde die Klage aus derselben nicht aufhalten soll (Späing 208).

Artikel 74.

Der nach den Bestimmungen des Artikel 36 legitimierte Besitzer eines Wechsels kann nur dann zur Herausgabe desselben angehalten werden, wenn er den Wechsel in bösem Glauben erworben hat oder ihm bei der Erwerbung des Wechsels eine grobe Fahrlässigkeit zur Last fällt. **Art. 74.**

Der vorliegende Artikel regelt den Schutz des legitimierten gutgläubigen Wechselerwerbers. Die Vorschrift ist in der Weise gegeben, daß das Gesetz sagt, unter welcher Voraussetzung der Erwerber bösgläubig und deshalb im Besitze nicht geschützt wird. Daraus ergibt sich, daß, wenn diese Voraussetzung nicht zutrifft, der Erwerber gutgläubig ist und wegen seiner Gutgläubigkeit im Besitz geschützt wird. Einleitung.

1. **Die Voraussetzung des Schutzes** ist das Vorhandensein der wechselrechtlichen Legitimation Anm. 1.
nach Art. 36 und guter Glaube im Sinne des vorliegenden Artikels.

a) Wechselrechtliche Legitimation nach Art. 36 muß vorhanden sein. Wann diese vorhanden ist, darüber kann auf die Ausführungen zu Art. 36 verwiesen werden. Liegt nicht wechselrechtlicher Erwerb, sondern zivilrechtlicher Erwerb vor, z. B. Erwerb durch Abtretung, so richtet sich die Vindikation nicht nach den Grundsätzen des vorliegenden Artikels, sondern nach sonstigen Grundsätzen (z. B. §§ 932 ff. BGB.; §§ 366, 367 HGB.; RG. 26, 99; 33, 147).

b) Guter Glaube im Sinne des vorliegenden Artikels muß auf seiten des Er- Anm. 2.
werbers vorliegen.

α) Daß guter Glaube dann vorhanden ist, wenn dem Erwerber weder dolus, noch grobe Fahrlässigkeit zur Last fällt, besagt der Gesetzestext mit genügender Deutlichkeit. Hinzuzufügen ist nur, daß es auf die Gutgläubigkeit nur zur Zeit des Erwerbes ankommt, mala fides superveniens non nocet (Bolze 10 Nr. 362). Und ferner ist hinzuzufügen, daß der gute Glaube dadurch nicht ohne weiteres beseitigt wird, daß der Inhalt des Handelsregisters dem Sachverhalt, wie ihn der Erwerber als vorhanden angenommen hat, entgegensteht. Hier ist nicht die Eintragung entscheidend. Der § 15 HGB. greift hier nicht Platz, weil hier ein besonderes schuldhaftes Verhalten erfordert wird. Hier ist vielmehr von Fall zu Fall zu entscheiden, ob die Nichtkenntnis der handelsgerichtlichen Eintragungen eine grobe Fahrlässigkeit in sich schließt und der Glaube an bestimmte Umstände dadurch allein schon aufhört, ein guter Glaube zu sein, daß das Handelsregister entgegensteht.

Art. 74. Anm. 3. β) Eine weitere Frage von höchster Wichtigkeit ist aber: Worauf muß sich der gute Glaube erstrecken, um als guter Glaube im Sinne des vorliegenden Artikels zu gelten, um also den Erwerber im Besitze des Wechsels zu schützen? Mit andern Worten: Welche Mängel des Erwerbsaktes sind durch die gutgläubige Nichtkenntnis derselben heilbar? In dieser Beziehung ist hervorzuheben, daß der Schutz des vorliegenden Artikels viel weiter reicht, als der auf den §§ 932—936 BGB. und als der auf § 366 HGB. beruhende Schutz des gutgläubigen Erwerbes beweglicher Sachen. Nach den §§ 932—936 BGB. wird der gutgläubige Erwerb nur dann geschützt, wenn der gute Glaube darin besteht, daß der Erwerber den Veräußerer für den Eigentümer gehalten hat. Der § 366 HGB. erweitert diesen Schutz insofern, als er beim Erwerbe von einem Kaufmann im Betriebe seines Handelsgewerbes den gutgläubigen Erwerber auch dann schützt, wenn der gute Glaube darin besteht, daß der Erwerber den Veräußerer zwar nicht für den Eigentümer, aber für veräußerungsbefugt gehalten hat. Der vorliegende Artikel geht noch weiter. Der gute Glaube heilt nach dem vorliegenden Artikel alle Mängel des materiellen Erwerbsvertrags. Er schließt keinen von der Heilbarkeit aus. Er sagt vielmehr ganz allgemein, daß die formelle Gültigkeit in Verbindung mit dem guten Glauben (scil. daran, daß der formellen Gültigkeit auch die materielle Gültigkeit entspricht) zum rechtsgültigen Erwerbe ausreicht. Der gutgläubige Erwerber wird daher im Besitze des Wechsels nicht bloß dann geschützt, wenn der Erwerber den Veräußerer für den Eigentümer hielt; und nicht bloß dann, wenn er den Wechsel von einem Kaufmann in dessen Handelsbetriebe erworben hat und an dessen Veräußerungsbefugnis glaubte, sondern auch dann, wenn er den Wechsel von einem Nichtkaufmann erwirbt und an dessen Veräußerungsbefugnis glaubte; endlich aber auch dann, wenn der gute Glaube darin besteht, daß er an die in Wahrheit nicht vorhandene Veräußerungs-(Geschäfts)fähigkeit des Veräußerers glaubte (RG. 55, 49 ff.). Bernstein (280) steht auf dem gleichen Standpunkte. Denn nach ihm ist bösgläubig derjenige, der weiß oder ohne grobe Fahrlässigkeit wissen muß, daß dem Wechselveräußerer das Veräußerungsrecht oder die Veräußerungsfähigkeit abging oder daß eine vertretungsweise Veräußerung ohne zugrunde liegende Vertretungsbefugnis erfolgte. Auch Dernburg (II § 145 bei Anm. 3), Grünhut (Hdb. II 124), Rehbein (Anm. 2), Lehmann-Ring (HGB. II 74) teilen die hier vertretene Auffassung. Dagegen wird sie von Düringer-Hachenburg (II 455) bekämpft, jedoch mit unzutreffenden Argumenten. Sie behaupten, das auf den Wechselinhaber lautende Schlußindossament müsse stets materiell wirksam sein, die Gutgläubigkeit helfe und heile hier nicht; Art. 74 beziehe sich nur auf die vorhergehenden Indossamente, das beweise der in Art. 74 enthaltene Hinweis auf Art. 36. Allein dieser Hinweis beweist das Gegenteil. Denn Art. 36 spricht nicht von einer bis auf den Indossanten heruntergehenden Kette, sondern von einer bis auf den letzten Indossatar, den Wechselinhaber heruntergehenden Kette von Giros. Der Art. 74 besagt also, wie dieser Hinweis ergibt, nicht, daß bei den vorangehenden Indossanten die formelle Tatsache der zusammenhängenden Girokette genügt, sondern daß zum Erwerbe des Wechseleigentums die bis auf den Inhaber heruntergehende formell gültige Kette und der redliche Erwerb seitens des Inhabers genügen. Vgl. auch ROHG. 2, 281, wo der letzte Inhaber für wechselberechtigt erklärt wurde, obgleich gerade das auf ihn lautende Giro von einer Person getätigt war, die nicht befugt war, den Namen des Indossanten zu zeichnen, also gefälscht, und demgemäß nicht wirksam war; die formelle Gültigkeit des Giros in Verbindung mit dem nicht bezweifelten guten Glauben des Erwerbers an die materielle Wirksamkeit desselben genügte dem ROHG. Das RG. (45, 265 u. 55, 49) stellt sich ganz ausdrücklich auf den hier vertretenen Standpunkt. (In dem, vom RG. 45, 265 behandelten Falle hatte der letzte Inhaber den Wechsel von einer Person erworben, die ihn im Namen

des Vormannes, aber unter Überschreitung der ihr gegebenen Vollmacht indossierte. Art. 74.
Das RG. erklärte, daß der Wechselinhaber, wenn er die Vollmachtsüberschreitung Anm. 3.
gutgläubig nicht kannte, gemäß Art. 74 WO. den Wechsel zu Eigentum erworben hätte; in anderer Hinsicht wird diese Reichsgerichtsentscheidung von uns bekämpft; vgl. unten Anm. 13.) Übrigens geben Düringer-Hachenburg (454) zu, daß der Schuldner dem letzten Indossatar nicht einwenden kann, das auf ihn lautende Giro sei materiell nicht wirksam, sofern der letzte Inhaber nur an die materielle Wirksamkeit glaubte und glauben durfte. Aber das kann doch nur darin seinen Grund haben, daß der Wechselinhaber den Wechsel schon dadurch zum Eigentum erwirbt, daß das Indossament formell in Ordnung ist und er an seine materielle Wirksamkeit redlich glaubt. Würde der Erwerber trotz formell korrekten Giros und trotz seines guten Glaubens an die materielle Wirksamkeit des Giros wegen der materiellen Unwirksamkeit desselben nicht Wechselgläubiger werden, so könnte dies natürlich auch der Schuldner geltend machen. Wie wäre es denkbar, daß der Beklagte nicht geltend machen dürfte, daß der, der die Forderung einklagt, nicht sein Gläubiger geworden ist? (Vgl. unten Anm. 10.)

Ist hiernach auch der Erwerb vom **Gemeinschuldner** durch Art. 74 geschützt? Nach Anm. 4.
§ 7 der Konkursordnung ist jede vom Gemeinschuldner nach Eröffnung des Verfahrens vorgenommene Rechtshandlung gegenüber den Konkursgläubigern unwirksam. Durch den Zusatz aus der Novelle zur KO.: „Die Vorschriften der Art. 892, 893 BGB. bleiben unberührt", ist klargestellt, daß hinsichtlich des öffentlichen Glaubens des Grundbuchs eine Ausnahme zugelassen ist. Dagegen ist in Ansehung der beweglichen Sachen, wie auch in Ansehung des Wechselerwerbs durch Nichtaufnahme der entsprechenden Vorschriften des BGB. und der WO. zum Ausdruck gebracht worden, daß die diesbezüglichen Vorschriften über den Schutz des gutgläubigen Erwerbes gegenüber einer Rechtshandlung des Gemeinschuldners nicht anzuwenden sind (Begr. zur Novelle betr. die Änderungen der KO. Reichstagsvorlage. Verlag von Guttentag, 1898 S. 10; J. u. M. Stranz Anm. 6). Derjenige, der den Wechsel vom Gemeinschuldner erwirbt, hat somit nicht den Schutz des Art. 74. Derjenige jedoch, der den Wechsel von dem Rechtsnachfolger des Gemeinschuldners gutgläubig erwirbt, genießt den Schutz des Art. 74 (vgl. auch Jaeger KO. 2. Aufl. Anm. 37 zu 7; Staub HGB. neue 8. Aufl. Anm. 81 zu § 366).

c) **Bösgläubig ist hiernach**, wer die Geschäftsunfähigkeit des Veräußerers kennt oder Anm. 5.
ohne grobe Fahrlässigkeit kennen muß oder wer weiß oder ohne grobe Fahrlässigkeit wissen muß, daß der Veräußerer weder Eigentum am Wechsel besaß, noch über den Wechsel zu verfügen berechtigt oder daß er dazu nicht fähig war (RG. 53, 207; 57, 391). Bösgläubig wird er aber nicht dadurch, daß er weiß oder wissen muß, daß in der Person eines früheren Veräußerers ein solcher Mangel vorhanden ist. Denn wenn der unmittelbare Vormann diesen Mangel nicht kannte und ohne grobe Fahrlässigkeit nicht zu kennen brauchte, so ist dieser unmittelbare Vormann Eigentümer geworden und sein Rechtsnachfolger ist es ebenfalls geworden und dieser letztere Erfolg wird dadurch nicht gehindert, daß dieser letzte Erwerber von einem Mangel in der Person eines früheren Erwerbers wußte. Ja es genügt sogar, daß der letzte Erwerber gutgläubig annahm, sein unmittelbarer Rechtsvorgänger habe gutgläubig erworben (vgl. Staub neue 8. Aufl. Anm. 17 zu § 366; Bolze 11 Nr. 38).

Der gute Glaube wird auch dadurch nicht beeinträchtigt, daß der Erwerber von dem Rechte eines Dritten auf den Wechsel, von einem jus ad rem, einem obligatorischen Anspruche auf Übergabe des Wechsels, gewußt hat (Rehbein Anm. 2).

Der Schutz des Art. 74 greift auch beim Erwerbe abhanden gekommener Wechsel Platz. Eine dahingehende Einschränkung, wie sie § 935 BGB. macht, kennt der Art. 74 nicht.

Art. 74. Anm. 6. 2. **Die Beweislast.** Sie trifft den Vindikanten, da die formelle Legitimation die Vermutung des materiell gültigen Erwerbes begründet und der gute Glaube hier, wie immer, vermutet wird (vgl. Anm. 23 zu Art. 36; RG. 4, 179).

Anm. 7. 3. **Der Inhalt des Schutzes** besteht darin, daß der solchergestalt legitimierte und gutgläubige Besitzer gegen Vindikation geschützt ist. Kein Dritter kann, wenn die Voraussetzungen des vorliegenden Artikels erfüllt sind, von dem Besitzer die Herausgabe des Wechsels verlangen. Kein Dritter, auch nicht der Veräußerer selbst (anders OTr. Stuttgart bei Borchardt Zus. 682). Ob dieser anderweite Rechte (Kondiktion usw.) hat, richtet sich nach allgemeinen Rechtsgrundsätzen (vgl. unten Anm. 12).

Anm. 8. 4. **Aus der Vorschrift des vorliegenden Artikels folgt, daß der legitimierte gutgläubige Wechselerwerber Eigentümer des Wechsels wird** und frühere Eigentums- und sonstige dingliche Rechte am Wechsel durch solchen Erwerb erlöschen. Die Vorschrift ist insofern ähnlich der der §§ 932, 936 BGB.

Anm. 9. **Zusatz 1. Das Prinzip des vorliegenden Artikels ist auszudehnen:**

a) nicht bloß auf die Fälle, in denen um Surrogate des Wechsels gestritten wird, wie um die vom Wechselbeklagten auf Grund des Art. 73 hinterlegte Wechselsumme (OTr. Berlin bei Borchardt Zus. 684);

Anm. 10. b) sondern auch auf die Rechtsstellung des Wechselbesitzers gegenüber dem Schuldner. Dies jedoch nur innerhalb der früher (vgl. Näheres Anm. 25 zu Art. 36) gezogenen Grenzen.

Dagegen kann in anderer Weise das Prinzip auf die Rechtsstellung zum Schuldner nicht ausgedehnt werden: die mit der Pflicht der Identitätsprüfung verbundene Gefahr trifft den Schuldner. Wenn er an eine Person zahlt, die sich für die durch den Wechsel legitimierte Person fälschlich ausgegeben hat, so befreit ihn diese Zahlung nicht; auch der in dieser Hinsicht vorhandene gute Glaube schützt ihn vor nochmaliger Zahlung an den wahren Gläubiger nicht (vgl. Lehmann 536; auch Anm. 17 zu Art. 36).

Anm. 11. **Zusatz 2. Das Rechtsverhältnis zwischen dem Veräußerer und dem bösgläubigen Erwerber** ist in der Wechselordnung nicht erörtert. Welche Rechtswirkungen in diesem Falle in bezug auf die Herausgabe des Wechsels bestehen, richtet sich nach allgemeinen Grundsätzen. Wechselrechtlich aber ist die Frage zu berühren, ob der Indossant dem bösgläubigen Indossatar wechselrechtlich haftet. Die Frage ist mit Lehmann (225) zu verneinen, weil ein wechselrechtlich gültiges Indossament nicht vorliegt. Bernstein (99) will den Indossanten bis zur Herausgabe haften lassen. Mit Unrecht, denn vor der Herausgabe würde der Inanspruchnahme des Indossanten die exceptio doli entgegenstehen.

Anm. 12. **Zusatz 3.** Dadurch, daß der gutgläubige Erwerb das frühere Eigentum und das früher dingliche Recht zur Aufhebung bringt, wird der frühere Eigentümer des Wechsels geschädigt. Es fragt sich, worin besteht die Ausgleichung des diesem dadurch entstehenden Schadens?

a) Gegen den Veräußerer hat er in allen Fällen Ansprüche aus ungerechtfertigter Bereicherung (§ 816 BGB.). Die Veräußerung kann sich aber auch als Verletzung von Vertragsrechten oder als unerlaubte Handlung darstellen. In solchen Fällen greifen die betreffenden anderen Grundsätze Platz (vgl. Anm. 72 zu Art. 82).

Anm. 13. b) Gegen den Erwerber hat der frühere Berechtigte keinen Anspruch, insbesondere nicht einen Anspruch auf Herausgabe des Wechsels. Das Reichsgericht (45, 265) nahm allerdings an, daß der Art. 74 nur bestimme, der gutgläubige Erwerber werde Eigentümer des Wechsels, dagegen hafte er dem Rechtsvorgänger, wenn der Begebungsvertrag an sich nichtig war, auf Grund der Nichtigkeit des Aktes nach zivilrechtlichen Grundsätzen aus der rechtlosen Bereicherung, insbesondere auch auf Herausgabe des Wechsels. Allein der Art. 74 bestimmt nicht bloß, der gutgläubige Erwerber werde Eigentümer, sondern daß er „zur **Herausgabe des Wechsels nicht angehalten**" werden könne. Er soll also Eigentümer werden und es bleiben, er soll trotz des ungültigen Begebungsaktes im Besitze bleiben und zur Herausgabe nicht angehalten werden. Nach dem neuen bürgerlichen Recht könnte angesichts des § 816 Abs. 1 Satz 2 BGB. noch in Frage kommen, ob nicht der unentgeltliche Erwerber zur Herausgabe des Wechsels angehalten werden kann. Indessen auch der § 816 Abs. 1 Satz 2 BGB. greift nicht Platz. Er würde mit Art. 74 WO. in Widerspruch treten und muß deshalb außer Anwendung bleiben. Denn es stände im Widerspruch mit Art. 74, wollte man nach § 816 BGB. den unentgeltlichen Erwerber für verpflichtet erachten, das unmittelbar durch die Verfügung Erlangte, also den Wechsel, an den Berechtigten herauszugeben. Art. 74. Anm. 13.

Indessen muß hier hinzugefügt werden, daß durch den guten Glauben nur die materielle Gültigkeit des Indossaments in der hier geschilderten Weise geschützt wird. Ist das zugrunde liegende Rechtsgeschäft, in dessen Erfüllung die Indossierung des Wechsels erfolgt, materiell ungültig, so wird diese Ungültigkeit durch den guten Glauben nicht geheilt, und aus dieser Unwirksamkeit können sich nach den Grundsätzen des Zivilrechts Erstattungsansprüche ergeben. Der Anspruch auf Herausgabe des Wechsels ist aber jedenfalls ausgeschlossen. Diese Erstattungsansprüche können sich auch gegen den entgeltlichen Erwerber richten. Denn § 816 BGB. bezieht sich nur auf den Fall, daß der Verfügende das Recht nicht besaß, daß aber der Akt der Verfügung sonst wirksam und gültig war.

Zusatz 4. Fremde Rechte. In Frankreich und Belgien bestehen besondere Vorschriften über die Pflicht zur Herausgabe des Wechsels nicht. Nach der überwiegenden Ansicht der französischen Gerichtshöfe und Schriftsteller finden die Art. 2279 und 2280 cod. civ., die dem bloßen Besitzer den denkbar größten Schutz gegen Vindikation gewähren, Anwendung. — Nach englischem Recht begründet der legitimierte Besitz die Vermutung des rechtmäßigen Erwerbs. Die Vermutung kann widerlegt werden durch den Nachweis des unentgeltlichen oder schlechtgläubigen Erwerbs; grobe Fahrlässigkeit genügt nicht (Späing 208). Anm. 14.

XII. Falsche Wechsel.

Artikel 75.

Auch wenn die Unterschrift des Ausstellers eines Wechsels falsch oder verfälscht ist, behalten dennoch das echte Akzept und die echten Indossamente die wechselmäßige Wirkung. Art. 75.

Der vorliegende Artikel wird im Anschluß an Art. 76 mit erläutert werden. Die beiden Artikel hängen so sehr miteinander zusammen, sind derart parallele Ausläufer eines und desselben Prinzips, daß sich für die Zwecke der Kommentierung ihre Zusammenfassung empfiehlt.

Artikel 76.

Aus einem mit einem falschen oder verfälschten Akzept oder Indossamente versehenen Wechsel bleiben sämtliche Indossanten und der Aussteller, deren Unterschriften echt sind, wechselmäßig verpflichtet. Art. 76.

Die beiden Artikel 75 und 76 enthalten zusammengenommen den Rechtsgrundsatz, daß die wechselmäßige Wirkung der echten Unterschriften durch die falschen oder verfälschten Unterschriften nicht beeinträchtigt wird. Zum Unterschied zwischen falsch und verfälscht ist zu bemerken: Eine Wechselunterschrift ist **falsch**, wenn sie rechtswidrig von einem andern geleistet ist, als dem, dessen Namen sie zeigt; **verfälscht**, wenn in der echten Unterschrift rechtswidrig Änderungen, von wem es auch sei, bewirkt werden, z. B. ein falscher Vorname vorgesetzt, ein Zusatz: „& Comp." usw. hinzugefügt wird (s. auch Olshausen, Kommentar zum RStGB. 6. Aufl., Anm. 24 ff. zu § 267). Einleitung.

1. Die Art. 75, 76 entsprechen dem Prinzip, daß der Wechsel, um Träger gültiger Wechselerklärungen zu sein, nur formell die vorgeschriebene Gestalt zu haben braucht. Jede Wechselunterschrift, wenn sie nur auf einen äußerlich formgerechten Wechsel gesetzt Anm. 1.

Artt. 75, 76. Anm. 1. ist, begründet die selbständige Verbindlichkeit des Unterzeichners (ROHG. 1, 98 u. 288). Die Wechselordnung enthält noch mannigfache andere Anwendungen dieses Prinzips. Wir verweisen hauptsächlich auf Art. 3, wonach die übrigen wechselmäßigen Erklärungen dadurch nicht beeinträchtigt werden, daß eine Erklärung von einem Wechselunfähigen abgegeben ist. Eine andere Anwendung liegt vor bei Ungültigkeitsgründen infolge Verletzung des Art. 94 (ROHG. 17, 281), ferner bei Kellerwechseln (§ 42 zu Art. 4). Eine weitere Anwendung ist die: wenn das Blankogiro auch gefälscht ist, so sind doch die Blankotraditions-Bedingungen wechselrechtlich gültig, soweit nicht etwa der Mangel eines materiell ungültigen Begebungsvertrags aus anderen Gründen vorgeschützt werden kann.

Anm. 2. 2. Die beiden vorliegenden Artikel ziehen zwei Folgen aus diesem Prinzip:

a) Nach Art. 75 kann ein Wechsel gültig akzeptiert und indossiert werden, auch wenn die Unterschrift des Ausstellers falsch oder gefälscht ist. Das ist um so bemerkenswerter, als der Aussteller die Grundtratte, die Trägerin aller übrigen Wechselerklärungen, herstellt. (Unter dem Aussteller ist auch der Aussteller des Wechsels an eigene Order gemeint; OTr. Berlin bei Borchardt Zus. 696.)

Anm. 3. b) In Art. 76 ist der Satz aufgestellt, daß die Unechtheit des Akzepts oder eines Indossaments die Rechtswirksamkeit der übrigen Unterschriften nicht beeinträchtigt. Dieser Satz ist juristisch weniger bemerkenswert, aber praktisch ebenso wichtig.

Anm. 4. c) Nach beiden Artikeln ist die Haftung aus den echten Unterschriften eine wechselmäßige, d. h. sie ist wechselrechtlich verbindlich, aber sie ist auch bedingt von den wechselrechtlichen Voraussetzungen der Haftung, die durch die Fälschung oder Fiktion anderer Unterschriften keine Änderung erleiden. Der wahre Indossant haftet daher nur dann, wenn beim fingierten Bezogenen protestiert ist, und es kann die Entscheidung des ROHG. vom 10. September 1878 (bei Borchardt Zus. 695 [3]) nicht gebilligt werden, wonach dem ersten Giranten des Wechsels gegenüber, auf dem die Unterschriften des Ausstellers, sowie des Bezogenen und Akzeptanten gefälscht (fingiert) sind, der unterlassene Protest unerheblich sein soll, weil dies jenem Giranten nicht von Nachteil sei; diese Frage ist nicht ausschlaggebend.

Anm. 5. 3. **Über die Frage der Rechtswirksamkeit der unechten Unterschriften** enthalten die Art. 75 und 76 nichts. Art. 75 sagt nur, daß die echten Unterschriften wechselmäßige Wirkung haben. Die Rechtswirksamkeit der unechten Unterschriften kommt nun in zweierlei Hinsicht in Betracht:

Anm. 6. a) Daß der, dessen Unterschrift gefälscht ist, nicht wechselmäßig haftet, ist selbstverständlich (OTr. Berlin bei Borchardt Zus. 697). Eine dennoch geschehene Zahlung kann nach den allgemeinen Regeln des Zivilrechts zurückgefordert werden (ROHG. 17, 1; OG. Wien bei Borchardt Zus. 699). Ist die Unterschrift nachträglich genehmigt worden, so soll sie nach OG. Wien (bei Peitler Nr. 95) wechselrechtliche Haftung begründen. Allein das ist irrig. Die gefälschte Unterschrift bleibt unabänderlich nichtig (RG. bei Holdheim 12, 126; OLG. Dresden bei Mugdan-Falkmann 7, 394; J. u. M. Stranz Anm. 4). Dagegen erzeugt Ratihabition unbefugter Stellvertretung oder gutgläubiger Geschäftsführung (JW. 04, 49[27]) wechselrechtliche Haftung (Anm. 5 zu Art. 95). Aber dazu gehört, daß der Unterschreibende im Interesse dessen handeln wollte, dessen Unterschrift er leistete. Zivilrechtlich haftet aus BGB. § 826 derjenige dem Wechselgläubiger, der bei Vorlegung eines Wechsels erkennt, sein Akzept sei gefälscht, dem Wechselgläubiger gegenüber aber seine Kenntnis von der Unechtheit des Akzepts unterdrückt und des weiteren erklärt, er werde den Wechsel noch an demselben Tage einlösen, das Geld liege längst bereit (OLG. Dresden in Recht 06, 859).

Anm. 7. b) Im Grunde genommen hat die unechte Unterschrift auch nicht rechtsübertragende Wirkung. Das gefälschte Indossament ist eigentlich rechtsunwirksam.

In dieser Hinsicht wird aber die Rechtsfolge der Rechtsunwirksamkeit der gefälschten Unterschrift dadurch gemildert, daß dem gutgläubigen Rechtserwerber die Fälschung nicht entgegengehalten werden kann (vgl. die Erl. zu Art. 74: besonders Anm. 3). **Artt. 75, 76.** Anm. 7.

4. **Über sonstige Veränderungen des Wechselinhalts enthalten** die Art. 75 und 76 ebenfalls nichts. Sie regeln nur die Veränderung, die in der Verfälschung der Wechselunterschrift besteht. Es kann der Wechselinhalt aber auch sonst durch Korrekturen, Rasuren, Durchstreichungen, Zerreißung, Zusätze mannigfach verändert werden, und es fragt sich, welche Rechtswirkungen hierdurch erzeugt werden. Es muß wie folgt unterschieden werden: Anm. 8.

a) **Die Veränderung ist derart, daß die ursprüngliche Gestalt des Wechsels doch wiederhergestellt ist.** Das kann sich nur auf Korrekturen beziehen; denn Zerreißung und Zusätze haben die dauernde Aufhebung der ursprünglichen Gestalt zur Folge. Eine Veränderung der hier fraglichen Art ist für die Gültigkeit des Wechsels nicht erheblich. Sie kann aber in zweierlei Hinsicht erheblich werden: Anm. 9.

α) für die Beweisfrage. Ist der Wechsel nicht mehr äußerlich unverdächtig, sondern ist seine ursprüngliche Gestalt augenscheinlich verändert, so muß der, der den Wechsel geltend macht, die Unverfänglichkeit der Veränderung dartun (vgl. unten Anm. 19); Anm. 10.

β) für die prozessuale Frage nach der Eigenschaft eines solchen Wechsels als Grundlage für den Wechselprozeß (unten Anm. 20). Anm. 11.

b) **Die Veränderung ist derart, daß die ursprüngliche Gestalt nicht wiederhergestellt ist.** Das kann der Fall sein bei allen anderen Arten von Veränderungen: Korrekturen, Rasuren, Durchstreichungen, Zerreißungen und Zusätzen. Bei Durchstreichungen ist es gleichgültig, ob das Durchstrichene noch lesbar ist (ROHG. 3, 93; 19, 271), ebenso, ob die Durchstreichung aus Versehen oder von einem Unberechtigten geschehen (ROHG. 19, 271). Bei solchen dauernden Änderungen ist zu unterscheiden, ob sie einen unwesentlichen Teil des Wechsels betreffen oder einen wesentlichen. Anm. 12.

α) Ist ein unwesentlicher Teil verändert, so ist die Veränderung unwesentlich und deshalb für die Gültigkeit des Wechsels nicht erheblich. Das liegt beispielsweise dann vor, wenn dem Domizilvermerk später ein Domiziliat hinzugefügt ist oder der Domiziliat gestrichen wird; oder wenn — ein anderes Beispiel — der Akzeptvermerk gestrichen ist. In diesem Falle haftet jeder Wechselverpflichtete nach Maßgabe der Gestalt, die der Wechsel zur Zeit seiner Begebung hatte,' bzw. später mit seiner Zustimmung angenommen hat (ROHG. 3, 51; 6, 24; 7, 219; 13, 412; 14, 383; RG. 28, 121; 32, 38; Thöl § 173; OG. Wien bei Cz. Nr. 294, 297, 302). Ein weiterer Fall ist nach der Meinung des Reichsgerichts der, daß der Aussteller den Vermerk „ohne Gewähr" bei seiner Unterschrift gestrichen hatte (RG. v. 26. 9. 96 bei Gruch. 40, 840). Denn dieser Vermerk ist nach der Meinung des Reichsgerichts unwesentlich (vgl. aber Anm. 67 zu Art. 4). Ferner, wenn dem Indossament ein Zusatz hinzugefügt ist, der nicht hingehört, z. B. eine falsche Adresse. Anm. 13.

β) Betrifft aber die Veränderung einen wesentlichen Teil des Wechsels, so ist wiederum zu unterscheiden: Anm. 14.

αα) Ist die Veränderung derart, daß der Wechsel einen wesentlichen Teil überhaupt eingebüßt hat, so ist damit die Wechselkraft selbstverständlich zerstört (ROHG. 3, 93; 13, 253). Der Einwand wirkt in rem (ROHG. 23, 211; RG. 8, 43; OG. Wien bei Krall Nr. 205). So insbesondere, wenn das Wechselpapier als solches durch äußere Gewalt zerstört ist, was aber nicht bei jeder äußeren Trennung der einzelnen Papierbestandteile gesagt werden kann: bloßes Auseinanderfallen durch Kniffen infolge Zirkulierens zerstört die Wechselkraft nicht (ROHG. 5, 247; OG. Wien bei Cz. Nr. 396), wohl aber, wenn der Wechsel offenbar zum Zwecke der Vernichtung zerrissen ist, wenn auch aus Versehen (ROHG. v. 30. 10. 77 in Sachen Günther ./. Fabian bei Borchardt Ball Anm. 213b; vgl. oben Anm. 12, auch ROHG. 5, 248). Die Wechselkraft ist ferner zerstört, wenn ein einzelner wesentlicher Anm. 15.

Artt. 75, 76. Anm. 15. Bestandteil durch äußere Gewalt beseitigt ist, so z. B. wenn durch Ausreißen eines Stücks der Wechselurkunde der Verfalltag aus ihr nicht mehr zu ersehen ist (ROHG. 7, 221; 13, 155; 25, 237) oder wenn die Wechselsumme beseitigt ist (ROHG. 13, 253; 23, 341 oder die Ausstellungszeit (ROHG. 11, 234), während sonstige äußere Beschädigungen der Wechselurkunde durch Abreißen oder Abschneiden unter Umständen zwar die Beweiskraft schwächen (vgl. unten Anm. 20, aber auch dies dann nicht, wenn kein Anlaß zu der Annahme vorliegt, daß Bestandteile des urkundlichen Inhalts des Wechsels beseitigt sind (ROHG. 12, 377).

Anm. 16. ββ) Ist die Veränderung derart, daß der Wechsel auch in seiner neuen Gestalt alle wesentlichen Erfordernisse eines Wechsels aufweist, so ist der Wechsel nicht ungültig (ROHG. 24, 263); insbesondere gegenüber dem, der den Wechsel in dieser Gestalt begibt, gültig (Bolze 10 Nr. 365; vgl. RG. 32, 36). Jedoch ist derjenige Wechselverpflichtete, der vor dieser Veränderung den Wechsel begab und sie auch nicht nachträglich genehmigt hat, aus dem Wechsel nicht mehr verpflichtet: denn der Wechsel, den er unterschrieb, besteht nicht mehr, eine Wechselverpflichtung aber, wie sie der Wechsel in der neuen Gestalt verbrieft, ist er nicht eingegangen (ROHG. 13, 155). Dies gilt auch dann, wenn die Veränderung dem Verpflichteten günstig ist, z. B. durch Hinausschiebung des Verfalltags, oder wenn der zwischen den Kontrahenten vereinbarte Zustand hergestellt ist (ROHG. 13, 155). Auch die Art der Veränderung ist in diesem Falle gleichgültig.

Insbesondere können Zusätze ganz ebenso wie sonstige Veränderungen, Durchstreichungen, Korrekturen, Zerreißungen wirken. So z. B. wenn die Wechselsumme durch Hinzufügung einer Null aus 1000 in 10000 verwandelt wird; denn auch in diesem Fall ist ein wesentlicher Bestandteil schon in der Form derart geändert, daß er einen andern Begriff darstellt; es haftet daher derjenige, der vor dieser Veränderung den Wechsel begeben hat, nicht (ebenso ROHG. 23 S. 340, Bernstein 67; während Lehmann 413, Dernburg II § 276 Anm. 11 und das RG. 54, 389 die entgegengesetzte Auffassung vertreten). Das RG. führt aus — es handelte sich um eine Änderung in 3750 Mk. aus 750 Mk. —, der ursprüngliche Text sei nicht affiziert, sondern dergestalt unberührt, daß er neben der Veränderung in voller Integrität bestehen bleibe und nach Entfernung des fälschenden Zusatzes, sei es in Gedanken, sei es tatsächlich, auch in dieser seiner Integrität wieder erkennbar werde. Das RG. bezeichnet unter dieser Maßgabe die entgegengesetzte Auffassung des ROHG. als nicht zu billigende Überspannung bloß formaler Betrachtungsweise. Dem RG. nähert sich die Entscheidung des OLG. Karlsruhe in DJZ. 07, 664.

Anm. 17. γγ) Daß diese Einrede der Fälschung zu αα und ββ eine **absolute** ist und daher jedem späteren Erwerber, auch dem redlichen Nehmer gegenüber Platz greift, ist selbstverständlich (ROHG. 23, 211; RG. 8, 42). Man kann auch einen Rechtssatz nicht anerkennen, daß derjenige, der seinen Namen auf einen leicht zu verfälschenden Wechsel setzt, spätere Fälschungen gegenüber dem redlichen Erwerber nicht geltend machen kann (RG. 8, 42).

Anm. 18. γ) Eine Sonderstellung in dieser Frage nimmt die Veränderung des Zahlungsorts durch Hinzufügung oder Streichung des Domizilvermerks ein. Man könnte geneigt sein, davon auszugehen, daß auch hierin eine begriffliche Veränderung des Zahlungsorts, also eines wesentlichen Bestandteils des Wechsels, liegt, und hieraus den Schluß ziehen, daß die Wechselkraft durch diese Veränderung wenigstens für die erlischt, die vor dieser Veränderung den Wechsel begeben haben (vgl. oben Anm. 16). Allein die ständige Judikatur unserer obersten Gerichtshöfe steht auf anderem Standpunkte. Sie nimmt bei Veränderungen dieser Art nicht eine Aufhebung der Wechselkraft an, sondern läßt jeden Wechselverpflichteten nach Maßgabe derjenigen Gestalt haften, die der Wechsel zur Zeit seiner Begebung hatte, bzw. später mit seiner Zustimmung angenommen hat (ROHG. 3, 51; 6, 24; 7, 88;

12, 431; 23, 211; 24, 127; besonders RG. 32, 38; OG. Wien bei Borchardt Zus. 539). **Artt. 75, 76.**
Dieser Standpunkt der höchsten Gerichte ist gerechtfertigt. Der von der Wissenschaft aufgestellte, an sich zutreffende Grundsatz, daß sachliche Veränderungen eines wesentlichen Bestandteils des Wechsels verpflichtungsvernichtend wirken (vgl. oben Anm. 15), kann nur dort Platz greifen, wo das essentiale auch äußerlich zerstört ist. Wo dies nicht der Fall ist, wo wie hier ein essentiale begrifflich verändert werden und doch in seiner ursprünglichen Form intakt bleiben kann, da ist die Zerstörung der Form nicht geschehen, und deshalb eine Zerstörung der materiellen Kraft nicht anzunehmen. Vielmehr steht nichts entgegen, daß der Wechsel in beiden Formen wirksam ist: Wer nach Maßgabe der alten Form sich verpflichtet hat, haftet nach Maßgabe dieser Form; wer nach Maßgabe der neuen Form sich verpflichtet hat, haftet nach Maßgabe dieser. Solche verschiedenfache Haftungen aus einem und demselben Wechsel sind auch sonst denkbar, z. B. bei Veränderungen in unwesentlichen Teilen oder beim beschränkten Akzept. Anm. 18.

Ist daher der Wechsel nach der Akzeptation mit dem Domizilvermerk versehen worden, aber ohne Zustimmung des Akzeptanten, so haftete schon vor dem 1. Oktober 1908 der Akzeptant auch ohne Protest (ROHG. 6, 24; RG. 28, 122), jetzt sicherlich im Hinblick auf die Neugestaltung der Art. 43, 44 durch das Protestgesetz. War der Wechsel mit einem Domizilvermerk versehen, als der Trassat akzeptierte und ihn aus Händen gab, und ist der Domizilvermerk später ohne seine Genehmigung durchstrichen worden, so haftete früher der Akzeptant nicht, wenn der Wechsel nicht protestiert wurde (OLG. Braunschweig bei Mugdan-Falkmann 5, 91); jetzt haftet er infolge der erwähnten Neugestaltung. Wenn der Akzeptant den Wechsel als Blankowechsel gegeben und vereinbart hatte, daß der Wechsel mit einem Domizilvermerk versehen werden sollte, der Wechsel auch mit einem Domizilvermerk versehen, dieser aber nachträglich durchstrichen wurde, so ist diese Durchstreichung eine Verfälschung, die in rem wirkt; der Akzeptant haftet nur wie aus einem Domizilwechsel (RG. 53, 262), jetzt ohne Protest. Das gleiche gilt, wenn der auf einen Wechsel gesetzte Domizilvermerk in einen andern verändert wird (OLG. Posen v. 30. 6. 03 in ROLG. 7, 393).

Hat der Indossant nachträglich den Domizilvermerk selbst dazugesetzt, so ist ihm gegenüber beim Domiziliaten zu protestieren (Bolze 17 Nr. 304); wenn er dagegen den Wechsel indossierte, als er noch keinen Domizilvermerk hatte, so haftet er nur, wenn beim Trassaten protestiert wurde (RG. 32, 38). Ähnliches gilt für Ausstellerhaftung (RG. in JW. 06, 765[37]). Die Regreßhaftung und die Notwendigkeit des Protestes zur Erhaltung der Rechte gegen die Regreßschuldner hat sich durch die Protestnovelle nicht geändert.

Vgl. über diese Materie auch Anm. 3 zu Art. 24, Anm. 2, 5 u. 5a zu Art. 43; über die Beweislast Anm. 6 zu Art. 43.

c) **Für alle Fälle gemeinsam gilt:** Anm. 19.

α) Die Regelung der Beweislast. Bei einem unverdächtig aussehenden Wechsel ist die Gestalt zugrunde zu legen, in der der Wechsel prima facie erscheint; etwaige Veränderungen, welche die Verpflichtung alterieren, hat dann der Schuldner zu beweisen (ROHG. 5, 373; RG. in Gruchot 24, 1109; RG 47, 68; Grünhut Hdb. I § 63). Enthält aber der Wechsel augenscheinlich Veränderungen der ursprünglichen Gestalt, so muß der klagende Gläubiger beweisen, warum der Beklagte trotz ihrer haftet (ROHG. 13, 252; 24, 265; Lehmann 414), also daß die Änderung entweder vor der Begebung des Verpflichteten geschehen ist, oder nachträglich mit seiner Genehmigung (ROHG. 13, 253; RG. 8, 42; 32, 38; 66, 201; OLG. Dresden vom 29. 6. 01 bei Mugdan-Falkmann 3, 412). Über den Beweis der Genehmigung unten Anm. 21; über die Beweislast bei nachträglichem Domizilvermerk Anm. 6 zu Art. 43.

Art. 75/76. β) **Die Wirkung von Veränderungen auf die Wahl der Prozeßart.** Durch Veränderungen verliert die Wechselurkunde leicht ihre Unverdächtigkeit und wird dann
Anm. 20. für den Wechselprozeß ungeeignet.

Anm. 21. γ) **Die Wirkung der Genehmigung.** Ist die Veränderung zwar nach der Begebung vorgenommen, aber doch mit Genehmigung des Verpflichteten, so gilt dies gleich der Veränderung durch ihn selbst vor der Begebung und wirkt gegen ihn (ROHG. 24, 264; RG. 32, 38). Für die nachträgliche Genehmigung ist der Gläubiger **beweispflichtig** (ROHG. 13, 254; 24, 265). Über die **Form** der Genehmigung siehe Anm. 10a zu Art. 95.

Anm. 21a. **Zusatz 1. Scheckgesetz.** Aus einem Scheck, auf dem die Unterschrift eines Ausstellers oder eines Indossanten gefälscht ist, bleiben diejenigen, deren Unterschriften echt sind, verpflichtet (§ 23 Scheckgesetz).

Anm. 22. **Zusatz 2. Fremde Rechte.** Nach **französischem** Recht (Art. 112 code de commerce) gelten alle Wechsel, welche eine falsche Angabe bezüglich des Namens, des Standes, des Wohnsitzes oder des Ausstellungs- oder Zahlungsorts enthalten, als bloße Schuldscheine. Doch kann dies dem gutgläubigen Dritten nicht entgegengehalten werden. — Das **belgische** Wechselgesetz hat diese Bestimmung nicht aufgenommen; es gibt nur dem Inhaber der Urkunde das Recht, von jedem Indossanten den Nachweis der Echtheit der Unterschriften der Vormänner zu verlangen. — Die **englische** Wechselordnung enthält die Vorschriften, daß, wenn eine Unterschrift auf dem Wechsel gefälscht wird, sie wirkungslos ist, daß dagegen dem legitimierten Inhaber gegenüber die Einrede der Fälschung anderer Unterschriften von demjenigen nicht entgegengesetzt werden kann, dessen Unterschrift echt ist (Späing 210).

XIII. Wechselverjährung.

Artikel 77.

Art. 77. **Der wechselmäßige Anspruch gegen den Akzeptanten verjährt in drei Jahren, vom Verfalltage des Wechsels an gerechnet.**

Anm. 1. I. **Vorbemerkung. Allgemeines über die Wechselverjährung,** insbesondere ihren Rechtscharakter und die Folgen daraus. Die Wechselordnung gibt nicht erschöpfende Vorschriften über die Wechselverjährung. Sie bestimmt zwar Einzelheiten über Beginn und Arten der Verjährung, läßt aber eine ganze Reihe von anderen Fragen unbeantwortet (Unterbrechung, Wirkung der Verjährung, Wiederbeginn der Verjährung nach der Unterbrechung; Aufschiebung des Verjährungsbeginns aus subjektiven und objektiven Hinderungsgründen usw.). Nun sind zwar zur Ausfüllung der Lücken der Wechselordnung die allgemeinen Grundsätze des bürgerlichen Rechts maßgebend (vgl. Allg. Einl. Anm. 3 ff.). Allein zunächst ist maßgebend die Wechselordnung mit allen ihren Konsequenzen. Es sind daher zunächst die Grundsätze entscheidend, die sich aus dem Rechtscharakter des Instituts der Wechselverjährung ergeben (vgl. ROHG. 19, 313; 22, 307; RG. 27, 78). Dies vorausgeschickt gilt folgendes:

Anm. 2. Zunächst ist hervorzuheben, daß es sich um ein Institut des **materiellen** Rechts, nicht des **Prozesses** handelt (ROHG. 14, 259; 18, 187; RG. 2, 13; 6, 24; 7, 22).

Anm. 3. Sodann ist (gegen Grawein, Verjährung und gesetzliche Befristung, und Lehmann 573, sowie in JheringsJ 34, 434) grundsätzlich daran festzuhalten, daß es sich um eine **Verjährung,** nicht um eine **Präklusivfrist** handelt. Denn es ist nicht anzunehmen, daß der Gesetzgeber der Wechselordnung diesen so sehr gebräuchlichen juristisch-technischen Ausdruck in einem anderen Sinne anwenden wollte, als alle andern Gesetze. Hier wie sonst ist die Verjährung ein Institut, das begründete Rechte wieder aufhebt (ROHG. 3, 124; RG. 27, 78; Bernstein 283; Rehbein Anm. 2). Übrigens liegt darin, daß der Art. 8 Nr. 2 EG. z. HGB. den Art. 80 WO. aufhebt, weil, wie die Denkschrift zum HGB. sagt, „kein genügender Anlaß mehr vorliegt, die Unterbrechung der Verjährung

der Wechselforderungen besonderen vom bürgerlichen Recht abweichenden Grundsätzen **Art. 77.**
zu unterwerfen", eine authentische Interpretation dahin, daß die Wechselverjährung eine Anm. 3.
Verjährung im Sinne des BGB. ist.

II. **Der vorliegende Artikel regelt die Dauer und den Beginn der Verjährungsfrist für den** Anm. 4.
Wechselanspruch gegen den Akzeptanten.

1. **Der wechselmäßige Anspruch** ist nur getroffen, d. h. der aus dem Wechsel unmittelbar sich ergebende Anspruch auf Zahlung. Übrig kann bleiben ein Anspruch aus Art. 83, der von dieser Verjährung nicht getroffen ist (vgl. zu Art. 83). Ist der Wechselanspruch rechtskräftig ausgeklagt, so greift die ordentliche Verjährung Platz (vgl. Anm. 9 im Exk. zu Art. 79).

2. **Gegen den Akzeptanten,** und zwar auch gegen den Akzeptanten mit benanntem Domiziliaten Anm. 5.
(so auch schon vor der Protestnovelle: OHG. Stuttgart und OAG. Dresden bei Borchardt Zus. 701 e), nicht aber gegen den Ehrenakzeptanten (streitig; vgl. Anm. 6 zu Art. 60). Dem Akzeptanten steht gleich der Avalist desselben (Kreis 154; OG. Wien bei Cz. Nr. 130), und ferner der falsche Vertreter des Akzeptanten nach Art. 95 (Kreis 148).

3. **Die Dauer** ist 3 Jahre. Diese Frist läuft ohne Rücksicht auf die Verhältnisse der In- Anm. 6.
dossanten. Zwar braucht der Indossant nicht zu zahlen, wenn der Wechsel gegen den Akzeptanten bereits verjährt ist; insofern wirkt die Verjährung auch zugunsten des Indossanten (Art. 54; RG. 9, 22), aber es kann sein, daß ihm nach Einlösung des Wechsels nicht genügend Zeit zur Unterbrechung der Verjährung gegen den Akzeptanten bleibt. Alsdann kann er sich darauf nicht berufen, daß er ja auch selbst den Wechsel hat bezahlen müssen (ROHG. 7, 41). Die dreijährige Frist bezieht sich nicht auf den Fall, daß der Wechselanspruch dem Gläubiger rechtskräftig zugesprochen ist. Die actio judicati verjährt vielmehr in 30 Jahren (§ 218 BGB.).

4. **Der Beginn** der Frist. Hierüber bestimmt das Gesetz, daß sie vom Verfalltage an ge- Anm. 7.
rechnet wird.

a) Die herrschende Ansicht wollte schon früher (vor dem 1. Januar 1900) den Verfalltag nicht mitrechnen (ROHG. 3, 415; RG. 11, 45; 27, 80; OG. Wien bei Cz. Nr. 3, 30, 85, 230; Dernburg II § 277; Bernstein 287). Jetzt richtet sich die Berechnung nach den Vorschriften der §§ 186 ff. BGB. Maßgebend ist § 187 Abs. 1 für den Beginn und § 188 Abs. 2 für das Ende der Frist. Der Verfalltag wird hiernach nicht mitgerechnet (zustimmend OLG. Dresden in ROLG. 15, 319; anders Staub, 4. Aufl.).

b) Der Verfalltag entscheidet absolut. Es ist gleichgültig, ob auf diesen Tag Anm. 8
auch der Zahlungstag fällt, oder ob er dadurch hinausgeschoben ist, daß der Verfalltag auf einen Feiertag fällt (Dernburg II § 277). Hat daher der Akzeptant nach dem Verfalltag akzeptiert oder nur mit der Beschränkung akzeptiert, daß er nach dem Verfalltage zu zahlen habe, so läuft doch die Wechselverjährung gegen ihn vom Wechselverfalltage an (Anm. 31 zu Art. 82). Daraus folgt, daß er überhaupt nicht haftet, wenn er nach der Verjährung akzeptiert hat, daraus folgt aber nicht, daß er nicht haftet, wenn er mit der Beschränkung akzeptiert hat, daß sein Zahlungstag 3 Jahre nach dem Verfalltage trifft (so ROHG. 4, 375; Rehbein Anm. 3; Lehmann 577; Volkmar-Löwy 268, 269; Bernstein 288). Das entspräche dem Willen der Parteien nicht. — Stundung hemmt und unterbricht den Lauf der Verjährung (vgl. Anm. 3 und 20 im Exk. zu Art. 79).

c) Bei Sicht- und Nachsichtwechseln berechnet sich der Verfalltag und demgemäß Anm. 9.
auch die Verjährung nach Art. 32, bzw. nach Analogie desselben (ROHG. 3, 130). Vgl. Anm. 5 zu Art. 31 und Anm. 9 zu Art. 20.

5. **Das Ende der Frist** ergibt sich aus ihrem Beginne und ihrer Dauer von selbst (siehe Anm. 10.
oben Anm. 7). Daß das Ende auf einen Sonn- oder Feiertag fällt, verlängert ihren Lauf nicht. § 193 BGB. hat auf die Verjährung keine Anwendung (Bernstein 288).

Zusatz 1. Sonstiges über die Verjährung. Es ist schon oben in der Einl. zu Art. 77 Anm. 11.
gesagt, daß die Wechselordnung nur wenige Vorschriften über die Verjährung gibt. Die

Art. 77. meisten Fragen sind in der Wechselordnung nicht erörtert, sondern müssen aus dem Wesen
Anm. 11. des Instituts und subsidiär aus den Vorschriften des BGB. über die Verjährung beantwortet werden. Danach gilt folgendes:

Anm. 12. 1. **Die Verjährungsfrage ist zu beurteilen nach demjenigen örtlichen Rechte, welches das gesamte Schuldverhältnis überhaupt beherrscht,** d. h. in der Regel nach dem Rechte des Erfüllungsortes. Also bei den im Auslande zu erfüllenden Wechselverpflichtungen nach dortigem Recht (RG. 2, 13), beim Akzeptanten nach dem Rechte am Zahlungsorte des Wechsels, bei Regreßverpflichtungen nach dem Rechte am Wohnsitze des Regressaten, letzteres auch bei Domizilwechseln; denn der Regreßverpflichtete will nicht am Domizil zahlen, sondern dafür einstehen, daß dort gezahlt wird (ROHG. 1, 289; 14, 258; RG. 1, 125; 2, 13; 6, 24; 7, 22). Das BGB. hat an alledem nichts geändert, da sein Einführungsgesetz über das örtliche Recht der Verjährung nichts sagt (Rehbein Anm. 1).

Anm. 13. 2. **Die Verjährung ist Sache des Einwands; sie ist nicht von Amts wegen zu berücksichtigen.** Das war schon früher die überwiegende Ansicht (ROHG. 2, 124; 3, 131; 6, 228; Bolze 1 Nr. 837; Kreis 147; Rehbein Anm. 11; Bernstein 285; OG. Wien bei Peitler Nr. 370, 445; anders Dernburg II § 277 V). Jetzt, da ein authentischer Gesetzesausspruch dahin besteht, daß die Wechselverjährung eine Verjährung im Sinne des BGB. ist (vgl. oben Anm. 3), ist daran noch weniger zu zweifeln. Aus Art. 83 schließt Dernburg mit Unrecht das Gegenteil. Dort ist nichts weiter gesagt, als daß nach Erlöschen des Wechselanspruchs noch ein Bereicherungsanspruch übrig bleibt. Eine ähnliche Vorschrift enthält § 852 Abs. 2 BGB.: Auch nach Vollendung der Verjährung eines Anspruchs aus unerlaubter Handlung bleibt noch ein Bereicherungsanspruch übrig. Das Wort „erlöschen", das in Art. 83 gebraucht wird, beweist gar nichts. Da der Beklagte berechtigt ist, die Leistung zu verweigern, so kann man doch wohl von einem Erlöschen des Anspruchs sprechen. Oder soll etwa der Anspruch bestehen, und gleichwohl der Beklagte berechtigt sein, die Leistung zu verweigern? So erlischt ja auch durch eine Zahlung der Anspruch und doch ist es Sache des Einwands, die Zahlung vorzuschützen. Im Gegensatz zu Dernburg muß hiernach angenommen werden, daß auch aus einem verjährten Wechsel ein Versäumnisurteil zu erlassen ist.

Anm. 14. 3. **Die Wirkung der Verjährung** ist die einer jeden Verjährung. Der Anspruch erlischt mit der Wirkung, daß der Beklagte nach Maßgabe des § 222 BGB. berechtigt ist, die Leistung zu verweigern (vgl. oben Anm. 13). Der Einwand ist im Sinne des Art. 82 ein solcher, der dem Wechselrecht entnommen ist: er zerstört die Wechselobligation des betreffenden Wechselschuldners (vgl. Anm. 64 zu Art. 82).

Anm. 15. Das zur Befriedigung des verjährten Anspruchs Geleistete kann gleichwohl nicht zurückgefordert werden, auch wenn die Leistung in Unkenntnis der Verjährung bewirkt worden ist. Auch ein vertragsmäßiges Anerkenntnis kann nicht aus diesem Grunde als ungültig angefochten werden. Vielmehr gilt es und begründet einen Anspruch auf Zahlung, wenn auch keinen Wechselanspruch (insofern hat Dernburg II § 277 V Recht) — § 222 Abs. 2 BGB. —.

Anm. 16. Das zur Sicherstellung eines verjährten Anspruchs Gegebene kann nicht wegen Verjährung des Anspruchs zurückgefordert werden (vgl. § 222 Abs. 2 BGB.).

Anm. 17. Ist für den Wechselanspruch eine Hypothek oder ein Pfandrecht bestellt, so hindert die Verjährung den Berechtigten nicht, seine Befriedigung aus dem verpfändeten Gegenstande zu suchen. Ist zur Sicherung eines Anspruchs ein Recht übertragen worden, so kann die Rückübertragung nicht auf Grund der Verjährung des Anspruchs gefordert werden (§ 223 BGB.).

Anm. 18. 4. **Auf die Verjährung kann nicht im voraus verzichtet werden.** Das bestimmt § 225 BGB. ausdrücklich. Sie kann auch nicht erschwert werden. Es kann also nicht bestimmt werden, daß die Verjährung der Schuld des Akzeptanten in vier Jahren erfolgen soll. Auch während des Laufs der Verjährung können derartige Verträge gültig nicht geschlossen werden. Dagegen kann nach Vollendung der Verjährung auf den Einwand **Art. 78.** der Verjährung verzichtet werden; der Beklagte braucht ja bloß den Einwand nicht zu Anm. 18. erheben; oder er kann die verjährte Forderung trotz der Verjährung tilgen, oder sie anerkennen (vgl. oben Anm. 15).

5. **Über Unterbrechung und Hemmung der Verjährung** siehe im Erl. zu Art. 79. Anm. 19.

Zusatz 2. Fremde Rechte (zu Art. 77 bis 79). Nach englischem Recht (s. a. RG. 24, Anm. 20. 383) läuft gegen den Akzeptanten eine sechsjährige Verjährung vom Verfalltage des Wechsels ab (ROHG. 18, 188). Wegen der Regreßansprüche ist zu beachten, daß der Regreß infolge des strengen Notifikationssystems (vgl. Art. 41 Anm. 17) an die Einhaltung der Frist für die Notifikation gebunden ist. Im übrigen gilt auch für die Regreßansprüche die sechsjährige Verjährungsfrist. — Die englische WO. enthält keine Vorschriften über die Verjährung, die früheren Gesetze sind insoweit in Kraft geblieben. — Gleiches, wie für England, gilt für die Vereinigten Staaten.

In Frankreich (code de comm. Art. 165 ff., 189) und Belgien läuft eine fünfjährige Verjährung für alle Wechselansprüche. Die Verjährung wird unterbrochen durch gerichtliches Verfahren und Anerkenntnis, aber der Schuldner kann sich auf die Verjährung nicht berufen, wenn ihm nachgewiesen wird, daß die Schuld noch besteht (Späing 219 ff.). Indes ist für die Regreßansprüche folgendes zu beachten. Die Regreßgläubiger müssen die Regreßklage in bestimmten kurzen Fristen erheben. Nur unter dieser Voraussetzung besteht ihr Anspruch bis zum Ende der fünfjährigen Verjährungsfrist weiter (Meyer 130; Rehbein Anm. 11). — Ähnlich wie in Frankreich ist die Regelung in Italien.

Die Schweiz, Holland, Ungarn, Skandinavien unterscheiden, wie Deutschland, zwischen dem Anspruch gegen den Hauptwechselschuldner und gegen die Regreßpflichtigen (Meyer 129 ff.).

Die russische WO. (Art. 73 bis 77, 112 bis 114) kennt nur Ausschlußfristen, und zwar von fünf Jahren seit Verfall für die Klage gegen den Hauptwechselschuldner, von einem Jahre seit Protesterhebung gegen Indossanten, von sechs Monaten seit der Zahlung für die Klage des Regreßpflichtigen gegen die Vormänner (Näheres Meyer 130).

Artikel 78.

Die Regreßansprüche des Inhabers (Artikel 50) gegen den Aussteller und **Art. 78.** die übrigen Vormänner verjähren:

1. in drei Monaten, wenn der Wechsel in Europa, mit Ausnahme von Island und den Faröern, zahlbar war;
2. in sechs Monaten, wenn der Wechsel in den Küstenländern von Asien und Afrika längs des Mittelländischen und Schwarzen Meeres oder in den dazu gehörigen Inseln dieser Meere zahlbar war;
3. in achtzehn Monaten, wenn der Wechsel in einem anderen außereuropäischen Lande oder in Island oder den Faröern zahlbar war.

Die Verjährung beginnt gegen den Inhaber mit dem Tage des erhobenen Protestes.

Die Verjährung des Regreßanspruchs des letzten Indossatars dauert je nach dem Zahlungsort des Wechsels 3, 6 oder 18 Monate und beginnt mit dem Tage des erhobenen Protestes.

1. **Der Regreßanspruch des letzten Indossatars** ist gemeint, wenn das Gesetz vom Regreß- Anm. 1. anspruch des Inhabers spricht, wie dies die Zitierung des Art. 50 ergibt. Der Regreßanspruch des im Regreßwege einlösenden Indossanten ist in dem folgenden Artikel geregelt. Wem von beiden der Ehrenzahler gleichsteht, ist im Gesetze nicht gesagt. Es ist davon auszugehen, daß nach dem Grundgedanken des Gesetzes jeder Regredient den Lauf der Verjährung erst von dem Tage an über sich ergehen lassen

Art. 78. Anm. 1. muß, wo er selbst in die Lage kommt, gegen den Regreßschuldner vorzugehen (vgl. Lehmann 574), und daß ferner der Ehrenzahler selbständige Rechte erwirbt, nicht etwa als bloßer Rechtsnachfolger in die Rechte des bezahlten Indossatars zu betrachten ist (vgl. Anm. 8 zu Art. 63). Daraus folgt, daß auf ihn nicht Art. 78, sondern Art. 79 Anwendung findet (ebenso Kreis 154; anders Bernstein 289, der den Ehrenzahler dem Inhaber zur Zeit des Protestes in Rücksicht der Verjährung gleichstellt). Das Gleiche gilt von dem, der den Ehrenzahler bezahlt hat. Nicht geregelt ist ferner die Verjährung gegen den nachprotestlichen Indossatar. Derselbe muß die Verjährung gegen sich gelten lassen, die der letzte vorprotestliche Inhaber gegen sich gelten lassen muß (OG. Wien bei Cz. Nr. 49; Kreis 153; Bernstein 288).

Anm. 2. 2. **Die Zonenfristen des Art. 78 richten sich nach dem Zahlungsort des Wechsels.** Hierfür ist entscheidend Art. 4 Nr. 8. Es wird weder auf den Wohnort des letzten Inhabers, noch auf den Wohnort des beklagten Regreßverpflichteten gesehen.

Anm. 3. 3. **Die Frist beginnt mit dem Tage des erhobenen Protestes.** Die Verjährung beginnt mit dem Ablaufe des Protesttages, der nicht miteingerechnet wird (anders Staub 4. Aufl.; vgl. Anm. 10 zu Art. 77). Gegen den, der Protest erlassen hat, läuft die Verjährung von dem Tage ab, wo er im entgegengesetzten Falle spätestens zu erheben gewesen wäre (ROHG. 4, 376; Bernstein 289; ferner ROHG. v. 17. 6. 79 bei Borchardt Zus. 712a). Im übrigen siehe über Prolongation, subjektive und objektive Hinderungsgründe des Verjährungsbeginns den Exk. zu Art. 79.

Anm. 4. 4. **Die Dauer der Frist** richtet sich nach Art. 32, nicht nach abweichenden Vorschriften der Landesgesetze über Berechnung von Monatsfristen (ROHG. 3, 124 und zahlreiche andere Judikatur bei Borchardt Zus. 708). Die Frist bezieht sich nicht auf die actio judicati, diese verjährt in der ordentlichen Verjährungsfrist (§ 218 BGB.; s. a. Anm. 6 zu Art. 77).

Anm. 5. 5. **Die Wirkung** der Verjährung ist die Befreiung nicht eines bestimmten (etwa des nächsten) Vormannes, sondern **aller Indossanten.** (OTr. Berlin bei Borchardt Zus. 717; Volkmar-Löwy 276; Rehbein Anm. 5.) Es kann jeder Vormann des einen verjährten Wechsel einlösenden Indossanten den Einwand machen, daß dieser eine Nichtschuld bezahlt habe (Canstein 403). Der Hauptschuldner (Akzeptant) aber kann diesen Einwand nicht erheben (ROHG. 7, 289; Canstein 403 Anm. 51).

Anm. 5a. **Zusatz 1. Scheckgesetz.** Den Art. 78 u. 79 der WO. ist § 20 Scheckgesetzes nachgebildet. Nach dieser Bestimmung verjähren die Regreßansprüche gegen den Aussteller und die übrigen Vormänner, wenn der Scheck in Europa mit Ausnahme von Island und den Faröern zahlbar ist, in drei Monaten, andernfalls in sechs Monaten.

Die Verjährung beginnt gegen den Inhaber des Schecks mit dem Ablaufe der Vorlegungsfrist, gegen jeden Indossanten, wenn er, bevor eine Klage gegen ihn erhoben worden ist, gezahlt hat, mit der Zahlung, in allen übrigen Fällen mit der Erhebung der Klage.

Anm. 6. **Zusatz 2.** Über **fremde Rechte** vgl. Art. 77 Anm. 20.

Artikel 79.

Art. 79. Die Regreßansprüche des Indossanten (Artikel 51) gegen den Aussteller und die übrigen Vormänner verjähren:

1. in drei Monaten, wenn der Regreßnehmer in Europa, mit Ausnahme von Island und den Faröern, wohnt;
2. in sechs Monaten, wenn der Regreßnehmer in den Küstenländern von Asien und Afrika längs des Mittelländischen und Schwarzen Meeres oder in den dazu gehörigen Inseln dieser Meere wohnt;
3. in achtzehn Monaten, wenn der Regreßnehmer in einem anderen außereuropäischen Lande oder in Island oder den Faröern wohnt.

Gegen den Indossanten läuft die Frist, wenn er, ehe eine Wechselklage gegen ihn angestellt worden, gezahlt hat, vom Tage der Zahlung, in allen übrigen Fällen aber vom Tage der ihm geschehenen Behändigung der Klage oder Ladung. Art. 79.

Die Verjährung der Regreßansprüche des einlösenden Indossanten dauert 3, 6 oder 18 Monate je nach dem Wohnsitz des Regreßnehmers und beginnt mit dem Tage der Zahlung, wenn er ohne Klage gezahlt hat, sonst mit dem Tage der Klagezustellung.

1. **Die Regreßansprüche des einlösenden Indossanten** sind gemeint, die des letzten Indossatars Anm. 1. sind im vorliegenden Artikel geregelt. Der Ehrenzahler steht dem Einlösenden gleich (Anm. 1 zu Art. 78). Die Verjährung bezieht sich nicht auf den Fall, daß der Schuldner rechtskräftig verurteilt ist, für diesen Fall gilt die ordentliche Verjährung (§ 218 BGB.).

2. **Die Fristen sind verschieden je nach dem Wohnsitz des Regreßnehmers,** und zwar nach dem Anm. 2. Wohnsitz zur Zeit des Verjährungsbeginns. Veränderung des Wohnsitzes während des Laufs der Verjährung ist unerheblich (Kreis 153; Lehmann 576; Rehbein Anm. 5).

3. **Die Verjährung beginnt:** Anm. 3.

a) entweder mit dem Tage der Zahlung, welcher jeder andere Rückerwerb des Wechsels gleichsteht (ROHG. 3, 129; Lehmann 574). Es ist dabei vorausgesetzt, daß der Regreßnehmer gezahlt hat, ehe eine Wechselklage gegen ihn angestellt war, aber zu einer Zeit, wo solche noch mit Erfolg gegen ihn angestellt werden konnte; ein Indossant dagegen, der den Wechsel von seinem Nachmann eingelöst hat, nachdem er durch Verjährung befreit war, hat keinen Regreß gegen seine Vormänner (Bolze 22 Nr. 320). — Bei Teilzahlungen beginnt die Verjährung wegen des gezahlten Teilbetrages mit der Zahlung;

b) oder mit dem Tage der Klage oder Ladung. Natürlich beginnt die Verjährung Anm. 4. auch mit der Erhebung der Klage in der mündlichen Verhandlung in den, in der ZPO. vorgesehenen Fällen (§§ 284, 500 Abs. 2, 510 Abs. 2 ZPO.). Dies folgt aus § 267 ZPO., der die Wirkungen, die bisher das Zivilrecht an die „Mitteilung" der Klage knüpfte, nunmehr an ihre Erhebung knüpft. Der Art. 79 WO. ist dadurch geändert, und man hat es wohl nur übersehen, hier, wie im früheren Art. 80, die Änderung ausdrücklich im EinfGes. auszusprechen (Bernstein 291). Das bloße Gesuch um Zustellung im Falle des § 207 Abs. 1 ZPO. genügt aber nicht, weil darin eine Behändigung der Klage nicht liegt (Bernstein 290). Mit dieser Einschränkung ist es richtig, wenn Dernburg (II § 277) meint, daß sämtliche im § 209 BGB. der Klageerhebung gleichgestellten Tatsachen auch für den Beginn der Verjährung der Regreßklage der Klageerhebung gemäß Art. 79 Abs. 2 gleichstehen. So die Zustellung des Zahlungsbefehls, die Anmeldung des Anspruchs im Konkurse (Canstein 400; Rehbein Anm. 5; anders Bernstein 201), die prozessuale Aufrechnung, die Streitverkündung (Canstein 400; Bernstein 201; anders Grünhut Hdb. § 139 Anm. 18), die Vornahme einer Vollstreckungshandlung.

Im übrigen s. über Prolongation, über subjektive und objektive Hinderungsgründe des Verjährungsbeginns den Exk. zu Art. 79.

c) Die Verjährung nimmt gegen jeden einzelnen Indossanten ihren be- Anm. 5. sonderen Anfang. Verklagt z. B. der Wechselgläubiger A die beiden Indossanten B und C, so läuft die Verjährung gegen B vom Tage der Klagezustellung an ihn. Und es ist dabei ganz ohne Belang, daß auch C mit verklagt ist, so daß B, wenn er nach Ablauf der, vom Tage der ihm zugestellten Klage zu rechnenden Frist von 3 Monaten gegen C klagen würde, den von diesem erhobenen Einwand der Verjährung gegen sich gelten lassen müßte; will er dies verhindern, so muß er dem C den Streit verkünden (ROHG. 5, 361; 22, 413; Bolze 22 Nr. 323). Noch weniger kann sich B auf die von A gegen C geschehene Klagezustellung berufen, wenn er selbst nicht mitverklagt

Art. 79. Anm. 5. ist, sondern den Wechsel einlöste. Denn B macht nicht die Rechte des A geltend, wenn er nach geschehener Einlösung gegen C klagt, sondern seine eigenen Rechte (Bolze 22 Nr. 321).

Anm. 6. 4. **Für die Dauer der Frist und ihre Berechnung** gilt das zu Art. 78 Gesagte (Anm. 3 u. 4 daselbst).

Anm. 7. 5. **Die Beweislast** darüber, wann der Indossatar gezahlt hat, fällt, wenn dies zweifelhaft wird, dem Beklagten zu (vgl. Anm. 13 zu Art. 77).

Anm. 8. Über **fremde Rechte** vgl. Art. 77 Anm. 20.

Exk. zu Art. 79.

Exkurs zu Artikel 79.

Die Lehre von der Unterbrechung der Verjährung.

Anm. 1. 1. **Der Art. 80 der Wechselordnung, welcher die Unterbrechung der Wechselverjährung regelte, ist durch Art. 8 Nr. 2 EG. z. HGB. vom 10. Mai 1897 aufgehoben worden.** Artikel 80 der WO. lautete wie folgt:

> Die Verjährung (Artikel 77 bis 79) wird nur durch Behändigung der Klage unterbrochen, und nur in Beziehung auf denjenigen, gegen welchen die Klage gerichtet ist. Jedoch vertritt in dieser Hinsicht die von dem Verklagten geschehene Streitverkündigung die Stelle der Klage.

Damit sind zugleich der § 13 Abs. 3 EG. z. ZPO. und der § 3 Abs. 3 EG. z. KO. aufgehoben worden. Diese beiden Vorschriften hatten den Art. 80 WO. modifiziert. Ihre ausdrückliche Aufhebung war nach der Denkschrift zum HGB. (290) geplant, ist aber später unterlassen worden. Die Aufhebung ergibt sich daraus, daß sie dazu bestimmt waren, den Art. 80 zu modifizieren und mit seiner Aufhebung daher gegenstandslos geworden sind. Die Aufhebung des Art. 80 wird in der Denkschrift zum HGB. (290) wie folgt begründet:

> „Da das BGB. die Verschiedenheiten beseitigt, welche bisher in einzelnen Rechtsgebieten hinsichtlich der Unterbrechung der Verjährung bestanden, so liegt kein genügender Anlaß mehr vor, auch künftig noch die Unterbrechung der Verjährung der Wechselforderungen besonderen, vom bürgerlichen Rechte abweichenden Grundsätzen zu unterwerfen."

Anm. 2. 2. **Für die Unterbrechung der Verjährung sind nunmehr maßgebend die Vorschriften des BGB.**, soweit nicht die Vorschriften des Wechselrechts und die sich aus ihnen ergebenden Folgen entgegenstehen.

Anm. 3. 3. **Die Verjährung wird hiernach unterbrochen:**

a) **Durch Anerkennung.** Die Verjährung wird nach § 208 BGB. unterbrochen, wenn der Verpflichtete gegenüber dem Berechtigten den Anspruch durch Abschlagszahlung (in der Zwangsvollstreckung abgenötigte Zahlungen genügen nicht, OLG. Kolmar bei Kaufmann 8, 102), Zinszahlung, Sicherheitsleistung oder in anderer Weise (z. B. durch ein Stundungsgesuch) anerkennt. Die Anwendbarkeit dieser Vorschrift auf die Wechselverjährung ist allerdings bestritten. Sie wird angenommen von Rehbein Anm. 7, Bernstein 202, Lehmann in der DJZ. 5 S. 172, Gareis WO. 120; sie wird bestritten von Dernburg II § 277 (auch von J. u. M. Stranz Anm. 13, Vorbem. vor Art. 77 bis 80, die indes bei nochmaliger Prüfung diese Ansicht aufgeben). Dernburg meint, daß die Ordnung des Wechselverkehrs dadurch gestört würde, die Vorschriften des BGB. seien aber auf die Wechselverpflichtungen insoweit nicht anwendbar, als dies den Zwecken des Wechselrechts Eintrag tun würde. Er zitiert dabei Grünhut Hdb. II 540 Anm. 3. Dieser führt zur Erläuterung und Begründung des früheren Art. 80, nach welchem die Anerkennung kein Unterbrechungsgrund war, folgendes aus: „Die Verjährung der Regreßklage des Vormannes beginnt, abgesehen vom Tage der Zahlung, vom Tage der ihm geschehenen Behändigung der

Klage. Würde durch Anerkennung die Verjährung der Regreßklage des Nachmannes unterbrochen, so könnte dieser Nachmann mit der Anstellung der Regreßklage längere Zeit warten, während deren die Verjährung der Regreßklage des Vormannes, der die Anerkennung geleistet hat, nicht beginnen würde. Im Falle einer — vielleicht wiederholten — Unterbrechung durch Anerkennung könnte daher der Zustand der Unsicherheit für die anderen regreßpflichtigen Wechselschuldner im Widerstreite mit der Tendenz des Gesetzes erheblich verlängert werden." Allein diese zur Erläuterung des früheren Rechtszustandes vorgebrachten Gründe reichen nicht aus, um den nunmehr geltenden § 208 BGB. von der Anwendbarkeit auszuschließen. Es mag sein, daß den Zwecken des Wechselverkehrs mehr gedient würde, wenn der Anerkennung die Kraft der Unterbrechung versagt würde. Allein das genügt nicht, um eine Vorschrift des bürgerlichen Rechts von der Anwendung dort auszuschließen, wo das Wechselrecht eine Lücke läßt. Nur dort ist das bürgerliche Recht von der subsidiären Anwendung ausgeschlossen, wo die Vorschriften des Wechselrechts oder die sich aus diesen Vorschriften ergebenden rechtlichen Folgen zu einem anderen Ergebnisse führen. Dann gehen diese Ergebnisse vor. Hier kann das nicht gelten. Hier hatte die frühere Vorschrift des Art. 80 der Anerkennung die unterbrechende Kraft, die ihr nach einzelnen Landesgesetzen innewohnte, durch erschöpfende Aufzählung der Unterbrechungsgründe versagt. Der Art. 80 ist aber gerade aus dem Grunde aufgehoben worden, weil kein Anlaß vorlag, die Unterbrechung der Verjährung besonderen vom bürgerlichen Rechte abweichenden Grundsätzen zu unterwerfen (vgl. oben Anm. 1). Angesichts dieser Entstehungsgeschichte der Aufhebung des Art. 80 kann nicht angenommen werden, daß von denjenigen Paragraphen des BGB., welche die Unterbrechungsgründe enthalten, gerade der erste deshalb nicht gelten soll, weil dies den Zwecken des Wechselverkehrs nicht entsprechen würde. Diesen Vorbehalt würde der Gesetzgeber doch wohl gemacht haben. Erl. zu Art. 79. Anm. 3.

b) **Durch Klageerhebung und die Klagesurrogate** (§ 209 BGB.). Anm. 4.

α) Durch Klageerhebung, mag die Klage auf Befriedigung oder auf Feststellung des Anspruchs oder auf Erteilung der Vollstreckungsklausel oder auf Erlassung des Vollstreckungsurteils gerichtet sein. Die Klageerhebung kann natürlich auch in der mündlichen Verhandlung erfolgen, wo dies zulässig ist. Auch die Überreichung des Gesuchs um Zustellung im Falle des § 207 Abs. 1 ZPO. genügt (Bernstein 290). Bei Notwendigkeit der Bestimmung des zuständigen Gerichts durch ein höheres Gericht wird die Verjährung durch Einreichung des Gesuchs an das höhere Gericht unterbrochen, falls die Klage binnen drei Monaten nach Erledigung des Gesuchs erhoben wird (§ 210 BGB.). Doch ist zu bemerken, daß der § 36 Nr. 3 ZPO. hier nicht Platz greifen wird, weil ein gemeinschaftlicher besonderer Gerichtsstand durch den Zahlungsort begründet ist (§ 603 ZPO.).

Einklagung eines Teiles bewirkt nur Unterbrechung wegen dieses Teils. Anm. 5.
In dieser Beziehung muß die Entscheidung des RG. 10, 104 zugrunde gelegt werden; die anderen Entscheidungen RG. 34, 261 und 39, 216, nach denen unter Umständen auch die Einklagung eines Teils die Verjährung des ganzen Anspruchs unterbricht, beruhen auf preußisch-rechtlichen Erwägungen, die auf das neue Recht nicht übertragen werden können (vgl. Planck Anm. 1 zu § 209 BGB.; Neumann Anm. 4 zu § 209; Dernburg I § 180 II; anders LG. II Berlin in KGBl. 03, 95).

Wird die Klage wegen Unzuständigkeit oder als im Wechselprozeß Anm. 6.
unzulässig abgewiesen oder wird die Klage zurückgenommen, so greift § 212 BGB. Platz. Er lautet:

> Die Unterbrechung durch Klagerhebung gilt als nicht erfolgt, wenn die Klage zurückgenommen oder durch ein nicht in der Sache selbst entscheidendes Urteil rechtskräftig abgewiesen wird.
>
> Erhebt der Berechtigte binnen sechs Monaten von neuem Klage, so gilt die Verjährung als durch die Erhebung der ersten Klage unterbrochen. Auf diese Frist finden die Vorschriften der §§ 203, 206, 207 entsprechende Anwendung.

Erl. zu Art. 79. Dieser Paragraph greift aber nicht Platz, wenn der Kläger abgewiesen wurde, weil er nicht gemäß Art. 36 legitimiert war. Das ist eine definitive Abweisung
Anm. 6. (Rehbein Anm. 8b). Die sechsmonatliche Frist gilt auch dann, wenn die Wechselverjährung kürzer ist (vgl. Anm. 14).

Anm. 7. Nicht unterbrochen wird die Verjährung durch Mahnung, durch Ladung zum Sühneversuch (§ 510 ZPO.), durch Anmeldung der Forderung zum Nachlaßverfahren des Schuldners.

Anm. 8. β) Die Unterbrechung der Verjährung durch Klagesurrogate. Hierüber bestimmt § 209 Abs. 2 BGB. Er lautet:

Der Erhebung der Klage stehen gleich:
1. die Zustellung eines Zahlungsbefehls im Mahnverfahren;
2. die Anmeldung des Anspruchs im Konkurse;
3. die Geltendmachung der Aufrechnung des Anspruchs im Prozesse;
4. die Streitverkündung in dem Prozesse, von dessen Ausgange der Anspruch abhängt;
5. die Vornahme einer Vollstreckungshandlung und, soweit die Zwangsvollstreckung den Gerichten oder anderen Behörden zugewiesen ist, die Stellung des Antrags auf Zwangsvollstreckung.

Anm. 9. 4. **Wie lange dauert die Unterbrechung der Verjährung?**

a) Die Unterbrechung der Verjährung durch Klageerhebung dauert fort, bis der Prozeß rechtskräftig entschieden oder anderweit erledigt ist (§ 211 BGB.). Ist die Klage rechtskräftig abgewiesen worden, so ist damit der Anspruch abgetan. Entscheidet die Abweisung die Sache nicht, so greift § 212 BGB. Platz (vgl. oben Anm. 6). Ist der Beklagte rechtskräftig verurteilt, so greift nunmehr eine 30jährige Verjährung Platz (§ 218 BGB.). Das gilt auch für das unter Vorbehalt der Rechte ergangene Urteil im Wechselprozesse (§ 219 BGB.). Für das bloß vorläufig vollstreckbar erklärte Urteil gilt das nicht (vgl. unten Anm. 11).

Anm. 10. Wenn jedoch der Prozeß in Stillstand gerät, und sei es auch infolge einer Vereinbarung (für den Fall, daß in der Vereinbarung zugleich eine Stundung liegt, s. unten Anm. 20), so endigt die Unterbrechung der Verjährung mit der letzten Prozeßhandlung der Parteien oder des Gerichts. Also wohlgemerkt: nicht, wie früher, in dem Augenblicke, wo der Kläger den Prozeß liegen läßt. Wenn z. B. die Klage am 1. Dezember zugestellt ist und der Kläger in dem auf den 15. Dezember angesetzten Verhandlungstermin nicht verhandelt, so endigt die Unterbrechung nicht mit dem 15. Dezember, sondern mit dem 1. Dezember. Denn an diesem Tage war die letzte Prozeßhandlung, die Zustellung der Klage erfolgt.

Anm. 11. Dies ändert sich auch dann nicht, wenn im Prozesse ein vorläufig vollstreckbares Urteil ergeht. Wenn z. B. der Akzeptant, der Aussteller und der erste Girant im Wechselprozesse durch Versäumnisurteil verurteilt werden und zunächst gegen den Akzeptanten vollstreckt wird, während gegen die beiden anderen Beklagten nichts unternommen, auch das Urteil ihnen nicht zugestellt wird, so sind nach Ablauf der dreimonatlichen Verjährungsfrist die beiden anderen Beklagten berechtigt, gegen das erlassene Versäumnisurteil Einspruch zu erheben und den Einwand der Verjährung geltend zu machen. In solchem Falle ist daher dringend anzuraten, das Urteil den anderen Beklagten wenigstens zuzustellen. Dann wird entweder Einspruch eingelegt und der Prozeß fortgesetzt oder das Urteil wird rechtskräftig.

Anm. 12. b) Wird die Verjährung durch Zustellung eines Zahlungsbefehls unterbrochen, so beginnt sofort eine neue Verjährung. Denn daß die Unterbrechung der Verjährung während der Dauer des Mahnverfahrens fortdauert, ist im § 213 BGB. nicht gesagt (Planck Anm. 2 daselbst; irrig Rehbein Anm. 8b).

Dabei ist aber folgendes zu beachten: wenn eine wegen des Anspruchs zu erhebende Klage vor die Amtsgerichte gehört, ist die Klage, falls rechtzeitig Widerspruch erhoben wird, nach § 696 ZPO. als mit der Zustellung des Zahlungsbefehls bei dem Amtsgericht erhoben anzusehen. Das gleiche wird zu gelten haben, wenn nach Maßgabe des § 700 ZPO. gegen den Vollstreckungsbefehl Einspruch erhoben wird. In diesem Fall dauert die Verjährung während der ganzen Dauer des Verfahrens, doch muß im Amtsgerichtsprozeß der Kläger laden; sonst tritt die Verjährung doch wieder ein. Gehört eine wegen des Anspruchs zu erhebende Klage vor die Landgerichte, so wird entweder die Klage innerhalb der in den §§ 697, 700 ZPO. bestimmten Frist bei dem zuständigen Landgericht erhoben — dann findet auch hier der § 211 BGB. Anwendung —, oder die Wirkungen der Rechtshängigkeit erlöschen, dann gilt nach § 213 BGB. die Unterbrechung der Verjährung als nicht erfolgt. Wird endlich der Vollstreckungsbefehl rechtskräftig, so verjährt der Anspruch nach § 218 BGB. erst mit 30 Jahren. Die hier erwähnten Fristen gelten auch dann, wenn die Wechselverjährung kürzer ist (vgl. auch Planck § 213 Anm. 2 und unten Anm. 14); dagegen läßt das KG. (Urt. v. 15. 7. 08 in KGBl. 08, 88), wenn nach dem materiellen Rechte die für einen Anspruch geltende Verjährung, z. B. bei Wechselregreßansprüchen, kürzer ist, als die im Mahnverfahren zur Erhebung der Klage vorgesehene sechsmonatige Frist des § 697 ZPO., die Wirkungen der Rechtshängigkeit schon mit dem Ablauf der kürzeren Frist erlöschen (dort auch Übersicht über die Literatur). **Erl. zu Art. 79.** Anm. 12.

c) Die Unterbrechung der Verjährung im Konkurse dauert fort, bis der Konkurs beendet ist. Die Unterbrechung gilt als nicht erfolgt, wenn die Anmeldung zurückgenommen wird (§ 214 BGB.). Ob die Forderung vom Verwalter oder dem Gemeinschuldner bestritten wird, ändert daran nichts, daß die Unterbrechung der Verjährung bis zur Beendigung des Konkurses fortdauert. Wird die Forderung festgestellt, so gilt dies einem rechtskräftigen Erkenntnis gleich (§ 218 BGB.) und die Verjährung dauert nunmehr 30 Jahre. Anm. 13.

d) Die Unterbrechung durch Geltendmachung der Aufrechnung im Prozesse oder durch Streitverkündung dauert fort, bis der Prozeß rechtskräftig entschieden oder anderweit erledigt ist. Die Unterbrechung gilt als nicht erfolgt, wenn nicht binnen sechs Monaten nach der Beendigung des Prozesses Klage auf Befriedigung oder Feststellung des Anspruchs erhoben wird (§ 215 BGB.). Die Frist von sechs Monaten ist auch dann anwendbar, wenn die Verjährungsfrist des Wechselregreßanspruchs eine kürzere ist. Denn der § 490 Abs. 2 BGB., auf welchen Rehbein Anm. 8d sich für seine abweichende Ansicht bezieht, ist eine Ausnahmebestimmung, die der Gesetzgeber gerade deshalb gegeben hat, weil sie sich nicht von selbst versteht. Entsprechende Anwendung derselben ist ausgeschlossen. Anm. 14.

e) Die Unterbrechung durch Vornahme einer Vollstreckungshandlung gilt als nicht erfolgt, wenn die Vollstreckungsmaßregel auf Antrag des Berechtigten oder wegen Mangels der gesetzlichen Voraussetzungen aufgehoben wird. Von der Vornahme der Vollstreckungsmaßregel ab beginnt eine neue Verjährung (Planck Anm. 1 zu § 216 BGB.). Anm. 15.

5. **Die Wirkungen der Unterbrechung der Verjährung.** Nach dem Unterbrechungsakte bzw. nach der Zeit, bis zu welcher die Unterbrechung fortdauert, beginnt eine neue Verjährung mit der alten Wechselverjährungsfrist (§ 217 BGB.). Nur wenn rechtskräftige Verurteilung erfolgt, beginnt jetzt eine neue Verjährung mit einer Frist von 30 Jahren (§ 218 BGB.). Anm. 16.

6. **Gegen wen wirkt der die Verjährung unterbrechende Akt?** Nur gegen den Wechselschuldner, gegen den er gerichtet ist. Das folgt aus § 425 Abs. 2 BGB. Verklagt daher ein Wechselgläubiger einen von mehreren Wechselverpflichteten, so ist nur gegen diesen die Verjährung unterbrochen, gegen die übrigen läuft die Verjährung seines Anspruchs weiter (ROHG. 22, 413), was er auch dadurch nicht verhindern kann, daß er den anderen Wechselschuldnern den Streit verkündet. Die Verjährung gegen die Mitglieder einer offenen Handelsgesellschaft wird dadurch unterbrochen, daß die Gesellschaft verklagt wird oder daß die Gesellschaft anerkennt. Denn der Gesellschafter haftet ja für die Anm. 17.

Erl. zu Art. 79. Gesellschaftsschuld; solange diese besteht, besteht auch seine Haftung. Das gleiche gilt nach ausdrücklicher Vorschrift des § 160 HGB., wenn die Gesellschaft aufgelöst ist.

Anm. 18. 7. **Zu wessen Gunsten wirkt der die Verjährung unterbrechende Akt?** Nur zugunsten desjenigen Wechselgläubigers, der den Akt getätigt hat (§ 429 BGB.; Dernburg II § 277 IV). Werden z. B. zwei Wechselverpflichtete verklagt und löst alsdann der eine den Wechsel ein, so kann der Anspruch des Einlösenden gegen seinen mitverklagt gewesenen Vormann erloschen sein, wenn er nicht rechtzeitig für Unterbrechung der Verjährung durch Klageerhebung oder Streitverkündung Sorge getragen hat (vgl. hierüber Anm. 5 zu Art. 79). Der einlösende Vormann kann seine durch die Verjährungsunterbrechung erworbenen Rechte dem Einlösenden auch nicht einmal durch besondere Abtretung übertragen, weil er durch die Befriedigung seinen Wechselanspruch verliert (RG. 34, 52).

Auf den Nachindossatar geht allerdings der Wechselanspruch in der Gestalt über, in welcher der Nachindossant ihn besaß. Die durch diesen bewirkte Verjährungsunterbrechung kommt daher dem Nachindossatar zustatten (Bernstein 299).

Anm. 19. **Zusatz. Hemmung der Verjährung.** Von der Unterbrechung verschieden ist die Hemmung der Verjährung.

1. Bei der Hemmung wird der Zeitraum, während dessen das hemmende Ereignis dauert, in die Verjährungsfrist nicht mit eingerechnet. Nach der Unterbrechung beginnt eine neue Verjährungsfrist von der Dauer der alten. Bei der Hemmung läuft die Verjährungsfrist dort weiter, wo sie vor der Hemmung aufgehört hatte (§ 205 BGB.).

Anm. 20. 2. **Hemmungsgründe** sind:

a) Stundung oder ein sonstiges Recht zur vorübergehenden Verweigerung der Leistung (vgl. RG. 63, 367). § 202 BGB. bestimmt hierüber:

Die Verjährung ist gehemmt, solange die Leistung gestundet oder der Verpflichtete aus einem anderen Grunde vorübergehend zur Verweigerung der Leistung berechtigt ist.

Diese Vorschrift findet keine Anwendung auf die Einrede des Zurückbehaltungsrechts, des nicht erfüllten Vertrags, der mangelnden Sicherheitsleistung, der Vorausklage sowie auf die nach § 770 dem Bürgen und nach den §§ 2014, 2015 dem Erben zustehenden Einreden.

Ist die Stundung vor Verfall bewilligt, so ändert sie zwar den wechselmäßigen Verfalltag nicht, aber sie gewährt doch gegenüber der Wechselklage eine Einrede und deshalb beginnt die Verjährung nicht. Die Stundung vor Verfall hemmt also die Verjährung (OLG. Dresden im SächsA. 13, 270). Die Stundung nach Verfall bewirkt zugleich Unterbrechung der Verjährung nach § 208 BGB. (vgl. oben Anm. 3) und Hemmung der Verjährung nach § 202 BGB. und der Gläubiger kann sich auf die eine oder die andere Wirkung berufen, je nachdem ihm die eine oder die andere günstiger ist. (Die früher von den Herausgebern — J. u. M. Stranz Anm. 8 u. 14 Vorbem. vor Art. 77 bis 80 — über die Stundung vor und nach Verfall vertretene Ansicht wird nicht aufrechterhalten.) Ist z. B. dem Aussteller der Wechsel einen Monat nach Verfall auf sechs Monate gestundet, so würde den Gläubiger die Berufung auf die Unterbrechung vor der Verjährung nicht schützen, wohl aber die Berufung auf die Hemmung. Ist aber die Stundung einen Monat nach Verfall auf zwei Wochen erfolgt, und wird der Wechsel genau vier Monate nach Verfall gegen den Aussteller eingeklagt, so bringt umgekehrt die Hemmung der Verjährung den Wechselgläubiger nicht weiter. Denn auch nach Abzug der zwei Wochen, während deren die Verjährung gehemmt war, ist die Verjährungsfrist von drei Monaten abgelaufen. Aber die Unterbrechung nützt ihm in diesem Falle. Denn durch die Stundung, die einen Monat nach Verfall erfolgt war, ist die Verjährung unterbrochen, von da ab läuft sie wiederum drei Monate, und die genau vier Monate nach Verfall erhobene Klage ist noch rechtzeitig erhoben.

Anm. 21. b) Stillstand der Rechtspflege und höhere Gewalt. § 203 BGB. lautet:

Die Verjährung ist gehemmt, solange der Berechtigte durch Stillstand der Rechtspflege innerhalb der letzten sechs Monate der Verjährungsfrist an der Rechtsverfolgung verhindert ist.

Das Gleiche gilt, wenn eine solche Verhinderung in anderer Weise durch höhere Gewalt herbeigeführt wird. Erl. zu Art. 79.

c) **Verwandtschaft zwischen Gläubiger und Schuldner.** § 204 BGB. lautet: Anm. 22.

Die Verjährung von Ansprüchen zwischen Ehegatten ist gehemmt, solange die Ehe besteht. Das Gleiche gilt von Ansprüchen zwischen Eltern und Kindern während der Minderjährigkeit der Kinder und von Ansprüchen zwischen dem Vormund und dem Mündel während der Dauer des Vormundschaftsverhältnisses.

Die Anwendbarkeit dieses Paragraphen wird von Rehbein Anm. 5a angenommen (vgl. auch Bernstein 300), von Dernburg II § 277 mit Unrecht geleugnet. Daß hiernach die Verjährung einer Regreßklage unter Umständen auf unbestimmte Zeit hinausgeschoben werden kann, ist richtig. Aber warum soll das bei Wechselverpflichtungen zwischen Verwandten nicht gelten?

3. **Keine Hemmungsgründe** sind: Anm. 23.

a) Abwesenheit des Gläubigers, Unkenntnis des Rechts, Krieg als solcher, Überlegungsfrist der Erben.

b) Kein Hemmungsgrund ist enthalten im § 206 BGB. Er lautet: Anm. 24.

Ist eine geschäftsunfähige oder in der Geschäftsfähigkeit beschränkte Person ohne gesetzlichen Vertreter, so wird die gegen sie laufende Verjährung nicht vor dem Ablaufe von sechs Monaten nach dem Zeitpunkte vollendet, in welchem die Person unbeschränkt geschäftsfähig wird oder der Mangel der Vertretung aufhört. Ist die Verjährungsfrist kürzer als sechs Monate, so tritt der für die Verjährung bestimmte Zeitraum an die Stelle der sechs Monate.

Diese Vorschriften finden keine Anwendung, soweit eine in der Geschäftsfähigkeit beschränkte Person prozeßfähig ist.

Nach diesem Paragraphen kann eine Verjährung gegen geschäftsunfähige oder in der Geschäftsfähigkeit beschränkte Personen unter Umständen nicht **vollendet** werden.

Gegen seine Anwendung auf das Wechselrecht spricht kein durchschlagender Grund (so Rehbein Anm. 5a; J. u. M. Stranz Anm. 11 Vorbem. vor Art. 77 bis 80; anders Dernburg II § 277).

c) Keinen Hemmungsgrund enthält § 207 BGB. Er lautet: Anm. 25.

Die Verjährung eines Anspruchs, der zu einem Nachlasse gehört oder sich gegen einen Nachlaß richtet, wird nicht vor dem Ablaufe von sechs Monaten nach dem Zeitpunkte vollendet, in welchem die Erbschaft von dem Erben angenommen oder der Konkurs über den Nachlaß eröffnet wird oder von welchem an der Anspruch von einem Vertreter oder gegen einen Vertreter geltend gemacht werden kann. Ist die Verjährungsfrist kürzer als sechs Monate, so tritt der für die Verjährung bestimmte Zeitraum an die Stelle der sechs Monate.

Von diesem Paragraphen gilt das gleiche, wie von § 206 BGB. (vgl. daher oben Anm. 24).

d) **Kein Hemmungsgrund ist die Eröffnung des Konkurses über das Vermögen der offenen Handelsgesellschaft.** Denn Art. 122 HGB., aus dem das Reichsgericht dies hergeleitet hatte (vgl. RG. 5, 52; 35, 10), ist gestrichen. Auch nach Eröffnung des Konkurses über das Vermögen der offenen Handelsgesellschaft können daher die Gesellschafter verklagt werden (vgl. Staub HGB. neue 8. Aufl. Anm. 5 zu § 128). Anm. 26.

Nach Rehbein (Anm. 5a) soll dies anders sein, wenn der Gesellschaftskonkurs und der Konkurs über das Vermögen der Gesellschafter eröffnet wird. Allein wenn auch nach § 212 KO. in diesem Falle die Konkursgläubiger in dem Konkurse über das Privatvermögen nur wegen des Betrages Befriedigung suchen können, für den sie im Gesellschaftskonkurse keine Befriedigung erhalten, so sind sie doch nicht gehindert, ihre Forderungen im Privatkonkurse anzumelden, und es besteht daher kein Anlaß, einen Hemmungsgrund anzunehmen. Vielmehr wird (s. Seuffert, KP. 45) so verfahren, daß bei den im Privatkonkurse stattfindenden Verteilungen, solange der Ausfall bei dem Gesellschaftsvermögen noch nicht feststeht, die Anteile auf den vollen Betrag der Gesellschaftsforderung zu berechnen, aber so lange zurückzubehalten sind, bis der Ausfall bei dem Gesellschaftskonkurse feststeht (§ 212 Abs. 2 KO.). Anm. 27.

XIV. Klagerecht des Wechselgläubigers.

Artikel 81.*)

Art. 81. **Die wechselmäßige Verpflichtung trifft den Aussteller, Akzeptanten und Indossanten des Wechsels, sowie einen jeden, welcher den Wechsel, die Wechselkopie, das Akzept oder das Indossament mitunterzeichnet hat, selbst dann, wenn er sich dabei nur als Bürge (per aval) benannt hat. Die Verpflichtung dieser Personen erstreckt sich auf alles, was der Wechselinhaber wegen Nichterfüllung der Wechselverbindlichkeit zu fordern hat. Der Wechselinhaber kann sich wegen seiner ganzen Forderung an den einzelnen halten; es steht in seiner Wahl, welchen Wechselverpflichteten er zuerst in Anspruch nehmen will.**

Einleitung **Der vorliegende Artikel betont, daß alle Wechselverpflichteten solidarisch haften** und erwähnt dabei einen Wechselverpflichteten, der in den früheren Vorschriften noch nicht erwähnt ist, **den Avalisten.**

Außerdem zählt der Artikel die Wechselverpflichteten auf, und führt aus, daß sich die solidarische Verpflichtung auf alles erstreckt, was der Wechselinhaber wegen Erfüllung der Wechselverbindlichkeit zu fordern hat. Diese beiden Gesichtspunkte sind bereits bei anderen Gelegenheiten ausgiebig behandelt.

Hiernach bedarf einer besonderen Erörterung nur:

1. Die Solidarhaft der Wechselverpflichteten, und
2. die Rechtsstellung des Avalisten.

I. Die Wechselverpflichteten als Solidarverpflichtete.

Anm. 1. A. Die Rechtsnatur der Solidarhaft. Die Haftung ist eine gesamtschuldnerische, solidare, keine korreale, und richtet sich nach den §§ 421—428 BGB. Jeder Wechselverpflichtete haftet aus seiner Erklärung, aber alle auf das ganze (RG. 51, 25). Das gilt auch hinsichtlich des Rechtsverhältnisses mehrerer Unterzeichner derselben Wechselerklärung (RG. a. a. O.). Doch führt die Eigenart der Wechselverpflichtungen zu einzelnen Abweichungen.

Anm. 2. B. Die Rechtsfolgen der Wechselsolidarhaft gegenüber dem Gläubiger.

1. Der Gläubiger kann die Leistung nach seinem Belieben von jedem der Wechselschuldner fordern. Bis zur Bewirkung der ganzen Leistung bleiben sämtliche Schuldner verpflichtet (§ 421 BGB.). Der Gläubiger kann sich, wie unser Artikel 81 hervorhebt, wegen der ganzen Forderung an jeden einzelnen halten und es steht in seiner Wahl, welchen Wechselverpflichteten er zuerst in Anspruch nehmen will. Insbesondere hat er also den Sprungregreß. Er kann den Akzeptanten allein oder einen Indossanten allein oder unter Überspringung des unmittelbaren Vormannes einen früheren Vormann in Anspruch nehmen (vgl. hierüber auch Anm. 2 zu Art. 49).

Anm. 3. 2. Ein zwischen dem Gläubiger und einem Wechselschuldner vereinbarter Erlaß wirkt für die übrigen Wechselschuldner nur dann, wenn der Erlaßvertrag die ganze Wechselschuld aufheben sollte (§ 423 BGB., vgl. Anm. 20 zu Art. 82). Das wird nicht immer anzunehmen sein. Es wird eher anzunehmen sein bei einem Erlaßvertrag mit dem Akzeptanten, als mit einem Indossanten, weil der Erlaß seinen Zweck in diesem Falle nicht erfüllen würde, wenn der Indossant im Obligo bliebe; denn der einlösende Indossant würde doch wieder das Recht haben, gegen den Akzeptanten vorzugehen (vgl. RG. 45, 70).

Anm. 4. 3. Die Erfüllung durch einen Wechselverpflichteten wirkt nicht immer auch für die übrigen Solidarschuldner. Der § 422 BGB. greift nicht ohne weiteres

*) **Der Artikel 80 ist aufgehoben. — Vgl. hierüber Erl. zu Artikel 79 Anm. 1.**

Platz. Die vom Akzeptanten bewirkte Erfüllung hat allerdings diese Wirkung. Denn mit der Erfüllung der Hauptobligation fällt natürlich die Regreßverpflichtung fort (vgl. Anm. 52 zu Art. 82). Aber auf die von einem Regreßpflichtigen bewirkte Erfüllung können sich seine Vormänner und der Akzeptant nicht berufen. Denn die Leistung durch einen Wechselregreßverpflichteten erfolgt nicht zum Zwecke der Tilgung der Hauptobligation, sondern lediglich, um die eigene Regreßverpflichtung zu tilgen und dadurch die früheren Rechte gegen die Vormänner und den Akzeptanten wieder zu erlangen. Art. 81. Anm. 4.

Anders liegt die Sache wieder, wenn von zwei Personen, die dieselbe Wechselverpflichtung unterzeichnet haben (zwei Akzeptanten oder ein Akzeptant und ein Avalist, ein Indossant und ein Avalist), der eine die Wechselverpflichtung erfüllt. Dadurch wird der andere von seiner Verpflichtung befreit, hier greift insoweit § 422 BGB. Platz.

4. Der Verzug des Gläubigers gegenüber einem Gesamtschuldner wirkt zugunsten der anderen Gesamtschuldner nur in der gleichen Weise, wie die Erfüllung gemäß dem zu 3 Gesagten. Der § 424 BGB. kommt also in entsprechenden Fällen zur Anwendung, wie dies hinsichtlich des § 422 BGB. oben zu 3 erörtert worden ist. Anm. 5.

5. Andere Tatsachen als Erfüllung, Erlaß und Gläubigerverzug wirken bei jeder Solidarverpflichtung, und demgemäß auch hier nur für und gegen denjenigen Schuldner, in dessen Person sie eintreten. Anm. 6.

Das gilt insbesondere von dem Verzuge des Schuldners und von der Verjährung, deren Unterbrechung und Hemmung (vgl. Anm. 17 im Exk. zu Art. 79), von der Vereinigung von Forderung und Schuld und von dem rechtskräftigen Urteil (§ 425 BGB.).

Das gleiche sollte eigentlich auch von der Stundung gelten. Denn auch auf sie findet § 425 BGB. Anwendung. Allein die Regel des § 425 BGB. greift nur Platz, „soweit sich nicht aus dem Schuldverhältnis ein anderes ergibt“. Wird nun eine Stundung einem Wechselverpflichteten bewilligt, so ergibt sich aus dem Schuldverhältnisse, daß sie regelmäßig zugunsten der Wechselverpflichteten wirkt, die gegen jenen vorzugehen berechtigt sind (vgl. RG. 45, 70). — Vgl. noch Art. 82 Anm. 31b.

C. Das Rechtsverhältnis unter den Wechselverpflichteten selbst. Dieses ist nicht Gegenstand des vorliegenden Artikels. Auch hierauf ist § 426 BGB. nicht überall anzuwenden. Vielmehr ist hier zu unterscheiden: Anm. 7.

1. Das gegenseitige Verhältnis mehrerer Personen, die ein und dieselbe Wechselverpflichtung unterschrieben haben (zwei Akzeptanten, ein Akzeptant und ein Avalist, ein Indossant und ein Avalist). Hier greift § 426 BGB. Platz: es entscheidet zunächst das zivilrechtliche Verhältnis unter ihnen selbst (RG. 48, 152; 51, 69; in JW. 03, 245[28]). Wenn dieses nicht etwas anderes bestimmt, so sind sie untereinander zu gleichen Anteilen verpflichtet (RG. in JW. 02, 591 und bei Kaufmann Bd. 8, 393), und soweit ein Ausgleichungsanspruch hiernach besteht, geht der Anspruch des bezahlten Gläubigers auf den Zahlenden über. — Bei mehreren Ausstellern eines eigenen Wechsels erlangt einer derselben durch Einlösung des Wechsels Wechselrechte gegen die andern, sofern er nicht solvendi, sondern emendi causa eingelöst hat, wofür unter anderem auch ein Indossament in der üblichen Form Beweis liefern kann (RG. 52, 222).

Über Regreßansprüche mehrerer Wechselverpflichteter gegeneinander im Konkurse RG. in JW. 03, 245[28].

2. Ganz anders aber gestaltet sich das gegenseitige Verhältnis mehrerer Wechselverpflichteter, die einander außerdem als Gläubiger und als Schuldner gegenüberstehen, die an verschiedenen Wechselstellen stehen. Löst derjenige, der dem anderen Wechselverpflichteten als Schuldner gegenübersteht, den Wechsel ein, so richtet sich der etwaige Revalierungsanspruch lediglich nach dem zivilrechtlichen Verhältnisse unter ihnen. Das Recht des bezahlten Wechselgläubigers geht auf ihn nicht über. § 426 Abs. 2 BGB. ist nicht anwendbar. Anm. 8.

Art. 81. Aber auch dann, wenn derjenige, der dem anderen Wechselverpflichteten als Anm. 9. Gläubiger gegenübersteht, den Wechsel bezahlt, geht das Recht des befriedigten Gläubigers auf ihn nicht über, sondern sein eigenes Wechselrecht lebt dadurch auf. Das folgt aus dem Wesen und der Eigenart der Wechselrechte und Wechselpflichten, und wie dies früher vom Reichsgericht aus den Grundsätzen des Wechselrechts angenommen wurde, ohne Rücksicht auf die etwaige Gestaltung der Landesrechte (RG. 34, 51), so muß auch die abweichende Vorschrift des § 426 Abs. 2 BGB. weichen, wonach in Höhe des Ausgleichungsanspruchs das Recht des bezahlten Gläubigers auf den Zahlenden übergeht. Der bezahlte Wechselgläubiger kann daher in solchem Falle seine Rechte an den Zahlenden nicht abtreten, weil sie eben untergehen (RG. 34, 52). Das gilt natürlich auch dann, wenn die beiden in Frage kommenden Wechselverpflichteten zusammen verurteilt werden (RG. 34, 52). — Zutreffend führt daher das RG. (in JW. 02 Beilage S. 234) auch aus: Wenn von zwei Wechselschuldnern der eine als Aussteller, der andere als Indossant des Wechsels haftet, so findet keineswegs ohne weiteres BGB. § 426 auf ihre Haftung im Verhältnis zu einander Anwendung; vielmehr hat nach den Vorschriften des Wechselrechts der Indossant nach Einlösung des Wechsels einen Regreßanspruch gegen den Aussteller. Beide können Entgegenstehendes vereinbart haben, allein eine solche Vereinbarung folgt nicht ohne weiteres daraus, daß Beide sich im gegenseitigen Einverständnis durch den Wechsel verpflichtet hatten, um einem Dritten zu helfen.

Anm. 9a. D. Im Prozeß sind mehrere Wechselverpflichtete keine notwendigen Streitgenossen, sondern einfache (unechte) nach ZPO. § 60, da jede der mehreren, aus einem Wechsel hervorgehenden Verpflichtungen ihre selbständige, tatsächliche und rechtliche Grundlage hat (ebenso OLG. Bamberg bei Kaufmann 8, 404; vgl. auch Art. 82 Anm. 45). Legt z. B. der Akzeptant ein Rechtsmittel ein, so wirkt das nicht für den Aussteller (RG. 48, 216).

II. Besonderes über den Avalisten.

Anm. 10. 1. Wesen des Avals. Avalist ist die Person, die eine Wechselerklärung zum Zeichen dessen, daß sie ebenso haften wolle, mitunterzeichnet hat. Wohl zu unterscheiden ist dieser Fall von dem anderen, wo mehrere Personen die betreffende Wechselerklärung abgeben, wo z. B. zwei Trassaten benannt sind und beide akzeptieren, oder zwei Personen den Wechsel ausstellen, oder der Wechsel an zwei Personen indossiert ist und diese nunmehr weiter indossieren. Der Avalist steht zum Unterschiede hiervon nicht im normalen Wechselverbande, er steht außer Reih und Glied, er ist nicht Akzeptant, weil er nicht Trassat ist, nicht Aussteller, nicht Indossant, sondern unterzeichnet die nach dieser Richtung abgegebene Verpflichtungserklärung einer anderen Person mit, verpflichtet sich aber selbständig. Der Aval ist hiernach ein selbständig verpflichtendes Garantieversprechen, kein akzessorisches, wie Staub 4. Aufl. es in gewissem Sinne charakterisiert hat (ROHG. 14, 405; 18, 369; JW. 02, 135[48]). Der Aval ist nicht als Wechselbürgschaft zu charakterisieren (Grünhut Lehrbuch § 36; Bernstein 305; J. u. M. Stranz Anm. 4). — Bemerkt sei hier schließlich, daß die Verpflichtung einen Wechsel mitzuvollziehen im Zweifel nicht als eine Verbürgung im Sinne des bürgerlichen Rechts anzusehen ist (RG. in JW. 06, 69[24]) und daher auch nicht der Bürgschaftsform des BGB. § 766 bedarf (RG. im Recht 07, 636; vgl. auch Art. 82 Anm. 9b).

Anm. 11. 2. Form des Avals. Jede Form ist zulässig, die aus dem Wechsel selbst die Bedeutung einer Avalverpflichtung erkennen läßt. Sie kann schon in der bloßen, sich eng an die Prinzipalerklärung anschließenden Unterschrift liegen (ROHG. 19, 89). Wer z. B. neben der Unterschrift des Akzeptanten mit unterschreibt, ist ohne weiteres als Avalist zu erkennen, denn Akzeptant kann er nicht sein, wenn er nicht Bezogener ist. Die Gültigkeit des Aval wird selbst dadurch nicht ausgeschlossen, daß der Avalist seine Erklärung wegen Platzmangels über, anstatt unter die Annahmeerklärung des Akzeptanten setzt (OLG. Colmar im Recht 06, 628). Dagegen wird bei der Mitunterzeichnung des Ausstellungsvermerks ein Zusatz erforderlich sein. Ferner wird ein verdeutlichender Zusatz dann notwendig sein, wenn die Avalunterschrift sich nicht örtlich eng anschließt an die Prinzipalunterschrift, was nämlich nicht notwendig ist: der Aval kann sogar auch auf der Rückseite stehen (ROHG. 12, 257), aber natürlich auf dem Wechsel (quod non est in cambio, non est in mundo). Ein verdeutlichender Zusatz ist übrigens stets zulässig, auch wenn die Unterschrift allein das Verhältnis klarstellen würde. Doch muß der Zusatz so gehalten sein, daß er an der Übernahme der Avalverpflichtung keinen Zweifel läßt (ROHG. 12, 148; 18, 302; RG. 52, 22: unter der Ausstellerunterschrift [bei einem trockenen Wechsel] und sich von ihr abhebend, befanden sich drei Unterschriften; das Wort „Bürge" stand nur einmal an der Seite der zweiten Unterschrift. Das RG. nimmt, weil alle drei Unterschriften in einer einheitlichen Säule untereinander standen, an, daß das Wort „Bürge" sich auf alle drei bezieht). Die Zusätze „per aval", „als Bürge", „als Garant", „obige Summe zahle ich, wenn es not tut", „Valuta in übernommener Gewährleistung für X." lassen ausreichend die Avalbedeutung erkennen. Der Zusatz „als Zeuge", „als Assistent" schließt die Übernahme der Avalverpflichtung aus (ROHG. 12, 150; 18, 305), ebenso der Zusatz „in Genehmigung als Ehemann" (ROHG. 18, 141), oder ein Zusatz „ohne Obligo", oder ein Aval bei einer Unterschrift ohne Obligo. **Art. 81. Anm. 11.**

Der Avalist muß mit seinem Namen oder seiner Firma zeichnen. An die Wechselunterschrift des Avalisten sind die gleichen Anforderungen wie an die Unterschrift der Hauptverpflichteten zu stellen. Wenn daher die WO. in Art. 4 Nr. 5 vom Aussteller des gezogenen Wechsels, in Art. 12 vom Indossanten, in Art. 21 vom Akzeptanten, in Art. 96 Nr. 5 vom Aussteller des eigenen Wechsels die Unterschrift oder die Schrift des Namens oder der Firma verlangt, so sind keinerlei durchgreifende sachliche Gründe erkennbar, aus denen für die Unterschrift des Wechselbürgen geringere oder abweichende Formvorschriften anerkannt werden müßten. Aus der Fassung des ersten Satzes des Art. 81 („welcher den Wechsel ... mitunterzeichnet hat") kann gleichfalls hergeleitet werden, daß, „wer als Avalist mit unterzeichnet, in gleicher Form, wie die genannten übrigen Wechselverpflichteten unterzeichnen müsse". Hiernach muß der Wechselbürge mit seinem Namen oder seiner Firma unterzeichnen (so mit Recht RG. 68, 156; in dem zur Entscheidung stehenden Falle lautete die Avalunterschrift: Robert Jlgm.'sche Erben, und da unbestritten war, daß es eine solche Firma nicht gab, wurde nicht bezweifelt, daß die Unterzeichnung Robert Jlgm.'sche Erben keine Unterzeichnung mit dem Namen der Beklagten bildete).

3. Über die Zeit der Unterzeichnung ist nichts vorgeschrieben. Sie ist auch nach Verfall zulässig; nach unserer Ansicht (anders Rehbein Anm. 2 und Grünhut Hdb. II S. 27) auch nach dem Ablauf der Verjährung der Verbindlichkeit des Prinzipalverpflichteten; denn die Verjährung gibt dem Hauptverpflichteten nur einen Einwand. Der Avalist begibt sich in solchem Falle des Einwands. Anm. 12.

4. Der Aval setzt eine gültige verpflichtende Erstunterschrift voraus. Doch kommt es nur darauf an, daß die Erstunterschrift vorhanden und formal gültig und verpflichtend ist, nicht auch darauf, daß sie materiell gültig ist (RG. 40, 59). Vorhanden muß sie sein: es liegt daher kein aval vor, wenn der Bezogene sein Akzept auf den Wechsel nicht gesetzt, eine andere Person aber per aval akzeptiert hat (ROHG. 15, 346), oder wenn an der Stelle, wo der Ausstellungsvermerk stehen soll, zwei Unterschriften per aval sich befinden (RG. 10, 4), oder wenn sich neben den Giranten ohne Obligo ein Avalist gesetzt hat. Formal gültig muß die Erstunterschrift sein, was z. B. nicht der Fall ist, wenn der Trassat drei Kreuze gemacht und dieselben nur privatim hat beglaubigen lassen (ROHG. 15, 346), oder wenn das Indossament, neben welches sich der Aval gesetzt hat, nicht innerhalb der gesetzlichen Kette liegt. Endlich muß sie auch ihrer äußeren Gestalt nach verpflichtend sein wollen. Nicht jede Unterschrift ist dies, so z. B. nicht das Indossament ohne Obligo. Ein solches In- Anm. 13.

Art. 81. dossament verträgt seinem Wesen nach keine Mitverpflichtung. Selbstverständlich kommt
Anm. 13. es hier, wie überall, nur darauf an, daß die Wechselerklärungen schließlich die erforderliche Gestalt erhalten haben; es ist nicht etwa erforderlich, daß auch zeitlich der Aval sich neben eine Prinzipalerklärung setzt. Materiell gültig braucht die Erstunterschrift nicht zu sein: Der Aval bleibt gültig, auch wenn die Prinzipalerklärung unverbindlich ist, z. B. weil der Erklärende minderjährig ist, oder gar weil die Unterschrift gefälscht ist (Bolze 3 Nr. 546; RG. 40, 59; Grünhut Hdb. II 25).

Anm. 14. 5. Die Rechtswirkung der Avalverpflichtung. In ihrer Wirkung ist die Avalistenverpflichtung selbständig. Sie ist der Art nach die gleiche, wie die Prinzipalverpflichtung, aber eine selbständige, aus eigenem Rechtsgrunde entspringende, kumulativ zu ihr hinzutretende. Der Art nach die gleiche: der Akzeptantenavalist haftet daher regelmäßig auch ohne Protest, mit dreijähriger Verjährung, der Indossantenavalist regelmäßig nur auf Grund des Protestes, außer wenn der Indossant „ohne Kosten" gezeichnet hat. Selbstverständlich brauchen die erforderlichen Diligenzakte nur so vorgenommen zu werden, als ob der Hauptverpflichtete allein vorhanden wäre. So braucht z. B. nur dem Akzeptanten präsentiert zu werden, nicht auch dem Akzeptantavalisten (RG. 8, 66). Auch in anderer Hinsicht kommt dieses Prinzip zur Geltung: zur Erhaltung des Regresses gegen die Indossanten braucht gegen den Akzeptantavalisten nicht protestiert zu werden (Rehbein Anm. 5; Canstein 322). Andrerseits kommt der Avalist nur durch eigenes Verschulden in Verzug, ihm muß daher präsentiert werden, wenn er in Verzug geraten soll (§ 425 BGB.). Auch gelten die Beschränkungen der Prinzipalverpflichtung (z. B. beim eingeschränkten Akzept) auch für den zugehörigen Avalisten (Canstein 322). Der Avalist kann aber auch seine Verpflichtung gegen die Prinzipalverpflichtung einschränken, jedenfalls der Summe nach (ROHG. 12, 259), in anderer Weise dann, wenn auch die Prinzipalverpflichtung eine Einschränkung anderer Art verträgt (Kreis 76). Über das Maß der Prinzipalverpflichtung kann die Avalverpflichtung nicht hinausgehen (Kreis 76). Der Indossantenavalist kann eine Notadresse angeben (Kreis 76).

Anm. 15. Der Aval ist eine selbständige Verpflichtung, die kumulativ zur Prinzipalverpflichtung hinzutritt, und da alle Prinzipalverpflichteten miteinander solidarisch für die Wechselschuld haften, so haftet auch der Avalist für die Wechselschuld mit allen anderen Wechselverpflichteten solidarisch. Der Avalist übernimmt, wie RG. 40, 58 sagt, eine eigene, kumulative, solidarische Wechselverpflichtung. Deshalb ist die Frage, ob durch Rechtsakte, die mit dem Hauptverpflichteten getätigt werden, der Avalist befreit wird, nach den Grundsätzen der Solidarverpflichtung zu beurteilen (RG. 40, 59). Jetzt greift die Vorschrift des BGB. Platz (vgl. hierüber oben Anm. 3ff.).

Anm. 16. 6. Das Rechtsverhältnis zwischen dem Avalisten und dem Prinzipalverpflichteten ist kein wechselrechtliches, sondern richtet sich nach den zwischen ihnen bestehenden zivilrechtlichen Beziehungen (Bolze 5 Nr. 721; OLG. Kiel in ZHR. 38, 567). In dieser Beziehung sei insbesondere erwähnt: Wenn der Aussteller einlöst, hat er gegen den Avalisten, der für ihn daneben die Bürgschaft übernehmen wollte, gar kein Rückgriffsrecht. Denn begrifflich übernimmt der Bürge nur gegenüber dem Gläubiger, nicht auch gegenüber dem Hauptschuldner die Verpflichtung, für die Verbindlichkeit einzustehen (§ 765 BGB.; RG. in JW. 02, 591; ferner Bd. 51, 69ff.; 52, 222). Der Avalist dagegen erlangt durch die Bezahlung des Wechsels die Rechte des bezahlten Regreßschuldners bzw. eines Ehrenakzeptanten gegen die Vormänner und den Akzeptanten (vgl. auch RG. v. 13. 10. 05 im BankA. 6, 207; aber davon abweichend OLG. Hamburg im BankA. 7, 44 hinsichtlich des Erwerbs der Rechte gegen den Akzeptanten, den das OLG. Hamburg bestreitet). Und ebenso erlangt jeder Avalist gegen seinen Mitverpflichteten die Rechte des bezahlten Gläubigers, soweit ihm gegen die gedachte Person ein Ausgleichungsanspruch zusteht (§ 426 Abs. 2 BGB; Grünhut Hdb. II 31; vgl. oben Anm. 7), aber nicht überhaupt und ohne diese Voraussetzung. Denn der Wechselschuldner gelangt durch die Einlösung des Wechsels nur in den

Besitz seines früheren Wechselrechts. Der Avalist ist aber nicht wechselberechtigt (Bernstein 306; Grünhut Hdb. II 30). Art. 81. Anm. 16.

Von mehreren Avalisten untereinander endlich gilt das oben Anm. 7 Gesagte (vgl. auch § 774 Abs. 2 BGB.; RG. in JW. 02, 591).

7. Der Aval enthält nicht notwendig zugleich eine zivilrechtliche Verbürgung. Er kann sie im Einzelfalle mitumfassen; das müßte aber besonders bewiesen werden (ROHG. 2, 366; RG. 4, 12; 40, 58; Bolze 1 Nr. 845; 5 Nr. 491; 15 Nr. 254; OLG. Dresden im SächsA. 6, 46). Anm. 17.

Zusatz. Fremde Rechte. Der Grundsatz der solidarischen Haftbarkeit aller Wechselverpflichteten gilt für fast alle Wechselordnungen. Das Avalinstitut kennen auch Frankreich und Belgien. In England (sect. 56) haftet jeder, der den Wechsel nicht als Aussteller oder Akzeptant zeichnet, wie ein Indossant (Späing 227). Im ital. Recht (HGB. Art. 273—275) und in der ungar. WO. (§§ 66ff.) ist die Behandlung des Avals in vielen Beziehungen eine von unserer WO. verschiedene. Anm. 18.

Artikel 82.

Der Wechselschuldner kann sich nur solcher Einreden bedienen, welche aus dem Wechselrechte selbst hervorgehen oder ihm unmittelbar gegen den jedesmaligen Kläger zustehen. Art. 82.

I. **Sinn und Bedeutung der vorliegenden Vorschrift** sind Gegenstand des Streits und Zweifels. Anm. 1.

Als ohne weiteres unrichtig muß zunächst die Ansicht bezeichnet werden, die unter den „Einreden aus dem Wechselrecht selbst" die Einreden aus dem Wechselbrief versteht. Diese Ansicht wird schon dem Wortlaut des Gesetzes nicht gerecht.

Als ohne weiteres unrichtig muß ferner die Ansicht bezeichnet werden, nach der die „Einreden aus dem Wechselrecht selbst" die Einreden aus der Wechselordnung sind. Denn das Wechselrecht beruht nicht bloß auf der Wechselordnung, seine Quellen reichen weiter (vgl. Allg. Einl. Anm. 3).

Am meisten vertreten ist die Ansicht, daß „das Wechselrecht selbst" die Gesamtheit der wechselrechtlichen Rechtssätze ist. Diese Ansicht wird insbesondere auch von Lehmann a. a. O. vertreten. Unter den die andere Alternative des vorliegenden Artikels bildenden Einreden, „welche dem Wechselschuldner unmittelbar gegen den jedesmaligen Kläger zustehen", will Lehmann die Einreden aus den Besonderheiten der Rechtsstellung eines Wechselgläubigers verstehen. Als Beispiele hierfür nennt er die Einreden der Simulation und der Kompensation.

Es kann jedoch diese Ansicht nicht für zutreffend erachtet werden. Zutreffend kann nur die Ansicht sein, bei der die beiden im vorliegenden Artikel einander gegenübergestellten Arten von Einreden als wirkliche Gegensätze erscheinen. Versteht man aber unter den aus dem Wechselrecht selbst hervorgehenden Einreden die aus den Regeln des Wechselrechts hervorgehenden, so bilden sie keinen Gegensatz zu den Einreden, die dem Schuldner gegenüber dem jedesmaligen Kläger zustehen. Denn es befinden sich auch unter den Einreden, die man als spezifisch wechselrechtliche Einreden zu betrachten hat, eine große Reihe solcher, die dem Schuldner nur gegen den jedesmaligen Kläger zustehen, z. B. der Einwand der Zahlung, der doch andererseits im Art. 39 geregelt ist und deshalb sicherlich dem Wechselrecht selbst angehört. Schon aus diesem Grunde bilden daher die aus dem Wechselrecht hervorgehenden Einreden keinen Gegensatz zu den dem Schuldner gegenüber dem jedesmaligen Kläger zustehenden.

Dazu kommt, daß man von spezifisch wechselrechtlichen Einreden zu sprechen überhaupt nicht berechtigt ist. Denn in Wahrheit muß jeder gegenüber einem Wechselgläubiger erhobene Einwand, wenn er zugelassen werden soll, so beschaffen sein, daß er nach der

Art. 82. Natur der Wechselobligation, nach Wechselrecht, zulässig ist. Auch der Einwand der
Anm. 1. Simulation, um das Lehmannsche Beispiel zu erwähnen, ist nur deshalb und nur insoweit zulässig, als die Natur der Wechselobligation dies zuläßt, und desgleichen der Einwand der Aufrechnung. Müssen daher alle Einreden so beschaffen sein, daß sie nach Wechselrecht zulässig sind, so können auch aus diesem Grunde die aus dem Wechselrecht hervorgehenden und die gegenüber dem jedesmaligen Kläger zustehenden Einreden nicht als Gegensätze einander gegenübergestellt werden.

Als wahre Gegensätze erscheinen die beiden Arten von Einwendungen, die der vorliegende Artikel erwähnt, dann, wenn man — und dies, scheint uns, ist die unbefangene Auslegung des Gesetzes und sie ist die der Praxis – die Worte „Wechselrecht selbst" im Sinne des objektiven Bestandes der Wechselobligation versteht. Einreden aus dem Wechselrecht selbst sind diejenigen, die den objektiven Bestand der Wechselobligation berühren, d h. die Wechselverbindlichkeit des betreffenden Exzipienten an sich zerstören, in wessen Hände der Wechsel auch gelangt sein mag, im Gegensatze zu denjenigen Einreden, die der Wechselobligation nur dann entgegenstehen, wenn sich der Wechsel in der Hand einer bestimmten Person befindet.

So verstanden, erscheinen die beiden Arten von Einwendungen als wahre Gegensätze: die eine Art von Einreden geht aus dem Wechselrecht selbst hervor, berührt den objektiven Bestand der Obligation, kann daher von dem betreffenden Exzipienten jedem Wechselgläubiger entgegengehalten werden, in wessen Händen sie sich auch befinden mag: die andere Art von Einreden berührt nur den subjektiven Wechselanspruch eines bestimmten Gläubigers. Jene kann man objektive oder absolute Einreden, exceptiones in rem, diese persönliche oder relative Einreden, exceptiones in personam nennen. (So auch Volkmar-Löwy 291; Cosack § 53; Dernburg § 276.)

Die Richtigkeit dieser Unterscheidung wird jetzt bestätigt durch den § 364 Abs. 2 HGB., der an die Stelle des Art. 303 Abs. 2 des alten HGB. getreten ist. Er handelt von den Orderpapieren des HGB. und bestimmt:

„Dem legitimierten Besitzer der Urkunde kann der Schuldner nur solche Einwendungen entgegensetzen, welche die Gültigkeit seiner Erklärung in der Urkunde betreffen oder sich aus dem Inhalte der Urkunde ergeben oder ihm unmittelbar gegen den Besitzer zustehen."

Diese Definition ist, wie Lehmann (in der DJZ 5, 171) richtig bemerkt, ein Seitenstück des Art. 82, die geradezu zu seiner authentischen Interpretation verwendbar ist. Die ersten beiden im § 364 Abs. 2 gedachten Einwendungen sind die exceptiones in rem (vgl. unten Anm. 2), die letzte Klasse die exceptiones in personam (unten Anm. 3). Vgl. Hellwig, Wesen und subjektive Begrenzung der Rechtskraft 294 Anm. 17: „Anders die Fassung, aber gleichbedeutend (sc. mit § 364 Abs. 2) der Inhalt des Art. 82 WO."

Der gesetzgeberische Zweck dieser Unterscheidung der beiden Einredearten ist der: durch die erstere Alternative soll ausgedrückt werden, daß nicht, wie bei gewöhnlichen Obligationen, jedem Wechselgläubiger alle Einreden entgegengehalten werden können, die irgendeinem Rechtsvorgänger gegenüber bestehen, sondern daß derart in rem wirksam nur die den objektiven Bestand der Obligation betreffenden Einreden sind. Durch die andere Alternative aber soll ausgedrückt werden, daß gegen den Wechsel nicht etwa nur solche objektive Einreden zulässig sind, sondern daß der jedesmalige Wechselgläubiger sich auch Einreden persönlicher Natur entgegenhalten lassen muß, sofern sie aus irgendeinem Rechtsgrunde gegen ihn bestehen und wechselrechtliche Erwägungen ihrer Geltendmachung nicht entgegenstehen.

Anm. 2. II. **Die beiden Kategorien der Einreden sind hiernach:**

Die objektiven (absoluten) oder exceptiones in rem, und die persönlichen (relativen) Einreden oder exceptiones in personam.

1. **Die objektiven (absoluten) Einreden, exceptiones in rem.** Diese Klasse zerfällt in die beiden Unterklassen, welche die im § 364 Abs. 2 HGB. enthaltene authentische Inter-

pretation des Art. 82 in erster Reihe aufzählt (vgl. oben Anm. 1 a. E.), nämlich a) die **Art. 82.**
Einreden, welche die Gültigkeit der Erklärung in der Urkunde betreffen, und b) die Einwendungen, die sich aus dem Inhalte der Urkunde ergeben (s. a. J. u. M. Stranz Anm. 6). Anm. 2.

a) Die Einwendungen, welche die Gültigkeit der urkundlichen Erklärung betreffen. Diese berühren den objektiven Bestand der Wechselobligation überhaupt oder wenigstens den objektiven Bestand der Wechselobligation des betreffenden Exzipienten. Aus der Urkunde brauchen sie nicht immer hervorzugehen. Dahin gehört der Einwand, daß die Unterschrift von einer Person geleistet ist, die nicht berechtigt war, den Beklagten zu vertreten; ferner der Einwand der mangelnden Geschäftsfähigkeit. Inwieweit auch die Einwendungen aus Willensmängeln (Betrug, Irrtum) dazu gehören, wird weiter unten (Anm. 9 und 25) dargelegt werden. Ferner gehören dazu Einreden aus der formalen Natur des Wechsels (z. B. unterlassener Protest beim Aussteller), die Wechselverjährung usw.

b) Die zweite Unterart der exceptiones in rem sind diejenigen Einwendungen, welche sich aus dem Inhalte der Urkunde ergeben. Sie können gleichzeitig die Gültigkeit der Urkunde betreffen und daher unter Umständen gleichzeitig zur Unterart a gehören, so z. B. Mängel der Form des Wechsels; sowie daß der Wechsel nicht gehörig akzeptiert ist, oder daß er nicht die sämtlichen Erfordernisse hat, oder daß die Legitimationskette nach Art. 36 fehlt. Sie können aber auch die Gültigkeit der Verpflichtung unberührt lassen und sonst begründet sein und aus der Urkunde hervorgehen, z. B. daß die Wechselforderung inhalts des Wechsels gestundet oder bezahlt oder nicht indossierbar ist.

2. **Die persönlichen (relativen) Einreden, exceptiones in personam.** Zu dieser Kategorie gehören alle die Einwendungen, die zwar den objektiven Bestand der betreffenden Obligation unberührt lassen, aber aus irgendeinem Rechtsgrunde dem betreffenden Kläger entgegengehalten werden können. Dieser Rechtsgrund kann auf spezifisch wechselrechtlichen Regeln beruhen (z. B. der Einwand der unberechtigten Ausstreichung des Domizilvermerkes, der unberechtigten Ausfüllung des Wechselblanketts, der mangelnden Notifikation), aber auch auf sonstigem Rechtsgrunde, sofern nur die Regeln des Wechselrechts dieser Geltendmachung nicht entgegenstehen, z. B. der Einwand der nicht geleisteten Valuta, soweit er überhaupt zulässig ist (vgl. unten Anm. 62), der erledigten Depotsicherheit (Anm. 27), der Kompensation (unten Anm. 29). Daß solche Einwendungen zulässig sind, beruht darauf, daß, wie Dernburg sagt, „auch der Wechsel nur um bestimmter Verkehrszwecke willen in das Leben gerufen wird, und daß, was Mittel zum Zweck ist, hierin sein Maß und sein Ende findet, nicht aber wie eine entfesselte Naturkraft blind seinen Lauf nehmen soll." Deshalb sind die Einwendungen, die nicht die Gültigkeit der Verpflichtung betreffen und sich nicht aus der Urkunde ergeben, zulässig, soweit sich der Besitzer des Wechsels durch die Geltendmachung desselben ungerechtfertigt bereichern würde (§§ 812 und 821 BGB.) oder soweit diese Geltendmachung einen gegen Treu und Glauben verstoßenden Mißbrauch des Wechselrechts bedeuten würde. (Wegen des Rechtsgrundes der Zulassung der Einwendungen der letzteren Art siehe unten Anm. 16.) Anm. 3.

Alle persönlichen Einreden muß sich übrigens nicht bloß der Wechselgläubiger entgegenhalten lassen, im Verhältnis zu dem sie entstanden sind, sondern auch der, auf den der Wechsel anders als durch die wechselrechtliche Normalsukzession überging. Diese wechselrechtliche Normalsukzession ist das reine eigentliche vorprotestliche Indossament oder die vorprotestliche Blankoübergabe. Alle andern Sukzessionsarten sind anomal. Zunächst das nachprotestliche Indossament oder die nachprotestliche Blankotradition: sie dienen nicht der eigentlichen Wechselzirkulation und haben deshalb auch nicht die Wirkungen des vorprotestlichen Indossaments und der vorprotestlichen Blankotradition, sondern nur zessionsartige Anm. 4.

Art. 82. Anm. 4. Wirkung, weshalb ein solcher Indossatar sich die Einwendungen gegen seine Vormänner gefallen lassen muß (Anm. 9 u. 11 zu Art. 16). Die zweite anomale Sukzessionsart ist das sogenannte Inkassomandatindossament, das zwar in der Form des eigentlichen Indossaments auftritt, dem aber nicht die Absicht der Eigentumsübertragung zugrunde liegt, sondern nur die Absicht, daß der Indossatar nach außen als Eigentümer gelten soll, das den Indossatar nur legitimieren soll, das Wechselrecht im eigenen Namen, aber für Rechnung des Indossanten, geltend zu machen; auch ein solcher Indossatar muß sich die Einwendungen aus der Person seines Vormannes gefallen lassen, auch wenn er sie erst im Laufe des Prozesses erfährt (Anm. 8 zu Art. 17). Anomal ist drittens der Erwerb, der sich zwar durch eigentliches Indossament vollzieht, auch von der Absicht begleitet, Eigentum zu übertragen und zu erwerben, aber unter der Kenntnis des Erwerbers, daß dem Indossanten Einwendungen entgegenstehen, mit einem Worte: der dolose Rechtserwerb durch Indossament (über diesen vgl. unten Anm. 14—19). Anomal ist endlich jede Sukzessionsart, die sich ohne Indossament oder Blankotradition vollzieht, z. B. Abtretung, Erbgang; solche nicht wechselrechtliche Sukzessionen übertragen nur die Rechte des Vormanns mit allen ihren Schwächen (vgl. Anm. 9 u. 11 zu Art. 9). — Das Prokuraindossament des Art. 17 kommt hierbei nicht in Betracht, da es nur ein Vertretungsverhältnis bedeutet. Das Indossament des Kommissionärs, der den Wechsel erworben hat, auf seinen Kommittenten, ist keine anomale Sukzessionsart (vgl. Staub HGB. 6./7. Aufl. Anm. 6 zu § 395).

Hellwig (Wesen und subjektive Begrenzung der Rechtskraft S. 295) will dem Wechselschuldner gegenüber jedem unentgeltlichen Wechselerwerber ohne weiteres die Einreden gewähren, die ihm gegen den Veräußerer zustehen. Er leitet diesen Rechtssatz aus § 816 Abs. 1 Satz 2 her, der jedoch nur das Verhältnis der Personen, die über den Gegenstand verfügen bzw. ihn erwerben, zum wahren Eigentümer, nicht aber das Verhältnis dieser Personen zum Wechselschuldner behandelt. Sein Hinweis darauf, daß der frühere Eigentümer einer beweglichen Sache, der sein Eigentum an einen vom Nichtberechtigten Beschenkten verloren hat, dessen Eigentumsanspruch die Einrede aus § 816 Abs. 1 Satz 2 entgegensetzen kann, ist für die vorliegende Frage nicht beweisend. Denn in dem Falle, auf welchen Hellwig hinweist, stehen sich ja der frühere Eigentümer und ein späterer Erwerber der Sache gegenüber.

Die anomalen Wechselsukzessionsarten sind hiernach: das nachprotestliche Indossament und die nachprotestliche Blankotradition, das verdeckte Inkassoindossament, das dolose Indossament, wie man es vielleicht kurz nennen darf, und die zivilrechtlichen Sukzessionsarten. Alle die anomalen Wechselsukzessoren müssen sich die Einwendungen, die gegen ihren Vormann bestehen, entgegenhalten lassen. Die gegen ihren Vormann bestehenden Einreden sind auch ihnen gegenüber exceptiones in personam, sind ihnen gegenüber statthaft als „gegenüber dem jedesmaligen Kläger zustehend".

Anm. 5. E s f r a g t s i c h w e i t e r: wer kann die persönlichen Einreden geltend machen? Die Antwort ist: derjenige Wechselschuldner, in dessen Person sie entstanden sind. Sonst würde es eine exceptio de jure tertii sein. Der Wechselbürge kann nicht ohne weiteres den Einwand entgegensetzen, sondern nur dann, wenn der Einwand auch für ihn die Gestalt einer exceptio in personam annimmt. Z. B. wenn der Akzeptant dem Wechselanspruch den Einwand des Wuchers oder des ungültigen Kaufvertrags entgegensetzen kann, der Aussteller aber den Wechsel unterschrieben hat, um die dem Gläubiger gegenüber übernommene Bürgschaft wechselmäßig zu bekräftigen; alsdann besteht eine direkte Rechtsbeziehung zwischen dem Bürgen und dem Gläubiger und der Einwand steht auch ihm zu (RG. 8, 97; Bolze 14 Nr. 323d).

Anm. 6. III. **Die einzelnen Einreden in alphabetischer Reihenfolge.** Die Befolgung dieser alphabetischen Reihenfolge geschieht auf Grund der Erwägung, daß der Praxis damit am besten gedient ist, während die Theorie durch stete Betonung der juristischen Natur der einzelnen Einreden zu ihrem Rechte gelangt.

1. **Analphabeten.** Der Einwand, daß man nicht lesen und schreiben könne. Art. 82. Hierüber vgl. Art. 94. Anm. 7.

2. **Arglist.** S. unten Anm. 14 (exceptio doli). Anm. 8.

2a. **Aufrechnung** s. Anm. 29.

3. **Begebungsvertrag.** Über die Einrede des mangelnden Begebungsvertrags Anm. 8a. s. Anm. 65, 65a und b.

4. **Betrug.** Der Einwand des Betrugs ist nicht zu verwechseln mit der exceptio doli Anm. 9. (generalis), die darin besteht, daß die Geltendmachung des Wechsels eine Widerrechtlichkeit in sich schließt (vgl. Anm. 14). Hier handelt es sich dagegen um den Einwand, der Wechsel sei erworben auf Grund falscher Vorspiegelung. Dies begründet eine exceptio in rem. Es handelt sich um einen Willensfehler, der auch dem gutgläubigen Dritten entgegensteht, sofern eben infolge des Willensfehlers der Wille zum Wechselvertrage überhaupt nicht vorhanden war, also der Begebungsvertrag fehlte (Art. 8 Anm. 2); anders, wenn er trotzdem vorhanden ist. Die herrschende Auffassung ist allerdings hinsichtlich des gutgläubigen Dritten eine abweichende. Sie verwechselt aber zumeist die Willensfehler bei der Wechselerklärung selbst, bzw. dem Wechselvertrage selbst, mit den Willensfehlern bei dem zugrunde liegenden Geschäft; hier wirkt der Willensfehler nur inter partes und gegenüber dem unredlichen Dritten.

Als exceptio in rem wird die obige Einrede auch von Dernburg (II § 276 Anm. 16 u. 17) und Bernstein (316) aufgefaßt. Staub 4. Aufl. bezeichnete diese Einrede als exceptio, in personam wirkend, ebenso wie die der Drohung (gleicher Ansicht mit ihm Bernstein [334] hinsichtlich der Einrede der Drohung). Das ROHG. (4, 392) hat es dahingestellt sein lassen, ob die Einrede des Betrugs als absolute wirke.

Vgl. ferner die prinzipiellen, auch für die Willensfehler: Zwang, Drohung, Irrtum, Betrug, Schein und Scherz mitgeltenden Ausführungen unten in Anm. 65 und 65a, sowie J. u. M. Stranz Anm. 16ff., bes. 22. — Über die Beweislast s. unten Anm. 69.

Die Anfechtung muß die Ausschlußfrist des § 124 BGB. wahren. Sie muß gegenüber dem Anfechtungsgegner erfolgen (§ 143). Wird aber angefochten, so ist die Wechselerklärung, bzw. -begebung als von Anfang an nichtig anzusehen. Die Anfechtung kann von jedem Interessenten und gegen jeden Dritten geltend gemacht werden. Redliche Dritte werden nicht durch eine allgemeine Regel, sondern durch spezielle Ausnahmen geschützt (so Eck, Vorlesungen I 125 u. 127; Planck § 117 Anm. 1; § 142 Anm. 1; J. u. M. Stranz Anm. 22).

5. **Blankowechsel.** Über die abredewidrige Ausfüllung eines solchen vgl. Anm. 12 zu Art. 7, Anm. 9a. ferner unten Anm. 21.

6. **Bürgschaft.** Zur Gültigkeit des Bürgschaftsvertrages gehört nach § 766 BGB. Schrift- Anm. 9b. form. Die Wechselerklärung ist nicht geeignet, den Mangel der gesetzlich notwendigen Schriftform zu decken (RG. 51, 113). Doch schließt der Mangel dieser Form nur die bürgschaftliche Haftung aus, nicht aber die Haftung aus dem Wechselversprechen als solchen (RG. 51, 114), weil insoweit die fehlende Bürgschaftsform einen hinsichtlich ihrer Wirkungen mindestens gleichwertigen Ersatz findet in der Schriftform des Wechsels (vgl. auch Art. 81 Anm. 10a. E.).

Der Wechselschuldner, der behufs Bürgschaft mitunterzeichnet hat, kann gleichfalls die dem Hauptschuldner zustehenden Einreden gegen den Gläubiger geltend machen (§ 768 BGB.). Doch muß dem Gläubiger bekannt sein, daß die Unterschrift zum Zweck der Bürgschaft geleistet ist. Im Fall des **Wuchers** muß sich der Gläubiger den Einwand auch ohne diese Kenntnis entgegensetzen lassen. Nicht nur der Akzeptant, zu dessen Nachteil der wucherische Vertrag abgeschlossen ist, sondern auch der Aussteller, der den Wechsel zum Zwecke der Bürgschaft für den Akzeptanten unterschrieben hatte, kann den Einwand des Wuchers geltend machen. Denn es können nicht nur die **von** dem Schuldner, sondern auch die **für** ihn infolge des wucherischen Geschäfts geleisteten Vermögensvorteile von

Art. 82. Anm. 9b. dem, der sie geleistet hat, zurückgefordert werden, — ein Recht, das auch einredeweise gegen die Wechselforderung geltend gemacht werden darf (RG. 8, 99).

Der Umstand allein, daß eine Wechselunterschrift in der Absicht der Verbürgung geleistet und daß dies dem Nehmer des Wechsels bekannt gewesen, ist nicht geeignet, dem Wechselschuldner die Einrede der Vorausklage gemäß § 771 BGB. (RG. 48, 156) zu verschaffen. Ebensowenig kann ein Wechselschuldner gegen den andern daraus allein, daß jeder von beiden die Unterschrift zum Zwecke der Verbürgung geleistet hat, die Zahlung aus dem Wechsel ablehnen, wenn der beiderseitige Wille nachweisbar ist, daß die gewählte Wechselform unter ihnen ohne rechtliche Bedeutung sein solle, daß sie untereinander vielmehr so haften wollten, als wenn eine zivilrechtliche Mitverbürgung vorliege (RG. 48, 156).

Leistet der Remittent eines Wechsels durch seine Zeichnung Bürgschaft zugunsten des Ausstellers, so hat er gegen diesen keinen Regreßanspruch (RG. 65, 407).

Weiteres vgl. in den Erläuterungen zur Avalverpflichtung Art. 81 Anm. 10ff.

Anm. 10. 7. **Cautionswechsel, Collusion, Compensation, Contokurrent** s. unten unter K.

Anm. 11. 8. **Depotwechsel** s. unten unter Kautionswechsel.

Anm. 12. 9. **Differenzgeschäft.** Der Einwand, daß die dem Wechsel zugrunde liegenden Geschäfte reine Differenzgeschäfte seien, ist unten Anm. 37 und 37a behandelt.

Anm. 13. 10. **Diskontierung.** Der Einwand, der Wechsel sei nur zur Diskontierung gegeben, geht nur in personam. Denn wer den Wechsel zur Diskontierung erhält, übernimmt damit den Auftrag, den Wechsel im eigenen Namen, aber für fremde Rechnung zu verwerten. Ihn selbst gegen den Wechselgeber geltend zu machen, dazu hat der Nehmer kein Recht. Dies gilt auch dann, wenn vereinbart ist, daß er sich aus dem Diskonterlöse bezahlt machen sollte (Bolze 10 Nr. 365b); anders dagegen, wenn die Vereinbarung etwa dahin aufzufassen wäre, daß der Wechsel zahlungshalber gegeben ist. Ist dies nicht vereinbart, so ist der Diskontierungsauftrag kein Begebungsvertrag. Außer dem ursprünglichen Nehmer müssen sich den Einwand seine anomalen Rechtsnachfolger entgegensetzen lassen (oben Anm. 4), natürlich auch die, die den Wechsel wiederum bloß zum Diskont von ihrem Rechtsvorgänger erhalten haben, weil dies ja eben der Einwand des mangelnden Begebungsvertrags ist, welcher letztere spezifisch wechselrechtlicher Natur ist und doch gegenüber dem jedesmaligen Kläger zusteht (vgl. oben Anm. 1 Abs. 5). — Bolze 10 Nr. 365b; unzutreffend OG. Wien bei Cz. Nr. 76, welches in einem Falle, wo der Akzeptant den Wechsel dem Trassanten zum Diskont, der Trassant ihn dem Kläger zu demselben Zwecke gegeben hatte, dem Akzeptanten den Einwand versagt hatte, weil der Trassant nicht sein Bevollmächtigter war. — Der Dritte, der den Wechsel durch das Diskontierungsgeschäft erwirbt, ist bei dem redlichen Erwerb gegen den Einwand geschützt, daß der Beauftragte des Schulders die Diskontsumme unterschlagen hat. Über das Wesen des Diskontierungsgeschäfts vgl. Anm. 33 zu Art. 83. —

Anm. 14. 11. **Dolus.**

a) Als exceptio doli, zu unterscheiden vom Einwand des Betruges (Anm. 9), bezeichnen die Schriftsteller und obersten Gerichte, die sich dieses Ausdrucks bedienen, den Einwand, den man ausführlicher exceptio doli generalis nennt. Dieser Begriff ist sehr verschwommen und hat keine selbständige Existenzberechtigung. Schon im Pandektenrechte wird sie ihm versagt und mit Recht fertigt Windscheid (§ 47 Anm. 7) diese exceptio in einer Anmerkung mit der Bemerkung ab: „Diese exceptio doli war für die Römer nichts als ein Mittel, dem judex die Berücksichtigung einer jeden Einrede möglich zu machen, auch ohne daß sie in der Formel speziell genannt war." In unserem Wechselrecht erfüllt sie die gleiche farblose Funktion. Sieht man ihr scharf ins Auge, so ist sie nichts weiter, als der Einwand, daß der Kläger, obwohl er im Besitze des Wechsels ist, doch auf Grund der konkreten Vorgänge sich nicht im Rechte befindet, wenn er den Wechselanspruch erhebt, so daß er einen dolus im weiteren Sinne, eine Widerrechtlichkeit, begeht, wenn er von seinem formalen Recht zum Nachteil des Beklagten Gebrauch macht. Ein

solcher Einwand muß, wenn er begründet sein soll, die Tatsachen angeben, aus denen Art. 82.
der Schuldner folgert, warum der Kläger eine materielle Widerrechtlichkeit begeht, wenn Anm. 14:
er von seinem formellen Recht Gebrauch macht. Diese Tatsachen fallen alsdann unter einen der Rechtsgründe, die anderweit, insbesondere von uns sub rubro „Rechtsgeschäft" (Einwand des zugrunde liegenden Rechtsgeschäfts) unten Anm. 33 ff. erörtert sind. So erblicken denn die obersten Gerichte in jeder rechtswidrigen Geltendmachung des Wechsels einen Grund zur exceptio doli, z. B. ROHG. 19, 33; 25, 66; unzutreffenderweise auch in dem Mangel eines Begebungsvertrages (s. a. J. u. M. Stranz Anm. 99).

b) Die Praxis der unteren Gerichte hat eine engere Auffassung der exceptio Anm. 15
doli. Sie versteht darunter die Fälle, in denen jemand, wissend, daß dem Wechselgläubiger ein Einwand entgegensteht, den Wechsel erwirbt, also mit anderen Worten den Einwand des dolosen Rechtserwerbs. Ein solcher Einwand ist in jedem einzelnen Falle dahin zu begründen, daß gegen den Rechtsvorgänger ein Einwand besteht, d. h. eine der im übrigen erörterten Einreden, und ferner, daß der Kläger den Wechsel mit Kenntnis dieses Einwands erworben hat. In diesem Falle muß der Rechtsnachfolger sich den, gegen den Rechtsvorgänger bestehenden Einwand entgegenhalten lassen. Wegen des Rechtsgrunds siehe unten Anm. 16. Ein solcher Rechtsnachfolger fällt unter die Kategorie der anomalen Rechtsnachfolger, die sich die Einwendungen gegen ihre Rechtsvorgänger gefallen lassen müssen (vgl. oben Anm. 4).

Ein solcher doloser Rechtserwerb liegt schon dann vor, wenn der Erwerber weiß, Anm. 16
daß ein begründeter Einwand vorliegt, und er dennoch den Wechsel erwirbt. Darin liegt ein dolus. Damit kann er keine andere Absicht verbunden haben, als die, den Schuldner zu schädigen, ihn um sein Einwandsrecht zu bringen. Unmöglich kann er den Wechsel, von dem er weiß, daß dem Besitzer ein Einwand entgegensteht, erwerben und doch die Absicht haben, dem Schuldner den Einwand zu erhalten. Er würde ihn sonst nicht erwerben. Hiermit stimmen überein Cosack (§ 53 III 2b), Bernstein (314), OG. Wien (bei Peitler Nr. 313), KG. (im Recht 07, 520) und OLG. Kolmar (im Recht 06, 628). Die deutschen oberstrichterlichen Erkenntnisse verlangen unzutreffenderweise darüber hinaus den Nachweis, daß der Veräußerer und der Erwerber zusammengewirkt (kolludiert) haben, um den Schuldner um seinen Einwand zu bringen (ROHG. 7, 253; 8, 357; 10, 388; 13, 262; 23, 339; RG. 9, 148 und 57, 391). Ebenso Rehbein Anm. 8; Grünhut Hdb. II § 88; Düringer-Hachenburg, HGB. II 452; Lehmann-Ring HGB. II § 364 Nr. 9 und OLG. Dresden in Sächsische OLG. 27, 164. Die Praxis der unteren Gerichte dagegen normiert die betreffende Eideszuschiebung immer nur dahin, daß der Erwerber beim Erwerb des Wechsels die den Einwand begründenden Tatsachen gekannt habe (vgl. unten Anm. 71). Dernburg (II § 276 Anm. 3) schließt sich der oberstrichterlichen Judikatur an und tritt der hier vertretenen Auffassung entgegen. Zur Begründung führt er an, daß der Wechselerwerber sich nicht immer den gegen seinen Rechtsvorgänger bestehenden Einwand entgegensetzen zu lassen braucht. Das ist allerdings richtig: es gibt auch derartige höchst persönliche Einwendungen, die der Erwerber sich in keinem Falle entgegenhalten zu lassen braucht, auch wenn sie ihm beim Erwerbe bekannt sind. Das liegt in der Natur solcher Einwendungen. Dazu gehört z. B. der Einwand des Gefälligkeitsakzeptes (unten Anm. 22) und der Aufrechnung (unten Anm. 29). Allein dieser Hinweis ist nicht durchschlagend. Auch der Zessionar braucht sich, obwohl er grundsätzlich sich alle Einwendungen des Zedenten gefallen lassen muß, doch nicht ausnahmslos alle Einwendungen, die gegen den Zedenten zustehen, entgegensetzen zu lassen, nämlich solche nicht, die infolge ihrer Sonderart einen höchst persönlichen Charakter haben. Dernburg (II 319) weist selbst darauf hin, daß es Einwendungen gibt, die wegen ihrer ausschließlichen Beziehung auf die Person des Zedenten den Zessionar nicht treffen (z. B wenn der bisherige Gläubiger versprochen hat, die Forderung, solange er sie nicht weiter gibt, nicht zu kündigen und sich mit den Zinsgenüssen zu begnügen). Bei solchen Einwendungen höchst persönlicher Art begründet

Art. 82. Anm. 16. ausnahmsweise die Kenntnis beim Erwerb nicht eine Arglist des Erwerbers. Aber im allgemeinen ist dies der Fall, und deshalb kann man im allgemeinen zur Begründung eines solchen Einwands außer der Kenntnis nicht verlangen, daß der Erwerber und der Veräußerer zusammengewirkt haben, um den Schuldner um seinen Einwand zu bringen. Übrigens kommt unsere Anschauung auch bei Dernburg zum Durchbruch: den Einwand der Zahlung gibt er ohne weiteres gegenüber jedem dritten Erwerber, der den Wechsel zwar in wechselmäßiger Weise erlangte, aber die Tilgung beim Erwerb kannte (Dernburg II § 278 Nr. V[3]).

Den **Rechtsgrund**, aus dem die Kenntnis dem Wechselerwerber schadet, fand Staub (vgl. 4. Aufl. Anm. 16) im Anschluß an Hellwig (Wesen und subjektive Begrenzung der Rechtskraft 294), „in den Vorschriften der neueren Reichsgesetzbücher, nach denen Rechte, von dem Nichtberechtigten hergeleitet, im Falle des gutgläubigen Erwerbs geschützt werden." Diese Argumentation ist unzutreffend. Es handelt sich in jenen Vorschriften um Sonderbestimmungen für eng umgrenzte Fälle mit eigenartigen Voraussetzungen (z. B. in den §§ 892, 893 BGB., wo der öffentliche Glaube des Grundbuchs geschützt wird; in den §§ 932—936 ff. in Verbindung mit § 366 HGB., wo die Veräußerung beweglicher Sachen in Frage steht; in den §§ 135, 161 BGB. u. a. Außerdem hat der Satz schon vor den neuen Reichsgesetzen für das Wechselrecht gegolten. Seine Rechtsquelle findet er in der gewohnheitsrechtlichen Übung der unteren Gerichte, seinen Rechtsgrund in der Schlechtgläubigkeit und der damit notwendig verbundenen bewußten Schädigung des Schuldners. Will man Anknüpfungen an das BGB. suchen, so kann § 826 herangezogen werden. Das formale Wechselrecht soll nicht contra bonos mores zur Schadenszufügung herangezogen werden (J. u. M. Stranz Anm. 95).

Anm. 17 **Im vorliegenden Falle steht die grobe Fahrlässigkeit dem dolus nicht gleich.** Daß der Erwerber nicht geprüft hat, ob dem Schuldner Einwendungen zustehen oder nicht, oder ob die von ihm angekündigten Einwendungen begründet sind, ist gleichgültig. Eine solche Gleichstellung der groben Fahrlässigkeit mit dolus findet sich allerdings in Art. 74 bei der Legitimationsfrage. Dies ist aber eine singuläre Vorschrift, die nach bekanntem Rechtsgrundsatze nicht analog angewendet werden kann (vgl. ROHG. 7, 250; Hellwig, Wesen und subjektive Begrenzung der Rechtskraft 295 Anm. 21) Der Art. 74 bezieht sich auf die Fälle, in denen das Indossament von einer Person herrührt, die nicht Eigentümerin des Wechsels war oder namens des Eigentümers nicht zu verfügen berechtigt oder fähig war. Hier aber ist das Indossament nach diesen Richtungen in Ordnung. Nur der Geltendmachung der Wechselforderung stehen in der Person des Indossanten Hindernisse entgegen, sie würde einen dolus oder eine widerrechtliche Bereicherung enthalten. Wenn der Wechsel bezahlt ist, wenn er nur zum Depot gegeben und eine Verpflichtung nicht entstanden ist, wenn er zur Bezahlung des Kaufpreises gegeben und die Ware fehlerhaft ist, in allen diesen Fällen greift Art. 74 nicht Platz, wohl aber die exceptio doli, wenn der Erwerber jene Einwendung beim Erwerbe kannte. Aber zum dolus gehört Kenntnis des Mangels im Rechte, bloßes Kennenmüssen reicht dazu nicht aus. Nur eine ausdrückliche Gesetzesvorschrift könnte die grobe Fahrlässigkeit oder jede Fahrlässigkeit der Kenntnis gleichstellen. Eine solche fehlt hier.

Anm. 18. **Auch schadet dolus superveniens nicht**: einmal redlich erworben ist das Wechselrecht in voller Reinheit für den Erwerber entstanden (ROHG. 7, 253; Bolze 10 Nr. 362; anders beim Inkassomandatar, vgl. Anm. 8 zu Art. 17). Es ist aber nicht dolus superveniens, sondern echter, rechtserheblicher dolus, wenn der Erwerber die Einwendung erfuhr in der Zeit zwischen titulus und modus, zwischen Kaufabschluß und Übergabe. Das Wechselrecht ist dann nicht in voller Reinheit entstanden.

Anm. 19 **Und endlich handelt es sich bloß um Kenntnis von Einwendungen, die der Person des unmittelbaren Rechtsvorgängers entgegenstehen.** Daß in der Person eines früheren Rechtsvorgängers ein rechtsverletzender Sachverhalt beim Erwerbe vorlag, und Kläger dies gewußt hat, ist unerheblich, wenn er von der bona fides seines Art. 82. Autors überzeugt war (Bolze 10 Nr. 365e; anders Bernstein 314). Anm. 19

11a. **Domizilvermerk** vgl. Anm. 21.

12. **Drohung.** Hinsichtlich widerrechtlicher Drohung (vis compulsiva), § 123 BGB. gilt Anm. 19a. Entsprechendes, wie hinsichtlich der Täuschung; vgl. daher oben Anm. 9. — Über den Zwang siehe Anm. 68.

13. **Erlaß.** Erlaß unter Zerstörung der Wechselform oder unter Rückgabe des Wechsels an Anm. 20. den Hauptverpflichteten oder den Bezogenen setzt den Wechsel überhaupt außer Wirkung (Dernburg II § 278). Im Zweifel wirken Erlaß und Vergleich (§§ 397 u. 779 BGB.) nur zugunsten des Wechselschuldners, mit dem sie vereinbart sind (§ 423 BGB.), es sei denn, daß die Vertragschließenden das ganze Schuldverhältnis aufheben wollen (vgl. auch Anm. 3 zu Art. 81).

Der **Zwangsvergleich im Konkurse** (§ 193 KO.) wirkt nur für den betreffenden Schuldner. Selbst der mit dem Akzeptanten geschlossene Zwangsvergleich beseitigt nicht die Regreßschuld des Ausstellers und der Giranten (ROHG. 11, 308), dagegen hebt er die Akzeptschuld gänzlich auf, so daß der Akzeptant auch dem Trassanten und den Indossataren gegenüber befreit ist. Hat der Trassant im Regreßwege die Restzahlung leisten müssen, so kann er das Gezahlte vom Akzeptanten nicht zurückfordern, selbst nicht auf Grund des unterliegenden Rechtsverhältnisses (ROHG. 24, 140).

14. **Fälschung.** Die exceptio falsi ist ein absoluter Einwand (vgl. oben Anm. 2). Näheres Anm. 21. darüber bei Art. 75 u. 76.

Über die abredewidrige Ausfüllung eines Blankowechsels, insbesondere die Beifügung des Domizilvermerks (vgl. Art. 7 Anm. 12. Die nachträgliche Beifügung des Domizilvermerks oder die Durchstreichung des bereits ausgefüllten Domizilvermerks begründet die exceptio falsi gegen jeden Wechselinhaber (RG. 53, 261).

14a. **Formmangel** vgl. Anm. 38. Anm. 21a.

15. **Gefälligkeitswechsel.** Es ist ein Wechsel, der dem Wechselnehmer aus Gefälligkeit ge- Anm. 22. geben wird, d. h. gegen die von dem Wechselnehmer übernommene Verpflichtung, für Einlösung Sorge zu tragen. Daß dies die Bedeutung des Wortes Gefälligkeitswechsel ist, ist so klar, daß es einer näheren Substanziierung des betreffenden Einwands dahin, daß der Nehmer sich zur Einlösung verpflichtet habe, nicht bedarf (ROHG. 14, 225; 19, 251; RG. 32, 128; vgl. auch Bolze 5 Nr. 497; RG. in JW. 1908, 410[19]).

Die sog. **gegenseitigen Rittwechsel** sind keine Gefälligkeitswechsel: jeder der hierbei Beteiligten gibt dem andern seine Wechsel unter der Verpflichtung, sie selbst einzulösen und im Vertrauen darauf, daß der andere seine Wechsel ebenfalls einlöst; der Wechselgeber ist dem ursprünglichen Nehmer gegenüber zahlungspflichtig und ist nicht ohne weiteres durch den Einwand, daß es sich um Rittwechsel handle, geschützt. Wenn aber die Akzepte-Austauschenden durch Täuschung von Banken und anderen Geldgebern in der Weise Kredit zu erlangen suchten, als ob die Wechsel zur Zahlung für wirtschaftlich reelle Warenaustauschgeschäfte dienten und sog. Kundenwechsel wären, so verstößt eine derartige Wechselreiterei gegen die guten Sitten. Ein auf diese Weise in den Besitz des einen Teils gelangtes Akzept kann gemäß BGB. § 897 Abs. 2 vom Akzeptierenden zurückgefordert werden, trotzdem auch er bei Hingabe gegen die guten Sitten verstoßen hat (OLG. Jena bei Kaufmann Bd. 8, 395[6]).

Der Einwand des Gefälligkeitswechsels wirkt selbstverständlich nicht in rem, er ist lediglich ein Einwand aus dem unterliegenden Rechtsgeschäft (exceptio pacti, nicht doli generalis, wie ROHG. 14, 225 ihn formuliert; s. a. oben Anm. 14) und wirkt daher nur in personam, d. h. gegenüber dem Wechselnehmer und seinen anomalen Rechtsnachfolgern (dem Inkassomandatar, dem nachprotestlichen Indossatar, dem dolosen Indossatar, dem zivilrechtlichen Sukzessor; vgl. oben Anm. 4). Der Wechselnehmer selbst darf natürlich den Wechsel gegen den Wechselgeber nicht einklagen (Bolze 1 Nr. 835;

Art. 82. Anm. 22. OG. Wien bei Cz. Nr. 8; 50; 150; 298). Wie aber steht es mit seinen anomalen Rechtsnachfolgern? Was den zu den anomalen Rechtsnachfolgern gehörigen dolosen Erwerber betrifft, so ist zu bemerken, daß das bloße Wissen des dritten Erwerbers, der Beklagte habe den Wechsel nur aus Gefälligkeit für einen Vormann unterschrieben, einen durchgreifenden Einwand nicht begründet; denn die Gefälligkeit des Unterschreibens besteht ja eben darin, daß der Nehmer den durch Gefälligkeitsunterschrift wertvoller gewordenen Wechsel diskontieren oder in Zahlung geben, in den Verkehr bringen soll (vgl. Bolze 2 Nr. 808; 3 Nr. 545; 5 Nr. 497; 18 Nr. 314), also darin, daß er eine dem Dritten gegenüber verpflichtende Unterschrift abgibt. Das tut der Unterschreibende allerdings im Vertrauen darauf, daß sein Wechselnehmer das Versprechen, den Wechsel einzulösen, ihm halten werde. Von diesem Verhältnisse zwischen Wechselgeber und Wechselnehmer kann aber der dritte Erwerber des Wechsels wissen, ohne in mala fides zu geraten. Er weiß dann eben, daß der Wechselgeber sich aus Gefälligkeit für seinen Wechselnehmer dem dritten Erwerber verpflichten wollte, und dieses Wissen steht den Rechten des dritten Erwerbers naturgemäß nicht entgegen (Bolze 3 Nr. 545; 5 Nr. 497; 18 Nr. 314; RG. in JW. 97, 422; OLG. Dresden im SächsA. 7, 91; LG. I Berlin in KGBl. 1898 S. 22). Es will z. B. jemand bei einer Bank einen Wechsel diskontieren, der Vorstand der Bank erklärt ihm aber, seine eigene Unterschrift genüge der Bank nicht, er möge noch die seines Schwagers beibringen, der werde ihm sicher die Gefälligkeit erweisen. Der Kunde bringt die Unterschrift bei, erzählt dem Vorstand, sein Schwager habe die Gefälligkeit gehabt, und bittet nunmehr um Diskontierung, die erfolgt. Es ist selbstverständlich, daß der Schwager der Bank gegenüber aus der Unterschrift haftet. Anders liegt aber die Sache, wenn der Indossatar, der die Eigenschaft des Akzepts als Gefälligkeitsakzept kennt, sich dazu hergibt, einen ihm als unbegründet bekannten Anspruch für Rechnung dessen, von dem er den Wechsel erwarb, zu verfolgen, um dem Akzeptanten die diesem, gegenüber dem Aussteller zustehende Einrede abzuschneiden; oder wenn der dritte Erwerber die ihm bekannte Verpflichtung des Ausstellers und Indossanten, den Wechsel zur Verfallzeit einzulösen, auch seinerseits übernommen hat (RG. in JW. 81, 753[12] und in Gruch. 46, 132).

Was die übrigen anomalen Rechtsnachfolger betrifft, so ist Bernstein (319) zuzugeben, daß die vom Gefälligkeitsschuldner gemäß dem Wesen der Gefälligkeitsunterschrift zugebilligte Versilberung des Wechsels auch durch das Mittel einer Abtretung oder eines Nachindossaments bewirkt werden kann, so daß diese anomalen Rechtsnachfolger sich nicht immer den Einwand entgegenhalten zu lassen brauchen. Wenn auch regelmäßig der Zessionar und der Nachindossatar sich die Einrede gegen ihren Vormann entgegenhalten lassen müssen, so bewirkt doch hier die Natur dieses Einwands eine Ausnahme.

Der Trassant, der den Wechsel eingelöst hat, ist gegenüber dem Gefälligkeitsakzeptanten ferner verpflichtet, mindestens das Akzept formell zu beseitigen, allenfalls auch den akzeptierten Wechsel herauszugeben. Dieser Anspruch (actio mandati contraria, bzw. eine Art condictio sine causa RG. 18, 379) steht dem Wechselgeber überhaupt zu, sobald der Gefälligkeitswechsel seine Funktion erfüllt hat (vgl. auch OLG. Frankfurt im Recht 03, 161).

Ist der Geber des Gefälligkeitswechsels ein Kaufmann, so kann er auch Provision verlangen (Staub HGB. neue 8. Aufl. Anm. 8 zu § 354. — Über den Revalierungsanspruch bei Gefälligkeitsakzepten vgl. Anm. 8 und 9 zu Art. 23).

Anm. 23. 16. **Hinterlegung.** Der Einwand des Wechselschuldners, er habe rechtmäßig in Gemäßheit des Art. 40 die Wechselsumme hinterlegt, ist ein Einwand in rem. Denn nach Art. 40 erfolgt die Hinterlegung ja für den Inhaber (Bernstein 319; Dernburg II § 278 Anm. 7; **Kreis** 144). Vgl. Anm. 5 zu Art. 40.

Anm. 24. 17. **Inkassomandatar.** Zu den häufigsten Einreden gegen die Wechselklage gehört die, der Kläger sei nur Inkassomandatar, und gegen den Vormann habe der Schuldner Einwendungen. Über diesen Einwand siehe in materieller Hinsicht Ausführliches Anm. 5 zu Art. 17, in prozessualer Hinsicht unten Anm. 71. Art. 82.

18. **Irrtum.** Der Irrtum (4. Aufl. zum Teil anders) bewirkt eine exceptio in rem, sofern der Schuldner bei der **Wechselzeichnung oder -begebung** sich in einem **wesentlichen** Irrtum befunden hat, wobei die Wesentlichkeit sich nach Maßgabe des Zivilrechts richtet (§ 119 BGB.). Ist der Irrtum hiernach wesentlich und rechtzeitig geltend gemacht (§ 121 BGB.), so geht der Einwand auch gegen gutgläubige Dritte. Anm. 25.

Der Irrtum ist besonders dann wesentlich und kann ein objektiv wirkender Einwand sein, wenn der Wechselnehmer nicht die Absicht hatte, einen Wechsel zu geben, sich darüber im Irrtum befand, daß es ein Wechsel war, was er aus Händen gab (zustimmend Rehbein Anm. 5; Bernstein 319; Dernburg II § 276). Es liegt wegen des wesentlichen Willensfehlers in Wahrheit kein Wechselvertrag vor (vgl. ähnlich oben Anm. 9). Auf Entschuldbarkeit des Irrtums, auf die Dernburg (§ 276 Anm. 15) Wert legt, kann es aber alsdann nicht ankommen; wenn der maßgebende Wille fehlt, so fehlt die rechtliche Grundlage. Als Strafe für eine unentschuldbare Handlungsweise kann die Entstehung der Wechselobligation nicht konstruiert werden.

Selbstredend müssen die Voraussetzungen der §§ 119ff. BGB., namentlich hinsichtlich der Anfechtung erfüllt sein. Beachtlich ist, daß § 122 BGB. im Falle der Anfechtung auf Grund des § 119 BGB. dem anderen Teile, bzw. jedem Dritten, der den Irrtum ohne Fahrlässigkeit nicht erkannt hat, den Anspruch auf Ersatz des negativen Interesses zubilligt.

Irrtum in den **Beweggründen** hat nach bürgerlichem Recht auf die Wirksamkeit jeder Willenserklärung, also auch der Wechselerklärung, für die Regel keinen Einfluß. Wesentlich wird er nur dann, wenn er sich zu einem Irrtum im Sinne des § 119 gestaltet, also einen Bestandteil der Willenserklärung, nicht außerhalb derselben liegende Umstände betrifft (Planck § 119 Anm. 2).

19. **Interzession.** Der Einwand, daß dem Wechselvertrage eine ungültige Interzession zugrunde liegt, findet seine Erledigung unten bei den Einreden aus unterliegendem Rechtsgeschäft (Anm. 37). Anm 26.

20. **Kautionswechsel** oder **Depotwechsel.** Die Behauptung, daß der Wechsel nur als Depot oder zur Kaution gegeben ist, ist an sich kein begründeter Einwand. Aus dieser Tatsache folgt nicht, daß der Wechselnehmer den Wechsel am Verfalltage nicht geltend machen dürfe, vielmehr ist im Zweifel anzunehmen, daß der Kautionswechsel dazu dient, dem Gläubiger am Verfalltage durch Leistung in bar auf den Wechsel Sicherheit zu verschaffen für die zu sichernden Forderungen; zur Begründung eines Einwands ist erforderlich, daß der Schuldner nachweist, der Wechselnehmer habe weder zur Zeit einen Anspruch, noch sei aus dem zu sichernden Rechtsverhältnisse in Zukunft ein solcher zu erwarten (ROHG. 6, 439; 8, 142; 13, 238 und 412; 16, 103; 17, 281; Bolze 4 Nr. 545; OG. Wien bei Cz. 15, 95; OLG. Hamburg in ZHR. 38, 568; über die Beweislast s. Anm. 69). Das gilt auch dann, wenn der Wechsel auf Sicht oder nach Sicht lautet (ROHG. 17, 281), aber immer nur in Ermangelung entgegenstehender Abreden (ROHG. 6, 439; 17, 282). Nach den Anschauungen und dem Sprachgebrauche des Handelsverkehrs müßte angenommen werden, daß die Worte „zum Depot" oder gar „nur zum Depot" bedeuten, der Wechsel dürfe nicht begeben werden. Anm. 27.

Indes nimmt die oberstrichterliche Judikatur im Gegensatz zu dieser Auffassung an, daß die nötigenfalls klageweise Einkassierung des Wechsels durch diese Worte nicht ausgeschlossen wird. (Vgl. insbesondere ROHG. 13, 413 und Bernstein 316). Selbst wenn sich der Wechsel ausdrücklich und urkundlich als Depotwechsel bezeichnet, sogar, wenn vereinbart ist, der Wechsel solle Depotwechsel sein und daraus keine Klage gegen den Beklagten erhoben werden, greift der Einwand des Depots nicht durch (ROHG. 2. 6. 76 i. S. Halpern/Lewinsohn zitiert bei J. u. M. Stranz Anm. 39 zu Art. 82).

Art. 82. Anm. 27 Oft ist der Depotwechsel ein Blankowechsel, auf den dann auch die Lehren vom Blankowechsel Anwendung finden (Anm. 7 zu Art. 7). In dieser Hinsicht ist hier hinzuzufügen, daß, wenn der Depotwechsel zur Sicherheit von andern Wechseln gegeben wird, der Blankodepotwechsel mit dem Zahlungstage ausgefüllt werden kann, auch wenn die zu sichernden Wechsel bereits verjährt sind (Bolze 3 Nr. 543). — Die Annahme des Kautionswechsels hindert den Gläubiger nicht, auf das ursprüngliche Verhältnis zurückzugehen; doch kann der Beklagte verlangen, daß er nur verurteilt werde gegen Herausgabe des Kautionswechsels (Bolze 18 Nr. 318 u. 319).

Anm. 28. 21. **Kollusion.** Der Einwand der Kollusion betrifft folgenden Fall. Das HGB. kennt eine Reihe von Vertretern, welche nach außen ohne Beschränkung zur Vertretung berechtigt sind: die offenen Gesellschafter, den Vorstand einer Aktiengesellschaft, den Geschäftsführer einer Gesellschaft mit beschränkter Haftung, den Prokuristen. Nach innen können diesen Personen Beschränkungen auferlegt werden. Überschreitet nun ein solcher Vertreter die ihm nach innen auferlegten Schranken, so liegt zwar darin allein, daß der Gegenkontrahent diese Überschreitung kennt, noch kein dolus. Liegt aber der Fall so, daß der Vertreter seine Vertretungsbefugnis mißbraucht, um zum Nachteil des Machtgebers zu handeln, und wirkt der Gegenkontrahent hierbei wissentlich mit, so kann der Machtgeber die Wirksamkeit des Rechtsgeschäfts wegen Kollusion in Abrede stellen. Auch ein solchergestalt zustande gekommener Wechsel unterliegt einem solchen Einwande, der sich als Einwand aus dem unterliegenden Rechtsgeschäft darstellt (ROHG. 7, 403; Bolze 4 Nr. 544; 5 Nr. 496; 6 Nr. 634; 21 Nr. 552; Näheres bei Staub, HGB. neue 8. Aufl. Anm. 15 zu § 126). Ein solcher Einwand ist in personam wirksam, nämlich gegenüber dem, mit dem kontrahiert wurde, und gegenüber dessen anomalen Rechtsnachfolgern (oben Anm. 4).

Über Kollusion in einem anderen Sinne s. oben Anm. 16.

Anm. 29. 22. **Kompensation.** Vereinbarte Kompensation wirkt wie jede Tilgung: also wenn vom Akzeptanten vereinbart, als Befreiung des Akzeptanten und aller Regreßschuldner (unten Anm. 60), wenn vom Regreßschuldner vereinbart, als Befreiung dieses und seiner Nachmänner bis zum befriedigten Gläubiger (unten Anm. 55). Immer ist dies selbstverständlich nur ein Einwand in personam, also wirksam gegenüber dem Gläubiger, mit dem die Kompensationsabrede getroffen ist, und gegenüber seinen anomalen Rechtsnachfolgern (oben Anm. 3), nicht gegenüber dem reinen redlichen Indossatar. Das gleiche gilt von der nicht vereinbarten, aber bereits erklärten Aufrechnung.

Gegen eine Forderung aus einer vorsätzlich begangenen unerlaubten Handlung ist Aufrechnung nicht zulässig (§ 393 BGB.). Als solche Handlung wird vom RG. das Weiterbegeben eines Wechsels betrachtet, bezüglich dessen ausdrücklich vereinbart war, er dürfe nicht in Umlauf gesetzt werden (RG. 56, 317); gegen die dem Wechselschuldner hieraus erwachsenden Ansprüche findet eine Aufrechnung nicht statt.

Die nicht vereinbarte und noch nicht erklärte Kompensation muß der Wechselgläubiger, der zugleich Schuldner des Wechselschuldners ist, sich entgegenhalten lassen, desgl. seine anomalen Rechtsnachfolger (oben Anm. 4): sein Inkassomandatar, sein nachprotestlicher Indossatar, sein zivilrechtlicher Sukzessor, sein doloser Indossatar. Was indessen den letzteren anlangt, so liegt nicht in jedem Erwerbe eines Wechsels mit dem Bewußtsein, daß der Wechselschuldner an den Wechselgläubiger eine Forderung hat, ein solcher dolus; denn an und für sich ist das bloße Bestehen einer Gegenforderung kein dem Wechsel anhaftender Mangel; die Aufrechnung muß ja erklärt werden, um zu wirken (§ 388 BGB.). Insoweit ist die Kompensation ein höchst persönlicher Einwand, dessen Kenntnis beim Erwerbe diesen Erwerb nicht zum dolosen macht (vgl. oben Anm. 16). Ob die Kompensation zu erwarten und dies dem Erwerber bekannt war, ist unerheblich, auch wenn die Weiterbegebung in der dem Erwerber bekannten Absicht erfolgte, die Einrede abzuschneiden, da es eben nach § 388 BGB. nur auf die Erklärung der Kompensation ankommt (a. M. Staub 4. Aufl. in Übereinstimmung mit ROHG.

23, 262 und Dernburg II § 276; auf dem diesseitigen Standpunkt stehen Grünhut Hdb. II § 88, Bernstein 321; Rehbein Anm. 9). Art. 82. Anm. 29

Auch kann nur derjenige Schuldner die Kompensation geltend machen, dem die Gegenforderung zusteht, nicht etwa kann der Regreßschuldner eine dem Akzeptanten zustehende Gegenforderung vorschützen, noch auch der Avalist desselben.

23. **Kontokurrent.** Daß der Einwand des Kontokurrents in rem nicht wirkt, ist klar. Höchstens wirkt er in personam, d. h. gegenüber der Person, mit der die Kontokurrentverbindung besteht, und deren anomalen Rechtsnachfolgern (oben Anm. 4). Aber auch in personam ist die bloße Behauptung, daß zwischen den Parteien ein Kontokurrentverhältnis besteht, nicht ausreichend, um einen Wechseleinwand zu begründen, und auch die Gutschrift in laufender Rechnung ändert hieran nichts, weil sich das Kontokurrentverhältnis im Zweifel auf Wechselansprüche nicht bezieht (ROHG. 3, 145; 9, 245; 22, 337; Bolze 5 Nr. 548). Aber selbstverständlich können auch Wechselansprüche in das Kontokurrentverhältnis hineinbezogen werden (ROHG. 22, 337), auch durch stillschweigende Willenserklärung (z. B. in den Kontokurrentsaldo wurden auch Wechselansprüche stets einbezogen und diese Salden sind wiederholt anerkannt worden, ROHG. 5, 339). Durch das Saldoanerkenntnis ist jedenfalls die in dasselbe hineinbezogene Wechselforderung beseitigt (vgl. Staub, HGB. neue 8. Aufl. Anm. 27 zu § 355). Anm. 30

24. **Prolongation.** Auf den Einwand der Prolongation muß hier näher eingangen werden. Anm. 31

A. **Rechtliche Bedeutung der Wechselprolongation.** Sie bewirkt nicht eine Änderung des Verfalltages, sondern nur der Zahlungszeit. Der wechselmäßige Verfalltag bleibt nach wie vor maßgebend und ist nach wie vor überall dort zugrunde zu legen, wo der Verfalltag absolut entscheidet, z. B. für die Protestfrist (vgl. unten Anm. 31c). Die Prolongation bewirkt nur eine Hinausschiebung des Zahlungstags, wie sie z. B. auch durch das Dazwischentreten eines Feiertags bewirkt wird. (Über den Unterschied von Verfalltag und Zahlungstag vgl. Anm. 14 zu Art. 4.)

Daß die Prolongation nur diese Wirkung hat und haben kann, ist die herrschende Meinung (vgl. die Zitate unten Anm. 31c). Bernstein (37) sucht sie zu bekämpfen. Nach ihm soll die Prolongation zwar regelmäßig und präsumtiv die Bedeutung einer Hinausschiebung der Zahlungszeit haben, aber für begrifflich möglich hält er auch eine Hinausschiebung des Wechselverfalltages. Allein diese Ansicht widerspricht dem Formalcharakter des Wechsels. Der Wechsel ist Träger der Wechselforderung, in einer bestimmten Gestalt verkörpert er eine Forderung von entsprechendem bestimmten Inhalt. Soll statt dessen etwas anderes wechselmäßig stipuliert werden, so muß dies in einer neuen Urkunde geschehen, die gleichfalls die wesentlichen Erfordernisse eines Wechsels hat. Das aber wäre ein neuer Wechsel. (Die österreichische Rechtsprechung neigt zu der von Bernstein verfochtenen Ansicht — OG. Wien bei Peitler Nr. 124, 321 u. 348; bei Cz. Nr. 166.)

B. **Form der Prolongation.** Eine solche ist nicht vorgeschrieben. Anm 31a.

Die schriftliche Prolongation kann in besonderer Urkunde oder auch auf dem Wechsel erfolgen. Über die Wirkung der letzteren Beurkundung s. unten Anm. 31b.

Ein mit der Bitte um Prolongation gesandter Prolongationswechsel braucht nicht zurückgeschickt, sondern nur zur Abholung bereit gehalten zu werden (RG. 41, 23).

C. **Die Wirkungen der getroffenen Prolongationsabrede** folgen aus der rechtlichen Bedeutung der Prolongation (vgl. oben Anm. 31); die Zahlungszeit ist hinausgeschoben, der Verfalltag ist geblieben. Anm. 31b.

a) Die Zahlungszeit ist hinausgeschoben. Daraus folgt, daß der Gläubiger nicht mehr das Recht hat, den Wechsel vor dem neuen Fälligkeitstage geltend zu machen (KGBl. 2, 9).

Der Schuldner hat, wenn dies dennoch geschieht, eine exceptio in personam gegenüber dem Gläubiger, mit dem er die Abrede getroffen hat, und dessen anomalen

Art. 82. Anm. 31b. Sukzessoren (oben Anm. 4), es sei denn, daß die Abrede auf dem Wechsel vermerkt ist, in welchem Falle sie in rem wirkt. Doch kann er diesen Einwand nur geltend machen, wenn er dem Gläubiger rechtzeitig einen Prolongationswechsel angeboten hat. Dies wird in der Praxis mit Recht angenommen (vgl. z. B. OLG. Dresden in der DJZ. 4, 260; KGBl. 99, 51). Mit Recht deshalb, weil die Prolongation in der Regel durch Hergabe eines neuen Wechsels mit dem neuen Verfalltage geschieht, dies also regelmäßig als Parteiabsicht gelten muß (über Prolongationswechsel vgl. ROHG. 19, 252; RG. 9, 65; OG. Wien bei Krall Nr. 36). Dabei ist ein Handelsgebrauch zu verzeichnen, wonach der neue Wechsel regelmäßig auf 3 Monate zu lauten hat. Die Hergabe des Prolongationswechsels ist keine Novation (vgl. Anm. 25 zu Art. 83). Ob der alte Wechsel zurückverlangt werden kann, darüber s. Anm. 6 zu Art. 39.

Von der bewilligten Prolongation kann abgegangen werden, wenn nachträglich Kreditunwürdigkeit eintritt oder in Erfahrung gebracht wird (Staub HGB. 6./7. Aufl. Anm. 30 im Exk. vor § 373; abweichend Bernstein 41).

Die übrigen Wechselverpflichteten, welche die Prolongationsabrede nicht mit getroffen haben, können den Einwand regelmäßig nicht vorschützen. (Siehe jedoch Näheres Anm. 6 zu Art. 81.) Eine Ausnahme bildet der Fall, daß die Prolongation vor dem Verfalltage geschehen ist, in diesem Falle können nämlich die Regreßverpflichteten geltend machen, daß die Nichtzahlung vom Gläubiger selbst verschuldet ist (Bernstein 40; anders Grünhut Hdb. II 247). Ferner kann sich der Avalist desjenigen, dem die Stundung bewilligt ist, auf sie der Regel nach berufen (RG. 45, 71 im Gegensatz zu ROHG. 18, 305), es sei denn, daß die Stundung ausdrücklich nur dem Schuldner, nicht dem Bürgen bewilligt ist (lex 32 Dig. de pactis 11, 14).

Ist die Stundung mit dem Hauptschuldner, dem Akzeptanten, bzw. Aussteller des eigenen Wechsels, vereinbart, so wirkt sie mangels besonderer Umstände für die Regel in rem, weil die Stundung, die einem Wechselverpflichteten bewilligt wird, präsumtiv zugunsten derjenigen Wechselverpflichteten mitwirken muß, die gegen den Prolongaten vorzugehen berechtigt wären. Der § 425 BGB. steht nicht entgegen; diese Wirkung der Stundungsabrede ergibt sich hier aus dem Schuldverhältnis. Dem pactum wohnt eine umfassendere Wirkung (in rem) inne um des Prolongaten willen, weil dieser sonst von den anderen belangt werden könnte. Vgl. auch RG. 45, 70 und J. u. M. Stranz Anm. 35a. Mit diesen Ausführungen, namentlich auch seinen eigenen in Bd. 45, 70ff., setzt sich das Reichsgericht in der Entscheidung Bd. 61, 182ff. in Widerspruch, in der es ausführt: durch die dem Akzeptanten bewilligte Stundung erklärte der Wechselgläubiger nichts weiter, als daß er ihn (den Akzeptanten) vorläufig mit Klage verschonen werde. Das Reichsgericht schließt sich ohne überzeugende Gründe der Meinung Grünhuts an, während Dernburg (§ 260) und Bernstein auf dem hier vertretenen Standpunkte stehen.

Anm. 31c. b) Der Verfalltag ist geblieben. Die Protestfrist wird daher nach wie vor vom wechselmäßigen Verfalltage ab gerechnet (ROHG. 1, 288; vgl. Anm. 13 zu Art. 41). Selbstverständlich steht die Prolongation nicht der Gültigkeit des Protestes entgegen; mit Unrecht imputiert uns das RG (61, 183) eine solche Annahme. Diesseits wird nur der Standpunkt vertreten, daß die Prolongationsabrede mit dem Akzeptanten auch für die Regel zugunsten des Regreßverpflichteten (näheres Anm. 31b) wirke und den Regreß gegen sie hinausschiebe. Desgleichen wird die Verjährung vom wechselmäßigen Verfalltage ab gerechnet (ROHG. 25, 26; Dernburg § 260 a. E.; vgl. Anm. 1 zu Art. 77). Über den Fall, wo der neue Zahlungstag in eine Zeit fällt, die nach dem Ablauf der Verjährung liegt, s. Anm. 11 zu Art. 77.

Anm. 31d. c) Mala fides vor oder bei Erwerb des Prolongationswechsels schadet nach einer Entsch. des RG. (KGBl. 98, 98) nicht, wenn nur bei Erwerb des ursprünglichen Wechsels Gutgläubigkeit vorhanden war. Diese Entscheidung ist bedenklich. Wird vor oder bei Erwerb des Prolongationswechsels dem Gläubiger der Tatbestand mitgeteilt, der für den Schuldner Einreden begründet, so kann der Gläubiger diesen nunmehr auch für ihn mit Einreden belasteten Prolongationswechsel zurückweisen, selbst wenn er zur Prolongation nach früheren Abmachungen verpflichtet war. Nimmt er ihn trotzdem, so muß er die Folgen seiner Schlechtgläubigkeit tragen; eine mala fides superveniens liegt dann nicht vor. Diese Erwägung ist sicherlich dann eine zwingende, wenn der Prolongant freiwillig ohne Verpflichtung den Prolongationswechsel nimmt (J. u. M. Stranz Anm. 35b). Art. 82. Anm. 31d.

25. **Prozeßfähigkeit.** Der Einwand der mangelnden Prozeßfähigkeit ist ein objektiver Einwand (oben Anm. 2). Näheres über ihn zu Art. 1. Anm. 32.

26. **Rechtsgeschäft. Der Einwand aus dem zugrunde liegenden Rechtsgeschäft.** Anm. 33.

A. **Kann überhaupt auf das zugrunde liegende Rechtsgeschäft zurückgegangen werden?** Die Frage ist zu bejahen. Mit dem Satze, daß der Wechsel einen selbständigen Rechtsgrund darstelle und losgelöst sei von dem zugrunde liegenden Rechtsverhältnisse, ist für die Wissenschaft und die Praxis nichts gewonnen. Denn er vermischt Wahres mit Falschem. Losgelöst von dem zugrunde liegenden Rechtsverhältnisse ist der Wechsel nur insofern, als die normale Zirkulation des Wechsels, d. h. durch eigentliches reines Indossament (vgl. oben Anm. 4) der Erwerber die Rechte aus dem Wechsel in völlig abstrakter Weise, wie sie sich aus dem Wechsel selbst ergeben, erwirbt und sich sonstige Einwendungen gegen den Vormann nicht entgegenhalten zu lassen braucht.

Allein wo keine Begebung durch eigentliches reines Indossament vorliegt, sondern der Wechsel sich entweder noch in der Hand des Gläubigers befindet, gegen dessen Person Einwendungen entstanden sind, oder in den Händen eines anomalen Wechselsukzessors (vgl. oben Anm. 4), da bleibt der Wechsel zwar noch insofern losgelöst von dem unterliegenden Schuldverhältnisse, als zur Begründung des Wechselanspruchs prima facie nichts weiter als die Berufung auf den Wechsel erforderlich ist: die Klage aus dem Wechsel ist eine actio sui generis, die zu ihrer Begründung eines Zurückgehens auf den Ursprung des Wechsels nicht bedarf. Aber dadurch löst sich der Wechsel doch nicht völlig los von seinem Ursprung. Er tritt nicht unvermittelt in die Welt, wie Pallas Athene, als sie dem Haupte des Zeus entsprang, sondern er verdankt seine Entstehung bestimmten rechtlichen Vorgängen, aus deren Beschaffenheit und weiterer Gestaltung das Recht des Wechselschuldners fließen kann, vom Wechselgläubiger zu verlangen, sein formales Recht nicht geltend zu machen. So bleibt der Wechsel auch ferner mit dem Rechtsverhältnis verknüpft, aus dem er entstand.

B. **Wirkt der aus dem zugrunde liegenden Rechtsverhältnisse entnommene Einwand in rem oder in personam?** Das letztere trifft zu. Die Loslösung von dem zugrunde liegenden Rechtsverhältnisse macht sich hauptsächlich darin geltend, daß der normale Sukzessor, der reine redliche vorprotestliche Indossatar, den Wechsel in dieser Loslösung erwirbt, so daß er sich Einwendungen aus der Person des Vormannes nicht gefallen zu lassen braucht (RG. 8, 97; OG. Wien bei Cz. Nr. 145). Aber in personam wirkt jener Einwand d. h. gegen den, mit dem das zugrunde liegende Rechtsverhältnis besteht, und gegen dessen anomale Wechselsukzessoren (Inkassomandatar, nachprotestlichen Indossatar, dolosen Indossatar, zivilrechtlichen Sukzessor; vgl. oben Anm. 4). Anm. 34.

C. **Die einzelnen Einwendungen aus dem zugrunde liegenden Rechtsgeschäfte.** Solche Einwendungen sind in mannigfachster Weise möglich. Eine Klassifizierung soll wie folgt versucht werden. Anm. 35.

a) Der Wechselnehmer habe den Wechsel durch eine verbotene Handlung vom Schuldner erlangt, z. B. durch ein Wuchergeschäft § 138 Abs. 2 BGB. (RG. 8, 36; Bolze 16 Nr. 288; s. a. Anm. 66 unten und Anm. 9b oben), durch verbotenes Spiel (ROHG. 10, 387), durch Erpressung (ROHG. 23, 226), durch Betrug (oben Anm. 9). Greift der Einwand des Wuchers durch, so ist die Wechselklage überhaupt abzuweisen. Das wirklich Geleistete kann der Wuchergläubiger nur mit einer besonderen Ersatzklage geltend machen (RG. 11, 91).

Art. 82. Anm. 36. b) Der Wechselnehmer habe den Wechsel zwar nicht durch eine verbotene Handlung, aber doch ohne Rechtsgrund erlangt. Z. B. der Wechsel ist gegeben aus einer turpis causa (ROHG. 23, 226 — der Wechsel war ausbedungen und gegeben für das Unterlassen einer unbegründeten Denunziation — [vgl. § 817 BGB.], während ein Vergleich über die Unterlassung einer begründeten Denunziation weder gesetzlich verboten, noch unerlaubt ist, — Bolze 19 Nr. 377 und 378, vgl. auch Nr. 381); oder der Wechsel ist irrtümlich gegeben zur Begleichung einer bereits bezahlten Schuld; der Wechsel ist im voraus gegeben im Verlauf von Verhandlungen, die aber zum Abschluß des indossierten Geschäfts nicht geführt haben; oder endlich das abgeschlossene Geschäft ist rechtsungültig (OG. Wien bei Cz. Nr. 414) oder klaglos.

Anm. 37. Einreden aus klaglosem, wenn auch (hinsichtlich des bereits Geleisteten) nicht ungültigem Geschäft, sind insbesondere die Einreden:

α) des Provisionsversprechens für Ehevermittlung (§ 656 BGB.);

β) des Lotterie- oder Ausspielvertrages, wenn die Lotterie oder die Ausspielung staatlich nicht genehmigt ist (§ 763 BGB.);

γ) des Spiels und der Wette (§ 762 BGB., RG. 52, 39: Wettschulden sind unklagbar). Auch Ansprüche aus dem Auftrag zum Spielen oder Wetten bleiben klaglos (RG. 51, 157: Ansprüche eines Wettkommissionsbureaus aus einem Wechsel, der auf verauslagte Wetteinsätze und auf Provisionen für Abschließung von Wettverträgen gegeben war, sind unklagbar). Dem Kläger, der als Regreßnehmer einen Wechselanspruch geltend macht, kann die Einrede entgegengehalten werden, es sei ihm bei dem Erwerb des Wechsels bekannt gewesen, daß ein Teil der Wechselsumme aus einem Darlehen herrühre, das zum Zwecke des Spieles gegeben sei, und wegen der Umstände, unter denen das Darlehen gegeben sei, wie Dauer des Spieles bis zum Morgen, in einem öffentlichen Lokale, bedeutende Umsätze usw., ein nichtiges Geschäft vorliege (OLG. Posen in Pos. MSchr. 06, 5).

δ) des verbotenen Differenzgeschäfts (§ 764 BGB.; ROHG. 3, 359; RG. 34, 83 und 187 und 264);

ε) des verbotenen Börsentermingeschäfts (§§ 48, 66, 69 BörsGes.).

Anm. 37a. αα) Rücksichtlich der **Wechselhingabe bei unverbindlichen Differenz- und Börsentermingeschäften** hat das Reichsgericht folgende Grundsätze aufgestellt (vgl. Niesen: „Regulierung sog. erlaubter Spielschulden durch Wechsel" in JW. 01, 884 ff. und vgl. auch „Die neuere Rechtsprechung des RG. zum Börsenterminhandel und zum Differenzeinwand" in JW. 04, 105 ff.): Die Wechsel können, einerlei ob sie zur Sicherheit (Einschuß) oder vorschußweise oder zahlungshalber (Art. 83 Anm. 20 ff., 26) gegeben sind, zurückgefordert werden; der Klage aus ihnen kann die Einrede der Unverbindlichkeit entgegengesetzt werden (RG. 38, 251; 37, 416; JW. 00, 448[26]).

Auch ein an Zahlungsstatt gegebener Wechsel beseitigt nicht die Unverbindlichkeit der Schuld aus ungültigen Differenz- und Börsentermingeschäften, wie es überdies durch § 762 Abs. 2 BGB. für die Differenzschuld klargestellt ist (RG. 47, 50 und in JW. 04, 124[31]; ebenso schon für den Rechtszustand vor dem alten Börsengesetz von 1896 JW. 96, 421, während in Bd. 35, 197 nebenher in den Gründen an Zahlungsstatt gegebene Wechsel der wirklichen Zahlung gleichgestellt werden). Tragen derartige an Zahlungsstatt gegebene Wechsel neben der Unterschrift des Schuldners auch fremde Unterschriften, so hat zwar das Giro des Schuldners (vgl. Staub HGB. 7. Aufl. Exk. zu § 376 Anm. 17 u. 54) keine verpflichtende Wirkung, aber im übrigen liegt eine Leistung zur Erfüllung im Sinne des § 66 BörsGes. und des § 762 BGB. vor. Zahlen die anderen Schuldner, so kann der Differenz- oder Terminschuldner den Betrag von seinem Gläubiger nicht kondizieren.

Löst der Schuldner den als Einschuß oder Vorschuß zahlungshalber oder an Zahlungsstatt gegebenen Wechsel freiwillig bei seinem Gegenkontrahenten

ein, so liegt nunmehr wirkliche Erfüllung vor, die nicht zurückgefordert werden kann. Art. 82.
Mußte er einem dritten redlichen Erwerber des Wechsels infolge formalen Wechselrechts zahlen, so kann dies nur dann als nicht kondizierbare Zahlung gelten, wenn er noch zur Zeit der Einziehung des Wechsels mit ihr einverstanden war (RG. bei Holdheim 8, 188ff. und Bd. 51, 357, in Abweichung von RG. 35, 196; s. a. unten Anm. 72). Das Einverständnis wird angenommen, solange der Schuldner nicht widerspricht. Jedenfalls ist der Widerspruch wirksam, mag er gegenüber dem dritten Erwerber oder dem ursprünglichen Wechselnehmer geschehen, wenn er nur vor der Zahlung erfolgt (RG. 51, 361). In einem solchen Falle wird übrigens die Eröffnung des Konkursverfahrens über das Vermögen des Wechselschuldners insofern von Bedeutung, als auf den Verwalter das Recht der Rückforderung des Wechsels übergeht und deshalb auch der Wechselnehmer die Genehmigung des Verwalters (nicht des Kridars) zu der Realisierung des Wechsels erfordern muß, um eine auf den Wechsel erfolgte Zahlung behalten zu dürfen (a. M. Staub 4. Aufl. § 72, wo der Verwalter für verpflichtet erachtet wird, den Widerruf zu erklären). Anm. 37a.

Ein **Vergleich** über Differenzgeschäfte ist unwirksam. Betrifft indes ein Vergleich die Frage, ob überhaupt ein unklagbares Differenzgeschäft oder ein gültiges Kauf- bzw. Kommissionsgeschäft vorliegt, so wird er nach einer sehr bedenklichen Entsch. des RG. (49, 193) für wirksam erklärt.

Durch die **Börsennovelle** vom 8. Mai 1908 (Börsengesetz vom $\frac{\text{22. Juni 1896}}{\text{8. Mai 1908}}$ in der Fassung der Bekanntmachung des Reichskanzlers vom 27. Mai 1908 RGBl. 08, 215ff.) sind tiefgreifende Änderungen hinsichtlich des Börsenterminhandels und der Rechtsverbindlichkeit von Börsentermingeschäften geschaffen worden (§§ 50—70 BörsGes.). Aber die obigen in Anm 37a entwickelten Grundsätze des Reichsgerichts hinsichtlich der Bedeutung und Wirkung der **Wechselhingabe** bei Differenz- und Börsentermingeschäften sind im wesentlichen unberührt geblieben. Anm. 37b.

Für die hier in Betracht kommende Wechselhingabe mag auf folgende Punkte hingewiesen werden: Das Börsengesetz unterscheidet: 1. die **nicht verbotenen** Börsentermingeschäfte, die **nur nach** Maßgabe der §§ 53—56 wirksam sind (§ 52), und 2. die **verbotenen**, d. h. die in bestimmten Waren und Wertpapieren, wenn sie durch das Gesetz oder durch den Bundesrat verboten sind (§ 63).

Zu 1. Bei **nicht verbotenen (bedingt wirksamen)** Börsentermingeschäften kann die Hingabe eines Wechsels „als **Sicherheit** für die Erfüllung des Geschäfts" im Sinne des § 54 BörsGes. nicht angesehen werden, da nach Abs. 2 des § 54 die Sicherheitsleistung die im Abs. 1 bezeichneten Wirkungen nur hat, wenn die Sicherheit aus Geld oder aus Wertpapieren, die einen Kurswert haben, besteht. — Nach § 55 kann das auf Grund des Geschäfts **Geleistete** nicht deshalb zurückgefordert werden, weil für den Leistenden nach den §§ 52—54 eine Verbindlichkeit nicht bestanden hat. Diese Bestimmung (nachgebildet dem § 762 BGB.) schließt die Rückforderung des auf Grund zwar nicht verbotener, aber nur bedingt wirksamer Börsentermingeschäfte tatsächlich Geleisteten aus, und legt damit allen nicht verbotenen Börsentermingeschäften die Wirksamkeit bei, daß sie erfüllbar sind. Die Erfüllung muß (vgl. Hemptenmacher Börsengesetz, Guttentag'sche Sammlung Anm. 1 zu § 55) in der Leistung bestehen, die der Forderung entspricht. Leistung ist also nicht eine Umwandlung der Forderung in eine andere, wie **Hingabe eines Wechsels** statt der Zahlung. Es stellen ferner Zahlungen, die als „Einschuß" gegeben sind, keine Leistung, sondern nur eine Sicherheit dar (vgl. das schon Anm. 37a zitierte Erkenntnis des RG. 38, 232). Umsomehr gilt dies auch von Wechseln, die als „Einschuß" gegeben worden sind. Solche als „Einschuß" gegebene Zahlungen oder Wechsel können daher bei nur bedingt wirksamen Börsentermingeschäften zurückgefordert werden (Näheres Hemptenmacher § 55 Anm. 1). — Wenngleich nicht verbotene Börsentermingeschäfte zwar erfüllbar sind, wenngleich auch die Forderungen aus

Art. 82. Anm. 37b. ihnen zur Aufrechnung gegen gewisse Forderungen geeignet sind (§ 56), so können doch darüber hinaus solche Geschäfte durch nachträgliche novierende Vereinbarungen (Anerkenntnis, abstraktes Schuldversprechen, Wechselhingabe) nicht zu wirksamen gemacht werden (§ 59 BörsGes.).

Zu 2. Auch bei verbotenen Börsentermingeschäften kann nach § 64 das auf Grund des Geschäfts Geleistete nicht deshalb zurückgefordert werden, weil es sich um ein verbotenes Börsentermingeschäft handelt. Auch verbotene Börsentermingeschäfte sind somit insofern wirksam gemacht, als sie erfüllbar sind, und werden in dieser Beziehung den nach den §§ 54, 55 nur bedingt wirksamen Börsentermingeschäften gleich behandelt. Auch hier ist selbstverständlich Wechselhingabe keine Leistung (Hemptenmacher Anm. 5 zu § 64). Verbindlichkeiten aus verbotenen Termingeschäften können gleichfalls durch Schuldversprechen, Anerkenntnis oder Wechselhingabe nicht zu wirksamen gemacht werden (§ 69 BörsGes.). — Durch ein verbotenes Börsentermingeschäft in Getreide oder Erzeugnissen der Getreidemüllerei wird, abgesehen von den im § 67 BörsGes. getroffenen Ausnahmen, eine Verbindlichkeit nicht begründet, und zwar mit der Wirkung, daß selbst das auf Grund des Geschäfts Geleistete innerhalb eines Zeitraums von zwei Jahren zurückgefordert werden kann (§ 66 BörsGes.).

Anm. 38. c) Der Wechselnehmer habe den Wechsel auf Grund eines wegen Formmangels ungültigen Rechtsgeschäfts erlangt. Hier gilt folgendes:

Die Formlosigkeit des Vertrags bewirkt nicht Ungültigkeit des Wechsels. Der Wechsel bleibt gültig, aber aus der Ungültigkeit des zugrunde liegenden Rechtsgeschäfts entsteht ein Einwand in personam (ROHG. 14, 144; RG. 11, 2; Bolze 14 Nr. 323b; OG. Wien bei Cz. Nr. 251 u. 497). Es kann jedoch sein, daß durch die Übergabe des Wechsels der Mangel der Form geheilt ist (Bolze 1 Nr. 694); z. B. eine nach preußischem Recht wegen Formmangels ungültige Schenkung wurde dadurch gültig, daß über die zum Geschenk versprochene Summe ein Wechsel gegeben wird, RG. 2, 5; dies wird auch nach § 518 Abs. 2 BGB. anzunehmen sein (vgl. Planck Anm. 2 zu § 518); das gleiche auch bei der Bürgschaft nach § 766 BGB. (RG. 51, 114; s. a. oben Anm. 9b).

Anm. 39. d) Der Wechselnehmer habe den Wechsel zwar durch einen rechtsgültigen Vertrag erlangt, aber aus der weiteren Gestaltung dieses Vertragsverhältnisses ergebe sich ein Recht des Beklagten gegen seinen Kontrahenten, daß dieser den Wechsel nicht geltend mache.

Das kann verschiedene Ursachen haben:

Anm. 40. α) Der Vertrag ist vom Wechselnehmer nicht erfüllt oder nicht gehörig erfüllt worden. Der bloße Einwand, daß der zugrunde liegende Vertrag nicht oder nicht gehörig erfüllt sei, ist zwar nicht stichhaltig, wohl aber, wenn sich aus dieser Vertragswidrigkeit ergibt, daß infolge ihrer der Wechselnehmer kein Recht hat, den in seinem Besitz befindlichen Wechsel geltend zu machen, was der Fall ist, wenn die Leistung nicht erfüllt ist, von deren ordnungsmäßiger Erfüllung die Geltendmachung des Wechsels von den Parteien abhängig gemacht ist oder nach Inhalt der Abrede als abhängig gemacht gilt (ROHG. 2, 228; 3, 315; 13, 167; zustimmend OLG. Kiel bei Kaufmann 8, 400). Das braucht nicht immer der Fall zu sein (vgl. z. B. Bolze 3 Nr. 550). Die Hauptfälle sind die, daß der Wechsel als Vorausbezahlung zur Deckung des Kaufpreises gegeben ist, die Lieferung aber nicht erfolgt oder mangelhaft erfolgt oder zu spät und der Käufer mit Recht zurücktritt (RG. 2, 412). Es muß in solchen Fällen jedoch dargelegt werden, nicht bloß, daß der Vertrag bisher nicht erfüllt ist, zurzeit also kein Anspruch aus dem Kaufvertrage bestehe, sondern es muß erhellen, daß überhaupt ein solcher nicht mehr entstehen kann. Denn die Hingabe des Wechsels mit bestimmtem Fälligkeitsdatum zeigt, daß der Gläubiger den

Wechselbetrag am bestimmten Verfalltage haben soll, auch wenn sich das zugrunde Art. 82
liegende Geschäft zurzeit noch nicht soweit erledigt hat, daß auch von diesem Gesichts- Anm. 40
punkte das Recht auf eine fällige Leistung für den Gläubiger entstanden ist (Bolze 10 Nr. 365c; OG. Wien bei Cz. Nr. 233; Dernburg § 276). Indessen, wie gesagt, es kann die Meinung der Parteien auch die sein, daß der Gläubiger den Wechsel am Verfalltage nur dann geltend machen soll, wenn er bereits an diesem Tage aus dem zugrunde liegenden Verhältnisse eine Forderung hatte (Dernburg II § 276 Anm. 25). — Über die Beweislast s. unten Anm. 69.

β) Der Wechsel sei nur unter einer Bedingung gegeben und diese Bedingung sei Anm. 41
nicht eingetreten (ROHG. 25, 302; Bolze 15 Nr. 251; OG. Wien bei Cz. Nr. 181, 201); z. B. der Gläubiger sei verpflichtet, zunächst ein Pfand zu verkaufen, oder erst einen anderen Wechselgläubiger in Anspruch zu nehmen oder der Wechsel sei von dem Gläubiger diskontiert worden gegen das Versprechen, daß die Diskontvaluta innerhalb 3 Tagen gezahlt werde, was nicht geschehen sei (ROHG. 2, 228). — Über die Beweislast unten Anm. 69.

γ) Der zugrunde liegende Vertrag sei wieder aufgehoben worden, sei es durch gegen- Anm. 42
seitige Übereinkunft, sei es durch Tilgung. Über letztere s. unten Anm. 50ff.

δ) Der Wechsel sei zwar gegeben, aber es sei vereinbart, daß der Beklagte nicht in Anm. 43
Anspruch genommen werden solle (ROHG. 4, 392). Soweit dies zusammenfällt mit dem Einwand der Gefälligkeitsunterschrift, sei auf die Ausführungen oben zu Anm. 22 verwiesen. Hier ist ein anderer Fall gemeint, nämlich der, daß jemand aus der Unterschrift überhaupt nicht haften wollte, weder dem Nehmer noch einem Dritten, z. B. dem Wechselgeber ist erklärt worden, seine Unterschrift gelte nur als Zeugenunterschrift (OG. Wien bei Peitler Nr. 333).

Auch dieser Einwand ist nur ein persönlicher Einwand, zustehend gegenüber dem Wechselnehmer und dessen anomalen Wechselsukzessoren im Sinne der obigen Anm. 4.

ε) Noch andere Fälle sind denkbar: z. B. der Einwand, daß zwar formell Kläger und Anm. 44
Beklagter verschiedene Wechselunterschriften, letzterer als Akzeptant, abgegeben haben, daß aber beide nur gemeinsame Bürgen des Remittenten sein sollten (Bolze 2 Nr. 815). Indessen wird man im letzteren Falle unter Umständen ein wechselrechtliches Regreßrecht dem einen Bürgen gegen den anderen geben (Bolze 7 Nr. 420).

27. **Rechtshängigkeit.** Der Einwand der Rechtshängigkeit wird im Wechselprozesse damit Anm. 46.
nicht begründet, daß die negative Feststellungsklage auf Nichtbestehen des betreffenden Wechselanspruchs schwebt (RG. 17, 327; 21, 392); ebensowenig greift eine solche Einrede bei Verfolgung der Wechselklage im ordentlichen Prozesse durch (OLG. Braunschweig in BraunschwZ. 54, 63; Wilmowski-Levy, Anm. 2 zu § 235 ZPO.; dagegen RG. in Gruchot 28, 1136). Auch die vorher zugestellte Klage auf Herausgabe des Wechsels begründet weder der Wechselklage im Wechselprozeß, noch der Wechselklage im ordentlichen Prozeß gegenüber den Einwand der Rechtshängigkeit. Denn der Anspruch auf Herausgabe des Wechsels ist nicht die Umkehrung des Anspruchs aus dem Wechsel. Der Wechselgläubiger mag verpflichtet sein, den Wechsel herauszugeben, aber solange er ihn besitzt, ist er Wechselgläubiger, und ist prima facie berechtigt, den Wechsel geltend zu machen (anders RG. v. 24. 3. 84 bei Gruch. 28, 1136; Bernstein 327). Zur Unterbrechung der Verjährung ist er sogar verpflichtet, ihn geltend zu machen.

Die wechselmäßige Haftung des Ausstellers ist eine andere, als die des ersten Giranten, die des ersten Giranten wieder eine andere, als die des zweiten und so fort. Da jeder aus einem Wechsel Verpflichtete lediglich auf Grund des eigenen Skripturaktes haftet, so kann ein Indossant der Klage aus dem Wechsel die Einrede der Rechtshängigkeit nicht deshalb entgegensetzen, weil gegen ihn als Aussteller in Gemeinschaft mit dem Akzeptanten die Wechselklage bereits erhoben ist (OLG. Dresden im Recht 07, 896; vgl. auch Art. 81 Anm. 9a).

Art. 82. 28. **Rechtskräftig entschiedene Sache.** Die *exceptio rei judicatae* ist kein Einwand in
Anm. 46. rem und tilgt die Wechselobligation nicht objektiv (ROHG. 7, 81). Sie wirkt in personam, d. h. gegen den, der mit seiner Wechselklage abgewiesen wurde, und dessen anomale Wechselsukzessoren (vgl. oben Anm. 4); aber auch gegenüber dem Inkassomandanten, nachdem der Inkassomandatar abgewiesen wurde (Anm. 14b zu Art. 17). Es kann aber nicht demjenigen Regreßverpflichteten, der eingelöst hat, und der nunmehr gegen seinen Vormann oder gegen den Akzeptanten vorgeht, eingewendet werden, die Sache sei bereits rechtskräftig entschieden, weil vorher ein Nachmann des jetzigen Klägers den Wechsel gegen den jetzigen Beklagten (mit oder ohne Erfolg) geltend gemacht hatte (ROHG. 7, 81). Dies gilt auch dann, wenn die beiden jetzigen Parteien damals verklagt waren (über den Fall, daß beide jetzige Parteien damals verurteilt wurden, s. Anm. 9 zu Art. 81). Auch als Einwand in personam greift er nicht durch, wenn er darauf beruht, daß der Kläger mangels Protestes abgewiesen ist; die Beibringung des rechtzeitigen Protestes stützt die neue Klage genügend (ROHG. 7, 183). Weitere interessante Ausführungen hierüber s. bei Hellwig, Wesen und subjektive Begrenzung der Rechtskraft S. 289ff.

Anm. 46a. 29. **Schenkung.** Eine wegen Formmangels ungültige Schenkung wird nach ALR. (§ 1065 I, 11; RG. 2, 5) durch Hingabe eines Wechsels über die zum Geschenk versprochene Summe gültig. Der gleiche Grundsatz gilt nach § 518 Abs. 1 Satz 2 BGB. (vgl. Anm. 38).

Anm. 46b. 29a. **Sicherheitswechsel** s. Anm. 27.

Anm. 47. 30. **Simulation.** Der *Einwand der Simulation* (Schein und Scherz §§ 117, 118 BGB.) wirkt in personam (ROHG. 4, 388; Bolze 3 Nr. 800). In rem wirken kann er nicht wegen der analogen Anwendbarkeit des § 405 BGB., und weil die Wechselerklärung in diesem Falle jedem Dritten gegenüber gewollt war (vgl. oben Anm. 9; Dernburg § 276; für das frühere Recht ROHG. 6, 44 u. 61).

Anm. 48. 31. **Spiel.** Der Einwand des Spiels fällt unter die Kategorie der Einwendungen aus dem zugrunde liegenden Rechtsgeschäfte (vgl. Anm. 37γ).

Anm. 49. 32. **Stundung.** Der *Einwand der Stundung* ist eine exceptio in personam (OG. bei Cz. Nr. 220; Näheres Anm. 6 zu Art. 81 und oben Anm. 31 bei Prolongation).

Anm. 50. 33. **Tilgung des Wechsels.** Der Einwand der Tilgung erfordert eine ausführliche Erörterung.

A. Zur Tilgung des Wechsels reichen **rein formelle** Ereignisse nicht immer aus. Die *Vernichtung der Urkunde* ist z. B., wenn zufällig eintretend, kein Tilgungsgrund der Wechselschuld, wie Art. 73 zeigt, ebensowenig die auf Zufall beruhende *Zerstörung oder Durchstreichung* einer Wechselerklärung auf dem im übrigen erhaltenen Papier (Dernburg II § 278 gegen ROHG. 19, 270. — Vgl. hierüber zu Art. 76). — Die Quittung auf dem Wechsel ist nur ein Beweismittel (RG. 7, 67; 9, 64; Dernburg § 278) und ein Mittel, um den dolus des Erwerbers in bezug auf die Tatsache der Zahlung zu begründen. Für letztere Funktion ist die Teilquittung ohne weiteres geeignet, weil ja der Schuldner bei Teilzahlung etwas anderes als Teilquittung überhaupt nicht verlangen kann (Art. 39). Die Vollquittung aber hat diese Beweiskraft nicht in gleichem Maße, weil sie häufig vorweg in Erwartung künftiger Zahlung auf den Wechsel gesetzt wird; der Besitz des Wechsels paralysiert die Beweiskraft der Quittung (vgl. Anm. 29 zu Art. 36; hierzu noch RG. 9, 62; Dernburg II § 278). Unrichtig ist, wenn Cosack (§ 54 I 3a) die Vollquittung in rem wirken lassen will, weil auch die Teilquittung diese Wirkung habe. Die Erwägung, daß, was dem Teilzahler recht ist, dem Vollzahler billig sein muß, führt hier nicht weiter. — Ein durchstrichener Quittungsvermerk ist selbstverständlich ohne jede Bedeutung für die Beweiskraft.

Anm. 51. B. **Die materielle Tilgung des Wechsels, insbesondere die Zahlung.**

a) **Die Wirkung der Zahlung** *hängt davon ab, von wem gezahlt worden ist und in welcher Absicht.*

Anm. 52. α) *Zahlt der Akzeptant*, so erfüllt damit der Akzeptant zwar präsumtiv seine eigene Verbindlichkeit — wodurch auch seine Avalisten sofort befreit werden —, **gleichzeitig**

aber ist damit die Verbindlichkeit erfüllt, deren Nichterfüllung die Voraussetzung aller Art. 82.
Regreßverpflichtungen ist. Daraus folgt, daß alle Regreßverpflichteten durch seine Anm. 52.
Zahlung befreit sind (ROHG. 8, 389; 12, 247; RG. 9, 64; OLG. Dresden im SächsA. 7, 96) und die Wechselobligation auch nicht mehr aufleben kann, etwa durch Aushändigung des Wechsels seitens des Akzeptanten an einen andern (Bolze 1 Nr. 841; OLG. Dresden im SächsA. 7, 95f.). Die Befreiung der Regreßverpflichteten tritt natürlich auch ein, wenn der Trassat, der nicht akzeptiert hat, zahlt (ROHG. 5, 128; 18, 368). Vgl. jedoch unten Anm. 58 a. E.

Demgemäß kann die durch den Akzeptanten erfolgte Zahlung einwenden: der Akzeptant, seine Avalisten und sämtliche Regreßverpflichteten, sowie deren Avalisten.

Auch eine Zahlung für den Akzeptanten oder Trassaten hat die gleiche Anm. 53.
Wirkung, insbesondere auch eine durch den Regreßschuldner für den Trassaten bewirkte Zahlung (ROHG. 25, 19; Bolze 3 Nr. 551). Nur wird die durch den Regreßschuldner bewirkte Zahlung präsumtiv nicht als Zahlung für den Trassaten angesehen (s. unten Anm. 55). Ist aber die Zahlung für den Akzeptanten oder Trassaten geleistet, so gilt sie als solche, ohne daß der Akzeptant beitritt (ROHG. 8, 390; 16, 218; RG. vom 4. 6. 98 bei Gruch. 42, 1088). Indes kann der Gläubiger die Zahlung ablehnen, wenn der Hauptschuldner widerspricht (§ 263 BGB.). Der Dritte, der für den Akzeptanten die Zahlung geleistet hat, kann in solchen Fällen auch nicht durch ein Indossament das Wechselrecht erwerben, denn die Wechselschuld ist getilgt (Bolze 20 Nr. 326).

β) Zahlt der Domiziliat, so kommt es darauf an, in welcher Eigenschaft er zahlt. Anm. 54.
Zahlt er ohne jede weitere Erklärung, so gilt seine Zahlung als für den Bezogenen erfolgt und sie hat dieselbe Wirkung, wie die des Bezogenen selbst — oben Anm. 52 — (ROHG. 8, 387; 11, 306; 12, 372; 15, 36; RG. 9, 64; Bolze 4 Nr. 556). In solchem Falle erlangt der Domiziliat auch nicht durch ein Giro die Rechte gegen den Akzeptanten (ROHG. 5, 127). Wenn er aber als Domiziliat d. h. für den Bezogenen Zahlung zu leisten sich weigert, alsdann aber bei der Protesterhebung zu Ehren eines Regreßpflichtigen interveniert, so ist die Wechselobligation nicht objektiv erloschen, sondern nur die Regreßpflicht der Nachmänner des Honoraten getilgt (ROHG. 10, 287). Wenn er aber zugleich Regreßschuldner ist, so kann er nach seiner Wahl für den Bezogenen oder als Regreßschuldner zahlen. Darin stimmen die beiden obersten Gerichte überein. (ROHG. 5, 313; 12, 115; Bolze 2 Nr. 807; 4 Nr. 556; RG. 36, 100). Nur meint das ROHG. a. a. O., daß er dies im Proteste erklären müsse, sonst müsse er notwendig als für den Trassaten zahlend betrachtet werden, während das Reichsgericht, dessen Meinung wir beitreten, auch sein sonstiges Verhalten außerhalb des Protestes, wenn es nur an sich deutlich erkennen läßt, daß er als Regreßschuldner habe zahlen wollen, für genügend erachtet, um seiner Zahlung diese Deutung zu geben. Das Reichsgericht legt zutreffend die Beweislast, daß der Domiziliat für den Bezogenen habe zahlen, die ganze Wechselobligation also habe tilgen wollen, dem belangten Wechselschuldner auf (RG. 36, 101; gleicher Meinung Bernstein 332). Staub (4. Aufl.) war dem ROHG. beigetreten.

Alles das gilt übrigens nur für den Domiziliaten beim echten Domizilwechsel. Beim unechten Domizilwechsel sind beide Annahmen, er habe für den Bezogenen und für sich bezahlt, gleichberechtigt, so daß ohne Darlegung weiterer Umstände die Einlösung für den Bezogenen nicht angenommen werden kann (RG. 36, 102f.; anders Bernstein (332), der für den unechten Domiziliaten dasselbe gelten läßt, wie für den echten).

γ) Zahlt ein Regreßschuldner, so ist damit die Wechselobligation nicht erloschen Anm. 55.
(Bolze 16 Nr. 289). Vielmehr wird angenommen, daß der Regreßschuldner präsumtiv nur seine eigene Regreßverbindlichkeit habe einlösen wollen; der Regreßschuldner erhält dadurch das Recht auf Auslieferung des Wechsels, um so in den Stand

Art. 82. Anm. 55. gesetzt zu werden, seinerseits die Wechselrechte gegen seine Vormänner geltend zu machen (ROHG. 9, 42; 16, 216; RG. 9, 64). Freilich kann die Vermutung, daß der Regreßschuldner nur seine eigene Verbindlichkeit tilgen wollte, widerlegt werden, es kann die Zahlung auch für den Trassaten erfolgen (vgl. oben Anm. 53); aber dann trifft den, der dies behauptet, die Beweislast, z. B. den Akzeptanten, wenn er auf die vom Regreßschuldner geleistete Zahlung seine eigene Befreiung stützt (Bolze 3 Nr. 551; 8 Nr. 364). Hier liegt der Fall der Zahlung eines Dritten für den Schuldner vor (§ 262 BGB.).

Anm. 56. Im Regelfalle aber gilt die Zahlung des Regreßschuldners, wie gesagt, als zur Einlösung der eigenen Verbindlichkeit erfolgt. Eine solche Zahlung kann der Akzeptant nicht für sich geltend machen (RG. 11 S. 18, 20). Ebensowenig kann ein Vormann des zahlenden Regreßschuldners auf eine solche Zahlung die eigene Befreiung stützen; er kann diese Zahlung selbstverständlich nicht geltend machen seinem Nachmann gegenüber, der gezahlt hat, aber auch nicht dem von diesem bezahlten Wechselgläubiger gegenüber, weil dies eine exceptio de jure tertii wäre (ROHG. 2, 122; 9, 42; Bolze 8 Nr. 364). Wohl aber kann eine solche Zahlung ein Nachmann des Zahlenden einwenden. Selbstverständlich dann, wenn der Regreßschuldner, der gezahlt hat, selbst klagt, da dieser gegen seinen Nachmann keinen Regreß hat. Aber auch dem bezahlten Wechselgläubiger gegenüber; denn wenn dieser wirklich bezahlt ist — ob die betreffende Geldaushändigung als wirkliche Zahlung zu betrachten ist, ist eine andere Frage und muß zunächst feststehen, vgl. hierüber unten Anm. 59 —, so kann er den Wechsel nur noch im Auftrage und für Rechnung des Wechselschuldners, der ihn befriedigt hat, geltend machen, er ist also dessen Inkassomandatar und darf daher ebensowenig den Nachmann des zahlenden Regreßschuldners verklagen, wie dieser selbst (RG. 23, 125; JW. 98, 225; Bolze 8 Nr. 364). Durch die Zahlung seitens des **Ausstellers** sind daher außer diesem selbst alle seine Nachmänner befreit, nicht aber auch der Akzeptant. Der zahlende Aussteller kann den Wechsel zwar durch nachprotestliches Giro weiter begeben, aber Regreßrechte überträgt er dadurch nicht, auch nicht gegen sich selbst, da er nach dem Proteste nur so viel Rechte übertragen kann, als ihm selbst zustehen, ihm selbst aber gegen sich selbst keine Regreßrechte zustehen (Anm. 10 zu Art. 16). Der legitimierte Wechselindossatar kann daher die Wechselklage gegen den Akzeptanten und den Aussteller der Tratte aus eigenem Rechte anstellen, obgleich er von einem Zwischenindossanten Deckung erhalten hat (RG. 48, 124). — Doch gilt dies alles nur bei Zahlung nach Verfall.

Anm. 57. δ) **Zahlt ein Dritter, der nicht im Wechselverbande steht,** so ist dies nicht Tilgung des Wechsels, außer wenn er für den Trassaten zahlt (ROHG. 12, 68), was besonders bewiesen werden müßte. Steht das aber fest, so kann er Rechte aus dem Wechsel nicht mehr erwerben, da die Wechselschuld getilgt ist (vgl. oben Anm. 53).

Anm. 58. b) **Den Einwand der Zahlung entgegenhalten lassen** muß sich nicht etwa jeder Wechselgläubiger. Es liegt kein Einwand in rem vor; die Zahlung tilgt in keinem Falle, von wem sie auch ausgehen mag, die Wechselschuld absolut. Der Einwand der Zahlung ist vielmehr ein Einwand in personam (RG. 61, 7). Entgegenhalten lassen muß sich ihn der bezahlte Gläubiger, sowie seine anomalen Wechselsukzessoren (vgl. oben Anm. 4), nämlich der nachprotestliche Indossatar des bezahlten Wechselgläubigers, sein Inkassomandatar (über diesen vgl. z. B. oben Anm. 56), sein doloser Indossatar (über den Zahlungseinwand gegenüber dem letzteren s. besonders ROHG. 4, 252; 5, 128; 7, 122; RG. 11, 21 und in JW. 05, 403[32]), seine zivilrechtlichen Rechtsnachfolger. Nicht braucht sich den Einwand der reine vorprotestliche redliche Indossatar entgegenhalten zu lassen.

Anm. 59. c) **Soll die Zahlung diese Wirkung haben,** so muß sie eine echte wirkliche **Zahlung sein.** Nicht jede Aushändigung des Geldes an den Gläubiger ist als solche

zu betrachten, da eine solche Aushändigung auch zum Zwecke der Sicherstellung des Art. 82.
Gläubigers für den Fall, daß dieser den Wechselbetrag von andern Wechselschuldnern Anm. 59.
nicht erhält, erfolgt sein kann (RG. 23, 125 und 48, 217).

d) Zahlung eines Wechsels in Unkenntnis der *formellen Ungültigkeit* der Unterschrift Anm. 59a.
berechtigt dann nicht, den gezahlten Betrag vom Nachmann zurückzufordern, wenn der
Zahlende dem Nachmann gegenüber zur Vollziehung einer gültigen Wechselerklärung
verpflichtet war. Es ist keine Bereicherungsklage gegeben (RG. in JW. 06, 69[24]; s. a.
Art. 83 Anm. 2a).

e) *Der Zahlung gleich in ihren Wirkungen gelten die andern materiellen* Anm. 60.
Tilgungsarten (Bolze 16 Nr. 290): Hingabe an Zahlungsstatt (BGB. § 364) und
Aufrechnung (Anm. 29), Zahlung durch Skontration, Giro- und Blankozahlung, Novation
(OG. Wien bei Cz. Nr. 63, 117, 247; RG. 9, 65; Bolze 8 Nr. 194), erfüllter Vergleich
(Bolze 16 Nr. 290).

Über den *Zwangsvergleich* s. Anm. 20.

f) **Über die Zahlung durch Wechsel** s. Anm. 25 zu Art. 83. Anm. 61.

34. **Unterliegendes Rechtsgeschäft.** Vgl. oben Anm. 33.

35. **Valuta.** *Der Einwand der nicht gezahlten Valuta.* Bei Kaufleuten begegnet Anm. 62.
man oft der irrtümlichen Ansicht, daß ein solcher Einwand zulässig sei. Das ist nicht
der Fall, insbesondere ist es nicht notwendig, daß der Wechselgläubiger die im Wechsel
ausgedrückte Summe als Gegenwert erhalten habe (OG. Wien bei Peitler Nr. 303).
Denkbar ist der Einwand nur in dem Sinne, daß behauptet wird, es sei vereinbart
worden, Valuta sollte gezahlt werden, es sei aber keine bezahlt worden. Alsdann fällt
der Einwand unter die Einwendungen aus dem zugrunde liegenden Rechtsgeschäft und
ist in dieser Weise zu substantiieren (vgl. oben Anm. 33; auch ROHG. 3, 313; OG.
Wien bei Cz. Nr. 69, 233 u. 414 sowie bei Peitler Nr. 303; vgl. auch RG. im
Recht 07, 583).

36. **Vergleich.** Im Zweifel wirken Erlaß und Vergleich (§§ 397 und 779 BGB.) zugunsten Anm. 63.
des Wechselschuldners, mit dem sie vereinbart sind (§ 423 BGB.), es sei denn, daß die
Vertragschließenden das *ganze Schuldverhältnis* aufheben wollten (s. a. oben
Anm. 20). Der Einwand des Vergleichs greift auch dann durch, wenn der sich auf den
Akkord einlassende Gläubiger, welcher zahlungshalber Wechsel empfangen hatte, zur
Zeit des Vergleichs (z. B. bei einem allgemeinen außergerichtlichen Akkorde eines Kaufmanns
mit seinen Lieferanten) im Besitze des Wechsels nicht war; der Vergleich bezieht
sich auch auf diese Wechsel (Bolze 17 Nr. 165; vgl. Anm. 6 zu Art. 10).

Wegen des Zwangsvergleichs s. oben Anm. 20.

37. **Verjährung.** Der Einwand der Verjährung wirkt in rem (oben Anm. 2). Näheres über Anm. 64.
die Verjährung Art. 77 ff. Ergänzend zu bemerken ist nur noch, daß die Verjährung
der unterliegenden Schuld die Verjährung des Wechsels nicht zur Folge hat. Selbst
wenn die Klage aus der unterliegenden Forderung wegen des Einwandes der Verjährung
abgewiesen wurde, kann der Wechsel noch geltend gemacht werden.

38. **Wechselvertrag.** *Der Einwand des mangelnden Wechselvertrags* bzw. *Begebungsvertrags.* Anm. 65.
Die Entstehung einer jeden Wechselverbindlichkeit ist nach unserer
Auffassung nicht bloß durch den Skripturakt, sondern durch den Abschluß eines Wechselvertrages
bedingt (vgl. Art. 8 Anm. 2; anders Staub 4. Aufl.). Dieser Standpunkt
hat zur notwendigen Folge, die Einrede eines Wechselbeklagten, er habe einen dem
eingeklagten Anspruche entsprechenden Wechselvertrag nicht abgeschlossen, als eine *aus
dem Wechselrecht selbst* entspringende zu betrachten. Sie kann somit gemäß Art. 82
an sich gegen jeden Wechselkläger vorgeschützt werden, wirkt also in rem. Der Mangel
des Wechselvertrags ist nicht zu verwechseln mit der Ungültigkeit des Wechselschlußgeschäfts.
Das RG. hat den oben dargelegten Grundsatz in seiner Entscheidung 5, 83
im Anschluß an den Übergang des Wechselanspruchs durch Indossament unter Berufung

Art. 82. auf allgemeine Rechtsgrundsätze, ferner auf Vorschriften der WO. (Art. 9, 10) und unter
Anm. 65. Berufung auf Literatur und Praxis ausgesprochen. Ebenso ist mehrfach von ihm im Anschluß an eine Akzeptverbindlichkeit der Wechselvertrag, das Geben und Nehmen des Wechsels, als Voraussetzung für die Entstehung der Akzeptverbindlichkeit erklärt worden (Bd. 2, 91; 14, 23 u. 24). Hieraus folgt:

Anm. 65a. a) An einem Wechselvertrage fehlt es nicht bloß dann, wenn überhaupt keine Begebung stattgefunden hat, z. B. wenn die Annahme eines zur Bezahlung einer Forderung eingesandten Wechsels vom Gläubiger abgelehnt, das Angebot dann vom Wechselschuldner zurückgenommen und trotzdem später der Wechsel eingeklagt ist (RG. 5, 83), sondern auch dann, wenn der Begebungsakt ungültig ist; z. B. wenn der Erwerb eines vom Gerichtsvollzieher gepfändeten Wechsels nur durch Ersteigerung und Ausfolgung gemäß den §§ 814ff., 821 ZPO., nicht aber durch Überweisung der Wechselforderung nach Maßgabe der §§ 835ff. ZPO. erfolgt ist (RG. 35, 77).

Hierher gehören auch die Fälle, in denen die Wechselerklärung selbst wegen Willensfehlern unwirksam ist (vgl. Anm. 9 Betrug, Anm. 25 Irrtum, Anm. 68 Zwang, Anm. 47 Simulation); nicht zu verwechseln mit Willensfehlern im Wechselschlußgeschäft.

Anm. 65b. b) Der Einwand des mangelnden Wechselvertrags ist, da er gegen das Recht aus dem Wechsel selbst geht, auch begründet gegenüber dem gutgläubigen Dritten.

Aus den Anforderungen des Wechselverkehrs kann ein schlüssiges Gegenargument nicht hergeleitet werden. Die Gutgläubigkeit allein darf auch im Wechselverkehr nicht den Mangel jedes Wechselvertrags decken. Gerechter, im Verkehrsinteresse billiger ist es, den Nehmer sich dort entschädigen zu lassen, wo er seinen Glauben gelassen hat, also beim Geber (Näheres J. u. M. Stranz Anm. 18, 19 mit Literaturangaben). Das RG. teilt (14, 24) die diesseitige Auffassung; bezüglich der Akzepthaftung weicht es (Bd. 24, 90 und bei Holdheim 07, 121) ab. Das ROHG. faßte die Einrede des mangelnden Wechselvertrags als exceptio doli auf (ROHG. 19, 33; 25, 67), ließ es aber dahingestellt, ob im Falle weiterer Indossierung des Wechsels der gutgläubige Indossatar einen Wechselanspruch hätte erlangen können. Staub (4. Aufl.) schützte, entsprechend seiner Wechseltheorie, den gutgläubigen Erwerber.

Anm. 66. 39. **Wucher.** Der Einwand des Wuchers ist ein Einwand aus dem unterliegenden Rechtsgeschäft, zulässig in personam, d. h. gegenüber dem Wucherer und seinen anomalen Rechtsnachfolgern im Sinne der Anm. 4. (Vgl. über den Einwand des Wuchers oben Anm. 35 und 9b.)

Anm. 67. 40. **Zahlung.** Über den Einwand der Zahlung s. oben Anm. 51ff.

Anm. 68. 41. **Zwang (vis absoluta).** Er kommt als exceptio in rem in Betracht, wenn er so beschaffen ist, daß man sagen muß: dem Schuldner habe der Wille, einen Wechsel in die Welt zu setzen, gefehlt (vgl. oben Anm. 9). Also z. B. wenn ihm durch physische Gewalt der Wechsel abgenommen worden ist, oder er durch physische Gewalt gezwungen worden ist, die Unterschrift als Akzeptant zu leisten. (Dernburg II § 276.)

Über widerrechtliche Drohung (vis compulsiva) s. oben Anm. 19a.

Anm. 68a. 42. **Zwangsvergleich.** Vgl. oben Anm. 20.

Anm. 69. IV. **Die Beweislast.** Gegenüber der Klage aus dem Wechsel hat der Beklagte alle die Umstände zu beweisen, aus denen sich ergibt, daß der Kläger, obwohl er im Besitze des Wechsels ist, dennoch nicht befugt ist, ihn geltend zu machen (RG. im BankA. 5, 191). Der Wechselbeklagte hat seine Wechselunfähigkeit zu beweisen (Anm. 24 zu Art. 1), die Verjährung des Wechsels (Anm. 13 zu Art. 77), daß sein Blankett rechtswidrig ausgefüllt ist (Anm. 15 zu Art. 7), daß der Wechsel bezahlt ist. Macht der Beklagte geltend, daß der Wechsel nur unter einer Bedingung gegeben sei, so hat er nicht nur dies zu beweisen, sondern auch, daß die Bedingung nicht eingetreten sei. Er muß beweisen, sowohl, daß eine Gegenleistung vereinbart sei, als auch daß sie nicht erfolgt sei. Beim

Kautionswechsel hat der Wechselschuldner regelmäßig zu beweisen, daß das Rechtsverhältnis beendet ist und keine Ansprüche entstanden oder die entstandenen Ansprüche beseitigt sind (RG. in LZ. 07, 138; siehe auch oben Anm. 27). Macht der Schuldner geltend, daß die Wechselobligation aus unerlaubtem Spiel herrührt, so hat er dies zu beweisen (ROHG. 3, 360). Macht er geltend, daß der Wechsel zur Deckung von Verbindlichkeiten aus reinen Differenzgeschäften gegeben ist, so hat er den vollen Beweis für das Vorhandensein einer reinen Differenzschuld (ROHG. ebenda; RG. in JW. 00, 157). Bei einem als Vorausbezahlung für den Kaufpreis gegebenen Wechsel hat der Beklagte zu beweisen, nicht bloß, daß der Wechsel nur vorschußweise gegeben ist, sondern auch, daß ein Kaufpreis nicht geschuldet wird, weder zurzeit, noch überhaupt; bei einem als Vorschuß für künftige Provisionsforderungen gegebenen Wechsel hat der Beklagte zu beweisen, daß das Verhältnis beendet ist und Provisionsansprüche nicht entstanden sind. Das Reichsgericht (5, 26) hat in einem den letzteren Fall behandelnden Urteile bei dem Vorschußwechsel sich für das Gegenteil ausgesprochen. Es verweist darauf, daß das ROHG. in konstanter und zu billigender Praxis bei Vorschußzahlungen nicht dem den Vorschuß Zurückfordernden den Beweis auferlegt hat, daß eine Forderung nicht entstanden sei, sondern dem Vorschußempfänger, daß eine solche in Höhe des Vorschusses besteht. Allein diese Ansicht mag zu billigen sein, ohne daß sie zu der (auch von Rehbein Anm. 7b als sehr bedenklich bezeichneten) Schlußfolgerung berechtigte, daß auch der Wechselklage gegenüber der Exzipient diese leichte Beweispflicht hat. Art. 82. Anm. 69.

Zusatz 1. Prozessuale Bemerkungen. Anm. 70.

a) **Zu häufig vorkommenden Verwechselungen geben Anlaß die Begriffe: Wechselprozeß, Wechselklage und Klage aus dem zugrunde liegenden Rechtsverhältnis.** Die Häufigkeit der Verwechselung mag die Betonung dieses Unterschiedes durch uns entschuldigen.

Aus dem Wechsel kann im Wechselprozesse und im ordentlichen Prozesse geklagt werden. Der Kläger hat die Wahl (er hat auch nicht die Mehrkosten zu tragen, wenn er im ordentlichen Prozesse klagt; LG. Frankfurt in ZHR. 38, 573). Klagt er im ordentlichen Prozesse, oder leitet er in den ordentlichen Prozeß um oder wird der Prozeß vom verurteilten Beklagten im ordentlichen Prozesse fortgesetzt, so bleibt es doch immerhin die Wechselklage, die solchergestalt geführt bzw. weitergeführt wird. Auf eine solche Wechselklage finden zwar nicht die Paragraphen der ZPO. über den Wechselprozeß Anwendung, wohl aber das ganze materielle Wechselrecht, vor allem die ganze Wechselordnung. Daraus folgt: der Wechsel muß, auch um im ordentlichen Prozesse geltend gemacht werden zu können, den Vorschriften der Wechselordnung entsprechen, muß gehörig protestiert sein, darf nicht wechselmäßig verjährt sein, die Einwendungen sind in materieller Hinsicht in ganz demselben Umfange und in derselben Beschränkung zulässig und mit der gleichen Beweislast, wie im Wechselprozesse, nur daß die Beweismittel sich nach den allgemeinen Vorschriften der ZPO., nicht nach den Sondervorschriften über den Wechselprozeß richten. Der Kläger hat keineswegs die Verpflichtung, bei Verfolgung des Wechselanspruchs im ordentlichen Prozeß das unterliegende Rechtsverhältnis aufzudecken, ja er darf nicht einmal von der Einklagung des Wechsels absehen und in demselben Verfahren auf die Klage aus dem zugrunde liegenden Rechtsverhältnis übergehen, ohne sich dem Vorwurf der Klageänderung auszusetzen. Demgemäß kann auch daraus, daß wegen des zugrunde liegenden Geschäfts geklagt ist, nicht im Wechselprozesse Rechtshängigkeit hergeleitet werden (OLG. Dresden bei Mugdan-Falkmann 7, 299).

b) **Die Eideszuschiebung.** Mit der Eideszuschiebung, daß der Kläger eine Tatsache gewußt habe, wird in der Praxis arger Mißbrauch getrieben. An einem einfachen Beispiel soll gezeigt werden, welche prozessuale Gestaltung die Einreden im Wechselprozesse in den häufigsten Fällen nehmen und in welcher Weise gegen die Regeln des Prozeßrechts dabei gefehlt wird. Anm. 71.

Art. 82. Der Beklagte verteidigt sich gewöhnlich wie folgt:

Anm. 71. Der Beklagte habe den Wechsel an den Indossanten des Klägers bezahlt, bevor er an den Kläger indossiert wurde. Der Kläger sei bloß Inkassomandatar seines Mandanten (Einwand des Inkassomandats), eventuell habe der Kläger von dieser Zahlung beim Erwerbe des Wechsels gewußt (Einwand des dolosen Wechselerwerbs).

Über alles dieses werde dem Kläger der Eid zugeschoben.

Was ist hierauf zu veranlassen?

Der Eid darüber, daß der Kläger nur Inkassomandatar sei, ist erheblich. Denn für den Fall, daß dieser Eid nicht geleistet wird, kann der Beklagte den Einwand der Zahlung dem Kläger ohne weiteres entgegenhalten (Anm. 8 zu Art. 17). Jener Eid ist daher ohne weiteres zu normieren.

Für den Fall, daß der Kläger diesen Eid nicht leistet, wird der Einwand der Zahlung erheblich und ist für den Kläger dahin zu normieren, daß er die Überzeugung nicht erlangt habe, daß die Zahlung an seinen Indossanten erfolgt sei (§ 459 Abs. 3 ZPO.). Diese Eideszuschiebung ist deshalb zulässig, weil der Inkassomandatar zwar nicht als Vertreter (denn er handelt ja im eigenen Namen), wohl aber als Rechtsnachfolger seines Indossanten im Sinne des § 445 ZPO. anzusehen ist (RG. vom 7. 3. 85 bei Gruch. 1104; Wilmowski-Levy ZPO. Anm. 3 zu § 410 ZPO.). Dagegen ist dieser Eid nicht dahin zu normieren: Ich weiß nicht, daß die Zahlung erfolgt sei. Weder Beklagter noch Kläger können eine solche Eidesnormierung verlangen. Nicht daß der Kläger von der Zahlung Kenntnis gehabt habe oder jetzt habe, sondern daß sie erfolgt sei, ist die erhebliche, zum Eide zu verstellende Tatsache. Ist sie erfolgt, so ist es gleichgültig, ob der Kläger dies beim Erwerbe gewußt hat oder jetzt weiß. Ist sie nicht erfolgt, so kann er es gar nicht gewußt haben, und es ist unberechtigt, ihm diesen Gewissenszwang aufzuerlegen. Diesen Gesichtspunkt hat bereits das RG. (10, 324) in einem ähnlichen Falle mit Schärfe betont und mit Recht darauf aufmerksam gemacht, daß durch einen solchen Eid (man wisse nicht, daß die Tatsache sich zugetragen habe) die Bestimmung des § 445 ZPO. ganz illusorisch und der frühere Ignoranzeid, der gerade beseitigt werden sollte, wieder eingeführt würde.

Für den Fall, daß der Kläger den Eid leistet, daß er nicht Inkassomandatar sei, wird allerdings das Wissen der Tatsache erheblich, zwar nicht das jetzige Wissen, wohl aber, daß er beim Erwerb des Wechsels gewußt habe, daß die Zahlung erfolgt sei. Denn alsdann ist er doloser Erwerber und muß sich den Einwand der Zahlung, obgleich er nur ein Einwand in personam ist, entgegenhalten lassen (oben Anm. 4, 15, 16, 58). Doch hat nicht etwa Beklagter zunächst die Einredetatsache zu beweisen (dieser Meinung war Staub 4. Aufl. unter Berufung auf RG. in JW. 97, 419), bevor es darauf ankommt, ob Kläger von dieser Tatsache Kenntnis gehabt hat. Vielmehr schafft der Eid:

„Ich, Kläger, schwöre, es ist nicht wahr, daß ich bei Erwerb des Wechsels von der behaupteten Zahlung der Wechselschuld Kenntnis gehabt habe,"

über dies alles Klarheit. Denn ist die Einredetatsache unwahr, so kann der Kläger auch von ihr keine Kenntnis gehabt haben; ist sie aber wahr, so muß er eben über sein Nichtwissen den Eid leisten. Folgt man der abweichenden Auffassung, so ist die Eideszuschiebung über die Einredetatsache zulässig, auch wenn der Kläger selbst die Tatsache nicht wahrgenommen hat, da der Indossant als sein Rechtsvorgänger richtiger Ansicht nach (§ 445 ZPO.) anzusehen ist. Der hier vertretenen Meinung ist jetzt auch RG. 45, 70 in Abweichung von früheren Entscheidungen und von ROHG. 24, 3 (ebenso Bernstein 337; vgl. auch J. u. M. Stranz Anm. 107).

Anm. 72. **Zusatz 2. Wenn infolge der Gutgläubigkeit des dritten Erwerbers der Einwand in personam abgeschnitten wird, so müssen dem so geschädigten Wechselschuldner Regreßrechte zustehen.** Es fragt sich, welche? Der Wechselgläubiger, der solchergestalt den Wechsel zu Unrecht indossiert hat, haftet dem Wechselschuldner auf Schadensersatz, soweit er dadurch Vertragspflichten verletzt oder eine unerlaubte Handlung begangen hat

(vgl. Bolze 5 Nr. 497; 13 Nr. 309; 17 Nr. 165). Das gilt zunächst von dem Wechsel- Art. 82.
gläubiger, im Verhältnis zu dem die den Einwand begründenden Tatsachen entstanden Anm. 72.
sind. Das gilt aber ferner von dem dolosen Indossatar desselben; bewirkt dieser durch
Indossierung an einen gutgläubigen Dritten, daß der Wechselschuldner seiner Einwendungen
verlustig geht und zahlen muß, so haftet er dem letzteren solidarisch neben seinem Autor.
Das gilt nicht ohne weiteres auch für den Inkassomandatar; er muß sich zwar, wenn er
den Wechsel einklagt, die Einwendungen, die gegen seinen Vormann zustehen, entgegen-
halten lassen; aber wenn er ihn nicht einklagt, sondern im Auftrage seines Inkasso-
mandanten weiter begibt, so ist kein Rechtsgrund ersichtlich, aus dem er dem Wechsel-
schuldner auf Ersatz haften sollte, wenigstens nicht, wenn er von seinen Einwendungen
nicht gewußt hat. Anders, wenn er davon beim Erwerb oder später gewußt hat. Denn
alsdann hat er sich bewußterweise als Werkzeug bei einer Rechtsverletzung gebrauchen lassen,
hat bei dieser Rechtsverletzung dolos mitgewirkt und haftet aus diesem Grunde auf Ersatz.
Beim nachprotestlichen Indossatar kann die vorliegende Frage nicht aufgeworfen werden,
weil alle nachprotestlichen Indossatare sich ja alle Einwendungen entgegenhalten lassen
müssen, die gegen irgendeinen Vormann begründet sind (Anm. 9 zu Art. 16). Der vor-
liegende Grundsatz gilt dann nicht, wenn die Schuld, zu deren Begleichung der Wechsel
gegeben ist, zwar ungültig ist, doch so, daß das gezahlte nicht zurückgefordert
werden kann (Spiel, Differenzgeschäft). In diesem Falle braucht der Nehmer des Wechsels
die bei der Weiterbegebung empfangene Valuta nicht zurückzuzahlen, wenn der dritte Er-
werber den Schuldner verklagt und von diesem den Wechselbetrag erhalten hat, denn die
Hingabe des Wechsels zahlungshalber ist (vgl. Anm. 28 zu Art. 83) eine wirkliche Zahlung,
wenn der Nehmer den Betrag behalten kann (RG. 35, 196; Bolze 20 Nr. 333; RG. in
JW. 96, 420 u. 421). Doch gilt dies nur dann, wenn der Wechselschuldner noch zu dem
Zeitpunkte, in welchem die Begebung erfolgt, hiermit einverstanden ist. Ist dies nicht der
Fall, so ist die Realisierung des Wechsels zu Unrecht erfolgt und das Geld kann von dem
Wechselindossanten zurückgefordert werden (RG. bei Holdheim 8, 188 ff.). Weiteres oben
Anm. 37a.

Zusatz 3. Scheckgesetz. Dem **Inhaber des Schecks** kann der Schuldner nur solche Ein- Anm. 72a.
wendungen entgegensetzen, welche die Gültigkeit seiner Erklärung in dem Scheck betreffen
oder sich aus dem Inhalte des Schecks ergeben oder ihm unmittelbar gegen den Inhaber
zustehen (§ 18 Abs. 2 Scheckgesetzes, der dem vorliegenden Art. 82 WO. im wesentlichen
nachgebildet ist. Näheres in den Erl. zu § 18 Scheckgesetzes bei Apt).

Zusatz 4. Fremde Rechte. Die Bestimmungen in Frankreich und Belgien stimmen Anm. 73.
mit dem deutschen Rechte überein. England hat kein festes Prinzip, dort gelten eine Reihe
einzelner, hier zu weit führender Bestimmungen. Vgl. Späing 232 ff. und Rehbein Anm. 12.

Artikel 83.

Ist die wechselmäßige Verbindlichkeit des Ausstellers oder des Akzeptanten Art. 83.
durch Verjährung oder dadurch, daß die zur Erhaltung des Wechselrechts
gesetzlich vorgeschriebenen Handlungen verabsäumt sind, erloschen, so bleiben
dieselben dem Inhaber des Wechsels nur soweit, als sie sich mit dessen Schaden
bereichern würden, verpflichtet. Gegen die Indossanten, deren wechselmäßige
Verbindlichkeit erloschen ist, findet ein solcher Anspruch nicht statt.

I. **Das rechtliche Wesen des Wechselbereicherungsanspruchs.** Der Bereicherungsanspruch aus Anm. 1.
Art. 83 ist weder eine zivilrechtliche Schadensersatzforderung, noch ein zivilrechtlicher
Anspruch aus der ungerechtfertigten Bereicherung (§§ 812 ff. BGB., condictio) noch ein
Anspruch aus dem, dem Wechselzuge zugrunde liegenden Rechtsgeschäfte, noch endlich
„ein selbständiger Anspruch, dessen Bestandteile eine Vereinigung von wechselrechtlichen
und zivilrechtlichen Elementen sind“ (so Staub 4. Aufl. § 1 mit eingehender Ver-

Art. 83. Anm. 1. teidigung), denn die letzteren kommen für Art. 83 nicht mehr und nicht minder in Betracht, wie für die anderen Artikel der WO.

Der Anspruch aus Art. 83 ist vielmehr ein **wechselrechtlicher**, d. h. ein lediglich durch den Art. 83 geschaffener, mit genauen in ihm geregelten Voraussetzungen. Es werden positiv in ihm bestimmt:

a) die Personen, Gläubiger und Schuldner, und zwar genau umgrenzt (ROHG. 6, 384);

b) die Forderung selbst, ihre Existenz, ihr Gegenstand und ihr Umfang, unbekümmert darum, ob der Anspruch aus der Anwendung der allgemeinen Rechtsnormen über ungerechtfertigte Bereicherung sich herleiten läßt.

Grundsätzlich der gleichen Ansicht sind das ROHG. (10, 44), das den Anspruch als ein auf den Umfang der Bereicherung zum Schaden des Inhabers beschränktes Residuum des Wechselanspruchs definiert, ferner das RG. (Gruch. 26, 825), Thöl (§ 102), Grünhut (Lehrb. § 95: der Wechselbereicherungsanspruch ist der frühere Wechselanspruch, nur bedingt und quantitativ beschränkt), Canstein (427), Bernstein (338), Rehbein (Anm. 1). — Pappenheim (ZHR. 44, 611) gibt dem Anspruch einen rein zivilrechtlichen Charakter, der zwar ein Residuum des Wechsels sei, aber nicht in dem Sinne, als ob er ein Anspruch aus dem Wechsel sei, sondern nur in dem Sinne, daß damit „das genetische Verhältnis zwischen dem wechselrechtlichen und dem zivilrechtlichen Anspruch in das rechte Licht gesetzt werden soll".

Anm. 1a. Weil die Klage aus Art. 83 eine selbständige Forderung aus selbständigem Rechtsgrunde ist, kann man sie auch erheben, wenn man mit der Klage aus dem unterliegenden Verhältnis abgewiesen ist (Berl. OTr. in seinen Entscheidungen 55, 132), oder wenn man mit der Wechselklage abgewiesen ist, es sei denn, daß letzteres aus dem Grunde geschehen sei, weil der Kläger niemals Wechselgläubiger gewesen sei (Kreis 161). Pfänder und Bürgen, die für die Wechselschuld gestellt sind, haften nicht ohne weiteres für den Wechselbereicherungsanspruch (Kreis 161; anders OG. Wien bei Cz. Nr. 118 u. Canstein 423 Note 5). Die Umwandlung der Wechselklage in die Bereicherungsklage ist Klageänderung (ROHG. 13, 226; RG. in JW. 98, 509; OG. Wien bei Cz. Nr. 87).

Anm. 2. II. **Die Erfordernisse der Wechselbereicherungs-Klage.** Wie zu I auseinandergesetzt ist, ist der Anspruch aus Art. 83 eine selbständige Obligation sui generis. Hervorzuheben ist:

A. **Bezüglich des Wechselanspruchs.**

1. Es ist ein gültiger Wechsel vorausgesetzt (ROHG. 10, 45; Grünhut Hdb. II § 141), eventuell das ihn ersetzende Amortisationsurteil (ROHG. 10, 46). Der Wechsel muß nicht nur formell gültig gewesen sein, sondern es durften ihm auch materiell nicht Einreden entgegenstehen, aus denen hervorgeht, daß der Kläger in Wahrheit einen Wechselanspruch nicht gehabt hat. Der Beklagte ist also nicht gehindert, exceptiones in rem (z. B. den Einwand der mangelnden Wechselfähigkeit oder der mangelnden Vertretungsbefugnis dessen, der den Wechsel unterschrieben hat oder des mangelnden Begebungsvertrags) entgegenzusetzen; er ist aber auch nicht gehindert, exceptiones in personam, die das Bestehen eines Wechselanspruchs beseitigen, vorzubringen, z. B. den Einwand des Verzichts oder des Betrugs oder der Stundung; nur werden solche Einwendungen in der hier in Rede stehenden Hinsicht nicht so wichtig sein, weil sie meist schon das Vorliegen eines Schadens auf seiten des Klägers oder einer Bereicherung auf seiten des Beklagten beseitigen werden. Der Kläger muß auch Eigentümer und Besitzer der Wechselurkunde sein und nur gegen deren Aushändigung braucht der Beklagte zu zahlen (Bernstein 338).

Anm. 2a. Wenn jemand trotz wechselmäßiger Ungültigkeit seiner Zeichnung einen Wechsel einlöst, so ist eine Bereicherungsklage in dem Falle nicht gegeben, daß der Zahlende zur Zeichnung und Einlösung eines Wechsels sich verpflichtet hatte (RG. in JW. 06, 69[24]).

2. Der Wechselanspruch muß durch Präjudizierung oder Verjährung erloschen sein. Indessen braucht der Verlust des Wechselanspruchs nicht überhaupt, sondern nur gegen den eingetreten zu sein, der mit der Bereicherungsklage verfolgt wird (Kreis 162; anders OG. Wien bei Peitler Nr. 347); es kann gegen den Aussteller aus der Bereicherung geklagt werden, wenn auch der Wechselanspruch gegen den Akzeptanten noch besteht, nur daß in solchem Falle die tatsächliche Uneinziehbarkeit des Wechselbetrages vom Akzeptanten hinzutreten muß (unten Anm. 8). Art. 83. Anm. 3.

B. **Bezüglich der Bereicherung.**

1. Es ist nicht etwa notwendig, daß ein ursächlicher Zusammenhang zwischen Beschädigung und Bereicherung vorhanden ist, etwa ein unmittelbares Rechtsverhältnis zwischen dem Gläubiger und dem belangten Wechselschuldner (RG. in Gruch. 25, 1088; 26, 826). Es kann vielmehr auch ein späterer Indossatar den Anspruch erheben, auch wenn er in direktem zivilen Verhältnis zum belangten Wechselschuldner nicht steht. Es ist nichts weiter erforderlich, als daß einerseits der Gläubiger einen Schaden erlitten und anderseits der Schuldner eine ungerechtfertigte Bereicherung erfahren hat. Der Wechsel stellt den Zusammenhang her (RG. v. 7. 6. 80 in ZHR. 31, 426; Canstein 435 Note 24a). Anm. 4.

2. **Der Schade des Klägers.**

a) Dieser besteht einfach darin, daß der Kläger durch die Verjährung oder Präjudizierung den Wechselanspruch verloren hat (Canstein 434; Cosack § 54 II; Kreis 163; Bernstein 340; Grünhut Hdb. II § 141 Anm. 15). Zwar wird von anderen Seiten behauptet, der Schade bestehe darin, daß der Gläubiger für den Wechsel Valuta gegeben habe und diese nunmehr einbüße; er müsse daher beweisen, daß und welche Valuta er gegeben habe (Dernburg II § 279). Die obersten Gerichte schwanken: Das Urteil des RG. v. 7. 6. 80 (in ZHR. 31, 426) teilt die abstrakte Schadenstheorie, das Urteil desselben Gerichts v. 24. 6. 81 (in ZHR. 31, 427) die Valutatheorie; die Urteile des OG. Wien bei Peitler Nr. 270, bei Krall Nr. 101 und bei Cz. Nr. 564 teilen die erstere, die Urteile desselben Gerichtshofes bei Peitler Nr. 336, bei Krall Nr. 172 u. 207 und bei Cz. Nr. 221 u. 479 teilen die letztere Theorie. Allein der engherzige Standpunkt der Valutatheorie ist nicht zu teilen, er verträgt sich mit unseren Verkehrsbegriffen nicht. Das soll an Beispielen gezeigt werden. Ein Vater gibt seinem Sohne zum Zwecke seiner Etablierung einen von einem sicheren Trassanten ausgestellten Wechsel über 20000 Mark. Ist der Sohn nicht geschädigt, wenn der Wechsel seine Wechselkraft verliert? Oder, es erhält jemand seine Mitgift in Wechseln. Ist er nicht geschädigt, weil er für den Wechsel keine Valuta, wenigstens keine vermögensrechtliche Valuta gegeben hat? Man geht doch auch sonst im Rechtssystem, wenn man den Schaden berechnen will, nicht auf das zurück, was die beschädigte Sache gekostet hat. Wer eine Lampe zerschlägt, haftet für den vollen Wert, auch wenn sie dem Eigentümer zum Geburtstag geschenkt ist, und wer ein Haus in Brand steckt, hat den Wert des Hauses zu ersetzen, auch wenn es durch Erbschaft oder sonstigen Glückszufall erworben ist. Und wenn Dernburg (II § 279) darauf hinweist, daß das Vorbild der deutschen Wechselordnung, das vormalige Preußische Landrecht, ausdrücklich betont habe, daß dem Wechselgläubiger die Valuta zu ersetzen sei, so beweist es nicht für, sondern gegen seine Ansicht, da eben die Wechselordnung diese Betonung nicht enthält. Anm. 5.

b) Indessen muß nicht bloß der Wechselanspruch gegen den Beklagten verloren sein, sondern der Betrag des Wechsels muß rechtlich oder tatsächlich auch auf andere Weise uneinbringlich sein. Sonst ist der Kläger trotz der Präjudizierung oder Verjährung nicht geschädigt. Anm. 6.

Wann nun liegt die Voraussetzung vor, daß der Betrag des Wechsels rechtlich oder tatsächlich auch auf andere Weise uneinbringlich ist? Dann, wenn der Betrag des Wechsels weder vom Beklagten aus anderem Rechtsgrunde, noch von

Art. 83. Anm. 6. einem andern Wechselverpflichteten eingezogen werden kann. Liegt dagegen eine der Alternativen vor, kann der Betrag des Wechsels entweder vom Beklagten aus einem andern Rechtsgrunde, oder von einem andern Wechselverpflichteten aus irgendeinem Rechtsgrunde noch eingezogen werden, so ist der Kläger nicht geschädigt und die Bereicherungsklage daher nicht gegeben.

Freilich hat das RG. (Urteil des VI. Sen. in 48, 139) für den Bereicherungsanspruch des neuen bürgerlichen Rechts (aus § 812 BGB.) angenommen, er sei nicht ausgeschlossen, wenn auch der Kläger die Möglichkeit habe, sich an einem zahlungsfähigen Dritten zu erholen. Indes gilt diese Entscheidung nicht für die Klage aus Art. 83 (unten Anm. 7).

Anm. 7. α) Ein Schade des Klägers ist hiernach nicht vorhanden und die Bereicherungsklage daher nicht gegeben, wenn der Betrag des Wechsels von dem Beklagten noch aus einem andern Rechtsgrunde eingezogen werden kann. Regelmäßig wird dies der Fall, die Bereicherungsklage daher ausgeschlossen sein, wenn der Wechsel zahlungshalber gegeben ist, so daß der ursprüngliche Anspruch des Klägers nicht beseitigt ist und eine Schädigung desselben durch den Verlust des Wechselanspruchs nicht vorliegt (ROHG. 15, 321; Bolze 15 Nr. 252; RG. 44, 80).

Die Frage, ob der Anspruch ausgeschlossen sei, wenn dem Kläger gegen den Bereicherten selbst noch ein Anspruch aus einem andern Rechtsgrunde zustehe, läßt das RG. in der oben (Anm. 6) zitierten Entscheidung (48, 139) dahingestellt. Indes neigt die ganze Begründung dahin, die Subsidiarität der Bereicherungsklage des BGB. in allen Fällen abzulehnen (ebenso Cosack, Bürgerl. Recht 3. Aufl. S. 627; für die Subsidiarität Endemann 4. Aufl. Bd. I, 896). Für die Bereicherungsklage aus Art. 83 enthält jedoch das Urteil des RG., das auch den Art. 83 gar nicht erwähnt, kein Argument; diese folgt ihren eigenen Gesetzen.

(Über die Hingabe des Wechsels zahlungshalber und ihren Gegensatz, Hingabe des Wechsels an Zahlungsstatt, s. unten Anm. 25.)

Ein Zurückgehen auf das ursprüngliche Verhältnis ist dann jedenfalls nicht möglich, wenn der Wechsel an Zahlungsstatt gegeben ist (vgl. hierüber unten Anm. 30), oder wenn ein ursprüngliches Verhältnis nicht übrig bleibt, wie beim Diskontierungsgeschäft, das mit Geben und Nehmen des Wechsels sich erledigt (vgl. unten Anm. 33). In solchen Fällen ist ein Zurückgehen auf das ursprüngliche Verhältnis nicht möglich und die Bereicherungsklage ist das einzige Rechtsmittel, das dem Berechtigten übrig bleibt. Das Gleiche gilt für die Regel, wenn der Wechsel zwar zahlungshalber gegeben ist, doch so, daß durch die späteren Schicksale des Wechsels und das Verhalten des Wechselgläubigers dabei die ursprüngliche Forderung als getilgt gilt (vgl. unten Anm. 28 u. 29, aber auch die dort sowie Anm. 25 erwähnten Ausnahmen). Auch in diesem Falle kann nur auf den Bereicherungsanspruch zurückgegangen werden.

Der Bereicherungsanspruch ist also, wie der Klarheit wegen nochmals betont werden mag, nicht gegeben, wenn der Wechselbetrag auf Grund eines andern Gläubigerverhältnisses von dem Beklagten eingezogen werden kann, so daß im Regelfalle bei Annahme des Wechsels zahlungshalber der Bereicherungsanspruch nicht besteht, wohl aber ausnahmsweise, nämlich dann, wenn bei der Hingabe zahlungshalber nachträglich die Beseitigung des ursprünglichen Anspruchs eintritt, während bei Annahme des Wechsels an Zahlungsstatt die ursprüngliche Forderung stets sofort beseitigt ist und daher hier nach Präjudizierung des Wechsels der Bereicherungsanspruch stets das einzig mögliche auxilium juris ist.

Inwieweit die rechtliche Möglichkeit, den Wechselanspruch von einem andern Wechsel verpflichteten einzuziehen, die Bereicherungsklage hindert, darüber siehe das folgende.

Anm. 8. β) Ein Schade des Klägers ist ferner nicht vorhanden und die Bereicherungsklage daher nicht gegeben, wenn der Wechselbetrag von einem andern

Wechselverpflichteten eingezogen werden kann. Diese Konstellation tritt Art. 83.
dann ein, wenn der Wechsel gegen den Trassanten verjährt ist, gegen den Akzeptanten Anm. 8.
noch nicht (OG. Wien bei Cz. Nr. 155 und in ZHR. 31, 335). Indessen ist die rechtliche Möglichkeit, den Betrag von einem andern Wechselverpflichteten einzuziehen, dann nicht erheblich, wenn dieser andere Wechselverpflichtete, also der Akzeptant, vermögenslos ist, sei es, daß ein Einziehungsversuch zur fruchtlosen Exekution geführt hat, oder daß die Vermögenslosigkeit sonst nachgewiesen werden kann (Kreis 163; Bernstein 340). Alsdann kann eben trotz der bestehenden rechtlichen Verpflichtung des Akzeptanten der Wechselbetrag von ihm nicht eingezogen werden, und der Kläger ist daher durch den Verlust des Wechselanspruchs gegen den beklagten Trassanten geschädigt. (Daß das Bestehen der Wechselverpflichtung gegen eine andere Person als den Beklagten die Bereicherungsklage nicht absolut hindert, ist schon oben Anm. 3 in anderem Zusammenhange erwähnt.)

3. **Die Bereicherung des Beklagten.** Anm. 9.

a) Die Bereicherung besteht in dem Werte dessen, was der Beklagte für den Wechsel mehr erhalten, als er für ihn verausgabt hat, oder wie Lehmann (579) sich ausdrückt, in dem Vermögenszuwachs, welchen der Beklagte infolge der von ihm mit dem Wechsel vorgenommenen Rechtsgeschäfte erlangt hat. Handelt es sich um einen Prolongationswechsel, so muß selbstverständlich auf den prolongierten Wechsel zurückgegangen werden, bzw. auf den, auf die betreffende Schuld gegebenen Wechsel und die Rechtsvorgänge, die bei diesem obgewaltet haben (ROHG. 11, 59).

Nach anderer Ansicht soll der Beklagte bereichert sein um das, was er durch die Wechselpräjudizierung zu zahlen erspart nach Abzug dessen, was er zu wenig an Deckung erhält (Canstein 430). Diese Häufung der Negativen verschiebt die Sache und stellt sie falsch dar. Bereicherung ist ein positiver Begriff, der den Rechtssystemen und dem täglichen Leben wohl bekannt ist. Danach ist man bereichert um Werte, die man erhält und behält. Was man zu zahlen spart, macht noch nicht reicher. Wer nicht ins Theater geht, ist im Sinne des gewöhnlichen Lebens nicht um 5 Mark reicher; wer keine Zigarre raucht, nicht um den Betrag der Zigarre; sonst würden diejenigen, die die meisten Entbehrungen erleiden, die reichsten Leute sein (zustimmend Bernstein 342; Dernburg II § 279; Grünhut Hdb. II § 141 Anm. 18).

b) Der Trassant ist hiernach regelmäßig bereichert, wenn er bei Begebung des Anm. 10.
Wechsels Valuta erhalten, dem Akzeptanten aber keine oder eine geringere Deckung gegeben hat (ROHG. 22, 256; 23, 262; Bolze 4 Nr. 546; OLG. Hamburg in ZHR. 38, 568 und 569).

Hat der Trassant dem Akzeptanten gleichwertige Valuta gegeben, so Anm. 11.
kann von einer Bereicherung des ersteren keine Rede sein (OG. Wien bei Cz. Nr. 465). Gleichwohl verweist man, um die Bereicherung des Trassanten auch in diesem Falle zu begründen, den Trassanten in der Praxis oft darauf, daß er ja seine Zivilforderung an den Akzeptanten noch habe, und will oft selbst das nicht gelten lassen, daß der Akzeptant vermögenslos und die Zivilforderung daher nicht eintreibbar sei. Diese ganze Deduktion ist irrig, gleichviel ob der Akzeptant vermögenslos ist oder nicht. Denn in jedem Falle ist, auch wenn er den Wechsel zahlungshalber gegeben hat, der Zivilanspruch des Trassanten getilgt, wenn dieser den Wechsel weiterbegeben, Valuta erhalten hatte und nunmehr infolge der Präjudizierung des Wechsels die Valuta behalten darf, was alles hier zutrifft (vgl. unten Anm. 28). Man darf nicht umgekehrt sagen: er darf sie nicht behalten, denn er muß sie ja im Wege der Bereicherungsklage herausgeben. Das wäre ein Trugschluß. Zuerst muß wechselrechtlich entschieden werden, ob der Beklagte die Valuta behalten darf. Darf er sie aus wechselrechtlichen Gründen behalten, alsdann erst kann der Frage nähergetreten werden, ob die Tatbestandsmerkmale einer Bereicherungsklage gegen ihn vorliegen.

Art. 83. Anm. 12. Die Bereicherung kann auch dadurch nicht künstlich hergestellt werden, daß man lediglich den Akt der Wechselhingabe durch den Aussteller ins Auge faßt, nicht auch den Akt des Wechselerwerbes durch ihn. Man deduziert in der Praxis oft so: Der Akzeptant sei schon, als er dem Aussteller das Akzept gab, vermögenslos gewesen, also habe der Trassant seinem Nachmann einen wertlosen Wechsel gegeben und dafür Valuta erhalten, um den Betrag dieser Valuta sei er daher bereichert (so auch Grünhut Hdb. II § 141 Anm. 17). Allein für das Vorliegen der Bereicherung ist entscheidend, ob der Beklagte durch die beiden in Frage kommenden Wechseltransaktionen (Erwerb und Weitergabe des Wechsels) zusammengenommen bereichert worden ist (vgl. oben Anm. 9). Auf die Vermögenslosigkeit des Akzeptanten kommt es alsdann nicht an, denn immerhin hat der Trassant doch dem Akzeptanten Valuta gegeben und ist daher durch die mit dem Wechsel vorgenommenen Rechtsgeschäfte nicht reicher geworden (vgl. ROHG. 22, 258). Die eben zitierte Entscheidung hat allerdings einen Fall im Auge, wo der Aussteller einen Wechsel an Zahlungsstatt nahm. Für diesen Fall wird vom ROHG. die Bereicherung deshalb verneint, weil der Trassant ja seinen Zivilanspruch gegen den Akzeptanten verloren habe, der vielleicht nur zurzeit kein Vermögen besitzt. Aber das gleiche muß gelten, wenn der Trassant den Wechsel zahlungshalber erhalten hat. Denn auch in diesem Falle hat er seine Zivilforderung verloren, wenn er den Wechsel weitergegeben, Valuta erhalten hat und dieselbe infolge der Präjudizierung behalten darf (vgl. oben Anm. 11 und unten Anm. 28). Die Meinung Rehbeins (Anm. 5), daß in solchem Falle, wenn der Wechsel zahlungshalber gegeben ist, die Bereicherungsklage stattfindet, ist unzutreffend, seine Belegstellen (ROHG. 22, 256 und 257; Bolze 10 Nr. 365d und g; 4 Nr. 554; 11 Nr. 263b) besagen das nicht.

Anm. 12a. Ist der Wechsel nicht akzeptiert, hat vielmehr der Aussteller den Wechsel nur gezogen und alsdann begeben, so kommt sein Zivilverhältnis zum Bezogenen für die Frage der Wechselbereicherung nicht in Betracht. Es ist dann nur zu fragen, ob er, der Aussteller, für den Wechsel Valuta erhalten hat, die er infolge der Präjudizierung behalten darf. Ist dies der Fall, so ist er bereichert; was er für den Wechsel gegeben hat, kann er sich nicht abziehen lassen, da er ja für den Wechsel in Wahrheit nichts gegeben hat. Er hat ihn ja gar nicht erhalten, erworben, sondern selbst geschaffen und weitergegeben. Er befindet sich hierbei in derselben Lage, wie der Akzeptant (Anm. 13). Durch die Entwindung dieser Bereicherung geschieht ihm ja auch kein Unrecht, da ja seine Zivilrechte gegen den Bezogenen durch die Ziehung des Wechsels und der Begebung in keiner Weise berührt sind (zust. Bernstein 343).

Anm. 13. Der Akzeptant ist bereichert, wenn er für den Wechsel Valuta erhalten und seinerseits für den Wechsel nichts oder weniger gegeben hat (ROHG. 11, 59; OLG. Hamburg in ZHR. 38, 568f.). Denkbar ist, daß auch er für den Wechsel etwas gegeben hat, z. B. dem Avalisten oder dem Trassanten, der für ihn die Wechselbürgschaft übernommen hat. Meist wird er aber für sein eigenes Akzept wohl nichts gegeben haben. Hat er auch nichts dafür erhalten, z. B. wenn sein Akzept nur Wechselbürgschaft oder sonstige Gefälligkeit sein sollte, so ist er nicht bereichert.

Anm. 14. c) Die Bereicherung braucht zur Zeit der Anstellung der Klage aus Art. 83 nicht mehr vorhanden zu sein (RG. 13, 4; 29, 212; 35, 324). RG. 13, 4 behandelt folgenden Fall: Namens des Trassanten hatte der Prokurist einen Wechsel ausgestellt, Valuta empfangen und diese demnächst unterschlagen; der Prinzipal galt als bereichert (a. M. Bernstein). Die entgegengesetzte Regelung im § 818 Abs. 3 BGB. für das bürgerliche Recht kann für die Klage aus Art. 83 nicht als maßgebend erachtet werden (a. M. Staub 4. Aufl.). Der für das Vorliegen der Bereicherung maßgebende Zeitpunkt ist vielmehr der Eintritt der Präjudizierung oder Verjährung (RG. 44, 78 und OLG. Braunschweig bei Kaufmann 8, 407; vgl. auch Anm. 15).

Anm. 15. III. **Wer ist klageberechtigt?** Geschädigt durch den Verlust des Wechselanspruchs kann naturgemäß nur derjenige sein, in dessen Hand der Wechsel seine Kraft verloren hat, mit andern Worten: der zur Zeit der Präjudizierung oder Verjährung legitimierte Wechselgläubiger. Deshalb ist klageberechtigt nur derjenige, der nach Art. 36, bzw. nach den sonst zulässigen Erwerbsarten des Wechsels (vgl. Anm. 14 zu Art. 36) berechtigter Inhaber des Wechsels zur Zeit der Verjährung oder Präjudizierung war (ROHG. 6, 385; 12, 124; Bolze 6 Nr. 400; RG. in ZHR. 31, 427 und 433; Grünhut Hdb. II § 141; Bernstein 339). Also auch der Aussteller des Wechsels, der ihn nach rechtzeitigem Protest eingelöst hat, da es genügt, daß in diesem Falle der klagende Aussteller und der beklagte Akzeptant sich zur Zeit der Verjährung als Wechselgläubiger und Wechselschuldner gegenüberstehen (OLG. Kiel bei Kaufmann 7, 413; Cosack § 51, IV, 1). Der Verlierer des Wechsels ist selbstverständlich erst nach Beibringung des Amortisationsurteils zur Klaganstellung berechtigt (ROHG. 10, 42). Dagegen ist nicht berechtigt zur Anstellung der Bereicherungsklage der Vormann jenes Inhabers; wenn er den Wechsel trotz Präjudizierung eingelöst hat, so hat er es ohne Not getan und sich selbst geschädigt (ROHG. 8, 238; 10, 44; 20, 85; 23, 106; Grünhut Hdb. II § 141 Anm. 9; Bernstein 339; siehe auch unten § 28; vgl. auch Bolze 6 Nr. 400). Anderseits ist zur Anstellung der Bereicherungsklage auch nicht berechtigt der Indossatar jenes Inhabers aus der Zeit des Wegfalls der Wechselkraft; wenn dieser auch ein Wechselindossament auf sich nachweisen sollte, so wäre dieses wirkungslos, da der Wechsel seine Wechselkraft und damit insbesondere auch seine Indossabilität verloren hat (ROHG. 12, 123; RG. in ZHR. 31, 427 und 433; Bernstein 340; Rehbein Anm. 2; Dernburg II § 279; OG. Wien bei Krall Nr. 101, unzutreffend anders OG. Wien bei Peitler Nr. 452; Grünhut Hdb. II § 141). Nur eine gewöhnliche Forderung ist noch vorhanden, die nur zivilrechtlichen Übergangsformen zugänglich ist (Abtretung, Universalsukzession usw.). — ROHG. 12, 124; RG. bei Gruch. 25, 1088. — Das Prokuraindossament legitimiert zur Wechselbereicherungsklage (Anm. 3 zu Art. 17). Endlich ist zu betonen, daß die wechselrechtliche Inhaberschaft zur Zeit der Geltendmachung des Bereicherungsanspruchs fortdauern muß (Bernstein 340). Art. 83. Anm. 15.

IV. **Wer kann verklagt werden?** Der Akzeptant und der Aussteller, nicht andere Wechselverpflichtete, also nicht die Indossanten, nicht die Avalisten, nicht die Ehrenakzeptanten; natürlich auch nicht der Domiziliat und der Bezogene, da diese ja überhaupt nicht Wechselverpflichtete sind. Anm. 16.

Daß der eine von beiden, Akzeptant oder Aussteller, verklagt werden kann, auch wenn der Wechsel gegen den andern noch Wechselkraft hat, darüber s. oben Anm. 3 und Anm. 8.

V. **Das Ziel der Klage** ist Zahlung. Es wird daher der Wert dessen, was der Beklagte für den Wechsel erhalten, und der Wert dessen, was er dafür gegeben hat, abgeschätzt, und den Rest muß er herauszahlen, nicht etwa in den erhaltenen Werten, sondern in bar. So hat auch das Reichsgericht angenommen, daß der Akzeptant, der die Valuta in einem Grundstücke erhalten hat, die Bereicherung durch Zahlung wettmachen muß (Bolze 11 Nr. 263b). Zustimmend Grünhut Hdb. II § 141 Anm. 17, Bernstein 344, letzterer jedoch mit der Abweichung, daß der Schuldner die Zahlungsklage durch Überlassung des sonstigen Wertes, durch welchen er etwa bereichert ist, abwehren kann. Anm. 17.

VI. **Zinsen.** Die Zinsen können nur in zivilrechtlicher Weise begründet werden (Tag der Mahnung, der Klagezustellung usw.; OG. Wien bei Peitler Nr. 84, 415). Auch handelsrechtliche Zinsen können gefordert werden, wenn die Voraussetzungen der §§ 352 und 353 HGB. vorliegen. Retourspesen sind mit der Bereicherungsklage nicht einklagbar, weil in dieser Hinsicht von einer Bereicherung die Rede nicht sein kann (Bernstein 344). Anm. 18.

VII. **Erfüllungsort** für den Verpflichteten ist sein Wohnsitz. Er soll ja lediglich keinen Vorteil haben. Man würde ihm aber mehr als das zumuten, wenn er dem Gläubiger das Geld bringen müßte (Kreis 166). Gegen OG. Wien (bei Cz. Nr. 555) und OLG. Köln in ZHR. 38, 568 ist daher anzunehmen, daß der wechselmäßige Zahlungsort nicht der Erfüllungsort des Wechselbereicherungsanspruchs ist (zustimmend Bernstein 344). Anm. 19.

Art. 83. VIII. **Die Verjährung** ist die ordentliche dreißigjährige des § 195 BGB. (OG. **Wien bei Peitler**
Anm. 20. Nr. 216, 270, 409; bei **Krall** Nr. 185). Sie beginnt mit der eingetretenen Präjudizierung oder mit der eingetretenen Verjährung des Wechselrechts (Rehbein Anm. 7).

Anm. 21. IX. **Die Beweislast.** Da die Bereicherungsklage nur begründet ist, wenn ihre sämtlichen Bestandteile: ein vorhanden gewesener Wechselanspruch und die Tatbestandsmerkmale des Schadens einerseits und der Bereicherung andererseits vorhanden sind, so hat der Kläger alle diese Momente darzutun (Lehmann 580; Bernstein 344). Es kann nicht etwa, wie Canstein konsequent annimmt (vgl. oben Anm. 1), der Kläger sich mit der Darlegung des vorhanden gewesenen Wechselanspruchs begnügen und dem Beklagten den Einwand überlassen, daß er nicht im vollen Wechselbetrage bereichert sei. Behauptet der Beklagte den Fortfall der Bereicherung (vgl. oben Anm. 14), so hat er die Beweislast.

Für die Beweisführung ist die Formel auf dem Wechsel „Wert erhalten" bedeutungslos (OG. Wien bei Peitler Nr. 216, 396).

Anm. 22. X. **Die Prozeßform ist die des Wechselprozesses.** Die herrschende Meinung (auch Staub 4. Aufl.) ist dagegen. Sie stellt sich auf den Standpunkt, der Wechselprozeß sei unzulässig, weil kein Anspruch aus dem Wechsel (§ 602 ZPO.) vorliege (RG. in Gruch. 28, 1013; Literatur bei Struckmann-Koch § 603 Anm. 2). Der Grund ist kein zutreffender. Ist auch die wechselmäßige Verbindlichkeit des Ausstellers usw. untergegangen, so ist doch der Wechsel nicht ganz erloschen, vielmehr bildet ein Residuum von ihm die Grundlage des Bereicherungsanspruchs, der auch an die Aushändigung der Wechselurkunde geknüpft ist (s. J. u. M. Stranz Anm. 15).

Anm. 23. XI. **Zuständigkeit.** Die Kammer für Handelssachen ist nach unserer Auffassung (s. oben Anm. 22) zuständig, da ein Anspruch aus dem Wechsel vorliegt (anders Staub 4. Aufl.). — Über das örtlich maßgebende Recht für den Anspruch vgl. RG. 23, 31; 24, 115.

Anm. 24. XII. **Zivilrechtliche Bereicherungsklage.** Neben der Bereicherungsklage aus Art. 83 ist auch die Bereicherungsklage aus den §§ 812, 813 BGB. gegeben, wenn deren Voraussetzungen vorliegen.

Keine Bereicherungsklage ist gegeben, wenn auf einen teilweise kraftlosen Wechsel gezahlt ist in dem Falle, daß der Zahlende zur Ausstellung und Unterzeichnung eines wirksamen Wechsels verpflichtet war (RG. in JW. 06, 69[24]). — Keine ist gegeben in dem Falle, der oben Anm. 2a behandelt ist.

Anm. 25. **Zusatz 1. Wechselhingabe zahlungshalber und an Zahlungsstatt.** Die hauptsächlichste Funktion des Wechsels ist die des Zahlungsmittels. Er kann dabei in dem Sinne hingegeben werden, daß die Zivilschuld durch die Hingabe des Wechsels getilgt werde, oder auch so, daß die Hingabe des Wechsels nur ein Zahlungsversuch sein soll.

a) Die Hingabe an **Zahlungsstatt** d. h. so, daß die zugrunde liegende Forderung untergeht und an ihre Stelle lediglich die Wechselforderung tritt, wird nicht vermutet, einmal, weil sie die weitergehende Wirkung ist, und zweitens weil es erfahrungsmäßig nur ganz ausnahmsweise geschieht, daß der Wechsel an Zahlungsstatt gegeben und genommen wird. Vielmehr ist es allgemein geschäftsüblich, Wechsel nur zahlungshalber anzunehmen; daher muß derjenige, der behauptet, der Wechsel sei an Zahlungsstatt gegeben und genommen worden, dies beweisen (ROHG. 3, 145; 4, 371; 18, 391; RG. 14, 210; 31, 110; Bolze 2 Nr. 816; Bolze 12 Nr. 317; vgl. § 364 Abs. 2 BGB.). Die Annahme des Wechsels geschieht, um zum Ausdruck zu bringen, daß sie nur zahlungshalber erfolgt, gewöhnlich „unter Vorbehalt des Eingangs" oder „unter üblichem Vorbehalt". Es ist aber, wie gesagt, ein Vorbehalt nicht erforderlich, da die Annahme des Wechsels präsumtiv zahlungshalber erfolgt (ROHG. 3, 145). Auch wenn der Wechsel „als Zahlung" oder „in Zahlung" genommen ist oder gar so, daß geschrieben wurde: „Ich habe Ihr Konto ausgeglichen" (Bolze 10 Nr. 365g), liegt darin noch keine Annahme an Zahlungsstatt. Desgleichen nicht in der Buchung als Zahlung (ROHG. 18,

391). (Überall zustimmend Bernstein 348.) Desgleichen ist die Quittungsausstellung **Art. 83.** kein Beweis für die Annahme an Zahlungsstatt (Bernstein 348; anders Grünhut Anm. 25. Hdb. II § 113, der dies nur gelten lassen will, wenn über die Zahlung durch Wechsel quittiert wird, wogegen er in der glatten Quittung einen Beweis für die Tilgung erblickt).

Auch ist hervorzuheben, daß Prolongationen keine Novationen sind (RG. 9, 62; Bolze 2 Nr. 816; 10, 365f; 17 Nr. 142).

b) Wird nun der Wechsel **zahlungshalber** gegeben, so gilt die Forderung zu- Anm. 26. nächst nicht als getilgt. Die Hingabe zahlungshalber ist zunächst ein Zahlungsversuch. (Siehe hierzu die Judikatur in Anm. 25.) Der Gläubiger, der sich auf diesen Zahlungsversuch einläßt, übernimmt dadurch, wenn der Wechsel außer der Unterschrift des Gebers noch die eines Dritten trägt oder bei einem Dritten zahlbar ist, die Verpflichtung, die Verfallzeit abzuwarten (unten Anm. 31), und zunächst zu versuchen, den Wechsel bei dem dritten Verpflichteten oder an der dritten Zahlungsstelle einzuziehen, ehe er auf die ursprüngliche Forderung zurückgreifen darf: d. h. er muß die wechselmäßigen Einziehungsakte vornehmen: muß den Wechsel rechtzeitig präsentieren und, wenn dies zur Erhaltung des Wechselrechts notwendig ist, protestieren (ROHG. 7, 48; 20, 85; 23, 106; RG. 27, 89; 31, 119; die Pflicht zu protestieren kann ausdrücklich oder stillschweigend — durch Fakturvermerk, der vorbehaltlos angenommen ist — ausgeschlossen werden, z. B. für Wechsel auf Nebenplätze, ROHG. 17, 274), ist jedoch nicht verpflichtet, den Wechsel auch einzuklagen (RG. in JW. 96, 640; Grünhut Hdb. II § 113). Gelingt die Einziehung auf diesem Wege nicht, so kann der Gläubiger unter Anbietung des Wechsels (vgl. Anm. 26 a. E.) auf die ursprüngliche Forderung zurückgreifen; die Gefahr der inzwischen eingetretenen Insolvenz des dritten Wechselschuldners trägt der Wechselgeber (RG. 31, 119), ebenso die Kosten der versuchten Einziehung (RG. 31, 119). Versäumt der Wechselnehmer aber seine Verpflichtung bei Einziehung der Forderung, so haftet er dem Wechselgeber für allen Schaden, der diesem dadurch entsteht, daß die Wechselsumme infolgedessen nicht eingeht, z. B. wenn der Wechselnehmer den Wechsel hat verjähren lassen (unten Anm. 29) oder mit der Einziehung so lange gezögert hat, bis der Akzeptant vermögenslos geworden ist. Solche Pflichtversäumnisse des Wechselnehmers können gegenüber dem Anspruch aus der Zivilklage vorgeschützt werden. (Bolze 5 Nr. 495; 10 Nr. 365d.) Es kann jedoch auch sein, daß dem Schuldner durch die Präjudizierung des Wechsels ein Schade nicht erwächst, so z. B. — dieses Beispiel bezieht sich auf den Rechtszustand vor dem Protestgesetz — wenn der Trassant vom Akzeptanten einen domizilierten Wechsel für seine Zivilforderung erhält, in diesem Falle hat der Akzeptant keinen Schaden davon, daß der Protest nicht erhoben wurde (RG. 27, 91); oder wenn der Akzeptant schon zur Zeit der Wechselhingabe vermögenslos war, in diesem Falle schadet es nichts, daß gegen ihn nicht früher vorgegangen wurde (Bolze 5 Nr. 495; 10 Nr. 365d); oder wenn der Anm. 29 am Ende behandelte Fall vorliegt. Derartige Entschuldigungsgründe muß aber der Gläubiger dartun und beweisen (RG. im SächsA. 10, 240).

Statt auf die Wechselschuld zurückzugreifen, kann also hiernach der Gläubiger auch auf die Zivilforderung zurückgreifen, wenn der Einziehungsversuch nicht gelungen ist. In diesem Falle muß er dem Schuldner den Wechsel anbieten; dieser braucht Zahlung nur gegen Rückgabe des Wechsels zu leisten (ROHG. 17, 270; Bolze 4 Nr. 554), es sei denn, daß der Wechsel vernichtet ist (Bolze 15 Nr. 253; 18 Nr. 318, 319; RG. in JW. 03, 375). Anderseits braucht der Gläubiger, auch wenn er in der Klage auf die Zivilschuld zurückgreift, vor der Zahlung den Wechsel nicht zurückzugeben. — Vgl. ferner unten Anm. 29 über die Frage, ob der Wechsel „intakt" zurückzugeben ist.

Wenn der Geber allein aus dem zahlungshalber gegebenen Wechsel haftet, so darf Anm. 27. der Gläubiger ohne weiteres auf die ursprüngliche Forderung zurückgreifen (vgl. jedoch Anm. 28 u. 29). Dieses Recht bleibt dem Gläubiger, auch wenn er den Wechsel hat

Art. 83. verjähren lassen; es steht ihm daher in solchem Falle die ursprüngliche Forderung zu,
Anm. 27. nicht die Bereicherungsklage (ROHG. 15, 321; Bolze 15 Nr. 252; RG. 44, 80). — Vgl. oben Anm. 7.

Anm. 28. c) **Durch den zahlungshalber gegebenen Wechsel gilt aber der Zivilanspruch in zwei Fällen für die Regel als getilgt bzw. als erledigt:**

α) **wenn der Wechselnehmer den Wechsel realisiert hat und die Valuta behalten darf.** Er darf sie behalten, wenn der Wechsel vom Bezogenen gedeckt wird oder in der Hand des dritten Indossatars präjudiziert, so daß er von der Regreßpflicht und damit von der Rückzahlung der Valuta befreit ist (Bolze 4 Nr. 554). Löst er dann gleichwohl den Wechsel ein, so tut er dies auf eigene Gefahr; sein Zivilanspruch an seinen Wechselgeber bleibt getilgt (ROHG. 7, 47; 10, 133; 17, 272; 20, 85; 21, 25 u. 38; vgl. RG. 35, 196). — Vgl. oben Anm. 15 über die Frage des übrigbleibenden Bereicherungsanspruchs.

Anm. 29. β) **wenn der Wechselnehmer nicht in der Lage ist, den Wechsel seinem Wechselgeber zurückzugeben** (Bolze 4 Nr. 554), und zwar **intakt**, d. h. so, daß der letztere gegen seine Vormänner mit Erfolg vorgehen kann; also z. B. wenn der Wechsel gegen den Akzeptanten verjährt ist oder wenn er, nach dem Rechtszustand vor der Protestnovelle, gegen den Akzeptanten hätte protestiert werden müssen und nicht protestiert worden ist (ROHG. 17, 271; Bolze 12 Nr. 318; 18 Nr. 317; ebenso die Zitate bei α), oder wenn der Akzeptant inzwischen vermögenslos geworden ist (oben Anm. 8). Hat der Wechselnehmer dem Wechselgeber den Wechsel intakt angeboten, der Geber aber die Rücknahme verweigert, so berühren den ersteren die rechtlichen Schicksale des Wechsels nicht mehr; wenn der Wechsel nunmehr präjudiziert, so geht die Zivilschuld nicht unter (ROHG. v. 5. 5. 74 bei Borchardt-Ball 155). Wenn der Wechselgeber keine Vormänner hat, so kann die hier in Anm. 29 behandelte Konstellation nicht eintreten (vgl. hierüber Anm. 27).

Indes wird man nicht immer den Zivilanspruch als getilgt ansehen können, auch wenn der Wechselnehmer den Wechsel nicht „intakt" zurückgeben kann. Zunächst dann nicht, wenn kein vertretbares Verschulden des Wechselnehmers an der „Vitiierung" (ROHG. 17, 271), der Versehrtheit des Wechsels vorliegt (vgl. oben Anm. 26). Ferner wird in denjenigen Fällen der Zivilanspruch nicht als getilgt anzusehen sein, in denen dem Schuldner durch die Präjudizierung usw. ein Schade nicht erwächst (vgl. oben Anm. 26), der Schuldner z. B. gegen seinen Vormann einen, ihn zur Befriedigung führenden Zivilanspruch hat, nur wird der Gläubiger dies beweisen müssen (Fall: der Wechselnehmer, der die Protestfrist versäumt hat, klagt als Indossatar gegen den Indossanten, der ihm den Wechsel zahlungshalber gegeben hat, auf Grund der unterliegenden Warenforderung. Der beklagte Indossant hat den Wechsel von seinem Vormanne gleichfalls auf Grund einer Warenforderung erhalten; der Vormann ist solvent. Wenn der Beklagte die Präjudizierung einwendet, so wird ihm vom Kläger mit Erfolg entgegengehalten, der Beklagte habe dadurch keinen Schaden, daß der Wechsel nicht „intakt" sei, weil er auch ohne den Wechselanspruch auf Grund der unterliegenden Warenforderung vom Vormanne sich Befriedigung verschaffen könne. Selbstverständlich setzt dies voraus, daß auch der Vormann den „intakten" Wechsel nicht braucht, um sich von seinem Vormanne Befriedigung zu verschaffen).

Anm. 30. d) Es mag, um die Beziehung dieser Lehre von der Hingabe des Wechsels zahlungshalber und an Zahlungsstatt zur Bereicherungsklage zu erläutern, hier nochmals bemerkt werden, daß für den Fall, daß der Zivilanspruch des Wechselnehmers getilgt oder als getilgt zu betrachten ist, diesem möglicherweise der Bereicherungsanspruch zusteht. Nicht notwendig allerdings, sondern es muß geprüft werden, ob die Erfordernisse in concreto vorhanden sind (vgl. z. B. oben Anm. 11). **Aber es soll hier darauf aufmerksam gemacht werden, daß das ultimum refugium der Wechselbereicherungs-**

klage erst dann in Betracht kommt, wenn der Zivilanspruch des Be- Art. 83.
rechtigten beseitigt ist; solange der Zivilanspruch besteht, braucht der Berechtigte Anm. 30.
die Bereicherungsklage nicht zur Verfolgung seiner Rechte und hat sie nicht, weil er solange nicht geschädigt ist (ROHG. 15, 321; Bolze 15 Nr. 252).

e) Für den Fall, daß der Gläubiger auf die ursprüngliche Forderung zurück- Anm. 31.
greifen kann und will, ist zu bemerken, daß diese durch die Hingabe des Wechsels oft in ihren Modalitäten beeinflußt sein wird. So stellt z. B. die Annahme eines Wechsels mit fernerem Fälligkeitstermine oder von mehreren Wechseln mit fortlaufenden Fälligkeitsterminen eine entsprechende Befristung der zugrunde liegenden Forderung dar, weshalb auf diese erst nach Ablauf des Fälligkeitstages der Wechsel zurückgegriffen werden kann, und die Zinspflicht erst eintritt, wenn die Zinspflicht für die Wechsel eintritt (ROHG. 22, 304); das Wechseldomizil ist als vereinbarter Erfüllungsort für die ursprüngliche Forderung zu betrachten.

f) Ist der als Zahlung erhaltene Wechsel mangels eines wesentlichen Er- Anm. 32.
fordernisses ungültig, oder eine wesentliche Unterschrift gefälscht, so kann der Gläubiger ohne weiteres auf die ursprüngliche Forderung zurückgehen, gleichviel, ob Annahme zahlungshalber oder an Zahlungsstatt vorliegt (ROHG. 20, 86; Bolze 15 Nr. 253).

Zusatz 2. Das Diskontierungsgeschäft. Darunter versteht man den Erwerb des Wechsels Anm. 33.
gegen einen bestimmten Preis — Geld gegen Wechsel —, also einen Wechselkauf. Der Erwerber zahlt einen bestimmten Preis, die Diskontsumme, die sich darstellt als die Wechselsumme nach Abzug des Zwischenzinses und einer Provision, und erhält dafür den Wechsel mit allen Rechten aus demselben, aber auch keine anderen Rechte (RGStr. 18, 184; ROHG. 3, 433; Cohn in Endemanns Handbuch des Handelsrechts III 155). Es entsteht im übrigen zwischen den beiden Kontrahenten nicht daneben noch ein anders geartetes Verhältnis (Bolze 1 Nr. 846). Der Wechselgeber wird weder Darlehensschuldner des Wechselnehmers (RGStr. 18, 184), noch zivilrechtlicher Bürge für den Eingang der Wechselsumme (Bolze 5 Nr. 491). Läßt daher der Wechselnehmer den Wechsel präjudizieren oder verjähren, so hat er gegen den Wechselveräußerer keinen Wechselanspruch und keinen Zivilanspruch, höchstens vielleicht den Wechselbereicherungsanspruch, wenn dessen Voraussetzungen vorliegen. Ein für den richtigen Eingang des Wechsels bestelltes Pfand wird frei, jedoch unbeschadet des Satzes: remanet propter pignus naturalis obligatio (§ 223 BGB.). Es kann allerdings auch ein Darlehensvertrag durch die Diskontierung vereinbart sein (RGStr. 18, 184; Cohn a. a. O. 856).

Zusatz 3. Ist der präjudizierte oder verjährte Wechsel als Schuldurkunde anderer Art Anm. 34.
zu verwerten? Die Frage muß verneint werden. Ein solcher Wechsel ist weder Schuldschein (RG. 8, 41; vgl. ROHG. 21, 180; Lehmann 581; Bernstein 350), noch Anweisung (ROHG. 18, 188), noch kaufmännischer Verpflichtungsschein (ROHG. 9, 354), sondern höchstens Beweismittel (ROHG. 22, 305; OG. Wien bei Cz. Nr. 506; OLG. Köln in ZHR. 38, 561).

Vgl. über ähnliche Fragen (namentlich ob eine als Wechsel wegen Mangels von Essentialien ungültige Urkunde als Schuldurkunde anderer Art zivilrechtlich wirksam ist) Art. 4 Anm. 70, Art. 1 Anm. 29, Art. 96 Anm. 16.

Zusatz 4. Scheckgesetz. Die Bereicherungsklage des Scheckgesetzes ist der Wechsel- Anm. 34a.
bereicherungsklage entsprechend ausgestaltet. Nach § 21 Scheckgesetzes bleibt der Aussteller, dessen Regreßverbindlichkeit durch Unterlassung rechtzeitiger Vorlegung oder durch Verjährung erloschen ist, dem Inhaber des Schecks so weit verpflichtet, als er sich mit dessen Schaden bereichern würde. Die negative Bestimmung des Art. 83 Satz 2 enthält das Scheckgesetz nicht ausdrücklich. Aber auch nach dem Scheckgesetz können nur der Aussteller, nicht etwa Indossanten oder Bezogene, in Anspruch genommen werden (Anm. 7 bei Apt). Der Anspruch verjährt in einem Jahr seit der Ausstellung des Schecks (§ 22 SchG.).

Art. 83. Anm. 35. **Zusatz 5. Fremde Rechte.** Die Wechselbereicherungsklage im Sinne der DWO. ist in England, Frankreich und Belgien unbekannt, während Italien zum Teil weitergehende Bestimmungen hat. Frankreich und Belgien lassen jedoch die Folge der Präjudizierung in bestimmten Fällen nicht eintreten, wenn der Schuldner gedeckt ist. England, Frankreich und Belgien lassen die Zivilforderung fortbestehen, wenn der Wechsel verjährt ist. Vgl. Späing 246 und Bernstein 363.

XV. Ausländische Gesetzgebung.

Artikel 84.

Art. 84. Die Fähigkeit eines Ausländers, wechselmäßige Verpflichtungen zu übernehmen, wird nach den Gesetzen des Staates beurteilt, welchem derselbe angehört. Jedoch wird ein nach den Gesetzen seines Vaterlandes nicht wechselfähiger Ausländer durch Übernahme von Wechselverbindlichkeiten im Inlande verpflichtet, insofern er nach den Gesetzen des Inlandes wechselfähig ist.

Einleitg. Über die Grundsätze des internationalen Wechselrechts, soweit sie für die Praxis in Betracht kommen, vgl. J. u. M. Stranz Anm. 1—9 Vorbem. vor Art. 84—86.

Der vorliegende Artikel 84 regelt die Frage, nach welchen Gesetzen sich die Wechselfähigkeit der Ausländer regelt. Die Regelung entspricht der allgemeinen Vorschrift des Art. 7 EG. z. BGB.

Anm. 1. 1. **Um die Ausländer handelt es sich.** Bezüglich der Inländer ist die gleiche Frage im Gesetze überhaupt nicht geregelt, von uns ist sie in Anm. 23 zu Art. 1 erörtert.

Als Inländer ist hierbei jeder deutsche Reichsangehörige zu betrachten, welchem Bundesstaate er auch angehören mag und wo er auch wohnen oder sich aufhalten mag, selbst wenn er im Auslande wohnt (ROHG. 6, 358; 21, 336). Als Ausländer ist jeder Nichtdeutsche zu behandeln, wo er auch wohnen oder sich aufhalten mag, ob in seinem Heimatsstaate oder in einem andern ausländischen Staate oder in Deutschland. Die deutschen Schutzgebiete sind Ausland, die Eingeborenen dieser Schutzgebiete Ausländer (Laband, Staatsrecht, 3. Aufl. Bd. I S. 756). Vom Standpunkte der österreichischen WO. ist als Inländer zu betrachten jede dem österreichischen Staatsverbande angehörende Person.

Anm. 2. 2. **Welche Gesetze für die Wechselfähigkeit der Ausländer in Betracht kommen, beantwortet sich verschieden, je nachdem die Wechselverpflichtung im Auslande oder im Inlande eingegangen ist:** im ersteren Falle entscheidet das Gesetz des Heimatsstaats, im letzteren Falle das für die Wechselfähigkeit günstigere Gesetz.

a) **Ist die Wechselverpflichtung vom Ausländer im Auslande eingegangen,** so entscheidet das Gesetz des Heimatsstaats.

α) Voraussetzung ist, daß die Wechselerklärung im Auslande abgegeben ist, gleichviel ob der Ausländer auch in seinem Heimatsstaate wohnt oder in einem anderen ausländischen Staate oder in Deutschland. Auf die Eingehung der Wechselverbindlichkeit, nicht auf den Ort der Erfüllung kommt es an (RG. 15, 12 gegen OG. Wien bei Borchardt Zus. 830). Vgl. hierüber Anm. 21 zu Art. 1.

Anm. 3. β) Das Gesetz des Heimatsstaats entscheidet, nicht das Recht des Wohnsitzes. Anders können die Worte: „Staat, dem er angehört," füglich nicht verstanden werden. (Ebenso Canstein 97; OG. Wien bei Cz. Nr. 151, 276 und in ZHR. 31, 739; anders Lehmann 126.) Die Wechselfähigkeit einer Ungarin, die in England einen Wechsel gezeichnet hat, richtet sich daher nach ungarischem Rechte (OG. Wien bei Cz. Nr. 276). Das Gesetz des Heimatsstaates kann allerdings wieder bestimmen, daß das Gesetz des Domizils entscheidet, so daß auf diesem Umwege unter Umständen auch das deutsche Recht zur Anwendung gelangen kann (vgl. Art. 22 EG. z. BGB.). Über die Auslegung des in Anwendung zu bringenden Gesetzes entscheidet lediglich das pflichtgemäße Ermessen des erkennenden Richters, nicht eine, wenn auch ständige Judikatur am Geltungsorte (ROHG. 15, 207). Art. 84. Anm. 3.

b) **Ist die Wechselverpflichtung im Inlande eingegangen,** so entscheidet das der Wechselfähigkeit günstigere Gesetz. Es beruht dies auf dem Gedanken, daß es den Inländern nicht zuzumuten ist, wenn Ausländer hier Wechselverbindlichkeiten eingehen, zu prüfen, ob dieselben nach dem Rechte ihres Heimatsstaats wechselfähig sind (P. 146). Anm. 4.

α) Voraussetzung ist, daß die Wechselverpflichtung im Inlande eingegangen ist, gleichviel, ob der Ausländer im Inlande wohnt oder vielleicht in seinem Heimatsstaate oder in einem anderen Staate. Auch hier kommt es auf die Eingehung, nicht auf den Erfüllungsort der Wechselverpflichtung an (vgl. oben Anm. 2).

β) Das für die Wechselfähigkeit günstigere Gesetz entscheidet. Ist der Ausländer in seinem Heimatsstaate wechselfähig, so bleibt es dabei, auch wenn er nach inländischem Rechte nicht wechselfähig wäre; ist er aber nach inländischem Recht, d. h. nach dem Recht des Orts, wo die Verpflichtung eingegangen ist, wechselfähig, so bleibt es hierbei, auch wenn er nach dem Gesetze seines Heimatsstaats nicht wechselfähig wäre. Anm. 5.

3. **Um die passive Wechselfähigkeit handelt es sich.** So ist z. B. eine ausländische Ehefrau, die in Deutschland Wechselverbindlichkeiten eingeht, dann wechselfähig, wenn sie entweder nach dem Rechte ihres Heimatsstaates oder nach dem inländischen Recht wechselfähig ist (OAG. Darmstadt bei Borchardt Zus. 827; OG. Wien bei Cz. Nr. 111), die Mitglieder einer offenen Handelsgesellschaft, die nach ausländischem Recht deshalb wechselunfähig ist, weil sie nicht registriert ist, haften, wenn sie im Inlande wechselmäßig kontrahiert haben (OG. Wien bei Borchardt Zus. 828). Anm. 6.

Hervorzuheben ist, daß auch gerichtliche Beschränkungen die Wechselfähigkeit berühren können, z. B. die Entmündigung wegen Verschwendung oder Trunkenheit, und daß daher, soweit der inländische Richter das inländische Gesetz anzuwenden hat, er die im Inlande erlassenen Beschränkungen dieser Art zu berücksichtigen hat (HAG. Nürnberg bei Borchardt Zus. 23b; Kreis 14). Nicht das gleiche soll nach OAG. Dresden bei Borchardt Zus. 23c und Kreis 14 von einer im Auslande erfolgten Prodigalitätserklärung gelten, diese soll als ein Befehl des ausländischen Richters keinen Anspruch auf Gehorsam außerhalb seines Staatsgebiets haben. Überwiegend wird aber die gegenteilige Ansicht, wie uns scheint, mit Recht, vertreten (v. Bar, Theorie und Praxis des internationalen Privatrechts, 2. Aufl., Bd. I, 425; RG. in RGBl. 94, 91).

Zusatz 1. Die aktive Wechselfähigkeit der Ausländer ist hier nicht behandelt, nur die passive. Hier gilt das gleiche wie in Art. 7 EG. z. BGB. Denn dieser Artikel regelt die gesamte Geschäftsfähigkeit, wozu auch die Fähigkeit, Rechte zu erwerben, gehört, und zwar regelt er die gesamte Geschäftsfähigkeit in gleicher Weise, wie Artikel 84 die Wechselverpflichtungsfähigkeit (vgl. oben die Einleitung). Anm. 7.

Zusatz 2. Scheckgesetz. Im Auslande zahlbare Schecks dürfen auch auf solche Bezogene lauten, auf die nach dem ausländischen Rechte ein Scheck gezogen werden darf (§ 25 SchG.). Anm. 7a.

Zusatz 3. Fremde Rechte. In Frankreich und Belgien entscheidet über die Wechselfähigkeit des Ausländers sein Heimatsrecht, in England für die Regel das Recht des Domizils (Späing 252). Anm. 8.

Artikel 85.

Die wesentlichen Erfordernisse eines im Ausland ausgestellten Wechsels sowie jeder anderen im Ausland ausgestellten Wechselerklärung werden nach den Gesetzen des Ortes beurteilt, an welchem die Erklärung erfolgt ist. Entsprechen jedoch die im Auslande geschehenen Wechselerklärungen den Anforderungen des inländischen Gesetzes, so kann daraus, daß sie nach ausländischen Art. 85.

Art. 85. **Gesetzen mangelhaft sind, kein Einwand gegen die Rechtsverbindlichkeit der später im Inland auf den Wechsel gesetzten Erklärungen entnommen werden. Ebenso haben Wechselerklärungen, wodurch sich ein Inländer einem anderen Inländer im Auslande verpflichtet, Wechselkraft, wenn sie auch nur den Anforderungen der inländischen Gesetzgebung entsprechen.**

Einleitung. **Der vorliegende Artikel beschäftigt sich mit den Erfordernissen einer im Auslande abgegebenen Wechselerklärung** und gibt hierfür eine Regel und zwei Ausnahmen. (Über den Begriff Inland und Inländer s. Anm. 1 zu Art. 84.)

Anm. 1. 1. **Die Regel ist: Die wesentlichen Erfordernisse eines im Auslande ausgestellten Wechsels oder einer sonstigen im Auslande ausgestellten Wechselerklärung richten sich nach dem Gesetze des Orts, an welchem die Erklärung erfolgt ist.**

a) Dieser Grundsatz ist lediglich eine Anwendung des Grundsatzes: locus regit actum d. h. zur Gültigkeit eines Rechtsgeschäfts genügt die Form, welche dort vorgeschrieben ist, wo das Rechtsgeschäft vorgenommen wurde (vgl. auch Art. 11 EG. z. BGB.). Das Recht des Erfüllungsorts ist hierbei einflußlos (ROHG. 6, 127). Für die Frage, was am Ort des Geschäfts Rechtens ist, ist lediglich diejenige Auslegung maßgebend, die der erkennende Richter dem betreffenden Gesetze gibt; eine an dem betreffenden Orte bestehende ständige Judikatur ist für ihn nicht bindend (ROHG. 15, 207).

Anm. 2. b) Folgen und Beispiele. Ist hiernach der im Auslande ausgestellte Wechsel oder die sonstige im Auslande abgegebene Wechselerklärung im Auslande gültig, so ist sie auch für den inländischen Verkehr als gültig zu betrachten. Alle auf dem solchergestalt nach ausländischem Recht gültigen Wechsel stehenden Wechselerklärungen haben eine gültige Grundlage erhalten. Ein solcher Wechsel kann in Deutschland gültig akzeptiert und indossiert werden. (OTr. bei Borchardt Zus. 841.) Er ist auch für den Wechselprozeß geeignet; ein ausländischer Wechsel ist ein Wechsel im Sinne der Wechselordnung (RG. 9, 430 und in JW. 06, 716[15]) Ist umgekehrt die im Auslande abgegebene Wechselerklärung nach ausländischem Rechte ungültig, so ist sie keine geeignete Grundlage für den inländischen Wechselverkehr, der Wechsel ist auch hier ungültig und kann nicht gültig akzeptiert und indossiert werden. (Doch sind von dieser Regel in Satz 2 und 3 zwei Ausnahmen gemacht. Über diese weiter unten.)

Beispiele: Ein in Frankreich ohne Wechselklausel ausgestellter Wechsel ist gültig, kann gültig akzeptiert werden und indossiert werden, ein im Ausland (nach dortigem Rechte) auf Inhaber ausgestellter Wechsel ist auch in Deutschland gültig, wenn er in Deutschland zahlbar ist. Umgekehrt ist eine in Frankreich durch bloße Beisetzung der Unterschrift abgegebene Akzepterklärung, ein in Spanien ausgestelltes Blankoindossament, ein in Holland gegebenes Nachindossament auch in Deutschland ungültig, wenn nicht etwa die Fälle der in Satz 2 und 3 gedachten Ausnahmen vorliegen.

Anm. 3. c) Was versteht man unter einer im Auslande abgegebenen Wechselerklärung? Canstein (99) läßt die Gestalt des Wechsels entscheiden: die auf dem Wechsel gegebene Ortsbezeichnung entscheide. Indessen entscheidet nach richtiger Ansicht der Ort, wo tatsächlich die Erklärung abgegeben ist. Dafür spricht der Wortlaut des Art. 85 (im Auslande ausgestellten Wechselerklärung), ferner die Erwägung, daß nur beim Grundwechsel die Datierung wesentlich ist, während die übrigen Wechselerklärungen auch undatiert sein können und alsdann der Ort der wirklichen Erklärung doch erforscht werden muß und endlich eine Partei sich nicht durch willkürliche Datierung ein beliebiges Recht schaffen darf (Kreis 15; Lehmann 127; Bernstein 354; vgl. auch RG. 24, 115, welches für eine andere Frage von gleichen Anschauungen ausgeht; wogegen sich das RG. in der vorliegenden Frage der gegenteiligen Meinung zuneigt, RG. 32, 118). Maßgebend ist also der Ort, wo die Erklärung abgegeben ist, also wo sie wirklich zur Entstehung gelangt ist (vgl. hierüber Anm. 21 zu Art. 1).

Das Ortsdatum begründet allerdings eine Vermutung dafür, daß die Erklärung auch dort abgegeben ist (Kreis 15). Für den Fall, daß die Erklärung ein Ortsdatum nicht enthält, ist man füglich berechtigt, eine Vermutung dahin aufzustellen, daß die Erklärung dort abgegeben ist, wo der Erklärende seinen Wohnsitz hat (RG. 9, 438; 23, 50). Art. 85. Anm. 3.

2. **Von dem Grundsatze, daß das ausländische Recht über die Erfordernisse einer im Auslande abgegebenen Wechselerklärung entscheidet, macht das Gesetz zwei Ausnahmen.** Zwar für den Fall, daß die ausländische Wechselerklärung — unter der ausländischen Wechselerklärung ist auch hier wieder zu verstehen die im Auslande abgegebene Wechselerklärung, nicht die, die sich prima facie als im Ausland abgegeben darstellt; anders anscheinend RG. 32, 118 — nach ausländischem Rechte gültig ist, wird keine Ausnahme gemacht, wohl aber für den Fall, daß die ausländische Wechselerklärung nach ausländischem Recht mangelhaft ist, während sie nach inländischem Recht nicht mangelhaft ist. In diesem Falle soll der Satz locus regit actum unter zwei bestimmten Voraussetzungen nicht gelten, sondern das der Gültigkeit der Wechselerklärung günstige inländische Recht den Vorzug haben. Anm. 4.

Diese beiden Voraussetzungen sind:

a) Es schließt sich eine im Inlande abgegebene Wechselerklärung an frühere im Auslande abgegebene Wechselerklärungen an. Es kommt im Wechselrecht häufig vor, daß die Gültigkeit einer späteren Erklärung von der Gültigkeit einer früheren abhängt, wie ja alle Wechselerklärungen von der Gültigkeit des Grundwechsels abhängen. Würde nun die Regel, daß über die Gültigkeit der im Auslande abgegebenen Wechselerklärung das ausländische Recht entscheidet, absolut gelten, so würde dies die Hinfälligkeit der späteren im Inlande abgegebenen Wechselerklärungen zur Folge haben. Diese Rechtsfolge soll aber nicht eintreten, wenn die früheren Wechselerklärungen nach inländischem Recht gültig sind. Beispiel: Gültig ist das Indossament oder Akzept, das ein Franzose in Deutschland auf einen in Frankreich von einem Franzosen gezogenen Wechsel setzt, welcher wegen Fehlens der Valutenklausel in Frankreich ungültig ist, aber den Anforderungen der deutschen WO. genügt. Anm. 5.

Getroffen sind aber nur inländische nachträgliche Erklärungen, für nachfolgende ausländische Wechselerklärungen ist das ausländische Recht maßgebend.

b) Es gibt ein Inländer zugunsten eines Inländers eine Wechselerklärung im Auslande ab. Wenn die Regel locus regit actum absolut gälte, so würde die auf einen im Auslande ausgestellten, nach ausländischem Recht ungültigen Wechsel im Auslande gesetzte Wechselerklärung ungültig sein, auch wenn ein Inländer sie einem Inländer gegenüber abgeben würde. Der Gesetzgeber setzt aber im Interesse der Gültigkeit der Wechselerklärungen fest, daß Wechselerklärungen von Inländern gegenüber Inländern, welche im Auslande abgegeben sind, dann gültig sind, wenn sie nur nach inländischem Recht gültig sind. Denn es wird ganz richtig angenommen, daß Inländer, auch wenn sie im Auslande kontrahieren, das Heimatsrecht befolgen wollen. Wenn die Wechselerklärungen im Inlande abgegeben sind, so folgt das gleiche schon aus Satz 1, bzw. Satz 2. Es bezieht sich dies übrigens auch auf die materielle Gültigkeit der Wechselerklärungen, so daß ein nach den Gesetzen des Inlandes wechselfähiger Akzeptant in dem hier in Rede stehenden Falle nicht einwenden kann, er sei nach dem Gesetze des Auslandes nicht wechselfähig, wohl aber kann dies ein nach inländischem Recht nicht Wechselfähiger einwenden, auch wenn er nach dem Gesetze des Auslandes wechselfähig wäre (Volkmar-Löwy 327). Anm. 6.

Es ist darauf aufmerksam zu machen, daß ausländische Wechselerklärungen von Deutschen gegen Deutsche nur selbst für wechselkräftig erklärt werden, aber in Art. 85 nicht gesagt wird, daß bei solchen Wechselerklärungen auch die früheren ausländischen Wechselerklärungen, deren Gültigkeit Voraussetzung für die anderen ist, als gültig gelten, wenn sie auch nur nach inländischem Recht gültig sind. Dies wird in Satz 2 eben nur

Art. 85. für die im Inlande abgegebenen Wechselerklärungen gesagt, während es sich in Abs. 3 um Wechselerklärungen, die im **Ausland** abgegeben wurden, handelt.

Anm. 7. **Zusatz 1. Die Art. 85 und 86 regeln nur die Gültigkeit des Wechsels** und der wechselrechtlichen Verpflichtungsakte. Welches Recht über die rechtlichen Wirkungen der im Auslande abgegebenen Wechselerklärungen zu entscheiden hat, ist allgemein nicht festgesetzt. Hierüber Anm. 6 zu Art. 86.

Anm. 7a. **Zusatz 2.** Den Bestimmungen des Art. 85 WO. ist der § 26 **Scheckgesetzes** nachgebildet.

Anm. 8. **Zusatz 3. Fremde Rechte.** In Frankreich und Belgien gelten Rechtssätze, die den Sätzen 1 und 3 unseres Artikels entsprechen. In England gelten detaillierte Bestimmungen, deren Prinzip aber gleichfalls der Satz ist: locus regit actum (Späing 257).

Artikel 86.

Art. 86. **Über die Form der mit einem Wechsel an einem ausländischen Platze zur Ausübung oder Erhaltung des Wechselrechts vorzunehmenden Handlungen entscheidet das dort geltende Recht.**

Einleitung. **Der Artikel handelt von der Form der an einem ausländischen Platze zur Ausübung und zur Erhaltung des Wechselrechts vorzunehmenden Handlungen** und läßt hierüber das dort geltende Recht entscheiden.

Anm. 1. 1. **Von der Form** der Handlungen ist die Rede, die an einem ausländischen Platze zur Ausübung und Erhaltung des Wechselrechts notwendig sind. Die Frage, **ob** sie im Einzelfall notwendig sind, und **welche Akte** notwendig sind, wird in diesem Artikel nicht geregelt. Darüber s. unten Anm. 5—9.

Zur Form der Handlungen gehört aber auch die Frage nach dem Orte und der Zeit der Handlungen, also z. B. die Frage, in welcher Frist, zu welcher Tageszeit, in welchem Raume, an welchem Tage (Feiertag, Sonntag) der Protest aufzunehmen ist. Es geht dies aus der Entstehungsgeschichte des Gesetzes deutlich hervor, wenn es darin auch einen recht mangelhaften Ausdruck gefunden hat. (ROHG. 1, 288; 21, 153; RG. 9, 438; 32, 116; Lehmann 132.) Mit Recht wird dies (vgl. z. B. RG. 9, 438) auch auf die Frage der dem Schuldner gewährten Respekttage ausgedehnt (J. u. M. Stranz Anm. 2; Staub hat die entgegengesetzte, in der 4. Aufl. von ihm vertretene Auffassung in den hinterlassenen Materialien modifiziert).

Anm. 2. 2. **Von denjenigen Handlungen, die an einem ausländischen Platze vorzunehmen sind,** ist die Rede. Darüber, was als ausländischer Platz zu betrachten ist, s. Anm. 1 zu Art. 84.

Anm. 3. 3. **Zur Ausübung oder Erhaltung des Wechselrechts notwendig** müssen die Akte sein, um die es sich hier handelt. Vornehmlich ist gedacht an die Präsentation, den Protest und die Notifikation. In welcher Form diese Rechtsakte, wenn sie in concreto erforderlich sind, erfolgen müssen, darüber entscheidet eben das am ausländischen Platze geltende Recht. Ob sie im Einzelfalle erforderlich sind, darüber entscheidet nicht notwendig dieses Recht (vgl. unten Anm. 5—9).

Anm. 4. 4. **Das dort geltende Recht** entscheidet, d. h. das Recht, das an dem ausländischen Platze, wo der Akt vorzunehmen ist, gilt. Es gilt also auch hier der Satz: locus regit actum, wie in Art. 85. Ist z. B. ein Protest in London aufzunehmen, so genügt einfache Protestnotierung statt förmlichen Protestes.

Ob das ausländische Recht beobachtet ist, hat der Richter von Amts wegen zu prüfen. Doch kann er bei Vorlegung einer äußerlich unverdächtigen Urkunde zunächst davon ausgehen, daß sie von der beurkundenden Amtsperson rite aufgenommen ist (ROHG. 1, 242; 3, 127). Wird dies bezweifelt, so kann er zwar von Amts wegen das maßgebende ausländische Recht erforschen, er kann aber auch derjenigen Partei, welche zu ihren Gunsten den Zweifel erhebt, die Beweislast auferlegen (§ 293 ZPO.). Legalisation durch einen Konsul oder Gesandten des Deutschen Reichs stempelt die Urkunde zur echten (§ 438 Abs. 2 ZPO.; Reichsgesetz vom 1. Mai 1878 betr. die Beglaubigung öffentlicher Urkunden). Über die Auslegung des am ausländischen Orte geltenden Rechts entscheidet lediglich das richterliche Ermessen des erkennenden Richters, nicht die, wenn auch ständige Judikatur am auswärtigen Orte (ROHG. 15, 207), z. B. wenn die gleichlautende Bestimmung der deutschen und österreichischen Wechselordnung in Österreich dahin ausgelegt wird, daß ein Protest im gegebenen Falle nicht notwendig ist, so hat der Richter dennoch davon auszugehen, daß zur Erhaltung des Wechselrechts gegen den in Berlin wohnenden Wechselverpflichteten der Protest notwendig ist, falls dies nach seiner Auslegung der betreffenden Bestimmung notwendig ist. Art. 86 Anm. 4.

Zusatz 1. Der Artikel handelt nicht von der Frage, ob im Einzelfalle eine Rechtshandlung zur Ausübung und Erhaltung des Wechsels notwendig ist und welche. Hierüber entscheidet dasjenige Recht, welches am Erfüllungsort der Wechselverpflichtung gilt, deren passiver Träger in Anspruch genommen wird. Es ergibt sich dies aus dem Folgenden (Anm. 6ff.). Anm. 5.

Zusatz 2. Der Art. 86 handelt ferner nicht, ebensowenig wie Art. 85, von den Rechtswirkungen der im Auslande abgegebenen Wechselerklärungen. Hierüber soll besonders gehandelt werden: Anm. 6.

a) Was gehört zu den Wirkungen einer wechselrechtlichen Erklärung? Es gehört dazu außer der Art und dem Umfange der Haftung auch die Voraussetzung für die Erzwingung ihrer Erfüllung, sowie die Gründe ihres Unterganges, insbesondere auch die Normen über die Verjährung. Daraus folgt, daß auch die Frage, ob und welcher Rechtsakt zur Ausübung oder Erhaltung des Wechselrechts notwendig ist, ob im Einzelfall zur wirksamen Geltendmachung der Protest oder die Notifikation gehört, sich nach den gleichen Vorschriften regelt, wie die Frage nach dem Umfang der Haftung aus der wechselrechtlichen Erklärung.

b) Für die Wirkungen der wechselrechtlichen Erklärung in diesem erweiterten Sinne (Art und Umfang der Haftung, Voraussetzung der Geltendmachung und des Unterganges) gilt für den internationalen Wechselverkehr folgendes Prinzip: Die Wirkungen richten sich nach dem Orte, der als **Erfüllungsort für die betreffende Wechselobligation,** deren passiver Träger gerade in Anspruch genommen wird, zu betrachten ist. Dieser Erfüllungsort kann für jede der Wechselobligationen, deren Träger der Wechsel ist, verschieden sein, die einzelnen Wechselerklärungen sind in dieser Hinsicht voneinander unabhängig zu beurteilen (ROHG. 1, 288; 19, 202; 5, 101; RG. 2, 13; 7, 21; 9, 431). Anm. 7.

Dieser Erfüllungsort ist für die Obligation des Akzeptanten und des Ausstellers des eigenen Wechsels der Zahlungsort des Wechsels (vgl. RG. 2, 13). Was aber die Obligation der Regreßschuldner betrifft, so ist der Wohnsitz des Verpflichteten entscheidend (ROHG. 19, 203; Lehmann 130), aber nicht, wie Lehmann meint, der im Wechsel angegebene Wohnsitz schlechthin, sondern immer der wahre Wohnsitz zur Zeit der Übernahme der Wechselobligation (RG. 24, 115). Der im Wechsel angegebene Ausstellungsort begründet zwar eine Vermutung, daß der Erklärende dort auch wohnt, ist aber für die Wirkung der Erklärung nicht absolut entscheidend, weil er „der wechselmäßige Wohnsitz" sei, so z. B. wenn ein Inländer, während er im Auslande auf Reisen ist, einen Wechsel auf das Inland zieht und vom Auslande aus, wo er sich gerade aufhält, datiert. (Das ist der Fall des RG. 24, 115.) Anm. 8.

Für den Ehrenakzeptanten und den Avalisten gilt der gleiche Erfüllungsort, wie für ihren Erstschuldner.

Einzelfälle bei J. u. M. Stranz Anm. 7ff.

c) Was insbesondere die praktisch wichtigste Frage nach der **Notwendigkeit** des Protestes oder der Notifikation angeht, so entscheidet sich diese, wenn es sich um die Verpflichtung des Akzeptanten handelt, nach dem Rechte des Zahlungsorts; wenn es sich aber um die Verpflichtung des Regressaten handelt, nach dem Rechte des Wohnsitzes des Regressaten (vgl. ROHG. 19, 203; OLG. Dresden in SächsA. 9, 767; Anm. 9.

Art. 86. Anm. 9. Lehmann 131). Ist nach dem hiernach in Betracht kommenden Rechte die Protesterhebung notwendig, so ist es unerheblich, ob sie nach dem Rechte des Orts, an dem der Wechsel dem Akzeptanten präsentiert wurde, nötig erscheint oder nicht (Lehmann 131). Die Nichterhebung des Protestes wird in solchem Falle selbst durch den Beweis seiner Unmöglichkeit nicht ersetzt (ROHG. 1, 294; 5, 101; Lehmann 131). Ebensowenig befreien gesetzliche Moratorien am Wohnorte des Präsentaten von der Protesterhebungspflicht (ROHG. 1, 288; 5, 102; Lehmann 132). Denn sie ändern den Verfalltag, dieser aber richtet sich nach den Gesetzen des Erfüllungsorts des Verpflichteten. (ROHG. 5, 102: bekannter Fall des Moratoriums anläßlich der Belagerung von Paris; anders RG. 36, 127, wonach das Recht des Zahlungsorts für die Bestimmung des Verfalltages absolut entscheiden soll, auch gegenüber dem Regreßverpflichteten.)

Einzelfälle bei J. u. M. Stranz Anm. 11ff.

Über die Respekttage vgl. oben Anm. 1.

Anm. 10. **Zusatz 3. Auch die Frage, ob nach dem Erlöschen des Wechselanspruchs ein Bereicherungsanspruch bleibt,** richtet sich nach dem Rechte des Erfüllungsorts der betreffenden Obligation (Näheres oben Anm. 7 u. 8; Kreis 19; RG. 23, 31).

Anm. 11. **Zusatz 4. Fremde Rechte.** In Frankreich, Belgien und England gilt das gleiche, wie in Deutschland (Späing 259).

XVI. Protest.

Artikel 87.

Art. 87. **Jeder Protest muß durch einen Notar oder einen Gerichtsbeamten oder einen Postbeamten aufgenommen werden. Der Zuziehung von Zeugen oder eines Protokollführers bedarf es dabei nicht.**

Einleitung. 1. Der Art. 87 bringt die wesentlichste Neuerung des Protestgesetzes. Nach § 1 V dieses Gesetzes sind hinter dem Worte „Gerichtsbeamten" die Worte eingeschaltet: „oder einen Postbeamten". Über die Gründe, die für den Postprotest sprechen, wenn man überhaupt beim Protest bleibt vgl. Stranz: „Ein Protest usw. S. 372ff.; Cohn im BankA. 06, 154ff. Die Erfahrungen in Belgien sind ausgezeichnete, die Zahl der Postproteste hat sich dort in den Jahren 1876 bis 1903 versiebzehnfacht; sie stieg von 6869 Stück auf 118496 jährlich.

Weiteres in dieser Einleitung unten zu 3.

2. **Der vorliegende Artikel trifft Bestimmungen über die den Protest aufnehmenden Urkundspersonen.** Es erscheint jedoch notwendig, im Anschluß hieran eine Reihe anderer wichtiger Gesichtspunkte zu behandeln, nämlich die Tätigkeit des Protestbeamten, seine rechtliche Stellung, seine Haftung, die Kosten des Protestes usw. Die am 1. Januar 1900 in Kraft getretene Gesetzgebung hatte die Art. 87 bis 90 alter Fassung unberührt gelassen. Das FGG. hat hierüber keine Bestimmungen getroffen; es trifft in seinen Anm. 167ff. nur Vorschriften über die gerichtliche und notarielle Beurkundung von Rechtsgeschäften. Der Protest ist aber keine Urkunde über ein Rechtsgeschäft, sondern ein Zeugnis über bestimmte wechselrechtliche, durch den zuständigen Beamten vorgenommene Handlungen (s. a. J. u. M. Stranz Anm. 2). Über die gerichtliche und notarielle Aufnahme von Urkunden, die nicht über Rechtsgeschäfte aufgenommen werden, handeln die Landesgesetze, so z. B. die Art. 53ff. des preußischen Gesetzes über die freiwillige Gerichtsbarkeit vom 21. September 1899. Art. 62 daselbst bestimmt über die Wechselproteste, daß sie den Anftraggebern in Urschrift ausgehändigt werden.

Über die Rechtsstellung der Notare enthält das Reichsgesetz nichts, sondern die Landesgesetze, z. B. für Preußen die Art. 77ff. des preußischen Gesetzes über die freiwillige Gerichtsbarkeit.

Über **die Aufnahme der Protesturkunde** sind reichsrechtliche Vorschriften in den Art. 88a, 88b und 90 Abs. 2 und 3 getroffen worden. Diese reichsrechtlichen Vorschriften sind erschöpfend, beseitigen somit die Landesgesetze und stehen neuen landes- gesetzlichen Anordnungen entgegen. Art. 87. Einleitung.

3. **In den letzten Jahren hatte eine tiefgehende Bewegung zur Reform des Wechselprotestes auch in Deutschland eingesetzt.**

a) Das Ausland war vorangegangen. England hatte in radikaler Weise Stellung gegen den Protest genommen. Dort ist seit der Wechselordnung vom 18. 8. 1882 Protest (bzw. Protestnotierung) bei einheimischen Wechseln nicht erforderlich, sondern nur anheimgestellt (vgl. auch oben Art. 41 Anm. 17). Wenn der Wechselverkehr Englands beim Mangel des Protestes nicht leidet, so ist der Beweis für seine Entbehrlichkeit erbracht. Belgien hatte auf einem andern Weg als England eine erhebliche und trefflich gelungene Reform eingeführt. Der Protest ist dem Notar ganz entzogen worden. Seine Aufnahme erfolgt durch die Gerichtsvollzieher, in deren Ermangelung oder Verhinderung durch die Postbeamten, auch die Unterbeamten und Briefträger. Ein einfaches Formular wird verwendet. Die Kosten betragen ausschließlich kleiner Stempelgebühren 1 Fr. 50 Cent., beim Gerichtsvollzieher 50 Cent. mehr. Dem Gläubiger ist übrigens auch die Einholung einer einfachen Privatdeklaration des Präsentaten gestattet (vgl. unten Anm. 21 und Art. 41 Anm. 17). Diese letztere Einrichtung haben die Wechselrechte Italiens und Rumäniens adoptiert.

b) Auch in Deutschland sind die Klagen alte. Der Verkehr zeigte sich schon seit langen Jahrzehnten unzufrieden. Langsamer hat es sich in den deutschen Juristenkreisen geregt. Makower schlug im Jahre 1893 (ZHR. 41, 361 ff.) vor, der Beamte solle auf den Wechsel oder eine Allonge einen der jedesmaligen Sachlage entsprechenden Vermerk setzen: „Annahme, Zahlung, Sicherheitsleistung verweigert." In den Schriften von Leist (Der Wechselprotest und seine Reform, Berlin 1899) und von Wilhelm Bernstein (Die Revision der Wechselordnung, Berlin 1900) wurden Reformvorschläge gemacht, die im wesentlichen auf eine Vereinfachung der Urkunde hinauslaufen. Leist will indes bei kleinen Wechseln (bis 150 Mk.) die Protesterhebung auch dem Postbeamten überlassen. Aus der Überzeugung von der Überflüssigkeit und Schädlichkeit des Protestes hat J. Stranz in der Schrift **„Ein Protest gegen den Wechselprotest"** (Festgabe für den Reichsbankpräsidenten Koch, Berlin 03), eine durchgreifende, in dem Hauptfalle bis zur Beseitigung vorschreitende Umgestaltung des überlebten, inhaltsleeren Instituts empfohlen und begründet. Die Schrift verlangt **an erster Stelle** die Beseitigung des Protestes mangels Zahlung oder mangels Annahme für Inlandwechsel: Es soll, um den Regreß zu wahren, dem Wechselinhaber wie in England anheimgestellt werden, Protest aufnehmen zu lassen; selbstverständlich in den vereinfachten Formen des Postprotestes und für die Regel auf seine Kosten. Bei Inlandwechseln mag dem Wechselgläubiger auch, wenn er will, die Einholung einer Privatdeklaration durch den Präsentaten innerhalb der Präsentationsfrist gestattet sein. Unbeschadet aber aller dieser Bestimmungen muß der Wechsel ordnungsmäßig zur Zahlung präsentiert werden: das heißt vom legitimierten Inhaber, zur gehörigen Zeit, am gehörigen Ort, gegenüber der richtigen Person. Sonst sind Aussteller und Indossanten von ihrer Haftbarkeit befreit. Die Präsentation kann durch jedes Beweismittel der betreffenden Prozeßart bewiesen werden; zur Berücksichtigung genügt indes, daß sie glaubhaft gemacht ist. Für den Fall, daß die an erster Stelle gemachten Vorschläge auf Beseitigung scheitern sollten, waren in der Schrift an **zweiter Stelle** Reformvorschläge begründet worden, die sich an das belgische Vorbild anlehnten. Man gelangt zu einem einfachen, rechtlich und wirtschaftlich gut fungierenden, billigen Protest bei folgender Regelung: Der Protest durch Notare fällt weg. Jeder Protest wird durch einen Gerichtsvollzieher oder durch einen Postbeamten (Briefträger) aufgenommen. Die Protesturkunde, für welche ein einfaches Formular einzuführen ist, wird in ein Registerheft eingetragen und als Allonge dem protestierten Wechsel angehängt. Der Beamte läßt einen Bericht am Orte der Protesterhebung zurück. Die Gebühren betragen 1 Mk. bei Wechseln bis zu 100 Mk.

Art. 87. Einleitung.

einschließlich und bei höheren Wechseln 1,50 Mk. Der Staat haftet dem Auftraggeber für die Pünktlichkeit und formgerechte Besorgung des Protestes.

Dieser Protest gegen den Wechselprotest zog weite Wellen. Ein deutlicher Beweis dafür, daß der Finger an eine wunde Stelle gelegt war. Weithin Widerhall in Verkehrs- und Juristenkreisen fand die Forderung der Überweisung des Protestes auch an Postbeamte. Allein es mehrten sich auch die Stimmen derer, die den Wechselprotest als veraltetes überflüssiges Institut in die rechtsgeschichtliche Raritätenkammer werfen wollten. Kein geringerer als Heinrich Dernburg erklärte im preußischen Herrenhause: „Dem Protest gegen den Wechselprotest möchte ich mich anschließen. Der Protest ist im allgemeinen überflüssig, notwendig ist die Präsentation des Wechsels, um den Regreß gegen die Vordermänner zu nehmen. Nicht notwendig ist es, daß dieser Beweis durch den Protest geführt wird, welcher höchst schwierige Zweifel hervorruft, in der Judikatur zahlreiche Mißhelligkeiten mit sich führt und vor allen Dingen die Schuldner belastet, die nicht in der Lage sind, den Wechsel gehörig zu honorieren: Der ganze Protest hat etwas Groteskes." Im preußischen Abgeordnetenhause sind die Abgeordneten Oeser und Pallaske (letzterer auch in einem Aufsatze der DJZ. 05, 881ff.) für die Beseitigung des Protestes eingetreten. Regierungsrat a. D. Hoppenstedt, der Direktor des Berliner Kassenvereins, dem sicher die reichste Erfahrung zur Seite steht, erklärte klipp und klar (BankA. 05 Nr. 3): Der Verkehr verlange die Abschaffung des Protestes, er könne dieses Beweismittel durchaus entbehren; der Kassenbote solle auf dem Wechsel oder der Allonge vermerken: „Zur Zahlung vorgelegt" und die Bank eine entsprechende Bescheinigung über Zeit und Ort beifügen. Freilich fehlte es auch nicht an lebhaftem Widerspruch gegen die radikale Kur (vgl. Schwenn: Über die Notwendigkeit des Wechselprotestes. Dissertation, Kiel 1906). Bernstein (in der Zeitschrift des Deutschen Notarvereins IV 298ff., 309) verfocht die Beibehaltung des Protestes als Bedingung des Regresses und wollte nur — neben dem Notar und Gerichtsvollzieher — alle Postbeamten zur Aufnahme des Protestes zulassen, indem er seinen in dieser Beziehung früher geäußerten gegensätzlichen Standpunkt aufgab. Ihm schloß sich der dritte deutsche Notartag (ebendort 515ff.) mit der Einschränkung an, die niederen Postbeamten seien nicht zuzulassen. Dies bedeutete in Wirklichkeit die Ablehnung des Postprotestes, denn man kann doch nicht die Postsekretäre zu diesem Amte verwenden. Einen tiefgehenden Vortrag (veröffentlicht im BankA. von 05 Nr. 8ff.) hat Professor Dr. Georg Cohn in Zürich der Bewegung gewidmet unter dem Titel: „Der Kampf um den Wechselprotest". Nach Würdigung aller Vorschläge und Gegenvorschläge empfiehlt er die Einführung des belgischen Systems.

c) Die Antiprotestbewegung aus den Kreisen des Handels, der Industrie, der Parlamente, des Juristenstandes hatte dazu geführt, daß das Reichsjustizamt im Juli 1906 einen **„Vorläufigen Entwurf eines Gesetzes betr. die Erleichterung des Wechselprotestes"** veröffentlichte. Dieser Vorentwurf (abgedruckt im Anhang der 5. Aufl.) war keine verbindliche Vorlage, sondern „zunächst dazu bestimmt, den beteiligten Kreisen Gelegenheit zur Prüfung zu geben". Berichte aus den Kreisen der Handels- und der Industriewelt gingen über den Vorentwurf ein, auch die Juristenwelt leistete dem Rufe zur Kritik Folge. Erwähnt seien in chronologischer Reihenfolge J. Stranz in der DJZ. 06, 985ff.: „Betrachtungen zum Protestentwurf" und auch in der Wirtschaftszeitung 1907 „Altes und Neues über den Wechselprotest"; Professor Georg Cohn in ZHR. 59, 104ff.: „Der Vorentwurf eines Gesetzes über die Wechselprotesterleichterung"; Rießer im Recht 07, 25ff.: „Bemerkungen zum Entwurf eines Gesetzes, betr. die Erleichterung des Wechselprotestes". Dr. Wilhelm Bernstein: „Die Reform des Wechselprotestes", Vortrag gehalten im Berliner Anwaltverein 1907. Koffka JW. 07, 581: „Der Postprotest. Ein Mahnwort in letzter Stunde."

Hierauf ist dann am 11. November 1907 der „Entwurf eines Gesetzes, betreffend die Erleichterung des Wechselprotestes" vom Reichskanzler dem Reichstage vorgelegt worden (Näheres über den Inhalt dieses Entwurfs und seine Verabschiedung als Gesetz vgl. Allgemeine Einleitung Anm. 1). Die Unterschiede zum Vorentwurf waren unwesentlich; in der Hauptsache handelte es sich um Klarstellungen in der Fassung. Änderungen brachten zum Beispiel der Art. 88b und im Zusammenhang damit der Art. 90 Abs. 2, der Art. 91a Abs. 1 Satz 2, der Art. 92 usw. (in der Kommentierung wird auf diese Änderungen, soweit sie wesentlich sind, eingegangen). Art. 87. Einleitung.

Das Protestgesetz enthält keinen Umbau des Wechselprotestwesens, sondern beschränkt sich auf einen Ausbau. Der Protest bleibt, es bleibt der Notar als Protestbeamter. Die Hauptänderungen im Protestwesen betreffen die Einführung des Postprotestes und die Vereinfachung nicht nur, sondern auch die Umgestaltung des Verfahrens (vgl. Art. 88 ff.). Man hätte von den sachverständigen Juristen im Reichsjustizamt, deren Sachkunde gerade auf dem Gebiet des Wechselrechts sich sonst aus dem Entwurf und der Begründung ergibt, nicht nur einen halben Schritt, sondern einen ganzen erwarten sollen. Wenn es in den Motiven (S. 6) heißt, die Vorschläge auf Beseitigung des Wechselprotestes für Inlandwechsel gingen zu weit, da die Sicherheit des Wechselverkehrs, insbesondere die schnelle und glatte Durchführung des Regresses durch die Beseitigung des öffentlichen Protestes beeinträchtigt werden würde, so ist dies eine Behauptung, die der Begründung entbehrt. Gerade umgekehrt: die Schnelligkeit und Glattheit leidet häufig genug Schiffbruch an den Formalien, die jeder öffentliche Protest bedingt. Ganz unberücksichtigt sind die wirtschaftlichen Gesichtspunkte geblieben, die für die Beseitigung des Protestes sprechen (Näheres über die wirtschaftlichen und Rechtsgründe vgl. im „Protest gegen den Wechselprotest" S. 352 ff., 355 ff.). Eine Rechtfertigung endlich dafür, daß der Notar unter den Protestbeamten beibehalten wurde, ist nicht gelungen (vgl. unten Anm. 1).

1. **Die protestierenden Personen.** Das Gesetz bestimmt: Der Protest muß entweder durch **einen Notar oder durch einen Gerichtsbeamten oder durch einen Postbeamten** aufgenommen werden (wegen des Postbeamten s. oben Einl. 1). Anm. 1.

a) Das sind Mindest- und Höchsterfordernisse. Die Landesgesetze dürfen weder höhere, noch geringere Erfordernisse aufstellen. Sie dürfen z. B. nicht bestimmen, daß notarielle Proteste nicht gültig sind, oder daß die Gerichtsbeamten oder Postbeamten Proteste nicht aufnehmen dürfen, andererseits aber auch nicht, daß andere Personen, z. B. die Gemeindevorsteher, Proteste aufnehmen dürfen.

Wohl aber dürfen die Landesgesetze bestimmen, welche **Arten von Gerichtsbeamten** zur Aufnahme von Protesten berufen sind. Die Richter, und zwar die, denen die Erledigung der freiwilligen Gerichtsbarkeit obliegt, sind überall dazu berufen. Darüber aber, welche Gerichtsbeamten sonst dazu berufen sind, herrscht im Deutschen Reiche eine bunte Mannigfaltigkeit. Als Gerichtsbeamten außer den Richtern sind zur Aufnahme von Protesten berufen: die Gerichtsschreiber bei den Amtsgerichten und die Gerichtsvollzieher in Preußen, Hessen, Oldenburg, Braunschweig, Sachsen-Meiningen, Sachsen-Koburg-Gotha, Anhalt, Schwarzburg-Sondershausen, Waldeck, Reuß j. L.; die Gerichtsschreiber allein in Württemberg (unter Umständen), in Reuß ä. L. (unter Umständen), Schaumburg-Lippe, Lippe-Detmold; die Gerichtsvollzieher allein im Großherzogtum Sachsen, in Schwarzburg-Rudolstadt, Lübeck, Bremen, Hamburg, Elsaß-Lothringen; weder die Gerichtsschreiber noch die Gerichtsvollzieher (also von richterlichen Beamten nur die Richter) im Königreich Sachsen, den beiden Mecklenburg und (bei Wechseln höher als 500 Mark) in Baden

Quellennachweise über alles dieses bei Walter 14, bei Rehbein Anm 1a, bei Weißler, Reichs-Archiv zu Art. 87 WO. und für **Preußen** bei J. u. M. Stranz Anm. 6.

b) Was die Postbeamten betrifft, so sind durch Art. 87 **alle Postbeamten** (vgl. Änderung der Postordnung im Anhang III) berufen, also nicht nur höhere Postbeamte, sondern auch die niederen, vor allen Dingen die Postboten. Unter der Bezeichnung „Postbeamte" sind auch die z. B. in Bayern betitelten „Postbediensteten" gemeint (KB. S. 2). **Nach** Anm. 1a.

Art. 87. Anm. 1a. der fürs Reich (abgesehen von Bayern und Württemberg) erlassenen Dienstanweisung (Anhang IV § 1) sind in der Regel Postunterbeamte (Postboten) zu verwenden, dagegen nicht Aushelfer oder Personen ohne Beamteneigenschaft. Ähnliches bestimmen die Dienstanweisungen für Bayern und Württemberg (Anhang V § 2; Anhang VI § 1). In der Verwendung der Postboten wird ein großer Fortschritt gegenüber dem früheren Rechtszustande liegen. So wird die bisherige Kostspieligkeit des Überlandprotestes, z. B. in Preußen, bei welchem der Kostenbetrag leicht auf 12 bis 20 Mk. anschwoll, fortfallen. Bisher wurden ferner zur Verhütung solcher Überlandproteste Wechsel auf Nebenplätze vermieden, die im Interesse eines gesunden Kreditwesens sich fortab mehr einbürgern werden (s. „Protest gegen den Wechselprotest" S. 353f.).

Der Postbeamte ist etwa nicht an zweiter Stelle, in Ermangelung oder Verhinderung von Notaren oder Gerichtsbeamten berufen, sondern an sich gemäß Art. 87 an gleicher Stelle neben den genannten Beamten. Dies bedeutet einen Vorzug gegen die Belgische Regelung in Art. 1 der loi sur les protêts vom 10. Juli 1877: dans les communes, où réside aucun huissier ou lorsque les huissiers qui y resident sont empéchés usw. (ZHR. 23, 177).

Diese prinzipielle Gleichstellung erleidet indes durch den § 3 des Protestgesetzes praktisch eine tiefgehende Erschütterung. Der § 3 Abs. 1 lautet nämlich:

Unter Zustimmung des Bundesrats kann der Reichskanzler anordnen, daß die Postverwaltung für bestimmte Fälle, insbesondere mit Rücksicht auf die Art des Protestes oder die Höhe der Wechselsumme, die Protesterhebung nicht übernimmt.

Der Reichskanzler kann also mit Zustimmung des Bundesrats nach Abs. 1 des § 3 für bestimmte Fälle, insbesondere mit Rücksicht auf die Art des Protestes oder die Höhe der Wechselsumme die Zuständigkeit der Post einschränken. Da gar keine bestimmten, im Gesetze festgelegten Schranken dem Ermessen von Reichskanzler und Bundesrat gesetzt sind, kann an sich die Zuständigkeit der Post auf ein Mindestmaß zurückgeführt werden. Staatsrechtliche Bedenken schon sprechen gegen diese Regelung, da sie die gesetzgeberischen Rechte des Reichstags einschränkt. Abgesehen hiervon: der Wechselverkehr verlangt festen gesetzlichen Boden. Reichskanzler und Bundesrat können ihre Anordnungen jederzeit ändern. Eine stetige Handhabung der Vorschriften und eine gleichmäßige Rechtsprechung sind daher erschwert. Die Motive begründen (S. 7f.) diese Bestimmung damit, daß sich bei der Übernahme eines ganz neuen Geschäftszweiges seitens der Postverwaltungen Erwägungen empfehlen, ob die Tätigkeit der Post nicht zunächst auf die Proteste mangels Zahlung zu beschränken sei, und ob nicht im Interesse der Post eine Höchstgrenze — von etwa 800 Mk., wie bei Postaufträgen zur Geldeinziehung — auch für Zahlungsproteste zu ziehen sei. Man hätte dann diese Grenzen im Gesetz festlegen sollen. Die Erfahrung in Belgien widerspricht der in der Begründung ausgesprochenen Annahme: eine gesetzliche Regelung wäre nur geeignet, die weitere Entwicklung des Postprotestes zu hemmen. In Belgien ist der Entwicklung des Postprotestes durch die gesetzlichen Festlegungen (vgl. über die verschiedenen gesetzlichen Stadien S. 351 im „Protest gegen den Wechselprotest") keineswegs vorgegriffen worden; dort erkannte man an, daß gerade das Wechselrecht in allen seinen Verzweigungen der Garantien durch gesetzliche Regelung bedarf.

Damit ist nicht gesagt, daß die näheren Bestimmungen über die Benutzung der Postanstalten zur Aufnahme von Wechselprotesten in den Einzelheiten im Gesetze zu regeln seien. Diese Regelung gebührt dem Verordnungswege, wie dies auch § 3 Abs. 2 des Protestgesetzes (vgl. dort und den Anhang III ff.) vorsieht.

Nach den Anordnungen, die der Reichskanzler gemäß Abs. 1 des § 3 der Protestnovelle am 5. August 1908 erlassen hat (abgedruckt im Anhang), **sind die Postbeamten nicht zuständig: 1. für alle Proteste, die sich auf eine andere wechselrechtliche Leistung als die Zahlung beziehen (vgl. Art. 88b Anm. 18); 2. aber auch für Zahlungsproteste nur mit erheblichen Einschränkungen (Näheres Art 88a Anm. 10, 11, 12).**

c) Das Protestgesetz behält, wie wir gesehen haben, den **Notar als Protestbeamten** bei. Eine Verschlechterung aber gegenüber dem belgischen Vorbilde ist es, daß die dort seit 1877 gefallene notarielle Form beibehalten wird. Wie denkt man sich das Dreigespann: Notar, Gerichtsvollzieher, Postbote? Soll der Notar eine Funktion ausüben, die auch ein Postbote erledigen kann, soll der Notar die höheren Notariatsgebühren verlangen dürfen, und sollen auch diese dem Schuldner zur Last fallen? Nicht zumindest die wirtschaftlichen Gründe haben die Handels- und Gewerbekreise zu dem Ansturm auf die kostspielige Form der Protesterhebung veranlaßt. Dem Notar ist aber nicht zuzumuten, für jenen billigen Preis seine Zeit zu opfern. **Daher sollte die notarielle Form ganz fallen!** Man wende dagegen nicht ein, die Postbeamten hätten für die verwickelteren Formen des Protestes nicht genügende Vorbildung. Für diese Formen kann, wie bisher, der Gerichtsbeamte (Gerichtsvollzieher) angerufen werden. Art. 87. Anm. 1b.

d) **Natürlich sind die zur Protestaufnahme berufenen Personen nur innerhalb ihrer örtlichen Zuständigkeit dazu berufen**, z. B. die preußischen Notare innerhalb des betreffenden Oberlandesgerichtsbezirks, in welchem ihnen ihr Wohnsitz angewiesen ist, die preußischen Gerichtsvollzieher innerhalb ihres Gerichtsbezirks, die Postbeamten innerhalb des ihnen angewiesenen Post(Bestell)bezirks. Ob Übertretung der örtlichen Kompetenz bei Notaren und Gerichtsbeamten Nichtigkeit des Aktes zur Folge hat, richtet sich nach den einschlägigen Gesetzen. Bei richterlichen Akten ist dies z. B. nicht der Fall (Anm. 7 FGG.), bei notariellen Akten in Preußen ebenfalls nicht (Art. 84 des preuß. FGG.). Das gleiche gilt in Preußen von den Akten, welche die Gerichtsschreiber selbständig aufnehmen (Art. 2 des preußischen FGG.) und von Protesten durch die Gerichtsvollzieher (§ 18 Abs. 4 der preuß. Gerichtsvollzieher-Ordnung vom 31. März 1900 im JMBl. 1900, 347ff.; vgl. noch die Allg. Verf. vom 16. Dezember 1901 in JMBl. 1901, 302ff.). Wie Preußen, erklären die meisten Bundesstaaten eine außerhalb des Amtsbezirks vorgenommene Beurkundung nicht deshalb für ungültig, z. B. SächsAusf.Verordnung vom 24. Juli 1899, § 43; entgegengesetzt Baden (§ 56 des Rechtspolizeigesetzes), ausgenommen jedoch Proteste bei Gefahr im Verzuge. Wo die Landesgesetze keine ausdrückliche Bestimmung über die Folgen enthalten, ist die Amtshandlung als solche ungültig. Ebenso ist in allen Fällen die Vornahme von Beurkundungen **außerhalb des Staatsgebiets**, dem der beurkundende Beamte angehört, ungültig. Anm. 2.

Näheres über alle diese, vielfach bestrittenen Fragen bringt Dorner, Örtliche Zuständigkeit bei Urkundenaufnahme (Ztschr. f. DZivProz. Bd. 28, 249).

Die Überschreitung der örtlichen Kompetenz seitens der Postbeamten hat eine Ungültigkeit des Aktes nicht zur Folge.

e) **Die persönlichen Ausschließungsgründe.** Anm. 3.

Für Notare und Gerichtsbeamte als Protestbeamte richten sie sich nach Landesrecht. Da der Protest keine Urkunde über ein Rechtsgeschäft (oben Einl. 2), in welchem Falle die §§ 170 bis 172 FGG. maßgebend wären, sondern ein Zeugnis ist, so gelangen in Preußen für Richter, Gerichtsschreiber und Notare die Ausschließungsgründe des § 6 FGG. gemäß Art. 84 des preuß. FGG., dagegen für den Gerichtsvollzieher gemäß § 76 AG. z. DGVG. die des § 156 DGVG. zur Anwendung (Näheres J. u. M. Stranz Anm. 8).

Als Beteiligte oder Partei im Sinne der ebengenannten Vorschriften gelten diejenigen, für oder gegen die protestiert wird (über diese Personen Art. 88 Anm. 15ff.), also auch der Domiziliat beim echten Domizilwechsel mit benanntem Domiziliaten (RG. in JW. 95, 299; RG. in Gruch. 32, 1143), sowie seit 1. Oktober 1908 der Zahlungsleister beim Zahlstellenwechsel mit benanntem Zahlungsleister (Art. 43 Abs. 2 dort Anm. 5a); dagegen nicht diejenigen, die zufälligerweise bei der Protesterhebung auf die Zahlungsaufforderung antworten, selbst wenn sie eine Ehrenannahme oder Ehrenzahlung anbieten (Schulze-Oberneck Kommentar zum preuß. FGG. Art. 64 Anm. 4).

Art. 87. Anm. 3. **Der Notar ist überall ausgeschlossen,** wenn er selbst, seine Ehefrau oder die im § 6 RFG. bezeichneten Verwandten und Verschwägerten die Protestaten oder Protestanten sind oder er selbst zu den Wechselschuldnern gehört. Der **Gerichtsvollzieher** (gemäß § 156 des GVG.), wenn er selbst, seine Ehefrau (auch nach Auflösung der Ehe), oder die im § 156 bezeichneten Verwandten und Verschwägerten Protestaten oder Protestanten sind, oder wenn er gesetzlicher Vertreter dieser Personen ist oder selbst zu den Wechselschuldnern gehört. Ist der Notar Vorstandsmitglied einer Genossenschaft oder Aktiengesellschaft, so wird er weder für noch gegen die Genossenschaft oder Aktiengesellschaft Wechsel protestieren dürfen; der Ausschließungsgrund aus Nr. 4 § 6 des RFG. greift Platz. Ist der Notar dagegen Mitglied des Aufsichtsrats, oder lediglich Mitglied der Genossenschaft bzw. Aktionär, so trifft ihn das Verbot nicht, da er nicht Vertreter der Beteiligten ist (ebenso Magendantz in JW. 01, 571).

Der Postbeamte ist ausgeschlossen kraft aller Dienstanweisungen (vgl. Anhang IV § 1, ebenso in Bayern und Württemberg Anhang V und VI): 1. wenn er selbst oder eine Person, deren gesetzlicher Vertreter er ist, an dem Wechsel beteiligt ist, oder wenn er selbst zu einer am Wechsel beteiligten Person in dem Verhältnis eines Mitberechtigten oder Ersatzpflichtigen steht; 2. wenn der Protest gegen seine Ehefrau zu richten ist, auch wenn die Ehe nicht mehr besteht; 3. wenn der Protest sich gegen seine Eltern, Großeltern, Kinder, Enkel, seinen Bruder, seine Schwester, seinen Schwager oder seine Schwägerin richtet, auch wenn die Ehe, durch welche die Schwägerschaft begründet ist, nicht mehr besteht. In Fällen einer derartigen Behinderung hat der Amtsvorsteher zu bestimmen, wer den Protest erheben soll.

Die **Übertretung der Ausschließungsvorschriften** gibt bei allen Protestbeamten nur ein Beschwerderecht, berührt aber nicht die Gültigkeit des Protestes (§ 7 FGG. und für Preußen Art. 84 preuß. FGG.; s. aber Jastrow, Formularbuch I 229); ebenso für das Recht vor 1900, das jetzt noch für die Gerichtsvollzieher in Betracht kommt, Bernstein 367 (vgl. auch Haldy in DJZ. 04, 1038).

Anm. 4. 2. **Die Tätigkeit des Protestbeamten.**

a) Die erste Tätigkeit ist die Prüfung. Nach Empfang des Protestauftrags hatte nach dem Rechtszustand vor der Protestnovelle, der durch die Protestnovelle unberührt geblieben ist, der Protestbeamte (Notar, Gerichtsbeamter) die Legitimation des Antragstellers zu prüfen und ihn eventuell zur Herstellung der Legitimation (durch Durchstreichen entgegenstehender Indossamente usw.) zu veranlassen. In dieser Hinsicht ist Walter (36) beizutreten. Auf den gleichen Standpunkt hat sich das Reichsgericht gestellt; es erklärt den Notar zu dieser Prüfung und diesem Hinweis verpflichtet, und zwar sowohl auf Grund des Dienstvertrages, als auch — wo solche vorliegt — auf Grund seiner amtlichen Stellung, §§ 839, 611 ff. BGB. (insbesondere für preußisches Recht RG. v. 29. 5. 06 in JW. 06, 467[25], für württembergisches Recht RG. v. 12. 7. 07 im Recht 07, 1068; abweichend die Entscheidung v. 19. 5. 05 in Posener Monatsschrift 8, 111). Jedoch ist das Recht und die Pflicht des Protestbeamten zu verneinen, die Legitimation selbst herzustellen, wenn sie auch durch einfache Durchstreichung geschehen kann. Denn jede Veränderung der äußeren Gestalt des Wechsels ist ein so wichtiger, unter Umständen so folgenschwerer Akt, daß man dem Protestbeamten nicht zumuten kann, die Gefahren dieser Veränderung zu übernehmen, und andererseits auch dem Antragsteller den Willen nicht zuschreiben kann, dem Protestbeamten jene Manipulation mit dem ihm nicht gehörigen Papier zu überlassen. Unterläßt er die Prüfung und protestiert den Wechsel, ohne daß die Legitimation hergestellt ist, so haftet er für den hierdurch entstandenen Schaden (über die Haftung vgl. unten Anm. 12 u. Anm. 13; dort auch wegen konkurrierenden Verschuldens der Partei).

Die gleiche Prüfungspflicht, wie sie früher und jetzt für Notare und Gerichtsbeamte im vorhergehenden Absatz dargelegt ist, liegt beim Postprotest der Postverwaltung ob. Die Postverwaltung, bzw. die einzelne Postanstalt ist es, die den Auftrag zur Protest-

erhebung erhält, wie sich dies deutlich aus dem § 3 Abs. 2, dem § 4 des Protestgesetzes Art. 87.
und dem § 18a zu I der Postordnung (Anhang III) ergibt (übereinstimmend die Er- Anm. 4.
klärung des Regierungsvertreters im KB. S. 9); der einzelne Postbeamte ist nur ausführendes Organ, die Postverwaltung (Postanstalt) erhält und übernimmt den Protestauftrag und haftet für die ordnungsmäßige Ausführung. Sie hat daher auch die Prüfungspflicht gemäß Abs. 1 (vgl. auch Anm. 12 u. 13; an letzterer Stelle auch über die Frage, wie weit der Postbeamte selbst haftet).

b) Die Protesthandlung. Ist die Legitimation in Ordnung, so begibt sich der Protest- Anm. 5
beamte in das Geschäftslokal bzw. in die Wohnung des Protestaten und fragt nach seiner Anwesenheit. Trifft er ihn an, so präsentiert er ihm den Wechsel, verlangt Zahlung (oder Annahme, oder die sonst in Frage stehende Leistung) und nimmt die Erklärung des Protestaten entgegen. Trifft er den Protestaten nicht an, so stellt er dies fest. Unitas actus ist hierbei nicht vorgeschrieben: wo die Natur der Sache eine Teilung der Handlung zuläßt, da ist sie gestattet. Daher würde es zwar nicht angehen, daß der Notar heute den Wechsel vorlegt und morgen fragt, was der Wechselverpflichtete darauf zu erklären hat oder ihn heute fragt und ihm Zeit zur Antwort auf morgen läßt. Aber es steht nichts entgegen, daß der Notar, wenn er die Wohnung des Wechselschuldners heute nicht ermittelt, erst am nächsten Tage zur Polizei geht und dort feststellt, daß dieser keine Wohnung im Orte hat, oder daß er den Wechsel heute beim Trassaten und morgen beim Ehrenakzeptanten präsentiert und über beide Akte eine einheitliche Protesturkunde aufnimmt, die dann als einheitlicher Protestakt gilt (vgl. StrA. 76, 353; OTr. 66, 277; Rehbein Anm. 15 zu Art. 87ff.; Anm. 1 zu Art. 89). Über die hier gegebene Darstellung, daß der Protestbeamte den Wechsel präsentiert und dies beurkundet, nicht der Gläubiger präsentiert und dies beurkundet wird, s. unten Anm. 15. Das Weitere über die Protesthandlung ergeben die Art. 91ff.

c) Die Beurkundung. Über den Verlauf der Protesthandlung hat der Protestbeamte Anm. 6
eine Urkunde aufzunehmen.

α) Der Inhalt der Beurkundung. Die Urkunde stellt sich, da nach unserer Darstellung der Protestbeamte selbst präsentiert (vgl. oben Anm. 5 und unten Anm. 15), als eine Ausnahme von der allgemeinen Rechtsregel dar, daß der Beurkundende (insbesondere der Notar) seine eigene Handlung nicht beurkunden soll. Hier stellt er seine Handlung urkundlich fest, er stellt hierüber ein Zeugnis aus (oben Einl.). Auch hat der Protestbeamte die Quelle seiner Kenntnis in betreff der von ihm bezeugten Tatsachen nicht mit anzugeben, seine Feststellungen genießen öffentlichen Glauben (ROHG. 14, 264; RG. in Gruch. 28, 1015). Doch ist Gegenbeweis zulässig (s. unten Anm. 18). Er erschüttert aber in dem Falle, daß es sich um einen unrichtigen Vermerk über die Möglichkeit der Ermittlung von Geschäftslokal oder Wohnung handelt, nicht die Gültigkeit des Protestes (Art. 91 Abs. 2 und Anm. 17 zu Art. 91).

β) Die Form ist, wenn ein Notar den Protest aufnimmt, die notarieller Urkunden Anm. 7.
überhaupt. Nur sagt das Gesetz: daß Zeugen und Protokollführer nicht notwendig sind. Also darf kein Landesgesetz diese Erfordernisse vorschreiben, z. B. bei Blinden, Tauben oder Stummen. Die in der 4. Aufl. vertretene Ansicht, die Landesgesetze könnten — bei Sprachfremden — die Zuziehung eines Dolmetschers vorschreiben, ist nicht aufrechtzuerhalten (s. J. u. M. Stranz Anm. 13). Der Unterschrift der Beteiligten bedarf es nicht. Aber die Landesgesetze könnten es vorschreiben.

In Preußen (Art. 55 des preuß. FGG.) ist vorgeschrieben, daß die Beurkundung seitens der Notare und Gerichtsbeamten in Form eines Protokolls erfolgen soll, und daß es dem Ermessen des Beamten überlassen ist, inwieweit das Protokoll den Beteiligten behufs der Genehmigung vorzulegen oder ihnen zur Durchsicht vorzulegen oder von ihnen zu unterschreiben ist. In der Praxis findet weder Unterschrift noch Vorlesung statt.

Art. 87. Anm. 8. Über die Form der Beurkundung seitens der Postbeamten bringen Näheres die Dienstanweisungen für den Postprotest (vgl. Anhang zu IV ff.).

γ) Streitig war vor dem Protestgesetz, ob der Protestbeamte das Original auszuhändigen und hiervon Abschrift in das Protestregister zu nehmen hat, oder ob der Eintrag in das Protestregister das Original bildet, wovon er Ausfertigung dem Auftraggeber gibt. Indes entsprachen der alten Wechselordnung beide Verfahrensarten, da sie kein bestimmtes Verfahren anordnete und keines der beiden ausschloß (Näheres über die Kontroverse Staub-Stranz 5. Aufl. Anm. 8). Da beide Verfahrensarten der früheren WO. entsprachen, so waren die Landesgesetze gültig, sie mochten das eine oder das andere Verfahren anordnen. Für Preußen war die Kontroverse durch Art. 62 des pr. FGG.:

„Wechselproteste werden den Auftraggebern in Urschrift ausgehändigt. Die beglaubigten Abschriften der Wechselproteste für das Protestregister sind stempelfrei."

endgültig geregelt. In das Protestregister mußte hiernach eine vollständige beglaubigte Abschrift des Protestes genommen werden. Eine Ausfertigung von Protesten gab es für Preußen nicht (Näheres J. u. M. Stranz Art. 90 Anm. 4 u. 5).

Die obige Streitfrage ist durch das Protestgesetz gegenstandslos geworden. Der alte Art. 90, der die Eintragung der Proteste in ein besonderes Register anordnete, ist durch § 1 VIII völlig beseitigt. **Damit ist das Protestregister gefallen; an die Stelle des alten Art. 90 sind durchweg neue Vorschriften getreten.** Die neuen Vorschriften in Art. 88a, 88b, 90 Abs. 2 u. 3 ergeben in ihrem Zusammenhang folgendes: die Urschrift des Protestes wird dem Auftraggeber ausgehändigt; sie wird entweder auf das Wechsel-Original, bzw. ein mit ihm zu verbindendes Blatt (beim Protest mangels Zahlung Art. 88a), oder auf eine Abschrift des Wechsels oder der Kopie, bzw. ein mit der Abschrift zu verbindendes Blatt (bei den anderen Protestarten, Art. 88b) gesetzt. Von dem Protest ist eine beglaubigte Abschrift zurückzubehalten. Über den Inhalt des Wechsels oder der Kopie ist ein Vermerk aufzunehmen. Die Abschriften und Vermerke sind gesondert aufzubewahren. Hiernach gibt es bei dieser jetzt für ganz Deutschland einheitlichen Gestaltung die Möglichkeit einer Ausfertigung von Protesten nicht mehr; ähnlich wie schon bisher in Preußen. Diese Gestaltung ist bedauerlich, weil sie für den Fall des Verlustes der Protesturkunde (vgl. zu δ) die Wiederherstellung einer gleichwertigen Urkunde unmöglich macht. Es wäre zu erwägen gewesen, entweder das Protestregister beizubehalten und in ihm die Originale zu sammeln, deren erste Ausfertigung man mit dem Wechsel hätte verbinden können, und von dem (bei Verlust des Originals) weitere Ausfertigungen hätten erteilt werden können, oder aber man hätte nicht übersehen sollen, ein Aufgebotsverfahren für den Protest einzuführen.

δ) Über Verlust der Protesturkunde vgl. Art 90 Anm. 5, 73 Anm. 21, und Art. 41 Anm. 5 und die Ausführungen bei γ.

Anm. 9. ε) Die Proteste über mehrere Wechsel konnten früher in einer Urkunde zusammengefaßt werden (RG. 32, 215; Näheres Anm. 9 der 5. Aufl.). Da aber seit dem Protestgesetz (Art. 88a) die Urkunde über den Protest mangels Zahlung auf den Wechsel oder ein mit ihm zu verbindendes Blatt zu setzen ist, verbietet sich als unmöglich die Zusammenfassung von Zahlungsprotesten über mehrere Wechsel in einer Urkunde. Sie würde den Zahlungsprotest ungültig machen (vgl. Art. 88a Anm. 1). Auch die Beurkundung darüber, daß mehrere Wechsel wegen einer anderen wechselrechtlichen Leistung als der Zahlung protestiert sind, kann nicht einheitlich zusammengefaßt werden (vgl. Anm. 15 zu Art. 88b).

Über das Verlangen einer wechselrechtlichen Leistung von mehreren Personen vgl. Art. 89 und die Erläuterungen dort.

Anm. 10. ζ) Die Zeit der Beurkundung. Sie schließt sich in der Praxis nicht unmittelbar an die Protesthandlung an (über die Tageszeit der Protesthandlung s. Art. 92 Abs. 2

und dort Anm. 6ff.). Das Gesetz fordert dies auch nicht, wohl aber muß auf Grund des Art. 41 Nr. 2 angenommen werden, daß die Beurkundung innerhalb der Protestfrist vollständig beendigt und fertiggestellt sein muß; der Protest ist sonst unwirksam (ObTr. Bd. 27, 244; RG. 7, 184; 8, 89; RGStr. 29, 373; Grünhut Hdb. II 76; Bernstein 383; vgl. Anm. 53 zu Art. 88). Doch ist wohl zu beachten, daß die Beurkundung nur innerhalb der im Art. 41 vorgeschriebenen Protestfrist erfolgen muß; nicht ist erforderlich, daß sie auch innerhalb der Proteststunden erfolgt (vgl. hierüber Anm. 51 zu Art. 88), wie dies übrigens die Begründung zum Protestgesetze (S. 16) ausdrücklich bestätigt. Art. 87. Anm. 10.

η) *Die beglaubigte Abschrift* (oben Anm. 8) braucht nicht innerhalb der Protestfrist hergestellt zu sein (s. unten Art. 88 Anm. 50), wie dies auch schon für das Recht vor der Protestnovelle angenommen wurde.

d) **Wie nun aber, wenn der Protestat Zahlung oder die sonstige Leistung anbietet?** Der Protest ist ein Zeugnis über die Präsentation und deren Erfolglosigkeit (ROHG. 19, 150; Goldschmidt, System 273). Wenn sie Erfolg hat, kann kein Protest erhoben werden, wenigstens kein solcher, der wechselrechtlich von Bedeutung wäre. In diesem Falle hat vielmehr der Protestbeamte das Geld in Empfang zu nehmen, was nunmehr auch durch den mit der Protestnovelle neu eingestellten Art. 89a gesetzlich klargestellt ist. Ein trotz Angebot der Zahlung aufgenommener Protest mangels Zahlung wäre unwirksam. Es folgt das aus dem unten in Anm 15 Gesagten (vgl. Art. 89a Anm. 7). Die preußischen Gerichtsvollzieher haben nach der JMB. v. 16. 9. 08 (JMBl. 345 Anhang VII) darüber ein Protokoll aufzunehmen, das selbstverständlich kein Protest ist. Anm. 11.

Für die Kosten, die durch die bisherige Tätigkeit des Beamten entstanden sind, ist der Schuldner, der auf die private Präsentation nicht gezahlt hat, also in Verzug gewesen ist, aus diesem Grunde haftbar. Will der Schuldner diese Kosten nicht zahlen, wohl aber alles übrige, so ist die Zahlung anzunehmen und im übrigen Protest zu erheben. Denn bis zur Erhebung des Protestes muß der Wechselgläubiger nach Art. 38 WO. Teilzahlungen annehmen. Für die gedachten Kosten haftet der Schuldner aber auch wechselrechtlich (so auch Bernstein 374, aber im Widerspruch mit seinen Ausführungen auf S. 200, wo er den Gläubiger für verpflichtet erachtet, dem Schuldner den Wechsel auszuantworten, wenn dieser dem Notar die Wechselsumme ohne Kosten anbietet; für die Kosten hafte er nur zivilrechtlich). Die bloße Erklärung des Schuldners, er *werde* zahlen, beseitigt aber die Notwendigkeit des Protestes nicht.

3. **Die Rechtsstellung der Protestbeamten.** Sie ist nicht bei allen Protestbeamten gleich. Alle sind zwar Beamte: der Richter, der Gerichtsschreiber, der Gerichtsvollzieher, der Notar, der Postbeamte. Außerdem aber sind sie auch *Mandatare der Partei, Geschäftsbesorger kraft Dienstvertrags gemäß § 675 BGB.* Für die Notare ist dies unbestritten (StrA. 23, 35; 84, 336; Weißler 339; Walter 24; RG. im JW. 01, 549). Gleiches muß gelten für die Gerichtsvollzieher (Plenarentsch. des RG. 16, 397, wo dies zwar zunächst nur im Hinblick auf die Zwangsvollstreckungstätigkeit gesagt ist), sowie für die Richter und die Gerichtsschreiber (vgl. Walter 26; Bernstein 367; J. u. M. Stranz Anm. 9; Leist 135; a. M. Rehbein Anm. 3 und Staub 4. Aufl. bezüglich der Richter und Gerichtsschreiber; bei ihnen sei, so führte Staub aus, der Auftrag kein zivilrechtliches Mandat, sondern ein gerichtlicher Antrag auf Vornahme eines Aktes freiwilliger Gerichtsbarkeit; allein Staub verkannte, daß alle Protestbeamte Beurkundungen im *Dienste Privater* vornehmen) Bei den Postprotesten ist nicht der einzelne ausführende Postbeamte, sondern die Postverwaltung (Postanstalt), die den Auftrag erhält, Mandatar der Partei (vgl. oben Anm. 4 und unten Anm. 13). Anm. 12.

Doch ist festzuhalten, daß der Protestbeamte, auch als Mandatar, nur mit der Vorlegung des Wechsels und mit der Aufforderung zur wechselrechtlichen Leistung sowie eventuell ihrer Entgegennahme beauftragt ist, nicht zum *Abschluß von Rechtsgeschäften* namens des Machtgebers: die Zahlungsversprechen, die ihm gegenüber

Art. 87. abgegeben werden, haben daher keine rechtsverbindliche Kraft (ROHG. 21, 168; Leist 184;
Anm. 12. Bernstein 365; RG. 24, 82; vgl. RG. 24, 85). **Der Auftrag ist wesentlich**, ein ohne Auftrag aufgenommener Protest wäre nichtig; doch muß der Notar, wenn er selbst verhindert ist, für ermächtigt gelten, eine andere Urkundsperson zu substituieren (**Weißler** 340).

Anm. 13. 4. **Die Haftung der Protestbeamten** richtet sich in bezug auf Art und Umfang prinzipiell nach ihrer Rechtsstellung (vgl. Anm. 12). Es empfiehlt sich, wegen gewisser erheblicher Unterschiede die Haftung der Notare und Gerichtsbeamten, einschließlich der Gerichtsvollzieher einerseits, und anderseits die der Post und ihrer Beamten getrennt zu behandeln.

a) Die **Notare und Gerichtsbeamten** haften für Versehen (Vorsatz oder Fahrlässigkeit) in der Weise, in welcher nach dem Zivilrechte Beamte (also gemäß § 839 BGB.) bzw. Mandatare (also gemäß §§ 675, 276 BGB.) haften, je nachdem die eine oder die andere Verantwortung die schwerere ist, aber nur gegenüber dem Antragsteller, nicht gegenüber jedem Wechselberechtigten (z. B. gegenüber dem einlösenden Vormanne aus verzögerter Aushändigung an den Nachmann, Bolze 6 Nr. 287). Sie haften, wenn man sie — wie wir — zugleich als Beauftragte bzw. Geschäftsbesorger kraft Dienstvertrages ansieht, nach dem BGB. nicht bloß subsidiär, sondern an erster Stelle für jedes Versehen und jeden Schaden bei Entgegennahme und bei Ausführung des Auftrages (§§ 675, 252, 276 BGB.; RG. 16, 397 ff.; 20, 389; RG. in JW. 06, 467[25]; Bernstein 367). Was den **Umfang** ihrer Haftung betrifft, so umfaßt der zu ersetzende Schade gemäß § 252 BGB. auch den entgangenen Gewinn. Die Ansprüche **verjähren** in der gewöhnlichen Frist von 30 Jahren (§ 195 BGB.).

Wer Richter und Gerichtsschreiber, oder wer überhaupt die Protestbeamten nicht als Beauftragte ansieht (s. oben Anm. 12), für den regelt sich ihre Haftung nach § 839 BGB.; sie ist also bei Fahrlässigkeit dieser Beamten nur eine subsidiäre. Der Umfang ihrer Haftung umfaßt auch den entgangenen Gewinn (§§ 839, 252 BGB.). Der Anspruch verjährt, als aus einer unerlaubten Handlung, in drei Jahren (§ 852 BGB.).

b) Für den Postprotest hat zunächst der § 3 Sonderbestimmungen über die Haftung. Danach haftet **die Postverwaltung** — der Reichsfiskus, bzw. der bayerische oder württembergische Landesfiskus — dem Auftraggeber für die ordnungsmäßige Ausführung des Protestauftrags nach den allgemeinen Vorschriften des Bürgerlichen Rechtes über die Haftung eines Schuldners für die Erfüllung seiner Verbindlichkeit. Hieraus ergibt sich, daß die Postverwaltung (mit ihr ist ja das Vertragsverhältnis eingegangen, vgl. oben Anm. 5) ihr und ihrer Angestellten Verschulden (Vorsatz und Versehen) gemäß den §§ 276 und 278 BGB. zu vertreten hat. Was insbesondere die Vertretung eines Verschuldens der den Protest ausführenden Beamten betrifft, so ergibt sich die Vertretungspflicht der Postverwaltung nicht bloß aus der allgemeinen Vorschrift des § 278 BGB., sondern noch aus der Sondervorschrift des § 264 Abs. 1 Satz 3, der im § 675 BGB. mitzitiert ist. Diese Haftung der Postverwaltung war, wie bemerkt werden mag, praktisch die wesentlichste Voraussetzung für das Gelingen der Reform; an ihrer Ablehnung seitens der Regierung war in den 70er Jahren des vorigen Jahrhunderts die Einführung des Postprotestes gescheitert (vgl. „Ein Protest gegen den Wechselprotest" S. 376).

Der **Umfang** der Haftung ist bei der Postverwaltung auf den Betrag des **wechselmäßigen Regreßanspruchs** als Höchstbetrag begrenzt (§ 4 Abs 1 Satz 2 Protestgesetzes). Entgangener Gewinn wird also anders, wie oben zu a, von der Postverwaltung nicht ersetzt. Dem praktischen Bedürfnis wird hiermit Genüge getan, wie die Begr. (S. 9) mit Recht betont. Die Novelle ist auch hierin dem belgischen Vorbilde gefolgt. In der Reichstagskommission (vgl. Bericht S. 7 ff.) war der Antrag gestellt, die obige Begrenzung des Umfangs der Haftung aufzuheben, oder aber ev. neben der Postverwaltung auch den anderen Protestbeamten das beneficium dieser beschränkten Haftung zu gewähren. Beide Anträge wurden abgelehnt. Art. 87. Anm. 18.

Nach der Begründung (S. 9) soll die Haftung der Post **noch in einer andern Richtung begrenzt sein.** Sie soll nur für die Ausführung des Protestgeschäfts im engeren Sinne eintreten, nicht aber für die ordnungsmäßige und rechtzeitige Beförderung und Rückbeförderung von Wechsel und Protest. Hierfür sollen die für die Transportgeschäfte geltenden Vorschriften des Postgesetzes Abschnitt II maßgebend sein (also Ersatz bis zum Höchstbetrage von 14 Talern und sechsmonatliche Verjährung, Postges. § 14). Diese Unterscheidungen sind juristische Feinheiten, die der geschädigte Wechselgläubiger nicht versteht. Sie sollen sich daraus ergeben, daß der Vertrag mit der Postverwaltung hinsichtlich des Protestgeschäftes erst am Bestimmungsorte zum Abschlusse gelange, da der Auftrag an die Postanstalt des Bestimmungsortes gerichtet und der Inhalt des Auftrags der Postanstalt des Aufgabeorts nicht näher bekannt werde (zu vgl. Begr. a. a. O.; Postordnung für das Deutsche Reich § 18 VII, für Bayern § 20 VIII, für Württemberg § 23 VII, sowie der neue § 18a zu VIII der Postordnung im Anhang III). Unsers Erachtens kann diese Trennung der Postanstalten des Aufgabe- und des Bestimmungsortes dem Auftraggeber, der einen Auftrag zur Protesterhebung gegeben hat, nicht entgegengehalten werden. Auch ist in dem § 4 jene Unterscheidung nicht zum deutlichen Ausdruck gekommen. Die im § 4 hervorgehobene „ordnungsmäßige" Ausführung des Protestauftrages umschließt auch ordnungsmäßige Be- und Rückbeförderung von Wechsel und Protest. Hat übrigens der Schuldner dem Postbeamten Zahlung geleistet, so haftet die Post nach der Postordnung (§ 18 XX, für Bayern § 50 III, für Württemberg § 23 XIX) für die eingezogene Geldsumme, wie für auf Postanweisung eingezahlten Beträge.

Abgesehen von dem beschränkten Umfange der Haftung ist auch der Ersatzanspruch gegen die Postverwaltung aus Verschulden im Protestgeschäft einer **kürzeren Verjährung**, als der sich aus den allgemeinen Rechtsgrundsätzen bei Ansprüchen aus Verträgen ergebenden unterworfen worden. Die Verjährung beträgt 3 Jahre. Sie beginnt mit dem Zeitpunkt, in dem der Protestauftrag bei der Postanstalt eingeht, von welcher der Protestauftrag auszuführen ist, d. h. der Postanstalt des Bestimmungsortes (§ 4 Abs. 2 Protestgesetzes).

Was die Haftung des den Protest ausführenden Postbeamten **gegenüber dem Publikum** für Versehen betrifft, so fehlt es an einem Vertragsverhältnis zwischen ihm und der Partei (vgl. oben). Auf die Haftung des Postbeamten gegenüber dem Auftraggeber können daher lediglich die Vorschriften des § 839 BGB. über die Folgen einer Verletzung der Amtspflicht zur Anwendung gelangen (vgl. auch RB. S. 9). Daraus folgt, daß die Haftung des Postbeamten bei Fahrlässigkeit nur eine subsidiäre ist, daß er aber auch für den entgangenen Gewinn haftet, und daß die Verjährung drei Jahre beträgt (vgl. oben zu a). — Wird es auch selten vorkommen, daß der Wechselgläubiger den Postbeamten direkt in Anspruch nimmt, so ist doch die rechtliche Möglichkeit dieser Haftung, die sich in verschiedenen Punkten von der Haftung der Postverwaltung unterscheidet, nicht ohne Bedeutung. — Selbstverständlich kann die vorgesetzte Behörde im Rahmen allgemeiner Rechtsgrundsätze gegen den Postbeamten wegen des von ihr geleisteten Ersatzes Rückgriff nehmen.

c) **Verschulden (Vorsatz oder Fahrlässigkeit)** ist überall die Voraussetzung der Haftung.

Einzelfälle solchen Verschuldens:

α) Versehen bei der Prüfung der Legitimation (vgl. oben Anm. 4);

β) versehentliche Versäumung der Protestfrist;

γ) schuldhafte Fehler in der Beurkundung oder in der Protesthandlung.

Für alle Fälle ist aber zu beachten, daß ein konkurrierendes Verschulden des Auftraggebers gemäß den allgemeinen Grundsätzen (§ 254 BGB.) zu berücksichtigen ist. Ein solches wird nicht selten bei dem Schaden infolge unterlassener Prüfung der

Art. 87. Anm. 13. Legitimation (oben Anm. 4) vorhanden sein; eine Bank mit großem Wechselverkehr wird man für verpflichtet erachten müssen, die Legitimation vor Erteilung des Protestauftrages zu prüfen und ev. herzustellen. Ein konkurrierendes Versehen kann auch dann vorliegen, wenn der Protestbeamte zwar einen unrichtigen Protest dem Auftraggeber geschickt hat, aber noch genügend Zeit vorhanden war, um den Protest noch einmal aufnehmen zu lassen, der Auftraggeber dies aber schuldhaft verabsäumt hat.

d) Von der Haftung **des Notars und seines Bureauvorstehers** handelt die interessante Entscheidung des RG. v. 21. 6. 01 (49, 26). Der Bureauvorsteher hatte einen Wechsel zur Protestierung angenommen, ihn aber erst nach Ablauf der Proteststunde am letzten Tage der Protestfrist dem Notar zur Protestierung vorgelegt. Das RG. verurteilte den Bureauvorsteher, weil mit ihm ein Auftragsvertrag abgeschlossen sei (sehr bedenklich! mit dem Bureauvorsteher will das Publikum nicht kontrahieren, ihn sieht es nur als Gehilfen des Notars an); die den Notar verurteilende Entscheidung des KG. aber hob es auf, weil der Bureauvorsteher nicht bevollmächtigt sein könne, den fraglichen Geschäftsbesorgungsvertrag abzuschließen, da nur der Notar beurteilen könne, ob er das ihm angetragene Notariatsgeschäft ausführen kann und darf; allenfalls liege im konkreten Falle ein Garantieversprechen dafür, daß der Bureauvorsteher die eingehenden neuen Aufträge an den Notar rechtzeitig befördern werde. Das KG. hat (KGBl. 02, 17) in erneuter Prüfung diese Garantieleistung in dem vorliegenden Tatbestand erblickt und den Notar verurteilt.

Vgl. zu der Entscheidung des RG. Eichhorn in der Zeitschrift des deutschen Notarvereins Jahrgang I, 336 und Jacobsohn in DJZ. 8, 237, welcher den Notar für Versehen oder Verschulden des Bureauvorstehers, der den Auftrag angenommen hat, haften läßt, es sei denn, daß der Notar generell oder dem Klienten gegenüber die Haftung ausgeschlossen hat.

Anm. 14. **Zusatz 1. Ist der Protestbeamte zur Annahme des ihm vom Protestaten angebotenen Geldes berechtigt und verpflichtet und legitimiert?**

Die Frage war bekanntlich eine der streitigsten. Sie ist durch das Protestgesetz (Art. 89a) in bejahendem Sinne entschieden, wie dies auch diesseits schon unter dem alten Rechtszustande angenommen wurde. Nähere Ausführungen über die Streitfrage unter Berücksichtigung der Literatur vgl. Staub-Stranz 5. Aufl. Anm. 14 zu Art. 87.

Im übrigen wird auf die Erläuterungen zu Art. 89a verwiesen.

Anm. 15. **Zusatz 2. Verhältnis von Präsentation und Protesterhebung.**

1. Der Akt der Protestierung sollte sich streng genommen in der Weise abspielen, daß der Gläubiger den Wechsel präsentiert, Zahlung begehrt, der Protestat ihm seine Erklärung abgibt, der Protestbeamte aber bei dieser Verhandlung gegenwärtig ist und beurkundet, wie sie verlaufen ist. Art. 41 sagt ja ganz deutlich, zur Erhaltung des Regreßrechts sei erforderlich:

1. daß der Wechsel zur Zahlung präsentiert worden ist, und
2. daß sowohl diese Präsentation, als auch die Nichterlangung der Zahlung durch einen darüber aufgenommenen Protest dargetan wird.

Gegenstand des Protestes sind also die Präsentation (sc. durch den Berechtigten oder einen Vertreter desselben) und die Nichterlangung der Zahlung trotz der gehörigen Präsentation. Diese Tatsachen soll der Protestbeamte beurkunden, darüber ist die Urkunde aufzunehmen; so wurde es auch in den Anfangszeiten des Protestierens gehandhabt. Im Wechselverkehr ist es nun aber seit langen Zeiten anders. Es ist zur allgemeinen Gewohnheit geworden, daß der Gläubiger den Protestbeamten beauftragt, er solle den Wechsel dem Protestaten vorlegen, er solle das Zahlungsbegehren an ihn richten und die Erklärung des Protestaten entgegennehmen und das solchergestalt Geschehene solle er beurkunden. So wird es allgemein gehandhabt, und Proteste, die so zustande kommen, werden allgemein für gültig erachtet. Der Auftrag des Gläubigers

an den Protestbeamten geht nach dieser allgemeinen Übung nicht bloß darauf, Protest **Art. 87.**
im Wortsinne zu erheben, denn protestieren heißt: wahrnehmen und beurkunden, sondern Anm. 15.
er geht weit darüber hinaus auch noch dahin, den Wechsel zu präsentieren, Zahlung zu fordern und die Erklärung, die hierauf abgegeben wird, entgegenzunehmen (vgl. RG. 32, 214).

2. Der Protesterhebung geht regelmäßig eine Präsentation durch den Gläubiger voran. Anm. 16.

a) Die vorherige Präsentation ist, wenn es zur Protesterhebung kommt, nicht notwendig, hat aber zivilrechtliche Bedeutung, nämlich für die Kostenfrage (vgl. Pappenheim in ZHR. 42, 311). An sich ist es zwar dem Gläubiger nicht verwehrt, den Wechsel sofort durch den Protestbeamten protestieren zu lassen. Indessen wenn Zahlung an diesen erfolgt, so hat der Gläubiger die Kosten des Protestes allein zu tragen. Diese kann er auf die Wechselverpflichteten nur dann abwälzen, wenn er nach der Sachlage Veranlassung hatte, die Tätigkeit des Protestbeamten in Bewegung zu setzen. Und das ist der Fall, wenn er vorher selbst versucht hat, die wechselrechtliche Leistung zu erlangen (vgl. Anm. 11 u. 19).

b) Auch die vorangehende Privatpräsentation braucht nicht durch den Gläubiger persönlich zu erfolgen. Der Überbringer des quittierten Wechsels ist legitimiert (§ 370 BGB.). Anm. 17.

Zusatz 3. Die Rechtsnatur des Protestes: er ist oft Solennitätsakt, oft bloß Beweismittel. Solennitätsakt z. B. beim Regreß gegen den Aussteller und die Indossanten (vgl. Anm. 3 zu Art. 41), bloßes Beweismittel beim Anspruch gegen den Akzeptanten, und zwar seit dem 1. Oktober 1908 auch beim Domizilwechsel mit benanntem Domiziliaten. Wo er bloßes Beweismittel ist, kann er ersetzt werden durch andere Beweismittel. Wo er Solennitätsakt ist, muß er aus sich selbst klar sein; läßt er Zweifel bestehen, so ist er ungültig (Bolze 14 Nr. 323e; OLG. Dresden in ZHR. 38, 564 u. 565), und eine Ersetzung oder Ergänzung der Protesturkunde durch andere Beweismittel ist nicht statthaft. Infolge des Protestgesetzes ist aber folgendes zu beachten. Der Gesetzgeber will der Überspannung, die bisher in der Rechtsprechung bezüglich des Inhalts der Protesturkunde und bezüglich etwaiger Mängel herrschte, entgegentreten. Infolgedessen ist z. B. abgesehen von der Vereinfachung der Urkunde der Eingang des Art. 88, der bisher lautete: „der Protest **muß** enthalten" dahin geändert worden: „In den Protest **ist** aufzunehmen" (vgl. Art. 88 Anm. 2). Der Art. 90 Abs. 1 neuer Fassung läßt ferner die Berichtigung von Schreibfehlern, Auslassungen und sonstigen Mängeln der Protesturkunde seitens des Protestbeamten bis zur Aushändigung der Urkunde zu. Es wird daher fortab eine sinngemäße Auslegung der Protesturkunde statthaft und eine allzuscharfe Betonung des Formalen abzuweisen sein. Es werden daher z. B. Schreibfehler, auch wenn sie nicht rechtzeitig berichtigt sind, sich aber aus dem Protest erkennen lassen, unbeachtlich bleiben. Lassen sich freilich die Mängel aus dem Protest nicht erkennen und richtig stellen, so wird eine Ergänzung durch andre Beweismittel auch jetzt ausgeschlossen sein, jedenfalls dann, wenn die Mängel wesentliche Punkte betreffen (vgl. ROHG. 19, 150; Bolze 9 Nr. 278, RG. in Gruch. 35, 195. Beispiele s. Art. 90 Anm. 3). Anm. 18.

Die vom Protestbeamten bezeugten Tatsachen gelten kraft dieser Beurkundung als festgestellt, der Beamte hat die Quelle, aus der er seine Überzeugung geschöpft hat, nicht mit aufzuführen (ROHG. 14, 264; RG. in Gruch. 28, 1015; Anm. 17 zu Art. 91). Statthaft dagegen ist der Gegenbeweis der unrichtigen Beurkundung, z. B. daß gar keine Präsentation erfolgt sei (§§ 415, 418 ZPO.; Goldschmidt, System 275; Grünhut Hdb. II 78; Bernstein 377; ROHG. 14, 262; 19, 152; OLG. Dresden in ZHR. 38, 564 u. 565). Über die Richtung, die dieser Gegenbeweis zu nehmen hat, siehe Anm. 27 und Anm. 38 zu Art. 88 (über einen Fall, in welchem der geführte Gegenbeweis die Gültigkeit des Protestes nicht erschüttert s. Art. 91 Abs. 2). Gutgläubiger Erwerb schließt die Zulässigkeit des Gegenbeweises nicht aus (ROHG. 19, 147). Der Regredient, der selbst gezahlt hat

Art. 87. und wegen Protestmangels seinerseits nicht durchdringt, hat gegen den bezahlten Nachmann die condictio indebiti (ROHG. ebenda; vgl. auch Anm. 7 zu Art. 54).

Anm. 19. **Zusatz 4. Die Kosten des Protestes.** Dem Protestbeamten haftet der Auftraggeber, diesem wieder der Wechselschuldner nach Maßgabe der gesetzlichen Verpflichtung. Die letztere Verpflichtung ist jedoch davon abhängig, daß der Protestat durch sein Verhalten zur Beauftragung eines Protestbeamten Veranlassung gegeben hat (darüber oben Anm. 16). Dagegen hat, wenn die Zahlung seitens des Gläubigers zunächst vergeblich gesucht worden ist, der Schuldner die Kosten selbst für einen zur Erhaltung des Wechselrechts überflüssigen Protest — gegen die Ansicht Thöls und des ROHG. (5, 105) — zu tragen, weil der Protest im Wechselverkehr durchaus üblich und zum Nachweise des Verzuges im Wechselprozesse bei der gegenwärtigen Gesetzeslage schwer zu entbehren ist (so mit Recht RG. 41, 127 und die herrschende Meinung, vgl. auch Art. 50 Anm. 15 u. 5; zum Teil abweichend Staub 4. Aufl.).

An sich hat der Schuldner die Kosten desjenigen Protestbeamten zu erstatten, den der Gläubiger gewählt hat. Das Gesetz stellt dem Gläubiger verschiedene Protestbeamte zur Verfügung. Infolgedessen muß an sich der Schuldner die höheren Kosten des Gerichtsvollziehers und die noch höheren des Notars tragen (KB. S. 2). Aber, wie das Kammergericht (vgl. Art. 50 Anm. 5) in einer Entscheidung vom 25. Juni 1906 ausgeführt hat, kann der Wechselschuldner dem Wechselgläubiger einwenden, die erhöhten Protestkosten seien vom Gläubiger mutwillig oder schikanös veranlaßt (ROLG. 14, 412). Dieser Einwand ist selbstverständlich auch stichhaltig in der Weise, daß der Wechselgläubiger statt des billigen Postprotestes den teuren Notarprotest mutwillig oder schikanös gewählt hat. Der Beweis für Mutwillen oder Schikane liegt im Einzelfalle dem Wechselschuldner ob. Er dürfte z. B. erbracht sein, wenn ein einfacher Protest mangels Zahlung bei gar nicht komplizierter Sachlage der Post nicht übertragen wird, nur um dem Schuldner höhere Kosten zu verursachen. Zu berücksichtigen ist, daß die Protestnovelle nach der deutlichen Absicht des Gesetzgebers (Reichstagsverhandlungen v. 2. 5. 08 S. 5030) einen ausgesprochen sozialen Charakter trägt und den kleineren und mittleren Gewerbetreibenden die schulderleichternde Wirkung des verbilligten Wechselverkehrs zugute kommen soll. Hält man hieran nicht fest, so könnte die Einführung des Postprotestes für die Städte mit Notaren leicht ein Schlag ins Wasser werden.

Anm. 19a. **Zusatz 5. Nachverfahren.** Ist eine rechtskräftige Verurteilung im Wechselprozeß erfolgt, so kann im Nachverfahren der Einwand, der wechselmäßige Anspruch sei wegen Ungültigkeit des Protestes verloren gegangen, nicht mehr erhoben werden, auch wenn in dem Wechselprozeßurteil hierüber keine Entscheidung getroffen ist (RG. 62, 93).

Anm. 19b. **Zusatz 6. Ausländische Wechsel** sind innerhalb Deutschlands gemäß den deutschen Rechtsnormen zu protestieren, auch wenn sie nicht sämtliche Erfordernisse des deutschen Wechsels haben, aber nach dem fremden Recht ein gültiger Wechsel vorliegt (vgl. Rausnitz 95). Der Protest hat keine Besonderheiten. Ist der Wechsel in fremder Sprache ausgestellt, so ist die Zuständigkeit des Postbeamten ausgeschlossen (Anhang II zu 2b).

Anm. 20. **Zusatz 7. Scheckgesetz.** Beim Scheck gibt es nur einen Protest mangels Zahlung (§ 16 Scheckgesetz). Für diesen Protest sind entsprechend die Vorschriften des Protestgesetzes anzuwenden (vgl. § 30 Abs. 2 Scheckgesetzes und Apt Erläuterungen hierzu). Auch hinsichtlich der Zuständigkeit der Postbeamten zur Aufnahme von Scheckprotesten gelten die gleichen Beschränkungen wie bei Wechselprotesten (vgl. die Bekanntmachung des Reichskanzlers v. 5. 8. 08 im Anhang II). Soweit ein Protest nötig ist (zur Wahrung der Regreßrechte für Inlandschecks), muß er binnen 10 Tagen nach der Ausstellung erhoben werden (§ 11 Scheckgesetz; dort auch über die Berechnung der Frist und über Auslandschecks. — Für Preußen bezieht sich die Allg. Verf. des Justizministers v. 16. 9. 08 (JMBl. 08, 339ff.; vgl. Anhang VII) auch auf den Scheckprotest.

Anm. 21. **Zusatz 8. Fremde Rechte.** In Frankreich sind die Proteste von Notaren oder Gerichtsvollziehern aufzunehmen. In Belgien nur von Gerichtsvollziehern oder, wo diese nicht vorhanden oder verhindert sind, von Postbeamten. In England nur durch Notare, wenn aber diese nicht zu erlangen sind, durch jeden Haushaltungsvorstand oder ständigen Einwohner des Platzes unter Zuziehung von zwei Zeugen (sect. 94); ebenso in den Vereinigten Staaten. In Italien durch Notare oder Gerichtsvollzieher; ebenso in Rumänien. In Rußland nur durch Notare. In der Schweiz durch Notare und andere obrigkeitlich dazu ermächtigte Personen. Art. 87. Anm. 21.

Näheres bei Späing 260: Meyer 102ff.; Stranz („Protest gegen den Wechselprotest" 349ff.).

Artikel 88.

In den Protest ist aufzunehmen: Art. 88.

1. der Name oder die Firma der Personen, für welche und gegen welche der Protest erhoben wird;
2. die Angabe, daß die Person, gegen welche protestiert wird, ohne Erfolg zur Vornahme der wechselrechtlichen Leistung aufgefordert worden oder nicht anzutreffen gewesen ist oder daß ihr Geschäftslokal oder ihre Wohnung sich nicht hat ermitteln lassen;
3. die Angabe des Ortes sowie des Kalendertags, Monats und Jahres, an welchem die Aufforderung (Nr. 2) geschehen oder ohne Erfolg versucht worden ist;
4. im Falle einer Ehrenannahme oder einer Ehrenzahlung die Erwähnung, von wem, für wen und wie sie angeboten oder geleistet wird.

Der Protest ist von dem Protestbeamten zu unterzeichnen und mit dem Amtssiegel oder dem Amtsstempel zu versehen.

Der vorliegende Artikel enthält die Erfordernisse über den Inhalt des Wechselprotestes. Die Formalerfordernisse über die Stelle, auf welche die Protesturkunde zu setzen ist, enthalten die Art. 88a u. b. Nach dem Rechtszustand vor der Protestnovelle waren die Erfordernisse des Protestinhalts im wesentlichen auch im Art. 88 alter Fassung enthalten; dieser lautete: Einleitung.

Der Protest muß enthalten:

1. eine wörtliche Abschrift des Wechsels oder der Kopie und aller darauf befindlichen Indossamente und Bemerkungen;
2. den Namen oder die Firma der Personen, für welche und gegen welche der Protest erhoben wird;
3. das an die Person, gegen welche protestiert wird, gestellte Begehren, ihre Antwort oder die Bemerkung, daß sie keine gegeben habe oder nicht anzutreffen gewesen sei;
4. die Angabe des Ortes, sowie des Kalendertages, Monats und Jahres, an welchem die Aufforderung (No. 3) geschehen, oder ohne Erfolg versucht worden ist;
5. im Falle einer Ehrenannahme oder einer Ehrenzahlung die Erwähnung, von wem, für wen und wie sie angeboten und geleistet wird;
6. die Unterschrift des Notars oder des Gerichtsbeamten, welcher den Protest aufgenommen hat, mit Beifügung des Amtssiegels.

Die Hauptänderung betrifft die Änderung in den Anfangsworten („ist" statt „muß" s. Anm. 2), und die Weglassung der alten Nr. 1. An die Stelle der alten Nr. 1 sind die auch im Inhalte ganz neuen Art. 88a und b getreten. Damit soll die von der Protestnovelle unter ihre Hauptziele aufgenommene Vereinfachung der Protesturkunde verwirklicht werden

Art. 88. Einleitung. Die Protesturkunde ist übrigens durch die Vorschriften der Art. 88a und b in ihrem Wesen insofern umgestaltet worden, als sie ihre Selbständigkeit verloren hat und Annex des Wechsels oder seiner Abschrift geworden ist; sie hat ferner durch die Beseitigung des Protestregisters eine tiefeinschneidende Beeinträchtigung erfahren (vgl. hierüber Art. 87 Anm. 8). Neben dieser prinzipiellen Umbildung, die vom Gesetzgeber nicht beabsichtigt ist, aber aus seiner Regelung sich als Rechtsfolge ergibt, ist eine wesentliche Vereinfachung nicht erfolgt. Denn im großen und ganzen ist es bei dem bisherigen Inhalte der Urkunde verblieben. Nur ist die in den Protest aufzunehmende wörtliche Abschrift des Wechsels (früher Nr. 1 des Art. 88) weggefallen, ebenso wie die Notwendigkeit einer Aufnahme der Antwort des Protestaten (früher Nr. 3 des Art. 88).

Anm. 1. I. **Der Rechtscharakter der Erfordernisse des Wechselprotests.**

1. Sind sie erschöpfend in Art. 88, 88a und 88b geregelt? Man sollte meinen, daß die Frage zu bejahen wäre. Das ist gleichwohl weder nach der Regelung vor, noch durch die Protestnovelle der Fall. Das Gesetz hat das wichtigste und wesentlichste Erfordernis nicht hervorgehoben, nämlich die Feststellung, daß **der Wechsel präsentiert wird.** Die Nr. 2 spricht von der Aufforderung zur Vornahme der wechselrechtlichen Leistung. Diese Aufforderung, z. B. das Zahlungs- oder Akzeptbegehren, könnte an sich aber auch ohne Vorlegung des Wechsels erfolgen, etwa unter Hinweis auf den Wechsel, den der Protestbeamte in der Tasche oder zu Hause hat. Es ergibt sich aber aus Art. 41, daß der Protest in erster Linie die Vorlegung des Wechsels festzustellen hat. Übereinstimmend Rehbein (Anm. 7), der die zutreffende Einschränkung macht, daß der Protest einen ausdrücklichen Vermerk der Vorlegung nicht zu enthalten braucht. Anders Bernstein (381), nach welchem dafür, daß die Präsentation erfolgt sei, eine Vermutung spricht. Doch ist die Aufstellung dieser Vermutung nicht bloß willkürlich, sondern steht sogar im Widerspruch mit Art. 41. Auch Grünhut Hdb. II § 79 S. 62 meint, der Wechsel müsse zwar vorgelegt, aber daß dies geschehen, brauche nicht beurkundet zu werden. Grünhut beruft sich auf Art. 41 Nr. 1, wo allerdings nur die Vorlegung vorgeschrieben ist. Aber Art. 41 Nr. 2 verlangt, daß diese Vorlegung „durch einen darüber aufgenommenen Protest dargetan wird." Es muß also die Präsentation dadurch dargetan werden, daß über sie ein Protest aufgenommen wird. Durch die Protestnovelle hat sich hieran nichts geändert. In den Eingangsworten des Art. 88a Abs. 4 ist vielmehr eine Bestätigung der hier vertretenen Auffassung zu finden (gleicher Ansicht für das neue Recht Weißler in NotZtschr. 08, 570).

Hervorgehoben sei ferner, daß sich aus andern Vorschriften noch ein weiterer notwendiger Inhalt der Protesturkunde ergibt. Wenn z. B. in der unrichtigen Lokalität protestiert ist (Art. 91 Abs. 1 Satz 2), oder wenn in einem benachbarten Orte im Falle des Art. 91a Abs. 1 Satz 2 protestiert ist, so ist die Beurkundung der Zustimmung des Protestaten im Protest zur Legalität des Protestes für die Regel erforderlich; freilich kann sich die Zustimmung auch stillschweigend aus dem Inhalte der Urkunde ergeben (vgl. Anm. 16 zu Art. 91 und Anm. 9 zu Art. 91a). Nach dem früheren Rechtszustande wurde gleiches für die Überschreitung der Proteststunde angenommen (vgl. 5. Aufl. Anm. 1 u. 51 zu Art. 88). Indes ist nunmehr die Innehaltung der Proteststunde Art. 92 Abs. 2 nur instruktioneller Natur.

Anm. 2. 2. Sind die Erfordernisse obligatorisch? Trotz des Wortes „muß", welches im Eingang des alten Art. 88 stand, wurde von der Praxis stets angenommen, daß die Erfordernisse nicht in dem Grade obligatorisch sind, daß das Fehlen oder die Mangelhaftigkeit des einen oder des andern Erfordernisses absolut Nichtigkeit zur Folge habe. Es ist vielmehr in jedem einzelnen Falle zu prüfen, **ob ein vorliegender Mangel so erheblich ist, daß er dem Zwecke und dem Wesen des Protestes Eintrag tut** (ROHG. 1, 143; 18, 209; OLG. Dresden in ZHR. 38, 569; Grünhut Hdb. II § 79). Das Protestgesetz hat diesen Standpunkt noch deutlicher durch die Fassung „ist" statt „muß" gemacht. Durch die Fassung wird nicht nur vermieden, „daß in Zukunft etwa in Rücksicht auf die neuere Gesetzessprache eine strengere Auslegung Platz greift" (Begr. S. 11, 12), sondern auch darauf hingewiesen, daß sich die Praxis vor einer Überspannung des Formalprinzips hüte (s. auch Art. 87 Anm. 18). Art. 88. Anm. 2.

Hiernach genügt, wenn das Vorhandensein der vom Gesetze für wesentlich erklärten Tatsachen sich mit ausreichender Bestimmtheit aus dem sonstigen Inhalte der Protesturkunde bzw. aus dem Zusammenhange des im Proteste Beurkundeten ergibt (ROHG. 10, 107; RG. 14, 145; 23, 121). Und umgekehrt: die aus dem Proteste selbst nicht lösbare Unklarheit der Protesturkunde hat die Ungültigkeit des Protestes zur Folge (Bolze 14 Nr. 323e). Darüber, ob die Erfüllung der gesetzlichen Erfordernisse, wenn der Protest sie nicht voll beweist, anderweit bewiesen werden kann, und ob umgekehrt gegen den Protest ein Gegenbeweis zulässig ist, siehe noch Anm. 18 zu Art. 87.

3. Die gesetzlichen Erfordernisse des Wechselprotestes sind von Amts wegen zu prüfen (ROHG. 7, 185; 18, 272). Vgl. Anm. 18 zu Art. 87. Anm. 3.

4. Eine wörtliche Abschrift des Wechsels oder der Kopie und der darauf befindlichen Indossamente und Bemerkungen hatte die Nr. 1 des Art. 88 in alter Fassung vorgeschrieben. Gerade dieses Erfordernis machte das Verfahren umständlich und war ein Brutnest von Protestmängeln. Deswegen hat das Protestgesetz für den Zahlungsprotest zu der äußeren Verbindung des Protestes mit dem Wechsel gegriffen. Für die anderen Proteste spielt die Wechselabschrift eine wesentliche Rolle, wie sich aus Art. 88b (Anm. 7ff. dort) ergibt. Anm. 4–14.

II. **Die einzelnen inhaltlichen Erfordernisse des Wechselprotestes sind:**

Nr. 1. **Der Name oder die Firma der Personen, für welche und gegen welche der Protest erhoben wird** (Protestant — Protestat). Anm. 15.

a) **Der Protestant:** der Protest muß die Person dessen ergeben, dessen Wechselrecht durch den Protest gewahrt werden soll.

α) Die Vorschrift hat den Zweck, festzustellen, ob der Wechsel im Namen der nach Art. 36 gehörig legitimierten Person zur Zahlung präsentiert worden ist.

Die Frage, wer nach Art. 36 legitimiert ist, ist im vorliegenden Artikel nicht erörtert. Darüber handelt eben Art. 36. (Vgl. die Erläuterung dazu, dort auch über einen Vorschlag de lege ferenda in Anm. 27a.)

Ob die hiernach legitimierte Person nur vorgeschoben ist, ist für den Protest völlig gleichgültig (ROHG. 5, 412), wie überhaupt für die formelle Legitimation, wenn auch materielle Folgen daran sich knüpfen können (vgl. Anm. 24 zu Art. 36).

Ist aber der Protesterheber nach Art. 36 nicht legitimiert, so ist der Protest ungültig (ROHG. 18, 272; RG. 32, 75 und 78; 27, 41; vgl. Näheres und Zitate Anm. 27 zu Art. 36). Dagegen ist bei den Protesten nach Art. 18 u. 29 Abs. 2 der bloße Inhaber (Besitzer) des Wechsels zur Erhebung des Protestes legitimiert.

β) Für diesen Zweck der Legitimationsprüfung ist erforderlich, aber auch ausreichend, daß der Name oder die Firma des Protestanten im Proteste angegeben wird. Eine Vermutung dahin, daß der Protest zur Erhaltung des Wechselrechts des letzten Indossatars erhoben wird, besteht nicht. Die Angabe des Protestanten ist daher unerläßlich (vgl. aber unten Anm. 17), sonst ist der Protest unwirksam; denn aus dem Wechsel an sich ergibt sich nicht, für wen protestiert wird. Fehlt die Angabe, so kann sie nur bis zur Aushändigung der Protesturkunde an den Auftraggeber, nicht später nachgeholt werden (Anm. 18 zu Art. 87 und Anm. 3 zu Art. 90). Nicht anzugeben sind die Inhaber der Firma (ROHG. 14, 161). Stützt sich die Legitimation auf zivilrechtliche Übergangsarten (Abtretung, Erbfolge), so sind diese anzugeben. Nicht anzugeben ist der Name der Mittelsperson, durch die der Protestbeamte den Auftrag erhält, für den Wechselgläubiger den Protest zu erheben, es mag dies ein Bevollmächtigter oder ein gesetzlicher Vertreter oder ein Bote sein. Der Be- Anm. 16.

Art. 88. Anm. 16. richt über den Auftrag ist kein wesentlicher Teil des Protestes, oder doch nur insofern, als die Firma angegeben werden muß, für die der Protest erhoben wird (RG. in JW. 03, 157[18]).

Anm. 17. γ) Die Bezeichnung muß so genau sein, wie dies der Zweck der Angabe erfordert, d. h. es darf kein Zweifel über die Identität obwalten. Weglassung der Anfangsbuchstaben des Namens bedingt nicht notwendig die Ungültigkeit des Protestes (ROHG. 17, 54), wie überhaupt Weglassung unwesentlicher Bestandteile nicht schadet (ROHG. 18, 422; Lehmann 507 Anm. 13). Selbst gänzliche Weglassung des Namens schadet nicht, wenn die Persönlichkeit des Protestanten durch eine andere Bezeichnung z. B. durch die Bezeichnung „letzter Indossatar" (beim Vollindossament) genügend klargestellt ist (vgl. auch ROHG. 10, 107). Auch unrichtige Bezeichnung des Vornamens schadet nicht, wenn die Identität gleichwohl nicht zweifelhaft ist (RG. 45, 120).

Anm. 18. b) **Der Protestat:** Der Protest muß die Person bezeichnen, bei der die Zahlung oder die sonstige wechselrechtliche Leistung zu holen ist.

α) Die Vorschrift hat den Zweck, festzustellen, daß gegen die richtige Person protestiert ist, daß der Wechsel der Person vorgelegt ist, von der die wechselrechtliche Leistung zu holen ist (nicht gerade dem Wechselschuldner, denn der Trassat ist nicht Wechselschuldner, der echte Domiziliat ebenfalls nicht, der benannte Zahlungsleister beim Zahlstellenwechsel ebenfalls nicht, der Notadressat ebenfalls nicht). Wer der Protestat ist, richtet sich nicht nach dem vorliegenden Artikel. Doch sei des engen Zusammenhanges wegen dies hier mit erörtert: es ist der Trassat, nicht etwa der Akzeptant; denn der Aussteller und der Indossant haften dafür, daß der Trassat zahlt (Art. 8 und 14), auch wenn nicht akzeptiert ist, oder das Akzept gefälscht oder ungültig ist. Beim Domizilwechsel mit benanntem Domiziliaten geht der Protest gegen den Domiziliaten allein, nicht aber gegen den Bezogenen, mit dem nicht zu verhandeln ist (ROHG. 18, 328; RG. in Gruch. 25, 1087; 35, 126; JW. 03, 157[18]); es bedarf auch nicht einer Nachfrage nach dem Bezogenen. Bei dem echten Domizilwechsel, der keinen Domiziliaten benennt, ist der Protest gegen den Bezogenen am Domizilort zu erheben. Genau so verhält es sich jetzt mit dem Zahlstellenwechsel (uneigentlicher Domizilwechsel); benennt er einen besonderen Zahlungsleister, so ist gegen diesen, sonst gegen den Bezogenen, beide Male aber an der gewählten Zahlstelle Protest zu erheben (vgl. Art. 43 Anm. 5a; über den früheren Rechtszustand beim Zahlstellenwechsel s. RG. 14, 148; 36, 98 u. 101, in Gruch. 33, 1064). Über den Fall, daß die Bezeichnung des Protestaten auf mehrere Personen paßt, vgl. Anm. 23.

Gerät der Protestat in Konkurs, so ist es nicht etwa der Konkursverwalter, sondern der Gemeinschuldner (ROHG. 24, 22; RG. 2, 23), auch wenn es sich um eine offene Handelsgesellschaft handelt (OLG. Dresden im SächsA. 5, 658), solange sie nicht etwa mehr als aufgelöst, nämlich untergegangen ist (vgl. über diesen Unterschied Staub, HGB. neue 8. Aufl. Anm. 1 zu § 131). — Im Todesfalle genügt es, im Geschäftslokale, bzw. im Sterbehause des verstorbenen Protestaten dahin zu protestieren, daß der Protestat, da er verstorben, nicht angetroffen wurde; wer die Erben sind, darum hat sich der Protestbeamte nicht zu kümmern (HG. Stuttgart bei Borchardt Zus. 898); doch ist eine Protestaufnahme gegen die Erben in diesen Räumen nicht unzulässig (ROHG. 2, 218; RG. 58, 48; OLG. Dresden in ZHR. 38, 570; s. a. Art. 91 Anm. 1). Aber eine Verpflichtung, gegen die notwendigen Vertreter oder die Rechtsnachfolger einer handlungsunfähig gewordenen oder verstorbenen Person zu protestieren, besteht nicht. Der Protestbeamte braucht also nicht zum Pfleger oder Vormund einer zum Verschwender erklärten oder geisteskranken Person oder zum Pfleger eines Nachlasses zu gehen und dort zu protestieren. Andererseits ist ein bei dem gesetzlichen Vertreter erhobener Protest auch nicht ausreichend (Bernstein 369;

OLG. Rostock bei Mugdan-Falkmann 3, 413). Doch ist der Protest bei dem gesetzlichen Vertreter als Zusatzmaßnahme zu empfehlen. Ist der gesetzliche Vertreter im Wechsel angegeben, so genügt und ist erforderlich der Protest bei diesem (Bernstein 396). **Art. 88. Anm. 18.**

β) Zum Zwecke der Feststellung, daß gegen die Person protestiert ist, von der die wechselrechtliche Leistung zu holen ist, ist erforderlich und ausreichend der Name oder die Firma des Protestaten, nicht die Angabe der Inhaber der Firma (ROHG. 14, 160); aber auch der Name der Personen, mit denen als Vertreter des Protestaten die Protestverhandlung geführt wird, ist bei Erfüllung des Erfordernisses unter Nr. 1 nicht notwendig, wohl aber ist diese Angabe zu machen bei Erfüllung des Erfordernisses unter Nr. 2 (vgl. hierüber unten Anm. 25). Anm. 19.

γ) Über den Grad der Genauigkeit, mit welcher die Bezeichnung des Protestaten erfolgen soll, gilt das gleiche, wie beim Protestanten (vgl. oben Anm. 17). Irrtümliche Angaben über den Protestaten im Protest — der Protestbeamte protestiert zutreffend beim benannten Domiziliaten, schreibt aber unzutreffend in den Protest hinein, er habe gegen den Wechselschuldner Protest erhoben — schaden nicht (RG. in JW. 06, 765[37]; Bolze 16 Nr. 291 und 17 Nr. 307; vgl. auch unten Anm. 54). Anm. 20.

c) **Protestant und Protestat können auch dieselbe Person sein,** z. B. wenn der Wechselgläubiger zugleich Domiziliat ist. Man nennt dies einen **Deklarationsprotest** (ROHG. 14, 160). Vgl. Anm. 5 zu Art. 43. Anm. 21.

Nr. 2. **Die Angabe, daß die Person, gegen welche protestiert wird, ohne Erfolg zur Vornahme der wechselrechtlichen Leistung aufgefordert worden oder nicht anzutreffen gewesen ist, oder daß ihr Geschäftslokal oder ihre Wohnung sich nicht hat ermitteln lassen.** Anm. 22.

1. Die Vorschrift hat den Zweck, festzustellen, daß die Präsentation gehörig geschehen oder gehörig versucht ist. Die Änderung, welche die Neufassung der Nr. 2 (vor der Protestnovelle Nr. 3) bringt, hat zunächst den Zweck einer sachlichen Vereinfachung. Es soll nicht mehr erforderlich sein, die Antwort der Person, gegen welche protestiert wird, aufzunehmen, da ihr Inhalt für die rechtliche Wirkung des Protestes ohne Bedeutung ist und oft den wirklichen Grund, aus dem die Leistung unterbleibt, nicht ergibt. Außerdem ist der größeren Übersichtlichkeit wegen schon hier der Fall berücksichtigt, daß die Räume des Protestaten sich nicht haben ermitteln lassen (zu vgl. Art. 91 Abs. 2 u. 3 und Begr. S. 12).

Dagegen ist die materielle Frage, was zu einer gehörigen Präsentation oder zu einem gehörigen Präsentationsversuche gehört, hier nicht erörtert. Sie ist aber ebenso wichtig, wie die Beurkundungsfrage, und von dieser ohne Schaden für die Übersichtlichkeit nicht zu trennen. Deshalb behandeln wir beides zusammen unter der nochmaligen Betonung, daß begrifflich beide Fragen verschieden sind.

2. Was hat nun der Protestbeamte zu tun und zu beurkunden, damit eine gehörige Präsentation bzw. ein gehöriger Präsentationsversuch vorliegt und gehörig beurkundet ist? Anm. 23.

a) **Der Protestbeamte begibt sich in die Räume des Protestaten** (über Exterritoriale s. Art. 91 Anm. 15). Der Protestat ist die Person, von der die betreffende wechselrechtliche Leistung erwartet wird (hierüber oben Anm. 18). Ist der Protestat derart benannt, daß die Bezeichnung auf mehrere Personen paßt, so genügt es, wenn der Wechsel einer dieser Personen vorgelegt wird. So Wächter 364 Anm. 5; Bernstein 370, während Kreis (bei Walter 105) unterscheiden will, ob sich aus der Sachlage Anhaltspunkte ergeben, daß eine von mehreren gleichnamigen Personen gemeint sei oder nicht: im ersteren Falle müsse gegen die wahrscheinlich gemeinte, im letzteren gegen alle protestiert werden, die möglicherweise gemeint sein können, bis zur Grenze ungewöhnlicher Be-

Art. 88. Anm. 23. lästigung. Indessen ist entscheidend lediglich der Inhalt des Wechsels. Die Protestaufnahme gegen mehrere kann überhaupt nicht verlangt werden, es ist immer nur ein Protest erforderlich; Anhaltspunkte aber, die außerhalb des Wechsels liegen, können unberücksichtigt bleiben, weil nur der Wechsel die Grundlage des Protestes ist.

Die Dienstanweisung für den Postprotest (Anhang IV § 4 zu IV, wörtlich übereinstimmend die Dienstanweisungen für Bayern und Württemberg) ordnet folgendes an: „Gibt es am Zahlungsorte mehrere Personen mit dem Namen des Zahlungspflichtigen und fehlt in dem Postprotestauftrag und im Wechsel jede nähere Bezeichnung, so ist, wenn eine Rückfrage beim Auftraggeber nicht gehalten werden kann, zu versuchen, ob sich der Zahlungspflichtige nicht ermitteln läßt. Ist die Zahl der in Betracht kommenden Personen so groß, daß diese Ermittelung eine unverhältnismäßige Mühewaltung verursachen würde, ohne doch bestimmte Aussicht auf Erfolg zu gewähren, so kann ohne weiteres auf Grund dieser Feststellung die Protesturkunde ausgefertigt werden".

Anm. 24. Was die Beurkundung dieses vorbereitenden Teils der Präsentationshandlung betrifft, so braucht der Protest nicht ausdrücklich hervorzuheben, daß der Protestbeamte sich in die betreffenden Räume begeben habe oder zu begeben versucht habe. Es genügt, wenn dies aus dem Inhalte des Protestes sonst klar hervorgeht. Z. B.: Ich fand den in der Friedrichstr. 118 mit dem Firmenschild Friedrich Schulze versehenen Laden verschlossen vor, oder: Ich habe in der Manteuffelstr. 29 dem Kaufmann Friedrich Schulze den Wechsel zur Zahlung vorgelegt.

Anm. 25. b) In den Räumen des Protestaten angelangt, hat der Protestbeamte den Versuch zu machen, den Protestaten zu treffen. Das ergibt sich daraus, daß er eventuell bescheinigen muß, der Protestat sei nicht „anzutreffen gewesen" (RG. 23, 122).

α) Was versteht man hier unter dem Protestaten, den der Protestbeamte anzutreffen bemüht sein muß? Anders als bei Nr. 1 ist hier unter dem Protestaten diejenige **physische** Person zu verstehen, die der Inhaber der betreffenden Firma oder der gesetzliche Vertreter dieses Inhabers ist. Bei einer offenen Handelsgesellschaft muß er sich bemühen, einen vertretungsberechtigten offenen Handelsgesellschafter, bei einer Kommanditgesellschaft einen Komplementar, bei einer Aktiengesellschaft ein vertretungsberechtigtes Vorstandsmitglied oder so viele Vorstandsmitglieder anzutreffen, als zur Vertretung der Gesellschaft berufen sind. Es liegt dies in der Natur der Sache. Denn einen Wechsel vorlegen kann man nur einer physischen Person, eine Aufforderung nur an eine solche richten. Ein Protest, in welchem festgestellt war, der Wechsel sei der „Allgemeinen Depositenbank" vorgelegt, ist deshalb mit Recht für ungültig erklärt worden (ROHG. 14, 161; vgl. ROHG. 15, 208). Ebensowenig darf es heißen: Ich habe der „offenen Handelsgesellschaft Müller & Schulze" den Wechsel vorgelegt, oder: Ich habe sie nicht angetroffen. Der Unterschied ergibt sich auch aus dem Wortlaut des Gesetzes, das in Nr. 1 von Namen oder Firma der Personen spricht, für welche und gegen welche der Protest erhoben wird, in Nr. 2 dagegen von der „Person, gegen welche protestiert wird."

Durch die Protestnovelle ist an diesem Erfordernis nichts geändert (ebenso Weißler in NotZtschr. 08, 570; a. M. Bernstein in DJZ. 08, 1088). Denn wenn auch aus den oben (Anm. 22) angegebenen Gründen die Antwort nicht mehr aufgenommen zu werden braucht, so hat der Gesetzgeber doch den soeben hervorgehobenen Unterschied in dem Wortlaut von Nr. 1 u. 2 beibehalten. Mit der physischen Person ist zu verhandeln; ihre Antwort aufzunehmen, ist, weil zwecklos, nicht mehr vorgeschrieben.

Anm. 26. β) Welche Bemühungen hat der Protestbeamte aufzuwenden, um den Protestaten anzutreffen? Es genügt, wenn er eine im Raume anwesende Person, von der vernünftigerweise erwartet werden kann, daß sie die richtige Antwort zu geben geeignet ist, fragt (Kreis bei Walter 100). Er braucht nicht alle Räume durchzusuchen und alle Anwesenden oder auch nur mehr als eine anwesende Person zu befragen; das widerspricht den Gepflogenheiten des Verkehrs (ROHG. 18, 329). Er braucht auch die Person, die ihm als der Protestat bezeichnet wird, nicht auf ihre Identität zu prüfen. Identitätsfeststellung ist nicht seine Sache (ROHG. 17, 59; vgl. RG. 24, 86). Es genügt, wenn sich ihm in glaubhafter Weise eine Person als der Protestat vorstellt. Auch braucht er, um zu prüfen, ob diese Glaubhaftigkeit vorliegt, nicht an anderer Stelle Nachforschungen anzustellen, z. B. auch nicht beim Handelsregister. Es genügt die Erkundigung an Ort und Stelle. Nach der u. E. unzutreffenden Ansicht des ROHG. (17, 59; ebenso, wie ROHG., Staub in der 4. Aufl. und Rehbein Anm. 5) muß ausnahmsweise die Identität geprüft und festgestellt werden und wirklich vorliegen, wenn es sich um einen Protest nach der Proteststunde oder in einer anderen Lokalität als der normalen Protestlokalität handelt, wozu die Einwilligung des Protestaten gehört, und zwar die des wirklichen Protestaten (s. J. u. M. Stranz Anm. 19). Nach der Protestnovelle ist jetzt unzweifelhaft eine solche Feststellung der Identität bei der Überschreitung der Proteststunde für die Gültigkeit des Protestes unerheblich, da die Vorschrift in Art. 92 Abs. 2 überhaupt nur eine Soll-Vorschrift ist. Art. 88. Anm. 26.

γ) Was die Beurkundung dieses vorbereitenden Teils der Präsentationshandlung anlangt, so braucht der Protestbeamte nicht festzustellen, welche Bemühungen er aufgewendet hat, um den Protestaten anzutreffen, sicherlich nicht, wenn er ihn angetroffen hat, aber auch im anderen Falle nicht. Die Erfüllung seiner Pflicht wird bei ihm vorausgesetzt. Gegenbeweis ist statthaft (ROHG. 14, 262; vgl. Anm. 18 zu Art. 87, sowie Anm. 17 zu Art. 91); freilich erschüttert der Gegenbeweis gegen den Vermerk aus Art. 91 Abs. 2 nicht die Gültigkeit des Protestes. Desgleichen braucht der Protestbeamte die Umstände nicht anzugeben, auf Grund deren er die Identität des Protestaten angenommen hat; Gegenbeweis ist auch hier statthaft. (Vgl. auch hierzu Anm. 38 zum vorliegenden und Anm. 18 zu Art. 87.) Jedoch ist der Gegenbeweis nicht einfach dahin zu führen, daß der Protestat nicht der wahre Protestat ist, sondern dahin, daß der Protestbeamte den Umständen nach nicht annehmen durfte, er habe den wahren Protestaten vor sich. Anm. 27.

c) Hat der Protestbeamte den Protestaten, d. h. den, von welchem die wechselrechtliche Leistung zu holen ist, in Person oder seinen gesetzlichen Vertreter getroffen, so hat er mit diesem die Präsentationshandlung vorzunehmen. Anm. 28.

α) Er hat zunächst den Wechsel vorzulegen. Anm. 29.

β) Sodann hat er an den Protestaten die der Sachlage entsprechende Aufforderung zur Vornahme der in Frage stehenden wechselrechtlichen Leistung zu richten. Das Wort „Aufforderung" braucht dabei nicht ausgesprochen zu werden (wie früher auch nicht das Wort „Begehren"). Die Frage z. B., ob Zahlung geleistet werde, ist genügend (ROHG. 17, 54; Bolze 21 Nr. 338). Die Frage nach dem Eingang der Deckung ist gleichfalls genügend (Bolze 21 Nr. 338). Der Zahlungsaufforderung braucht nicht ein Anerbieten der Aushändigung des Wechsels voranzugehen (ROHG. 17, 54). Anm. 30.

γ) Alsdann hat er die Antwort entgegenzunehmen. Sie kann zusagend oder ablehnend sein. Die erstere hat keine zivilrechtliche Wirkung (vgl. Anm. 12 zu Art. 87). Die Gründe der Ablehnung braucht er nicht zu erforschen. Während vor dem Protestgesetz die Antwort aufzunehmen war, wird jetzt nur (s. Anm. 22) die Angabe, daß die Person, gegen welche protestiert wird, ohne Erfolg zur Vornahme der wechselrechtlichen Leistung aufgefordert worden ist, verlangt. Der Gebrauch dieser Worte ist natürlich nicht sakrosankt (Anm. 30). Diese Angabe kann zutreffend im Einzelfall in dem Vermerk bestehen, daß der Protestat keine Antwort erteilt hat (über den früheren Rechtszustand vgl. Anm. 31 der fünften Auflage). Nimmt der Protestat die geforderte wechselrechtliche Leistung vor, so erübrigt sich die Aufnahme der Protesturkunde, da die Aufforderung des Protestbeamten „nicht ohne Erfolg" geblieben ist (Art. 87 Anm. 11). Über die Verpflichtung des Protestbeamten zur Annahme der Zahlung vgl. Art. 89a. Anm. 31.

Art. 88. c) Was die Beurkundung dieser eigentlichen Präsentationshandlung an-
Anm. 32. langt, so ist zunächst die Vorlegung des Wechsels zu beurkunden, obwohl das Gesetz dies nicht ausdrücklich vorschreibt (vgl. hierüber oben Anm. 1). Sodann ist auch nach der Protestnovelle zu vermerken, daß eine physische Person (vgl. Anm. 25) als Protestat oder für den Protestaten aufgetreten ist (ebenso Weißler in NotZtschr. 08, 570). Endlich ist die Aufforderung und deren Erfolglosigkeit zu registrieren. Selbstverständlich ist hiermit nicht gemeint, daß der Wortlaut der Verhandlungen fixiert werde, sondern ihr Inhalt, wozu indirekte Rede und Angabe des wesentlichen Inhalts genügt (vgl. Anm. 30 u. 31). Es genügt, bloß die Erklärung des Protestaten zu registrieren (z. B. ich begab mich in die Geschäftsräume des Protestaten, um ihm den Wechsel vorzulegen; der Protestat erklärte, nicht zahlen zu können), wenn hierdurch dem Zusammenhange nach die Erfordernisse der Vorlegung, der Aufforderung und der Erfolglosigkeit erfüllt sind. Dies hat das Berliner OTr. mit Recht selbst bei den früheren, etwas schärferen Vorschriften wiederholt angenommen (Borchardt Zus. 864a und b, während Staub in der 4. Aufl. es für bedenklich hält).

Anm. 33. d) Wenn der Protestbeamte den Protestaten nicht antrifft, so braucht er nicht weiter nachzuforschen, ob nicht etwa ein **Vertreter** desselben da ist. Er kann sich vielmehr sofort entfernen. Er ist aber berechtigt, nach einem Vertreter zu forschen und alsdann mit diesem zu verhandeln. Er ist sogar auch berechtigt, mit einem Vertreter zu verhandeln, ohne nach dem Prinzipal geforscht zu haben. Er ist unter Umständen verpflichtet, mit einem Vertreter zu verhandeln, nämlich dann, wenn der Prinzipal abwesend ist und der Vertreter sich dazu meldet (ROHG. v. 23. 10. 77 bei Borchardt Zus. 867c).

Anm. 34. Als Vertreter ist hierbei der zu betrachten, den der Protestbeamte als solchen für glaubhaft ausgewiesen erachtet. Ob er in Wahrheit beauftragt ist, die Wechselangelegenheiten des Prinzipals überhaupt oder die betreffende insbesondere zu erledigen, ist nicht entscheidend. Es genügt, wenn die ganze Sachlage für die vorhandene Bevollmächtigung spricht; mehr ist nicht erforderlich, um die Verhandlung mit dem Vertreter als genügenden Ersatz der Verhandlung mit dem Prinzipal erscheinen zu lassen (RG. 24, 86). Wie nach der Identität des Protestaten, so braucht der Protestbeamte auch nach der Legitimation des Vertreters und dessen Identität keine andere Prüfung anzustellen, als diejenige, die sich ihm an Ort und Stelle darbietet. Weitere Prüfungen nach der Legitimation sind ihm nicht anzusinnen (ROHG. 18, 327; RG. 24, 86), insbesondere auch nicht durch Einsicht in das Handelsregister (Kreis bei Walter 100). — Überall handelt es sich dabei nicht um einen gesetzlichen oder Generalvertreter des Prinzipals, sondern um eine Person, die befugt ist, die Zahlungsaufforderung entgegenzunehmen. In dieser Weise formuliert das RG. 53, 231 zutreffend. Ob der Vertreter berechtigt ist, zu zahlen oder Zahlung abzulehnen oder irgendwelche Erklärungen dem Zahlungsaufforderer abzugeben, ist gleichgültig.

Anm. 35. In diesem Sinne gilt als Vertreter die Person, die an der Kasse sitzt (Lehmann 508 Anm. 17a; die entgegenstehende Entscheidung RG. 3, 90 bezüglich der Kassierer ist nicht zu billigen und wird auch vom RG. 24, 87 anscheinend angezweifelt), sicherlich eine Person, welche die Kassengeschäfte besorgt und daneben noch stellvertretendes, wenn auch nur kollektivberechtigtes Vorstandsmitglied ist (RG. 24, 82; 53, 227); der Alleinprokurist, der Generalbevollmächtigte, der Spezialbeauftragte. Eine Verhandlung mit diesen Personen ist daher ein genügender Ersatz für die Verhandlung mit dem Protestaten persönlich und kann deshalb erfolgen auch ohne Nachforschung nach der Anwesenheit des Protestaten.

Anm. 36. Dagegen gilt nicht jeder Geschäftsgehilfe als Vertreter in diesem Sinne. Eine Verhandlung mit einem solchen ohne Nachforschung nach der Anwesenheit des Protestaten reicht als genügender Präsentationsakt nicht aus. Vielmehr ist der Protestbeamte, wenn er einen Geschäftsgehilfen trifft, den er nicht als Vertreter in Erledigung

von Wechselangelegenheiten zu betrachten Veranlassung hat, verpflichtet, nach der An- Art. 88.
wesenheit des Prinzipals zu forschen, und wenn er diese nicht erforschen kann, Protest Anm. 36.
in den Wind zu erheben (RG. 23, 123; 24, 87). Das ist z. B. der Fall, wenn er nur den Buchhalter, den Geschäftsreisenden, den Hausdiener, den Lehrling, den Lageristen oder gar nur den Dienstboten oder den Hauslehrer trifft.

Sind mehrere Personen Kollektivvertreter, so genügt nach dem Prinzip, Anm. 37.
da in § 28 Abs. 2 BGB., § 125 Abs. 2 Satz 3; § 150 Abs. 2 Satz 2; § 232 Abs. 1 Satz 3 HGB.; § 35 Abs. 2, 3 G. m. b. H.; § 171 Abs. 3 ZPO. ausgesprochen ist, Präsentation an einen Kollektiv-Berechtigten (RG. 53, 231; Staub hat die entgegengesetzte, in der 4. Aufl. vertretene Auffassung in den hinterlassenen Materialien zur 5. Aufl. aufgegeben).

Was die Beurkundung betrifft, so braucht der Protestbeamte, wenn er mit Anm. 38.
einem Vertreter verhandelt, nicht anzugeben, daß er den Protestaten nicht angetroffen hat, da er ja mit dem Vertreter verhandeln darf, ohne nach dem Prinzipal zu forschen, und die Verhandlung mit dem Vertreter die gleiche Wirkung hat, wie die Verhandlung mit dem Prinzipal selbst (ROHG. v. 18. 6. 72 bei Borchardt Zus. 865b; OTr. Berlin bei Borchardt Zus. 870; vgl. RG. bei Bolze 6 Nr. 402). Der Vertreter braucht auch nicht namentlich genannt zu werden; das Gesetz schreibt das nicht vor und die Entstehungsgeschichte des Gesetzes ergibt, daß es nicht vorgeschrieben werden sollte (ROHG. 14, 162; 18, 327, LP. 148; Kreis bei Walter 101). Es braucht auch nicht beurkundet zu werden, auf Grund welcher Momente der Protestbeamte die Vollmacht des Vertreters als vorhanden angenommen hat; es genügt die Beurkundung, daß er sie angenommen hat; Gegenbeweis aber ist zulässig (vgl. hierüber Anm. 18 zu Art. 87 und oben Anm. 27). Doch ist der Gegenbeweis nicht einfach dahin zu führen, daß in Wahrheit eine Vollmacht nicht vorhanden war, sondern dahin, daß der Protestbeamte den Umständen nach eine Vollmacht als vorhanden nicht annehmen durfte.

c) Trifft der Protestbeamte den Protestaten nicht und sieht er sich auch nicht Anm. 39.
veranlaßt, mit einem Vertreter desselben zu verhandeln, so kann er sich entfernen. Die Präsentation ist alsdann vergeblich versucht worden und die Registrierung dieses Versuchs ist ein genügender Protest (**Windprotest**; ROHG. 11, 398). Verhandlungen mit einer andern Person braucht der Protestbeamte nicht zu registrieren, obwohl dies meist doch geschieht: z. B.: Ich traf lediglich den Sohn des Protestaten, welcher erklärte: Mein Vater ist nicht zu Hause, von dem Wechsel weiß ich nichts; oder: ich traf lediglich eine weibliche Person, welche erklärte: Ich bin das Dienstmädchen des Herrn Friedrich Weber, die Herrschaft ist ins Bad gereist und hat mir Geld zur Bezahlung von Wechseln nicht zurückgelassen. Bemerkungen dieser Art sind überflüssig, doch unschädlich; sie werden hoffentlich nach der Protestnovelle immer mehr in Wegfall kommen. Insbesondere braucht in diesem Falle nicht untersucht zu werden, ob die Person, mit welcher der Notar verhandelt hat, berechtigt war, den Protestaten zu vertreten. — Verhandlungen mit einer dritten Person vorzunehmen, ohne die Abwesenheit des Protestaten festzustellen, ist immer gefährlich. Denn der Protest ist in solchem Falle nur unter der Voraussetzung gültig, daß der Dritte als Vertreter des Protestaten erachtet werden kann (RG. 14, 148; 23, 123; 24, 87; Bolze 15 Nr. 250).

Wenn dem Protestbeamten nicht geöffnet wird oder der Eintritt verweigert wird, oder der Protestbeamte durch äußere Gewalt, z. B. polizeiliche Absperrung, bissige Hunde, gehindert wird, in die Räume des Protestaten zu gelangen, so ist in sinngemäßer Anwendung des Art. 88 Nr. 2 zu verfahren und Windprotest zu erheben.

Daß der Protestat nicht anzutreffen gewesen, bedarf der Beurkundung Anm. 40.
(Bolze 6 Nr. 402), zwar nicht expressis verbis, doch dem Sinne nach. So genügt es z. B., wenn der Protest die Feststellung enthält, der allein angetroffene Lehrling habe erklärt, der Domizilat sei nicht anwesend (ROHG. v. 16. 6. 79 bei Borchardt Zus. 860b), oder die Beurkundung, daß der Protestbeamte im Geschäftslokal des Protestaten nur

Art. 88. Anm. 40. den Buchhalter Herrn Felix Landsberger angetroffen habe (Bolze 11 Nr. 266; vgl. auch RG. in RGBl. 94, 86: ich traf eine Dame, die sich als seine Ehefrau vorstellte; auf Nachfrage nach dem Bezogenen, Vorlegung des Wechsels und Zahlungsbegehr, erklärte dieselbe usw.; daraus ist ersichtlich, daß nur die Ehefrau angetroffen wurde; ebenso RG. v. 27. 2. 01 in Holdheims Monatsschrift für Handelsrecht 10, 132). Welche Bemühungen der Protestbeamte aufgewendet hat, um den Protestaten anzutreffen, wie er sich die Überzeugung verschafft hat, daß er nicht anwesend sei, braucht er nicht zu beurkunden (ROHG. 14, 262). Gegenbeweis ist statthaft, jedoch nicht einfach dahin, daß der Protestat anwesend war, sondern dahin, daß der Protestbeamte nach Lage der Sache die Abwesenheit nicht hätte annehmen dürfen (vgl. Anm. 18 zu Art. 87 und oben Anm. 27 und 38).

Anm. 41. f) Findet der Protestbeamte die Räume nicht offen, so hat er dies zu registrieren. Ausnahmsweise kann er sich damit begnügen, wenn er einen bestimmten Raum verschlossen findet, z. B. bei der Reichsbank die Kasse, weil er infolge der Bureau-Organisation dieser Anstalt davon ausgehen kann, daß lediglich die Beamten der Kasse dazu bestimmt sind, mit dem Protestbeamten zu verhandeln (RG. 14, 147). Daß er den Protestaten nicht angetroffen habe, braucht er, wenn er die Räume verschlossen findet, nicht noch besonders zu bemerken, weil es sich von selbst versteht (RG. 14, 147; 23, 122). Auf eine Verhandlung mit dem Protestaten außerhalb der Protesträume braucht er sich nicht einzulassen (Bernstein 371), kann es aber mit beiderseitigem Einverständnis (Art. 91 Abs. 1 Satz 2).

Anm. 42. g) Findet er die Räume überhaupt nicht, so hat er noch geeignete Ermittelungen gemäß den Vorschriften in Art. 91 nach ihnen anzustellen (vor dem Protestgesetz mußten es polizeiliche sein) und in dem Protest (Art. 91 Abs. 2 und Art. 88 Nr. 2 a. E.) zu vermerken, daß er dies getan hat (s. a. oben Anm. 22). Man nennt dies **Windprotest**. Hierüber Näheres in den Erläuterungen zu Art. 91; bemerkt sei schon hier, daß der Gegenbeweis der Möglichkeit der Ermittlung der Räume die Gültigkeit des Protestes nicht erschüttert (vgl. auch Art. 87 Anm. 6).

Anm. 43. **Nr. 3. Die Angabe des Ortes, sowie des Kalendertags, Monats und Jahres, an welchem die Aufforderung (Nr. 2) geschehen oder ohne Erfolg versucht worden ist.**

1. **Die Angabe des Orts.** Ort bedeutet hier die Ortschaft, nicht die Lokalität innerhalb der Ortschaft; von dieser handelt Art. 91.

a) Die Angabe des Orts hat den Zweck ersichtlich zu machen, daß die Präsentation am gesetzlichen Orte erfolgt oder versucht sei.

Anm. 44. Welches die richtige Ortschaft ist, darüber verhält sich der vorliegende Artikel nicht. Das bestimmt sich für die Zahlungspräsentation nach den Artt. 4 Nr. 8, 24 u. 43; wo es sich um die Auslieferung des Duplikats handelt, durch den Wohnort des Verwahrers (vgl. Anm. 2 zu Art. 69); wo es sich um die Akzepteinholung handelt, durch den Wohnort des Trassaten (Art. 20 Anm. 4); wo es sich um den Sicherheitsprotest handelt, durch den Wohnsitz des Akzeptanten (Art. 29 Anm. 3). Inwieweit die Protestnovelle Bedeutung für den Ort des Protestes hat, darüber vgl. Art. 91a (insbes. Anm. 1 dort) und Anm. 48 Abs. 2 zu Art. 4.

Anm. 45. Der im Wechsel angegebene Zahlungsort gilt absolut; ob es der wahre Wohnort ist oder noch ist, ist gleichgültig, auch wenn die wahre Sachlage dem Protestaten bekannt ist (ROHG. 14, 118). Ein am wirklichen Wohnort des Trassaten aufgenommener Protest wäre ungültig, wenn im Wechsel ein anderer Wohnort angegeben ist (Bernstein 370). Sorgt der Protestat nicht dafür, daß am wechselmäßigen Zahlungsort er oder ein Bevollmächtigter anwesend ist, so wird eben Wand- oder Windprotest erhoben. Auch das Einverständnis des Protestaten kann hieran nichts ändern, abgesehen von dem in Art. 91a Abs. 1 Satz 2 behandelten Falle des „benachbarten Ortes“ (s. auch Anm. 44 a. E.). — Über eine, mit beiderseitigem Einverständnis zulässige Veränderung der Protestlokalität innerhalb der richtigen Ortschaft vgl. Art. 91 Anm. 16.

b) Jenem Zwecke entsprechend, muß die Angabe des Ortes im Proteste so genau sein, daß an der Identität der Ortschaft kein Zweifel besteht. Wo die Angabe sich befindet, ist gleichgültig; ob am Eingange oder am Schlusse oder im Kontexte. Das Erfordernis ist z. B., wenn der Präsentationsort und der Amtswohnsitz des Protestbeamten identisch sind, vollständig erfüllt durch die bloße Angabe des Datums am Schlusse, z. B. Berlin am 12. Februar 1894 (vgl. Niederösterreichisches AG. bei Borchardt Zus. 673). **Art. 88.** Anm. 46.

c) Die Lokalität innerhalb der Ortschaft braucht nicht angegeben zu werden. Das Gesetz schreibt zwar im Art. 91 vor, in welcher Lokalität zu protestieren ist, ordnet aber hier bei den Erfordernissen der Protesturkunde nicht an, daß sie auch die Lokalitäten bezeichnen müsse. Es wird vermutet, daß in der richtigen Lokalität präsentiert ist (OAG. Dresden bei Borchardt Zus. 872). Näheres zu Art. 91 Anm. 17. Anm. 47.

d) Überall handelt es sich um den Ort der Präsentation, oder, wie das Gesetz sagt, um den Ort, wo die Aufforderung (Nr. 2) geschehen ist. Die Aufnahme des Protestes selbst, d. h. die Abfassung der Urkunde, braucht nicht gerade an dem Orte zu erfolgen, sie kann auch nach geschehener Präsentation und Rückkehr des Beamten in seiner Geschäftsstube (Walter 69; Bernstein 385) erfolgen. Anm. 48.

2. **Die Angabe des Kalendertags, Monats und Jahres,** mit einem Worte: des **Datums.** Anm. 49.

a) Die Angabe des Datums hat den Zweck, erkennen zu lassen, daß zur richtigen Zeit protestiert wurde. Welches die richtige Zeit ist, bestimmt sich nach anderen Vorschriften (Art. 41). Die Proteststunde gehört in diesem Sinne nicht zur richtigen Zeit (vgl. unten Anm. 51).

b) Dem Zwecke der Angabe muß die Form der Urkunde entsprechen. Wo die Angabe erfolgt, ob am Eingange, am Schlusse oder im Kontexte, ist gleichgültig. (Niederösterreichisches AG. bei Borchardt Zus. 873.) Der betreffende Wochentag (Montag, Dienstag usw.) braucht nicht angegeben zu werden. (ROHG. bei Borchardt Zus. 875.) Die Angabe muß jedenfalls erkennen lassen, daß die Präsentation während der gesetzlichen Frist erfolgt und der Protest während der gesetzlichen Protestfrist auch aufgenommen wurde (über letzteres vgl. Anm. 10 zu Art. 87). Dagegen braucht die beglaubigte Abschrift des Protestes (Art. 90 Abs. 2) nicht auch während der gesetzlichen Protestfrist gefertigt zu werden (s. unten Anm. 53 u. Anm. 10 zu Art. 87, Anm. 6 zu Art. 90). Widersprüche in der Zeitangabe zwischen Eingang und Schluß oder Kontext machen den Protest ungültig, soweit es sich nicht um offensichtliche Schreibfehler handelt (OTr. Berlin bei Borchardt Zus. 874 und Anm. 1b dazu, sowie OLG. Darmstadt im „Recht" 06, 810), und soweit sie nicht aus der Urkunde selbst aufzuklären sind. Anm. 50.

c) Nicht angegeben zu werden braucht die Proteststunde. Dies schon nach dem Recht vor der Protestnovelle (OTr. Berlin und OTr. Stuttgart bei Borchardt Zus. 877). Die durch Art. 92 Abs. 2 neuer Fassung reichsgesetzlich geordneten Proteststunden sind instruktioneller Natur; ihre Nichtangabe hat daher auf die Gültigkeit des Protestes keinen Einfluß. Dafür, daß zur richtigen Stunde protestiert wurde, spricht die Vermutung (OAG. Dresden bei Borchardt Zus. 876 und OLG. Dresden in ZHR. 38, 671; RG. in JW. 00, 803; Grünhut Hdb. II § 79 S. 72). Über die Rechtsfolgen, die vor der Protestnovelle durch Angabe unrichtiger Proteststunden eintreten, — damals war die Innehaltung der Proteststunden obligatorisch für die Gültigkeit — vgl. die Anm. 51 der 5. Auflage. Anm. 51.

Die Proteststunde bezieht sich nur auf die Protesthandlung, nicht auf die Fertigung der Protokolle; diese kann auch später erfolgen, aber innerhalb der Protestfrist (vgl. Anm. 10 zu Art. 87 und Anm. 6 zu Art. 92).

Nr. 4. Hinzutretendes Erfordernis im Falle einer Ehrenannahme oder einer Ehrenzahlung. Anm. 52.

Bei diesem Erfordernis hat die Novelle nur zur Klarstellung in den bisherigen Worten „angeboten und geleistet wird" an Stelle des „und" ein „oder" gesetzt. Die bisherige

Art. 88. Fassung war nicht zutreffend. Denn es ist im Proteste je nach der Lage des Falles
Anm. 52. entweder anzugeben, daß die Person, über deren Verhalten der Protest aufgenommen wird, die Ehrenannahme oder -zahlung angeboten, oder, daß sie dieselbe bewirkt hat, wogegen keineswegs notwendigerweise beurkundet zu werden braucht, daß die Ehrenannahme oder Ehrenzahlung angeboten und bewirkt worden ist. Wie im einzelnen Falle zu verfahren ist, ergibt sich aus den Vorschriften der Art. 56 bis 65 (Begr. S. 18).

Daß im Falle einer Ehrenzahlung der Protest nicht etwa stets absolutes Erfordernis ist, sondern höchstens in einem Ausnahmefalle, ist bereits in Anm. 6 zu Art. 63 dargelegt (vgl. noch Anm. 4 zu Art. 62).

Was die äußere Form der auf die Intervention bezüglichen Beurkundung betrifft, so kann aus Nr. 4 nicht gefolgert werden, daß die Beurkundung in dem Hauptproteste geschehen müsse. Nach Art. 58, 62 genügt vielmehr in allen Fällen die Beurkundung in einem Anhange zum Hauptprotest (so mit Recht Begr. S. 18; s. a. Art. 62 Anm. 4 und Erl. zu Art. 89). Je nachdem es sich bei der Intervention um Annahme oder Zahlung handelt, wird hinsichtlich der Protestform Art. 88a oder 88b anzuwenden sein (vgl. Art. 88b Anm. 1 zu 4). -- Beispiele bei Rausnitz: „Der neue Protest" S. 77ff., 55ff.

Anm. 53. **Abs. 2. Unterschrift und Siegel bzw. Stempel des Protestbeamten sind das letzte Erfordernis.**

Sachlich stimmt der jetzige Abs. 2 mit der bisherigen Nr. 6 des Art. 88 überein, nur daß zur Vermeidung von Zweifeln außer dem Siegel der Stempel besonders genannt ist.

Die Unterschrift muß am Schlusse des Protokolls stehen, das liegt in ihrem Wesen. Die Siegelung oder Stempelung erfolgt regelmäßig neben der Unterschrift, doch ist das nicht wesentlich. Über den Unterschied von Siegel und Stempel vgl. §§ 182ff. des FGG. und KGJ. 20 A S. 14. Das Siegel oder der Stempel aber sind derartig wesentlich, daß ein Fehlen die Protesturkunde nichtig macht (OG. Prag bei Borchardt Zus. 884c), abgesehen von der in Art. 88a Abs. 3 (dort Anm. 3) enthaltenen Ausnahme. Unterschrift und Siegelung müssen, da die Protestaufnahme nach Art. 41 innerhalb der Protestfrist erfolgen muß, innerhalb dieser Frist auf dem Originalprotokoll stehen (vgl. Anm. 10 zu Art. 87), jedoch nicht innerhalb der Proteststunden (oben Anm. 51). Nachträgliche, d. h. seit der Protestnovelle nach Aushändigung der Urkunde an die Partei (Art. 90 Abs. 1), bewirkte Beibringung der Unterschrift des Siegels oder Stempels heilen den Mangel nicht (schon für früheres Recht OTr. Stuttgart bei Borchardt Zus. 884d).

Es ist nicht erforderlich, daß der Protestbeamte ein eigenes Siegel oder einen eigenen Stempel hat; bei Postprotesten insbesondere genügt die Beifügung des Siegels oder Stempels der Postanstalt (Begr. S. 12).

Anm. 54. **Zusatz 1. Die sogenannte Protestformel oder Protesterklärung ist nicht nötig.** Der Protest braucht also nicht die Redewendung zu enthalten, daß dem Berechtigten alle Rechte vorbehalten werden, oder, daß „Protest" erhoben werde (s. a. Basch in DJZ. 07, 816: Die Protestklausel, ein alter Zopf).

Anm. 55. **Zusatz 2. Ort und Zeit der Protestbeurkundung.** Von der Protesthandlung selbst ist die Beurkundung der Protesthandlung zu scheiden. Die Beurkundung braucht nicht etwa am Orte der Protesthandlung zu erfolgen, sondern erfolgt gültig in der Amtsstube des Beamten (oben Anm. 48); sie muß innerhalb der Protestfrist, jedoch nicht innerhalb der Proteststunden erfolgen (oben Anm. 51 und ferner Anm. 10 zu Art. 87).

Anm. 56. **Zusatz 3.** Von verschiedenen Seiten (nicht bloß aus juristischen, sondern auch aus kaufmännischen Kreisen, z. B. der Berliner Ältesten) war für den Postprotest eine Bestimmung empfohlen worden, die sich in Belgien als praktisch erwiesen hatte, nämlich die **Zurücklassung einer Benachrichtigung seitens des Briefträgers über die erfolgte Protestierung**, bulletin donnant avis. Ihr Nutzen überwiegt. Denn die Benachrichtigung gewährt dem Prosteстaten die Möglichkeit, den Wechsel binnen mäßiger Frist beim Postamt einzulösen,

wenn freilich auch hin und wieder ein solches Bulletin manchmal in indiskrete Hände fallen **Art. 88.**
und dem Protestaten zum Schaden gereichen kann. Der Anregung hat das Gesetz leider Anm. 56.
keine Folge gegeben.

Zusatz 4. Über eine Protesterhebung, zu welcher **mehrere Protesthandlungen**, sei es Anm. 56a.
gegenüber mehreren Personen, sei es gegenüber einer, erforderlich sind, vgl. Erl. zu Art. 89.

Zusatz 5. In den **fremden Rechten** finden sich ähnliche Vorschriften (Späing 262). Anm. 57.
England kennt das „noting", das kurze Notieren des Protestes, statt der förmlichen Urkunde, die aber auf Verlangen ausgefertigt wird.

Artikel 88a.

Der Protest mangels Zahlung ist auf den Wechsel oder auf ein **Art. 88a.**
mit dem Wechsel zu verbindendes Blatt zu setzen.

Der Protest soll unmittelbar hinter den letzten auf der Rückseite des Wechsels befindlichen Vermerk, in Ermangelung eines solchen unmittelbar an einen Rand der Rückseite gesetzt werden.

Wird der Protest auf ein Blatt gesetzt, das mit dem Wechsel verbunden wird, so soll die Verbindungsstelle mit dem Amtssiegel oder dem Amtsstempel versehen werden. Ist dies geschehen, so braucht der Unterschrift des Protestbeamten ein Siegel oder Stempel nicht beigefügt zu werden.

Wird der Protest unter Vorlegung mehrerer Exemplare desselben Wechsels oder unter Vorlegung des Originals und einer Kopie erhoben, so genügt die Beurkundung auf einem der Exemplare oder auf dem Originalwechsel. Auf den anderen Exemplaren oder auf der Kopie ist zu vermerken, daß sich der Protest mangels Zahlung auf dem ersten Exemplar oder auf dem Originalwechsel befindet. Auf den Vermerk finden die Vorschriften des Abs. 2 und des Abs. 3 Satz 1 entsprechende Anwendung. Der Protestbeamte hat den Vermerk zu unterzeichnen.

Die Art. 88a u. b regeln, während der Art. 88 die inhaltlichen Erfordernisse bestimmt Einleitung.
hat, ein **Formerfordernis** des Protestes, d. h. der Protesturkunde (vgl. Einl. zu Art. 88). **Sie bestimmen die Stelle, auf welche die Protesturkunde zu setzen ist, und zwar der vorliegende Artikel für den Protest mangels Zahlung, der Art. 88b für alle andern Proteste.** Über die einschneidenden Folgen dieser wichtigen Neuerung, die an Stelle der früher in den Protest aufgenommenen wörtlichen Wechselabschrift getreten ist, vgl. Art. 88 Einleitung, und Anm. 4 sowie unten Anm. 6. Über die verschiedenen Zahlungsproteste vgl. Anm. 12.

Die Erläuterung hat zunächst die innerlich zusammenhängenden Abs. 1 bis 3 zu umfassen, sich sodann dem Abs. 4 zuzuwenden und endlich die Zuständigkeitsfrage der Protestbeamten zu erörtern.

I. **Die Urkunde über den Protest mangels Zahlung bei Vorlegung nur eines Wechselexemplars (Abs. 1—3).** Anm. 1.

1. Welches sind die Formalerfordernisse für die Protesturkunde mangels Zahlung laut den Absätzen 1 bis 3 des vorliegenden Artikels?

a) (Abs. 1.) Die Urkunde ist auf den Wechsel oder auf ein mit ihm zu verbindendes Blatt (wir nennen es kurz Anhangsblatt) zu setzen. Es ist dies eine obligatorische Vorschrift, von deren Innehaltung die Gültigkeit des Protestes abhängt (unten Anm. 4). Die Identität des protestierten Wechsels wird durch diese Vorschrift am sichersten dargetan.

Art. 88a. Anm. 1. Da es sich um eine obligatorische Vorschrift handelt, würde der Protest ungültig werden, falls die Urkunde auf einen andern, als den protestierten Wechsel gesetzt oder mit einem solchen verbunden würde; natürlich auch dann, wenn ein bloßer Irrtum vorliegt (Beispiel: Der Beamte hat Proteste über verschiedene Wechsel erhoben, und bringt die Urkunden auf oder an den nicht zugehörigen Wechsel). Bis zur Aushändigung der Protesturkunde an den Auftraggeber kann gültigerweise ein solches Versehen geändert werden. Eine spätere Änderung wäre ungültig (vgl. Art. 90 Abs. 1 und Anm. 3 dort).

Aus der Stelle, auf welche die Protesturkunde zu setzen ist, folgt weiter mit Notwendigkeit, daß **Zahlungsproteste über mehrere Wechsel in einer Urkunde nicht mehr zusammengefaßt werden können** (vgl. noch Art. 87 Anm. 9 und Art. 88b Anm. 16). Dagegen kann der Protest mehrerer Wechselduplikate oder des Wechsels und seiner Kopie in einer Urkunde zusammengefaßt werden (unten Anm. 7ff.).

Trotz des Wortlauts im Abs. 1 („oder") tut es der Gültigkeit keinen Eintrag, wenn die Urkunde auf dem Wechsel angefangen und bei mangelndem Raum dort auf einem Anhangsblatt fortgesetzt wird.

Anm. 2. b) (Abs. 2.) Der Protest soll — dies ist eine nur instruktionelle Vorschrift, vgl. unten Anm. 4 — unmittelbar hinter den letzten auf der Rückseite des Wechsels befindlichen Vermerk, und wenn ein Vermerk dort überhaupt fehlt, unmittelbar an einen Rand der Rückseite gesetzt werden. Ist die „Unmittelbarkeit" nicht gewahrt, so bleibt der Protest trotzdem gültig. Es ist richtig, das Anhangsblatt in der Weise zu befestigen, daß nicht die Rückseite des Wechsels ganz und gar verdeckt, sondern das Anhangsblatt an seinem Rande durch Klebstoff mit dem Wechsel verbunden wird. Denn die Prüfung, welche Vermerke auf der Rückseite stehen und in welchem Zustande, soll ungehindert bleiben. Auch ergibt sich dies aus dem Wort „Verbindungsstelle" in Abs. 3. Die Vorschrift bezweckt, nachträglich hinzugefügte Indossamente als solche ersichtlich werden zu lassen, weil infolge des Wegfalls der Wechselabschrift im Protest der Zustand des Wechsels zur Zeit der Protesterhebung, insbesondere die Legitimation des Protestanten, durch den Inhalt des Protestes nicht mehr festgestellt wird (Begr. S. 10).

Unter den Vermerken auf der Rückseite sind Indossamente, Quittungsvermerke, Stempelvermerke usw. zu verstehen. Selbst wenn diese durchstrichen sind, soll erst hinter sie der Protest gesetzt werden. Sie dürfen nicht etwa überschrieben oder überklebt werden, zumal auch die durchstrichenen Indossamente für die Legitimationsfrage von Erheblichkeit werden können. — Wenn Vermerke hinten fehlen, so ist es gleichgültig, an welchen Rand der Protest gesetzt wird. Sind sie da, so soll sich der Protest bzw. das Anhangsblatt unmittelbar an sie anschließen.

Wie die Begründung selbst (S. 10) hervorhebt, ist die obige Regelung kein ausreichender Schutz gegen die Einwendung, **der Protesterheber sei zur Zeit der Protesterhebung nicht wechselmäßig legitimiert gewesen,** die Legitimation sei vielmehr erst nachher hergestellt worden: etwa mittels Durchstreichens eines Indossaments oder Einfügung eines solchen in den leeren Raum der Rückseite. **Hier hilft dem klagenden Regreßnehmer die Verteilung der Beweislast. Er ist zunächst durch den Wechsel und einen ordnungsmäßigen Protest legitimiert. Die Vermutung spricht dafür, daß der Protestbeamte die Legitimation geprüft und in Ordnung befunden hat. Versäumnisurteil ist zu geben. Den widersprechenden Schuldner trifft der Beweis einer nachträglichen Änderung. Der Wechselprozeß ist gegeben.** — Es empfiehlt sich übrigens, daß der Protestbeamte in der Urkunde vermerkt, der Protestant sei durch eine fortlaufende Reihe von Indossamenten legitimiert. Dadurch wird Streitigkeiten vorgebeugt.

Anm. 3. c) (Abs. 3.) Wird der Protest auf ein Anhangsblatt gesetzt oder dort fortgesetzt, so soll — auch diese Vorschrift ist nur instruktioneller Natur, vgl. unten Anm. 4 — die Verbindungsstelle mit dem Amtssiegel oder dem Amtsstempel verbunden werden. Ist **dies geschehen, dann greift eine Ausnahme von Art. 88 Abs. 2 insoweit Platz, als der**

Unterschrift des Protestbeamten ein Siegel oder Stempel nicht beigefügt zu werden **Art. 88 a.**
braucht. Eine doppelte Siegelung oder Stempelung wäre eine überflüssige Häufung.

2. **Sind die Vorschriften zu 1 obligatorisch?** Der Wortlaut der Bestimmungen Anm. 4.
(„ist" in Abs. 1 und „soll" in Abs. 2 u. 3) ergibt bereits, worauf schon oben bei der Erläuterung hingewiesen worden ist, daß nur die Vorschrift in Abs. 1 obligatorisch ist, und zwar in dem Anm. 2 zu Art. 88 entwickelten Sinne, während die andern instruktionell sind. Wird die Vorschrift des Abs. 1 verletzt, so ist daher der Protest ungültig.

3. **Innerhalb der Protestfrist**, nicht zu verwechseln mit der Proteststunde, muß die Anm. 5.
Protesturkunde fertig auf den Wechsel oder das Anhangsblatt gesetzt sein (vgl. Anm. 53 u. 51 von Art. 88). Das Siegel oder der Stempel kann auf die Verbindungsstelle auch nach Ablauf der Protestfrist gesetzt werden, vorausgesetzt, daß schon der Unterschrift Siegel oder Stempel beigefügt sind. Fehlen sie dort, so darf trotz der an sich instruktionellen Natur der Anbringung des Siegels oder Stempels auf der Verbindungsstelle dies nicht nach Ablauf der Protestfrist geschehen, weil die Siegelung (Stempelung) in solchem Falle für die Gültigkeit wesentlich wäre.

Über die **Berichtigungs- und Heilungsfrist** aus Art. 90 Abs. 1 vgl. dort Anm. 3.

4. Auf einige bemerkenswerte **Folgen** aus der Neugestaltung sei auch hier hingewiesen: Anm. 6.

a) Ausfertigungen der Protesturkunde kann der Protestbeamte nicht mehr herstellen, da die auf den Wechsel, bzw. auf das Anhangsblatt zu setzende Urschrift dem Auftraggeber auszuliefern ist, ein Protestregister fehlt und nur eine beglaubigte Abschrift zurückbehalten wird (vgl. Art. 87 Anm. 8).

b) Mit dem Verlust der Protesturkunde wird sich häufig der Verlust des Wechselanspruchs selbst verknüpfen, da ein Aufgebot des Protestes nicht gegeben ist (vgl. Art. 90 Anm. 5, 73 Anm. 21, 41 Anm. 5 und 87 Anm. 8).

II. **Die Urkunde über den Protest mangels Zahlung bei Vorlegung mehrerer Exemplare desselben Wechsels oder der Vorlegung des Originals und einer Kopie** (Abs. 4). Anm. 7.

1. Auch in den durch die Überschrift gekennzeichneten Fällen des Abs. 4 kommt für den Zahlungsprotest die Form der Protestbeurkundung, wie sie Abs. 1 bis 3 regeln, mit den Maßgaben des Abs. 4 zur Anwendung. Während nach dem Rechte vor der Protestnovelle Abschriften der beiden Urkunden (über Wechselduplikate vgl. Art. 66 ff., über Wechselkopien Art. 70 ff.) mit allen darauf befindlichen Indossamenten und Bemerkungen in den Protest aufzunehmen waren, genügt es jetzt, wenn die Protesturkunde auf eins der Wechselexemplare, oder auf den Originalwechsel gesetzt wird (also nicht auf sämtliche Exemplare, und nicht auf Originalwechsel **und** Kopie, wie laut Abs. 1). Zugleich ist auf den andern Exemplaren oder auf der Kopie zu vermerken:

a) bei Wechselduplikaten, auf welchem der Wechselexemplare (Prima **oder** Secunda usw.) sich die Protesturkunde befindet; ungenau spricht das Gesetz in Abs. 4 Satz 2 von einem Vermerk auf dem „**ersten**" Exemplar, wiewohl nach Satz 1 desselben Absatzes es nicht erforderlich ist, daß die Protesturkunde auf die Prima gesetzt wird.

b) bei Originalwechsel und Kopie, daß sich die Protesturkunde auf dem Originalwechsel befindet.

Der Protestbeamte **hat** den Vermerk (a oder b) zu unterzeichnen. Dies ist **obligatorisch**. Er braucht aber einen Stempel oder ein Siegel nicht hinzuzufügen.

Der Vermerk soll in entsprechender Anwendung des Abs. 2 hinter den letzten auf der Rückseite befindlichen Vermerk, in Ermangelung eines solchen an einen Rand der Rückseite gesetzt werden. Wird der Vermerk auf ein Anhangsblatt gesetzt, so **soll** die Verbindungsstelle in entsprechender Anwendung von Abs. 3 Satz 1 mit dem Amtsstempel oder Amtssiegel versehen werden. Beides sind instruktionelle Vorschriften (vgl. oben Anm. 6).

2. **In der Protesturkunde hat der Beamte hervorzuheben, daß er mehrere Wechselexemplare und wieviele, oder daß er Original und Kopie vor-** Anm. 8.

Art. 88a. Anm. 8. gelegt hat. Der Vermerk stellt dann die Identität der vorgelegten weiteren Exemplare oder der Kopie sicher (Begr. S. 11). Hiernach ist die Zusammenfassung des Zahlungsprotestes bei Vorlegung mehrerer Wechselduplikate oder des Originals und einer Kopie statthaft (s. a. Anm. 1). — Beispiele bei Rausnitz: „Der neue Protest" S. 51 ff.

Anm. 9. 3. Im übrigen sind die Erläuterungen aber zu den Abs. 1 bis 3 zu vergleichen, die zur sinngemäßen Anwendung kommen.

Daß der Satz 2 des Abs. 3 für den Vermerk nicht zur Anwendung gelangt, ergibt sich daraus, daß der Vermerk nur zu unterzeichnen ist (vgl. Anm. 7). Das Gesetz hat auch demgemäß ausdrücklich nur die Anwendung der Vorschriften des Abs. 2 und Abs. 3 Satz 1 für den Vermerk verfügt.

Um jedes Mißverständnis zu vermeiden, sei noch hervorgehoben, daß es sich in den hier (Abs. 4 des vorl. Art.) vorausgesetzten Fällen nicht etwa um den Protest mehrerer verschiedener Wechsel handelt; darüber vgl. Art. 87 Anm. 9.

Anm. 10. III. **Welcher Protestbeamte ist für die Aufnahme des Protestes mangels Zahlung zuständig?**

An sich sind alle Protestbeamten: Notar, Gerichtsbeamter und Postbeamter für Zahlungsproteste zuständig. Indes ist diese prinzipielle Gleichstellung für den Postbeamten durchbrochen, wie bereits in Anm. 1 und 1a zu Art. 87 dargelegt ist, und zwar in zwei Richtungen:

a) bei Wechseln mit einer Wechselsumme über eine bestimmte Höhe hinaus,

b) in gewissen andern Fällen des Zahlungsprotestes, gleichviel welches die Wechselsumme ist.

Zu a: Nach der Bekanntmachung, die der Reichskanzler am 5. August 1908 in Gemäßheit des § 3 Abs. 1 des Protestgesetzes erlassen hat (abgedruckt im Anhang II), ist die Erhebung von Protesten mangels Zahlung durch Postbeamte ausgeschlossen für Wechsel, die über mehr als 800 Mk. lauten. Diese Grenze entspricht der bei Postaufträgen zur Geldeinziehung.

Es kommt auf die Höhe der Wechselsumme, nicht auf die Höhe der Protestsumme an. Ein Protestauftrag zur Zahlung eines Restes von noch 50 Mk. auf einen Wechsel über 900 Mk. kann daher von dem Postboten nicht aufgenommen werden. Welcher Widersinn! Im Interesse der Einschränkung einer Verantwortung der Post ist jene Bestimmung getroffen, nur hat man vergessen, daß das Maß der Höhe der Verantwortung sich aus der Höhe der Protestsumme, nicht aus der der Wechselsumme ergibt.

Anm. 11. b) Nach der gleichen oben zu a erwähnten Anordnung des Reichskanzlers bleibt ferner die Erhebung von Protesten mangels Zahlung durch Postbeamte ausgeschlossen, gleichviel welches die Höhe der Wechselsumme ist, also auch wenn sie 800 Mk. und weniger beträgt, für folgende Wechsel:

α) für Wechsel, die in fremder Sprache ausgestellt sind (vgl. Art. 4 Anm. 2);

β) für Wechsel, die auf eine ausländische Münzsorte lauten, sofern der Aussteller durch den Gebrauch des Wortes „effectiv" oder eines ähnlichen Zusatzes die Zahlung in der im Wechsel benannten Münzsorte ausdrücklich bestimmt hat;

γ) für Wechsel, die mit Notadresse oder Ehrenakzept versehen sind;

δ) für Wechsel, die unter Vorlegung mehrerer Exemplare desselben Wechsels oder unter Vorlegung des Originals oder einer Kopie zu protestieren sind.

Anm. 12. c) Es empfiehlt sich hier die verschiedenen Fälle des Zahlungsprotestes, die in der Wechselordnung vorkommen, zusammenzustellen. Zu den Zahlungsprotesten gehören:

α) der Protest mangels Zahlung seitens des Bezogenen (Art. 41) bzw. Ausstellers des eigenen Wechsels (Art. 98 Nr. 6);

β) seitens des Domiziliaten (Art. 43);

γ) seitens des Ehrenakzeptanten (Art. 60);

δ) seitens des Notadressaten (Art. 62);

ε) zum Zahlungsprotest gehört auch der aus Art. 69 Nr. 2, sofern durch ihn festzustellen ist und festgestellt wird, daß auf das Duplikat Zahlung nicht zu erlangen ist (Art. 69 Anm. 2 u. 3). Art. 88a. Anm. 12.

Zieht man die praktischen Folgen aus der in Anm. 10 und 11 behandelten Anordnung des Reichskanzlers, so ergibt sich für die Aufnahme der Zahlungsproteste durch Postbeamte folgendes:

1. Den Protest mangels Zahlung in den Fällen der vorliegenden Anm. zu α und β kann der Postbeamte bei Wechseln, die über mehr als 800 Mk. lauten, nicht erheben.
2. In den Fällen zu γ, δ und ε darf der Postbeamte überhaupt nicht, auch nicht bei geringerer Wechselsumme, den Zahlungsprotest erheben.
3. Wegen der Eigenart des Wechselinhalts und der Schwierigkeiten, die man aus diesem Inhalt für die Protestaufnahme durch Postbeamte befürchtet, ist die Erhebung eines Zahlungsprotestes in den Fällen der Anm. 11α und β ihnen entzogen.

Zusatz 1. Über den Fall, daß Proteste aus Art. 88a und Art. 88b gleichzeitig zu erheben sind, vgl. Art. 88b Anm. 19. Anm. 13.

Zusatz 2. Über den Scheckprotest vgl. Art. 87 Anm. 20. Anm. 14.

Artikel 88b.

Bezieht sich der Protest auf eine andere wechselrechtliche Leistung als die Zahlung, so ist er auf eine Abschrift des Wechsels oder der Kopie oder auf ein mit der Abschrift zu verbindendes Blatt zu setzen. Die Abschrift hat auch die auf dem Wechsel oder der Kopie befindlichen Indossamente und anderen Vermerke zu enthalten. Die Vorschriften des Artikel 88a Abs. 2, 3 finden entsprechende Anwendung. Art. 88b.

Der Art. 88b bestimmt ein Formerfordernis der Protesturkunde für alle anderen Arten des Protestes, abgesehen vom Zahlungsproteste, d. h. er bestimmt die Stelle, auf welche die Urkunde bei diesen Arten des Protestes zu setzen ist (vgl. für den Zahlungsprotest Art. 88a). Einleitung.

I. **Arten des Protestes über eine andere wechselrechtliche Leistung als die Zahlung:** Anm. 1.

Neben dem Protest mangels Zahlung, dessen Einzelfälle in Anm. 12 zu Art. 88a erwähnt sind, kommen folgende Arten des Protestes, die sich auf eine andre wechselrechtliche Leistung, als die Zahlung beziehen, in Betracht:

1. Der Protest mangels Annahme (im Falle der Artikel 19, 20, 98 Nr. 3, 24 Abs. 2, 56 u. 58, endlich 69 Nr. 2, sofern hier durch den Protest festzustellen ist und festgestellt wird, daß auf das Duplikat die Annahme nicht zu erlangen ist) und mangels Akzeptdatierung (Art. 20 Abs. 1);
2. Der Sicherheitsprotest (Art. 29 Abs. 2, 98 Nr. 4);
3. Der Protest mangels Auslieferung des Akzeptexemplars, bzw. des Originalwechsels (Art. 69 Nr. 1, Art. 72 u. Art. 98 Nr. 8; sogenannter Ausfolgungs- oder Ausantwortungsprotest).

Alle zu 1 bis 3 genannten Protestarten folgen in ihrer Form den Vorschriften des vorliegenden Artikels.

4. Was den Interventionsprotest bei der Ehrenannahme und Ehrenzahlung (Art. 58, 62, 88 Nr. 4) betrifft, so folgt er, wenn man ihn, was häufig geschieht, als besondre Protestart betrachtet, soweit es sich um die Ehrenannahme handelt, den Formvorschriften des vorliegenden Artikels (vgl. oben zu 1), oder, soweit es sich um Ehrenzahlung handelt, den Formvorschriften aus Art. 88a; ist doch der Interventionsprotest eine Spielart des Annahme- bzw. Zahlungsprotestes (vgl. auch Art. 88 Anm. 52 a. E. u. Art. 88a Anm. 11).

Art. 88b. II. Der Grund der Vorschrift.

Anm. 2. 1. Eine Ausdehnung der Formvorschrift des Art. 88a auf Proteste über andere wechselrechtliche Leistungen, als die Zahlung, war, wie den Ausführungen der Begr. (S. 11) beizupflichten ist, in vielen Fällen nicht angängig. Denn was zunächst den Annahmeprotest sowie den Protest wegen nicht geleisteter Sicherheit betrifft, so gehen die Vorschriften der Wechselordnung davon aus, daß der Regreß hier lediglich auf Grund der Protesturkunde genommen und diese ohne den Wechsel dem Regreßpflichtigen ausgehändigt wird (Art. 25 Abs. 1, Art. 26 Abs. 1, Art. 29 Abs. 2 Satz 1, Art. 58 Satz 1, 2). Ähnlich verhält es sich mit dem Proteste, durch den festgestellt wird, daß dem Inhaber eines Duplikats oder einer Kopie das zum Akzepte versandte Exemplar oder das Original vom Verwahrer nicht verabfolgt worden ist (Art. 69 Nr. 1, Art. 72 Satz 2). Ein solcher Ausantwortungsprotest könnte jedenfalls nur dann auf das Duplikat oder die Kopie gesetzt werden, wenn er ausschließlich zum Zwecke des Regresses mangels Zahlung erhoben wird. Denn wenn der Inhaber des Duplikats oder der Kopie Regreß mangels Annahme nehmen will, muß er, wie aus den Vorschriften der Art. 25, 26 zu folgern ist, den Ausantwortungsprotest gleich dem Annahmeproteste dem Regreßschuldner aushändigen. Wollte man mit Rücksicht hierauf für den Ausantwortungsprotest das Verfahren des Artikels 88a nur fakultativ einführen, so würde der Auftraggeber bei der Erteilung des Auftrags dafür Sorge tragen müssen, daß nicht in einem Falle, in welchem demnächst Regreß mangels Annahme erhoben werden soll, der Ausantwortungsprotest auf das Duplikat oder die Kopie gesetzt wird; eine ungenügende Instruktion aber würde leicht die Unbrauchbarkeit des Protestes zur Folge haben können.

Anm. 3. 2. Für die eben erwähnten Proteste ist somit eine Abschrift des Wechsels oder der Wechselkopie nicht zu entbehren. Der Vorentwurf (vgl. 5. Aufl. S. 292) hatte vorgeschlagen (Art. 88 letzter Absatz im Vorentwurf), abgesehen von den Fällen des Art. 88a in den Protest auch eine Abschrift des Wechsels oder der Kopie und aller darauf befindlichen Indossamente und Bemerkungen aufzunehmen. Offensichtlich wäre damit ein Widerstreit zwischen den Formerfordernissen des Zahlungsprotestes und der andern Protestarten geschaffen worden, wobei man für die letzteren in die alte Vorschrift der früheren Nr. 1 des Art. 88, der Aufnahme einer Wechselabschrift in den Protest, zurückgefallen wäre. Es war aber im Interesse der Einheitlichkeit des Systems erwünscht, daß die sämtlichen Wechselproteste wenigstens in der äußeren Form übereinstimmen. Deswegen war die möglichste Anlehnung an die Bestimmungen des Art. 88a geboten.

Anm. 4. **III. Inhalt der Vorschrift.**

1. Der Protest über eine andere Leistung als die Zahlung ist auf eine Abschrift des Wechsels, oder, falls der Protest unter Vorlegung einer Kopie erhoben wird, auf eine Abschrift dieser Kopie (letzteres beim Ausfolgungsprotest im Falle des Art. 72 Satz 2, vgl. oben Anm. 1 zu 3 und Art. 72 Anm. 2) oder auf ein mit der Abschrift des Wechsels oder der Kopie zu verbindendes Blatt zu setzen.

Anm. 5. 2. In entsprechender Anwendung der Vorschriften der Art. 88a Abs. 2 u. 3 soll auch dieser Protest unmittelbar hinter den letzten auf der Rückseite der Abschrift (von Wechsel oder Kopie) befindlichen Vermerk und in Ermangelung eines jeden Vermerks an einen Rand der Rückseite gesetzt werden. Es soll ferner mit dem Amtssiegel oder dem Amtsstempel auf der Verbindungsstelle mit einem Anhangsblatt genau ebenso verfahren werden, wie beim Zahlungsprotest (vgl. daher Anm. 2, 3 u. 4 zu Art. 88a).

Anm. 6. 3. Die Vorschrift zu 1. ist obligatorisch, während es sich zu 2. um instruktionelle Sollvorschriften handelt. Es gilt hier Entsprechendes wie zu Art. 88 (vgl. daher dort Anm. 4).

Anm. 7. 4. **Die Abschrift (des Wechsels oder der Kopie) hat auch die auf dem Wechsel oder der Kopie befindlichen Indossamente und anderen Vermerke zu enthalten** (Satz 2 des vorliegenden

Artikels). Wie schon der Gebrauch des Wortes „hat" ergibt, handelt es sich hierbei um eine obligatorische Vorschrift. Dieser Charakter wird auch durch den Zweck der Vorschrift: Feststellung der Identität (vgl. oben Anm. 3) bestätigt. Gerade das hier fragliche Erfordernis (Abschrift des Wechsels usw.) hat bisher das Verfahren bei der Protestaufnahme umständlich gemacht, auch häufig durch Fehler in der Abschrift zur Ungültigkeit des Protestes geführt. Diese schweren Übelstände beseitigt freilich die Novelle für die Zahlungsproteste, welche die weitaus größte Anzahl der Proteste bilden (vgl. die statistischen Angaben in der Begr. S. 8). Aber für die andern Protestarten ist diesen Übelständen die Tür wieder geöffnet. Art. 88b. Anm. 7.

Schon die frühere Praxis hat bei der alten, jetzt weggefallenen Nr. 1 des Art. 88 (vgl. dort Anm. 4) das Erfordernis vernünftigerweise dahin aufgefaßt, daß die Abschrift nicht gerade buchstabengetreu, sondern nur so genau sein muß, wie ihr Zweck es erfordert, d. h. so genau, daß die Identität nicht zweifelhaft wird; sie braucht auch nicht genauer zu sein, als dies im Einzelfalle angängig ist. Nunmehr auf Grund der Protestnovelle, deren Zweck, wie schon der Titel sagt, eine Erleichterung des Protestes ist, wird die Praxis hoffentlich auf gleicher Bahn fortschreiten, zumal der Zusatz „wörtliche" (wörtliche Abschrift des Wechsels usw.) weggelassen ist, und auch statt des vieldeutigen Wortes „Bemerkungen" das schärfere „Vermerke" gebraucht ist. Im Rahmen dieser Hinweise ist aber daran festzuhalten, daß es sich um eine für die Gültigkeit der Protesturkunde wesentliche Vorschrift handelt. Eine Erläuterung der Vorschrift in Anlehnung an die Ergebnisse der früheren Rechtsprechung und Literatur über die alte Nr. 1 des Art. 88 ist zweckentsprechend.

a) Die Abschrift muß so genau sein, daß die Identität nicht zweifelhaft wird. Wird sie zweifelhaft, so ist der Protest nichtig. Wird aber trotz der Abweichung die Identität nicht zweifelhaft, so ist die Ungenauigkeit unschädlich (ROHG. 14, 39; 18, 209). Anm. 8.

Unerheblicher Mangel ist hiernach das Fortlassen eines nicht unterschriebenen Indossaments (OTr. Berlin bei Borchardt Zus. 855[12]); für unwesentlich hat das ROHG. (14, 163) unter Umständen selbst das vollständige Fehlen des Akzeptationsvermerks erklärt (ebenso Lehmann 506 Anm. 12, dagegen OTr. Berlin in StrA. 19, 1). Unwesentlich ist die Weglassung der Worte „a. c." beim Verfalltage (OHG. Stuttgart bei Borchardt Zus. 855[5]). Anm. 9.

Erhebliche Mängel sind dagegen das Fehlen eines Indossaments oder des Remittentenvermerks (RG. 44, 122 und in JW. 04, 562[29]); Abweichungen im Namen des Indossanten oder Indossatars (vgl. jedoch Anm. 9); Vollindossament statt Prokuraindossament; Namensindossament statt Blankoindossament; Abweichungen in Datum, Ort, Summe, Fälligkeitstag; falsche Wiedergabe des Datums des Indossaments (OTr. Berlin bei Borchardt Zus. 855[10]): durchstrichenes Indossament statt eines undurchstrichenen oder durchstrichene Unterschrift statt undurchstrichener (OTr. Berlin bei Borchardt Zus. 855[11]). Anm. 10.

b) Unvermeidliche Ungenauigkeiten schaden nicht. Bei unleserlichen Unterschriften genügt z. B. der Vermerk: „unleserliche Unterschrift" (OTr. Berlin bei Borchardt Zus. 855[14]; Lehmann 506) oder eine Wiedergabe der Art, wie sie den Regeln der Lesekunst entspricht, auch wenn in Wahrheit dadurch eine Abweichung vom Original entsteht (OTr. Berlin bei Borchardt Zus. 855[2]). Was vermeidliche Ungenauigkeiten betrifft, so entscheidet die Lage des Einzelfalles im Hinblick darauf, ob die Identität erschüttert ist oder nicht, z. B. ist völlige Fortlassung von durchstrichenen Indossamenten nicht immer statthaft, auch das durchstrichene muß regelmäßig als solches erscheinen; doch kann der Vermerk „drei ausgestrichene Zeilen" unter Umständen genügen, wenn dadurch die Identität nicht zweifelhaft wird (OTr. Berlin und Stuttgart bei Borchardt Zus. 855[6]). Aber das Fehlen der Vermerkung, daß zwischen zwei undurchstrichenen Indossamenten sich ein durchstrichenes befindet, Anm. 11.

Art. 88b. wird als ein erheblicher Mangel erachtet (OTr. Berlin bei Borchardt Zus. 855[7]).

Anm. 11. Eine Weglassung einer auf dem Wechsel selbst vorgenommenen Veränderung (z. B. auf dem Wechsel ist ein durchstrichener Datierungsvermerk und ein undurchstrichener: „Berlin, den ersten November / ~~Oktober~~ 1908" und die Abschrift begnügt sich damit, den undurchstrichenen Monat wiederzugeben) ist unerheblich, wenn es sich um eine Berichtigung handelt, dagegen erheblich, wenn die Identität dadurch zweifelhaft wird. Daher ist die Entscheidung des Obertribunals (OTr. Berlin bei Borchardt Zus. 855[4]), die im obigen Beispiel Ungültigkeit annahm, nur unter der diesseits gemachten Einschränkung zu billigen. Eine offenbar unerhebliche Ungenauigkeit läge z. B. vor, wenn die Wechselsumme in Buchstaben auf vierhundert Mark, in Ziffern zunächst auf 300 Mk. angegeben, die Ziffer dann in 400 verändert wäre und die Abschrift in Ziffern nur 400 brächte.

Anm. 12. c) **Was insbesondere die Vermerke auf dem Wechsel betrifft**, so darf nicht fehlen der Domizilvermerk (ROHG. 8, 88 u. 92) oder der neben der Adresse stehende Wohnungs- bzw. Zahlungsortsvermerk (OTr. Berlin bei Borchardt Zus. 855[9]); bei Sichtwechseln das Datum des Akzepts; die Notadresse; die Klauseln: nicht an die Order, ohne Obligo, ohne Protest, bis hierher Kopie, die Bezeichnung des Wechsels als Prima oder Sekunda, die Quittung. Wohl aber dürfen fehlen Vermerke, die zur Frage nach der Identität des Wechsels und den Rechtsverhältnissen unter den Wechselinteressenten in keiner Beziehung stehen, z. B. Firmenaufdrucke, Stempel, geschäftliche Notizen, Seiten der Handlungsbücher (ROHG. 1, 143), das Wort „Prima" auf der linken Seite, wenn dasselbe auch im Kontexte des Wechsels vorkommt (Entsch. bei Borchardt Zus. 855[1]), ferner die Bemerkung oben links: „Wechsel über 1000 Mk. und darunter", da sich dies bloß auf die Stempelfrage bezieht (Borchardt Zus. 855[1]).

Anm. 13. d) **Mehrere Wechsel** sind sämtlich abzuschreiben. Unzulässig war es schon vor der Protestnovelle, dies zu ersetzen durch den Vermerk: „lautet ebenso" oder „lautet ebenso mit folgenden Unterschieden" (OTr. Berlin bei Borchardt Zus. 857b; Leist 127). Jetzt ist ein solches Verfahren ausgeschlossen, da eine Protesturkunde über mehrere Wechsel nicht einheitlich ist (vgl. Näheres Anm. 9 zu Art. 87 und unten Anm. 16).

Anm. 14. 5. **Der Protestbeamte, der die Abschrift nicht so genau, wie es für die Identität nötig ist, aufgenommen hat, begeht ein grobes Versehen** und haftet dem Auftraggeber. Über die Haftung des Protestbeamten vgl. Näheres Anm. 18 zu Art. 87.

Anm. 15. 6. Über die Frist, innerhalb welcher die Protesturkunde auf die Abschrift des Wechsels oder der Kopie zu setzen sind, vgl. Anm. 5 zu Art. 88a.

Über die Berichtigung und Erfüllungsfrist aus Art. 91 Abs. 1 vgl. dort.

Anm. 16. IV. **Die Urkunde bei Vorlegung mehrerer verschiedener Wechsel** kann hier ebensowenig, wie bei Zahlungsprotesten eine einheitliche sein (vgl. Art. 87 Anm. 9), da der Protest hier genau so auf die Abschrift zu setzen ist, wie der Zahlungsprotest auf die Wechselurschrift.

Anm. 17. V. **Die Protesturkunde in Fällen, wo kein Zahlungsprotest in Frage steht, beim Wechselduplikat und bei der Wechselkopie.** Die Vorschriften in Abs. 4 des Art. 88a sind nicht entsprechend anwendbar auf den Protest, der sich auf eine andere wechselrechtliche Leistung als die Zahlung bezieht; nur die Vorschriften von Abs. 2 und 3 des Art. 88a hat der letzte Satz des Art. 88b für anwendbar erklärt. Die Protestform folgt also den allgemeinen Regeln aus Art. 88b unter entsprechender Anwendung der Vorschriften in Abs. 2 und 3 des Artikels 88a. — Beispiele bei Rausnitz S. 90—94.

Anm. 18. VI. **Welcher Protestbeamte ist für die Aufnahme der Proteste, die sich nicht auf die Zahlung beziehen, zuständig?** An sich alle Protestbeamte. Aber es sind die **Postbeamten** nach der Anordnung, die der Reichskanzler in Gemäßheit des § 3 Abs. 1 des Protestgesetzes erlassen hat (abgedruckt im Anhang), **nicht zuständig**, da von den Postbeamten Proteste, die sich auf eine andere wechselrechtliche Leistung als die Zahlung beziehen, nicht erhoben werden dürfen (Nr. 1 der Verordnung). Vgl auch Anm. 10ff. zu Art. 88a. Art. 88b. Anm. 18.

Zusatz. Welche Form ist zu beobachten, wenn Proteste aus Art. 88a und 88b gleichzeitig zu erheben sind? Jede der beiden Formen. Die Frage wird namentlich praktisch, wenn Protest mangels Annahme und mangels Zahlung zu erheben sind. Lautet der Auftrag dahin, so sind zwei Protesturkunden gesondert anzufertigen; die mangels Zahlung ist gemäß Art. 88a auf den Wechsel selbst, die mangels Annahme gemäß Art. 88b auf eine Abschrift zu setzen. — Wegen der materiellen Vorschriften über die Vorlegung zur Annahme vgl. Art. 18ff. und Art. 24 Abs. 2. Danach besteht für die Regel keine Verpflichtung für den Wechselgläubiger, den Wechsel zur Annahme zu präsentieren; ein Protest mangels Annahme bei unakzeptierten Tratten die nach eingetretenem Fälligkeitstermin protestiert werden, ist in der Regel überflüssig, der Protest mangels Zahlung genügt (vgl. Erl. zu Art. 18). Anm. 19.

Artikel 89.

Muß eine wechselrechtliche Leistung von mehreren Personen verlangt werden, so ist über die mehrfache Aufforderung nur eine Protesturkunde erforderlich. Art. 89.

1. Der vorliegende Artikel bestimmt, in Erledigung einer alten Streitfrage, daß, wenn aus einem Wechsel eine wechselrechtliche Leistung von mehreren Personen verlangt werden muß, dies in einem Protest beurkundet werden kann. Gedacht ist hierbei an den Fall der Notadresse und des Ehrenakzepts (vgl. Anm. 4 zu Art. 62), an die Intervention zur Zahlung, an das Duplikat. Das Gesetz sieht in den mehreren Präsentationen, die sich auch auf mehrere Tage erstrecken können (vgl. Anm. 5 zu Art. 87), einen einheitlichen Protestakt (Rehbein Anm. 15). Anm. 1.
2. Es ist aber nur gesagt, daß nur eine Protesturkunde erforderlich ist. Daraus folgt: es steht nichts entgegen, die mehreren Präsentationen in mehreren Protesten (bzw. in den Fällen der Intervention im Protest und Anhang, vgl. Art. 88 Anm. 52), beurkunden zu lassen. Es ist selbstverständlich auch statthaft, die mehreren Präsentationen durch verschiedene Protestbeamte beurkunden zu lassen. Über die Kostenerstattungspflicht entscheidet hierbei die Lage des einzelnen Falles. Anm. 2.
3. Zulässig ist auch, was der Artikel nicht berührt, die Protesterhebung durch verschiedene Beamte erfolgen zu lassen, wenn mehrere selbständige Protesthandlungen (z. B. Annahme und Zahlung) einer und derselben Person gegenüber vorzunehmen seien. Auch hier entscheidet über die Kostenerstattungspflicht der Einzelfall. Anm. 2a.

   Ein Antrag in der Reichstagskommission (KB. S. 2), der diese Rechtsauffassung gesetzlich festlegen wollte, wurde abgelehnt, weil im Hinblick auf die in der Literatur seit lange feststehende Meinung ein Bedürfnis zur ausdrücklichen Regelung nicht vorläge.
4. Zulässig ist nicht mehr, was in dem Artikel gleichfalls nicht berührt ist, die Präsentation mehrerer Wechsel in einer Urkunde beurkunden zu lassen (Anm. 9 zu Art. 87). Anm. 3.

Zusatz. Fremde Rechte. In Frankreich gilt Gleiches, wie Art. 89 vorschreibt. Belgien und England haben keine entsprechende Bestimmung (Späing 265). Anm. 4.

Artikel 89a.

Die Wechselzahlung kann an den Protestbeamten erfolgen. Die Befugnis des Protestbeamten zur Annahme der Zahlung kann nicht ausgeschlossen werden. Art. 89a.

Der vorliegende Artikel erklärt den Protestbeamten für berechtigt und verpflichtet, die ihm vom Protestaten angebotene Geldzahlung anzunehmen, ohne daß diese Befugnis des Protestbeamten ausgeschlossen werden darf. Schon der Vorentwurf brachte einen Vorschlag Einleitung.

Art. 8a. entsprechend dem Satz 1. Zur Klarstellung ist dann noch in dem Entwurfe, der an den Bundesrat gelangte, der Satz 2 hinzugefügt worden.

Anm. 1. 1. Die Vorschrift bezieht sich ihrer Fassung nach nur auf **Proteste mangels Zahlung** (vgl. die verschiedenen Fälle in Art. 88a Anm. 12). Wegen ihrer analogen Ausdehnung s. unten Anm. 9.

Anm. 2. 2. Die Vorschrift bringt, indem sie eine alte Streitfrage erledigt (vgl. Art. 87 Anm. 14), eine der Natur des Auftrages, den der Protestbeamte erhält, entsprechende Regelung. Der Auftrag des Protestgläubigers an den Protestbeamten geht, wie in den Erl. zu Art. 87 (s. dort Anm. 15) dargelegt ist, dahin, den Wechsel vorzulegen und Zahlung zu fordern. Hierin liegt dann notwendigerweise der Auftrag, die Zahlung in Empfang zu nehmen. Was hätte eine Vorlegung zur Zahlung für einen Sinn, wenn der Protestat dem Präsentanten doch nicht zahlen dürfte! Wie könnte, wenn der Protestat an den Präsentanten nicht zahlen darf, eine rechtlich erhebliche mit Rechtsnachteil verknüpfte Weigerung darin erblickt werden, wenn an diesen Präsentanten nicht gezahlt wird! Der Protest soll eine unbegründete Weigerung feststellen, nicht eine begründete. Daraus folgt: Der Protestbeamte ist **dem Wechselgläubiger gegenüber** berechtigt, die Zahlung in Empfang zu nehmen, denn das ist ein Teil seines Auftrages; er ist auch verpflichtet, die ihm dargebotene Zahlung in Empfang zu nehmen, denn er hat den dahingehenden Auftrag angenommen.

Aber das Recht und die Pflicht gegenüber dem Wechselgläubiger würde dem Verkehr nicht genügen. Denn dem **Wechselschuldner** gegenüber würde, damit dieser sicher zahlen könnte, hiernach immer noch Voraussetzung sein, daß der Auftrag zu protestieren wirklich erteilt sei und der Protestat würde immer noch auf seine Gefahr zahlen, wenn ihm hinterher bewiesen würde, der Auftrag sei dem Protestbeamten nicht erteilt.

Recht und Pflicht sowohl gegenüber dem Wechselgläubiger als auch gegenüber dem Wechselschuldner zur Annahme der vom Protestaten angebotenen Geldzahlung spricht nun der vorliegende Artikel aus. Die Zahlung wird **rechtswirksam an den Protestbeamten bewirkt**. Nach der Terminologie unserer neuen Gesetze ist das „kann" im Satz 1 des vorliegendn Artikels dahin auszulegen, daß der Protestbeamte auch **verpflichtet** ist, die Zahlung anzunehmen, da ein Beamter oder eine Behörde das, was sie tun „kann", auch zu tun hat (Planck 2. Aufl. I S. 25).

Anm. 3. 3. Die Bestimmung im Satz 2, es könne die Befugnis des Protestbeamten zur Annahme der Zahlung nicht ausgeschlossen werden, hat ihren notwendigen Grund in dem Inhalt des Auftrages, wie er in der Anm. 2 dargelegt ist. Danach wäre es widerspruchsvoll, trotz des Auftrages zur Erhebung des Protestes mangels Zahlung dem Beamten die Annahme der Zahlung zu verbieten.

Anm. 4. 4. Die **Wechselzahlung** kann an den Protestbeamten erfolgen. Daraus ergibt sich, daß der Protestbeamte nur verpflichtet ist, dasjenige als Zahlung anzunehmen, was als Geldzahlung im Sinne der Reichsgesetze gilt (vgl. Dernburg II 1 § 14).

Anm. 5. 5. Gegen Zahlung (der Wechselsumme und der entstandenen Kosten) hat der Protestbeamte **den Wechsel an den Protestaten auszuliefern**. Und zwar den quittierten Wechsel (vgl. Artt. 39, 48 und 54). Ist der Wechsel nicht schon vom Gläubiger quittiert, so hat der Protestbeamte die Quittung auszufüllen (Begr. S. 12).

Anm. 6. 6. Auch **Teilzahlungen** können an den Protestbeamten erfolgen; auch hier besteht Recht und Pflicht zur Annahme in gleicher Weise wie bei Vollzahlungen (vgl. oben Anm. 2). Es folgt dies aus Art. 38, der die Verpflichtung zur Annahme angebotener Teilzahlungen für den Inhaber des Wechsels ausspricht. Was für den Inhaber des Wechsels gilt, trifft auch den in dieser Beziehung bevollmächtigten Protestbeamten. Bei Teilzahlungen hat der Protestbeamte Abschreibung auf den Wechsel und Quittung zu leisten gemäß der Vorschrift des Art. 39 Satz 2.

Anm. 7. 7. Ein trotz Angebot voller Zahlung aufgenommener Protest mangels Zahlung ist unwirksam (ebenso Markus in Holdheims Monatsschrift Jahrg. XVI Nr. 4 S. 92 zu IV).

Der Protest soll eben die Erfolglosigkeit der an den Wechselschuldner gerichteten Aufforderung zur Zahlung feststellen. Hat die Aufforderung Erfolg, so kann kein Protest erhoben werden, wenigstens kein solcher, der wechselrechtlich von Bedeutung wäre (vgl. oben Anm. 2 und Art. 87 Anm. 11). Art. 89 a. Anm. 7.

8. Über die Frage, ob der Wechselschuldner **Protestgebühren** zu erstatten hat, wenn er die Wechselsumme ganz oder teilweise zahlt, vgl. Art. 87 Anm. 11. Anm. 8.

Ein Antrag in der Reichstagskommission (KB. S. 3), es solle im Falle der Annahme des Geldes ihrer Höhe nach die gleiche Gebühr wie bei Aufnahme einer Protesturkunde zu erheben sein, wurde zurückgezogen, nachdem von den Vertretern der Verbündeten Regierungen mit Recht erklärt worden war, diese Frage könne nur aus dem Landesrechte beantwortet werden, denn die Höhe der Protestgebühren ist nicht reichsgesetzlich, sondern landesgesetzlich geregelt. Für Preußen wird in der Praxis angenommen, daß der Protestbeamte die Protestgebühr fordern könne, wenn nach Beginn des Protestaktes der letztere durch freiwillige Zahlung seitens des Schuldners sein Ende erreicht (vgl. RG. 32, 214).

9. Bezieht sich der Protest auf eine andere wechselrechtliche Leistung als die Zahlung, so ist der Protestbeamte zur Entgegennahme dieser Leistung gleichfalls befugt. Es entspricht dies der Natur der Sache und folgt aus den Ausführungen, die oben Anm. 2 und Art. 87 Anm. 15 niedergelegt sind; es war dies auch nie streitig. Die Ermächtigung des Protestbeamten zur Annahme der Zahlung aus Art. 89a ist nicht etwa aufzufassen als eine ausnahmsweise Sondernorm für den Zahlungsprotest, so daß argumento e contrario zu folgern wäre, daß eine entsprechende Ermächtigung für andere wechselrechtliche Leistungen nicht gegeben sei, vielmehr enthält der Art. 89a nur die Anwendung eines allgemeinen Prinzips auf den Zahlungsprotest; eine besondere Vorschrift war nur nötig geworden, weil eine Streitfrage erledigt werden sollte. Anm. 9.

Artikel 90.

Schreibfehler, Auslassungen und sonstige Mängel der Protesturkunde können bis zur Aushändigung der Urkunde an die Person, für welche der Protest erhoben ist, von dem Protestbeamten berichtigt werden. Die Berichtigung ist als solche unter Beifügung der Unterschrift kenntlich zu machen. Art. 90.

Von dem Protest ist eine beglaubigte Abschrift zurückzubehalten. Über den Inhalt des Wechsels oder der Kopie ist ein Vermerk aufzunehmen. Der Vermerk hat zu enthalten:

1. den Betrag des Wechsels;
2. die Zahlungszeit;
3. den Ort, den Monatstag und das Jahr der Ausstellung;
4. die Namen des Ausstellers, des Remittenten und des Bezogenen;
5. falls eine vom Bezogenen verschiedene Person angegeben ist, durch welche die Zahlung erfolgen soll, den Namen dieser Person sowie die Namen der etwaigen Notadressen und Ehrenakzeptanten.

Die Abschriften und Vermerke sind geordnet aufzubewahren.

Der Artikel 90 lautete vor dem Protestgesetz wie folgt: Einleitung.

Die Notare und Gerichtsbeamten sind schuldig, die von ihnen aufgenommenen Proteste nach deren ganzen Inhalte Tag für Tag und

Art. 90. nach Ordnung des Datums in ein besonderes Register einzutragen, das von Blatt zu Blatt mit fortlaufenden Zahlen versehen ist.

Einleitung. Das Protestgesetz brachte nicht eine neue Fassung des bisherigen Art. 90, sondern einen völlig neuen Inhalt.

Mit zwei verschiedenen Gegenständen beschäftigt sich der vorliegende Artikel: 1. mit der Berichtigung der Protesturkunde (Abs. 1); 2. mit der Zurückbehaltung und Aufbewahrung beglaubigter Abschriften der Protesturkunden unter Beseitigung des früheren Protestregisters (Abs. 2 und 3).

Anm. 1. **I. Berichtigung der Protesturkunde (Abs. 1).**

1. Die Möglichkeit der Berichtigung hat für den Protest nur Bedeutung, soweit er Solennitätsakt ist. Soweit er bloßes Beweismittel ist, braucht er aus sich selbst nicht klar zu sein und kann durch andere Beweismittel ersetzt werden; jede Berichtigung, gleichviel wann sie geschehen, wird in diesem Falle vom Richter nach allgemeinen Rechtsgrundsätzen gewürdigt. Über den Unterschied zwischen Solennitätsakt und Beweismittel siehe Näheres Art. 87 Anm. 18.

Anm. 2. 2. Soweit der Protest Solennitätsakt ist, erscheint es notwendig, eine Zeitgrenze zu ziehen, bis zu der eine Berichtigung und Heilung von Mängeln zulässig ist. Nach dem Rechte vor der Protestnovelle war der Ablauf der Protestfrist (nicht zu verwechseln mit der Proteststunde; vgl. Anm. 10 zu Art. 87) diese Grenze; spätere Ergänzungen und Berichtigungen konnten einem wesentlichen Mangel der Protesturkunde nicht mehr abhelfen (ROHG. 7, 183; 19, 150; RG. bei Bolze 9 Nr. 278 und in Gruch. 35, 195). Der vorliegende Artikel schiebt nun im Abs. 1 die Grenze weiter hinaus und zwar: **bis zur Aushändigung der Protesturkunde an die Person, für welche der Protest erhoben ist,** das heißt bis zur Aushändigung an den Protestanten (vgl. Art. 88 Anm. 15 ff.); der Aushändigung an den Protestanten selbst steht selbstverständlich auch die Aushändigung an seinen Bevollmächtigten gleich. Dies geschieht aus billigenswerten praktischen Rücksichten und im Zusammenhange mit dem Grundgedanken der Reform, die sich gegen eine Überspannung des Formalprinzips wendet (vgl. Art. 87 Anm. 18). Durch die Vorschrift wird, wie die Begründung (13) hervorhebt, namentlich die Möglichkeit geschaffen, daß die von dem Postboten aufgenommene Protesturkunde einer wirksamen Kontrolle durch die vorgesetzten Beamten unterzogen wird. Wenn der Protest innerhalb der Protestfrist dem Protestanten ausgehändigt ist und von ihm innerhalb der gleichen Frist zwecks Berichtigung zurückgegeben wird, so kann innerhalb der Protestfrist der Protestbeamte die Berichtigung noch vornehmen, wenngleich schon vorher die Aushändigung der Urkunde erfolgt war. Es ergibt sich dies aus einer sinngemäßen Auslegung. Die Protestnovelle wollte die Berichtigungsfrist möglichst erweitern. Die Grenze bildet nach dem Wortlaut die Aushändigung der Urkunde an den Protestanten, aber die ratio des Gesetzes setzt voraus, daß in diesem Momente bereits die Protestfrist abgelaufen war.

Gesetzgeberisch hätten die obigen Erwägungen dazu führen sollen, mit unbeschränkter Zeitfrist die Berichtigung zuzulassen. Warum die halbe Maßregel? Warum die Aushändigung an den Protestanten als Grenze festsetzen?

Anm. 3. 3. Nur an **wesentliche** Schreibfehler, Auslassungen und sonstige Mängel der Protesturkunde ist gedacht (über wesentliche Erfordernisse vgl. Art. 88 Anm. 2). Unwesentliche Mängel haben für den Solennitätsakt keine Bedeutung; sie können jederzeit berichtigt werden, können aber auch unberichtigt bleiben. Selbst für wesentliche Mängel wird, auch wenn sie nicht rechtzeitig berichtigt sind, aber ihre Richtigstellung sich aus der Urkunde selbst erkennen läßt, z. B. bei offenbaren Schreibfehlern, anzunehmen sein, daß sie der Gültigkeit keinen Eintrag tun. Indes wird in solchem Falle darauf zu achten sein, daß eine Auslegung nur aus der Protesturkunde selbst möglich ist, und daß auch jetzt eine Ergänzung durch andere Beweismittel für die nicht rechtzeitig berichtigten wesentlichen Mängel ausgeschlossen ist (vgl. die oben Anm. 2 zitierten Entscheidungen). Art. 90. Anm. 3.

Beispiele wesentlicher Schreibfehler, Auslassungen und sonstiger Mängel: Es ist z. B. beurkundet, der Auftraggeber heißt Max Meinecke, während in Wahrheit ein Paul Meinecke der Auftraggeber war; hier darf der Protestbeamte bis zur Aushändigung der Urkunde an den Auftraggeber bescheinigen, daß bloß ein Schreibfehler vorlag. Oder im Protest ist ausgelassen die Angabe des Protestanten (vgl. Art. 88 Anm. 16); oder im Protest ist ausgelassen, daß dem Bezogenen präsentiert wurde, ein Fall, der nach früherem Recht dem OLG. Kiel (ZHR. 38, 565) vorlag; oder im Protest ist ausgelassen, daß die Nachfrage bei der Polizeibehörde des Ortes erfolgt sei, ein Fall, der nach früherem Recht dem ROHG. (25, 212) vorlag. Diese Auslassungen können bis zur Aushändigung der Urkunde nachträglich geheilt werden. — Beispiele „sonstiger Mängel": die erforderlichen Stempel bzw. Siegel sind nicht verwendet (vgl. Art. 88 Anm. 53); oder der Protest ist auf einen anderen als den protestierten Wechsel gesetzt (vgl. Anm. 1 zu Art. 88b). Auch diese Mängel können bis zur Aushändigung der Urkunde geheilt werden (vgl. Art. 88a Anm. 5).

4. Die Berichtigung ist als solche unter Beifügung der Unterschrift des Protestbeamten kenntlich zu machen (Satz 2 des Abs. 1). Stempel oder Siegel brauchen also unter die Berichtigung nicht gesetzt zu werden. Die Unterschrift aber ist wesentlich und ebenso ist es wesentlich, daß sich der Vermerk als Berichtigung kenntlich macht. Beispiel: Anm. 4.

Berichtigung.

Die Person, für die ich Protest erhoben habe, heißt mit dem Familiennamen nicht Merner, sondern Werner.

Berlin, 20. Oktober 1908. Lobe, Notar.

Die Hinzufügung des Datums ist nicht erforderlich, aber empfehlenswert.

Durchstreichungen vor dem Abschluß der Haupturkunde (sei es im vorgedruckten Formular, sei es sonst) unterliegen dieser Form nicht, da der Absatz 1 des vorliegenden Artikels sich nur auf nachträgliche Berichtigung bezieht (vgl. Begr. S. 13).

II. **Zurückbehaltung und Aufbewahrung beglaubigter Abschriften der Protesturkunden unter Beseitigung des früheren Protestregisters (Abs. 2 und 3).** Anm. 5.

1. Der Art. 90 in seiner alten Gestalt vor der Protestnovelle hatte **die Führung eines Protestregisters** vorgeschrieben. Streitig war damals, ob das Original des Protestes der Partei auszuhändigen und hiervon Abschrift in das Protestregister zu nehmen war, oder ob der Eintrag in das Protestregister das Original bildete, wovon der Protestbeamte dem Auftraggeber Ausfertigungen erteilte (vgl. Art. 87 Anm. 8). Wo früher die Originalproteste in einem Protestregister vereinigt wurden, konnte jederzeit eine neue Ausfertigung der Protesturkunde hergestellt werden. Da es beim Verlust des Protestes kein Aufgebotsverfahren zur Wiederherstellung der Urkunde gibt (vgl. Art. 73 Anm. 21), war dann dort, wo Ausfertigungen der Protesturkunde erteilt werden konnten, die Möglichkeit gegeben, die nachteiligen Folgen des Verlustes eines Protestes wieder gut zu machen. Diese Möglichkeit war aber überall da ausgeschlossen, wo (wie in Preußen) nur die beglaubigten Abschriften ins Protestregister kamen. Dort brauchten bei Verlust des Originalprotestes weder die Aussteller noch die Indossanten des Wechsels zu zahlen (Rausnitz Anm. 1 zu Art. 62 des Preuß. FGG.). Von den beglaubigten Abschriften des Registers konnten zwar gemäß Art. 57 des Preuß. FGG. weitere beglaubigte Abschriften gefertigt werden, indes waren diese nicht der Wiederherstellung des Protestes gleich zu achten (Bernstein Studien S. 69; J. u. M. Stranz Anm. 5).

Durch die neue, jetzt für ganz Deutschland einheitliche Gestaltung, wonach von dem Protest eine **beglaubigte Abschrift** zurückzubehalten ist, besteht nunmehr die Möglichkeit einer Ausfertigung von Protesten nicht mehr (vgl. auch Art. 87 Anm. 8).

Art. 90. Anm. 5. Bei Verlust des Originalprotestes, für den es, wie schon hervorgehoben, ein Aufgebotsverfahren nicht gibt, brauchen daher weder die Aussteller noch die Indossanten des Wechsels zu zahlen (vgl. Art. 41 Anm. 5), ähnlich wie dies schon früher in Preußen der Fall war. Weitere beglaubigte Abschriften, die von der zurückbehaltenen beglaubigten Abschrift des Protestes gefertigt werden, sind der Wiederherstellung des Protestes in keiner Weise gleich zu achten, wie sich aus den im Abs. 1 dieser Anmerkung und in Art. 87 Anm. 8 dargelegten Gründen ergibt. Die ganze Neugestaltung des Protestverfahrens (namentlich auch die Vorschriften in Art. 88a und 88b) widerspricht einer Annahme, laut der diese beglaubigte Abschrift von der zurückbehaltenen beglaubigten Abschrift dem Protest gleichwertig wäre. Anders Rehbein (Anm. 15), der die Ansicht vertritt, die zurückbehaltene beglaubigte Abschrift könne im Falle des Verlustes des Originals dazu dienen, das Original zu ersetzen, und sich auf Grünhut (II § 79 Anm. 81) beruft.

Anm. 6. 2. **Zurückzubehalten** ist von dem Protestbeamten eine **beglaubigte Abschrift der Protesturkunde** (diese ist in Preußen stempelfrei, wie bisher). Die Abschrift kann auch eine auf mechanischem Wege hergestellte Kopie sein. Hierüber waren unbegründete Zweifel in der Reichstagskommission entstanden, die aber im Reichstage selbst durch eine im Namen der verbündeten Regierungen abgegebene Erklärung des Staatssekretärs der Justiz zurückgewiesen wurde (vgl. Verhandlungen des Reichstags v. 2. Mai 1908 S. 5029 und 5030).

Über den Inhalt des Wechsels oder der Kopie ist, da die Protesturkunde eine Abschrift des Wechsels nicht mehr enthält, **ein Vermerk aufzunehmen**; der Vermerk hat die fünf im Abs. 2 des vorliegenden Artikels hervorgehobenen Angaben zu enthalten. Der Vermerk braucht weder unterzeichnet noch unterstempelt (oder untersiegelt) noch datiert zu werden, wie schon die Vergleichung mit Art. 88 Abs. 2 ergibt. Daß die Anfertigung der beglaubigten Abschrift und des Vermerks durch Benutzung von Formularen erleichtert werden kann, ist selbstverständlich (vgl. Begr. S. 13).

Die beglaubte Abschrift und der Vermerk brauchen nicht *innerhalb der Protestfrist* hergestellt zu werden (vgl. Art. 87 Anm. 10 und Art. 88 Anm. 50 und 53).

Anm. 7. 3. Die Abschriften und Vermerke sind vom Protestbeamten **geordnet aufzubewahren.** Beim Postprotest ist die betreffende Postanstalt die Aufbewahrungsstelle. Geordnet das heißt nach der Zeitfolge geordnet. — Nach der preußischen JMVerf. v. 16. 9. 08 (JMBl. 08, 339) zu A V § 2b sollen die *Notare* (ebenso die Gerichtsschreibereien, dort zu B) die Protestabschriften in Sammelakten einheften und sie innerhalb eines jeden Bandes mit *fortlaufenden Nummern* versehen; die Gerichtsvollzieher sollen, wenn ein Band 200 Nummern enthält, einen neuen Band anlegen (a. a. O. S. 348).

Anm. 8. 4. Die Vorschriften in Abs. 2 und 3 des vorliegenden Artikels haben, wenngleich sie die Ausdrücke brauchen: „*ist zurückzubehalten*", ... „*ist aufzunehmen*" ... „*sind aufzubewahren*" keine Bedeutung für die Gültigkeit des Protestes. Dieser ist vorher zustande gekommen und fertig (Art. 88 Anm. 53). Sie sind Ordnungsvorschriften für den Protestbeamten, deren Vernachlässigung disziplinare Ahndung, aber auch Regreßverbindlichkeiten zur Folge haben kann. Die Aufbewahrungspflicht erstreckt sich auf die ganze Amtszeit des Beamten.

Anm. 9. 5. Die Sammlung der beglaubigten Abschriften von den aufgenommenen Protesten hat öffentlichen Glauben (RGStr. 1, 426).

Auf Verlangen haben die Protestbeamten den Parteien, nicht bloß den Auftraggebern weitere beglaubigte oder einfache Abschriften zu erteilen (vgl. 5. Aufl. Anm. 4 zu Art. 90).

Anm. 10. **Zusatz.** In den **fremden Rechten** finden sich ähnliche Vorschriften, wie sie der frühere Artikel 90 (abgedruckt oben Einl.) enthielt.

Ausländische Protesturkunden, die in ihrer äußeren Form unverdächtig erscheinen, haben die Vermutung der Echtheit für sich; hierbei entscheidet nach § 438 ZPO. das Ermessen des Gerichts nach den Umständen des Einzelfalls (ROHG. 1, 242; 3, 127; Rehbein Anm. 17).

XVII. Ort und Zeit für die Präsentation und andere im Wechselverkehre vorkommende Handlungen.

Artikel 91.

Die Präsentation zur Annahme oder Zahlung, die Protesterhebung, die Abforderung eines Wechselduplikats sowie alle sonstigen, bei einer bestimmten Person vorzunehmenden Akte müssen in deren Geschäftslokal und in Ermangelung eines solchen in deren Wohnung vorgenommen werden. An einer anderen Stelle, z. B. an der Börse, kann dies nur mit beiderseitigem Einverständnisse geschehen. Art. 91.

Ist in dem Proteste vermerkt, daß sich das Geschäftslokal oder die Wohnung nicht hat ermitteln lassen, so ist der Protest nicht deshalb ungültig, weil die Ermittelung möglich war.

Die Verantwortlichkeit des Protestbeamten, der es unterläßt, geeignete Ermittelungen anzustellen, wird durch die Vorschrift des Abs. 2 nicht berührt. Ist eine Nachfrage bei der Polizeibehörde des Ortes ohne Erfolg geblieben, so ist der Protestbeamte zu weiteren Nachforschungen nicht verpflichtet.

Einleitung. **Der vorliegende Artikel schreibt vor, in welcher Lokalität innerhalb der Ortschaft die wechselrechtlichen Handlungen, insbesondere die Präsentation des Wechsels vorzunehmen sind.** Von der Ortschaft, in der zu präsentieren ist, handelt der vorliegende Artikel nicht; hierüber vgl. Anm. 43 zu Art. 88.

Die Änderungen des vorliegenden Artikels durch das Protestgesetz sind kurz folgende:

1. In Abs. 1 ist nur eine Klarstellung erfolgt dadurch, daß es jetzt heißt „an einer andern Stelle" statt früher „an einem andern Orte". Unter den Worten „an einem andern Orte" war schon früher nur eine andere Stelle innerhalb derselben Gemeinde, eine andere Lokalität zu verstehen und verstanden worden (vgl. 5. Aufl. Einl. zu Art. 91). Das Protestgesetz hat das Wort „Ort" durch das Wort „Stelle" ersetzt, um dies außer Zweifel zu stellen, zumal im weiteren Verlauf des Artikels der Ausdruck „Ort" („bei der Polizeibehörde des Ortes") im Sinne von „Ortschaft", wie auch sonst in der Wechselordnung üblich, gebraucht wird.
2. (Abs. 2 und 3.) An Stelle der früher bei fruchtlosen Ermittelungen notwendigen Angabe, daß die Nachfrage bei der Polizeibehörde des Ortes fruchtlos geblieben sei, ist der Vermerk getreten, daß sich das Geschäftslokal oder die Wohnung nicht hat ermitteln lassen. Der Protestbeamte ist nicht mehr genötigt, gerade eine Nachfrage bei der Polizeibehörde zu halten, genügt vielmehr seiner Pflicht durch **geeignete Ermittelungen.** Nur ist er zu weiteren Nachforschungen nicht verpflichtet, wenn eine Nachfrage bei der Polizeibehörde ohne Erfolg geblieben ist, so daß also eine Erschwerung der Lage des Protestbeamten nicht eingetreten ist. Endlich braucht er die Nachfrage bei der Polizei nicht persönlich vorzunehmen (Begr. S. 14).

Gesetzgeberisch wäre folgende Gestaltung vorzuziehen gewesen. Weit einfacher als die Regelung durch Art. 91 wäre es, wenn die Präsentation usw. nur in dem im Wechsel angegebenen Geschäftslokal bzw. der dort angegebenen Wohnung vorgenommen zu werden brauchte. Denn durch die Angabe im Wechsel wird stillschweigend die Erklärung abgegeben, daß an der angegebenen Stelle wechselrechtliche Akte vorgenommen werden können. Sind Geschäftslokal oder Wohnung nicht angegeben, so hätte eine Nachfrage bei der Polizeibehörde zu erfolgen.

Art. 91. 1. **In erster Linie hat die Präsentation in dem Geschäftslokale des Protestaten zu erfolgen.**

Anm. 1. a) Im Geschäftslokal des Protestaten.

α) Das Geschäftslokal bedeutet die Stelle, an welcher der Gewerbetreibende gewöhnlich seinen Berufsgeschäften obliegt (RG. 16, 349), und zwar der Abwickelung der Regulierungsangelegenheiten, also dort, wo die Handlungsbücher, die Geschäftskorrespondenzen und die Kasse sich befinden (Kreis 24). Nicht nur der Gewerbetreibende hat ein Geschäftslokal, sondern auch viele andere Berufszweige, auch Beamte, z. B. Notare (Bolze 8 Nr. 366). Eine bloße Arbeitsstätte oder ein Lagerraum ist kein Geschäftslokal, namentlich nicht, wenn für den Geschäftsbetrieb mehrere Stellen bestehen und eine derselben als Arbeitsstätte nach der Geschäftssitte für Wechselhandlungen nicht geeignet erscheint (RG. 16, 349 zu den §§ 165, 168 ZPO.). Ein Gemüsekeller ist kein Geschäftslokal. Die Vorlegung im Geschäftslokal selbst in Abwesenheit des Präsentaten **(Platz-Abwesenheitsprotest)** ist ortsrichtig; es braucht nicht noch die Wohnung aufgesucht zu werden, auch nicht vom Protestbeamten (ROHG. 11, 398). Das Geschäftslokal im Konkurse ist das Geschäftslokal des Gemeinschuldners, wenn es als solches noch nicht endgültig aufgegeben ist und es sich als solches noch äußerlich darstellt (RG. 2, 26). Was für den Konkursfall gesagt ist, gilt auch für den Fall der Entmündigung (RG. 2, 24ff.). Und ebenso muß im Falle des Todes das letzte Geschäftslokal oder die letzte Privatwohnung des Protestaten von dem Protestbeamten aufgesucht werden; es liegt dann ein dem Satz 1 des Art. 91 entsprechender Fall vor; weitere Nachforschungen, insbesondere bei der Polizeibehörde sind nicht erforderlich (RG. 58, 48). — Das Geschäftslokal des Vormunds oder Erben oder Nachlaßpflegers braucht dagegen nicht aufgesucht zu werden (Bernstein 390). Vgl. jedoch auch Anm. 18 zu Art. 88. — Ist jemand in einem Geschäftslokal angestellt, so ist es nicht sein Geschäftslokal.

Anm. 2. β) Im wirklichen Geschäftslokal ist zu präsentieren. Es ist nicht etwa, wie bei der Ortschaft (vgl. Anm. 45 zu Art. 88), die im Wechsel vorhandene Bezeichnung absolut maßgebend, sondern es ist zu präsentieren in dem wirklichen Geschäftslokal des Protestaten zur Zeit der Protesterhebung (ROHG. 14, 263; 22, 403). Um diese festzustellen, dazu sind dem Protestbeamten besondere Pflichten auferlegt (vgl. unten Anm. 4ff.). Die auf dem Wechsel befindliche Angabe der Geschäfts- bzw. Wohnräume des Adressaten ist nur ein erleichternder Hinweis, aber nicht ausschlaggebend. Ergibt sich, daß der Vermerk unrichtig, oder daß eine Änderung seit Ausstellung des Wechsels eingetreten ist, so ist der Protest in den wirklichen Lokalitäten zu erheben. Lassen sich die wirklichen Lokalitäten nicht ermitteln, so sind die im Wechsel angegebenen jedenfalls aufzusuchen. Ist nach Girierung des Wechsels die ursprüngliche Angabe durchstrichen und durch Aufschrift eines andern Lokals ersetzt, so ist der Protest dem Giranten gegenüber ungültig, wenn der Beamte nur an der letzterwähnten Stelle, nicht auch an der ursprünglichen nachgeforscht hat (ROHG. 21, 357; s. auch unten Anm. 8).

Anm. 3. b) Findet der Protestbeamte das Geschäftslokal des Protestaten, sei es, daß der Wechsel es richtig bezeichnet, oder daß es ihm sonst bekannt ist (ROHG. 14, 262; 21, 357), so präsentiert er daselbst. Ob er den Protestaten anwesend findet oder nicht, ist gleichgültig. Er braucht nicht etwa, wenn er den Protestaten in seinem Geschäftslokal nicht findet, sich nach seiner Wohnung zu begeben, um zu versuchen, ob er ihn dort antrifft; sondern er erhebt in diesem Falle einen Abwesenheitsprotest (ROHG. 11, 398).

Anm. 4. c) Wenn aber der Wechsel ein Geschäftslokal nicht bezeichnet und ein solches auch sonst dem Protestbeamten nicht bekannt ist, so kommt es darauf an, ob der Protestat zu den Personen gehört, die regelmäßig sich eines Geschäftslokals bedienen (z. B. ein Kaufmann, eine Aktiengesellschaft, eine offene Handelsgesellschaft, ein Rechtsanwalt). Ergibt sich dies aus dem Wechsel, so hat der Protestbeamte geeignete

Ermittelungen nach dem Geschäftslokale des Protestaten zu halten und entlastet Art. 91.
sich durch eine Nachfrage bei der Polizeibehörde; ergibt es sich aus dem Wechsel nicht, Anm. 4.
so braucht er diese Nachforschungen nach dem Geschäftslokal nicht zu halten (ROHG. 25, 30; RG. 2, 59).

d) **Der Vermerk im Protest, daß sich das Geschäftslokal nicht hat ermitteln lassen, genügt** Anm. 5.
(vgl. Art. 88 Nr. 2 und dort Anm. 42). Er ist durch das Protestgesetz an die Stelle der früher in diesem Falle notwendigen Angabe getreten, es sei die Nachfrage bei der Polizeibehörde des Orts fruchtlos geblieben. Die Gültigkeit des Protestes wird dadurch nicht berührt, daß die Ermittelung möglich war; ein socher Gegenbeweis ist daher überhaupt nicht zuzulassen. Freilich wird dadurch die Verantwortlichkeit des Protestbeamten, der es unterläßt, geeignete Ermittelungen anzustellen, nicht berührt. Die Pflicht des Protestbeamten, wenn ihm das Geschäftslokal nicht bekannt ist, geht somit jetzt dahin, **geeignete Ermittelungen** anzustellen. Er ist nicht genötigt, gerade eine Nachfrage bei der Polizeibehörde vorzunehmen, aber eine solche Nachfrage genügt und entlastet ihn, wenn sie ohne Erfolg geblieben, von weiteren Nachforschungen (Abs. 3 des vorliegenden Artikels). Als geeignete Ermittelungen können sich im Einzelfalle darstellen: eine Nachfrage auf dem Handelsregistergericht nach dem Geschäftslokale des Protestaten, ja, auch das Nachschlagen in neuen gedruckten Nachweisungen über den Inhalt des Firmenregisters, ev. auch in zuverlässigen Adreßbüchern. Über Auskünfte, die dem Protestbeamten auf irgendeine Weise geworden sind, darf er, wenn beachtlich, nicht hinweggehen.

e) **Unter der Polizeibehörde des Ortes** ist die Polizeibehörde der betreffenden Ortschaft (vgl. Anm. 6.
die Einleitung) zu verstehen, und zwar der Ortschaft, **die im Wechsel bezeichnet ist.** Die Protestnovelle hat hieran nichts geändert (Art. 91a Anm. 2 a. E.). Für die Wirkung, die nach Art. 91 Abs. 3 mit einer Nachfrage des Protestbeamten bei der Polizeibehörde des Ortes verbunden ist, kommt es lediglich auf eine Erkundigung bei der Behörde des im Wechsel angegebenen Ortes an (s. a. Begr. S. 15).

Die Nachfrage ist nicht persönlich vorzunehmen; dies ergibt sich aus der Anm. 7.
geänderten Fassung des Art. 91 im Vergleich mit der vor dem Protestgesetz (früher hieß es: Nachfrage „des Notars oder des Gerichtsbeamten", jetzt nur: „Nachfrage"). Auch wird dies in der Begründung als Absicht der Neufassung ausdrücklich hervorgehoben. An welchen Beamten der Protestbeamte sich zu wenden hat, richtet sich nach der Organisation der betreffenden Behörde. Der Polizeisergeant ist nicht als Polizeibehörde des Ortes anzusehen, es sei denn, daß ihm die hier fragliche Zuständigkeit von der Zentralstelle eingeräumt ist (KG. in ROLG. 13, 301).

Die Nachfrage bei der Polizei ist, wenn andere geeignete Nach- Anm. 8.
forschungen nicht zu Gebote stehen oder nicht zum Ziele führen, sowohl dann empfehlenswert (früher war sie nötig), wenn der Wechsel eine Lokalität überhaupt nicht enthält (z. B. Herrn Friedrich Weber in Berlin), als auch dann, wenn an der im Wechsel bezeichneten Stelle ein Geschäftslokal nicht gefunden wurde, sei es, daß bloß eine Wohnung oder sonstiger Raum (Arbeitsstätte usw., siehe oben Anm. 1), oder daß überhaupt keine Lokalität des Protestaten gefunden wurde, vorausgesetzt, daß überhaupt Veranlassung vorliegt zur Annahme, daß der Protestat ein Geschäftslokal habe (vgl. oben Anm. 4). Die Nachfrage auf der Polizei wird dadurch überflüssig (anders früher für die Regel ROHG. 25, 211), daß der Protestbeamte in dem Hause, in welchem der Protestat bisher sein Geschäftslokal hatte, oder vom Auftraggeber oder sonst bestimmt in Erfahrung bringt, der Protestat sei nach einer andern Ortschaft verzogen, vorausgesetzt, daß im Einzelfall diese Ermittelungen als geeignete sich darstellen; die Nachfrage auf der Polizei entlastet, wie hier wiederholt werden mag, den Protestbeamten.

Jedenfalls aber ist, wenn die wirkliche Geschäftslokalität nicht zu ermitteln ist, die im Wechsel angegebene Geschäftslokalität aufzusuchen,

Art. 91. sonst genügt ein Windprotest nicht (ROHR. 21, 357; s. a. oben Anm. 2), auch dann
Anm. 8. nicht, wenn dem Protestbeamten glaubhaft bekannt geworden ist, daß der Protestat daselbst ein Geschäftslokal nicht oder nicht mehr habe (ROHG. 25, 211).

Anm. 9. Erfährt der Protestbeamte durch sonstige Nachforschungen oder auf der Polizei die gegenwärtige richtige Geschäftslokalität, so muß er sich dorthin begeben (ROHG. 14, 261; 21, 357; 22, 400), und verfährt hier wie oben Anm. 3.

Anm. 10. Hat er sich nach der auf der Polizei erfahrenen Adresse begeben und findet gleichwohl kein Geschäftslokal an dieser Stelle, so ist die Nachfrage bei der Polizei eben fruchtlos gewesen, eine nochmalige Nachfrage bei der Polizei ist nicht notwendig; er muß sich alsdann nach der Wohnung begeben (ROHG. 25, 33).

Anm. 11. Die Nachfrage bei der Polizei entlastet den Protestbeamten und überhebt ihn weiterer Nachforschungen selbst dann, wenn (wie z. B. in Berlin) die Polizeibehörde über Firmen keine Auskunft gibt, so daß der diesbezügliche Vermerk im Proteste in stereotyper Weise lautet: Der Beamte antwortete mir: Über Firmen geben wir keine Auskunft.

Anm. 12. 2. **In zweiter Linie hat die Präsentation in der Wohnung des Protestaten zu erfolgen.**

a) In zweiter Linie, oder, wie das Gesetz sagt: in Ermangelung eines Geschäftslokals. „In Ermangelung" bedeutet: wenn der Protestat ein Geschäftslokal nicht hat, oder wenn er nach seiner wechselmäßigen Bezeichnung ein solches haben kann, dasselbe aber nicht ermittelt ist. Wenn dagegen der Protest in der Wohnung aufgenommen wird, obgleich ein Geschäftslokal vorhanden ist, und dies nach seiner wechselmäßigen Bezeichnung anzunehmen war, so ist der Protest ungültig, es sei denn, daß sich der Protestat auf die Protesthandlung eingelassen hat. Ungültig wäre hiernach z. B. ein Protest des Inhalts: Ich begab mich nach der Wohnung des Kaufmanns Friedrich Müller und traf daselbst seine Ehefrau. Denn dieser Protest läßt nicht erkennen, daß nach dem Geschäftslokal vergeblich geforscht worden ist, obgleich der Protestat doch Kaufmann ist und daher präsumtiv ein Geschäftslokal hat. Auch kann, da der Protestat nicht angetroffen wurde, der Protest naturgemäß sein Einverständnis nicht enthalten.

Anm. 13. b) Die richtige Wohnung zur Zeit der Protesterhebung ist gemeint, nicht etwa zur Zeit der Wechselausstellung, noch weniger schlechtweg die im Wechsel angegebene Wohnung (vgl. oben Anm. 2). Wie die richtige Wohnung festzustellen ist, darüber siehe unten Anm. 15.

Anm. 14. c) Wird die richtige Wohnung ermittelt, so ist dort zu präsentieren oder die Präsentation zu versuchen. Ob der Protestat anwesend ist oder nicht, ist gleichgültig. Der Protestbeamte braucht nicht etwa, wenn er dort erfährt, daß der Protestat auf der Börse oder im Gasthause sei, dorthin zu gehen, sondern er nimmt einen Abwesenheitsprotest auf (vgl. oben Anm. 3). Der in der richtigen Wohnung erhobene Protest ist (natürlich mangels Feststellung eines Geschäftslokals) jedenfalls gültig. Kennt der Protestbeamte die richtige Wohnung, so erübrigen sich weitere Nachforschungen etwa bei der Polizei, und es verschlägt auch nichts, daß die richtige Wohnung mit der im Wechsel angegebenen nicht übereinstimmt (Grünhut Hdb. II § 79 Anm 62). Immer vorausgesetzt, daß die Ortschaft die im Wechsel angegebene ist, abgesehen von dem im Art. 91a behandelten Falle benachbarter Ortschaften (Anm. 45 zu Art. 88).

Anm. 15. d) Wenn die Wohnung des Protestaten nicht bekannt ist, sei es, daß der Wechsel keine benennt und der Protestbeamte sie auch nicht kennt, oder daß die im Wechsel angegebene sich als die richtige nicht erwiesen hat, so hat der Protestbeamte hinsichtlich der Emittelung der Wohnung entsprechend ebenso zu verfahren, wie dies in den Anm. 5—11 hinsichtlich d r Ermittlung des Geschäftslokals geschildert ist. **Der Vermerk im Protest, daß sich die Wohnung nicht hat ermitteln lassen, genügt;** Gegenbeweis ist nicht zuzulassen, ohne daß freilich hierdurch die Verantwortlichkeit des Protestbeamten wegen

Unterlassung geeigneter Ermittelungen berührt wird (vgl. Anm. 5). Der Protestbeamte **Art. 91.** hat somit geeignete Ermittelungen nach der Wohnung anzustellen. Er deckt sich Anm. 15. durch eine Nachfrage bei der Polizeibehörde des Ortes, die im Wechsel angegeben ist (s. oben Anm. 12). Die Nachfrage braucht nicht persönlich vorgenommen zu werden. Über alle einschlägigen Fragen vgl. die Erläuterungen zu 5—11.

Steht eine Handelsgesellschaft in Frage (offene Handelsgesellschaft, Aktiengesellschaft, Gesellschaft mit beschränkter Haftung), so braucht nach einer Wohnung nicht nachgeforscht zu werden; vielmehr wird, wenn das Geschäftslokal nicht gefunden wird, der Protest als Windprotest abgeschlossen (Bernstein 391).

Ist der Wechselprotest im Gebäude einer auswärtigen Gesandtschaft zu- Anm. 15a. lässig? Das KG. (Mugdan-Falkmann 5, 95 f.) hatte — es handelte sich um den Protest gegen den Küchenchef des österreichischen Botschafters in Berlin, Kronprinzenufer 14 — erklärt, der Protest hätte in dem Botschaftshotel erhoben werden können und müssen, der vom Notar auf Nachfrage bei dem Einwohnermeldeamt erhobene Windprotest sei daher ungültig. Das RG. — DJZ. 06, 487; JW. 06, 162[6] — erklärt die Frage für zweifelhaft, scheint aber dahin zu neigen, in der Protestaufnahme die Ausübung eines staatlichen Hoheitsrechts zu sehen, gegen welche die Exterritorialität schütze. Bei der Zweifelhaftigkeit der Frage hat es die Regreßpflicht des Notars, die von den ersten Instanzen angenommen war, verneint.

3. **Diese Präsentationslokalitäten aus Abs. 1 Satz 1 sind nicht absolut maßgebend: im Einverständnis mit dem Protestaten** kann die Präsentation **auch an einer andern Stelle** innerhalb der Ortschaft (über den Begriff von Stelle s. oben Einl.), z. B. an der Börse, in einer Generalversammlung, in welcher der Protestat sich gerade befindet, in dem Geschäftslokal, in welchem der Protestat als Handlungsgehilfe oder als Direktor angestellt ist, usw. erfolgen. Das Einverständnis des Protestaten ist erforderlich, also beim echten Domizilwechsel und seit dem Protestgesetz beim sog. Zahlstellenwechsel mit benanntem Dritten das Einverständnis des Domiziliaten (Art. 43 Abs. 2) bzw. des Zahlungsleisters. Über die Identität des Protestaten wird sich der Protestbeamte Gewißheit verschaffen müssen, da er an einer andern Stelle, als der gewöhnlichen protestiert (vgl. auch Art. 92 Anm. 8). Dieses Einverständnis hat Rechtswirksamkeit gegen alle Wechselverpflichteten. Voraussetzung ist jedoch, daß die Vereinbarung von dem getroffen wird, der den Protest auch tatsächlich vornehmen läßt. Ist die Verabredung von einem andern Wechselbeteiligten getroffen, so ist sie, falls der Wechsel entsprechend geändert wird, allerdings für einen späteren Wechselnehmer von Bedeutung. Für die übrigen Wechselbeteiligten verbleibt es jedoch bei der ursprünglichen Zahlungsstelle, so daß es zur Begründung eines Regreßanspruches gegen sie einer ordnungsmäßigen Protesterhebung an der ursprünglichen Zahlstelle bedarf (RG. 66, 295). Das Einverständnis kann ausdrücklich oder auch stillschweigend geschehen und liegt schon darin, daß der Protestat sich auf die Präsentationsverhandlung ohne Widerspruch einläßt (ROHG. 1, 142; RG. 66, 295). Das RG. in JW. 03, 51[21] nimmt sogar folgendes an: Der Akzeptant hatte seiner Unterschrift den Vermerk hinzugefügt: Ferdinandstr. 25II. Dort war in Wahrheit nicht sein Geschäftslokal. Aber das RG. meint, durch jenen Vermerk habe der Akzeptant die Erklärung abgegeben, daß wechselrechtliche Akte, welche auf das vorliegende Akzept Bezug haben, wirksam in dem Lokal Ferdinandstraße 25II vorgenommen werden könnten. Darin liege ein beiderseitiges Einverständnis im Sinne unseres Artikels. Mit dem Einverständnis des Protestaten kann die Präsentation auch in der Wohnung des Notars erfolgen (OTr. Stuttgart bei Borchardt Zus. 902). Die Ausnahmevorschrift des Art. 91 Satz 2 bezieht sich nicht auf solche Fälle, in denen die Handlung, insbesondere die Protesterhebung in Abwesenheit des davon Betroffenen vorgenommen wird (RG. 66, 295; JW. 07, 544[6]).

Über die Beurkundung des Einverständnisses vgl. Art. 88 Anm. 1 gegen Ende; das Einverständnis ist zu beurkunden, es sei denn, daß es sich stillschweigend aus dem

Art. 91. Anm. 16. Inhalt des Protestes ergibt, wie dies in einzelnen der im vorigen Absatz erwähnten Entscheidungen der Fall war. Eine Beurkundung der Identität des Einwilligenden und des Protestaten ist nicht erforderlich (a. M. Rehbein zu Art. 87ff. Anm. 5 a. E., vgl. auch Art. 91a Anm. 9).

Hinsichtlich der Ortschaft gilt alles Vorstehende nicht; die Ortschaftsvorschrift ist absolut, der Protestat kann durch sein Einverständnis hieran nichts ändern, abgesehen von den in Art. 91a Abs. 1 Satz 2 behandelten Fällen benachbarter Orte (vgl. Anm. 45 zu Art. 88 und Erläuterungen zu Art. 91a).

Anm. 17. 4. **Was die Beurkundung über das Protestlokal betrifft,** so braucht der Protest das Protestlokal in der Regel nicht zu erwähnen. Der Protestbeamte braucht nicht zu beurkunden, in welchem Geschäftslokal oder in welcher Wohnung er die Präsentation vorgenommen habe (vgl. Art. 88 Anm. 47). Es wird vermutet, daß dies in der richtigen Lokalität geschehen ist (OTr. Berlin bei Borchardt Zus. 871a), oder daß der Protestat mit der Wahl des unrichtigen Lokals einverstanden gewesen ist (ROHG. 1, 144). Gegenbeweis ist zulässig (vgl. Art. 87 Anm. 18 Abs. 2). Wenn der Protestbeamte Geschäftslokal oder Wohnung nicht ermittelt hat, so genügt die Beurkundung, daß sich das Geschäftslokal oder die Wohnung nicht hat ermitteln lassen; der Gegenbeweis, daß die Ermittelung möglich war, hat auf die Gültigkeit des Protestes keinen Einfluß (Abs. 2 des vorl. Artikels). Die Ermittelungen, die der Protestbeamte vorgenommen hat, braucht er nicht zu beurkunden; die Erfüllung seiner Pflicht wird bei ihm vorausgesetzt, wobei freilich Gegenbeweis statthaft ist (vgl. Art. 87 Anm. 6 und 18 letzter Absatz, sowie Anm. 27 zu Art. 88). Er wird aber gut tun, eine etwaige Nachfrage bei der Polizeibehörde zu beurkunden, weil die Erfolglosigkeit dort ihn von weiteren Nachforschungen entbindet (Abs. 3 des vorl. Artikels). Es wird vermutet, daß der Protestbeamte auf der Polizei bei den zuständigen Beamten nachgefragt habe; desgleichen werden seine Angaben über die Qualität des Lokals bis zum Beweise des Gegenteils als richtig vermutet (ROHG. 14, 261; RG. 2, 23).

Anm. 18. 5. **Die Vorschriften über die Präsentation in der richtigen Lokalität beziehen sich nicht bloß auf die amtliche, sondern auch auf private Präsentation.** Auch bei der privaten Präsentation besteht die Pflicht zu geeigneten Ermittelungen, und empfiehlt sich eine Erkundigung bei der Polizeibehörde, sonst könnte angenommen werden, daß keine gehörige Präsentation vorliege (vgl. entsprechende Entscheidung für das Recht vor der Protestnovelle bei Bolze 8 Nr. 366).

Anm. 19. **Zusatz 1.** Über die „sonstigen bei einer bestimmten Person vorzunehmenden Akte", von denen der Eingang des vorl. Artikels nach Anführung von Einzelfällen spricht, vgl. Art. 91a Anm. 2.

Anm. 20. **Zusatz 2. Fremde Rechte.** Frankreich, Belgien und England bestimmen Ähnliches wie der Abs. 1 des vorl. Artikels (Späing 267).

Artikel 91a.

Art. 91a. Eine in dem Geschäftslokal oder in der Wohnung eines Beteiligten vorgenommene Handlung ist auch dann gültig, wenn an Stelle des Ortes, in welchem das Geschäftslokal oder die Wohnung liegt, ein benachbarter Ort in dem Wechsel angegeben ist. Mit beiderseitigem Einverständnisse können auch in anderen Fällen die bei einem Beteiligten vorzunehmenden Handlungen an einem Orte erfolgen, der dem im Wechsel angegebenen Orte benachbart ist.

Welche Orte im Sinne dieser Vorschriften als benachbarte anzusehen sind, bestimmt der Bundesrat; die Bestimmung ist im Reichs-Gesetzblatte bekannt zu machen.

Die vorliegende, durch das Protestgesetz neu eingefügte Vorschrift bringt für Orte, die Art. 91 a.
der Bundesrat als benachbarte bestimmt, zwei Ausnahmen von dem Prinzip, daß wechsel- Einleitung.
rechtliche Handlungen an dem im Wechsel angegebenen Orte vorzunehmen sind.

1. Die Regel ist, daß die wechselrechtlichen Handlungen an einem bestimmten Orte (im Sinne von Ortschaft) vorzunehmen sind (vgl. z. B. Art. 43 Anm. 3). Welches die richtige Ortschaft ist, ergibt sich aus anderweiten Bestimmungen der Wechselordnung. So sind alle die wechselrechtlichen Handlungen, die sich auf die Zahlung beziehen, (also die Präsentation zur Zahlung, der Protest mangels Zahlung) am Zahlungsorte des Wechsels vorzunehmen. Dieser bestimmt sich nach den Artt. 4 Nr. 8, 24, 43. Der Wechselzahlungsort soll überhaupt im allgemeinen für die wechselrechtlichen Handlungen maßgebend sein, soweit nicht Sondervorschriften vorliegen. So ist der Ort der Akzepteinholung (Art. 19, 20 Anm. 4) der Wohnort des Trassaten, nicht der im Domizilvermerk angegebene Ort. So wird ferner der Ausfolgungsprotest am Wohnort des im Wechsel vermerkten Verwahrers zu erheben sein (vgl. Art. 69 Anm. 2 und Art. 88 Anm. 44). Anm. 1.

Aus praktischen Gründen werden von der obigen Regel zwei bestimmt umgrenzte Ausnahmen geschaffen, von denen die eine im Satz 1 (vgl. unten Anm. 4 ff.), die andere im Satz 2 (vgl. unten Anm. 8 ff.) des Abs. 1 behandelt ist.

2. **Welches sind die in dem Geschäftslokal oder in der Wohnung bei einem Beteiligten vorzunehmenden wechselrechtlichen Handlungen?** Der Art. 91 beginnt mit einer Aufzählung solcher Akte und nennt als solche einzeln: „die Präsentation zur Annahme oder Zahlung, die Protesterhebung, die Abforderung eines Wechselduplikats" und schließt sodann mit einer Generalklausel sowie „alle sonstigen bei einer bestimmten Person vorzunehmenden Akte". Genau das gleiche meinen die beiden Sätze im Abs. 1 des Art. 91 a, wenn der erste „von einer in dem Geschäftslokale oder in der Wohnung eines Beteiligten vorgenommenen Handlung", der zweite von den „bei einem Beteiligten vorzunehmenden Handlungen" spricht. Sonstige Einzelfälle solcher Handlungen, abgesehen von den im Eingang des Art. 91 ausgezählten, ergeben sich aus den Arten des Protestes über die verschiedenen wechselrechtlichen Leistungen (vgl. Art. 88 b Anm. 1). Anm. 2.

Zu den bei einem Beteiligten vorzunehmenden wechselrechtlichen Handlungen im Sinne des vorliegenden Art. 91 a gehört nicht die Nachfrage bei der Polizeibehörde (vgl. Art. 91 Anm. 6). Diese also kann nur bei der Behörde des im Wechsel angegebenen Ortes, nicht eines benachbarten Ortes, geschehen, selbst wenn die sonstigen Voraussetzungen des Art. 91 a vorlägen.

3. Ort bedeutet im Art. 91 a stets Ortschaft im Sinne einer politischen Gemeinde (vgl. Art. 4 Anm. 37), während davon, an welcher Stelle innerhalb der Ortschaft die wechselrechtlichen Handlungen vorzunehmen sind, der Art. 91 handelt (s. dort Einl.). Anm. 3.

Für die Anwendung der vorliegenden Vorschrift genügt es aber nicht, daß Ortschaften einander benachbart sind, vielmehr ist eine im Reichsgesetzblatt bekanntzumachende Bestimmung des Bundesrats darüber notwendig, daß gewisse Orte im Sinne des Art. 91 a als benachbarte anzusehen seien (Abs. 2 des vorl. Artikels). **Eine solche Bekanntmachung ist bisher — Ende Oktober 1908 — nicht ergangen. So lange sie nicht ergeht, steht der vorliegende Paragraph auf dem Papier und übt keine Wirksamkeit aus. Der Rechtszustand ist so lange demjenigen gleich, der vor der Protestnovelle galt.**

4. Die beiden durch Art. 91 a geregelten Ausnahmen von der oben (Anm. 1) besprochenen Regel sind folgende: Anm. 4.

a) Nach Satz 1 ist eine in dem Geschäftslokal oder der Wohnung eines Beteiligten vorgenommene Handlung auch dann gültig, wenn an Stelle des Ortes, in welchem das Geschäftslokal oder die Wohnung liegt, **ein benachbarter Ort in dem Wechsel angegeben ist.** Der Fall ist folgender: Im Verkehr werden benachbarte Gemeinden

Art. 91a. Anm. 4 sehr oft als eine Ortschaft angesehen. So ist bekannt, daß die vielen Vororte, die um Berlins Peripherie liegen und teils mit ihm baulich verwachsen sind, die aber selbständige Gemeinden bilden, in vielen Straßenzügen als zu Berlin gehörig vom Verkehr bezeichnet werden. So z. B. gehört Nollendorfstraße 20 zu Schöneberg, es wird aber verkehrsüblich — sanktioniert übrigens auch durch postalische Einrichtungen — von Berlin, Nollendorfstraße 20 gesprochen. Auch im Wechselverkehr ist dieser Gebrauch ein vorherrschender. In der Adresse der Tratte heißt es für die Regel nicht: „Herrn Adolf Müller, Schöneberg, Nollendorfstraße 20", sondern „Herrn Adolf Müller, Berlin, Nollendorfstraße 20". Nach der vor der Protestnovelle in der Wissenschaft herrschenden Auffassung konnte in einem solchen Falle der Protest nicht in dem wirklichen Geschäftslokal zu Schöneberg, Nollendorfstraße 20 rechtsgültig aufgenommen werden. Das Reichsgericht war allerdings, wie schon in Art. 4 Anm. 48 von uns hervorgehoben worden ist, dieser Auffassung entgegengetreten und hatte einen im vorausgesetzten Falle zu Schöneberg, Nollendorfstraße 20 in dem wirklichen Geschäftslokal aufgenommenen Protest auch für gültig erklärt. Eine gesetzliche Regelung war, um den Zweifeln und Mißständen entgegenzutreten, geboten. Der Art. 91a schließt sich der Auffassung des Reichsgerichts an. (So lange die Anm. 3 erwähnte Bekanntmachung des Bundesrats nicht ergeht, bleibt res integra: ein solcher Wechsel läßt nach der Auffassung des Reichsgerichts beide Protestmöglichkeiten zu. Da aber das Reichsgericht seine Ansicht ändern kann, ist der Praxis nur die erste Protestmöglichkeit zu empfehlen, bis der Bundesrat gesprochen hat.)

Zur Vermeidung von Zweifeln und Mißverständnissen sei hervorgehoben, daß Vororte, welche eingemeindet sind, mit dem Hauptort eine Ortschaft im Sinne der Wechselordnung bilden. Weiter, daß die Adresse Berlin-Schöneberg, Nollendorfstraße 20, nicht zu den im Satz 1 des vorliegenden Artikels vorgesehenen Fällen gerechnet werden kann. Denn hier ist nur ein Ort (nämlich Schöneberg), angegeben und zwar der Ort, in welchem das wirkliche Geschäftslokal oder die wirkliche Wohnung liegt; es ist nicht an Stelle dieses Orts ein benachbarter im Wechsel angegeben, wie Satz 1 voraussetzt.

Anm. 5 α) Der Satz 1 des vorliegenden Artikels bestimmt etwa nicht, daß es zur Gültigkeit des Protestes erforderlich sei, ihn im wirklichen Geschäftslokal oder in der wirklichen Wohnung vorzunehmen, sondern er sagt nur, daß ein solcher Protest „auch gültig" sei. Gültig bleibt daher auch die vor der Protestnovelle im Anschluß an die herrschende Meinung übliche Protestaufnahme, nämlich die in Form eines Windprotestes in der auf dem Wechsel als Wohnort des Protestaten genannten Gemeinde. Hiernach kann der Protestbeamte sich, wenn der Wechsel die Adresse trägt: Herrn Adolf Müller, Berlin, Nollendorfstraße 20, nach wie vor der Form des Windprotestes bedienen, indem er feststellt (am besten durch Nachfrage auf der Polizei, die nicht persönlich zu sein braucht), daß es in Berlin keine Nollendorfstraße gibt.

Anm. 6 β) Voraussetzung für die Anwendung des Satzes 1 ist, daß an Stelle des Orts, in welchem das wirkliche Geschäftslokal oder die wirkliche Wohnung liegt, ein benachbarter Ort in dem Wechsel angegeben ist.

Anm. 7 γ) Sind auch Präsentation zur Zahlung und Protesterhebung mangels Zahlung die häufigsten für die Anwendung der hier fraglichen Vorschrift in Betracht kommenden Fälle, so mag doch auch auf einzelne andere Fälle hingewiesen werden: den Fall einer Akzepteinholung oder Datierungseinholung (Art. 20 Anm. 4), den Fall des Sicherheitsprotestes (Art. 29 Anm. 3).

Anm. 8 b) Nach Satz 2 des Abs. 1 können **mit beiderseitigem Einverständnis** auch in anderen Fällen, als in denen des Satzes 1 (wo vorausgesetzt ist, daß an Stelle des Ortes des wirklichen Geschäftslokals oder der wirklichen Wohnung ein benachbarter Ort im Wechsel angegeben ist), die bei einem Beteiligten vorzunehmenden Handlungen an einem Orte erfolgen, der dem im Wechsel angegebenen Orte benachbart ist. Wir

haben uns bei dieser Wiedergabe des Inhalts des Satzes 2 an die etwas unglückliche **Art. 91 a.**
Fassung des Satzes 2 („auch in anderen Fällen") gehalten. In Wirklichkeit ist im Anm. 8.
Satz 2 nicht von anderen Fällen die Rede als im Satz 1. Beide Sätze umfassen nämlich alle bei einem Beteiligten vorzunehmenden wechselrechtlichen Handlungen. Der Satz 2 stellt nur für die Möglichkeit der Vornahme in einem benachbarten Orte eine andere Voraussetzung auf als der Satz 1, nämlich die Voraussetzung beiderseitigen Einverständnisses und besagt kurz gefaßt: **daß mit beiderseitigem Einverständnis die bei einem Beteiligten vorzunehmenden Handlungen an einem Orte erfolgen können, der dem im Wechsel angegebenen benachbart ist.** Auch diese Bestimmung entspringt praktischen Rücksichten. Es ist an Fälle gedacht wie folgende: daß ein Wechsel mit Zustimmung des Schuldners an der Börse eines dem Zahlungsorte benachbarten Ortes oder in dem im Nachbarort belegenen Geschäftszimmer des beauftragten Notars protestiert wird, z. B. daß ein die Adresse: Herrn Adolf Müller, Schöneberg, tragender Wechsel auf der Börse in Berlin protestiert wird (Begr. S. 14). Dies war vor der Protestnovelle nicht zulässig; der Art. 91 Abs. 1 Satz 2 hat nicht eine andere Ortschaft, sondern nur eine andere Stelle innerhalb derselben Gemeinde im Auge. Nunmehr ist mit beiderseitigem Einverständnis dies zulässig.

α) „Mit beiderseitigem Einverständnis". Die Beurkundung der Zustimmung Anm. 9.
des Protestaten im Protest ist zur Legalität des Protestes für die Regel erforderlich; freilich kann sich die Zustimmung auch stillschweigend aus dem Inhalt der Urkunde ergeben (vgl. Art. 88 Anm. 1 gegen Ende und Art. 91 Anm. 16). **Die Beurkundung der Identität des Einwilligenden und des Protestaten ist nicht erforderlich** (a. M. Rehbein Art. 87 ff. Anm. 5 a. E.; vgl. auch Art. 90 Anm. 16), wenn sich auch der Protestbeamte über die Identität selbst hier Gewißheit verschaffen muß (vgl. den Grund in Art. 92 Anm. 8).

β) Abgesehen vom beiderseitigen Einverständnis ist weiter vorausgesetzt, daß die vor- Anm. 10.
zunehmende Handlung in einem Orte erfolgt, der dem im Wechsel angegebenen Orte als benachbart vom Bundesrat erklärt ist (vgl. oben Anm. 6).

γ) Die Beispiele der wechselrechtlichen Akte sind die gleichen, wie in Satz 1. Anm. 11.

5. Die Bestimmung des Bundesrats schafft nicht etwa benachbarte Orte **schlechthin zu einer** Anm. 12.
Ortschaft im Sinne der Wechselordnung um. Auch trotz einer solchen Bestimmung hat der Wechsel nur einen Zahlungsort im Sinne der Wechselordnung (vgl. Art. 4 Anm. 48). Vielmehr ist die Nachbarschaft „nur im Sinne dieser Vorschriften", wie im Abs. 2 ausdrücklich bestimmt ist, das heißt im Sinne der beiden durch Abs. 1 vorgesehenen Ausnahmevorschriften als vorliegend anzusehen. **Also die Gültigkeit wechselrechtlicher Handlungen ist für vom Bundesrat als benachbart erklärte Orte unter gewissen Voraussetzungen ausgesprochen.** Eine weiter tragende Bedeutung hat der Art. 91a nicht. — Im Rechtsleben sind übrigens ähnliche Bestimmungen nicht unbekannt. Hingewiesen sei auf den § 30 HGB. Abs. 4: „Durch die Landesregierungen kann bestimmt werden, daß benachbarte Orte oder Gemeinden für einen Ort oder für eine Gemeinde im Sinne dieser Vorschriften (das heißt bestimmter firmenrechtlicher Vorschriften) anzusehen sind."

Die Begründung (S. 15) erörtert eingehend die Frage, ob nicht besser dem Bundesrate die Befugnis zu erteilen gewesen wäre, benachbarte Orte schlechthin für einen Ort im Sinne der Wechselordnung zu erklären. Sie verneint diese Frage aus zutreffenden Erwägungen, die interessant genug sind, um sie hier wiederzugeben. Würde der Bundesrat benachbarte Orte zu einem Ort im Sinne der Wechselordnung schlechthin erklären können, so würde dies namentlich zur Folge haben, daß in allen Fällen, in denen trotz der den kommunalen Verhältnissen nicht entsprechenden Ortsangabe feststeht, wo sich das Geschäftslokal oder die Wohnung des Protestaten befindet, die Erhebung eines Windprotestes nicht nur nicht erforderlich, sondern auch nicht zulässig wäre. Für andere Fälle würde aber eine solche Regelung große Schwierigkeiten mit

Art. 91 a. Anm. 12. sich bringen. Erginge beispielsweise für Berlin und seine Vororte eine entsprechende Anordnung des Bundesrats, so würde sich fragen, wo der Protestbeamte den Versuch zur Protesterhebung machen soll, wenn der Wechsel als Wohnort des Bezogenen Berlin oder einen Vorort oder etwa einen Doppelnamen (Berlin-Charlottenburg) angibt, für das Geschäftslokal oder die Wohnung aber eine Straße anführt, die in mehreren der vereinigten Orte vorkommt. Eine ähnliche Frage erhebt sich, wenn der Wechsel in bezug auf das Geschäftslokal oder die Wohnung eine unrichtige Straßen- oder Nummernangabe oder überhaupt keine Angabe enthält. Das Gesetz müßte hier darüber Aufschluß geben, an welchen Orten der Protestbeamte den Versuch zur Ermittelung des Geschäftslokals oder der Wohnung zu machen hat und ob namentlich die im Art. 91 Abs. 3 (neuer Fassung) vorgesehene Wirkung der Nachfrage bei der Polizeibehörde nur unter der Voraussetzung eintreten soll, daß der Protestbeamte bei den Polizeibehörden aller Nachbarorte Nachfrage gehalten hat, oder ob es genügen soll, daß er sich an die Behörde des auf dem Wechsel befindlichen Ortes oder des Ortes, zu dem die angegebene Straße gehört, oder, falls der Straßenname in mehreren Orten vorkommt oder die Straße durch mehrere Orte sich hindurchzieht, an die Behörden aller dieser Orte gewendet hat. Die Anordnung, daß mehrere Orte im Sinne der Wechselordnung als ein Ort anzusehen sind, ließe sich demnach für die Protesterhebung nicht ohne Hinzufügung von kasuistischen oder sehr verwickelten Bestimmungen durchführen.

Artikel 92.

Art. 92. **Verfällt der Wechsel an einem Sonntag oder allgemeinen Feiertage, so ist der nächste Werktag der Zahlungstag. Auch die Herausgabe eines Wechselduplikats, die Erklärung über die Annahme sowie jede andere Handlung können nur an einem Werktage gefordert werden. Fällt der Zeitpunkt, in welchem die Vornahme einer der vorstehenden Handlungen spätestens gefordert werden mußte, auf einen Sonntag oder allgemeinen Feiertag, so muß diese Handlung am nächsten Werktage gefordert werden. Dieselbe Bestimmung findet auch auf die Protesterhebung Anwendung.**

Die Proteste sollen nur in der Zeit von 9 Uhr Vormittags bis 6 Uhr Abends erhoben werden. Außerhalb dieser Zeit soll die Protesterhebung nur erfolgen, wenn die Person, gegen welche protestiert wird, ausdrücklich einwilligt.

Einleitung. Der vorliegende Artikel enthält in seinen beiden Absätzen zwei nicht miteinander in einem inneren Zusammenhang stehende Vorschriften. Es erklärt sich dies daraus, daß der zweite Absatz durch die Protestnovelle an den vorliegenden Artikel, der bisher nur einen Absatz enthielt, angehängt worden ist.

1. Der Abs. 1 enthält für den Fall **des Dazwischentretens von Sonn- und Feiertagen** in die kritische Zeit zwei Bestimmungen: a) eine Bestimmung, wann die wechselrechtliche Leistung frühestens verlangt werden kann; b) wann sie spätestens verlangt werden muß. Der Grundgedanke ist, daß an Sonn- und Feiertagen keine wechselrechtliche Handlung vorgenommen werden soll und braucht.

2. Der Abs. 2 enthält die Bestimmungen über die **Proteststunden.**

A. Die Einwirkung von Sonn- und Feiertagen (Abs. 1).

Anm. 1 1. **Frühestens** können die wechselrechtlichen Leistungen an dem Werktage gefordert werden, der auf den wechselmäßigen Verfalltag der Leistung folgt, wenn dieser ein Sonntag oder ein Feiertag ist. Das gilt insbesondere vom Zahlungstage, woraus sich ergibt, daß dieser vom Verfalltage verschieden ist (s. hierüber Anm. 14 zu Art. 4). **Spätestens** müssen die wechselrechtlichen Leistungen an dem Werktage gefordert werden, der sich **Art. 92.** ergibt, wenn man die in die kritische Zeit fallenden Sonn- und Feiertage von der Anm. 1. Fristberechnung ausscheidet (vgl. hierüber Anm. 13 zu Art. 41). Die Verschiebung der Verpflichtungen infolge eines Sonntags oder allgemeinen Feiertags steht jetzt im Einklang mit der Ordnung des § 193 BGB. für den bürgerlichen Verkehr (s. a. ZPO. § 222 Abs. 2, 3).

2. **Die Vorschrift ist verletzt, wenn an einem Sonntag oder allgemeinen Feiertag protestiert wird.** Welcher Religion der Protestat angehört, ist dabei gleichgültig. Der an einem Weihnachtstage aufgenommene Protest ist ungültig, auch wenn der Protestat ein Jude ist (ROHG. 2, 409). Umgekehrt haben die Juden keinen Anspruch auf Beachtung ihrer besonderen Festtage, auch wenn sie ihnen, wie das Versöhnungsfest, als besonders heilig gelten. — Der an einem Sonn- oder Feiertage aufgenommene Protest ist wirkungslos. Das Einverständnis des Protestaten ändert daran nichts (Rehbein Anm. 13). Anm. 2.

3. **Welches sind die allgemeinen Feiertage?** Es sind diejenigen, an denen nach staatlicher Anordnung die Geschäfte ruhen oder ruhen dürfen. Reichsgesetzlich sind sie nicht geregelt, so wünschenswert dies auch wäre. In den einzelnen Ländern herrschen darüber verschiedene Bestimmungen. Der Geburtstag des Kaisers ist kein allgemeiner Feiertag, der des Landesherrn ist es ebenfalls nirgends (vgl. OTr. Stuttgart bei Borchardt Zus. 907 Note 1a), auch nicht der Tag der Thronbesteigung des Landesherrn (OTr. Berlin bei Borchardt Zus. 907 Note 1b); auch nicht der Sedantag. **Allgemeine Feiertage sind vielmehr:** Anm. 3.

in Preußen: 1. der Neujahrstag, der Karfreitag, der Ostermontag, der Pfingstmontag und die beiden Weihnachtstage; 2. der Buß- und Bettag (jetzt der Mittwoch vor dem letzten Trinitatistage); 3. der Himmelfahrtstag; 4. in der Rheinprovinz auch der Allerheiligentag (1. November);

in Bayern: 1. die zu 1 bei Preußen genannten Tage; 2. die Buß- und Bettage; 3. (fast in dem ganzen Umfang der Monarchie) das Fronleichnamsfest, Heilige drei Könige (6. Januar), Mariä Lichtmeß (2. Februar), Joseph (19. März), Mariä Verkündigung (25. März), Johannistag (24. Juni), Peter und Paul (29. Juni), Mariä Himmelfahrt (15. August), Mariä Geburt (8. September), Aller Heiligen (1. November), Mariä Empfängnis (8. Dezember);

im Königreich Sachsen: 1. die zu 1 bei Preußen genannten Tage; 2. die Buß- und Bettage (Mittwoch vor Okuli und der Mittwoch vor dem letzten Sonntag nach Trinitatis); 3. Heilige drei Könige (6. Januar), der Reformationstag (31. Oktober);

in Baden: 1. die zu 1 bei Preußen genannten Tage; 2. die Buß- und Bettage; 3. Fronleichnamsfest und Allerheiligen.

Weitere Angaben bei Walter 44; Rehbein Anm. 2; Weißler Reichs-Archiv zu Art. 92 WO.

Die Vorschriften des Abs. 1 beziehen sich auch auf die **private Präsentation** (vgl. Art. 91 Anm. 18; anders bei den Vorschriften des Abs. 2, s. unten Anm. 9). Anm. 3a.

B. **Die Proteststunden** (Abs. 2).

Vor der Protestnovelle enthielt die Wechselordnung keine Bestimmungen darüber, daß der Protest zu einer bestimmten Stunde aufgenommen werden müßte. Aber die Landesgesetze enthielten darüber Bestimmungen. Die einzelnen Proteststunden waren ganz verschiedenartige (s. die genaueren Angaben in Staub-Stranz 5. Aufl. Anm. 4 zu Art. 92). Die Landesgesetze wurden von der herrschenden Meinung und den obersten Gerichten für gültig gehalten und zwar mit der Wirkung, daß die Nichtinnehaltung der Proteststunden den Protest ungültig machte. Anm. 4.

Schon lange war in der Praxis das Bedürfnis hervorgetreten, eine einheitliche Tageszeit für die Aufnahme des Protestes reichsgesetzlich einzuführen. Das Protestgesetz be-

Art. 92. stimmt nun — im Anschluß an den bisherigen Rechtszustand im größten
Anm 4. Teile Deutschlands — als Proteststunden die Zeit von 9 Uhr vormittags bis 6 Uhr abends. Die landesgesetzlichen Vorschriften über die Proteststunden sind dadurch außer Kraft getreten, und es ist dieses Gebiet damit nach bekannten Rechtsgrundsätzen auch einer künftigen landesgesetzlichen Regelung entzogen.

Anm. 5. 1. **Welchen Charakter hat die Vorschrift über die Proteststunden?** Die Innehaltung der Proteststunden ist, abweichend von der früheren Rechtsprechung (vgl. Anm. 4), nur instruktioneller Natur, wie sich aus dem Wortlaut („sollen") ergibt (Begr. S. 16). Der Protest bleibt also gültig, auch wenn er außerhalb der vorgeschriebenen Tageszeit vorgenommen wird. Die Übertretung macht den Protestbeamten aber verantwortlich. Von der vorgesetzten Behörde wird der Protestbeamte zur Verantwortung gezogen werden können. Gegebenenfalls können ausnahmsweise auch Schadensersatzansprüche seitens des Protestaten sich vielleicht rechtfertigen, wenn besondere Gründe dargelegt werden.

Über den Protest zu ganz unangemessener Tageszeit s. unten Anm. 9.

Anm. 6. 2. Die Anfertigung der Protesturkunde kann außerhalb der Proteststunden erfolgen, was auch schon früheren Rechtens war, selbstverständlich aber innerhalb der Protestfrist (vgl. Art. 88 Anm. 51 gegen Ende und Art. 87 Anm. 10). Die Proteststunden haben, wie nach dem bisherigen Recht, nur für die Handlungen des Protestbeamten gegenüber dem Protestaten Bedeutung.

Anm. 7. 3 Die Proteststunde braucht nicht beurkundet zu werden; für die Richtigkeit spricht die Vermutung (eine Anzahl auch nach Erlaß der Protestnovelle noch anwendbarer Entscheidungen sind Anm. 51 zu Art. 88 angegeben).

Der Gegenbeweis, daß der Protest außerhalb der Proteststunde vorgenommen wurde, ist, wenn er auch an sich zulässig erscheint, ohne Bedeutung für die Gültigkeit des Protestes.

Anm. 8. 4. Außerhalb der Protestzeit soll nach dem zweiten Satze des Abs. 2 die Protesterhebung nur **mit ausdrücklicher Einwilligung des Protestaten** erfolgen. Diese Bestimmung erklärt sich nur aus der Nachwirkung von Rechtsanschauungen vor der Protestnovelle, nach denen damals ein Protest außerhalb der Proteststunden ungültig war, und diese Ungültigkeit durch die Zustimmung des Protestaten geheilt wurde. Jetzt ist sie ohne rechte praktische Bedeutung, da ein außerhalb der Proteststunde erhobener Protest an seiner Gültigkeit nichts einbüßt (oben Anm. 5). Nur für die Verantwortung des Protestbeamten hat die Zustimmung des Protestaten jetzt noch Bedeutung.

Der Protestat soll in die Nichtinnehaltung der Proteststunde ausdrücklich einwilligen. „Ausdrücklich" heißt nicht „wörtlich". Die Einwilligung kann sich auch aus den Umständen ergeben Die Beurkundung dieser Einwilligung braucht nicht ausdrücklich zu geschehen. Aus dem sonstigen Inhalt der Beurkundung kann sie sich ergeben. So z. B. wenn der Beamte bezeugt, daß die Präsentation nicht abgelehnt und sachliche Erklärungen abgegeben worden sind (ähnlich für früheres Recht 5. Aufl. Anm 51 zu Art. 88). Doch wird es sich zur Vermeidung von Weiterungen empfehlen, im Proteste die „ausdrückliche Einwilligung" zu beurkunden (z. B. der Bezogene willigte in die Protesterhebung um 8 Uhr abends ausdrücklich ein). Nicht recht ersichtlich ist der Grund, aus dem der Gesetzgeber hier von einer „ausdrücklichen" Einwilligung spricht, während dieses Moment der „Ausdrücklichkeit" in den Artikeln 91 und 91a („beiderseitiges Einverständnis") fehlt.

Da die Zustimmung von dem Protestaten ausgehen soll, wird sich der Protestbeamte wegen seiner Verantwortung in dem Falle, daß er außerhalb der Proteststunden den Protest aufnimmt, am besten dadurch decken, daß er auch eine Prüfung und Feststellung der Identität der Person des Protestaten vornimmt, während er in gewöhnlichen Fällen die Identität der sich ihm unter unverdächtigen Umständen vorstellenden Person nicht zu prüfen hat. Die Unterlassung dieser Identitätsfeststellung hatte nach dem Rechte vor der Protestnovelle sogar die Ungültigkeit des Protestes zur Folge (RG. Art. 92 in ROLG. 14, 414), was jetzt nicht mehr der Fall ist. Selbstverständlich braucht die Anm. 8. Identität nicht beurkundet zu werden (vgl. auch Art. 91 Anm. 16 und Art. 91a Anm. 9).

5. Die Vorschriften des Abs. 2 über die Proteststunden beziehen sich nicht auf die **private Präsentation**, wie sich dies schon aus dem Wortlaute ergibt, der nur von der Tageszeit für Proteste handelt (anders liegt Abs. 1; oben Anm. 3a). Die Wechselordnung kennt keine Geschäftsstunden. Die Ergänzung ist daher aus dem bürgerlichen Recht zu entnehmen. Das Verlangen der Leistung einer wechselrechtlichen Handlung ist zulässig in der Zeit, in welcher nach BGB. überhaupt eine Leistung verlangt werden darf, unter Berücksichtigung der Sonderart des Wechselverkehrs. Wenn auch das BGB. keine besonderen Bestimmungen über die Innehaltung bestimmter Stunden enthält, so ist es doch klar, daß unter Heranziehung der analogen Vorschrift des § 358 HGB. und der Vorschrift des § 242 BGB. die Leistung nur in denjenigen Stunden zu bewirken ist, wie Treu und Glauben mit Rücksicht auf die Verkehrssitte es erfordern. Man wird daher für die Präsentation nicht jede beliebige Stunde, sondern nur eine angemessene Tageszeit für zulässig erklären. Eine Präsentation ist nicht zulässig in den der Nachtruhe allgemein gewidmeten Stunden (vgl. J. u. M. Stranz 9. Aufl., Anm. 7 zu Art. 92; ähnlich auch Staub 4. Aufl. der Wechselordnung § 4 zu Art. 92; § 11 zu Art. 41; Bernstein – DJZ. 08, 1090 — geht zu weit, wenn er erklärt, es fehle bei einer Präsentation außerhalb der Proteststunden an der gehörigen Einforderung der Wechselleistung überhaupt). Anm. 9.

Aus diesen Erwägungen folgt, daß eine Nichtinnehaltung der gesetzlichen Proteststunden, wenn diese Stunden auch nur instruktionell vorgeschrieben sind, dann auf die Gültigkeit des Protestes einen Einfluß haben, falls der Protest nicht in einer angemessenen Tageszeit erhoben wird. Ein Protest innerhalb der der allgemeinen Nachtruhe gewidmeten Stunden ist unzulässig und muß aus allgemeinen Rechtsgründen als ungültig betrachtet werden.

Zusatz. Fremde Rechte. Wie in Deutschland, ist die Wechselschuld, die an einem Anm. 9a. Feiertag fällig wird, erst am nächsten Werktag zahlbar in Italien, Rumänien, Ungarn, der Schweiz. In Frankreich und in dem Gebiet seiner Tochterrechte, aber auch in Belgien, Spanien wird der Wechsel am vorhergehenden Werktage zahlbar. In England bleiben die Feiertage bei Berechnung der dreitägigen Respektfrist außer Ansatz (Späing 270). Näheres bei Meyer 44 ff.

Artikel 93.

Bestehen an einem Wechselplatz allgemeine Zahltage (Kassiertage), so braucht die Zahlung eines zwischen den Zahltagen fällig gewordenen Wechsels erst am nächsten Zahltage geleistet zu werden, sofern nicht der Wechsel auf Sicht lautet. Die im Artikel 41 für die Aufnahme des Protestes mangels Zahlung bestimmte Frist darf jedoch nicht überschritten werden. Art. 93.

Die Vorschrift des vorliegenden Artikels ist unpraktisch geworden, seitdem die an den einzigen beiden Plätzen Deutschlands (Augsburg und Bremen) in Geltung gewesenen Kassiertage durch im Jahre 1876 erlassene Gesetze aufgehoben sind; in Österreich galten und gelten Kassiertage nicht (Canstein 365; Lehmann 531).

XVIII. Mangelhafte Unterschriften.

Artikel 94.

Wechselerklärungen, welche statt des Namens mit Kreuzen oder anderen Zeichen vollzogen sind, haben nur dann, wenn diese Zeichen gerichtlich oder notariell beglaubigt worden, Wechselkraft. Art. 94.

Art. 94. Einleitung. **Der vorliegende Artikel beschäftigt sich mit Wechselerklärungen, die nicht mit dem Namenszuge vollzogen sind, sondern mit Handzeichen**; sie haben Gültigkeit, wenn sie gerichtlich oder notariell beglaubigt sind.

Anm. 1. 1. **Die Vorschrift setzt voraus, daß die Wechselerklärung keinen Namenszug, sondern Handzeichen als Unterschrift trägt.** Dabei entscheidet aber lediglich die äußere Gestalt der Wechselerklärungen. Die Wechselordnung will nur dafür Vorsorge treffen, daß sich nicht anonyme Wechselerklärungen auf dem Zirkulationspapier befinden; sie entzieht ihnen nicht die Wechselkraft, verleiht sie ihnen vielmehr unter der Bedingung, daß ihre Autorschaft durch eine geeignete Beglaubigung erkennbar wird. Daraus folgt:

Anm. 2 a) Trägt die Wechselerklärung einen Namenszug, so hat sie formelle Wechselkraft, d. h. sie ist die geeignete Grundlage für nachträgliche Wechselerklärungen und auch sonst, für sich allein formell gültig. Es kommt dann für die formelle Gültigkeit nicht mehr darauf an, ob der Namenszug mit geführter Hand geschrieben ist (OG. Wien bei Borchardt Zus. 912a, anders Bernstein 397; OG. Wien bei Krall Nr. 70 und bei Cz. Nr. 300) oder nach mit Bleistift vorgezeichneten Schriftzügen nachgezogen (OAG. Dresden und OG. Wien bei Borchardt Zus. 912b und bei Geller Anm. 6) oder nach Vorlagen nachgemalt (OG. Wien bei Cz. Nr. 402). Gleichgültig ist auch, ob die Person, welche den Namenszug gezeichnet hat, schreibensunkundig ist, ob sie blind, taub, stumm oder Analphabet ist (vgl. Anm. 6).

Anm. 3. Als Namenszug gilt auch die unleserliche Handschrift eines Schriftkundigen. Sie will doch als Schrift und nicht als bloßes Handzeichen gelten, und das entscheidet (ROHG. 22, 406; OstpreußTr. in Königsberg bei Borchardt Zus. 908b). Anders Michels in DJZ. 8, 142.

Anm. 4. Als Namenszug gelten auch die Schriftzeichen einer fremden Sprache, auch einer toten, z. B. der hebräischen. Denn der Wechsel braucht nicht in deutscher Sprache geschrieben zu sein, und von Handzeichen kann man nicht reden, wo wirkliche Schriftzeichen vorliegen (OTr. Berlin und OG. Wien bei Borchardt Zus. 913). Stenographische Zeichen genügen nicht, weil sie nicht die allgemein gebräuchlichen Zeichen einer Schriftsprache sind (anders Bernstein 397). Vgl. auch Staub HGB. neue 8. Aufl.

Anm. 5. b) Liegen wirkliche Handzeichen vor, so ist der Fall des Art. 94 gegeben. Dann kommt es wieder umgekehrt nicht darauf an, ob der Betreffende schreiben kann oder nicht. Es mag sein, daß er schriftkundig ist, aber daß er den Schreibkrampf hat oder daß er seinen Namenszug dem großen Verkehr nicht preisgeben will. Es handelt sich überall, wie gesagt, nicht um die Person des Erklärenden, sondern um die äußere Gestalt der Wechselerklärung.

Anm. 6. 2. **Notarielle oder gerichtliche Beglaubigung** macht die Handzeichen gültig. Beglaubigung durch sonstige Behörden oder Beamte ist wirkungslos. Für die gerichtliche Beglaubigung sind die Amtsgerichte zuständig.

Natürlich muß die Beglaubigung sich auf dem Wechsel befinden. Eine besondere, selbst notarielle Urkunde oder nachträgliche Anerkennung außerhalb des Wechsels genügen nicht (OTr. Berlin 35, 132; 39, 248). Im übrigen sind für die Beglaubigung jetzt die §§ 183 u. 167 des FGG. maßgebend. Danach darf sie nur erfolgen, wenn die Unterschrift in Gegenwart des Notars oder des Richters vollzogen oder anerkannt wird. Sie geschieht durch einen unter die Unterschrift zu setzenden Vermerk. Es wird also kein Protokoll aufgenommen. Auch für Blinde, Taube und Stumme bedarf es keiner besonderen Form. Dies ist im allgemeinen bei der Auslegung des § 183 FGG. nicht zweifelhaft. Aber es kann für Wechsel insbesondere nichts anderes gelten. Die frühere Streitfrage (vgl. 1.—3. Aufl. Anm. 8 zu Art. 94), ob für die Wechselerklärungen der Blinden, Tauben und Stummen die erschwerenden Formen gelten, welche die Landesrechte für Rechtsgeschäfte solcher Personen oder für schriftliche Rechtsgeschäfte solcher Personen festsetzten, ist jetzt beseitigt. Denn das neue Recht kennt für schriftliche Erklärungen der Blinden, Tauben und Stummen keine erschwerenden Formen Art. 94. (§ 126 BGB.; Staub HGB. neue 8. Aufl. Anm. 49 zu § 350). Das gleiche gilt von Anm. 6. Analphabeten (vgl. hierüber besonders Berger bei Gruch. 45, 207). Mehr als die Schriftform ist aber für den Wechsel nicht gefordert. Der § 169 FGG. ändert daran nichts. Er stellt allerdings für die gerichtliche und notarielle Beurkundung von Rechtsgeschäften der Tauben, Blinden und Stummen besondere Voraussetzungen auf. Er erfordert aber nicht die gerichtliche oder notarielle Form bei Rechtsgeschäften dieser Personen, sondern er verlangt nur, soweit die gerichtliche oder notarielle Form aus gesetzlicher Notwendigkeit oder freiwillig gewählt wird, jene besonderen Voraussetzungen (ebenso Rehbein Anm. 25 zu Art. 4).

3. **Das Fehlen der notariellen oder gerichtlichen Beglaubigung macht die Wechselerklärungen ungültig.** Ist es die Ausstellerunterschrift, so wird dadurch der ganze Wechsel ungültig; ist es die Akzepterklärung, so wird diese ungültig und mit ihr die betreffenden Avalistenerklärungen (ROHG. 15, 346; vgl. Anm. 13 zu Art. 81). Die fehlende Beglaubigung kann auch nicht durch Anerkenntnis im Prozeß ersetzt werden oder durch sonstige Erklärungen außerhalb des Wechsels (OTr. 35, 132; 39, 248) oder durch Beglaubigung anderer Art, z. B. durch Zeugenbestätigung auf dem Wechsel, selbst wenn auch sonst die Echtheit der Handzeichen nachgewiesen werden kann (OG. Wien bei Borchardt Zus. 911 a). Anm. 7.

Zusatz. Fremde Rechte. Das französische und belgische Recht verlangen notarielle Anm. 8. Abgabe der Wechselerklärung von Schreibensunfähigen. Das englische läßt Handzeichen zu (Späing 275). — Für Österreich vgl. 3. Aufl. § 9 zu Art. 94.

Artikel 95.

Wer eine Wechselerklärung als Bevollmächtigter eines anderen unterzeichnet, Art. 95. ohne dazu Vollmacht zu haben, haftet persönlich in gleicher Weise, wie der angebliche Machtgeber gehaftet haben würde, wenn die Vollmacht erteilt gewesen wäre. Dasselbe gilt von Vormündern und anderen Vertretern, welche mit Überschreitung ihrer Befugnisse Wechselerklärungen ausstellen.

Der vorliegende Artikel ordnet eine Haftung des Pseudovertreters an. Er geht parallel Einleitung. mit § 179 BGB. Seiner Erläuterung ist die Lehre von der Zeichnung einer Wechselerklärung durch Bevollmächtigte voranzuschicken.

I. **Die Unterzeichnung einer Wechselerklärung durch einen befugten Vertreter.** Anm. 1.

1. Sie ist prinzipiell zulässig. Dies folgt aus unserem Art. 95. Denn da hiernach der Pseudovertreter so haftet, „wie der angebliche Wechselgeber gehaftet haben würde, wenn die Vollmacht erteilt gewesen wäre", so ist damit deutlich gesagt, daß der Machtgeber, wenn er Vollmacht erteilt, aus der von dem Vertreter in seinem Namen abgegebenen Erklärung haftet.

2. Die Voraussetzungen und Modalitäten der Wechselzeichnung durch Stell- Anm. 2. vertreter bestimmen sich nach den Normen des einschlägigen Zivil-, Handels-, Staats- oder Kirchenrechts.

Jede Art **direkter** Stellvertretung kommt hier in Frage, sei es durch frei gewählte Bevollmächtigte (§§ 164 ff. BGB., §§ 48 ff. HGB.), sei es durch gesetzliche Vertreter. Die indirekte Vertretung (§§ 383 ff. HGB.: Kommissionsgeschäft) kommt hier nicht in Betracht. Übermittler von Erklärungen (§ 120 BGB.) und Vertragsgehilfen (Agenten, Mäkler) gelten überhaupt nicht als Vertreter im Willen.

Gesetzliche Vertreter nach BGB. sind (die „Vormünder" sind nur Beispiel): Anm. 3.

a) der Vater für ein eheliches Kind (§ 1630);

b) wenn der Vater gestorben usw., die Mutter (§§ 1684—1686), dagegen nicht für das uneheliche (§ 1707);

Art. 95. c) der Vormund für den Mündel, den minderjährigen oder volljährigen (§§ 1793, 1897);
Anm. 3. d) der Pfleger für den Pflegebefohlenen (§§ 1628, 1794, 1909ff., 1915);
e) der Beistand laut § 1693.

Die genannten Vertreter dürfen Wechselverbindlichkeiten für Kind, Mündel und Pflegling nur mit Genehmigung des Vormundschaftsgerichts eingehen (§§ 1822 Nr. 9, 1825, 1643, 1686, 1915 BGB.).

Als Vertreter im Sinne des Art. 95 werden auch der Konkursverwalter (§ 6 KO.), der Nachlaßverwalter (§ 1984) und der Testamentsvollstrecker (§ 2205 BGB.) im Bereiche ihrer Vertretungsmacht zu gelten haben. — Der Ehemann ist nicht gesetzlicher Vertreter der Ehefrau, er kann sie durch Rechtsgeschäfte nicht verpflichten (§ 1375 BGB.).

Was die frei gewählten Bevollmächtigten betrifft, so ist die Vollmacht zur Unterzeichnung einer Wechselerklärung nach § 167 Abs. 2 BGB. an keine Form gebunden, obgleich die Wechselerklärung selbst ihrem Wesen nach eine schriftliche Erklärung ist. Nach § 181 BGB. richtet es sich, inwieweit jemand als Vertreter eines andern zu seinen eigenen Gunsten eine Wechselerklärung abgeben kann.

Die mannigfachen handelsrechtlichen Vertretungsverhältnisse kommen auch hier in Betracht. So sind der Prokurist (§ 49 HGB.), der von der Vertretung nicht ausgeschlossene Gesellschafter (§ 126), der Komplementar einer Kommanditgesellschaft (§ 161 Abs. 2), der Vorstand einer Aktiengesellschaft (§ 225 Abs. 2), der Vorstand einer eingetragenen Genossenschaft (§ 26 des Reichsgesetzes betr. die Erwerbs- und Wirtschaftsgenossenschaften vom 1. Mai 1889), der Geschäftsführer einer Gesellschaft mit beschränkter Haftung (§ 37 Abs. 3 des Gesetzes vom 20. April 1892) gesetzlich berechtigt, Wechsel für den Prinzipal bzw. für die Gesellschaft zu zeichnen, nicht auch der General-Handlungsbevollmächtigte (§ 54 Abs. 2 HGB.).

Anm. 4. Wo die gesetzlichen Vorschriften die gesetzliche Vertretungsbefugnis beschränken, da greift die Bestimmung auch hier Platz, so daß z. B. Liquidatoren nach § 149 HGB. Wechsel nur zur Beendigung schwebender Geschäfte zeichnen dürfen, und ihre für die Gesellschaft geschehenen Wechselzeichnungen ungültig sind, wenn sie sich dem Dritten als nicht zur Abwicklung schwebender Geschäfte geschehen darstellen, und zwar derart ungültig, daß jeder Dritte dies gegen sich gelten lassen muß; doch braucht nicht etwa die Wechselklage damit begründet zu werden, daß es sich um ein reines Abwicklungsgeschäft handelte (ROHG. 13, 226; 21, 308).

Anm. 5. Kollektivvertretungen berechtigen nur zu kollektiver Zeichnung (vgl. unten Anm. 12).

Anm. 6. In spezifisch wechselrechtlicher Hinsicht ist noch zu bemerken, daß die Vollmacht zur Abtretung von Forderungen nicht die Vollmacht zur Indossierung von Wechseln in sich schließt (ROHG. 2, 282 Anm **).

Anm. 7. Ferner ist wechselrechtlich zu bemerken: es ist begrifflich nicht ausgeschlossen, daß der Aussteller als Bevollmächtigter des Bezogenen den Wechsel akzeptiert; ob Interessenkollision vorlag und dem Dritten erkennbar war, ist Tatfrage (RG. 24, 91). Vgl. § 181 BGB.

Anm. 8. 3. **In welcher Weise muß die Zeichnung der Wechselerklärung durch Vertreter erfolgen?**

a) Nach § 126 BGB. wird das Erfordernis der schriftlichen Form dadurch erfüllt, daß der Aussteller die Urkunde eigenhändig durch Namensunterschrift unterzeichnet. Jedes Wort ist hier wichtig und auf die Wagschale zu legen.

Zunächst kann nicht bezweifelt werden, daß eine Vertretung bei Erteilung formaler Erklärungen überhaupt zulässig ist. Das geht aus § 167 Abs. 2 BGB. bestimmt hervor. Es ist also zulässig, daß nicht der Verpflichtete selbst die Urkunde ausstellt, sondern ein Vertreter für ihn. Alsdann ist der Vertreter derjenige, der die Urkunde ausstellt: er stellt sie für den Machtgeber aus. Wollte man im Gegensatz hierzu annehmen, daß „der Aussteller der Urkunde" der aus der Urkunde Verpflichtete sein soll, so müßte in allen Fällen dieser selbst die Urkunde eigenhändig unterzeichnen. Dann würde eine Vertretung bei Abgabe formaler Erklärungen überhaupt unmöglich sein, und das stände im Widerspruch mit § 167 Abs. 2 BGB. Art. 95. Anm. 8.

Der Vertreter als Aussteller der Urkunde muß die Urkunde unterzeichnen, und zwar eigenhändig. Dieses Erfordernis macht keine Schwierigkeiten.

Aber in welcher Weise muß er die Urkunde unterzeichnen? „Durch Namensunterschrift" sagt das Gesetz. Wohlgemerkt: Das Gesetz sagt weder: durch seine (des Vertreters) Namensunterschrift, noch sagt es: durch des Machtgebers Unterschrift. Daraus folgt, daß beides zulässig ist. Der Vertreter kann seinen eigenen Namen unterzeichnen und verpflichtet dadurch den Machtgeber, sofern er nur aus dem Texte der Urkunde ersichtlich macht, daß er für den Machtgeber auftritt (§ 164 BGB.). Er kann aber auch den Namen des Machtgebers zeichnen, sofern nur die Vollmacht sich hierauf erstreckt.

Letztere Frage, ob er auch den Namen des Machtgebers zeichnen kann, war früher bestritten; der Streit ist jetzt erledigt durch RG 50, 51 (daselbst s. nähere Anwendung und Zitate). Die verneinende Ansicht würde einen Bruch mit anerkannten Grundsätzen des bisherigen Rechts bedeuten. Die alte Ansicht des OTr., daß das Recht der Namensunterschrift ein Ausfluß der Persönlichkeit und daher nicht übertragbar sei, ist längst überwunden. Die gegenteilige Auffassung ist von den obersten Gerichten längst vertreten worden (vgl. z. B. ROHG. 5, 263 und RG. 4, 307). Nichts zwingt anzunehmen, daß das BGB. einen Bruch mit längst zur Herrschaft gelangten Rechtsgrundsätzen beabsichtigt hat. In den Materialien ist er nicht angedeutet und durch die Worte des Gesetzbuchs nicht geboten. Auch aus der Vorschrift, daß der Aussteller die Urkunde „eigenhändig" unterschreiben muß, folgt nichts Gegenteiliges. Das bedeutet nur, daß derjenige, der die beurkundete Willenserklärung für sich oder einen anderen abgibt, sie auch selbst unterschreiben muß und sich dazu nicht einer anderen Person bedienen darf, die etwa auf Diktat die Unterschrift leistet.

Hiernach kann im allgemeinen der Vertreter die Urkunde sowohl mit seinem Namen als auch mit dem Namen des Machtgebers oder endlich mit beiden Namen unterzeichnen. Im ersteren Falle muß die Urkunde aus ihrem übrigen Inhalte erkennen lassen, daß der Vertreter für den Machtgeber handelte.

b) Für das Wechselrecht gelten keine Besonderheiten. Hier bestimmt Art. 4 Nr. 5 der WO.: daß der Wechsel als wesentliches Erfordernis die „Unterschrift des Ausstellers mit seinem Namen oder seiner Firma" enthalten muß, Art. 12: daß der Indossant seinen Namen oder seine Firma schreiben, Art. 21: daß der Akzeptant seinen Namen oder seine Firma schreiben muß. Diese Erfordernisse sind nicht dahin aufzufassen, daß der Aussteller, der Indossant, der Akzeptant absolut eigenhändig ihren Namen schreiben müssen; vielmehr ist Vertretung bei der Kontrahierung der Wechselverbindlichkeit und der Unterzeichnung des Wechsels zulässig. Es geht dies aus Art. 95 WO. ohne weiteres hervor, auch aus § 167 Abs. 2 BGB., der auch für das Wechselrecht subsidiär anwendbar ist, und ist im übrigen noch nie bezweifelt worden (s. oben Anm. 1). Anm. 8a.

Es kann hiernach die Unterschrift des Wechselverpflichteten auch durch einen Vertreter geleistet werden, indem er nur mit dem Namen des Machtgebers den Wechsel unterschreibt. Aber der Vertreter kann auch — die in dieser Beziehung abweichende Ansicht Staubs in der 4. Aufl. muß verlassen werden — seinen, des Stellvertreters Namen, mit einem das Vertretungsverhältnis klarstellenden Zusatz unterschreiben, so z. B. „Max Braun für Otto Schwarz" oder „Otto Schwarz durch seinen Bevollmächtigten Max Braun" (ebenso ROHG. — z. B 20, 91; 5, 267; 30, 405 — und RG. — z. B. 50, 51; vgl. auch oben Anm. 8 sowie Bernstein 400 und J. u. M. Stranz Art. 4 Anm. 30a).

Art. 95. Anm. 8b. c) **Besonderheiten gelten auf dem Gebiet des Handelsrechts.** Der Vertreter, der nach dem HGB. das Recht zur Vertretung der Firma hat, z. B. der Prokurist, der Handlungsbevollmächtigte, zeichnet für sie grundsätzlich wirksam auch dann, wenn er ihr keinen die Vertretung andeutenden Zusatz beifügt. Die Bestimmungen über die Beifügung der das Vertretungsverhältnis andeutenden Zusätze in den §§ 51, 57, 108 Abs. 2, 153, 161, 232, 320 HGB. sind nur Ordnungsvorschriften und für die Gültigkeit der Zeichnung unerheblich (RG. 30, 405). Dies ist durch § 126 BGB. nicht geändert worden. — Über Firmenzeichnung durch den vertretungsberechtigten Gesellschafter vgl. §§ 105, 115, 123, 126 HGB.; bezüglich der Zeichnung durch Gewerkschaften und Genossenschaften ROHG. 14, 244; 5, 209.

Anm. 8c. d) Schreiben auf **Diktat** enthält keine Stellvertretung; der Schreibende dient gleichsam als Werkzeug (ROHG. 7, 315). Während die Frage früher streitig war, erklärt das RG. (58, 387) eine solche auf Diktat oder in bloßer Dienstleistung hergestellte Wechselunterschrift als nicht rechtsverbindlich im Hinblick auf § 126 Abs. 1 BGB.). Auch wer die Frage, ob die Vorschriften des BGB. ohne weiteres auf das Wechselrecht anwendbar sind, verneint, wird die Rechtfertigung des Satzes aus Art. 95 der Wechselordnung herleiten können, da dieser nur die Wechselzeichnung in Stellvertretung und in Vollmacht, nicht aber in Gehilfenschaft für zulässig anerkennt (so zutreffend Marcus in DJZ. 07, 123).

Anm. 8d. e) Ferner aber muß der Name oder die Firma des Ausstellers, des Indossanten, des Akzeptanten **geschrieben** sein. Die Bestimmungen der Wechselordnung sind immer so ausgelegt worden, daß dort, wo angeordnet ist, ein Name müsse geschrieben sein, wirkliche Schrift, nicht mechanische Herstellung der Namensbezeichnung gemeint ist, und diese Auslegung wird durch § 126 BGB. noch bekräftigt, der gleichfalls das Erfordernis des Unterschreibens in diesem Sinne versteht.

Diese letztere Ansicht steht allerdings mit der täglichen Übung nicht ganz im Einklang. In großen Geschäftsbetrieben hat man sich bei Abgabe von Wechselunterschriften durch Vertreter von jeher daran gewöhnt, die Wechselunterschriften in der Weise zu bewirken, daß man die Firma einfach unterstempelt und dann noch den Prokuristen oder sonstigen Vertreter unterschreiben läßt, oder daß man bei einer aus Sach- und Personenbezeichnung zusammengesetzten Firma die Sachbezeichnung stempelt bzw. druckt und nur die Personenbezeichnung schreibt („Papier- und Pappenfabrik Sadowa, Moritz Auerbach & Co."; nur Moritz Auerbach & Co. wird geschrieben). Das ROHG. (14, 317) und das RG. (47, 165) billigen, und mit Recht, diese Übung des Verkehrs (vgl. Art. 4 Anm. 34 a. E.; Staub 4. Aufl. §§ 8b bis 8d hat gegen diese Auffassung der obersten Gerichte polemisiert — freilich im Widerspruch mit seiner Art. 4 § 34 niedergelegten Meinung — aber anerkannt, daß die Ansicht der obersten Gerichte dem Verkehre entgegenkomme).

Anm. 9. 4. **Die Vertretungsbefugnis braucht nicht aus dem Wechsel hervorzugehen.** Das ist früher stets angenommen worden (ROHG. 5, 263 und 271; 18, 100; Bolze 16 Nr. 285) und geht jetzt auch aus § 167 Abs. 2 BGB. hervor (vgl. das zu 3 Gesagte).

Das gilt auch von der durch den Konkursverwalter geleisteten Unterschrift. In welcher Weise dieser den Gemeinschuldner schriftlich verpflichtet, darüber besteht keine Vorschrift, und wenn eine bestände, dann wäre sie nur eine Ordnungsvorschrift, so daß z. B. ein Indossament, gezeichnet vom Konkursverwalter mit dem Namen der in Konkurs geratenen offenen Handelsgesellschaft: Schall & Co., gültig ist. Ebenso liegt ein gültiger Begebungsvertrag vor, wenn der Konkursverwalter jener Gesellschaft das in der Masse vorgefundene Blankogiro der gedachten Gesellschaft benutzt, um den Wechsel weiter zu begeben.

Anm. 10. 5. **Daß die Bevollmächtigung zur Wechselzeichnung keiner Form bedarf,** sagt jetzt § 167 Abs. 2 BGB. ausdrücklich. Wer einen anderen mündlich bevollmächtigt, für ihn eine Wechselunterschrift zu leisten, wird durch diese Unterschrift verpflichtet. Daher

kommt es, daß die Eideszuschiebung dahin, Beklagter habe den Wechsel weder selbst, **Art. 95.**
noch habe ihn in seinem Auftrage ein anderer geleistet, der Sach- und Rechtslage ent- Anm. 10.
spricht. Denn auch in letzterem Falle ist, wenn der Eid nicht geleistet wird, die Wechselzeichnung gültig. (Vgl. RG. 30, 407 und oben Anm. 3).

6. Auch die nachträgliche Genehmigung ersetzt, ohne daß sie aus dem Wechsel hervorgeht, das mangelnde Vertretungsrecht. Und die von einer nicht vertretungsberechtigten oder nicht vollvertretungsberechtigten Person geleistete Wechselzeichnung eines Dritten wird dadurch gültig, daß der Dritte oder ein vollberechtigter Vertreter sie nachträglich genehmigt. Das ist schon früher angenommen worden und wird jetzt auch für das neue Recht auf Grund der §§ 177, 182 Abs. 2, 184 BGB., vom Reichsgericht mit Recht angenommen (RG. in JW. 01, 519). Solche nachträgliche Genehmigung bedarf keiner Form (§ 182 Abs. 2 BGB. und Anm. 3 oben). Sie liegt schon in der Klageerhebung durch den berechtigten Prinzipal (OLG. Marienwerder im „Recht" 00, 377). Anm. 10a.

Es ist hiernach auch die Eideszuschiebung dahin zulässig, daß der Beklagte die seinen Namen tragende Wechselzeichnung nachträglich genehmigt hat.

7. Die Vertretungsbefugnis muß dem Prinzipal, der in Anspruch genommen wird, bewiesen werden (ROHG. 19, 316; 21, 307; RG. 30, 407). Kann sie nicht bewiesen werden, so haftet der Prinzipal nicht. Für diesen Fall greift eben die Vorschrift des Art. 95 Platz. Anm. 10b.

8. Die Wirkung der Wechselerklärung durch den Vertreter ist die, daß der Machtgeber und nicht der Vertreter wechselmäßig verpflichtet ist (§ 164 BGB.). Hiervon gibt es eine scheinbare Ausnahme, das ist der Fall der Kollussion. In diesem Falle haftet der Machtgeber nicht (vgl. Anm. 28 zu Art. 82). Anm. 10c.

II. **Die Unterzeichnung der Wechselerklärung durch einen Pseudovertreter d. h. durch eine nicht bevollmächtigte Person in fremdem Namen.** Anm. 11.

1. **Der Grundgedanke der Haftung** ist der gleiche, wie in § 179 BGB.: Der Erwerber des Wechsels muß sich darauf verlassen können, daß die Unterschrift echt ist, d. h. von dem Unterzeichner persönlich oder einem legitimierten Vertreter desselben herrührt. Wer einen fremden Namen unterzeichnet, gibt dem Verkehr gegenüber die Erklärung ab, daß er dazu befugt sei. Für die Wahrheit dieser Erklärung haftet er. Ist sie nicht wahr, so haftet er selbst aus der Wechselzeichnung.

2. **Voraussetzungen der Haftung** sind: Anm. 12.

a) Der Mangel der Vertretungsbefugnis. Dieser ist der Grund der Klage; denn wenn sie vorhanden ist, haftet ja der Prinzipal und nicht der Vertreter (oben Anm. 10c). Gleichwohl ist (mit Grünhut Hdb. I § 34, Rehbein Anm. 5, Dernburg II § 250 Anm. 9, RG. in JW. 02, 365[23]) nach neuem Recht anzunehmen, daß der Beklagte das Vorhandensein der Vollmacht einzuwenden und zu beweisen hat. Dies entspricht dem Vorbilde des § 179 BGB.

Die Vertretungsmacht fehlt, wenn sie überhaupt nicht, oder in ungültiger Weise gegeben — (z. B. früher ROHG. 22, 114), oder überschritten ist (Planck § 179 Anm. 1), oder in wirksamer Weise erloschen ist (bei der Vollmacht §§ 168ff. BGB.).

Einzelfälle:

Mangel der Vertretungsmacht ist sonach z. B. gegeben, soweit die Vollmacht hinsichtlich der Wechselsumme überschritten ist (a. M. Rehbein Anm. 5); oder wenn bei Kollektivvertretungen nur ein Vertreter zeichnet; oder der frühere Gesellschafter einer aufgelösten Handelsgesellschaft mit der erloschenen Firma zeichnet; oder der Liquidator zeichnet, ohne daß die Wechselzeichnung zur Beendigung schwebender Geschäfte bestimmt ist (ROHG. 21, 308: zur Begründung der Wechselklage gehört nicht die Behauptung, der Wechsel sei zur Beendigung schwebender Geschäfte bestimmt gewesen; wird indes ein

Art. 95. Einwand erhoben, so muß der Kläger replicando den Beweis dafür antreten). Die
Anm. 12. Vollmacht zur Abtretung von Forderungen legitimiert nicht zur Indossierung von Wechseln (ROHG. 2, 282).

Die maßgebende Zeit für die Vertretungsmacht richtet sich nach den allgemeinen Grundsätzen des Zivilrechts, die überhaupt für die Stellvertretung bei Wechselerklärungen eingreifen, soweit die WO. keine Sonderregelung enthält. Beim Blankett z. B. kommt es auf das Vorhandensein der Vertretungsmacht zur Zeit der Unterzeichnung und Übergabe des Blanketts an (RG. 11, 8 u. 12, 118).

Anm. 13. Überall handelt es sich um das äußere Vollmachtsverhältnis, nicht um die innere Seite der Sache, den Inhalt des Auftrags. Liegt nach außen ein Vollmachtsverhältnis vor, so wird der Prinzipal verpflichtet, also nicht der Vertreter. Das gilt z. B. für den Fall, daß die Vollmacht gekündigt ist, die Vollmachtsurkunde aber noch in der Hand des Bevollmächtigten ist (ROHG. v. 20. 3. 75 bei Borchardt Zus. 924 Nr. 2; § 172 Abs. 2 BGB.). Vgl. ferner die Fälle der §§ 169, 170 BGB. — Dritten Gutgläubigen gegenüber bleiben die im Handelsregister eingetragenen Vertretungsverhältnisse (Prokura, Liquidation u. a.) bis zur Löschung im Register in Kraft, auch wenn sie schon früher beendet waren (J. u. M. Stranz Anm. 8).

Anm. 14. b) Vorausgesetzt ist ferner, daß der Pseudovertreter sich als Vertreter ausgegeben hat. Indessen liegt dies nicht schon in der Zeichnung des fremden Namens. Es ist (mit Thöl § 63, Kreis 44, Bernstein 402, OTr. Stuttgart und Berlin, OG. Lemberg bei Borchardt Zus. 914a) außerdem zu fordern, daß der Pseudovertreter auch seinen Namen auf den Wechsel gesetzt hat (a. M. 4. Aufl. und Lehmann 331 Anm. 14). — Nicht vorausgesetzt ist, daß das Zeichnen schuldhaft geschehen ist; die hier aufgestellte Obligation folgt vielmehr ex lege (Kreis 44; siehe auch RG. 35, 145; vgl. für den früheren Art. 55 HGB. Bolze Nr. 10 Nr. 302b). Das muß auch nach neuem Recht gelten. Für den Art. 95 gilt nicht die einschränkende Vorschrift des § 179 Abs. 2 BGB., wonach der Pseudovertreter nur in eingeschränkter Weise haftet, wenn er den Mangel der Vertretungsmacht nicht kannte (ebenso Rehbein Anm. 5). Es gilt auch nicht die Vorschrift des § 179 Abs. 3 BGB., wonach der Pseudovertreter nicht haftet, wenn der andere Teil den Mangel der Vertretungsbefugnis kennen mußte (anders Rehbein Anm. 5, der den § 179 Abs. 3 BGB. analog anwenden will, sowie RG. in JW. 02, 366 und bei Gruch. 46, 989). Wie aber, wenn der andere Teil den Mangel der Vertretungsmacht kannte? Für diesen Fall bestimmt § 179 Abs. 3 BGB., daß der Pseudovertreter nicht haftet. Diese Vorschrift gilt zwar hier nicht direkt, aber aus allgemeinen Grundsätzen ergibt sich das gleiche, weil ja die Vorschrift nur dazu bestimmt ist, den redlichen Rechtserwerb zu schützen. Wer aber weiß, daß der Zeichner einer fremden Unterschrift dazu nicht befugt ist, bedarf dieses Schutzes nicht (ROHG. 17, 176; ferner RG. in JW. 02, 366 und bei Gruch. 46, 989, welches den § 179 BGB. anwendet). Daraus ergibt sich aber gleichzeitig, daß dem dritten redlichen Erwerber eines solchen Wechsels nicht entgegengehalten werden kann, daß sein Vormann den Mangel der Vertretungsmacht kannte. Vielmehr haftet diesem dritten redlichen Erwerber der Pseudovertreter auch in diesem Falle.

Anm. 15. c) Voraussetzung ist die Wechselfähigkeit des Vertretenen (a. M. 4. Aufl. und Bernstein 403). Auch der Pseudovertreter muß wechselfähig sein (Canstein 115 Anm. 30; vgl. Bernstein 403; § 179 Abs. 3 BGB.).

Anm. 16. d) Nicht vorausgesetzt ist die Vorausklage gegen den Prinzipal. Die Haftung ist nicht subsidiär, sondern selbständig.

Anm. 17. 3. **Die Folge ist die Haftung aus dem Wechsel.**

a) Aus dem Wechsel haftet er. Er haftet so, wie der angebliche Machtgeber gehaftet haben würde. Dieser aber haftet wechselmäßig. Also haftet auch der Pseudovertreter wechselmäßig. Daraus folgt:

α) Die Klage ist eine Klage aus dem Wechsel und im Wechselprozeß zulässig. § 602 ZPO. spricht ganz allgemein von Ansprüchen aus Wechseln im Sinne der Wechselordnung. Auch dieser Anspruch ist ein Anspruch aus dem Wechsel, die Haftung besteht allerdings nicht, wie bei der normalen Wechselzeichnung, weil der Unterzeichner seinen Namen unterschrieben hat, sondern weil er unbefugt einen fremden Namen unterschrieben hat (zustimmend Bernstein 403; anders Dernburg II § 250 Anm. 9). **Art. 95.** Anm. 18.

β) Auch materiell greift das Wechselrecht Platz. Der unbefugte Vertreter haftet nach der Bedeutung seiner Wechselerklärung, also nach der Art seiner Zeichnung: mithin als Akzeptant, wenn er den Wechsel akzeptiert hat, als Aussteller, wenn er als Aussteller gezeichnet hat (RG. in JW. 02, 366). Ist der Wechsel gegen den Hauptschuldner präjudiziert, so kann er gegen den Pseudovertreter nicht mehr geltend gemacht werden. Aber die Verjährung gegen den Pseudovertreter läuft selbständig, für die Unterbrechung sind nur Handlungen von Bedeutung, die gegen ihn selbst gerichtet sind (OTr. Berlin bei Borchardt Zus. 926, Kreis 45). Anm. 19.

In dieser wechselrechtlichen Haftung liegt ja gerade das Besondere dieses Artikels. Unter Umständen würde der Pseudounterzeichner eines Wechsels schon nach § 179 BGB. haften, und zwar auf Erfüllung oder auf Schadensersatz, statt dessen tritt bei Wechselzeichnungen die strengere Haftung nach Wechselrecht, aber auch nur die eine Art der Haftung (auf Erfüllung) ein.

γ) In **formeller** Hinsicht aber ist der angebliche **Machtgeber**, da er im Wechsel als Wechselschuldner bezeichnet und für den Verkehr Klarheit erforderlich ist, hinsichtlich der vorzunehmenden wechselrechtlichen Handlungen (s. insbes. Art. 91) allein zu beachten (a. M. Staub 4. Aufl.), also bei Bestimmung des richtigen Protestaten, Notifikaten, der „zusammenhängenden Reihe" von Indossamenten (Art. 36). Hiernach braucht z. B. der Regreßfall nur dem Machtgeber notifiziert zu werden; wenn ferner gegen ihn nicht rechtzeitig Protest erhoben wird, so ist der Wechsel auch gegenüber dem Vertreter präjudiziert (s. a. Bolze 10 Nr. 202). Ebenso ist der Wechselanspruch, wenn er gegenüber dem Machtgeber verjährt ist, auch gegenüber dem Vertreter verjährt, da in bezug auf Zeit und Bedingungen der Verjährung der Machtgeber entscheidet (a. M. Thöl § 63 Anm. 12). Freilich kommen für die Unterbrechung der Verjährung gegen den Vertreter nur Rechtshandlungen in Betracht, die sich gegen ihn selbst richten, da diese nur inter partes wirken (Bernstein 403; J. u. M. Stranz Anm. 9).

b) Der **Umfang** der Haftung ist derselbe, wie bei jeder persönlichen Verpflichtung: der Pseudovertreter haftet mit seinem ganzen Vermögen. Die Meinung Goldschmidts (System 4. Aufl. 273), daß der Pseudovertreter nur hafte nach Kräften des Vermögens des Prinzipals, kann nicht für zutreffend erachtet werden. Der Wortlaut des Gesetzes ergibt das Gegenteil: der Pseudovertreter haftet „persönlich in gleicher Weise wie der angebliche Machtgeber", also wie dieser mit seinem ganzen Vermögen. Anm. 20.

4. **Durch Ratihabition oder nachträgliche Genehmigung** wird der Mangel der Vollmacht beseitigt. (Kreis 44; JW. 02, 26[18]; §§ 177 ff. BGB.) Vgl. oben Anm. 10a. Näheres über die nachträgliche Genehmigung durch den Vertretenen siehe Staub, HGB. neue 8. Aufl. Anm. 42 ff. im Exk. zu § 58. Anm. 21.

Zusatz. Fremde Rechte. Nach französischem und belgischem Recht haftet der Pseudovertreter zwar nicht auf Grund einer wechselrechtlichen Vorschrift, wohl aber auf Grund allgemeiner Vorschriften für den durch sein Verhalten erwachsenen Schaden; in England gilt das gleiche auf Grund wechselrechtlicher Vorschrift (Späing 278). Anm. 22.

Dritter Abschnitt.
Von eigenen Wechseln.

Artikel 96.

Art. 96. Die wesentlichen Erfordernisse eines eigenen (trockenen) Wechsels sind:

1. die in den Wechsel selbst aufzunehmende Bezeichnung als Wechsel oder, wenn der Wechsel in einer fremden Sprache ausgestellt ist, ein jener Bezeichnung entsprechender Ausdruck in der fremden Sprache;
2. die Angabe der zu zahlenden Geldsumme;
3. der Name der Person oder die Firma, an welche oder an deren Order der Aussteller Zahlung leisten will;
4. die Bestimmung der Zeit, zu welcher gezahlt werden soll (Artikel 4 Nr. 4);
5. die Unterschrift des Ausstellers mit seinem Namen oder seiner Firma;
6. die Angabe des Ortes, Monatstags und Jahres der Ausstellung.

Anm. 1. I. **Die juristische Natur des eigenen Wechsels und der Unterschied desselben vom gezogenen Wechsel** (zugleich Vorbemerkung zu Art. 96—100). Der eigene Wechsel, auch trockener, auch Solawechsel genannt (über eine andere Bedeutung des Wortes Solawechsel siehe Art. 66), ist im Verkehr weniger gebräuchlich. Er ist ein Formalakt, wie der gezogene Wechsel. Der Unterschied besteht darin, daß hier der Aussteller nicht einer anderen Person den Auftrag erteilt, Zahlung zu leisten, und für diese Zahlung einsteht, sondern daß der Aussteller der Urkunde selbst verspricht, die Zahlung der Wechselsumme zu leisten. Der Aussteller des eigenen Wechsels haftet hiernach wie der Akzeptant des gezogenen Wechsels: es ist deshalb gegen ihn auch keine Protesterhebung oder Notifikation nötig, die Verjährung gegen ihn dauert drei Jahre usw. Ein besonderes Akzept des Solawechsels ist begrifflich ausgeschlossen.

Beide Arten des Wechsels werden im Prinzip von der WO. gleich behandelt, soweit sich nicht Unterschiede daraus ergeben, daß beim eigenen Wechsel die dritte Person, der Bezogene, fehlt. Hieraus folgt, daß diejenigen Rechtssätze, welche auf der Natur des Wechsels an sich und der Wechselschuld als Summenschuld beruhen, für beide Arten gelten, dagegen diejenigen, welche durch die in der Trattenform ausgedrückte Anweisung gegeben sind, auf den eigenen Wechsel keine Anwendung finden.

Anm. 2. **Die Frage der Entstehung der Wechselobligation** ist beim eigenen Wechsel in gleicher Weise zu beantworten, wie die Frage der Entstehung der Ausstellerobligation beim gezogenen Wechsel (s. daher Allg. Einl. Anm. 9f.). Auch bei eigenen Wechseln ist der Begebungsvertrag erforderlich.

Anm. 2a. II. **Wahl der Form.** Die einmal gewählte Form ist für den Unterschied zwischen eigenem und gezogenem Wechsel maßgebend (J. u. M. Stranz Anm. 2); je nach der gewählten Form sind die entsprechenden Rechtsnormen anzuwenden (Rehbein Anm. 1; ROHG. 7, 197 u. 198). Ungültig ist ein Wechselversprechen, das beide Formen vereinigt, oder das nicht erkennen läßt, ob es als eigener oder gezogener Wechsel geleistet ist. Z. B. „Am . . . zahle ich gegen, zahlen Sie für diesen Primawechsel" (ROHG. 19, 16); oder wenn eine Tratte ohne Adresse des Bezogenen den Annahmevermerk des Ausstellers trägt; oder wenn ein eigener Wechsel eine Adresse und den Annahmevermerk des Adressaten zeigt (Bolze 3 Nr. 549). Dagegen liegt ein solcher Mangel nicht vor, wenn nur die Wechselart irrig bezeichnet ist („Am . . . zahle ich gegen diese meine Tratte", falsa demonstratio); oder wenn der Aussteller seiner Unterschrift das Wort „angenommen" hinzusetzt (StrA. 30, 196; Art. 21 Anm. 1); oder der eigene Wechsel die lithographierten

Worte: „Sola auf selbst“ oder „auf mich selbst“ an der Stelle trägt, an der bei der Tratte die Adresse zu stehen pflegt (ROHG. 9, 422; 17, 230). **Art. 96.** Anm. 2a.

III. **Allgemeines über die wesentlichen Erfordernisse des Eigenwechsels.** Zum größten Teil sind es dieselben wie beim gezogenen Wechsel. Der wesentliche Unterschied ist, daß es hier am Bezogenen fehlt und dadurch natürlich auch der Inhalt des Wechselversprechens sich ändert. Der Aussteller beauftragt nicht eine andere Person zu zahlen, sondern er verspricht selbst zu zahlen. Wenn gleichwohl das Gesetz im vorliegenden Artikel nur sechs Erfordernisse aufzählt, während Art. 4 für den gezogenen Wechsel acht enthält, also zwei mehr, als hier, so liegt dies daran, daß nicht nur der Name des Bezogenen hier fortfällt, sondern daß auch die Frage nach dem Zahlungsort hier in anderer Weise geregelt ist wie beim gezogenen Wechsel, nämlich nicht als Vorschrift eines Erfordernisses in der Reihe der wesentlichen Erfordernisse des Wechsels, sondern als selbständige Vorschrift in einem besonderen Artikel (Art. 97 und Einleitung dazu). Anm. 3.

IV. **Die einzelnen vom Gesetze aufgestellten wesentlichen Erfordernisse des Eigenwechsels.** Anm. 4.

Nr. 1. **Die Wechselklausel.** Hierzu ist nichts Besonderes zu bemerken: es gilt hier das gleiche wie beim gezogenen Wechsel (vgl. daher Anm. 1ff. zu Art. 4). Das Reichsgericht (RG. in JW. 01, 539) erklärt es mit Recht für erforderlich, daß das Wort Wechsel im Kontexte steht (unten Anm. 11).

Nr. 2. **Die Angabe der Geldsumme.** Hierzu ist nichts Besonderes zu bemerken: es gilt das gleiche wie beim gezogenen Wechsel (vgl. daher Anm. 4ff. zu Art. 4). Anm. 5.

Nr. 3. **Die Angabe des Remittenten.** Auch hier gilt im allgemeinen das gleiche wie beim gezogenen Wechsel (vgl. daher Anm. 10ff. zu Art. 4). Zusätzlich ist zu bemerken, daß hier der Aussteller sich nicht selbst als Remittenten bezeichnen kann, weil niemand sich verpflichten kann, an sich selbst zu zahlen, und weil der Art. 98 den Art. 6 nicht unter den hier anwendbaren Vorschriften mit aufzählt; der Wechsel an eigene Order, auch der domiziliert eigene, ist ungültig. (ROHG. 7, 193; 16, 147; RG. 47, 56; Rehbein Anm. 4; Grünhut Hdb. I § 54 Anm. 3; Bernstein 409; dagegen Lehmann § 92 Anm. 24 und Thöl § 160.) Es kann dagegen eine offene Handelsgesellschaft unter ihrer Firma einen eigenen Wechsel an Order einer offenen Handelsgesellschaft ausstellen, die unter einer anderen Firma zwischen denselben Gesellschaftern besteht; hier liegt ein Wechsel an eigene Order nicht vor (RG. 47, 56). Anm. 6.

Nr. 4. **Die Angabe des Verfalltages.** Hier gilt das gleiche, wie beim gezogenen Wechsel (vgl. daher Anm. 13ff. zu Art. 4). Über Eigenwechsel auf Sicht oder nach Sicht siehe Anm. 5 zu Art. 98. Anm. 7.

Nr. 5. **Die Unterschrift des Ausstellers.** Es gilt das gleiche, wie beim gezogenen Wechsel (vgl. Anm. 28ff. zu Art. 4; das in Anm. 28 daselbst angezogene Erkenntnis des ROHG. 9, 422 betraf einen eigenen Wechsel). — Tatfrage wird es bleiben, ob die Unterschrift nach dem Platze, den sie hat, als Unterschrift gelten kann (ROHG. 9, 423; 19, 89). Eine solche Annahme wird gegebenenfalls auch möglich sein, wenn die Unterschrift quer steht (J. u. M. Stranz Anm. 6). In der Unterzeichnung eines eigenen Wechsels mit dem Zusatze: „Ich verpflichte mich als Selbstschuldner“ neben der Unterschrift einer andern Person, die den Wechsel als Bürge gezeichnet hat, liegt eine verpflichtende Ausstellerunterschrift (RG. 30, 25). Anm. 8.

Löst einer von mehreren Ausstellern den eigenen Wechsel ein, so hat dies nicht unbedingt das Erlöschen der Wechselschuld unter den Beteiligten zur Folge (RG. in JW. 02, 591[15]).

Nr. 6. **Das Orts- und Zeitdatum.** Es gilt das gleiche, wie beim gezogenen Wechsel (vgl. daher Anm. 35ff. zu Art. 4; die in Anm. 40 daselbst angezogenen Urteile des ROHG. 21, 179 und des RG. 11, 165 beschäftigen sich mit dem eigenen Wechsel). Anm. 9.

V. **Ein weiteres selbstverständliches Erfordernis ist hier, daß der Wechsel in zweifelsfreier Weise ein Zahlungsversprechen enthält,** wie beim gezogenen Wechsel kein Zweifel über Anm. 10.

Art. 96. das Vorhandensein eines Zahlungsauftrags sein darf (Anm. 52 zu Art. 4). Hierher
Anm. 10. gehört zunächst der Zweifel, ob überhaupt ein Wechselversprechen vorliegt (ungültig ist z. B. ein eigener Wechsel: Ich leiste Zahlung, ohne jedoch nach Wechselrecht adstringiert zu sein; OTr. Berlin bei Borchardt Zus. 927), ferner der Zweifel darüber, ob ein eigener oder ein trockener Wechsel vorliegt (vgl. hierüber Anm. 52 zu Art. 4 und oben Anm. 2a).

Anm. 11. **Die Frage, ob das Versprechen in einem zusammenhängenden Satze (Kontexte) erfolgen muß,** beantwortet sich in gleicher Weise wie beim gezogenen Wechsel (Anm. 53 zu Art. 4). Vgl. oben Anm. 4.

Anm. 12. VI. **Was nicht zu den Erfordernissen des gezogenen Wechsels gehört,** gehört auch nicht zu den Erfordernissen des eigenen Wechsels, also: daß ein Schuldverhältnis überhaupt vorliegt, daß ein bestimmter Stoff verwendet ist, daß eine bestimmte Sprache angewendet ist (vgl. über alles dies Anm. 54 zu Art. 4). Einen Akzeptanten kennt der eigene Wechsel überhaupt nicht (oben Anm. 1).

Anm. 13. VII. **Über die zulässigen Zusätze** gilt hier das gleiche, wie beim gezogenen Wechsel. Vgl. daher hierüber Anm. 55ff. zu Art. 4, insbesondere über die Zulässigkeit der Verpfändungserklärung im eigenen Wechsel ROHG. 18, 300 und weitere Urteile bei Borchardt Zus. 932.

Anm. 14. VIII. **Über die unzulässigen Zusätze** gilt hier das gleiche wie beim gezogenen Wechsel (vgl. Anm. 63ff. zu Art. 4).

Anm. 15. IX. **Über die Auslegung des Wechsels** gilt das gleiche wie beim gezogenen Wechsel (Anm. 69 zu Art. 4).

Anm. 16. **Zusatz 1.** Ein in der Form des eigenen Wechsels ausgestelltes Schriftstück, welchem die Angabe der Zahlungszeit fehlt, welches aber die Erfordernisse eines kaufmännischen Verpflichtungsscheins im Sinne des § 363 HGB. enthält, kann auch als solcher **nicht** gelten (s. Art. 4 Anm. 70; Art. 83 Anm. 34; aber bestritten, anders z. B. Staub 4. Aufl. und OTr. Berlin bei Borchardt Zus. 939). Das ist nicht zu verwechseln mit dem anderen Rechtssatze, daß ein verjährter Wechsel nicht als Verpflichtungsschein gilt (vgl. hierüber Anm. 34 zu Art. 83).

Anm. 17. **Zusatz 2. Fremde Rechte.** Frankreich, Belgien, England, Italien kennen gleichfalls den eigenen Wechsel, England läßt ihn auch an eigene Order zu. Die Bezeichnung als Wechsel ist in den genannten Rechten nicht vorgeschrieben — abgesehen vom italienischen, dessen HGB. von 1882 die Bezeichnung als cambiale im Text oder das Versprechen wechselmäßiger Zahlung fordert. Das französische Recht — das billet à ordre entspricht im wesentlichen unserem Trockenwechsel — verlangt auch hier die Angabe der Valuta. Über die promissory notes des New Yorker Rechts s. RG. 2, 13. — Näheres Späing 280ff. und Rehbein Anm. 18.

Artikel 97.

Art. 97. **Der Ort der Ausstellung gilt für den eigenen Wechsel, insofern nicht ein besonderer Zahlungsort angegeben ist, als Zahlungsort und zugleich als Wohnort des Ausstellers.**

Einleitung. Es ist schon in Anm. 3 zu Art. 96 bemerkt, daß der vorliegende Artikel die Materie behandelt, die Art. 4 Nr. 8 für den gezogenen Wechsel regelt. Dort geschieht dies in der Weise, daß die Bestimmung des Zahlungsorts als wesentlicher Bestandteil des Wechsels aufgestellt, gleichzeitig aber bemerkt wird, daß eine besondere Bestimmung des Zahlungsorts an sich nicht notwendig ist; der Wohnort des Bezogenen gilt als Zahlungsort, wenn kein anderer Zahlungsort genannt ist. Beim eigenen Wechsel verfährt der Gesetzgeber anders und zwar logischer. Da im Ergebnis eine besondere Bestimmung des Zahlungsorts für den Wechsel nicht essentiell ist, so zählt der Gesetzgeber dieses Erfordernis bei den wesentlichen Erfordernissen des eigenen Wechsels nicht auf, widmet vielmehr dieser Frage einen besonderen Artikel.

Der vorliegende Artikel bestimmt, daß der Ort der Ausstellung für den eigenen Wechsel als Zahlungsort und zugleich als Wohnort des Ausstellers gilt, wenn nicht ein besonderer Zahlungsort angegeben ist. Art. 97. Anm. 1.

1. **Der Ort der Ausstellung** gilt als Zahlungsort und als Wohnort des Ausstellers, also wohlgemerkt: nicht der Ort, welcher als der Wohnort des Ausstellers angegeben ist (vgl. Anm. 3). Selbstverständlich ist es auch nicht der wahre Wohnsitz des Ausstellers, der als Zahlungsort und als Wohnort des Ausstellers gilt (OTr. Berlin bei Borchardt Zus. 950b). Dagegen ist es gleichgültig, ob der Wechsel wirklich an jenem Orte ausgestellt ist. Das Gesetz hat vielmehr den im Wechsel angegebenen Ausstellungsort im Auge.

2. **Er gilt als Zahlungsort.** Dort sind also die wechselrechtlichen Akte vorzunehmen, die zur Erhaltung des Wechselrechts dienen. Anm. 2.

3. **Er gilt zugleich als Wohnort des Ausstellers,** selbst wenn ein anderer Wohnort des Ausstellers angegeben ist (RG. 8, 71). Die Vorschrift betrifft aber nur die Gültigkeit der zur Erhaltung und Ausübung des Wechselrechts erforderlichen Akte, nicht auch die Frage der Wechselfähigkeit, bei welcher es vielmehr auf den wahren Wohnort des Ausstellers ankommt (ROHG. 23, 388), weder auf den Ort der Ausstellung, noch auf den im Wechsel etwa angegebenen anderweiten Wohnort des Ausstellers. In solchem Falle gilt Art. 97 nicht, der Ort der Ausstellung gilt dann nicht als Zahlungsort und auch nicht als Wohnort des Ausstellers. Anm. 3.

4. **Außer wenn ein besonderer Zahlungsort angegeben ist.** Das muß in deutlicher Weise geschehen (es gilt hierüber alles, was in Anm. 46ff. zu Art. 4 gesagt ist; das in Anm. 46 angezogene Urteil des ROHG. 5, 380 bezieht sich auf einen eigenen Wechsel, ebenso die in Anm. 47 angezogenen Urteile des ROHG. 4, 261 und 387). Wenn aber ein besonderer Zahlungsort angegeben ist, so findet Art. 97 keine Anwendung (RG. 8, 71; anders Bernstein 407) und es greift daher die Analogie der für den gezogenen Wechsel geltenden Regeln Platz. Danach ist in solchem Falle der beim Aussteller angegebene Ort der wechselmäßige Wohnsitz des Ausstellers des eigenen Wechsels, wie der beim Bezogenen angegebene Ort wechselmäßig als Wohnsitz des Trassaten gilt (Art. 24 und Anm. 2 dazu). Die Angabe des Wohnorts beim Aussteller ist gesetzlich nicht vorgeschrieben (Art. 96 Nr. 5). Wenn der Aussteller einen besonderen Wohnort nicht angibt, so gilt nicht etwa der Ausstellungsort auch als Wohnort des Ausstellers. Dafür gibt das Gesetz keinen Anhalt. Der Aussteller kann aber einen Wohnort angeben, z. B. Friedrich Starke aus Hamburg stellt einen eigenen Wechsel aus. Anm. 4.

   Über die Frage, wann beim eigenen Wechsel ein Domizilwechsel vorliegt s. Art. 99 Anm. 1.

5. Der Zahlungsort darf auch hier nur einheitlich sein (ROHG. 21, 179). Der Art. 91a hat auch für benachbarte Orte daran nichts geändert (s. dort Anm. 12). Anm. 5.

Zusatz. Fremde Rechte. In Frankreich, Belgien und England gilt der Wohnort des Ausstellers mangels einer besonderen Angabe in dem Wechsel als Zahlungsort (Späing 238). Anm. 6.

Artikel 98.

Nachstehende, in diesem Gesetze für gezogene Wechsel gegebene Vorschriften gelten auch für eigene Wechsel: Art. 98.

1. die Artikel 5 und 7 über die Form des Wechsels;
2. die Artikel 9 bis 17 über das Indossament;
3. die Artikel 19 und 20 über die Präsentation der Wechsel auf eine Zeit nach Sicht mit der Maßgabe, daß die Präsentation dem Aussteller geschehen muß;

Art. 98. 4. der Artikel 29 über den Sicherheitsregreß mit der Maßgabe, daß derselbe im Falle der Unsicherheit des Ausstellers stattfindet;

5. die Artikel 30 bis 40 über die Zahlung und die Befugnis zur Deposition des fälligen Wechselbetrags mit der Maßgabe, daß letztere durch den Aussteller geschehen kann;

6. die Artikel 41 und 42 sowie die Artikel 45 bis 55 über den Regreß mangels Zahlung gegen die Indossanten;

7. die Artikel 62 bis 65 über die Ehrenzahlung;

8. die Artikel 70 bis 72 über die Kopien;

9. die Artikel 73 bis 76 über abhanden gekommene und falsche Wechsel mit der Maßgabe, daß im Falle des Artikel 73 die Zahlung durch den Aussteller erfolgen muß;

10. die Artikel 78 bis 95 über die allgemeinen Grundsätze der Wechselverjährung, die Verjährung der Regreßansprüche gegen die Indossanten, das Klagerecht des Wechselgläubigers, die ausländischen Wechselgesetze, den Protest, den Ort und die Zeit für die Präsentation und andere im Wechselverkehre vorkommende Handlungen sowie über mangelhafte Unterschriften.

Einleitung. Der vorliegende Artikel gibt an, welche für den gezogenen Wechsel gegebenen Vorschriften auch für den eigenen Wechsel gelten.

Durch die Protestnovelle ist nur folgendes im Art. 98 geändert. Unter Nr. 10 hieß es bisher: die Art. 78—„**96**" während es jetzt heißt: die Art. 78—„**95**". Diese Änderung beruht auf folgendem Vorgang: In der zweiten Lesung der Reichstagskommission (**KB.** S. 10) machte der Berichterstatter darauf aufmerksam, daß der Art. 98 Nr. 10 der Wechselordnung einen offenbaren Druckfehler enthalte. Es müsse dort statt Art. „78—**96**" heißen: Art. „78—**95**": dieser Druckfehler werde bei der im § 5 vorgesehenen Bekanntmachung des neuen Textes der Wechselordnung beseitigt werden müssen. Die Kommission und die Regierungsvertreter waren hiermit einverstanden. Der angebliche „Druckfehler" wurde also ohne jede gesetzliche Ermächtigung geändert, denn im Protestgesetz findet sich keine dahingehende Vorschrift, daß Art. 78 bis 96 geändert werden soll in Art. 78 bis 95.

Anm. 1. 1. **Die anwendbaren Artikel.** Zu einzelnen derselben ist zu bemerken:

a) Art. 7. Auch ein eigener Wechsel kann ein Blankowechsel sein. Es gilt dasselbe wie für das Blankoakzept (RG. 23, 110).

Anm. 2. b) Art. 16. Das Indossament kann vom Aussteller („nicht an Order") verboten werden. — Das Nachindossament ist auch hier zulässig. — Der Aussteller des eigenen Wechsels haftet wie der Akzeptant des gezogenen Wechsels (ROHG. 7, 316).

Anm. 3. c) Art. 19 u. 20. Wechsel auf Sicht und nach Sicht, eigene einfache Sichtwechsel und eigene befristete Sichtwechsel, sind auch hier zulässig. Der Aussteller steht hier überall dem Akzeptanten gleich, nicht etwa dem Aussteller des gezogenen Wechsels, was für die Verjährung, den Protest usw. wichtig ist (ROHG. 11, 47; RG. 3, 6; LG. Wien bei Cz. Nr. 338).

Die Aufforderung, die in Gemäßheit der Artikel 88 Nr. 3, 19 u. 20 der Protestbeamte an den Aussteller zu richten hat, muß nicht dahin lauten, eine datierte Sichtbescheinigung auf den Wechsel zu setzen. Das Wesentliche bei dem Rechtsakt ist vielmehr die Präsentation als solche, die Tatsache der Sicht (RG. in JW. 08, 493[32]).

Ein auf mehrere Personen gezogener Sichtwechsel ist nicht deshalb ungültig, weil er den Bezogenen zu verschiedenen Zeiten vorgelegt werden könnte. Handelt es sich um einen eigenen Sichtwechsel mehrerer Aussteller, so ist die Behauptung des einen Ausstellers, ihm sei der Wechsel überhaupt nicht präsentiert worden, ohne Bedeutung. Da es sich um die Verpflichtung eines der mehreren Aussteller handelt, nicht um einen Regreßfall, und da nicht der Verzug, sondern nur der Verfalltag, der ja nur ein und derselbe sein kann, festzustellen war, so ist der Verfalltag gegen alle Aussteller festgestellt, auch wenn der Wechsel nicht allen präsentiert werden sollte (OLG. Braunschweig in ROLG. 14, 415). Art. 98.

d) Art. 29. Über den Fall, daß von mehreren Ausstellern einer unsicher wird, gilt das in Anm. 15 zu Art. 29 Gesagte analog (vgl. auch OTr. Berlin bei Borchardt Zus. 956 bezüglich eigener Wechsel). Anm. 4.

e) Art. 31. Auch der eigene einfache Sichtwechsel muß innerhalb zwei Jahren präsentiert werden; der zweite Jahrestag nach der Ausstellung ist der Verfalltag; von da ab läuft die dreijährige Verjährung (ROHG 11, 47; RG. 3, 6; OG. Wien bei Cz. Nr. 338). Vgl. Anm 5 zu Art. 81. Anm. 5.

f) Art. 44 ist anwendbar. Doch bestimmt Ähnliches Art. 99 ausdrücklich. Art. 45 ebenfalls: doch ist zu beachten, daß der Aussteller des eigenen Wechsels Hauptverpflichteter ist und daher kein Recht auf Notifikation hat. Anm. 6.

g) Art. 81. Mehrere Aussteller haften solidarisch. Unter ihnen selbst gilt das in Anm. 7 ff. zu Art. 81 Gesagte. Zahlt einer von ihnen, so hat er zwar das Recht auf Aushändigung des Wechsels gegen den Inhaber, aber weder ein Wechselrecht gegen die Mitaussteller, noch ein Recht auf Übertragung der Forderung seitens des Inhabers (RG. 8, 47). Letzteres modifiziert sich im Falle eines unterliegenden Bürgschaftsverhältnisses gemäß § 774 Abs. 1 BGB. Anm. 7.

h) Art. 82. Zahlung durch den Aussteller des eigenen Wechsels ist Tilgung der Wechselobligation, wie Zahlung durch den Akzeptanten des gezogenen Wechsels. Anm 8.

Auch ein eigener Wechsel kann in blanco gegeben werden; hinsichtlich der dadurch erteilten Ermächtigung und der Einreden gilt Entsprechendes, wie bei der Hingabe eines Akzepts in blanco (RG. 23, 110).

2. **Die nicht anwendbaren Artikel** sind: a) Art. 4 über die Erfordernisse einer Tratte; b) Art. 6 über Wechsel an eigene Order; c) Art. 8 über die Haftung für Annahme; d) Art. 18 über die Präsentation zur Annahme; e) Art. 21—24 über die Annahme; f) Art. 25-28 über den Regreß auf Sicherstellung wegen nicht erhaltener Annahme; g) Art. 43 über den Regreß mangels Zahlung beim Domizilwechsel, und Art. 44, weil im Art. 99 für eigene Wechsel besonders geregelt; h) Art. 56—61 über die Ehrenannahme; i) Art. 66—69 über Wechselduplikate; k) Art. 77 über die Verjährung gegen den Akzeptanten (geregelt für den eigenen Wechsel im Art. 100). Anm. 9.

Über **fremde Rechte** vgl. Anm. 17 zu Art. 96. Anm. 10.

Artikel 99.

Eigene domizilierte Wechsel sind dem Domiziliaten oder, wenn ein solcher nicht benannt ist, dem Aussteller selbst an demjenigen Orte, wohin der Wechsel domiziliert ist, zur Zahlung zu präsentieren und, wenn die Zahlung unterbleibt, dort zu protestieren. Art. 99.

Ein eigener Wechsel, dessen Zahlung am Wohnorte des Ausstellers durch eine andere Person erfolgen soll, ist dieser Person zur Zahlung zu präsentieren und, wenn die Zahlung unterbleibt, gegen sie zu protestieren.

Bei eigenen Wechseln bedarf es zur Erhaltung des Wechselrechts gegen den Aussteller weder der Präsentation am Zahlungstage noch der Erhebung eines Protestes.

Art. 99. **Der vorliegende Artikel regelt zwei Materien für den eigenen Wechsel, die für den**
Anm. 1. **gezogenen Wechsel in Art. 43 und 44 behandelt sind.**

Den Änderungen in den Artikeln 43, 44, die das Protestgesetz bringt, schließen sich die neuen Vorschriften des auf den domizilierten eigenen Wechsel bezüglichen Absatzes 2 des Art. 99 an. Der bisherige Satz 2 des Art. 99 lautete:

Wird die rechtzeitige Protesterhebung beim Domiziliaten verabsäumt, so geht dadurch der wechselmäßige Anspruch gegen den Aussteller und die Indossanten verloren.

Es ergab sich demgemäß auch eine kleine Änderung im Eingange des Abs. 3; der frühere Satz 3 des Art. 99 besagt: bei „nicht domizilierten" eigenen Wechseln. Die Worte „nicht domizilierten" konnten mit Rücksicht auf die neue Fassung wegfallen.

1. (Abs. 1.) Ein **domizilierter eigener** Wechsel liegt dann vor, wenn ein vom Ausstellungsorte verschiedener Zahlungsort im Wechsel angegeben ist (so Thöl, Grünhut, Dernburg, Volkmar-Löwy; J. u. M. Stranz Anm. 1). Andere (so Staub 4. Aufl. Art. 97 Anm. 4; Bernstein 408) nehmen einen domiziliert-eigenen Wechsel dann als vorliegend an, wenn ein vom Wohnort des Ausstellers, wie er im Wechsel verzeichnet ist, verschiedener Zahlungsort im Wechsel benannt ist. Für die Regel führen beide Anschauungen im Hinblick auf Art. 97 zu gleichen Ergebnissen.

Anm. 2. Der Domizilvermerk kann auch hier vom Aussteller oder auch vom Remittenten oder Indossanten auf den Wechsel gesetzt sein. Im letzteren Falle liegt zwar immer noch ein eigentlicher Domizilvermerk, aber ein anomaler vor, indem der normale hier vom Aussteller des eigenen Wechsels ausgeht.

Anm. 3. 2. (Abs. 2.) Davon zu unterscheiden ist auch hier der **uneigentliche Domizilvermerk,** wenn nämlich Ausstellungsort (bzw. nach der in Anm. 1 erwähnten abweichenden Ansicht: Wohnort des Ausstellers) und Zahlungsort nicht verschieden sind, sondern eine andere Zahlstelle am Ausstellungsorte (bzw. Wohnorte des Ausstellers) genannt ist. (Vgl. Art. 43 und die Erläuterungen dazu, namentlich Anm. 7.)

Dieser eigene Zahlstellenwechsel ist an der Zahlstelle zu präsentieren und zwar, sofern er einen besonderen Zahlungsleister benennt, diesem, sonst dem Aussteller. Ein Protest ist im ersteren Falle gegen den benannten Zahlungsleister, zu erheben, im letzteren gegen den Aussteller. Ob aber überhaupt ein Protest erforderlich ist, richtet sich nach den allgemeinen Vorschriften (vgl. unten Anm. 4 und Art. 43 Anm. 7).

Anm. 4. 3. (Abs. 3.) Bei eigenen Wechseln, **gleichviel ob es domizilierte oder Zahlstellenwechsel sind oder nicht,** bedarf es zur Erhaltung des Wechselrechts **gegen den Aussteller** weder der Präsentation am Zahlungstage noch der Erhebung eines Protestes, während nach dem Rechtszustande vor der Protestnovelle dies nur für nicht domizilierte eigene Wechsel galt.

Der Aussteller des eigenen Wechsels steht eben dem Akzeptanten gleich und deshalb gilt hier dasselbe wie beim bezogenen Wechsel. Vgl. hierüber Näheres bei Art. 43, 44.

Anm. 4a. 4. **Die Rechtssätze** sind überhaupt die gleichen, wie beim gezogenen Wechsel (vgl. daher Anm. 1ff. zu Art. 43). Der Aussteller des eigenen Wechsels gilt hier überall dem Akzeptanten des gezogenen Wechsels gleich. — Zu bemerken ist, daß der Rechtssatz, ein Protest sei, wo er nötig, auch dann nötig, wenn der Wechsel beim Remittenten domiziliert ist und von diesem noch nicht begeben ist (Anm. 5 zu Art. 43), speziell auch für eigene Wechsel ausgesprochen ist (ROHG. 13, 146). Das in Anm. 5 zu Art. 43 zitierte Erkenntnis des RG. 28, 102 betrifft den eigenen Wechsel. — Der Domiziliat muß hier vom Aussteller verschieden sein (RG. 28, 100).

Der Protest beim eigenen Domizilwechsel war vor der Protestnovelle zur Erhaltung des Anspruchs gegen den Aussteller nur notwendig, wenn ein Domiziliat benannt war, sonst nicht (ROHG. 5, 296; RG. 28, 102). Jetzt ist er zur Erhaltung des Anspruchs gegen den Aussteller nicht mehr nötig. Dagegen ist er, wie früher, zur Erhaltung des Anspruchs gegen die **Indossanten** notwendig, ob nun ein Domiziliat **Art. 99.** benannt ist oder nicht (siehe Art. 43, 44).

Insbesondere ist noch hervorzuheben:

a) **Verzugszinsen** braucht auch der Aussteller des eigenen Wechsels erst von der Präsentation an zu zahlen (ROHG. 5, 374; OG. Wien bei Cz. Nr. 128). Anm. 5.

b) **In der Klagezustellung** liegt auch hier eine genügende Präsentation, auch bei Sicht- und Nachsichtwechseln (RG. 8, 66 und im „Recht" 06, 510; OG. Wien bei Cz. Nr. 128). Anm. 6.

c) **Auch beim eigenen Wechsel** sind die Verzugszinsen 6 % (ROHG. 1, 249; Bernstein 413). Anm. 7.

d) **Über Präsentationserlaß** s. Anm. 15 zu Art. 40. Das dort angezogene Erkenntnis ROHG. 8, 164 ist für eigene Wechsel gegeben. Anm. 8.

e) **Ist der Aussteller des eigenen nicht domizilierten Wechsels von Erstattung der Protestkosten frei?** Es gilt hierüber das Anm. 14 zu Art. 50 Gesagte. Anm. 9.

Artikel 100.

Der wechselmäßige Anspruch gegen den Aussteller eines eigenen Wechsels verjährt in drei Jahren, vom Verfalltage des Wechsels an gerechnet. **Art. 100.**

Der vorliegende Artikel regelt die Verjährung des Eigenwechsels. Die Regelung erfolgt entsprechend der Rechtsstellung des Ausstellers des Eigenwechsels: er steht dem Akzeptanten des gezogenen Wechsels gleich. Es gilt daher hier überall das gleiche wie zu Art. 77. Vgl. die Erläuterungen zu diesem Artikel. (Das in Anm. 10 zu Art. 77 angezogene Erkenntnis des ROHG. 3, 417 ist für diesen Fall des Art. 100 ergangen, desgleichen das Urteil RG. 32, 354.) Über die Verjährung des eigenen Sichtwechsels s. Anm. 3 zu Art. 98.

Anhang.

I. Gesetz, betreffend die Erleichterung des Wechselprotestes.

Vom 30. Mai 1908 (RGBl. 08 Nr. 32 S. 321).

Wir Wilhelm, von Gottes Gnaden Deutscher Kaiser, König von Preußen rc. verordnen im Namen des Reichs, nach erfolgter Zustimmung des Bundesrats und des Reichstags, was folgt:

§ 1.

Die Allgemeine Deutsche Wechselordnung wird dahin geändert:

I. Der Artikel 39 der Wechselordnung erhält folgende Fassung:

Der Wechselschuldner ist nur gegen Aushändigung des quittierten Wechsels zu zahlen verpflichtet. Hat der Wechselschuldner eine Teilzahlung geleistet, so kann er nur verlangen, daß die Zahlung auf dem Wechsel abgeschrieben und ihm Quittung erteilt werde.

II. Der Artikel 43 Satz 2 wird durch folgenden Abs. 2 ersetzt:

Ein Wechsel, dessen Zahlung am Wohnorte des Bezogenen durch eine andere Person erfolgen soll, ist dieser Person zur Zahlung zu präsentieren und, wenn die Zahlung unterbleibt, gegen sie zu protestieren.

III. Der Artikel 44 erhält folgende Fassung:

Zur Erhaltung des Wechselrechts gegen den Akzeptanten bedarf es weder der Präsentation am Zahlungstage noch der Erhebung eines Protestes.

IV. Im Artikel 60 Satz 2 und im Artikel 62 Satz 1 werden die Worte „am zweiten Werktage" durch die Worte „am dritten Werktage" ersetzt.

V. Im Artikel 87 Satz 1 werden hinter dem Worte „Gerichtsbeamten" die Worte eingeschaltet:

„oder einen Postbeamten".

VI. An die Stelle des Artikel 88 treten folgende Vorschriften:

Artikel 88.

In den Protest ist aufzunehmen:

1. der Name oder die Firma der Personen, für welche und gegen welche der Protest erhoben wird;
2. die Angabe, daß die Person, gegen welche protestiert wird, ohne Erfolg zur Vornahme der wechselrechtlichen Leistung aufgefordert worden oder nicht anzutreffen gewesen ist oder daß ihr Geschäftslokal oder ihre Wohnung sich nicht hat ermitteln lassen;
3. die Angabe des Ortes sowie des Kalendertags, Monats und Jahres, an welchem die Aufforderung (Nr. 2) geschehen oder ohne Erfolg versucht worden ist;

Anhang. 4. im Falle einer Ehrenannahme oder einer Ehrenzahlung die Erwähnung, von wem, für wen und wie sie angeboten oder geleistet wird.

Der Protest ist von dem Protestbeamten zu unterzeichnen und mit dem Amtssiegel oder dem Amtsstempel zu versehen.

Artikel 88a.

Der Protest mangels Zahlung ist auf den Wechsel oder auf ein mit dem Wechsel zu verbindendes Blatt zu setzen.

Der Protest soll unmittelbar hinter den letzten auf der Rückseite des Wechsels befindlichen Vermerk, in Ermangelung eines solchen unmittelbar an einen Rand der Rückseite gesetzt werden.

Wird der Protest auf ein Blatt gesetzt, das mit dem Wechsel verbunden wird, so soll die Verbindungsstelle mit dem Amtssiegel oder dem Amtsstempel versehen werden. Ist dies geschehen, so braucht der Unterschrift des Protestbeamten ein Siegel oder Stempel nicht beigefügt zu werden.

Wird der Protest unter Vorlegung mehrerer Exemplare desselben Wechsels oder unter Vorlegung des Originals und einer Kopie erhoben, so genügt die Beurkundung auf einem der Exemplare oder auf dem Originalwechsel. Auf den anderen Exemplaren oder auf der Kopie ist zu vermerken, daß sich der Protest mangels Zahlung auf dem ersten Exemplar oder auf dem Originalwechsel befindet. Auf den Vermerk finden die Vorschriften des Abs. 2 und des Abs. 3 Satz 1 entsprechende Anwendung. Der Protestbeamte hat den Vermerk zu unterzeichnen.

Artikel 88b.

Bezieht sich der Protest auf eine andere wechselrechtliche Leistung als die Zahlung, so ist er auf eine Abschrift des Wechsels oder der Kopie oder auf ein mit der Abschrift zu verbindendes Blatt zu setzen. Die Abschrift hat auch die auf dem Wechsel oder der Kopie befindlichen Indossamente und anderen Vermerke zu enthalten. Die Vorschriften des Artikel 88a Abs. 2, 3 finden entsprechende Anwendung.

VII. Als Artikel 89a wird folgende Vorschrift eingestellt:

Die Wechselzahlung kann an den Protestbeamten erfolgen. Die Befugnis des Protestbeamten zur Annahme der Zahlung kann nicht ausgeschlossen werden.

VIII. An die Stelle des Artikel 90 treten folgende Vorschriften:

Schreibfehler, Auslassungen und sonstige Mängel der Protesturkunde können bis zur Aushändigung der Urkunde an die Person, für welche der Protest erhoben ist, von dem Protestbeamten berichtigt werden. Die Berichtigung ist als solche unter Beifügung der Unterschrift kenntlich zu machen.

Von dem Protest ist eine beglaubigte Abschrift zurückzubehalten. Über den Inhalt des Wechsels oder der Kopie ist ein Vermerk aufzunehmen. Der Vermerk hat zu enthalten:

1. den Betrag des Wechsels;
2. die Zahlungszeit;
3. den Ort, den Monatstag und das Jahr der Ausstellung;
4. die Namen des Ausstellers, des Remittenten und des Bezogenen;
5. falls eine vom Bezogenen verschiedene Person angegeben ist, durch welche die Zahlung erfolgen soll, den Namen dieser Person, sowie die Namen der etwaigen Notadressen und Ehrenakzeptanten.

Die Abschriften und Vermerke sind geordnet aufzubewahren.

IX. An die Stelle des Artikel 91 treten folgende Vorschriften:

Die Präsentation zur Annahme oder Zahlung, die Protesterhebung, die Abforderung eines Wechselduplikats sowie alle sonstigen bei einer bestimmten Person vorzunehmenden Akte müssen in deren Geschäftslokal und in Ermangelung eines solchen in deren Wohnung vorgenommen werden. An einer anderen Stelle, z. B. an der Börse, kann dies nur mit beiderseitigem Einverständnisse geschehen.

Ist in dem Proteste vermerkt, daß sich das Geschäftslokal oder die Wohnung nicht hat ermitteln lassen, so ist der Protest nicht deshalb ungültig, weil die Ermittelung möglich war.

Die Verantwortlichkeit des Protestbeamten, der es unterläßt, geeignete Ermittelungen anzustellen, wird durch die Vorschrift des Abs. 2 nicht berührt. Ist eine Nachfrage bei der Polizeibehörde des Ortes ohne Erfolg geblieben, so ist der Protestbeamte zu weiteren Nachforschungen nicht verpflichtet.

X. Als Artikel 91a wird folgende Vorschrift eingestellt:

Eine in dem Geschäftslokal oder in der Wohnung eines Beteiligten vorgenommene Handlung ist auch dann gültig, wenn an Stelle des Ortes, in welchem das Geschäftslokal oder die Wohnung liegt, ein benachbarter Ort in dem Wechsel angegeben ist. Mit beiderseitigem Einverständnisse können auch in anderen Fällen die bei einem Beteiligten vorzunehmenden Handlungen an einem Orte erfolgen, der dem im Wechsel angegebenen Orte benachbart ist.

Welche Orte im Sinne dieser Vorschriften als benachbarte anzusehen sind, bestimmt der Bundesrat; die Bestimmung ist im Reichs-Gesetzblatte bekannt zu machen.

XI. Der Artikel 92 erhält folgenden Abs. 2:

Die Proteste sollen nur in der Zeit von 9 Uhr Vormittags bis 6 Uhr Abends erhoben werden. Außerhalb dieser Zeit soll die Protesterhebung nur erfolgen, wenn die Person, gegen welche protestiert wird, ausdrücklich einwilligt.

XII. Im Artikel 99 treten an die Stelle der Sätze 2, 3 die folgenden Abs. 2, 3:

Ein eigener Wechsel, dessen Zahlung am Wohnorte des Ausstellers durch eine andere Person erfolgen soll, ist dieser Person zur Zahlung zu präsentieren und, wenn die Zahlung unterbleibt, gegen sie zu protestieren.

Bei eigenen Wechseln bedarf es zur Erhaltung des Wechselrechts gegen den Aussteller weder der Präsentation am Zahlungstage noch der Erhebung eines Protestes.

Der § 1 in seinen XII Vorschriften ist erläutert im Zusammenhange mit den betreffenden Artikeln der Wechselordnung.

§ 2.

Der § 21 des Gesetzes, betreffend die Wechselstempelsteuer, vom 10. Juni 1869 (Bundes-Gesetzbl. S. 193) wird dahin geändert:

1. Im Satze 1 werden hinter dem Worte „Notare“ die Worte eingeschaltet: „die Postbeamten“.
2. Satz 2 erhält folgende Fassung:

   Auf der nach der Wechselordnung zurückzubehaltenden Abschrift des Protestes ist ausdrücklich zu bemerken, mit welchem Wechselstempel die protestierte Urkunde versehen oder daß sie mit einem Wechselstempel nicht versehen ist.

§ 3.

Unter Zustimmung des Bundesrats kann der Reichskanzler anordnen, daß die Postverwaltung für bestimmte Fälle, insbesondere mit Rücksicht auf die Art des Protestes oder die Höhe der Wechselsumme, die Protesterhebung nicht übernimmt.

Anhang. Die näheren Bestimmungen über die Benutzung der Postanstalten zur Aufnahme von Wechselprotesten erläßt der Reichskanzler. Für den inneren Verkehr der Königreiche Bayern und Württemberg werden diese Bestimmungen von den zuständigen Behörden dieser Staaten erlassen.

1. Die Bekanntmachung des Reichskanzlers in Ausführung des Abs. 1 ist abgedruckt im Anhang zu II. Die vom Reichskanzler in Ausführung des Abs. 2 erlassenen näheren Bestimmungen über die Benutzungen der Postanstalten zur Aufnahme von Wechselprotesten sind abgedruckt im Anhang zu III: die Dienstanweisung in Anhang IV. Über die für den inneren Verkehr der Königreiche Bayern und Württemberg durch die zuständige Behörde dieser Staaten (vgl. Gesetz über das Postwesen vom 28. 10. 1871 § 50 Abs. 1, 5) erlassenen Dienstanweisungen vgl. Anhang V und VI.

2. Die Erl. zum § 3 befinden sich bei Art. 87 Anm. 1a. Dort ist auch kritisch Stellung genommen gegen die Vorschrift im Abs. 1 des § 3.

Dagegen war es durchaus praktisch, wie der Abs. 2 vorschreibt, die näheren Bestimmungen über die Benutzungen der Postanstalten zur Aufnahme von Wechselprotesten dem Verordnungswege zu überlassen. Auf diesem Wege konnte dafür Vorsorge getroffen werden und ist dafür Vorsorge getroffen, daß die Protesterhebung, falls der Protest noch einen Aufschub gestattet, und der Schuldner die Zahlung nicht ausdrücklich verweigert, nicht sofort nach der ersten Präsentation erfolgt, vielmehr dem Schuldner noch Gelegenheit zur Bezahlung des Wechsels gegeben wird. Ebenso waren Bestimmungen für den Fall zu treffen, daß der Post zur Protesterhebung Wechsel übergeben werden, deren Protestierung sie nicht übernimmt; in diesem Falle ist es zweckmäßig, wie dies auch bestimmt ist (vgl. im Anhang zu III § 18a zu IX), daß die Post den Wechsel alsbald an einen Notar oder Gerichtsbeamten zur Protestierung weitergibt (Begr. S. 8).

§ 4.

Die Postverwaltung haftet dem Auftraggeber für die ordnungsmäßige Ausführung des Protestauftrags nach den allgemeinen Vorschriften des bürgerlichen Rechtes über die Haftung eines Schuldners für die Erfüllung seiner Verbindlichkeit. Sie haftet nicht über den Betrag des wechselmäßigen Regreßanspruchs hinaus.

Der Anspruch gegen die Postverwaltung verjährt in drei Jahren. Die Verjährung beginnt mit dem Zeitpunkt, in welchem der Protestauftrag bei der Postanstalt eingeht, von welcher der Auftrag auszuführen ist.

Die Erläuterungen hierzu finden sich im Zusammenhang bei Art. 87 Anm. 4, 12 und namentlich 13.

§ 5.

Der Reichskanzler wird ermächtigt, den Text der Allgemeinen Deutschen Wechselordnung, wie er sich aus den Änderungen ergibt, welche im § 1 dieses Gesetzes sowie in den Nürnberger Novellen (Bundes-Gesetzbl. 1869 S. 402) und im Artikel 8 Nr. 2 des Einführungsgesetzes zum Handelsgesetzbuche (Reichs-Gesetzbl. 1897 S. 437) vorgesehen sind, unter der Überschrift „Wechselordnung" durch das Reichs-Gesetzblatt bekannt zu machen. Der Artikel 2 sowie im Artikel 29 Abs. 1 Nr. 1 die Worte „(Debitverfahren, Falliment)" und in Nr. 2 die Worte „oder wider denselben wegen Erfüllung einer Zahlungsverbindlichkeit die Vollstreckung des Personalarrestes verfügt worden" sind wegzulassen.

Soweit in Reichsgesetzen oder Landesgesetzen auf Vorschriften der Wechselordnung verwiesen ist, treten die entsprechenden Vorschriften des vom Reichskanzler bekannt gemachten Textes an die Stelle.

Nach der Regierungsvorlage befinden sich im Abs. 1 hinter den Worten: unter der Überschrift „Wechselordnung" noch die Worte „und unter fortlaufender Nummernfolge der Artikel". Gemäß einem sehr dankenswerten Antrage, der in der Reichstagskommission bei der zweiten Lesung (Komm.-Ber. S. 10) gestellt worden ist, wurden diese Worte gestrichen, um bei einem Gesetze, wie der Wechselordnung, das sich seit mehr als einem halben Jahrhundert bei uns eingebürgert hat, die alte Bezeichnung und Nummernfolge der Artikel beizubehalten. Dies ist um so dankenswerter, als dadurch auch eine gewisse Übereinstimmung mit Österreich aufrecht erhalten wird.

§ 6.

Dieses Gesetz tritt am 1. Oktober 1908 in Kraft. Für die vorher ausgestellten Wechsel bleiben die bisherigen Vorschriften in Kraft, nach denen der wechselmäßige

Anspruch gegen den Akzeptanten oder gegen den Aussteller des eigenen Wechsels verloren geht, wenn die rechtzeitige Protesterhebung beim Domiziliaten verabsäumt wird. Anhang.

Zur Erläuterung über die bisherigen materiellen Vorschriften, welche für die vorher ausgestellten Wechsel nach Satz 2 des § 6 und in dem dort bezeichneten Umfange in Kraft bleiben, vgl. Art. 43 Anm. 5 und 5a. Der Satz 2 bezieht sich auf Tratten und eigene Wechsel, die vor dem 1. Oktober 1908 ausgestellt sind.

Hinsichtlich der Form der Protesterhebung und der Urkunde kommen vom 1. Oktober 1908 ab, gleichviel wann die Wechsel ausgestellt sind, die neuen Vorschriften zur Anwendung.

Urkundlich unter Unserer Höchsteigenhändigen Unterschrift und beigedrucktem Kaiserlichen Insiegel.

Gegeben Potsdam, den 30. Mai 1908.

(L. S.) Wilhelm.

Fürst von Bülow.

II. Bekanntmachung, betreffend die Erhebung von Wechsel- und Scheckprotesten durch Postbeamte.

Vom 5. August 1908 (RGBl. 08 Nr. 45 S. 482).

Mit dem Inkrafttreten des Gesetzes, betreffend die Erleichterung des Wechselprotestes, vom 30. Mai 1908 (Reichs-Gesetzbl. S. 321 ff.) und gemäß § 30 des Scheckgesetzes vom 11. März 1908 (Reichs-Gesetzbl. S. 71 ff.) sind auch die Postbeamten zur Aufnahme von Wechsel- und Scheckprotesten berufen.

Auf Grund des § 3 des erstgenannten Gesetzes wird unter Zustimmung des Bundesrats angeordnet, daß vom 1. Oktober 1908 ab die Postverwaltung die Erhebung von Wechsel- und Scheckprotesten mit folgenden Beschränkungen übernimmt:

1. Proteste, die sich auf eine andere wechselrechtliche Leistung als die Zahlung beziehen, werden nicht erhoben.
2. Die Erhebung von Protesten mangels Zahlung bleibt ausgeschlossen
   a) für Wechsel und Schecks, die über mehr als 800 Mark lauten,
   b) für Wechsel und Schecks, die in fremder Sprache ausgestellt sind,
   c) für Wechsel und Schecks, die auf eine ausländische Münzsorte lauten, sofern der Aussteller durch den Gebrauch des Wortes „effektiv" oder eines ähnlichen Zusatzes die Zahlung in der im Wechsel benannten Münzsorte ausdrücklich bestimmt hat,
   d) für Wechsel, die mit Notadresse oder Ehrenakzept versehen sind,
   e) für Wechsel, die unter Vorlegung mehrerer Exemplare desselben Wechsels oder unter Vorlegung des Originals und einer Kopie zu protestieren sind.

Berlin, den 5. August 1908.

Der Reichskanzler.

In Vertretung:

Kraetke.

Anhang. III. Verfügung vom 13. August 1908, betreffend Änderung der Postordnung,

aus dem Amtsblatt des Reichs-Postamts 1908 Nr. 51 S. 243ff.

Die Postordnung vom 20. März 1900 hat folgende Änderungen erfahren:

1. . . . .
2. Hinter § 18 wird folgender neuer Paragraph eingeschaltet:

§ 18a. Postprotest.

I Die Postverwaltung kann beauftragt werden, Wechsel zur Zahlung vorzulegen und, wenn die Zahlung unterbleibt, Protest mangels Zahlung nach den Vorschriften der Wechselordnung zu erheben. Ausgeschlossen von der Protesterhebung durch die Post sind

a) Wechsel über mehr als 800 Mk.,
b) Wechsel in fremder Sprache,
c) Wechsel, die auf eine ausländische Münzsorte lauten, sofern der Aussteller durch den Gebrauch des Wortes „effektiv" oder eines ähnlichen Zusatzes die Zahlung in der im Wechsel benannten Münzsorte ausdrücklich bestimmt hat,
d) Wechsel mit Notadresse oder Ehrenakzept,
e) Wechsel, die unter Vorlegung mehrerer Exemplare desselben Wechsels oder unter Vorlegung des Originals und einer Kopie zu protestieren sind.

II Für diese Aufträge sind besondere von der Postverwaltung hergestellte Formulare zu benutzen, die von den Postanstalten zum Preise von 5 Pf. für je 10 Stück verkauft werden. Der quittierte Wechsel ist dem Postauftrage beizufügen; die Beifügung mehrerer Wechsel oder anderer Anlagen ist nicht zulässig.

Die Ausfüllung der Formulare zu Postprotestaufträgen kann der Auftraggeber ganz oder teilweise durch Druck, mit der Schreibmaschine usw. bewirken lassen.

III Der Auftraggeber hat in dem Auftragsformular anzugeben:

die Wechselsumme in Reichswährung unter Wiederholung der Marksumme in Buchstaben;

den Tag, an welchem nach dem Inhalte des Wechsels die Zahlung erfolgen, bei Wechseln, die auf Sicht lauten, den Tag, an dem der Wechsel vorgezeigt werden soll;

den Namen und Wohnort der Person, die Zahlung leisten soll;

den Namen und Wohnort des Auftraggebers.

Stimmen die Angaben im Postauftrag über die Wechselsumme und den Zahlungstag mit den Angaben des Wechsels nicht überein, so sind die Angaben des Wechsels maßgebend.

Wenn auf dem Wechsel eine Teilzahlung vermerkt worden ist, so ist in das Auftragsformular nur der noch nicht bezahlte Teil der Wechselsumme einzutragen.

Ist ein auf Sicht lautender Wechsel bereits vor Erteilung des Postauftrags zur Zahlung vorgezeigt worden, so ist dies vom Auftraggeber auf der Rückseite des Auftragsformulars durch den Vermerk „der Wechsel ist vorgezeigt worden am .... (Tag der Vorzeigung)" anzugeben.

Zu weiteren Angaben, insbesondere auch zu schriftlichen Mitteilungen, darf das Auftragsformular, das in den Händen der Post verbleibt, nicht benutzt werden.

IV Der Auftraggeber hat den Postauftrag unter verschlossenem Umschlage stets an die Postanstalt zu senden, zu deren Bezirke der im Wechsel angegebene Zahlungsort gehört, auch wenn die Person, die Zahlung leisten soll, nicht in dem im Wechsel angegebenen Zahlungsorte wohnt, z. B. nach Ausstellung des Wechsels verzogen ist. Der Brief ist mit der Adresse „Postauftrag nach .... (Name der Postanstalt)" zu versehen und nicht früher als sieben Tage vor dem Zahlungstage des Wechsels einzuliefern. **Anhang.**

Über den Brief wird ein Einlieferungsschein erteilt.

Mehrere Postaufträge dürfen zu einer Sendung nicht vereinigt werden.

V Die Einziehung der Wechselsumme erfolgt gegen Vorzeigung des Postauftrags und gegen Aushändigung des Wechsels. Für die Vorzeigung sind die Vorschriften des § 39, I bis V maßgebend. Wird die Wechselsumme gezahlt, so wird der Postauftrag wie ein solcher zur Geldeinziehung behandelt.

Ist die Zahlung der Wechselsumme nicht zu erlangen oder bleibt der Versuch, den Postauftrag vorzuzeigen, erfolglos, so wird der Postauftrag bei der Postanstalt bis zum Schlusse der Schalterdienststunden des ersten Werktags nach dem Zahlungstage des Wechsels zur Einlösung bereitgehalten. Erfolgt die Einlösung auch bis zu diesem Zeitpunkte nicht, so wird der Wechsel mit dem Postauftrag am zweiten Werktage nach dem Zahlungstage des Wechsels nochmals zur Zahlung vorgezeigt. Bleibt die zweite Vorzeigung oder der Versuch zu dieser erfolglos, so wird gegen die im Postauftrage bezeichnete Person Protest nach den Vorschriften der Wechselordnung erhoben.

Die Aufnahme des Protestes geschieht bereits nach der ersten Vorzeigung, wenn bei dieser Vorzeigung die Zahlung ausdrücklich verweigert wird. Als Zahlungsverweigerung gilt nur die Erklärung der Person, die Zahlung leisten soll, oder ihres Bevollmächtigten. Ebenso wird der Protest schon nach der ersten Vorzeigung oder nach dem ersten Versuche der Vorzeigung erhoben, wenn die Protestfrist mit dem Tage der Vorzeigung abläuft oder wenn die Person, die Zahlung leisten soll, am Zahlungsorte des Wechsels weder ein Geschäftslokal noch eine Wohnung hat, oder wenn die Postanstalt die Erhebung des Protestes nach der ersten Vorzeigung aus einem anderen Grunde für erforderlich erachtet.

VI Der protestierte Wechsel wird mit der Protesturkunde unter „Einschreiben" an den Auftraggeber unter Einziehung der Gebühren (s. unter X) und der etwa entstandenen Stempelkosten zurückgesandt.

Zahlt eine vom Aussteller des Wechsels nicht bezeichnete Person innerhalb der Protestfrist als Ehrenzahler die Wechselsumme sowie die Protestkosten an den Postprotestbeamten, so ist der Wechsel mit der Protesturkunde an den Ehrenzahler auszuhändigen. Die gezahlte Wechselsumme wird dem Auftraggeber durch Postanweisung übermittelt.

VII Solange der Postauftrag noch nicht eingelöst oder solange noch nicht Protest erhoben worden ist, kann der Auftraggeber unter Vorlegung eines Doppels des ausgefüllten Postauftragsformulars und unter den sonstigen Bedingungen des § 33 den Postauftrag zurückziehen.

VIII Die Postverwaltung haftet für die ordnungsmäßige Ausführung eines den Vorschriften der Abs. I bis III entsprechenden Protestauftrags gemäß § 4 des Gesetzes, betreffend die Erleichterung des Wechselprotestes vom 30. Mai 1908 (Reichs-Gesetzbl. S. 321). Diese Haftung beginnt mit dem Zeitpunkt, in welchem der Postauftrag bei der Postanstalt eingeht, die den Protest zu erheben hat, und endet, sobald der protestierte Wechsel nebst Protesturkunde zur Beförderung an den Auftraggeber gemäß den Vorschriften des Abs. VI eingeliefert worden ist.

Bis zum Eingange des Postauftrags bei der Postanstalt, die den Protest zu erheben hat, haftet die Postverwaltung wie für einen eingeschriebenen Brief. Im gleichen Umfange haftet sie für den Brief mit dem protestierten Wechsel nebst Protest-

Anhang. urkunde, sobald dieser Brief von der Postanstalt zur Beförderung an den Auftraggeber eingeliefert worden ist.

Wird die Wechselsumme gezahlt, so haftet die Postverwaltung für den eingezogenen Betrag wie für die auf Postanweisungen eingezahlten Beträge.

IX Werden dem unter II bezeichneten Formular zu Postprotestaufträgen Wechsel, die von der Protesterhebung durch die Post ausgeschlossen sind (I), oder mehrere Anlagen (II) beigefügt, so werden diese Aufträge, ohne daß postseitig eine Vorzeigung stattfindet, an einen Gerichtsvollzieher, Notar usw. weitergegeben. Das gleiche kann mit Postprotestaufträgen geschehen, die erst am letzten Tage der Protestfrist bei der • Postanstalt eingehen, die den Protest zu erheben hat.

Postaufträge, zu denen Formulare der im § 18, III bezeichneten Art verwandt worden sind, werden, sofern die Einlösung nicht erfolgt, an einen Gerichtsvollzieher, Notar usw. weitergegeben, auch wenn der Auftraggeber auf dem Formular vermerkt hat, daß der Protest durch die Post erhoben werden soll.

Auf Postaufträge, die an einen Gerichtsvollzieher, Notar usw. weitergegeben worden sind, finden die Vorschriften des § 18, XX Anwendung.

X Es werden erhoben:

1. für den Postauftragsbrief 30 Pf.;
2. bei Zahlung der Wechselsumme für die Übermittelung des eingezogenen Betrags die tarifmäßige Postanweisungsgebühr (§ 20, II);
3. sofern die Zahlung der Wechselsumme nicht erfolgt:
   a) für die Erhebung des Postprotestes
      bei Wechseln bis 500 Mk. einschließlich . . . . . 1 Mk.,
      bei Wechseln über 500 Mk. . . . . 1 Mk. 50 Pf.,
   b) für die Rücksendung des protestierten Wechsels nebst Protesturkunde . . . . 30 Pf.,
   im Orts- und Nachbarortsverkehr (§ 37) . . . . . . 25 Pf.

Zur Zahlung der Gebühren sowie zur Erstattung der nach den Landesgesetzen entstehenden Stempelkosten für die Protesturkunde ist der Auftraggeber verpflichtet.

Die Gebühr unter 1 ist vorauszubezahlen. Die Postanweisungsgebühr (2) wird von dem eingezogenen Betrag in Abzug gebracht. Die Gebühren unter 3 nebst den landesgesetzlichen Stempelkosten werden bei Übersendung des protestierten Wechsels erhoben.

Die Weitersendung des Postauftrags an einen Gerichtsvollzieher, Notar usw. erfolgt ohne neuen Gebührenansatz.

XI Die Vorschriften dieses Paragraphen finden auf Schecks, welche protestiert werden sollen, sinngemäße Anwendung.

. . . .

Bei der Ausführung ist folgendes zu beachten:

(Zu I u. II.)

Zu Nr. 2 (P.O. § 18a).

Wechsel, die einzelne im Wechselverkehr gebräuchliche Fremdwörter, z. B. „Prima", „Ordre" usw. enthalten, sind vom Postprotest nicht ausgeschlossen.

(Zu IV.) Wegen Behandlung der Postaufträge, die den Vorschriften unter I und II nicht entsprechen, siehe unter IX.

Als Zahlungsort des Wechsels gilt der bei dem Namen oder der Firma des Bezogenen angegebene Ort, für einen eigenen Wechsel der Ort der Ausstellung. Ist im Wechsel ein besonderer Zahlungsort bezeichnet (Domizilwechsel), so muß der Postauftrag an die Postanstalt dieses Ortes adressiert werden.

Ist der Postauftrag entgegen den Vorschriften unter IV an eine Postanstalt gerichtet, zu deren Bezirke der Zahlungsort des Wechsels nicht gehört, so hat diese Postanstalt den Postauftrag einschließlich des vom Auftraggeber verwandten Briefumschlags unter neuem Umschlag in allen Fällen unverzüglich an die Postanstalt des Zahlungsorts weiterzusenden. Der Brief ist mit der Adresse „Postauftrag nach ....“ und mit dem Vermerke „Postsache“ zu versehen. Anhang.

Wohnt die Person, die Zahlung leisten soll, nicht am Zahlungsorte des Wechsels, ist sie z. B. nach einem anderen Orte verzogen, so findet eine Nachsendung des Postauftrags im allgemeinen nicht statt. Es kann jedoch der Versuch gemacht werden, den Postauftrag dem Zahlungspflichtigen durch die Postanstalt seines Wohnorts zur Zahlung vorzeigen zu lassen, wenn der Wohnort Nachbarort des Zahlungsorts im Sinne des § 37, II der Postordnung ist und bei vergeblicher Vorzeigung auf die Rückkunft des Postauftrags bis zum Ablaufe des ersten Werktags nach dem Zahlungstage des Wechsels mit Sicherheit gerechnet werden kann. Die Postanstalt am Wohnorte des Zahlungspflichtigen hat in solchen Fällen den Postauftrag am Zahlungstage des Wechsels oder, sofern dieser Tag bereits verstrichen ist, mit möglichster Beschleunigung, u. U. durch besonderen Boten, vorzeigen zu lassen. Wird die Wechselsumme gezahlt, so ist der Postanstalt des Zahlungsorts des Wechsels von der Absendung des Geldes an den Auftraggeber Mitteilung zu machen; andernfalls ist der Postauftrag an diese Postanstalt sofort nach der Vorzeigung oder dem Versuche der Vorzeigung zur Protesterhebung zurückzusenden.

Die Bestimmung im Abs. 2 des Artikels 92 der Wechselordnung, welche die Proteststunden auf die Zeit von 9 Uhr vormittags bis 6 Uhr nachmittags festsetzt, bezieht sich nur auf die Protestaufnahme und ist nicht maßgebend, wenn der Wechsel nur zur Zahlung vorgezeigt wird. Gleichwohl ist auch hierbei auf die örtlichen kaufmännischen Geschäftstunden tunlichst Rücksicht zu nehmen. Wird die Protestierung notwendig, so darf sie außerhalb der gesetzlichen Proteststunden nur erfolgen, wenn die Person, gegen welche protestiert wird, ausdrücklich einwilligt. Die Erhebung des Protestes muß ferner spätestens am zweiten Werktage nach dem Tage geschehen, an welchem nach dem Inhalte des Wechsels die Zahlung erfolgen soll. Bei Wechseln, die auf Sicht lauten, muß der Protest am zweiten Werktage nach dem Tage erhoben werden, an dem der Wechsel zum ersten Male dem Zahlungspflichtigen durch die Post oder auf andere Weise (nach dem vom Auftraggeber auf der Rückseite des Auftragformulars angegebenen Vermerke) vorgezeigt worden ist. (Zu V.)

Fällt der Tag, an dem nach den Angaben des Wechsels die Zahlung erfolgen soll, auf einen Sonntag oder allgemeinen Feiertag, so ist der nächste Werktag der Zahlungstag. An Sonntagen und allgemeinen Feiertagen dürfen Wechsel nicht vorgezeigt und Wechselproteste nicht erhoben werden, bei der Berechnung der Protestfrist bleiben diese Tage außer Betracht. Welche Tage als allgemeine Feiertage im Sinne der Wechselordnung anzusehen sind, bestimmt sich nach dem Landesrechte. Die Ober-Postdirektionen haben hierüber die Postanstalten mit Anweisung zu versehen.

Die Erhebung des Protestes hat im Geschäftslokal und in Ermangelung eines solchen in der Wohnung der Person zu erfolgen, gegen welche protestiert werden soll. Sofern diese Person ein Geschäftslokal besitzt, muß daher der Protest in diesem aufgenommen werden; an einer anderen Stelle darf die Protesterhebung nur im Einverständnisse mit der Person erfolgen, gegen welche der Protest gerichtet ist. Als Geschäftslokal ist die Stelle anzusehen, an welcher der Zahlungspflichtige gewöhnlich seinen Berufsgeschäften obliegt, bei einem Gewerbetreibenden also die Stelle, wo die Handlungsbücher, die Geschäftskorrespondenzen, die Kasse usw. sich befinden. Teilzahlungen, die von dem Zahlungspflichtigen oder dessen Bevollmächtigten angeboten werden sind anzunehmen. In diesem Falle ist über den nicht gezahlten Teil der

Anhang. Wechselsumme Protest zu erheben. Auf Verlangen des Zahlungspflichtigen ist die geleistete Teilzahlung auf dem Wechsel zu vermerken und ihm Quittung zu erteilen.

Bietet jemand innerhalb der Protestfrist als Ehrenzahler dem Postprotestbeamten Zahlung der Wechselsumme sowie der Protestkosten an, so ist die Zahlung anzunehmen, sofern die Wechselsumme von dem Zahlungspflichtigen oder dessen Bevollmächtigten oder einer der im § 39, V der Postordnung bezeichneten Personen nicht gezahlt wird. Wegen der weiteren Behandlung des Postauftrags in diesem Falle siehe unter VI.

(Zu VI Abs. 1.) Wegen der bei der Erhebung des Protestes zu beachtenden Formen siehe die D. A. für den Postprotest, die den Postanstalten demnächst zugehen wird.

Der protestierte Wechsel mit der Protesturkunde ist möglichst bald, spätestens am Tage nach der Aufnahme des Protestes an den Auftraggeber abzusenden. Die P. Ag. haben die protestierten Wechsel mit den Protesturkunden den Abrechnungs-Postanstalten

(Zu VI Abs. 2.) zu übersenden, denen die Prüfung der Protesturkunden und die weitere Behandlung obliegt.

(Zu IX.) Im Falle einer Ehrenzahlung ist auf dem Abschnitte der Postanweisung zu vermerken, von wem und für wen die Ehrenzahlung geleistet worden ist.

Die Weitergabe solcher Postaufträge an einen Gerichtsvollzieher, Notar usw. hat ohne Verzug nach den Ausführungsbestimmungen zu § 18, XVIII zu erfolgen.

Postaufträge, die erst am letzten Tage der Protestfrist eingehen, sind von der Postanstalt möglichst auszuführen, u. U. hat die Vorzeigung und die Protesterhebung durch besonderen Boten zu erfolgen. Eilbotenlohn ist in diesen Fällen nicht zu erheben. Bestehen Zweifel, ob der Protest von der Post noch rechtzeitig erhoben werden kann, so ist der Postauftrag unverzüglich an einen Gerichtsvollzieher, Notar usw. weiterzugeben.

Postaufträge, die erst nach Ablauf der Protestfrist eingehen, sind lediglich zur Zahlung vorzuzeigen. Erfolgt die Einlösung nicht, so wird der Wechsel mit dem Postauftragsformular dem Auftraggeber zurückgesandt. Auf dem Auftragsformular ist zu vermerken, daß die Protesterhebung unterblieben sei, weil der Auftrag bei der Bestimmungs-Postanstalt erst nach Ablauf der Protestfrist eingegangen ist.

Die Berichtigung der A. D. A. bleibt vorbehalten.

IV. Dienstanweisung für den Postprotest

(erlassen für das Reich, abgesehen von Bayern und Württemberg).

Aus der Dienstanweisung für den Postprotest, gedruckt zu Berlin in der Reichsdruckerei, wird hier nur ein Auszug der Stellen gebracht, die für dieses Buch von Bedeutung sind.

. . . .

§ 1. Protestbeamte.

Aushelfer nicht zu verwenden.

I. Der Postprotest ist in der Regel durch Postunterbeamte zu erheben, Beamte sind nur in Ausnahmefällen damit zu betrauen. Aushelfern und sonstigen im Betriebe der Postverwaltung beschäftigten Personen ohne Beamteneigenschaft darf die Erhebung von Protesten nicht übertragen werden.

Welcher Beamte hat den Protest zu erheben?

II. Die Erhebung von Postprotesten soll im allgemeinen durch die bestellenden Boten, und zwar auf den regelmäßigen Bestellgängen erfolgen. Dem Ermessen des Amtsvorstehers bleibt es jedoch überlassen, im Einzelfalle darüber zu befinden, ob mit der Protestaufnahme ein anderer Unterbeamter regelmäßig oder im besonderen Falle zu beauftragen ist. In allen Fällen, namentlich an Orten, wo Postproteste seltener vorkommen, hat sich der Amtsvorsteher, bei PA. I ein vom Amtsvorsteher hierzu besonders bestimmter Beamter, davon zu überzeugen, daß der bestellende Bote, dem ein Postprotestauftrag übergeben wird, die einschlägigen Vorschriften genau kennt und anzuwenden versteht. Anhang.

Fälle, in denen Beamte an der Protesterhebung behindert sind.

III. Ein Postbeamter oder Postunterbeamter darf den Protest nicht erheben:

1. wenn er selbst oder eine Person, deren gesetzlicher Vertreter er ist, an dem Wechsel beteiligt ist oder wenn er selbst zu einer am Wechsel beteiligten Person in dem Verhältnis eines Mitberechtigten oder Ersatzpflichtigen steht;
2. wenn der Protest gegen seine Ehefrau zu richten ist, auch wenn die Ehe nicht mehr besteht;
3. wenn der Protest sich gegen seine Eltern, Großeltern, Kinder, Enkel, seinen Bruder, seine Schwester, seinen Schwager oder seine Schwägerin richtet, auch wenn die Ehe, durch welche die Schwägerschaft begründet ist, nicht mehr besteht.

In Fällen einer derartigen Behinderung hat der Amtsvorsteher zu bestimmen, wer den Protest erheben soll.

§ 2. Buchung und Prüfung der Postaufträge beim Eingang.

I. . . . .

Ist die Post zur Protesterhebung nicht zuständig.

Zu a) Ist nach Art des Wechsels oder der Höhe der Wechselsumme der Postprotest ausgeschlossen, so wird der Postauftrag nach den Vorschriften des Abschn. V, 1, § 18a IX weiterbehandelt.

Ist der Wechsel nicht quittiert.

Sollte der einem Postprotestauftrage beigefügte Wechsel nicht quittiert sein, so kann gleichwohl die Vorzeigung und Protestierung stattfinden. Wird der Wechsel eingelöst, so hat der Postprotestbeamte auf Verlangen auf der Rückseite des Wechsels selbst kurze Quittung in der Form

„Betrag erhalten ...."
(Name) (Dienststellung)

zu erteilen.

Protest nur am Zahlungsorte zulässig.

Zu b) Da ein gültiger Wechselprotest mangels Zahlung nur an dem im Wechsel angegebenen Zahlungsort erhoben werden kann, ist die genaue Beachtung der Vorschriften des Abschn. V, I § 18a IV und A. B. von größter Wichtigkeit.

Wohnt der Zahlungspflichtige an einem Nachbarorte.

Hat der Zahlungspflichtige seinen Wohnort nicht an dem im Wechsel angegebenen Zahlungsort, aber an einem Orte, der im Sinne des Abschn. V, 1 § 37 mit dem Zahlungsort im Nachbarortsverkehre steht, so muß der prüfende Beamte darüber Bestimmung treffen, ob der Versuch gemacht werden soll, den Postauftrag durch Vermittlung der Nachbarpostanstalt vorzuzeigen, sowie darüber, wie die rechtzeitige Rückkunft

Anhang. des Auftrags im Falle der Nichteinlösung zu überwachen ist. Es muß auf alle Fälle sichergestellt werden, daß der Protest, wenn der Wechsel nicht eingelöst werden sollte, an dem im Wechsel angegebenen Zahlungsorte rechtzeitig erhoben werden kann.

. . . .

§ 5. Ausfertigung der Protesturkunde.

Protestbuch.

I. Unmittelbar nach der Rückkehr zur Postanstalt, unter allen Umständen vor Ablauf des Tages, an dem der Protest erhoben worden ist, ist von dem Postprotestbeamten die Protesturkunde niederzuschreiben. Der Protestbeamte ist hierbei erforderlichenfalls anzuleiten. Zur Niederschrift des Protestes und der beglaubigten Abschrift der Protesturkunde, sowie zu dem im Art. 90 der WO. vorgeschriebenen Vermerke über den Inhalt des protestierten Wechsels ist das Protestbuch zu benutzen, dessen Formular nach Anl. 5 hergestellt wird. Vor Ingebrauchnahme des Protestbuches sind die Blätter an der bezeichneten Stelle mit fortlaufender Nummer zu versehen.

Verdorbene Formulare.

Verdorbene Formulare sind aus dem Protestbuche nicht zu entfernen, sondern mit einem entsprechenden Vermerke zu versehen und durch kreuzweise Durchstreichung unbrauchbar zu machen.

. . . .

Ausstellung der Urkunde.

III. Die Protesturkunde ist mit Tinte zu schreiben, Radierungen dürfen in der Urkunde nicht vorgenommen werden. Der zur Ausfüllung bestimmte Raum ist, soweit er freibleibt, durch liegende Striche für Eintragungen ungeeignet zu machen.

Abschrift der Urkunde usw.

Nach Fertigstellung der Protesturkunde hat der Postprotestbeamte davon unter Benutzung des mittleren Teiles des Formulars Abschrift zu fertigen. In der oberen rechten Ecke der Abschrift ist an der durch den Vordruck gekennzeichneten Stelle der Betrag des zur Protesturkunde verwendeten Stempels zu vermerken. Die Ausfüllung des linken Teiles des Formulars mit den Angaben über den protestierten Wechsel und die Berechnung der Gebühren ist von der vom Amtsvorsteher zu bezeichnenden Dienststelle zu bewirken. Diese hat gleichzeitig den Briefumschlag, in dem unter Einschreiben der protestierte Wechsel mit der Protesturkunde an den Auftraggeber übersandt wird, vorzubereiten. Auf den Umschlag ist in die Mitte oben der Vermerk „Protestierter Wechsel" und in die linke obere Ecke eine Abschrift der Berechnung der Gebühren zu setzen. Werden für die Umschläge Formulare benutzt, so sind diese nach Anl. 12 herzustellen.

Vereinigung der Protesturkunde mit dem Wechsel.

IV. Die Protesturkunde (rechter Teil des Formulars) wird von dem Stammblatt abgetrennt und auf die Rückseite des Wechsels geklebt. Hierbei ist in der Weise zu verfahren, daß der Kopf der Protesturkunde sich unmittelbar an den letzten auf der Rückseite des Wechsels befindlichen Vermerk oder falls sich auf der Rückseite des Wechsels nur die Wechselstempelmarke befindet, unmittelbar an diese anschließt (siehe Anl. 13). Stehen auf der Rückseite des Wechsels keine Vermerke, so ist die Protesturkunde unmittelbar an einen Rand der Rückseite aufzukleben.

Abdruck des Dienststempels.

Hierbei ist jedoch zu berücksichtigen, daß sich der Abdruck des Siegels oder Stempels des PA. (nicht des Aufgabestempels), mit dem die Verbindungsstelle in jedem Falle zu versehen ist, zum Teil auf dem Wechsel und zum Teil auf der Protesturkunde befinden muß. Ist dieser Stempelabdruck nicht deutlich lesbar hergestellt, so ist ein zweiter Stempelabdruck neben die Unterschrift des Postprotestbeamten zu setzen.

. . . .

§ 6. Teilzahlungen.

Annahme von Teilzahlungen.

Hat der Zahlungspflichtige bei Vorzeigung des Wechsels sich zwar geweigert, die ganze Wechselsumme zu zahlen, erklärt er aber auf den Wechsel eine Teilzahlung leisten zu wollen, so ist diese anzunehmen.

Vermerk der Teilzahlung auf dem Wechsel.

Auf Verlangen des Zahlungspflichtigen ist die geleistete Teilzahlung auf der Rückseite des Wechsels, und wenn daselbst kein Raum mehr vorhanden ist, auf einem besonderen Blatte, das auf der Rückseite des Wechsels anzukleben ist, wie folgt zu vermerken:

„Von .... in .... ist Teilzahlung in Höhe von .... Mk. .... Pf. geleistet worden.

...................................., den .... 190...

...................................., ...“
(Name des Postprotestbeamten.) (Dienststellung.)

Beurkundung.

Der Protest ist in solchen Fällen wegen des nicht bezahlten Teiles der Wechselsumme ebenso zu erheben, als wenn eine Teilzahlung nicht geleistet wäre. In der Protesturkunde ist die Höhe der Teilzahlung anzugeben, z. B.:

„Da der Genannte auf meine Zahlungsaufforderung Zahlung nur in Höhe von .... Mk. .... Pf. leistete, habe ich Protest mangels Zahlung erhoben.“

Quittung des Postprotestbeamten über Teilzahlungen.

Über die geleistete Teilzahlung ist auf Verlangen des Zahlungspflichtigen von dem Postprotestbeamten Quittung zu leisten, der Empfang der Teilzahlung ist in dem Bestellvermerk auf dem Auftragsformulare zu erwähnen.

. . . .

§ 7. Ehrenzahlungen.

Annahme von Ehrenzahlungen.

Ist die Zahlung der Wechselsumme von dem Zahlungspflichtigen oder seinem Vertreter nicht zu erlangen, bietet aber jemand als Ehrenzahler innerhalb der Protest-

Anhang. frist Zahlung der Wechselsumme und der Prozeßkosten einschl. der Stempelgebühren (V, 1 § 18a VI) an, so muß gleichwohl Protest erhoben werden.

Beurkundung.

Die Protesturkunde ist wie in gewöhnlichen Fällen abzufassen, auf der Rückseite ist aber zu vermerken:

„Die Wechselsumme und die Protestkosten sind heute von

in .... zu Ehren des .... in

gezahlt worden.

............, den 190

.... , ..."

(Name des Postprotestbeamten.) (Dienststellung.)

Dem Vermerk ist ein Abdruck des Dienststempels des PA., nicht des Aufgabestempels, beizufügen.

Zwischenquittung des Postprotestbeamten über Ehrenzahlungen.

Über die geleistete Ehrenzahlung ist auf Verlangen des Ehrenzahlers von dem Postprotestbeamten Quittung zu leisten. Den Empfang einer Ehrenzahlung hat der Postprotestbeamte im Bestellvermerke zu erwähnen.

. . . .

Protestbuch
siehe nebenstehend!

Vermerke über den Inhalt der Wechsel.

Nr. 4 des Ankunftsbuches für Postaufträge

Monat *Oktober*

1. Betrag des Wechsels:
   150 ℳ — Pf.
2. Zahlungszeit: *1. Oktober 1908.*
3. Ort, Monatstag und Jahr der Ausstellung:
   Frankfurt (Oder), 1. Juli 1908.
4. Name
   a) des Ausstellers
   August Lohberg
   in *Frankfurt (Oder),*
   b) des Remittenten
   Karl Mosenthal
   in *Angermünde,*
   c) des Bezogenen
   Hans Stein
   in *Potsdam.*
5. Bezeichnung des Domiziliaten oder der Zahlstelle, wenn Zahlung durch eine vom Bezogenen verschiedene Person erfolgen soll.
   ____
   in ______________________
6. Der Wechsel ist mit einer Wechselstempelmarke von *10* Pf. versehen.

Nr. 170.

Protest (Abschrift).

Stempelfrei, da die Wechselsumme 150 M. nicht übersteigt.

Im Auftrage des Herrn
Friedrich Schulze
in *Brandenburg (Havel)*
suchte ich heute den *Kaufmann Herrn Hans Stein, hier*

in ~~seinem~~ / ~~ihrem~~ Geschäftslokale ~~(in Ermangelung eines Geschäftslokals in seiner / ihrer Wohnung)~~ *Kaiserstraße* Nr. *82*

auf, um den angeschlossenen Wechsel zur Zahlung vorzulegen.

Da auf meine Zahlungsaufforderung der Genannte die Zahlung ablehnte,

habe ich Protest mangels Zahlung erhoben.

Potsdam, den *1. Oktober* 1908.

(Name) *Kolbe*
(Dienststellung) *Postbote*

Dienststempel des Postamts.

Beglaubigt
Potsdam, den *1. Oktober* 1908.
Kaiserliches Postamt
N.

Gebühren:

Protestgebühr	*1* ℳ — Pf.
Stempelgebühr	— ℳ — Pf.
Porto	— ℳ *30* Pf.
zusammen	*1* ℳ *30* Pf.

verrechnet durch ~~Zutage~~ / ~~Nachnahme~~.

Nr. 170.

Protest.

Stempelfrei, da die Wechselsumme 150 M. nicht übersteigt.

Im Auftrage des Herrn
Friedrich Schulze
in *Brandenburg (Havel)*
suchte ich heute den *Kaufmann Herrn Hans Stein, hier*

in ~~seinem~~ / ~~ihrem~~ Geschäftslokale ~~(in Ermangelung eines Geschäftslokals in seiner / ihrer Wohnung)~~ *Kaiserstraße* Nr. *82*

auf, um den angeschlossenen Wechsel zur Zahlung vorzulegen.

Da auf meine Zahlungsaufforderung der Genannte die Zahlung ablehnte,

habe ich Protest mangels Zahlung erhoben.

Potsdam, den *1. Oktober* 1908.

(Name) *Kolbe*
(Dienststellung) *Postbote*

Gebühren:

Protestgebühr	*1* ℳ — Pf.
Stempelgebühr	— ℳ — Pf.
Porto	— ℳ *30* Pf.
zusammen	*1* ℳ *30* Pf.

verrechnet durch ~~Zutage~~ / ~~Nachnahme~~.

Anl. 6
(zu § 6, II)

Protest
(Zahlungspflichtiger angetroffen; keine Zahlung).

Nr. 272.

Stempelmarke.

Protest.

Im Auftrage des

Rheinischen Bankvereins

in Cöln

suchte ich heute die Aktiengesellschaft Vereinigte Papierfabriken vormals R. Laube, hier,

in ~~seinem~~ / ihrem Geschäftslokale ~~(in Ermangelung eines Geschäftslokals in~~ ~~seiner~~ / ~~ihrer~~ ~~Wohnung)~~ Rheinstraße Nr. 64 auf, um den angeschlossenen Wechsel zur Zahlung vorzulegen.

Nachdem ich dort das Mitglied des Vorstandes der genannten Aktiengesellschaft, Herrn August Jäger, ohne Erfolg zur Zahlung des Wechsels aufgefordert hatte,

habe ich Protest mangels Zahlung erhoben.

Düsseldorf, den 5. November 1908.

(Name) Schmidt
(Dienststellung) Briefträger

Gebühren:

Protestgebühr	1 ℳ 50 Pf.
Stempelgebühr . . .	1 ℳ 50 Pf.
Porto	— ℳ 30 Pf.
zusammen . . .	3 ℳ 30 Pf.

verrechnet durch Zutaxe. / ~~Nachnahme~~

Anl. 7
(zu § 5, II)

Protest
(niemand angetroffen).

Nr. 305.

Stempelmarke.

Protest.

Im Auftrage der *Firma*

Alexander Carl Krause

in *Hannover*

suchte ich heute den *Kaufmann Herrn Arnold Schneider, hier,*

in seinem/~~ihrem~~ ~~Geschäftslokale (in Ermangelung eines Geschäftslokals in seiner/ihrer Wohnung)~~ *Hansaring* Nr. *104* auf, um den angeschlossenen Wechsel zur Zahlung vorzulegen.

Da ich dort den Genannten weder selbst noch einen Vertreter angetroffen habe,

habe ich Protest mangels Zahlung erhoben.

Hannover, den *3. Oktober* 19*08.*

(Name) *Wagner*
(Dienststellung) *Briefträger*

Gebühren:

Protestgebühr	*1* ℳ *50* Pf.
Stempelgebühr . . .	*1* ℳ *50* Pf.
Porto	*—* ℳ *25* Pf.
zusammen . . .	*3* ℳ *25* Pf.

verrechnet durch Zutaxe/~~Nachnahme~~.

Anl. 8
(zu § 5, II)

Protest

(Vertreter des Zahlungspflichtigen angetroffen; keine Zahlung).

Nr. 413.

Stempelmarke.

Protest.

Im Auftrage des *Kaufmanns*

Herrn Ferdinand Fix

in *Magdeburg*

suchte ich heute die *Firma M. Reichenbach und Sohn, hier,*

in ~~seinem~~ / ihrem Geschäftslokale ~~(in Ermangelung eines Geschäftslokals in seiner / ihrer Wohnung)~~ *Marktstraße* Nr. 6 auf, um den angeschlossenen Wechsel zur Zahlung vorzulegen.

Nachdem ich dort den Prokuristen der Firma M. Reichenbach und Sohn Herrn Alfred Böhler, ohne Erfolg zur Zahlung des Wechsels aufgefordert hatte,

habe ich Protest mangels Zahlung erhoben.

Magdeburg, den *17. Oktober* 1908.

(Name) *Freitag*
(Dienststellung) *Briefträger*

Gebühren:

Protestgebühr	*1* ℳ *—*	Pf.
Stempelgebühr . . .	*1* ℳ *50*	Pf.
Porto	*—* ℳ *25*	Pf.
zusammen . . .	*2* ℳ *75*	Pf.

verrechnet durch Zutaxe. / ~~Nachnahme.~~

Anl. 9
(zu § 5, II)

Protest

(Zahlungspflichtiger hat am Zahlungsort weder Geschäftslokal noch Wohnung).

Nr. 174.

Protest.

Stempelmarke.

Im Auftrage der *Firma*

Max Frankenstein & Co.

in *Meiningen*

suchte ich heute den *Herrn Salomon* ~~*Meier*~~ *Maier* *in Weidebrunn bei Schmalkalden* *berichtigt Lindenberg*

~~in seinem / ihrem Geschäftslokale (in Ermangelung eines Geschäftslokals in seiner / ihrer Wohnung)~~ ~~Nr.~~ auf, um den angeschlossenen Wechsel zur Zahlung vorzulegen.

Da sich hier weder ein Geschäftslokal noch eine Wohnung des Genannten hat ermitteln lassen,

habe ich Protest mangels Zahlung erhoben.

Weidebrunn, den *10. November* 1908.

(Name) *Lindenberg*
(Dienststellung) *Landbriefträger*

Gebühren:

Protestgebühr	*1* ℳ	— Pf.
Stempelgebühr . . .	— ℳ	— Pf.
Porto	— ℳ	*30* Pf.
zusammen . . .	*1* ℳ	*30* Pf.

verrechnet durch Zutaxe. / ~~Nachnahme.~~

Anl. 10
(zu § 5, II)

Protest
(Zahlungspflichtiger ist verstorben).

Nr. 235.

Protest.

Stempelmarke.

Im Auftrage des *Kaufmanns*

Herrn Emil Scharfenberg

in *Königsberg (Pr.)*

sollte
~~suchte~~ ich heute dem *Rentier Herrn Otto Teuerkauf, hier,*

~~in seinem / ihrem Geschäftslokale (in Ermangelung eines Geschäftslokals in seiner / ihrer Wohnung)~~ ~~Nr.~~ ~~auf, um~~ den angeschlossenen Wechsel zur Zahlung vor~~zu~~legen.

Der Genannte ist verstorben. Ich begab mich in Ermangelung eines früheren Geschäftslokals in seine frühere Wohnung, Burgweg Nr. 2 Erdgeschoß, und habe dort, da ich Zahlung nicht erhalten habe,

Protest mangels Zahlung erhoben.

Tilsit, den *16. November* 190*8*.

(Name) *Littauer*
(Dienststellung) *Briefträger*

Gebühren:

Protestgebühr	*1 ℳ 50* Pf.
Stempelgebühr . . .	*1 ℳ 50* Pf.
Porto	*—* ℳ *30* Pf.
zusammen . . .	*3* ℳ *30* Pf.

verrechnet durch Zutaxe. / ~~Nachnahme.~~

Anl. 13
(zu § 5, IV)

Wechsel mit aufgeklebter Protesturkunde.

Rückseite des Wechsels.

Wechselstempelmarke.

Für mich an die Ordre des
Herrn L. Schmidt in Dresden.
Berlin, 2. Juli 1908.
A. Freimuth & Co.

Dresden, 1. September 1908.
L. Schmidt.

Betrag erhalten.
Hannover, 1. Oktober 1908.
Alexander Carl Krause.

Dienststempel des Postamts.

№ 172.

Dienststempel des Postamts.

Stempelmarke.

Protest.

Im Auftrage der *Firma*
Alexander Carl Krause

in *Hannover*
suchte ich heute *den Kaufmann Herrn Arnold Schneider, hier*

in $\frac{\text{seinem}}{\text{ihrem}}$ Geschäftslokale ~~(in Ermangelung eines Geschäftslokals in $\frac{\text{seiner}}{\text{ihrer}}$ Wohnung)~~
Hansaring Nr. *104*
auf, um den angeschlossenen Wechsel zur Zahlung vorzulegen.
Da ich dort den Genannten weder usw.

Protesturkunde.

Anhang.

V. Bayerische Post- und Telegraphen-Dienstanweisung Abschnitt V, Abteilung 4, betr. den Postprotest. (Gedruckt München 1908.)

Diese Dienstanweisung entspricht inhaltlich im wesentlichen der Dienstanweisung, die für das Reich, abgesehen von Bayern und Württemberg, erlassen und oben zu IV in einzelnen hier interessierenden Hauptbestimmungen abgedruckt ist.

Aus der bayerischen Dienstanweisung sei der § 2 hier abgedruckt:

. . . .

§ 2.

I. Der Postprotest ist in der Regel durch Postbedienstete und nur in Ausnahmefällen durch Beamte zu erheben.

II. Die Protesterhebung soll im allgemeinen durch das Zustellpersonal auf den regelmäßigen Zustellgängen erfolgen. Es bleibt jedoch dem Ermessen des Amtsvorstandes überlassen, regelmäßig oder in besonderen Fällen bestimmte Bedienstete mit der Protesterhebung zu betrauen. In allen Fällen, namentlich aber an Orten, wo Postproteste seltener vorkommen, hat sich der Amtsvorstand oder der nach der Dienstordnung dazu bestimmte Beamte davon zu überzeugen, ob der Zustellbedienstete, dem ein Protestauftrag übergeben wird, die Vorschriften genau kennt und anzuwenden versteht.

VI. Dienstanweisung für den Postprotest für die Königlich Württembergischen Posten und Telegraphen. (Gedruckt Stuttgart 1908.)

Auch diese Dienstanweisung entspricht inhaltlich im wesentlichen der Dienstanweisung, die für das Reich, abgesehen von Bayern und Württemberg, erlassen und oben zu IV in einzelnen, hier interessierenden Hauptbestimmungen abgedruckt ist.

Aus der württembergischen Dienstanweisung sei der § 1 zu I hier abgedruckt:

. . . .

§ 1. Postprotestbeamte.

1. Der Postprotest ist in der Regel durch das ordentliche Bestellpersonal zu erheben. Doch sollen damit nicht betraut werden:

Die neben anderem Bestellpersonal beschäftigten Bedarfsaushelfer, die Privatbriefträger und Privatlandpostboten der Postagenten, die Nebenboten (einschl. der sog. Austräger) und die ständigen Hilfsboten, letztere, soweit anderes geeignetes Bestellpersonal zur Verfügung steht.[1])

[1]) Hiernach kommen als Protestbeamte vorzugsweise in Betracht: die Postunterbeamten, die ständigen Hilfspostunterbeamten, die ständigen Aushelfer, die im Vertragsweg angestellten Briefträger, soweit sie im unmittelbaren Dienst der Postverwaltung stehen, und die Landpostboten. Die Stellvertreter dieser Personen dürfen nur dann zur Protesterhebung verwendet werden, wenn ihre Befähigung hierzu außer Zweifel steht.

In Nebenbotenbezirken sind mit der Protesterhebung die Hauptboten zu beauftragen, wenn die damit verbundene Verschiebung der ordentlichen Gangzeiten nicht zu besonderen Unzuträglichkeiten führt. Protesthandlungen in den Postorten können erforderlichenfalls auch durch die Landpostboten vorgenommen werden.

VII. Allgemeine Verfügung des Preußischen Justizministers vom 16. September 1908 betr. den Wechsel- und Scheckprotest. Anhang.

(JMBl. 08. 339 ff.)

Aus Anlaß des Gesetzes, betreffend die Erleichterung des Wechselprotestes, vom 30. Mai 1908 (Reichs-Gesetzbl. S. 321) und des Scheckgesetzes vom 11. März 1908 (Reichs-Gesetzbl. S. 71) wird mit Wirkung vom 1. Oktober 1908 ab folgendes bestimmt.

A.

Die Allgemeinen Verfügungen vom 21. Dezember 1899 (Justiz-Min.-Bl. S. 834) und vom 19. Januar 1906 (Justiz-Min.-Bl. S. 28), betreffend das Notariat, werden dahin abgeändert:

. . . .

§ 2b.

Wechsel- und Scheckprotest.

1. Die bei Aufnahme von Wechsel- und Scheckprotesten zurückbehaltenen beglaubigten Abschriften der Protesturkunden und die über den Inhalt des Wechsels, der Wechselkopie oder des Schecks aufgenommenen Vermerke sind mit den zugehörigen Kostenrechnungen nach der zeitlichen Reihenfolge geordnet in Sammelakten einzuheften. Die Protestabschriften sind innerhalb eines jeden Bandes der Sammelakten mit fortlaufenden Nummern zu versehen. Die Protestabschriften und die Vermerke sind tunlichst auf dasselbe Blatt zu setzen.

2. Jeder Anzeige wegen Zuwiderhandlung gegen die Stempelpflicht (§ 21 des Gesetzes über die Wechselstempelsteuer vom 10. Juni 1869) ist eine Abschrift des Wechsels oder des Schecks, sowie aller darauf befindlichen Indossamente und Bemerkungen beizufügen.

B.

Der § 44 der Geschäftsordnung für die Gerichtsschreibereien der Amtsgerichte vom 11. Oktober 1906 (Justiz-Min.-Bl. S. 304) erhält die Inhaltsbezeichnung „Protestsammelakten" und folgende Fassung:

1. Die bei Aufnahme von Wechsel- und Scheckprotesten zurückbehaltenen beglaubigten Abschriften der Protesturkunden und die über den Inhalt des Wechsels, der Wechselkopie oder des Schecks aufgenommenen Vermerke sind mit den zugehörigen Kostenrechnungen nach der zeitlichen Reihenfolge geordnet in Sammelakten einzuheften. Die Protestabschriften sind innerhalb eines jeden Bandes der Sammelakten mit fortlaufenden Nummern zu versehen. Die Protestabschriften und die Vermerke sind tunlichst auf dasselbe Blatt zu setzen. Eine Eintragung der Wechsel- und Scheckproteste in das Beurkundungsregister findet nicht statt.

2. Jeder Anzeige wegen Zuwiderhandlung gegen die Stempelpflicht (§ 21 des Gesetzes über die Wechselstempelsteuer vom 10. Juni 1869) ist eine Abschrift des Wechsels oder des Schecks sowie aller darauf befindlichen Indossamente und Bemerkungen beizufügen.

. . . .

D.

Die Geschäftsanweisung für die Gerichtsvollzieher vom 1. Dezember 1899 (Justiz-Min.-Bl. S. 629), die Allgemeine Verfügung vom 20. Juni 1904 (Justiz-Min.-Bl. S. 155), sowie die Nr. 15 der Allgemeinen Verfügung vom 16. Januar 1906 (Justiz-Min.-Bl. S. 9) und die Nr. I der Allgemeinen Verfügung vom 31. März 1908,

Anhang. betreffen den Scheckprotest und den Scheckprozeß (Justiz-Min.-Bl. S. 190) werden dahin abgeändert:

. . . .

V. Wechsel- und Scheckproteste.

. . . .

3. Scheckproteste.

§ 96.

1. Bei der Aufnahme der Scheckproteste hat der Gerichtsvollzieher die Vorschriften des Scheckgesetzes und die daselbst in § 30 Abs. 2 bezeichneten Bestimmungen der Wechselordnung zu beachten.

2. Der Scheckprotest dient zum Nachweise dafür, daß der Scheck rechtzeitig zur Zahlung vorgelegt und nicht eingelöst, oder daß die Vorlegung vergeblich versucht worden ist. Andere Proteste als Proteste mangels Zahlung kommen beim Scheck nicht vor. Protestat ist der Bezogene.

3. Hat der Aussteller oder ein Inhaber des Schecks quer über die Vorderseite des Schecks den Vermerk gesetzt: „Nur zur Verrechnung", so gilt die Verrechnung als Zahlung. Der Bezogene darf in diesem Falle den Scheck nur durch Verrechnung einlösen (Scheckges. § 14).

4. Schecks sind bei Sicht zahlbar. Die Vorlegungsfrist beträgt bei den im Inland ausgestellten und zahlbaren Schecks zehn Tage nach der Ausstellung; für die im Ausland ausgestellten, im Inlande zahlbaren Schecks bestimmt der Bundesrat die Vorlegungsfrist (vgl. Bekanntmachung des Herrn Reichskanzlers vom 19. März 1908, Reichs-Gesetzbl. S. 85; Scheckges. § 11 Abs. 1, 2). Fällt der letzte Tag der Frist auf einen Sonntag oder einen am Zahlungsorte staatlich anerkannten allgemeinen Feiertag, so tritt an die Stelle des Sonntags oder des Feiertags der nächstfolgende Werktag (Scheckges. § 11 Abs. 3). Die Vorlegung durch den Gerichtsvollzieher muß innerhalb der Vorlegungsfrist erfolgen, eine besondere Protestfrist besteht nicht.

5. Als Zahlungsort gilt der bei dem Namen oder der Firma des Bezogenen angegebene Ort und, wenn eine solche Angabe fehlt, der Ausstellungsort. Die Angabe eines anderen Zahlungsortes gilt als nicht geschrieben (Scheckges. § 5). Der Zahlungsort ist auch der Protestort.

6. Hinsichtlich der Übertragbarkeit des Schecks ist zu beachten, daß ein auf eine Abschrift des Schecks gesetztes Indossament oder ein Indossament des Bezogenen unwirksam ist.

7. Im übrigen finden die Vorschriften des § 95d Abs. 3, § 95e Abs. 1, 2, 4, § 95f sowie des § 95g mit Ausnahme der Vorschrift unter d im Abs. 2, des Abs. 4 und des Abs. 6 sinngemäße Anwendung. Zu Teilzahlungen ist jedoch der Schuldner nur mit Einwilligung des Gläubigers berechtigt.

4. Protestsammelakten.

§ 96a.

1. Von jedem Wechsel- oder Scheckprotest ist eine beglaubigte, stempelfreie Abschrift zurückzubehalten (WO. Artikel 90 Abs. 2, Scheckges. § 30 Abs. 2).

2. Über den Inhalt des Wechsels, der Wechselkopie oder des Schecks ist ein Vermerk aufzunehmen. Der Vermerk hat zu enthalten:

a) den Betrag des Wechsels oder des Schecks,

b) die Zahlungszeit,

c) den Ort, den Monatstag und das Jahr der Ausstellung,

d) den Namen des Ausstellers, des Remittenten und des Bezogenen,

e) falls eine vom Bezogenen oder vom Aussteller des eigenen Wechsels verschiedene Person angegeben ist, durch welche die Zahlung erfolgen soll, den Namen dieser Person,

f) die Namen der etwaigen Notadressaten und Ehrenakzeptanten.

3. Der Vermerk über den Inhalt des Wechsels, der Wechselkopie oder des Schecks und die Protestabschrift sind tunlichst auf dasselbe Blatt zu setzen.

4. Die Protestabschriften und die Vermerke sind nach der zeitlichen Reihenfolge geordnet in Protestsammelakten einzuheften. Die Protestabschriften sind innerhalb eines jeden Bandes der Sammelakten mit fortlaufenden Nummern zu versehen. Enthält ein Band 200 Nummern, so ist ein neuer Band anzulegen.

. . . .

Berlin, den 16. September 1908.

Der Justizminister.

Dr. Beseler.

Alphabetisches Register.

(Die großen Ziffern bedeuten die Artikel der Wechselordnung, die kleinen verweisen auf die Anmerkungen des Kommentars; E weist auf die allgemeine Einleitung zu Beginn des Kommentars, E. auf die Einleitung zu den einzelnen Artikeln, Exk. auf den Exkurs zu einzelnen Artikeln.

A.

B.

C.

(s. auch unter K. und Z.)

F.

G.

L.

M.

N.

O.

P.

Q.

R.

S.

T.

U.

W.

Z.

Herrosé & Ziemsen, G. m. b. H., Wittenberg.